実務必携
信用金庫法

弁護士 鈴木仁史 [著]

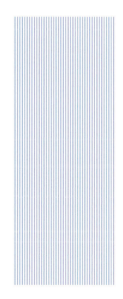

一般社団法人 金融財政事情研究会

はしがき

　昭和26年6月15日に信用金庫法が公布・施行されてから、早くも70年近くの歳月が経過している。

　その間、最近のもののみ取り上げても、銀行法、会社法の改正や金融（Finance）と技術（Technology）の融合したFinTechの進展といった社会経済環境の変化に伴い、大口信用供与等規制の見直し（平成25年改正）、員外監事の法定要件の追加や内部統制システムに関する体制の整備等（平成26年改正）、FinTechに代表されるITの進展を背景とした子会社の範囲に関する改正等（平成28年改正）、信用金庫電子決済等代行業に関する規定の新設（平成29年改正）など、度重ねて重要な法改正がなされている。

　信用金庫法については、昭和47年に出版された信用金庫法研究会編『最新信用金庫法の解説』（大成出版社）があり、信用金庫法に関する解釈のスタンダードとなっているものであるが、同書発行から約45年もの年月が経過している。筆者は金融法務事情2057号から2069号までにおいて、「条文から学ぶ　信用金庫法の実務（1）～（7・完）」の連載の機会をいただいたが、「実務の現場で「条文を使いこなす」」という同連載のコンセプトをもとに、信用金庫法の解釈についての体系書の執筆の機会をいただいたものである。

　本書においては、信用金庫法が準用している銀行法や会社法、さらに信用金庫法施行令および信用金庫法施行規則についても最新の改正に対応して具体的な解説を行うとともに、関連する裁判例についても取り上げて解説を加えている。

　また、会社法の改正（平成27年5月施行）に伴う信用金庫法の改正やコーポレートガバナンス・コードの公表（平成27年6月適用開始）などを踏まえ、近年はコーポレートガバナンスの強化が特に重要なテーマとなっている。信用金庫についてはコーポレートガバナンス・コードが直接適用されるものではないが、ガバナンス強化に向けた業界の自主的取組を一層推進するため、一般社団法人全国信用金庫協会は、平成27年4月に「総代会の機能向上策等に関する業界申し合わせ」を改定している。また、所在不明会員の除名や暴

はしがき　*1*

力団排除条項など、信用金庫定款例について実務上重要な改正がなされている。そこで、本書では単なる条文の逐条解説にとどまらず、「実務必携」との書名のとおり、これら実務に関連する部分についても、本文やコラムにおいて、できる限り取り上げるよう心掛けた。

本書が信用金庫業界における業務の一助となれば望外の幸せである。

終わりに、本書の出版にあたり、企画段階および執筆・校正段階を通じて、金融財政事情研究会の髙野雄樹氏および茂原崇氏に多大なご尽力をいただいたところであり、心より感謝申し上げる。

平成30年5月

弁護士　鈴木　仁史

【著者略歴】

鈴木　仁史（すずき　ひとし）

鈴木総合法律事務所　弁護士

1991年開成高校卒業、1996年東京大学法学部卒業、1998年弁護士登録（第一東京弁護士会・50期）、2001年鈴木総合法律事務所開設。

第一東京弁護士会民事介入暴力対策委員会委員長、日本弁護士連合会民事介入暴力対策委員会副委員長、日本弁護士連合会弁護士業務改革委員会・企業の社会的責任（CSR）と内部統制に関するPT幹事、国土交通省「地籍整備の新たな手法に関する勉強会」委員などを歴任。

〈主要著書・論考〉

『マネー・ローンダリング規制の新展開』（共著・金融財政事情研究会・2016年）

『金融機関の法務対策5000講Ⅰ』（共著・金融財政事情研究会・2018年）

『コンプライアンスのための金融取引ルールブック［第17版］』（共著・銀行研修社・2018年）

『地域金融機関の保険業務』（共著・金融財政事情研究会・2015年）

『知らないでは済まされない　会社役員の法律Q＆A』（共著・日本法令・2006年）

『雇用関係 契約・書式集』（共著・日本法令・2009年）

「条文から学ぶ 信用金庫法の実務（1）～（7・完）」金法2057号～2069号

「金融機関の反社排除への道（1）～（58・完）」金法1914号～2038号

「金融庁ガイドラインを踏まえた金融機関のAML/CFT対応」金法2086号

凡　例

●法令その他

略　称	名　称
法	信用金庫法（昭和26年法律第238号）
施行令	信用金庫法施行令（昭和43年政令第142号）
施行規則	信用金庫法施行規則（昭和57年大蔵省令第15号）
定款例	信用金庫定款例
一般社団・財団法人法	一般社団法人及び一般財団法人に関する法律（平成18年法律第48号）
独占禁止法	私的独占の禁止及び公正取引の確保に関する法律（昭和22年法律第54号）
中協法	中小企業等協同組合法（昭和24年法律第181号）
農協法	農業協同組合法（昭和22年法律第132号）
水協法	水産業協同組合法（昭和23年法律第242号）
労金法	労働金庫法（昭和28年法律第227号）
監督指針	中小・地域金融機関向けの総合的な監督指針

●参考文献等

相澤ほか編著『論点解説新会社法』	相澤哲ほか編著『論点解説 新・会社法―千問の道標』（商事法務・2006年）
明田『農協法』	明田作『農業協同組合法［第2版］』（経済法令研究会・2016年）
雨宮＝和田『金融取引ルールブック』	雨宮眞也＝和田好史『金融取引ルールブック 信用金庫版―コンプライアンスのための―』（銀行研修社・2010年）
池田＝中島監修『銀行法』	池田唯一＝中島淳一監修『銀行法』（金融財政事情研究会・2017年）
上柳ほか編著『新版注釈会社法(5)』	上柳克郎ほか編著『新版注釈会社法(5)株式会社の機関(1)』（有斐閣・1986年）
上柳ほか編著『新版注釈会社法(6)』	上柳克郎ほか編著『新版注釈会社法(6)株式会社の機関(2)』（有斐閣・1987年）

上柳ほか編著『新版注釈会社法⒀』	上柳克郎ほか編著『新版注釈会社法⒀株式会社の解散、清算、外国会社、罰則』（有斐閣・1990年）
上柳『協同組合法』	上柳克郎『協同組合法〈法律学全集54〉』（有斐閣・1960年）
氏兼＝仲『銀行法』	氏兼裕之＝仲浩史『銀行法の解説』（金融財政事情研究会・1994年）
江頭『株式会社法』	江頭憲治郎『株式会社法［第7版］』（有斐閣・2017年）
江頭＝門口編代『会社法大系⑷』	江頭憲治郎＝門口正人編集代表『会社法大系⑷組織再編・会社訴訟・会社非訟・解散・清算』（青林書院・2008年）
江頭ほか編著『改正会社法セミナー』	江頭憲治郎ほか編著『改正会社法セミナー 企業統治編』（有斐閣・2006年）
遠藤ほか編『双書民法⑴』	遠藤浩ほか編『民法⑴総則［第4版増補補訂3版］〈有斐閣双書〉』（有斐閣・2004年）
大隅＝今井『会社法論㊥』	大隅健一郎＝今井宏『会社法論㊥［第3版］』（有斐閣・1992年）
大塚『協同組合法の研究』	大塚喜一郎『協同組合法の研究［増訂版］』（有斐閣・1968年）
奥島ほか編『新基本法コンメ会社法⑴』	奥島孝康ほか編『新基本法コンメンタール会社法1［第2版］』（日本評論社・2016年）
奥島ほか編『新基本法コンメ会社法⑵』	奥島孝康ほか編『新基本法コンメンタール会社法2［第2版］』（日本評論社・2016年）
奥島ほか編『新基本法コンメ会社法⑶』	奥島孝康ほか編『新基本法コンメンタール会社法3［第2版］』（日本評論社・2016年）
落合編『会社法コンメ⑻』	落合誠一編『会社法コンメンタール⑻機関⑵』（商事法務・2009年）
落合還暦記念『商事法への提言』	落合誠一先生還暦記念『商事法への提言』（商事法務・2004年）
『会員法務解説』	『会員法務基礎解説』（一般社団法人全国信用金庫協会・2013年）
加美『会社法』	加美和照『新訂会社法［第10版］』（勁草書房・2011年）
河本『現代会社法』	河本一郎『現代会社法［新訂第9版］』（商事法務・2004年）

神崎ほか『金商法』	神崎克郎ほか『金融商品取引法』（青林書院・2012年）
『監事の手引』	一般社団法人全国信用金庫協会『信用金庫監事の手引2016年度版』
岸本『職務執行の手引き』	岸本寛之『信用金庫役員の職務執行の手引き～知っておきたい権限と責任～』（経済法令研究会・2016年）
北沢『会社法』	北沢正啓『会社法［第6版］〈現代法律学全集18〉』（青林書院・2001年）
幾代＝広中編『新版注釈民法(16)』	幾代通＝広中俊雄編『新版注釈民法(16)債権(7)』（有斐閣・1989年）
木下編『改正銀行法』	木下信行編『解説 改正銀行法—銀行経営の新しい枠組み—』（日本経済新聞社・1999年）
『金融法務講座』	一般社団法人全国信用金庫協会『金融法務講座』（通信講座第6分冊・2017年）
『金融関係法Ⅱ』	大蔵省銀行局編、高橋俊英著『金融関係法Ⅱ』（日本評論社・1964年）
久保利ほか『取締役の責任』	久保利英明ほか『取締役の責任—代表訴訟時代のリスク管理—』（商事法務研究会・1999年）
『5000講Ⅰ』	遠藤俊英ほか監修『金融機関の法務対策5000講Ⅰ〈金融機関の定義・コンプライアンス・取引の相手方・預金編〉』（金融財政事情研究会・2018年）
小山『銀行法』	小山嘉昭『銀行法精義』（金融財政事情研究会・2018年）
酒巻＝龍田編代『逐条解説会社法(4)』	酒巻俊雄＝龍田節編集代表『逐条解説会社法(4)機関(1)』（中央経済社・2008年）
佐藤監修『2016年銀行法等改正』	佐藤則夫監修、湯山壮一郎ほか編著『逐条解説 2016年銀行法、資金決済法等改正』（商事法務・2017年）
塩崎編『裁判実務大系(22)』	塩崎勤編『裁判実務大系(22)金融信用供与取引訴訟法』（青林書院・1993年）
「実務の再検討(1)」	信用金庫実務研究会「信用金庫取引実務の再検討(1)会員資格をめぐる諸問題」金法916号12頁（1980年）
「実務の再検討(5)」	信用金庫実務研究会「信用金庫取引実務の再検討(5)脱退」金法930号34頁（1980年）

「実務の再検討(7)」	信用金庫実務研究会「信用金庫取引実務の再検討(7)出資持分に対する強制執行・滞納処分（その１）」金法934号26頁（1980年）
『信金法解説』	信用金庫法研究会編『最新信用金庫法の解説』（大成出版社・1972年）
『新銀行法精義』	金融法令研究会『新銀行法精義』（大蔵財務協会・1983年）
『水協法の解説』	水産庁協同組合課『最新 水産協同組合法の解説』（水産社・1999年）
鈴木＝藤本『地域金融機関の保険業務』	鈴木仁史＝藤本和也『地域金融機関の保険業務』（金融財政事情研究会・2015年）
鈴木＝竹内『会社法』	鈴木竹雄＝竹内昭夫『会社法［第３版］〈法律学全集28〉』（有斐閣・1994年）
『総代会の手引』	一般社団法人全国信用金庫協会『総代会運営の手引　2016年度版』
竹内『改正会社法解説』	竹内昭夫『改正会社法解説［新版］』（有斐閣・1983年）
龍田『会社法』	龍田節『会社法［第10版］』（有斐閣・2005年）
田中『会社法詳論(上)』	田中誠二『会社法詳論(上)［３全訂版］』（勁草書房・1993年）
『逐条解説農協法』	農業協同組合法令研究会編『逐条解説農業協同組合法』（大成出版社・2017年）
『逐条解説消費者契約法』	消費者庁消費者制度課編『逐条解説消費者契約法［第２版補訂版］』（商事法務・2015年）
『中協法逐条解説』	全国中小企業団体中央会編『中小企業等協同組合法逐条解説［第２次改訂版］』（第一法規・2016）
内藤ほか編著『逐条解説信金法』	内藤加代子ほか編著『逐条解説信用金庫法』（金融財政事情研究会・2007年）
長野監修『信用金庫読本』	長野幸彦監修、全国信用金庫協会編『信用金庫読本［第７版］』（金融財政事情研究会・2003年）
平野編著『実務相談』	平野英則編著『改訂 信用金庫法の実務相談』（経済法令研究会・2011年）

平野『よくわかるシンジケートローン』	平野英則『よくわかるシンジケートローン—組成と参加のプロセスと実務—』（金融財政事情研究会・2007年）
『平成9年改正会社法』	法務省民事局参事官室編『一問一答 平成9年改正商法』（商事法務研究会・1998年）
前田『会社法入門』	前田庸『会社法入門［第12版］』（有斐閣・2009年）
御宿『経営管理の法律問題』	御宿義『経営管理の法律問題—農協法務(1)』（全国協同出版・1987年）
村橋『協同組合法論』	村橋時郎『協同組合法論』（千倉書房・1953年）
元木『改正商法逐条解説』	元木伸『改正商法逐条解説』（商事法務研究会・1981年）
森井編著『相談事例』	森井英雄編著『四訂 信用金庫法の相談事例』（経済法令研究会・2003年）
『労金法詳解』	労働省労政局編『労働金庫法詳解』（労働法令協会・1953年）

●定期刊行物

金　判	金融・商事判例
金　法	金融法務事情
銀法（手研）	銀行法務21（手形研究）
商　事	旬刊商事法務
資料版商事	資料版商事法務
判　時	判例時報
判　タ	判例タイムズ
法　セ	法学セミナー
法　協	法学協会雑誌
新　聞	法律新聞
評論全集	法律学説判例評論全集
民　商	民商法雑誌

●判 例 集

民　録	大審院民事判決録
民　集	大審院民事判例集／最高裁判所民事判例集
刑　集	大審院刑事判例集／最高裁判所刑事判例集
下民集	下級裁判所民事裁判例集

目次

はしがき	*1*
著者略歴	*3*
凡　例	*4*

序章　信用金庫法の沿革と主な改正等　*1*

1 信用金庫法の沿革	2
2 信用金庫法の主な改正	7
3 信用金庫法の意義	10
4 信用金庫法の位置付け（他の法律との関係）	12
5 民法・商法との関係（信用金庫と商法上の商人性）	13

第1章　総則（第1条〜第9条の2）　*17*

第1条　目　的　*18*

1 はじめに	18
2 国民大衆のため	18
3 金融業務の公共性	19
4 金融の円滑	20
5 協同組織による信用金庫の制度の確立	20
6 信用の維持	20
7 預金者等の保護	21

第2条　人　格　*21*

1 信用金庫および信用金庫連合会の法人性	22

2 金庫の法人としての性格 22

3 金庫の目的 23

第3条 住 所 24

1 本条の趣旨 24

2 主たる事務所と従たる事務所 24

第4条 事業免許 25

1 免許制を採用した理由 25

2 免許の性質 26

3 免許の対象 26

第5条 出資の総額の最低限度 27

1 出資の最低限度額（法5条1項）..................................... 27

2 政令に委任するにあたっての最低限度額（法5条2項、施行令1
条）... 28

3 登 記 29

第6条 名 称 30

1 文字の使用強制（法6条1項）....................................... 30

2 金庫類似の文字の使用禁止（法6条2項）............................. 31

3 他の金庫と誤認させる名称の使用禁止（法6条3項）................... 33

第6条の2 数 34

第7条 私的独占の禁止及び公正取引の確保に関する法律との関係 34

1 独占禁止法の適用除外とされた趣旨 35

2 独占禁止法の適用除外となる要件（法7条1項）....................... 36

3 公正取引委員会の権限（法7条2項）................................. 37

4 法人会員の資本の額等の限度（法7条3項）........................... 37

目 次 | *11*

第 8 条　登　　記　38

第 9 条　監督機関　38

1 本条の趣旨　38

2 監督の具体的な内容　39

第 9 条の 2　会社法の規定を準用する場合の読替え　40

第 2 章　会員（第10条〜第21条）　43

はじめに　44

1 会員の権利　44

2 会員の義務　45

第10条　会員たる資格　45

1 本条の趣旨　46

2 会員たる資格の 2 つの意味　47

3 地　　区　48

4 地区内に住所または居所、事業所を有する者（法10条 1 項 1 号・
2 号）　49

5 地区内において勤労に従事する者（法10条 1 項 3 号）　54

6 地区内に事業所を有する者の役員およびその信用金庫の役員（法
10条 1 項 4 号、施行規則 1 条）　55

7 定款による会員たる資格の限定の可否　56

8 会員たる資格の効果　65

9 その他の問題　66

10 信用金庫連合会の会員たる資格（法10条 2 項）　77

第11条　出　　資　　78

1 出資の意義　78

2 会員の出資義務、1会員の出資額の最低限度（法11条1項・2項）　79

3 出資1口の金額の均一性（法11条3項）　81

4 1会員の出資口数の最高限度（法11条4項）　81

5 有限責任（法11条5項）　83

6 相殺の禁止（法11条6項）　83

7 出資証券　84

第12条　議　決　権　86

1 総　　説　86

2 1人1議決権の原則（法12条1項）　87

3 本条2項の趣旨　87

4 代理人による議決権行使　88

5 書面による議決権行使（書面投票）　93

6 電磁的方法による議決権行使（法12条3項）　93

7 総会におけるみなし出席（法12条4項）　94

8 委任状の提出（法12条5項）　95

9 委任状に代えての電磁的方法による提供（法12条6項）　95

10 会社法の準用（法12条7項）　96

第13条　加　　入　　100

1 加入の意義　100

2 加入の手続方法　100

3 加入自由の原則と承諾謝絶の可否　103

第14条　相続加入　104

1 相続加入の趣旨　105

2 相続加入の要件　105

3 相続加入の効果 106

4 持分の一部相続の可否 107

第15条　持分の譲渡 108

1 本条の趣旨 108

2 持分の意義 108

3 持分譲受けによる加入の要件 109

4 持分の譲渡の効果（法15条3項） 112

5 持分の共有禁止（法15条4項） 113

6 持分の質入れ 113

7 持分に対する強制執行 117

8 持分に対する滞納処分 125

第16条　自由脱退 127

1 脱退の自由 128

2 脱退の自由（原則） 129

3 脱退の効果 129

4 金庫に対する持分譲受けの請求（例外） 130

第17条　法定脱退 133

1 本条の趣旨 133

2 法定脱退事由（法17条1項） 134

3 出資未達の場合の脱退（法17条2項） 139

4 除名（法17条3項・4項） 140

5 法定脱退会員に対する剰余金の配当 145

6 法的整理があった場合の貸付金と持分との相殺 145

第18条　脱退者の持分の払戻 151

1 持分の払戻し（法18条1項） 152

2 持分の算定（法18条2項） 154

3 払戻しの時期　　155

第19条　時　　効　　155

第20条　払戻の停止　　156

第21条　金庫の持分取得の禁止　　157

1 金庫による持分取得の禁止（法21条 1 項本文）　　157
2 持分取得禁止の例外（法21条 1 項ただし書）　　158
3 取得した持分についての権利行使の可否　　160
4 持分の速やかな処分義務（法21条 2 項）　　161

第**3**章　設立および事業免許の申請　　163
（第22条～第30条）

はじめに　　164

第22条　発　起　人　　164

1 発起人の法定数と手続　　164
2 発起人の資格　　165

第23条　定　　款　　165

1 定款の意義　　167
2 定款の作成・署名（法23条 1 項・ 2 項）　　167
3 絶対的必要記載事項（法23条 3 項）　　167
4 相対的必要記載事項・任意記載事項（法23条 4 項）　　171

第23条の**2**　定款の備置き及び閲覧等　　172

1 定款の備置義務（法23条の 2 第 1 項・ 3 項）　　172

目　次　15

2 定款の閲覧等の請求権（法23条の 2 第 2 項） 173

3 罰　　則 173

第24条　創立総会 174

1 創立総会の開催・公告（法24条 1 項・ 2 項） 176

2 創立総会の必要議決事項（法24条 3 項） 176

3 創立総会の定款修正権（法24条 4 項） 176

4 創立総会の定足数（法24条 5 項） 177

5 発起人の創立総会における説明義務（法24条 6 項）・
議事録作成義務（法24条 7 項〜 9 項） 177

6 会社法の準用（法24条10項） 177

第25条　理事への事務引継 177

第26条　出資の払込 178

第27条　成立の時期 179

第28条　金庫の設立についての会社法の準用 179

1 設立の無効 180

2 会社法の準用 180

第29条　事業免許の申請 181

第30条　免許の失効 183

第4章 管理（第31条〜第52条の2）　185

第1節 通　則　186

第31条　内閣総理大臣の認可　186

1 本条の趣旨　186

2 定款の変更（法31条1号）　186

3 業務方法書の変更（法31条2号）　187

4 認可申請手続　187

5 認可が不要となる場合　188

第2節 役　員　189

第32条　役　員　189

1 理事および監事の設置（法32条1項）　191

2 役員の定数（法32条2項）　191

3 役員の選任（法32条3項）　193

4 会員理事（法32条4項）　194

5 員外監事（法32条5項〜7項）　195

6 役員の欠員（法32条8項）　199

第33条　金庫と役員との関係　199

1 本条の趣旨　200

2 委任契約に基づく具体的な規定　200

第34条　役員の資格等　203

1 役員の欠格事由を定めた趣旨　204

2 各欠格事由の内容　205

目　次　17

3 欠格事由該当の効果 207

4 定款による資格制限 208

第35条　兼職又は兼業の制限 208

1 代表理事等の兼職・兼業の禁止（法35条1項・2項） 209

2 監事の理事・支配人その他の職員との兼任禁止（法35条3項） 211

第35条の2　役員の任期 213

1 理事・監事の任期（法35条の2第1項・2項） 214

2 補欠役員の任期（法35条の2第3項） 214

3 設立当初の役員の任期（法35条の2第4項） 215

4 任期の伸長（法35条の2第5項） 215

第35条の3　役員に欠員を生じた場合の措置 217

1 本条の趣旨 217

2 本条の適用範囲 218

3 継続する権利義務 218

第35条の4　忠実義務 219

1 本条の趣旨 219

2 忠実義務と善管注意義務の関係 219

第35条の5　金庫との取引等の制限 221

1 利益相反取引（法35条の5第1項） 221

2 違反の効果（法35条の5第2項） 226

3 報告義務（法35条の5第3項） 226

4 理事の責任 227

第35条の6　理事についての会社法の準用 228

1 監事に対する理事の報告義務（法35条の6、会社法357条） 228

2 会員による理事の行為の差止め（法35条の6、会社法360条）　230

3 理事の報酬等の決定（法35条の6、会社法361条1項）　231

第35条の7　監事についての会社法の準用　234

1 監事の意見陳述権（総説）　235

2 監事の就退任に関する意見陳述権（会社法345条1項）　236

3 辞任した監事の意見陳述権（会社法345条2項）　236

4 総会招集手続（会社法345条3項）　237

5 監事の権限（総説）　237

6 監事の職務権限（会社法381条1項）　238

7 理事等に対する報告請求権・金庫の業務・財産調査権（会社法381条2項）　239

8 子法人等調査権（会社法381条3項）　240

9 子法人等による報告・調査の拒絶権（会社法381条4項）　241

10 埋事会への違法行為の報告義務の趣旨　241

11 報告義務を負う場合　242

12 理事会への出席義務と意見陳述義務（会社法383条1項本文）　243

13 監事による理事会の招集請求と招集（会社法383条2項・3項）　244

14 総（代）会議案の調査義務および総（代）会への報告義務　245

15 監事による理事の違法行為差止請求権　246

16 違法行為差止請求権の行使方法　247

17 無担保での仮処分発令　248

18 会社法386条の趣旨　248

19 適用範囲　249

20 監事に付与される他の代表権限　250

21 報酬等の総額の決定（法35条の7、会社法387条1項）　250

22 報酬等の配分（法35条の7、会社法387条2項）　252

23 報酬等に関する意見陳述（法35条の7、会社法387条3項）　253

24 会社法388条の趣旨　253

25 金庫に請求できる「費用」の内容　254

26 監査費用の請求　254

第35条の 8　役員の解任　255

1 会員による解任請求（法35条の 8 第 1 項）　255
2 全役員全員同時請求の原則（法35条の 8 第 2 項）　258
3 信用金庫に対する書面提出（法35条の 8 第 3 項）　258
4 総（代）会における弁明の機会付与（法35条の 8 第 4 項）　258
5 総会の招集（法35条の 8 第 5 項）　258

第35条の 9　代表理事　262

1 総　　説　263
2 代表理事の員数および複数の場合の代表　264
3 代表理事の選任および終任　264
4 代表理事の裁判上・裁判外の行為の権限（法35条の 9 第 1 項）　265
5 代表理事の代理権の制限（法35条の 9 第 2 項）　265
6 代表理事の代理行為の委任（法35条の 9 第 3 項）　266
7 法35条の 3 および会社法の準用（法35条の 9 第 4 項）　266
8 会社法354条の趣旨　267
9 表見代表が認められる要件　268

第3節　理 事 会　270

第36条　理事会の権限等　270

1 理事会（法36条 1 項・ 2 項）　271
2 理事会の職務（法36条 3 項〜 5 項）　271
3 理事会への報告義務（法36条 6 項）　277

第37条　理事会の決議　278

1 決議要件（法37条 1 項）　278
2 議決に参加できない理事（特別利害関係理事・法37条 2 項）　280

3 書面決議（法37条 3 項） 282

4 理事会の招集権者・招集手続（法37条 4 項） 284

5 理事会の招集権者（会社法366条） 285

6 理事会の招集手続（会社法368条） 286

第37条の 2　理事会の議事録の作成、備置き及び閲覧等 288

1 理事会の議事録の作成（法37条の 2 第 1 項） 289

2 電磁的記録による議事録作成（法37条の 2 第 2 項） 289

3 理事会議事録等の備置き（法37条の 2 第 3 項） 291

4 会員および債権者による理事会議事録等の閲覧・謄写請求権（法 37条の 2 第 4 項～ 6 項） 292

第 4 節　計算書類等の監査等 293

第38条　計算書類等の作成、備置き及び閲覧等 293

1 総　　説 294

2 計算書類等の作成（法38条 1 項・ 2 項） 295

3 監事による会計監査、理事会の承認（法38条 3 項・ 4 項） 295

4 通常総（代）会への提出・承認等（法38条 5 項～ 8 項） 296

5 計算書類等の事務所への備置き（法38条 9 項・10項） 296

6 計算書類等の閲覧等請求権（法38条11項） 297

第38条の 2　特定金庫の監査 297

1 会計監査人設置義務（法38条の 2 第 1 項） 298

2 会計監査人の任意の設置（法38条の 2 第 2 項） 299

3 特定金庫における計算書類等作成手続の特例（法38条の 2 第 3 項～12項） 299

4 会社法343条の趣旨 302

5 監事選任議案についての監事の同意権（会社法343条 1 項） 302

6 監事選任に関する議題・議案の提案権（会社法343条 2 項） 304

| 7 | 常勤監事の選定 | 305 |
| 8 | 常勤監事と非常勤監事の役割 | 306 |

第38条の3　会計監査人についての会社法等の準用　307

1	会計監査人	307
2	会計監査人の資格（会社法337条1項）	309
3	職務を行うべき社員の選定・通知（会社法337条2項）	310
4	欠格要件（会社法337条3項）	310
5	会計監査人の任期	310
6	会計監査人の再任	311
7	会社法339条の趣旨	311
8	「正当な理由」の意義	312
9	会社法340条の趣旨	312
10	解任事由	313
11	解任の報告	313
12	会計監査人の選解任等に関する議案の内容の決定権	313
13	会計監査人の就退任に関する意見陳述権（会社法345条1項・2項）	315
14	総（代）会招集手続（会社法345条3項）	315
15	会社法396条の趣旨	316
16	計算関係書類の監査および会計監査報告作成（会社法396条1項）	317
17	会計帳簿等の閲覧・謄写請求権、理事等に対する会計に関する報告請求権（会社法396条2項）	317
18	子会社に対する会計に関する報告請求権、金庫等の業務・財産調査権（会社法396条3項・4項）	317
19	補助者の欠格事由（会社法396条5項）	318
20	会社法397条の趣旨	318
21	理事の不正行為等の監事への報告義務（会社法397条1項）	318
22	監事の会計監査人に対する報告請求権（会社法397条2項）	319
23	通常総（代）会における意見陳述義務	319
24	会計監査人の報酬	320

25 会計監査人の報酬等への同意　320

第38条の4　会計監査人に欠員を生じた場合の措置　322

1 一時会計監査人の選任（法38条の4第1項）　322

2 一時会計監査人の職務を行うべき者（法38条の4第2項）　322

第5節　役員等の責任　325

第39条　役員等の責任　325

1 総　説　326

2 任務懈怠に基づく金庫への損害賠償責任（法39条1項）　327

3 利益相反取引の場合の任務懈怠推定（法39条2項）　332

4 総会員の同意による免除（法39条3項）　333

5 任務懈怠責任の一部免除（法39条4項～7項）　333

6 利益相反取引を自己のためにした理事の無過失責任（法39条8項・9項）　336

第39条の2　役員等の第三者に対する責任　337

1 職務遂行に関する第三者への損害賠償責任（法39条の2第1項）　338

2 虚偽記載等による第三者への損害賠償責任（法39条の2第2項）　339

3 消滅時効期間　340

第39条の3　役員等の連帯責任　340

第39条の4　役員等の責任を追及する訴え　341

1 本条の趣旨　342

2 提訴請求（会社法847条1項）　343

3 金庫の不提訴と会員による代表訴訟提起（会社法847条3項・5項）　345

4 不提訴理由通知制度（会社法847条4項）　345

5 訴訟の目的の価額算定（会社法847条の4第1項）　346

6 担保提供命令制度（会社法847条の4第2項・3項）　346

7 訴えの管轄（会社法848条）　347

8 訴訟参加（会社法849条1項）　347

9 訴訟参加についての各監事の同意（会社法849条3項）　348

10 訴訟告知（会社法849条4項・5項）　348

11 会員代表訴訟における和解　349

12 提訴会員の費用請求権（会社法852条1項）　350

13 会員が悪意の場合の損害賠償義務（会社法852条2項）　351

14 訴訟参加した会員についての準用（会社法852条3項）　351

第6節　支配人　353

第40条　支配人　353

1 支配人の設置（法40条1項）　353

2 会社法の規定の準用（法40条2項）　353

3 包括的代理権（会社法11条1項）　354

4 代理権に加えた制限（会社法11条3項）　354

5 競業等の禁止（会社法12条1項）　355

6 損害額の推定（会社法12条2項）　356

7 会社法13条の趣旨　356

8 会社法13条の要件　356

第41条　支配人の解任　357

1 会員による解任請求（法41条1項）　358

2 金庫に対する書面提出（法41条2項）　358

3 理事会による支配人の解任の決定および弁明の機会付与（法41条3項・4項）　358

第7節　総会等　360

第42条　通常総会の招集　360

1 総会の意義　360

2 総 代 会　361

3 総会の種類　362

4 通常総会の招集　362

第43条　臨時総会の招集　362

1 臨時総会の招集（法43条1項）　363

2 少数会員による臨時総会の招集請求権（法43条2項）　363

第44条　会員による総会の招集　364

1 内閣総理大臣の認可を受けての総会招集　365

2 内閣総理大臣の認可の申請手続　365

第45条　総会招集の手続　366

1 本条の意義　367

2 総会の招集の主体　367

3 総会の招集にあたって決定すべき事項　368

4 総会の招集通知の発送時期　371

5 通知の方法　371

6 招集手続の省略（法45条6項）　371

第46条　総会参考書類及び議決権行使書面の交付等　372

1 本条の趣旨　373

2 総会参考書類　373

3 議決権行使書面（法46条1項）　375

4 総会参考書類および議決権行使書面の電磁的方法による提供（法46条2項）　377

第47条　電磁的方法による通知等　378

1 電子投票制度の場合の総会参考書類交付（法47条1項）　378

2 電磁的方法による通知の場合の総会参考書類提供（法47条2項）　379

3 議決権行使書面の記載事項の電磁的方法による提供　379

第48条　通知又は催告　380

1 通知・催告（法48条1項）　381

2 みなし到達（法48条2項）　381

3 総会招集の手続の場合の準用（法48条3項）　382

第48条の2　総会の議事　382

1 総会の決議要件（法48条の2第1項）　382

2 決議が可能な事項（法48条の2第2項）　383

第48条の3　特別の決議　385

第48条の4　役員の説明義務　386

1 本条の趣旨　386

2 質問権者および説明義務者　386

3 説明義務の範囲と程度　387

4 説明の正当拒絶事由　388

5 説明義務違反の効果　391

第48条の5　延期又は続行の決議　391

第48条の6　会員名簿の作成、備置き及び閲覧等　393

1 本条の意義　394

2 会員名簿の作成および記載・記録事項（48条の6第1項）　394

3 会員名簿の備置き（48条の6第2項）　394

4 会員名簿の閲覧・謄写請求権（48条の 6 第 3 項・4 項） 394

第48条の 7　総会の議事録の作成、備置き及び閲覧等 397

1 総会議事録の意義 398

2 総会の議事録の備置き（法48条の 7 第 2 項・3 項） 402

3 会員・債権者による閲覧・謄写請求権（法48条の 7 第 4 項） 402

第48条の 8　総会の決議についての会社法の準用 403

1 総会等の決議の不存在または無効の確認の訴え 404

2 総会等の決議の不存在の確認の訴え 405

3 総会等の決議の無効の確認の訴え 405

4 総会等の決議の取消しの訴え 406

5 取消しの原因 406

6 出訴権者・出訴期間 408

第 8 節　総 代 会 412

第49条　総 代 会 412

1 総代会の設置（法49条 1 項） 412

2 総代の選任（法49条 2 項） 414

3 総代の定数、選任方法等（法49条 3 項） 417

4 総代の任期（法49条 4 項） 418

5 総会の規定の準用（法49条 5 項） 419

6 会員への決議内容の通知（法49条 6 項） 420

第50条　総会と総代会の関係 423

1 臨時総会の招集請求等（法50条 1 項） 424

2 総代会決議の失効（法50条 2 項） 425

第 9 節　出資 1 口の金額の減少 426

目　次　27

第51条　債権者の異議 　　　426

1 出資 1 口の金額の減少 　　　426

2 財産目録等の作成・備置き、債権者による閲覧請求（法51条 1 項〜
3 項） 　　　427

第52条　債権者保護手続 　　　428

1 債権者保護手続（法52条 1 項〜 3 項） 　　　429

2 債権者のみなし承認（法52条 4 項） 　　　429

3 債権者による異議、金庫による弁済（法52条 5 項） 　　　430

第52条の 2 　出資 1 口の金額の減少の無効の訴え 　　　430

1 本条の意義 　　　430

2 出訴期間等（会社法828条 1 項） 　　　431

3 提訴権者（会社法828条 2 項） 　　　431

4 被告（会社法834条） 　　　432

5 訴えの管轄（会社法835条） 　　　432

6 担保提供命令（会社法836条） 　　　432

7 弁論等の必要的併合（会社法837条） 　　　434

8 認容判決の効力が及ぶ者の範囲（会社法838条） 　　　434

9 無効又は取消しの判決の効力（会社法839条） 　　　434

10 原告が敗訴した場合の損害賠償責任（会社法846条） 　　　435

第 5 章　事業（第53条〜第54条） 　　　437

第53条　信用金庫の事業 　　　438

1 信用金庫の事業の総説 　　　438

2 預金または定期積金の受入れ（法53条 1 項 1 号） 　　　450

3 会員に対する資金の貸付（法53条1項2号） 463

4 会員のためにする手形の割引（法53条1項3号） 467

5 為替取引（法53条1項4号） 467

6 信用金庫の業務と員外貸付 470

7 付随業務（総論）（法53条3項） 486

8 債務保証（法53条3項1号） 495

9 有価証券の売買・有価証券関連デリバティブ取引（法53条3項2号） 499

10 有価証券の貸付（法53条3項3号） 503

11 売出し目的のない公共債の引受け、募集の取扱い（法53条3項4号） 504

12 金銭債権の取得・譲渡（法53条3項5号） 505

13 特定目的会社が発行する特定社債等の引受けまたは当該引受けに係る特定社債等の募集の取扱い（法53条3項5号の2） 510

14 短期社債等の取得・譲渡（法53条3項5号の3） 511

15 有価証券の私募の取扱い（法53条3項6号） 512

16 業務の代理・媒介（法53条3項7号） 512

17 外国において行う外国銀行の業務の代理・媒介（法53条3項7号の2） 514

18 金銭収納事務（法53条3項8号） 515

19 有価証券、貴金属その他の物品の保護預り（法53条3項9号） 517

20 振替業（法53条3項9号の2） 519

21 両替（法53条3項10号） 519

22 デリバティブ関連事業（総論） 520

23 デリバティブ取引（法53条3項11号） 521

24 デリバティブ取引の媒介、取次ぎまたは代理（法53条3項12号） 522

25 金融等デリバティブ取引（法53条3項13号） 522

26 金融等デリバティブ取引の媒介、取次ぎまたは代理（法53条3項14号） 524

27 有価証券関連店頭デリバティブ取引（法53条3項15号） 524

28 有価証券関連店頭デリバティブ取引の媒介、取次ぎまたは代理
（法53条 3 項16号）　525

29 ファイナンス・リース（法53条 3 項17号）　525

30 ファイナンス・リース業務の代理または媒介（法53条 3 項18号）　528

31 法53条 4 項　528

32 法53条 5 項　529

33 法定他業（法53条 6 項）　530

34 日本政策金融公庫の業務代理（法53条 7 項）　538

35 農業信用基金協会等の代理（法53条 8 項）　539

36 法53条 6 項の業務に係るみなし規定（法53条 9 項）　540

第54条　信用金庫連合会の事業　541

1 信用金庫連合会　541

2 信金中央金庫　542

3 信用金庫連合会の事業　542

4 信用金庫連合会の付随業務等　546

第5章の2　外国銀行代理業務に関する特則　549
（第54条の 2 〜第54条の 2 の 3 ）

第54条の 2　外国銀行代理業務に係る認可等　550

1 本条の趣旨　550

2 外国銀行代理業務　551

3 外国銀行代理業務の認可制　552

第54条の 2 の 2　出資の受入れ、預り金及び金利等の取締りに関する法律の特例　553

1 出資法の特例　553

第54条の2の3　貸金業法の特例　554

第5章の3　全国連合会債の発行　557
（第54条の2の4～第54条の20）

第54条の2の4～第54条の20　全国連合会債　558

1 全国連合会債　563
2 その他　564

第5章の4　子会社等（第54条の21～第54条の25）　567

第54条の21　信用金庫の子会社の範囲等　568

1 子会社規制の趣旨　570
2 子会社等の定義　571
3 子会社対象会社の範囲　574
4 担保権の実行等による適用除外（法54条の21第2項）　575
5 従属業務会社（法54条の21第1項1号イ）　576
6 付随・関連業務を営む会社（法54条の21第1項1号ロ）　582
7 新規事業分野開拓会社（ベンチャービジネス会社）（法54条の21第1項2号）　587
8 事業再生会社（法54条の21第1項2号の2）　590
9 持株会社（法54条の21第1項3号）　592
10 罰則（法91条19号・19号の2）　595

第54条の22　信用金庫等による議決権の取得等の制限　595

1 信用金庫の一般事業会社に対する出資制限（合算10％ルール）　597

2 合算10%ルールの適用除外対象となる会社 ... 600

3 子会社対象会社であるが合算10%ルールの適用対象となる会社
（新規事業分野開拓会社） ... 604

4 「議決権」に含まれない場合 ... 605

5 合併・事業譲受けの場合の特例 ... 608

6 合算10%ルール違反の場合 ... 610

7 罰　則 ... 610

第54条の23　信用金庫連合会の子会社の範囲等 ... 610

1 本条の趣旨 ... 618

2 子会社対象会社の範囲 ... 618

3 担保権の実行等による適用除外 ... 620

4 子会社対象会社 ... 620

5 内閣総理大臣の認可・届出 ... 630

第54条の24　信用金庫連合会による信用金庫連合会グループの経営管理 ... 634

1 信用金庫連合会のグループ管理（法54条の24第1項） ... 634

2 経営管理の具体的内容（法54条の24第2項） ... 635

第54条の25　信用金庫連合会等による議決権の取得等の制限 ... 637

1 規定の趣旨 ... 638

2 合算10%ルールの適用除外対象となる会社 ... 638

第6章　経理 （第55条～第57条） ... 643

第55条　事業年度 ... 644

1 事業年度 ... 644

2 事業年度を法定した趣旨   644

第55条の2　会計帳簿等   645

1 本条の意義   645

2 公正妥当と認められる会計の慣行（法55条の2第1項）   645

3 会計帳簿の作成（法55条の2第2項）   646

4 成立の日における貸借対照表の作成（法55条の2第3項）   647

5 会計帳簿等の保存（法55条の2第4項・5項）   648

6 会計帳簿等の提出（法55条の2第6項）   648

第56条　法定準備金   649

1 準備金の積立（法56条1項）   649

2 準備金の取崩し（法56条2項）   650

3 罰　　則   651

第57条　剰余金の配当   651

1 剰余金配当請求権の性質   651

2 剰余金の配当の限度（法57条1項）   652

3 剰余金の配当の方法（法57条2項）   653

4 出資配当率の上限（法57条3項）   653

5 剰余金配当請求権（出資配当金）の時効   654

6 法57条違反   655

第7章　事業等の譲渡または譲受けおよび合併   657
（第58条〜第61条の7）

第58条〜第61条の7　事業の譲渡又は譲受け、合併   658

1 事業の譲渡・譲受け（法58条）   666

2 合併（第59条〜第61条の7）   670

第8章 解散および清算 （第62条〜第64条） 677

第62条〜第64条 解散、清算 678

1 解散（法62条） 680
2 清　算 683

第9章 登記 （第65条〜第85条） 689

総　説 690

第65条 設立の登記 690

1 本条の趣旨 691
2 設立の登記（法65条1項） 691
3 登記事項（法65条2項） 691

第66条 変更の登記 692

1 本条の意義 693
2 出資の総口数および総額についての例外 693

第67条 他の登記所の管轄区域内への主たる事務所の移転の登記 693

第68条 職務執行停止の仮処分等の登記 694

第69条 支配人の登記 695

第70条 吸収合併の登記 696

第71条　新設合併の登記　696

1 本条の趣旨　697

2 2週間の登記期間の起算日　697

第72条　解散の登記　697

第73条　清算結了の登記　698

第74条　従たる事務所の所在地における登記　699

1 本条の趣旨　699

2 登記義務・期間（法74条1項）　700

3 従たる事務所における登記事項（法74条2項）　700

4 従たる事務所における登記事項に変更が生じた場合の登記（法74条3項）　700

第75条　他の登記所の管轄区域内への従たる事務所の移転の登記　701

第76条　従たる事務所における変更の登記等　702

第77条　登記の嘱託　702

1 本条の意義　703

2 会社法準用の内容　703

第78条　管轄登記所及び登記簿　704

第79条　設立の登記の申請　705

第80条　変更の登記の申請　706

| 第81条 | 解散の登記の申請 | 706 |

| 第82条 | 清算結了の登記の申請 | 707 |

| 第83条~第84条 | 合併の登記 | 707 |

| 第85条 | 商業登記法の準用 | 709 |

第9章の2 信用金庫代理業 711
(第85条の2~第85条の3)

| 第85条の2 | 許　可 | 712 |

- **1** 平成17年の信用金庫代理業の改正 712
- **2** 信用金庫代理業の許可制（1項・2項） 713
- **3** 信用金庫代理業の許可制 714
- **4** 所属信用金庫制度 717

| 第85条の3 | 適用除外 | 719 |

- **1** 適用除外 719
- **2** その他銀行法の準用 720

第9章の3 信用金庫電子決済等代行業 725
(第85条の4~第85条の11)

| はじめに | | 726 |

- **1** 改正に至る経緯 726
- **2** 改正の背景 726

第85条の4　登　録　728

- **1** 登録制の導入（法85条の4第1項）　728
- **2** 信用金庫電子決済等代行業の定義（法85条の4第2項）　730
- **3** 銀行法の準用（信用金庫電子決済等代行業者の義務）　731

第85条の5　金庫との契約締結義務等　732

- **1** 金庫との契約締結義務（法85条の5第1項）　733
- **2** 法定記載事項（法85条の5第2項）　734
- **3** 契約内容の公表（法85条の5第3項）　734

第85条の6　金庫による基準の作成等　735

- **1** 契約締結の際の基準の作成・公表（法85条の6第1項・2項）　735
- **2** 不当な差別的取扱いの禁止（法85条の6第3項）　736

第85条の7　信用金庫連合会の会員である信用金庫に係る信用金庫電子決済等代行業を営む場合の契約の締結等　736

- **1** 信用金庫連合会の会員である信用金庫に係る信用金庫電子決済等代行業を営む場合の契約の締結等（法85条の7第1項・2項）　738
- **2** 法定記載事項（法85条の7第3項）　738
- **3** 信用金庫連合会から信用金庫に対する通知（法85条の7第4項）　738
- **4** 契約内容の公表（法85条の7第5項）　738

第85条の8　信用金庫連合会が会員である信用金庫に係る信用金庫電子決済等代行業に係る契約を締結する場合の基準の作成等　739

第85条の9　認定信用金庫電子決済等代行事業者協会の認定　740

第85条の10 認定信用金庫電子決済等代行事業者協会の業務 741

第85条の11 電子決済等代行業者による信用金庫電子決済等代行業 742

第9章の4 指定紛争解決機関 745
（第85条の12～第85条の13）

第85条の12 紛争解決等業務を行う者の指定 746

1 裁判外紛争解決手続（ADR）の目的 748
2 指定紛争解決機関の指定 749
3 紛争解決機関の指定要件（法85条の12第1項） 749
4 金庫業務関連苦情・金庫業務関連紛争（法85条の12第2項） 753
5 指定申請に際しての金庫の意見聴取（法85条の12第3項） 753
6 法務大臣との協議（法85条の12第4項） 753
7 指定紛争解決機関の指定の公告（法85条の12第5項） 753

第85条の13 業務規程 754

第10章 雑則 （第86条～第89条の3） 757

第86条 実施規定 758

第87条 届出事項 758

1 金庫の届出義務 759
2 金庫の届出義務がある場合 760

3 信用金庫代理業開始時の届出　760

4 信用金庫電子決済等代行業者の届出　760

第87条の 2　認可等の条件　761

第87条の 3　認可の失効　761

第87条の 4　公　告　762

1 公告の意義　763

2 金庫における公告方法（法87条の 4 第 1 項）　763

3 公告方法の定め（法87条の 4 第 2 項）　765

4 公告事項　765

5 公告の期間（法87条の 4 第 3 項）　766

6 電子公告における会社法の準用（法87条の 4 第 4 項）　766

第87条の 5　財務大臣への通知　767

第88条　権限の委任　768

1 内閣総理大臣から金融庁長官への委任　768

2 金融庁長官から財務局長・財務支局長への委任　768

第89条　銀行法の準用　769

1 銀行法の準用の概要　774

2 法89条 1 項における銀行法の準用　775

3 業務等に関する規制の準用　776

第11章 罰則 （第89条の 4 ～第94条）　801

第12章 没収に関する手続等の特例　815
（第95条～第97条）

第95条 第三者の財産の没収手続等　816

第96条 没収された債権等の処分等　817

第97条 刑事補償の特例　818

事項索引　819

Column

●定款における暴力団排除条項の既存会員への適用 59

●連帯保証、物上保証、連帯債務と会員資格 76

●破産管財人の持分払戻請求権の換価と信用金庫の対応 138

●所在不明会員の除名についての体制整備 142

●職員外理事 194

●理事と総代の兼任 212

●役員の終任 216

●総（代）会の決議による役員解任の可否 260

●テレビ会議、電話会議による理事会開催 284

●監 事 会 304

●金庫における責任限定契約等の可否 336

●議　　長 384

●議事録の署名・記名押印 401

●法人総代の従業員による代理行使 415

●総代の定数に欠員が生じた場合の補充選任の要否 422

●会員による総代会の傍聴 422

●金庫子会社の不動産を対象としたオペレーティング・リースの
　解禁 585

●イスラム金融 586

●独占禁止法における議決権取得制限との関係 599

●会計帳簿の閲覧請求 648

●信用金庫における ADR 755

序章

信用金庫法の沿革と主な改正等

序　章

1　信用金庫法の沿革

(1)　協同組織金融機関の法制度

　本書において協同組織金融機関とは、信用金庫、信用協同組合、農林系統金融機関（農業協同組合、漁業協同組合）、労働金庫の5つ（4つの業態）を指す（株式会社商工組合中央金庫もかつては協同組織金融機関であったが、株式会社商工組合中央金庫法（平成19年法律第74号）により、平成20年に民営化され株式会社形態となった）。

　信用金庫をはじめとした協同組織金融機関は、「そもそも中小企業、農業漁業者及び個人など、一般の金融機関から融資を受けにくい立場にある者が構成員となり、相互扶助の理念に基づき、これらの者が必要とする資金の融通を受けられるようにすることを目的として設立されたもの」（平成元年5月15日金融制度調査会金融制度第一委員会中間報告「協同組織形態の金融機関のあり方について」）である。

　協同組織金融機関は、会員または組合員の相互扶助を基本理念とする非営利法人である点で共通し、また、その根拠法は、いずれも産業組合法を淵源とする点で共通する。そこで、まずは協同組織金融機関の沿革および根拠法を概観する（詳細については拙稿「協同組織金融機関の会員・組合員からの反社会的勢力排除」金法1944号96頁）。

(2)　協同組織金融機関の沿革および根拠法

a　はじめに

　明治以前にも、先祖株組合（1838年に大原幽学の指導で始まった協同組織）や五常講（二宮尊徳が儒教の教え「仁義礼智信」の五常の教えをもとに、小田原藩の使用人や武士達の生活を助けるために創設した資金を貸し借りする制度）があり、五常講は後に「報徳社」という組織に精神が受け継がれ、静岡県を中心に数多く設立されるなどしたが、近代的な協同組合は明治時代になってから発展した。

　協同組織金融機関は、以下に述べるとおりおおむね産業組合法に淵源する

が、我が国の協同組織金融機関の立法制度は、政府の行政施策・保護政策や歴史的由来から、産業組合法のような一般的・包括的法制を存続させず、その後、農業協同組合法、水産業協同組合法、中小企業等協同組合法など業態別に多元化・枝分かれして個別立法がなされている。

b 産業組合法

日本の協同組織金融機関の淵源は、ドイツの「経済および産業組合法」に基づく信用組合制度を日本に普及させるために明治33年に制定された産業組合法（明治33年法律第34号）によって創設された信用組合にある（上柳『協同組合法』5頁）。零細な農民、中小零細企業や低所得者は信用力に劣り、取引コストやリスクも高いため、営利を目的とする銀行の取引先とされづらい状況のもと、これら社会的弱者が集まり、必要な資金調達を確保し、あるいは適切な貯蓄手段の利用を可能とするため、貯蓄等を持ち寄って相互に融通しあう協同組合的な金融機関を形成するに至ったものである（長野監修『信用金庫読本』44頁）。

産業組合法は主に農民を想定して立法化されたが、都市では地縁の結びつきが弱く、組合を組織する上で事実上困難な面もあった。そこで、都市の中小商工業者および勤労者のための金融機関として、庶民銀行的な役割を果たすことを期待し、大正6年に産業組合法の一部を改正し、信用事業を専門に行う信用組合を対象に市街地信用組合制度が創設された。その後、同制度を単独で立法化する準備が進められ、昭和18年に市街地信用組合法が立法化された。同法においては、組合員の責任形態は有限責任のみとし、監督官庁を大蔵・農林両省の共同管轄から大蔵省専属管轄とするなど、戦後における信用金庫発展の素地がつくられた。

c 農業協同組合法

産業組合法による組合のうち、農業関係の組合を農業団体として分離・改組することを目的とし、農業団体法が制定され、これが昭和22年に制定された現行の農業協同組合法（昭和22年法律第132号）に承継された。

d 水産業協同組合法

明治35年制定の漁業法および大正10年制定の水産会法を統合して昭和18年に水産業団体法が制定されるとともに、これを承継して昭和23年に水産業協

同組合法（昭和23年法律第242号）が制定された。水産業協同組合法は産業組合法に基づく信用組合から分離・独立する形で立法化されたものではないが、漁業法が制定された明治35年の時点で産業組合法がすでに制定されており、同法は当時、協同組合の基本原則を多く採用した協同組合法の一般法として、水産業協同組合法にも影響を及ぼしているものと推測される（神吉正三「協同組織金融機関の『地区』に関する考察」（ポリシー・ディスカッション・ペーパー06－P－001）、明田『農協法』74頁参照。なお、『水協法の解説』14頁は、水産業協同組合法の組織原理として、農業協同組合法と同様、古典的な協同組合原則が導入されたとする）。

　e　中小企業等協同組合法

　昭和22年に独占禁止法が制定され、組合が独占禁止法の適用除外を受けるためには組合員が小規模の事業者に限られたことから改正が必要となり、昭和24年に産業組合法（産業組合法は廃止されている（消費生活協同組合法103条1項））、市街地信用組合法、商工協同組合法の3つの法律を統合する形で、現行の中小企業等協同組合法が制定された（昭和24年法律第181号）。

　f　信用金庫法

　中小企業等協同組合法は、前記のとおり3つの法律を統合したため、産業組合法による信用組合、市街地信用組合、商工協同組合法に基づき信用事業を兼営している商工協同組合を「信用協同組合」として一律に規制している。このうち市街地信用組合は一定の地域を基盤とし、組合員のみでなく組合員以外の者とも取引を行う地域金融機関的性格が強い一方で（地域組合）、商工協同組合や産業組合のうち特定の職場に勤務する勤労者を主体とするものは、同業者を主体とし（業域組合・職域組合）、相互扶助の観点から組合員のみを対象に活動する純粋な意味の協同組合的な性格が強く（長野監修『信用金庫読本』86頁参照）、これらを同一の立法で規定する矛盾や監督行政上の困難さも指摘されていた。

　そこで、信用協同組合のうち金融機関としての公共的性格が強く、中小金融専門機関としてさらに発展させるべきものを対象として、昭和26年に中小企業等協同組合法から独立した法律として信用金庫法（昭和26年法律第238号）が制定された。他方で、信用協同組合は相互扶助の性格を強調し、協同

的相互金融に徹すべきものとして、引き続き中小企業等協同組合法で規定されることとなった。

g 労働金庫法

労働金庫はもともと独自の根拠法がなく、中小企業等協同組合法に基づいて信用協同組合として設立運営されてきたが、中小企業等協同組合法における規定内容は労働金庫と目的、構成組織、金融の組織等が異なるところであった（『労金法詳解』55頁）。そこで、昭和28年に労働金庫法（昭和28年法律第227号）が、中小企業等協同組合法から独立した法律として規定された。

(3) 協同組織金融機関の特徴（協同組合原則）

銀行等株式会社組織と異なる協同組織金融機関の特質を検討する。

a 協同組合4原則

中小企業等協同組合法5条は、組合が備えるべき要件として、①組合員の相互扶助を目的とすること、②組合員が任意に加入し・脱退することができること（加入・脱退の自由）、③組合員の議決権および選挙権が出資口数にかかわらず平等であること（一人一票の議決権）、④組合の剰余金の配当は、主として組合事業の利用分量に応じてするものとし、出資額に応じて配当をするときは、その限度が定められていること（利用高配当と出資配当の制限）の4要件を挙げている（協同組合4原則）。

これは独占禁止法22条の定める適用除外規定と同趣旨の規定であり、規定振りは異なるが、信用金庫法7条1項、農業協同組合法9条、水産業協同組合法7条、労働金庫法9条も同趣旨であり、上記4原則は、中小企業等協同組合法が適用される信用協同組合のみならず、信用金庫を含めた他の協同組織金融機関にも妥当する。

b 会員・組合員の相互扶助

協同組合は、経済的弱者が地域、職域や業域を単位とし、資金を提供しあって出資者（会員または組合員）間の相互扶助を重視する人的結合に重きを置く「人的社団（人的結合）」であり、非営利的な企業形態である（なお、独占禁止法22条も、同法が適用除外される組合員資格について、「小規模の事業者又は消費者」と規定しており、これらの経済的弱者が経済的地位を向上させるた

めの相互扶助を目的として組織するものである（明田『農協法』3頁））。

　この点、銀行のような株式会社が利潤追求を第一義的な目的とし、資本的結合による「物的社団（資本的結合）」であるのと対比される。

c　加入・脱退の自由

(a)　加入・脱退自由の原則

　協同組合について、特定の者の恣意的結合でなく、一定の資格を有して組合に参加しようとする者は広く自由な参加が保障され、また加入を強制されないこと（加入自由）、また脱退することを拒否されず、また強制されない（脱退自由）という「加入・脱退自由の原則」が妥当する。

　なお、上記「加入・脱退自由の原則」のうち、「加入自由の原則」は、①協同組合は、組合員たる資格を有する者が加入しようとするときは、正当な理由がないのに、その加入を拒むことができないこと、②協同組合は、組合員資格を有する者の加入につき、現在の組合員が加入の際に付されたよりも困難な（加重された）条件を付してはならないという2点からなるところ、中小企業等協同組合法14条、農業協同組合法20条、水産業協同組合法25条はすべて、上記①②と同様の内容となっている。信用金庫法や労働金庫法においては、上記①②の明文規定はないが、協同組合の原則から、信用金庫および労働金庫についても原則として加入の自由があり、正当な理由がないのに加入を拒絶することができないと解される（労働金庫法について、『労金法詳解』55頁参照）。なお、持分譲渡の信用金庫による承諾に関し、「加入自由の原則」から正当事由がある場合にのみ入会を拒否できるとする裁判例があり（東京地判昭44.5.29金法550号33頁、東京高判昭45.11.26金法611号35頁）、東京地判昭44.5.29は加入自由の原則の根拠として、法7条および13条を挙げる。

(b)　加入制限の禁止

　経済的弱者が相互扶助の精神をもって協同事業を行うための組織が協同組合であり、これによって小規模事業者も公正な経済活動の機会を確保できるのであり、門戸を開放し、来るものは拒まないのが根本精神であり、原則と解されている（村橋『協同組合法論』157頁参照）。また、協同組合の組合員資格に関し、一部の人に対して、形式的にまたは実質的に、組合への加入や利用を妨げる排他的な規約や事業方針を設けること、思想やイデオロギーに

よって制約を設けることは許されないと解されている（御宿『経営管理の法律問題』21頁）。

上記は近代私法の原則である「法律行為自由の原則」を制限したものである。

(c)　現在の組合員の加入時に比して困難な条件付加の禁止

例えば、従来徴収していない加入手数料を新規加入者から徴収したり、組合事業の一部の利用制限を条件としたりするなどが該当するが、これは加入の自由を事実上制限するためである。加入に伴う事務処理に必要な手数料実費相当額の徴収などは許されるが、人やケースにより差別的、恣意的にならないよう明確な基準を設定する必要がある。

d　一人一票の議決権（議決権平等原則）

協同組合の民主主義に基づき、「資本力（出資額）」よりも「人間（頭数）」を重視することの表れである。すなわち、銀行等株式会社は「資本的結合」であるため、株主総会における議決権は所有株式に応じたものとなるが（会社法308条）、協同組合は「人的結合」となるため、出資口数にかかわらず、一人一票の議決権が妥当する（信用金庫法12条、中協法5条1項3号、11条1項、農協法16条、水協法21条1項、労金法13条1項）。

2　信用金庫法の主な改正

昭和26年に信用金庫法が成立した後、社会経済環境の変化や銀行法の改正等に伴い、度重ねて改正がなされている。以下に主なものを整理する。

(1)　昭和43年改正

昭和43年の改正においては、会員資格について規模要件の改正がなされたほか、出資の総額の最低額の引き上げ、員外貸付の拡大（卒業生金融、小口員外貸付）などの改正がなされた。

(2)　昭和56年改正

昭和56年には、銀行法の大改正がなされ、これに合わせ、外国為替業務の取扱いの解禁、代理業務を取り扱っている公庫、公団の資金の取扱い（法53

条）などの改正があった。また、銀行法の改正に伴い、大口信用供与の制限（銀行法13条）、取締役に対する信用の供与の制限（同法14条）、業務報告書の作成提出義務（同法19条）等が準用されることとなった。

⑶　平成 5 年改正

平成 5 年に「金融制度及び証券取引制度の改革のための関係法律の整備に関する法律」（「金融制度改革法」）が施行されたことを受け、信用金庫連合会の子会社による信託業務および証券業務への参入、信用金庫および信用金庫連合会本体での信託業務への参入、社債の募集または管理の受託および地方債の募集の受託を可能とするなどの改正がなされた。

また、信用金庫の理事について、 3 分の 1 までは員外理事を選任することを可能とするほか、監事の資格要件をはずし、員外監事を自由に選任することができることとなった。

⑷　平成10年前後の改正

平成 8 年には、「金融機関等の経営の健全性確保のための関係法律の整備に関する法律」が制定・公布され、これに基づいて、監事機能の一層の強化や外部監査制の導入などが規定された。

平成10年に金融システム改革のための関係法律の整備等に関する法律（金融システム改革法）が施行され、付随業務としてデリバティブ取引が追加され、また信用金庫の子会社の範囲の明記、議決権保有規制などについて、改正がなされた。

⑸　平成17年改正

平成17年の会社法制定に伴い、信用金庫法第 4 章（管理）、第 6 章（経理）、第 7 章（事業の譲渡または譲受けおよび合併）、第 8 章（解散および清算）および第 9 章（登記）など、大幅な改正がなされるとともに、信用金庫法施行令および信用金庫法施行規則の条文も拡充された。

また、銀行法改正に伴い、第 9 章の 2 の信用金庫代理業の整備がなされた。

⑹ 平成18年の改正

理事および監事の任期についての改正（法35条の2）、法53条におけるデリバティブ取引についての規定の文言修正などがなされた。

⑺ 平成20年改正

金融商品取引法の一部改正に伴い、第5章の2の外国銀行代理業務に関する特則（信用金庫連合会が自身の子会社である外国銀行の業務の代理または媒介を行う場合など）の新設、金庫の事業における、投資助言業務や排出権取引の追加、子会社における「事業再生会社」の新設などがなされた。

⑻ 平成21年改正

金融商品取引法の一部改正に伴い、指定紛争解決機関の章が追加された。

⑼ 平成25年改正

議決権保有規制（10％ルール）の事業再生会社等に関する緩和、外国銀行代理業務に関する規定の追加などがなされたほか、信用金庫法が準用する銀行法において、大口信用供与等規制の見直しがなされた。

⑽ 平成26年改正

会社法改正に伴い、員外監事の法定要件の追加（法32条5項）、内部統制システムに関する体制の整備（法36条5項5号）、会計監査人についての改正（法38条の3）、理事の責任の一部免除に関する算定区分の見直し（法39条4項）、法48条の6第1項3号において規定されていた「請求者が当該金庫の業務と実質的に競争関係にある事業を営み、又はこれに従事するものであるとき」の要件の削除などがなされた。

⑾ 平成28年改正

「情報通信技術の進展等の環境変化に対応するための銀行法等の一部を改正する法律」に基づき、子会社の範囲に関する改正（従属業務会社について

の収入依存度規制の緩和）、FinTech企業への出資の容易化の措置として、信用金庫連合会の子会社について、いわゆる高度化会社の新設（法54条の23第1項11号の3）などがなされた。

⑿ 平成29年改正

FinTechの進展に伴い、顧客から委託を受け、顧客と金融機関との間でサービスの仲介を行う業者が登場していることを踏まえ、銀行法の改正がなされたが、信用金庫法においても、信用金庫電子決済等代行業に関する規定が新設された。

3 信用金庫法の意義

⑴ 信用金庫法の意義

信用金庫法は、我が国において活動する信用金庫の業務運営を律する基本法である。

信用金庫の資金仲介、信用創造、支払決済といった機能が我が国金融システムの中核を担っており、信用金庫法1条の目的規定において、「金融の円滑」「信用の維持」と規定されているとおり、我が国の経済活動、特に地域経済において、信用金庫が果たす役割は大きい。

信用金庫法は、預金取扱金融機関の基本法たる銀行法の条文のうち、行為規制やエンフォースメントのための行政当局による監督権限などの条文について多く準用しているほか、機関等については会社法の条文を多く準用している（詳細は後記④のとおり）。他方で、信用金庫は、協同組織金融機関としての役割を果たすことから、会員制度など、銀行法と異なる特徴を有しており、この点の規定を設けている。

前記のとおり、信用協同組合のうち金融機関としての公共的性格が強く、中小金融専門機関としてさらに発展させるべきものを対象として、中小企業等協同組合法から独立した法律として信用金庫法が制定されたという経緯があり、信用金庫法は金融機関としての機能を拡大し、その公共的性格を明確にするため、信用の維持・預金者の保護に配慮しているが、信用金庫法にお

いても、会員の出資制度、加入脱退の自由、議決権の一人一票制などがあり、協同組織金融機関向けの法律としての骨格を存続させている。

⑵　信用金庫と信用協同組合の比較

　信用金庫は、員外預金の受入れが制限されていないのに対し、信用協同組合については、原則として員外預金の受入れを取り扱わない（公共団体、組合員の家族以外の非組合員からの預金等の受入れが例外）。また、信用金庫および信用協同組合の双方とも、会員・組合員への貸付が原則となるのに対し、例外的に貸出総額の20％以内で員外貸付が認められる。なお、信用金庫については制限付きで卒業生金融があるのに対し、信用組合についてはこの定めがない。また、信用組合は信用金庫に比して監督も簡素化され、できる限り自主的な業務の運営を行わせることとされている。

【信用金庫、信用組合、銀行の比較】

	信用金庫	信用組合	銀行
1．法律	信用金庫法	中小企業等協同組合法 協同組合による金融事業に関する法律	銀行法 会社法
2．目的	国民大衆のために金融の円滑を図り、その貯蓄の増強に資する	組合員の相互扶助を目的とし、組合員の経済的地位の向上を図る	国民大衆のために金融の円滑を図る
3．組織	会員・組合員の出資による協同組織		株式会社
4．議決権等	・会員・組合員は出資額にかかわりなく1人につき1個の議決権 ・総会（総代会）において議決権を行使（総代会を設置する場合には、会員等から選ばれた総代で構成）		・株主は1株につき1個の議決権 ・株主総会において議決権を行使
5．配当制限	出資配当は出資額の年1割以下（信用金庫定款例）	出資配当は出資額の年1割以下（法律）	制限なし（株主総会で決議）
6．地区	定款記載事項（→定款変更は認可事項）		制限なし

7. 会員・組合員資格	地区内において、 ・住所または居所を有する者　・事業所を 有する者　・勤労に従事する者　等		制限なし
事業者についての制限	従業員300人または資本金9億円以下	従業員300人または資本金3億円以下等	

*一般社団法人全国信用金庫協会ウェブサイト（http://www.shinkin.org/shinkin/difference/index.html）を参考に作成。

4　信用金庫法の位置付け（他の法律との関係）

(1)　業　　法

　信用金庫法はいわゆる業法である。すなわち、預金・定期積金等の受入れ、資金の貸付または手形の割引、為替取引といった金融サービスにつき、提供主体にかかわらず行為主体を規制する法制度を採用していない。その代わり、提供する事業者（信用金庫）に内閣総理大臣の許認可を義務付け、信用金庫が営む業務を規制することにより、信用金庫法の目的を果たそうとしている。

(2)　銀行法との関係

　一般公衆から資金の受入れを行う預金取扱金融機関として、銀行があり、預金取扱金融機関の基本法としては銀行法が存在する。信用金庫、信用協同組合または労働金庫（これらの法人をもって組織する連合会を含む）については、根拠法である信用金庫法（89条）、協同組合による金融事業に関する法律（6条）、労働金庫法（94条）において、銀行法の諸規定（業務規制、監督など）を準用している。なお、農林中央金庫、農業協同組合、漁業協同組合、水産加工業協同組合等（これらの法人をもって組織する連合会を含む）や株式会社商工組合中央金庫については、上記と同様の観点から、銀行法における監督等の規制と同様の規制を、銀行法の条文を準用する方法または直接書き下ろす方法により規定している。

⑶　会社法との関係

　銀行の組織は株式会社に限定され（銀行法４条の２）、特別法たる銀行法に対して一般法の関係にある会社法が適用されるのに対し、信用金庫は特別法により設立された非営利法人であり（後記**第２条**参照）、会社法がそのまま適用されるものではない。もっとも、信用金庫にも管理（役員等）については、会社法の規定が多く準用されている。

⑷　保険業法との関係

　保険会社は、一般公衆から資金（保険料）を受け入れ、運用し、払い戻すという預金取扱金融機関と共通の側面があり、保険業法１条の目的規定において、保険業の公共性が定められている。

　また、保険業法もいわゆる業法であり、保険サービスにつき、提供主体にかかわらず行為主体を規制する法制度を採用しておらず、保険会社の営業免許を義務付け、保険会社が営む業務を規制することにより、法律の目的を果たそうとしている点で信用金庫法と共通する。

　さらに、保険業法42条以下においては、信用金庫と同様、総代会の制度が定められている。

5　民法・商法との関係（信用金庫と商法上の商人性）

⑴　問題の所在

　信用金庫について、信用金庫法や信用金庫法の準用する会社法に規定のない民事法上の問題については、民法や商法が適用される。

　民法（債権法）改正により、後記**⑷**のとおり、法定利率（民法404条）や債権の消滅時効（同法166条）について改正がなされたが、改正前の商法が民法の特別規定として民法と異なる定めをしている場合があった。すなわち、民法の法定利率は年５分（同法404条）、債権の消滅時効は原則として10年（同法166条）であるのに対し、商法における法定利率は年６分（商法514条）、債権の消滅時効は５年（同法522条）とされるなどしていた。そのため、協同組

序章　信用金庫法の沿革と主な改正等　　13

織金融機関たる「信用金庫」が商法上の「商人」に該当するかが問題となり、これによって信用金庫の金融実務（消滅時効管理、有価証券担保取得、法定利率の計算等）に影響していた。

まずは、この点の判例等を踏まえて議論状況について概説する。

⑵　信用金庫の商人性

旧産業組合法5条は、「産業組合ニハ本法ニ別段ノ規定アルモノヲ除クノ外商法及商法施行法中商人ニ関スル規定ヲ準用ス」との規定があり、大判大9.10.21（民録26輯1561頁）、大判 昭2.7.15（民集6巻10号478頁）も、産業組合には商行為法の規定が準用され、産業組合の債権は商事債権としての商事時効にかかると判断していた。

信用金庫法は産業組合法に淵源するものであるが、信用金庫法においては、旧産業組合法5条のように、商行為法を準用するといった包括的な規定は存在しない。

商法4条における「商人」とは、「自己の名をもって商行為をすることを業とする者」と解されるところ、「業とする」とは、営利の目的で同種の行為を、継続的・計画的に行うことを指す。協同組合一般について、商人に関する商法の規定を類推適用するという一般原則を認めることができないとするのが通説であり（上柳『協同組合法』19頁、大塚『協同組合法の研究』393頁）、また信用金庫は非営利法人であり、商法上の商人ではなく、商法の規定を類推適用すべきとは解されない。

⑶　裁判例

信用金庫や信用組合などの協同組織金融機関の商人性について、以下の裁判例がある。

信用金庫は信用協同組合に比べると営利的性格が強いが、下記3判例は、いずれも信用金庫ないし信用協同組合の商人性を否定している。

a　信用組合の貸付債権の消滅時効期間に関する裁判例（最二小判昭48.10.5金法705号45頁）

上記判決は、中小企業等協同組合法に基づいて設立された信用協同組合

は、商法上の商人に当たらないが、信用協同組合が商人たる組合員に貸付を
するときは、同法503条、3条1項により、同法522条が適用されるものと解
するのを相当すると判断している。

b　信用金庫の商事留置権の成否に関する裁判例（最三小判昭63.10.18民
　　集42巻8号575頁・金法1211号13頁）

上記aの判決を引用した上で、信用金庫法に基づいて設立された信用金庫
は、国民大衆のために金融の円滑を図り、その貯蓄の増強に資するために設
けられた協同組織による金融機関であり、その行うことのできる業務の範囲
は次第に拡大されてきているものの、それにより上記性格に変更を来してい
るとはいえず、信用金庫の行う業務は営利を目的とするものではないから、
信用金庫は商法上の商人には当たらないと判示している。

なお、上記判決においては、信用金庫の商人性を否定することにより、商
人間で双方のために商行為である場合に適用される商事留置権（商法521条）
の成立を否定している。

c　信用組合の預金払戻債務の履行遅滞の遅延損害金についての裁判例
　　（最二小判平18.6.23金法1789号22頁）

上記判決においては、「中小企業等協同組合法に基づいて設立された信用
協同組合は、商法上の商人には当たらない」と信用協同組合の商人性を否定
し、預金取引の商行為性を否定し、預金払戻債務の履行遅滞に伴う遅延損害
金につき、民事法定利率である年5分を適用すべきと判断している。

⑷　民法（債権法）改正の影響

改正前の民法においては、信用金庫の貸付債権等について、相手方である
借入債務者が商人の場合には5年の商事消滅時効が適用され、非商人である
場合は10年の消滅時効が適用されていた。

しかし、平成32年4月1日施行の民法（債権法）改正により、債権の消滅
時効につき、「権利を行使することができる時」（客観的起算点）から10年間
という時効期間に加え、「債権者が権利を行使することができることを知っ
た時」（主観的起算点）から5年間の時効期間が新設され、債権はいずれかの
時効期間が満了した時に消滅することとされ、商事消滅時効を5年間とする

商法522条は削除された。よって、信用金庫についても、取引の相手方の商人性の有無にかかわらず、改正民法が適用され、消滅時効期間につき、信用金庫が非商人であることによる差異はなくなった。経過規定により、貸金債権の成立が施行日の前後かにより、現行民法（商法）または改正民法が適用される（改正民法附則10条4項）。

　また、改正民法においては商法514条を削除し、商取引における法定利率を改正民法における法定利率の規律に委ねることとなったため、この点においても、信用金庫が非商人であることによる差異はなくなった。経過規定により、債務の遅滞が施行日の前後かにより、現行民法（商法）または改正民法が適用される（改正民法附則17条4項）。

　もっとも、前記昭和63年判決における、商事留置権の成否（有価証券担保権取得の要否）については、信用金庫の非商人性が影響する点であり、引き続き、信用金庫としては、商事留置権が成立しないことを前提とし融資実務を行う必要があり、取引先の信用状態に応じ、取立手形を担保として徴求することが想定される。

第1章

総則

（第1条〜第9条の2）

第1条

第1条　目　　的

> **（目的）**
> **第1条**　この法律は、国民大衆のために金融の円滑を図り、その貯蓄の増強
> に資するため、協同組織による信用金庫の制度を確立し、金融業務の公共
> 性にかんがみ、その監督の適正を期するとともに信用の維持と預金者等の
> 保護に資することを目的とする。

1　はじめに

　我が国の法律において、一定条文数以上のものについては目的規定を設けることが一般的であり、これに従い、本条において、まず本法の目的を規定している。目的規定は法律制定の目的を端的に規定するものであり、それ自体なんらかの規制を定めるものではないが、法律の基本的な視点や考え方が表現され、各条文の解釈・運用の基本的な指針となる（池田＝中島監修『銀行法』14頁）。

　以下、本条の目的規定のポイントに分けて解説する。

2　国民大衆のため

(1)　趣　　旨

　まず、「国民大衆のため」ということが明示されているが、これは銀行法1条の目的規定にはない文言である。

　すなわち、この「国民大衆」とは日本国籍を有するものという意味ではなく、会員資格を定めた法10条1項からうかがえる我が国に生活基盤を置く中小企業者や勤労者その他一般庶民大衆を意味しており（『金融法務講座』62頁）、これにより信用金庫が中小企業や一般大衆のための専門機関であることを明らかにしている。

18

⑵ 定款による会員資格の制限との関係

　具体的な会員資格については法10条によって規定されているが、本条で定める目的にかんがみて、信用金庫が定款をもって会員資格を定める場合、法10条によって法定された会員資格の一部に限定することは適当でないと解され（『信金法解説』96頁）、大蔵省銀行局長通達の「信用金庫定款作成要領」（昭26.7.28蔵銀第3586号）においても、「会員たる資格」につき、「信用金庫は、広く国民大衆を対象とする金融機関であるから法10条各号（定款例各号）に掲げる者を広く会員とすることが適当と認められる」とされ、行政指導が行われてきた。

　本条の目的規定との関係が問題となったのが、定款の会員資格において暴力団排除条項を設けることの是非であるが、後記**第10条**⑺において解説するとおり、暴力団排除条項の導入をすることは本条にも反せず、可能であるものと解され、定款例においても暴力団排除条項が導入されている。

3　金融業務の公共性

　我が国の経済社会において、民事法上、「契約自由の原則」「私的自治の原則」が基本原則である。しかし、契約自由の原則等の名のもとにおいて、国家が経済主体の経済活動を放任すると、不正が生じたり、顧客の利益が失われたりするおそれがある。

　特に信用金庫等の金融機関においては、資金仲介、信用創造、支払決済といった金融取引は経済社会において重要な機能を担っており、かつ、これらが多数の金融機関の結びつきによる信用秩序のもとで成り立っており、我が国の信用秩序全体に連鎖的に重要な影響を及ぼすことから、金融業務には「公共性」が認められる。また信用金庫の主たる債権者が預金者（国民大衆）であることから、国家が「公共の福祉」（憲法13条）の観点から最小限度の介入をし、正常な経済活動を維持する必要があり、本条も金融業務の「公共性」をうたっている。

　本条においては、この金融業務の公共性にかんがみて、「信用秩序の維持」「預金者の保護」「金融の円滑」の3点を挙げており、信用金庫法の全条文の

よって立つ基盤は上記各理念にある（小山『銀行法』54～56頁）。

4　金融の円滑

　個人や企業は、個人が過去の貯蓄を取り崩して支出に充てたり、企業が内部留保を取り崩して資金に充当したりするなど、資金調達を内部のみで行う「自己金融」によることができる。しかし、常に自己金融によることは困難であり、不足する部分は出資、社債発行、借入れなど、外部の資金に頼らざるを得ない（外部金融）。

　外部金融については、信用金庫、銀行等金融機関が資金の供給者から預けられた資金を融資する方法（間接金融）と株式や社債の形で資本市場から調達する方法（直接金融）があるが、各経済主体の金融活動を仲介する信用組織が必要であり、信用金庫は与信、受信、為替、手形交換などを通じて信用組織の中核をなしている。

　信用金庫法は、金庫が資金仲介機能を通じて、各経済主体の間に立ち、「金融の円滑」に資する法的枠組みを提供している（小山『銀行法』57頁）。

5　協同組織による信用金庫の制度の確立

　「協同組織」とは協同組合形式の組織をいい、相互扶助の精神に基づき、協同してその事業の促進ないし経済的社会的地位の向上等を図るために組織されるものである（本条においても、国民大衆の「貯蓄の増強に資する」ことが明記されている）。

　したがって、特定の会員の利益のみを目的としたり、金庫自身の営利を目的としたりして事業を行ってはならない。また、金庫は法人格を付与されている社団であって、民法上の組合ではない（後記**第2条**参照）。

6　信用の維持

　現代の経済社会における取引は、「信用」すなわち「預けた資金、貸し付けた資金は必ず返済される」という信頼を基礎として成り立っており、このような信用社会を支えるのが金融機関である。

　金融機関に対する信用が維持されなければ、取付け騒ぎ等を招き、金融機

関のみならず経済各分野、ひいては我が国の経済全体に重大な影響を与える。また、昨今、コーポレート・ガバナンスの進展に伴い、金融機関の財務の健全性のみならず、業務の適切性もより重要となってきており、レピュテーション・リスク（風評リスク）管理を含めた信用の維持が求められている。よって、信用の維持は本法において極めて大きな目的である。

7 預金者等の保護

「貯蓄から資産形成へ」という流れが国民的課題となっているものの、我が国の個人や法人における金融資産の中心は預金であり、本条に記載のとおり国民大衆の「貯蓄の増強に資する」ことが必要であるし、一般の国民大衆にとって預けた預金の元本および利息が確実に払い戻されることが金融システムとして必要である。金庫は金融仲介機能を果たすため、受け入れた預金等を原資として貸付業務を行ったものの、貸倒れが多発し、預金者等への返済原資が欠損すると、国民生活の安定や企業の安定した経営を害し、信用金庫をはじめ金融システムの信頼を損なうこととなる。

よって、金融システムの信頼を維持することにより、信用金庫の経営の健全性を確保し、ひいては信用金庫の利用者たる預金者等を保護する必要がある（近年は預金者等を含めた顧客の保護（利用者保護）が信用金庫の重要な経営課題の１つとなっている）。

なお、「預金者等の保護」とは、預金者の保護のみならず、定期積金の積金者の保護を含むとされる（銀行法２条５項参照）。

第2条　人　格

（人格）
第2条　信用金庫及び信用金庫連合会（以下「金庫」と総称する。）は、法人とする。

1 信用金庫および信用金庫連合会の法人性

　本条は、信用金庫および信用金庫連合会（本法に従い、以下「金庫」という）に対して法人格を付与することを定めた規定である。

　「法人」とは、自然人以外のもので、特別の法律に基づき、権利義務の主体たることを認められたものをいうが、我が国において、ある団体を法人とするかについては、法律の定めるところによることとし、法人は民法その他の法律の規定によらなければ成立しない（民法33条。法人法定主義）。

　信用金庫は、一定の組織（会員組織）のもとに事業主体として継続して一定の金融事業（預金、貸出、為替取引等）を行い、経済的・法律的な取引関係に立脚し、しかも第三者の利益を害さないためには、各種の金融事業に基づいた取引関係から生じる権利義務の主体となることが必要である（『信金法解説』39頁）。そのため金庫（信用金庫および信用金庫連合会）はそれに値する社会的価値を有するため、法人とされたものである。我が国において、金庫を含め、協同組合はいずれも法人（農協法4条、水協法5条、中協法4条、森林組合法5条、労金法3条）とされており、戦前の産業組合や商業組合等の協同組合も法人とされていた。

　なお、金庫は「協同組織」を基本としており（法1条）、人と人との結合体（会員組織）であるが、1個の独立した組織体としての「社団」であり、民法上の「組合」（民法667条、688条）ではない（『金融法務講座』67頁）。

2 金庫の法人としての性格

(1) 私 法 人

　一般に、特定の行政目的のために公法に準拠して設立され、一定の範囲で行政権能を行使するものを「公法人」といい、私人の自由な意思決定による事業遂行のために、私法に準拠して設立された法人を「私法人」というが、金庫は私法人である。

(2) 社団法人

人の集合体である団体で、法律上の権利義務の主体たる法人格を認められたものを「社団法人」、一定の目的のため供せられた財産を管理、運営するためにつくられる法人を「財団法人」というが、金庫は社団法人である。

(3) 非営利法人

株式会社たる銀行は、株主に利益配当請求権・残余財産分配請求権が認められており、営利を目的とする法人である。

これに対し、金庫は、他の協同組織金融機関と同様、資本主義社会において経済的地位の総体的に弱い小規模事業者や消費者たる会員の相互扶助や経済的地位の向上を目的として、特別法により設立された非営利法人である。

また、公益の実現を直接の目的とするものではないことから公益法人とはいえず、中間法人である。

3 金庫の目的

民法34条において、「法人は、法令の規定に従い、定款その他の基本約款で定められた目的の範囲内において、権利を有し、義務を負う」とされているとおり、法人格は法律により付与されるため、法人の享有する権利義務も法令により制限されるが、これは金庫にも適用ないし類推適用されると解される。

すなわち、金庫も定款等の目的の範囲内において権利能力を有するものであり、この範囲外の行為は無効となる。

この点、営利法人について、「目的の範囲内の行為」とは、目的たる事業を遂行するに必要な行為をすべて包含し、行為の客観的な性質に即して抽象的に判断されなければならないなど、その範囲は広く解されている（最大判昭45.6.24民集24巻6号625頁・金法585号16頁〔八幡製鉄政治献金事件上告審判決〕）。これに対し、金庫等協同組織金融機関は、前記のとおり、非営利法人であることから、会員・組合員の保護や法人の財産確保が求められ、営利法人に比して事業目的の範囲が限定的に解釈される。

第1章 総則（第1条～第9条の2） 23

第3条

この点は、後に述べるとおり、員外貸付（法53条2項）の有効性との関係でも問題となる。

第3条 住　　所

(住所)
第3条 金庫の住所は、その主たる事務所の所在地にあるものとする。

---

1 本条の趣旨

本条は、金庫の住所を定める規定である。

金庫は法人として（法2条）、権利義務の主体となるため、自然人については「各人の生活の本拠」を住所として定めている（民法22条）のと同様、行動の本拠地となる一定の場所を定める必要がある。金庫の法律関係はその本拠地を中心として形成されるのが一般的であることから、主たる事務所の所在地（登記された場所）を「住所」として法律関係を規制することとしたものである。

なお、「主たる事務所の所在地」を住所としているのは、一般社団法人の住所（一般社団・財団法人法4条）のほか、農協法6条、中協法4条2項、水協法6条などと同様である。

2 主たる事務所と従たる事務所

本条にいう「主たる事務所」とは、金庫業務全般を統括する施設であり、一般には「本店」と称せられている。通常、この本店機能と、管理面での本部機能は一体不可分なものとして認識されているが、「本部」について信用金庫法上は、「事務所」とされていない（『金融法務講座』68頁）。金庫は、主たる事務所の所在地において、出資の払込みがあった日から2週間以内に設立の登記をすることにより成立する（法65条1項）。

24

これに対し、「従たる事務所」とは、一定の範囲内において、主たる事務所から離れて独自に当該金庫の事業に属する取引を決定、実施し得る場所をいう。一般には支店、出張所などと呼ばれている。

金庫の定款の絶対的必要記載事項とされている「事務所」（法23条3項4号）には「主たる事務所」および「従たる事務所」の双方を含む。また、事務所の所在地は登記事項（法65条2項4号）でもあり（ただし、「従たる事務所」のうち「出張所」については、登記不要との見解がある。金法310号440頁）、他の登記の管轄区域内に移転した際にはこの旨の登記手続をする必要がある（法67条）。

定款例4条においては、主たる事務所および従たる事務所の所在地についての規定がある。

なお、金庫の住所は、自然人と同様、債務履行の場所（民法484条、商法516条）、手形・小切手行為の基準となる普通裁判籍による管轄を定める基準地（民事訴訟法4条4項）となる。

「事務所の所在地」は定款の絶対的必要記載事項であり（法23条3項4号）、また「事務所の所在場所」は登記を要する事項であって（法65条2項4号）、主たる事務所を他の登記の管轄区域内に移転した場合も登記が必要となる（法67条）。

第4条　事業免許

（事業免許）
第4条　金庫の事業は、内閣総理大臣の免許を受けなければ行うことができない。

---

1 免許制を採用した理由

金庫が事業を行うには内閣総理大臣の免許を受けなければならない。

第４条

　このように免許制を採用しているのは、金庫の経済的地位にかんがみて、健全性を欠く金庫の存在は預金者に損害を与えかねないことから、金庫の経営の基礎的条件を確保し、信用秩序の維持と利用者保護を図るとともに、当該金庫の経営が公共性に反しないよう、人的構成についても事前に審査するためである（小山『銀行法』71頁参照）。

　本条の実効性を確保するため、罰則規定が設けられており、本条に違反して、免許を受けないで金庫の事業を行った金庫の役員、代理人、使用人その他の従業者は２年以下の懲役もしくは300万円以下の罰金に処し、またはこれを併科することとなる（法90条１号）。

2　免許の性質

　免許の法律的性格は、法律上成立した金庫に対して、その事業を行うことを認める行政処分である。

　金庫の行う事業は、その公共性から、一般的には禁止されているが、本条に定める事業の免許は、特定の場合にこの禁止を解除する行政行為であって、行政法上のいわゆる「許可」に該当すると解されており（『信金法解説』62頁）、銀行業の営業の免許と同じ性質を有する（銀行法４条、小山『銀行法』72頁、氏兼＝仲『銀行法』38頁）。

3　免許の対象

　事業の免許の対象となる業務は、信用金庫の場合、預金または定期積金の受入れ、会員に対する資金の貸付、会員のために行う手形割引、為替取引という信用金庫の固有業務であり、信用金庫連合会の場合は、会員たる信用金庫の預金の受入れ、会員に対する資金の貸付および為替取引という信用金庫連合会の固有業務である（法53条１項、54条１項）。事業免許の申請の方法については、法29条に定められている。

　なお、金庫は法によって固有業務以外の業務も行うことが認められているが、これは免許の対象ではなく、また事業開始の当初から法定のすべての業務を行う必要はなく、事業の開始後に内閣総理大臣の認可を得て、業務の種類を変更し（法31条２号）、また定款を変更し（法23条３項１号、31条１号）、

第5条

事業種類の追加や変更をすることもできる。

第5条 出資の総額の最低限度

（出資の総額の最低限度）

第5条 金庫の出資の総額は、政令で定める区分に応じ、政令で定める額以上でなければならない。

2 前項の政令で定める額は、信用金庫の出資の総額にあつては1億円、全国を地区とする信用金庫連合会の出資の総額にあつては100億円、その他の信用金庫連合会の出資の総額にあつては10億円をそれぞれ下回つてはならない。

（出資の総額の最低限度）

施行令第1条 信用金庫法（以下「法」という。）第5条第1項に規定する政令で定める区分は、次の各号に掲げる区分とし、同項に規定する政令で定める額は、当該区分に応じ当該各号に定める額とする。

一 東京都の特別区の存する地域又は金融庁長官の指定する人口50万以上の市に主たる事務所を有する信用金庫 2億円

二 その他の信用金庫 1億円

三 全国を地区とする信用金庫連合会 100億円

四 その他の信用金庫連合会 10億円

1 出資の最低限度額（法5条1項）

本条は、金庫の出資の総額について最低限度額を定めたものである。

金庫の会員は必ず金銭により出資をしなければならない（法11条）。金庫の出資額は、株式会社の「資本金」と同様、金庫が事業を行うための資金と

なり、協同組織による金融機関としての信用の基礎であり、これが脆弱であれば、経済や金融の動揺に耐えられない。また、金庫における出資は、事業会社のそれとは異なり、本源的な資金調達手段でなく、外部負債である預金等に対する最終的な担保としての性格を持つこと（預金者保護。法１条）から（小山『銀行法』86頁）、公共性の観点により、本条で最低額を定めたものである。

法５条では具体的な最低出資総額を定めず、政令（施行令１条）で規定することにしている。これは貨幣価値の変動や金庫の預金・貸出金規模や資産規模などに応じて、機動的に出資の総額の最低額を定めることができるようにしたものである。

2 政令に委任するにあたっての最低限度額 （法５条２項、施行令１条）

(1) 法律上の最低限度額 （法５条２項）

本条１項において、最低出資総額を政令に委ねているが、本項では最低出資総額の具体的決定を政令に委任するにあたり、政令に白紙委任することはせず、法律上の下限を設定している。したがって、政令で出資総額の最低額を定める場合、本項の水準以上に規定する必要がある。施行令１条も本項を受け、本項の水準以上に定められている。

(2) 政令で定める具体的な最低限度額 （施行令１条）

信用金庫の出資の総額は、東京都の特別区の存する地域または金融庁長官の指定する人口50万以上の市に主たる事務所を有する信用金庫については２億円を最低限度額と定め（施行令１条１号）、その他の信用金庫については、法５条２項の最低限度額である１億円と定めている（同条２号）。

「金融庁長官の指定する人口50万以上の市」（指定市）とは、「信用金庫の出資の総額が２億円以上であることを要する市を指定する件」（昭57.3.31大蔵省告示第47号）によって、次の20市が指定されている（政令指定都市）。

大阪市、名古屋市、京都市、横浜市、神戸市、北九州市、札幌市、川崎市、福岡市、広島市、仙台市、千葉市、さいたま市、静岡市、堺市、新潟

市、浜松市、岡山市、相模原市、熊本市。

施行令1条1号の場合を2号の場合と異なり、法定の最低限度額と定めているのは、大都市に主たる事務所を有する信用金庫は、信用力、活動規模からみてより大きな資本力を必要とし、またその余地もあると解されるためである。

全国を地区とする信用金庫連合会およびその他の信用金庫連合会については、法定の最低限度額が施行令においても最低限度額として定められている。

なお、施行令1条の最低限度は、信用金庫等の存続条件ではないので、これを下回ったからといって、直ちに事業免許の失効や解散（法62条）を来すことはない。しかし、法定の最低限度額に達していない状態は法律違反の状態であり、内閣総理大臣は、法89条で準用する銀行法26条の規定に基づき一定の期限までに出資金を最低限度額以上に増加すべきことを命じ、それが履行されない場合には同法27条の規定により、事業免許を取り消すことができると解される（『信金法解説』242頁）。

3 　登　記

「出資の1口の金額、総口数及び総額」は登記事項である（法65条2項5号）。

出資総額および出資総口数は、会員の加入や法定脱退等により絶えず変動するから、その変更の登記は、他の登記事項の変更とは異なり、その都度行う必要はなく、毎事業年度末日現在の出資総額および出資総口数をもって事業年度終了後、主たる事務所において4週間以内に行うこととされている（法66条2項）。

第6条

第6条 名 称

1 文字の使用強制（法6条1項）

（名称）

第6条 金庫は、その名称中に次の文字を用いなければならない。

一 信用金庫にあつては信用金庫

二 全国を地区とする信用金庫連合会にあつては信金中央金庫

三 信用金庫連合会（前号に掲げるものを除く。）にあつては信用金庫連合
会

⑴ 本条1項の趣旨

信用金庫および信用金庫連合会は必ずその名称の中にそれぞれ「信用金
庫」「信金中央金庫」または「信用金庫連合会」の文字を用いなければなら
ない。

一般の会社においては、株式会社等の文字を用いることや、商号中に、他
の種類の会社と誤認されるおそれのある文字を用いないなどの制約があるほ
か、いかなる商号を用いるかは当該会社の自由である（商号自由の原則。会
社法6条）。

しかし、現在の経済社会において、「信用金庫」の文字は、信用金庫が他
の法人と異なる経済的機能や信用力を有すると判断する1つの社会通念を構
成している。そこで、一般預金者等の取引者に対し、当該信用金庫が信用金
庫法に基づき内閣総理大臣の事業免許を受けてその監督下にある金融機関で
あることを明らかにして、他の団体との混同を避け、取引の安全を保護し、
信用を保持する必要があるため、本条による規制がなされたものである。な
お、銀行は株式会社であるが、その高度な公共性を有する信用機関であると
いう点を考慮して、外部からその経済的機能を明確に認め得るように名称を

特定しておくことが必要であることから、「銀行」という文字をその商号中に使用しなければならないとされている（銀行法6条1項、氏兼＝仲『銀行法』42頁）。

⑵　文字の使用方法

　使用を強制された「信用金庫」等の文字は一括連続して用いなければならず、これを分解して中間に任意の文字を挿入してはならない。「信用金庫」等の文字と当該金庫固有の名称との組合せについては特に制限はないが、行政監督上および取引者の便宜のために固有名称を上に冠して「○○信用金庫」とするよう行政指導されていた（『信金法解説』41〜42頁）。定款例1条においても、「この金庫は、[　　]信用金庫と称する」と規定されている。また、全国を地区とする信用金庫連合会の定款においては「本信用金庫連合会は、信金中央金庫と称し、英文表示をShinkin Central Bankとする」と規定されている（信金中央金庫定款1条）。

　なお，本項の規定は強行規定であり、当該規定に違反し、使用すべき文字を用いなかった金庫の設立行為は無効と解される。

⑶　名称と定款・登記

　金庫の名称は、定款の絶対的必要記載事項であり（法23条3項2号）、その変更は定款の変更に当たるので、内閣総理大臣の認可を受けなければならず（法31条1号）、「信用金庫」等という文字を用いているかのほか、信用機関として適当な名称か、他の既存の金庫の名称との類似性や不正競争の観点から問題がないかについて、審査の対象となると解される（小山『銀行法』91〜92頁参照）。

　また、金庫の名称は登記事項であり（法65条2項2号）、変更した場合は変更の登記をしなければならない（法66条1項）。

2　金庫類似の文字の使用禁止（法6条2項）

　2　この法律によつて設立された金庫及び他の法律によつてその名称又は商

号中に金庫という文字を用いる者を除き、金銭の貸付（手形の割引、売渡担保その他これらに類する方法によつてする金銭の交付を含む。）その他政令で定める投資を業として行う者は、その名称又は商号中に金庫という文字を用いてはならない。

（法第6条第2項に規定する政令で定める投資）

施行令第2条　法第6条第2項に規定する政令で定める投資は、有価証券に対する投資とする。

　本条1項と同様の趣旨から、本法によって設立された金庫および他の法律によってその名称中に金庫という文字を用いる者を除き、本条に定める業務を業として行う者は、その名称中に金庫という文字を使用することが禁止されている。

　「金庫」という名称の一般的使用を禁止したのは、金銭の貸付を業として行う貸金業者等については、預り金をすることは法律により禁止されている（出資の受入れ、預り金及び金利等の取締りに関する法律2条）ところであり、金庫としての実体も機能も有しない団体が「○○金庫」というような紛らわしい名称を用いて、法律により預金の受入れを認められた金融機関であるかのごとき錯覚を国民に与え、不測の損害を与えることを避けるためである（『信金法解説』42頁）。このように、本項の趣旨は、金庫としての実体もなく機能もないものが、その名称に金庫と紛らわしい文字を用い、これによって国民大衆に不測の損害を与えるのを防止するためであり、会社法8条1項において、「何人も、不正の目的をもって、他の会社であると誤認されるおそれのある名称又は商号を使用してはならない」と規定しているのと同趣旨の規定である。また、政令（施行令2条）で定める投資（有価証券に対する投資）を業として行う者についても、名称の一般的使用が禁止されている。この趣旨は、匿名組合契約により、あるいは株式会社等の形で、国民大衆から資金を集め、これを有価証券等に投資して配当を行う、いわゆる巷の投資利殖機関が多数存在し、これらの中には○○金庫というような名称を用いるものが

あったので、これらが信用金庫と混同されるのを防ぐ目的からである（『信金法解説』42頁）。

3　他の金庫と誤認させる名称の使用禁止（法6条3項）

> **3**　金庫の名称については、会社法（平成17年法律第86号）第8条（会社と
> 誤認させる名称等の使用の禁止）の規定を準用する。この場合において、
> 必要な技術的読替えは、政令で定める。

（金庫の名称について準用する会社法の読替え）

施行令第2条の2　法第6条第3項において金庫の名称について会社法（平
成17年法律第86号）第8条第2項の規定を準用する場合における当該規定
に係る技術的読替えは、次の表のとおりとする。

読み替える会社法の規定	読み替えられる字句	読み替える字句
第8条第2項	営業上	事業上

　本項は、金庫の名称について、会社法8条を準用することを定めている。
　会社法においては、旧商法のように商号について同一市町村内の不正競争
の目的の推定は働かないが、商号の不正使用について、何人も不正の目的を
もって、他の会社であると誤認されるおそれのある名称または商号を使用し
てはならず（会社法8条1項）、また、不正の目的をもって他の会社であると
誤認されるおそれのある名称または商号を使用する者に対しては、侵害の停
止または予防を請求することができると定めている（同条2項）。なお、す
でに他人が登記した名称と同一であり、かつ、その主たる事務所の所在地が
その他人の名称の登記に係る主たる事務所の所在場所と同一であるときは、
その名称の登記をすることはできない（法85条、商業登記法27条、施行令9条
の5）。

第1章　総則（第1条〜第9条の2）　33

第6条の2～第7条

第6条の2 数

> **（数）**
> **第6条の2**　全国を地区とする信用金庫連合会は、全国を通じて1個とする。

　本条は平成12年の改正で追加された条文である。

　「全国を地区とする信用金庫連合会にあってはその名称中に信金中央金庫の文字を用いなければならない」という法6条1項2号の追加と同時に改正された。これは総資産規模、債券や優先出資の発行実績、海外支店の設置および証券子会社等の保有の実態にかんがみて、「信金中央金庫」と称することとしても問題ないとされたためで、「全国信用金庫連合会」というそれまでの名称に比し、信金中央金庫自体の資金調達、資金運用および新たな事業展開も容易になる名称となったといわれている（内藤ほか編著『逐条解説信金法』24頁）。

　ところで上記法改正の際、名称に「中央」という語句を使用するためには、「唯一であること」が必要であるという意見が強くあったので本条が追加されたという経緯がある（信金中央金庫編『全国信用金庫連合会五十年史』（信金中央金庫・2001年）876頁）。上記改正を踏まえ、信金中央金庫の定款は、「信金中央金庫」という名称を規定するとともに、「信用金庫の中央金融機関として」の位置付けも明確にした（信金中央金庫定款1条2項）。

第7条 私的独占の禁止及び公正取引の確保に関する法律との関係

> **（私的独占の禁止及び公正取引の確保に関する法律との関係）**
> **第7条**　次に掲げる金庫は、私的独占の禁止及び公正取引の確保に関する法

律（昭和22年法律第54号。以下この条において「私的独占禁止法」という。）の適用については、私的独占禁止法第22条第1号に掲げる要件を備える組合とみなす。

一　信用金庫であつて、その会員である事業者が次のいずれかに掲げる者であるもの

　　イ　その常時使用する従業員の数が300人を超えない事業者

　　ロ　その資本金の額又は出資の総額が政令で定める金額を超えない法人である事業者

二　前号に掲げる信用金庫をもつて組織する信用金庫連合会

2　前項各号に掲げる金庫以外の金庫が私的独占禁止法第22条第1号の要件を備える組合に該当するかどうかの判断は、公正取引委員会の権限に属する。

3　第1項第1号ロの規定に基づき政令で金額を定める場合には、小規模の事業者の相互扶助に資するとともに公正かつ自由な競争の確保を図る見地から定めるものとする。

（法人会員の資本の額等の限度）

施行令第3条　法第7条第1項第1号ロに規定する政令で定める金額は、9億円とする。

1　独占禁止法の適用除外とされた趣旨

本条は、金庫と独占禁止法の関係について定めた規定である。

すなわち、独占禁止法は、公正・自由な競争秩序を促進するため、共同販売、共同購入等により一定の取引分野における競争を実質的に制限することを原則として禁止している。しかし、信用金庫等協同組合は、単独では大企業と競争することが困難な小規模事業者や消費者が組織をつくり、市場において有効な競争単位として行動することを目的としたものであり、独占禁止法の目的である公正・自由な競争秩序の維持促進に積極的に貢献するもので

あることから、本条の要件を満たす金庫は独占禁止法22条各号のすべての要件を備える組合として、独占禁止法の適用除外としたものである。

もっとも、不公正な取引方法を用いる場合または一定の取引分野における競争を実質的に制限することにより不当に対価を引き上げることとなる場合（独占禁止法22条ただし書に該当する場合）は、市場における公正・自由な競争を阻害することから、適用除外の対象とならず、独占禁止法が適用される。

2 独占禁止法の適用除外となる要件（法7条1項）

独占禁止法22条は下記の4要件を挙げている。

---

① 小規模の事業者または消費者の相互扶助を目的とすること。
② 任意に設立され、かつ、組合員が任意に加入し、または脱退することができること。
③ 各組合員が平等の議決権を有すること。
④ 組合員に対して利益分配を行う場合には、その限度が法令または定款に定められていること。

---

(1) 信用金庫の除外要件（1項1号）

本条1項1号は、信用金庫が上記①の「小規模の事業者…の相互扶助を目的とする」という要件を備える基準を定めている。まず、「会員である事業者」については、個人および法人会員の双方を含むと解される。

また、事業者の規模要件として、①その常時使用する従業員の数が300人を超えない事業者、または②資本金の額または出資の総額が政令で定める金額を超えない事業者が会員であることという法10条の会員の規模要件と同じ要件を満たせば、独占禁止法22条1号に掲げる要件を備える組合とみなされる（信用金庫は、前記②〜④の要件を満たすものと解される）。「常時使用する従業員」とは、その事業者が常時雇用する者をいい、臨時雇用を含まず、事業主および法人の役員は含まれない。

また、「資本金の額又は出資の総額が政令で定める金額を超えない法人で

ある事業者」の政令で定める額は9億円である（法7条3項、施行令3条）。

　なお、資本金、出資金および常時従業員数は、事業所単位でなく、事業者全体として計算される。

(2)　信用金庫連合会の除外（1項2号）

　本条1項2号は、信用金庫連合会が上記①の「小規模の事業者…の相互扶助を目的とする」という要件を備える基準を定めている。

　すなわち、常時使用する従業員の数が300人を超えない事業者、またはその資本金の額または出資の総額が政令で定める金額（9億円）を超えない法人である事業者で組織される信用金庫をもって組織する信用金庫連合会は、上記①の「小規模の事業者…の相互扶助を目的とする」という要件を満たす。

3　公正取引委員会の権限（法7条2項）

　本条1項の要件のみによって、独占禁止法22条の「小規模の事業者」に該当するかについて一律に判断することは、必ずしも妥当とはいえない。すなわち、本条1項の要件を超えていても、当該業界においては明らかに「小規模の事業者」と認められる事業者が存在する。

　そこで、個別の事案に即して1項の要件を適切に適用・判断すべく、1項に定める以外の信用金庫または信用金庫連合会が独占禁止法22条1号の要件を備える組合に該当するかの判断について、公正取引委員会の権限に属するとしたものである。

4　法人会員の資本の額等の限度（法7条3項）

　本条1項1号ロの規定は、資本の額または出資の総額の限度額の定めを政令に委ねているが、小規模の事業者の相互扶助に資するとともに、公正・自由な競争の確保を図る見地から、施行令3条においては9億円と定めている。

第8条～第9条

第8条　登　記

> **（登記）**
> **第8条**　この法律の規定により登記すべき事項は、登記の後でなければ、これをもつて第三者に対抗することができない。

　本条は、金庫が信用金庫法に基づき設立され、社会経済上重要な地位を占めていることから、金庫と取引する者の安全を保護するため、信用金庫法における登記事項（法65条～85条）についての登記の一般的効力として、信用金庫法により登記すべき事項を登記した後でなければ第三者に対抗できないとし、公示すべき原則を定めたものである（登記の第三者対抗要件）。

　もっとも、対抗要件であるから、第三者が任意に登記がなされていない事項を認め、取引等をすることが妨げられるものではない。

　なお、設立の登記については、特殊の効力が定められている（後記**第27条**の解説参照）。

第9条　監督機関

> **（監督機関）**
> **第9条**　内閣総理大臣は、この法律の定めるところにより、金庫を監督する。

1　本条の趣旨

　本条は、内閣総理大臣が本法に基づき、金庫を監督する機関であることを定めたものである。

　信用金庫は会員のみならず、会員以外の一般の者からも広く預金の受入れ

をすることが認められており、金融機関としての公共性が高い。よって、信用金庫法の目的として、国民大衆のために金融の円滑を図り、貯蓄の増強に資するため、協同組織による信用金庫の制度を確立し、信用秩序の維持と預金者保護を図る必要があり、そのためには監督の適正を期することも重要であることから（法1条）、本条において内閣総理大臣による監督を法定化したものである。また本条の「金庫」には「信用金庫」のみならず「信用金庫連合会」も含まれ（法2条）、信用金庫連合会も内閣総理大臣による監督対象となっている。

　これは、信用金庫連合会が、信用金庫のいわば系統親機関として、信用金庫を会員とし（法10条2項）、信用金庫が広く受け入れた預金をさらに預金として受け入れ、また自らも会員以外の者からも預金を受け入れるなど、金融機関としての公共性が高いので、信用金庫と同様に内閣総理大臣の監督下に置かれたものである。

　本条に関連し、内閣府令で実施規定を制定することが認められ（法86条）、信用金庫につき、内閣総理大臣はこの法律による権限を金融庁長官に委任し、金融庁長官はさらにその権限を財務局長または財務支局長に委任することができる（法88条）。

2　監督の具体的な内容

　本条に基づく監督の具体的な内容については、以下のようなものが挙げられる。

① 　事業免許（法4条、29条、90条1号）

② 　各種の認可

　　(i)定款の変更の認可（法31条1号、91条6号）、(ii)業務の種類または方法の変更の認可（法31条2号、91条6号）、(iii)役員および支配人の兼職または兼業の認可（法35条1項ただし書、91条8号）、(iv)会員による総会の招集の認可（法44条、50条1項）、(v)合併、事業譲渡または事業譲受けの認可（法58条6項、91条24号）、(vi)事業の廃止または解散の認可（法89条1項による銀行法37条の準用）。

③ 　承　　認

第1章　総則（第1条〜第9条の2）　39

（i）金庫の持分譲受けの限度超過の承認（法16条2項、施行令5条）、（ii）事業免許を受けた日から6カ月以内に事業を開始しないやむを得ない理由がある場合の承認（法30条1号）。

④　届出報告書等

（i）その他の届出事項（法87条）、（ii）業務報告書（法89条1項による銀行法19条の準用）。

⑤　そ　の　他

法89条による銀行法第4章の準用（法24条（報告または資料の提出）、25条（立入検査）、26条（業務の停止）、27条・28条（免許の取消し等））。

第9条の2　会社法の規定を準用する場合の読替え

（会社法の規定を準用する場合の読替え）

第9条の2　この法律の規定（第87条の4第4項を除く。）において会社法の規定を準用する場合には、特別の定めがある場合を除き、同法の規定中「取締役」とあるのは「理事」と、「監査役」とあるのは「監事」と、「会社」とあり、「株式会社」とあり、及び「監査役設置会社」とあるのは「金庫（信用金庫法第2条に規定する金庫をいう。）」と、「会計監査人設置会社」とあるのは「特定金庫（信用金庫法第38条の2第3項に規定する特定金庫をいう。）」と、「本店」とあるのは「主たる事務所」と、「支店」とあるのは「従たる事務所」と、「子会社」とあるのは「子会社（信用金庫法第32条第6項に規定する子会社その他金庫がその経営を支配している法人として内閣府令で定めるものをいう。）」と、「法務省令」とあるのは「内閣府令」と、「株主」とあるのは「会員」と、「株主総会」とあるのは「総会」と、「定時株主総会」とあるのは「通常総会」と、「取締役会」とあるのは「理事会」と、「営業時間」とあるのは「業務取扱時間」と読み替えるものとする。

信用金庫は法人であり（法2条）、機関等の点において、株式会社の規定が多く準用されている。

　そこで、本条は、会社法の規定を準用する場合の読替規定を設けたものである。

第2章

会員

（第10条～第21条）

第10条

はじめに

本章は会員に関して規定しており、具体的には会員たる資格、出資、議決権、加入、持分の譲渡、自由・法定脱退などについて定めている。

会員は、会員たる地位に基づいて信用金庫に対し種々の権利を有し、また義務を負う。このような権利義務の総体を「持分」と呼ぶ。

会員の信用金庫に対する権利および義務の概要は以下のとおりである。

1 会員の権利

会員の権利は、その性質および内容により、共益権と自益権に分けられる。

⑴ 共 益 権

共益権とは、会員全体の利益のため、すなわち信用金庫の健全な運営を図るため、会員に与えられる権利であり、会員が信用金庫の構成員として信用金庫の管理運営に参画することを内容とする。

　a　単独会員権

各会員が単独で行使できる権利であり、具体的には以下のようなものである。

① 議決権…最も基本的な権利であるが、協同組織金融機関の特徴として、当該会員が有する口数にかかわらず1人1個とされており（法12条）、会員の地位の平等性が確保され、1株あるいは1単元の株式について1個の議決権を有する株式会社とは基本的に異なる（会社法308条1項）。

② 提訴権…総会の決議取消しまたは不存在もしくは無効確認の訴え、設立無効の訴え、出資1口の金額の減少無効の訴え、合併無効の訴え、代表訴訟の提起などである。

③ 理事の行為の差止請求権

④ 書類の閲覧・謄写請求権

⑤ 総代候補者についての異議申出権

b　少数会員の権利

一定数の会員が共同することによって行使できる権利である。

具体的には、①役員の解任請求権、②支配人の解任請求権、③清算人の解任請求権、④臨時総会招集請求権・同招集権、⑤総代会で信用金庫の存立に関する事項が決議された場合の臨時総会招集請求権・同招集権などである。

⑵　自 益 権

自益権とは、会員それぞれの経済的利益を享受するため、会員に与えられる権利であり、会員が信用金庫の構成員として信用金庫から経済的な利益を受けることを内容とする。

具体的には、①信用金庫の事業利用権、②剰余金配当請求権、③持分払戻請求権、④持分譲受請求権、⑤残余財産分配請求権などである。

2　会員の義務

会員は、会員たる地位に伴い、法令および信用金庫の組織・運営に関する自治法規である定款の定めに服する義務を負う。

具体的には、①出資義務、②除名事由に該当する行為をしない義務（内部秩序維持義務）、③住所・居所等の届出義務などである。

第10条　会員たる資格

（会員たる資格）

第10条　信用金庫の会員たる資格を有する者は、次に掲げる者で定款で定めるものとする。ただし、第1号又は第2号に掲げる者に該当する個人にあつてはその常時使用する従業員の数が300人を超える事業者を除くものとし、第1号又は第2号に掲げる者に該当する法人にあつてはその常時使用する従業員の数が300人を超え、かつ、その資本金の額又は出資の総額が政令で定める金額を超える事業者を除くものとする。

第10条

一 その信用金庫の地区内に住所又は居所を有する者

二 その信用金庫の地区内に事業所を有する者

三 その信用金庫の地区内において勤労に従事する者

四 前3号に掲げる者に準ずる者として内閣府令で定める者

1 本条の趣旨

(1) 会員たる資格を法定している趣旨

　法1条において、国民大衆のために金融の円滑を図り、その貯蓄の増強に資することが目的として規定されているとおり、信用金庫は、銀行との取引が容易とはいえない国民大衆のため、その構成員が協同して事業の促進や経済的地位の向上を図るための協同組織金融機関である。そして、このような信用金庫の人的構成員を、信用金庫法において「会員」と呼んでいる。

　信用金庫は上記のとおり会員の相互扶助を目的とし、人と人との結合により成立していることから、融資対象が原則として会員に限られ（法53条1項2号・3号）、会員外への融資が制限されている。

　信用金庫の会員については、出資さえすれば誰でもなれるものではなく、地区内に住所（居所）または事業所を有する者、あるいは地区内で勤労に従事する者等に限定されており、かつ事業者については一定規模以下の中小企業者に限定されるなど、「会員たる資格」を有することが必要であり、事業地区および会員資格を限定することにより、会員による協同組織性を維持し、その機能が十分に発揮されるよう制度化されている。

　本条は法1条を会員資格の面で具体化したものである。会員たる資格は、定款の絶対的必要記載事項である（法23条3項5号）。

(2) 法10条の会員たる資格と信用金庫の性格

　信用金庫は会員制度を採用していることにより、協同組織金融機関としての性格を有しているが、本条に定められた会員資格は、信用金庫の地区を要件としているとおり（後記②参照）、信用金庫の地域金融機関としての性格と

関係し、また後記のとおり、規模要件を採用していることから、信用金庫の中小企業専門金融機関としての性格とも関係している。

このように、会員資格を限定することにより、信用金庫が会員組織性を維持し、その機能を十分に発揮することが可能となる。

⑶ 他の協同組織金融機関との比較

協同組織金融機関における「会員」という呼称は、信用金庫のほか労働金庫でも使われているが、信用（協同）組合、農業協同組合、漁業協同組合などでは、「組合員」という呼称が使われている。

信用協同組合の設立の場合には、組合員300人以上を要するものとされているが（中協法24条2項）、信用金庫の会員の数については、法令上、上限・下限ともに制限が設けられていない。

2 会員たる資格の2つの意味

会員たる資格とは、信用金庫の会員となり、または会員としての地位を存続するための資格をいう（『信金法解説』95頁）。しかし、信用金庫法においては、「会員たる資格を有する者」は2つの意味で用いられている。1つは、「信用金庫の会員となり、または会員であるための資格を有する者」という意味であって、すでに会員になっているか否かを問わない。法10条（会員たる資格）の用例がこれである。これに対し、「会員となる資格はあるが会員になっていない者」という意味にも用いられる。法14条1項（相続加入）、15条1項・2項（持分の譲渡）および小口員外貸付（法53条2項）の場合がこれに該当する（『信金法解説』95〜96頁）。なお、このような場合、小口員外貸付に関しての施行令8条1項3号のように、「会員以外の者で会員たる資格を有する者」と明記されている例もある。

本条で定める個人会員および法人会員の範囲を整理すると、以下のとおりとなる。

【個人会員】
①から④のいずれかを満たす必要がある。ただし、その個人が事業者であ

第2章　会員（第10条〜第21条）　｜　47

る場合は、①、②にあっては、常時使用する従業員の数が300人を超えてはならない。

① その信用金庫の地区内に住所または居所を有する者
② その信用金庫の地区内に事業所を有する者
③ その信用金庫の地区内において勤労に従事する者
④ その信用金庫の地区内に事業所を有する者の役員およびその信用金庫の役員

【法人会員】

①または②を満たす必要がある。

① その信用金庫の地区内に住所を有する者
② その信用金庫の地区内に事業所を有する者

ただし、①、②のいずれも常時使用する従業員が300人を超え、かつ、資本金の額または出資の総額が９億円を超える法人は除かれる（施行令４条）。

---

3 地　区

本条１項１号～４号の会員資格は、いずれも当該信用金庫の「地区」内であることを要件としている。すなわち、信用金庫の「地区」は、信用金庫の会員たる資格を有する者に共通する地域的な条件ということができる（森井編著『相談事例』３頁）。

「地区」は、信用金庫の地域金融機関としての特質から導かれるものである。また、信用金庫は協同組織という性格から、その事業は会員を主たる対象としており、地区の範囲について信用金庫法上の制限はないものの、定款の絶対的必要記載事項であることから、その範囲は必然的に限定され、地区はそれをもととして事業を行う一定の地域と解される（『会員法務解説』３頁）。

4 地区内に住所または居所、事業所を有する者（法10条１項１号・２号）

　会員資格は本項１号〜４号に定められているが、本項１号および２号による資格要件は、個人の場合はその信用金庫の地区内に住所または居所を有する者（１号）、または地区内に事業所を有する者（２号）である。ただし、その者が事業者であり地区内に住所もしくは居所を有し、または事業所を有する者である場合は、その常時使用する従業員の数が300人を超えてはならない。

　次に、法人の場合には、地区内に住所を有するか事業所を有し、常時使用する従業員の数が300人以下であるか、資本金の額または出資の総額が政令で定める金額以下でなければならない。

⑴　地区内に住所・居所を有する者（１項１号）

a　住　　所
① 　個人の場合
　　個人の住所は、その者の生活の本拠をいう（民法22条）。

　　「生活の本拠」について、「生活の本拠とは主たる生活の場という意味であって、あくまで人の実質的な生活の場所を指し（実質主義）、本籍地のような単なる形式的な届出の場所（形式主義）ではない」（遠藤ほか編『双書民法⑴』68頁）とされている。

　　住所は通常、住民票上の住所と一致するが、実際の住所と住民票上の住所とは必ずしも一致しない場合もある。住所はその人の生活の実質、すなわち、定住の事実と意思とによって、客観的に決まるものである。また、定住の意思が必要かどうかについては、定住の意思を必要とする説（主観説）もあるが、判例・通説は、定住の意思を不要としており、もっぱら客観的な定住の事実で足りるとしている（客観説。最三小判昭27.4.15民集６巻４号413頁）。例えば、転勤等により地区外に居住している場合、住民票上の住所が地区内にあるからといって、「住所」が地区内にあるとして会員資格を肯定することには問題がある（信用金庫実務研究会「研究会報告 Ⅰ　会員資格等（その２）」金法1218号17頁）。

もっとも、単身赴任者については、地区内の住所地に生計を一にする家族が引き続き定住しているような場合には、なお住所があるものとして、会員資格を積極的に解する見解があるが（信用金庫実務研究会・前掲同頁）、裁判例等があるものではない。よって、リスク回避のためには、地区内に家族が居住しているのであれば、当該家族は会員たる資格を有している可能性があるため、家族に会員になってもらった上で、当該家族に貸付をする（単身赴任者が連帯保証人となることも想定される）か、小口員外貸付を利用するなどの方法も考えられる（『5000講Ⅰ』98頁）。

　また、地区外から地区内に転入予定の者（転入予定者）は、現時点においては地区内に生活の本拠を有さず、継続して居住しているともいえないため、「地区内に住所・居所を有する者」（1号）には該当しない。この点、金融審議会金融分科会第二部会協同組織金融機関のあり方に関するワーキング・グループ「中間論点整理報告書」の別表「規制緩和要望事項」において、「地区外の者が一定期間内に地区内に流入する（会員、組合員資格を得る）ことが確実な場合、当該者への貸出を員外貸出として認めること」が要望されており、地区内への転入予定者は会員資格を有しないことを前提とした記載となっている。

② 法人の場合

　法人の住所は、その主たる事務所の所在地にあるものとされ、会社の場合は、その本店の所在地にあるものとされている（会社法4条等）。法人の主たる事務所、会社の本店の所在地は登記事項証明書により確認できる。

b 居　　所

「居所」とは、個人が仕事の都合などで多少の期間継続して居住しているが、その場所とその人の生活の結びつきが「住所」に比較すると密接でないもの（生活の本拠であるというに至らない場所）をいう。なお、住所が知れない者、または日本に住所を有しない者は、居所がその者の住所とみなされる（民法23条）。

⑵ 地区内に事業所を有する者（1項2号）

a 事業所の意義

「事業所」とは事業を行う場所をいい、本店、支店、営業所、出張所、工場等、およそある事業の内容たる活動が行われる一定の場所を指す（『信金法解説』97頁）。例えば、個人が賃貸アパートを所有しているような場合、自ら当該アパートに常駐し、管理・運営業務を行っているような場合を除き、当該アパート自体を事業所と認定することはできないとの見解がある（『5000講Ⅰ』97頁）。

例えば開業準備のための拠点について、いつから事業所といえるかという点については、その事業の目的によって異なることはもちろんであるが、事業の目的遂行のための拠点としてその帰属（固定電話による連絡が可能であるとか郵便物が到着する等）が明らかであり、かつ、当該事業者がそこを拠点として継続的に事業を行う意思があることが客観的に確認できた場合、それは事業所であるといえる（「実務の再検討(1)」12頁）。

もっとも、実務上は、特にその事業者が継続して事業を行う意思があるか、いわゆる資金調達のための架空の事務所の設置でないかについて厳重な調査・確認を要する（信用金庫実務研究会・前掲12頁）。

また、1事業者の事業所が複数存在する場合、その1つが信用金庫の地区内にあれば、本要件を満たすし（『信金法解説』97頁）、本社が地区内にあることは要件でない。なお、取引の相手方となるのはあくまでも法人自体であり、会員加入の申込書には、本店の名義および住所を記載し、これに地区内の事業所の名称と住所を併記してもらうこととなる（森井編著『相談事例』17頁）。

b 登記の要否

また、本条1項2号は、単に「その信用金庫の地区内に事業所を有する者」と定めているとおり、事業所が登記されていることは要件とされていない。法人の登記の対象とならない工場、営業所、出張所等であったり、個人事業主であるために事業を営んでいる商店の所在地が本店である旨の登記がなされていなかったりしても、それが地区内にあれば会員資格判定の対象と

なる事業所に該当する（『会員法務解説』4頁）。また、登記すべきであるにもかかわらず、登記未了の事業所であっても「事業所」といい得る。

⑶ 事業者の規模要件

a 趣 旨

規模要件が規定されているのは、信用金庫がもともと、銀行等から融資を受けられない中小零細事業者等の相互扶助を目的としており、一定の規模を有する個人および法人については、人的・財政的基盤があり、中小企業等専門金融機関たる信用金庫の会員とする必要性に乏しいためである。

b 事 業 者

個人会員および法人会員について、一定の規模を超える「事業者」が除外されているため、「事業者」の意義について検討する。

「事業者」とは、自己の名において事業（「事業」とは、一定の目的をもって同種の行為が反覆継続的に遂行されることをいい、営利の目的をもってなされるかどうかを問わない）を行う者であって、個人たると法人たるとを問わず、また地区内に事業所を有するか否かを問わない。すなわち、地区内に事業所がない事業者でも、地区内に住所または居所を有する個人事業者は含まれる。

よって、法人の場合には会社法上の株式会社・合名会社・合資会社・合同会社のほか、一般社団・財団法人法に基づく一般社団（財団）法人、一般社団（財団）法人のうち公益社団法人及び公益財団法人の認定等に関する法律に基づく公益認定を受けた公益社団（財団）法人、ならびに社会福祉法に基づく社会福祉法人、私立学校法に基づく学校法人、宗教法人法に基づく宗教法人、医療法に基づく医療法人等の公益法人も事業者に含まれる（『信金法解説』97頁）。

c 従業員数要件

法人会員および個人会員の双方について、常時使用する従業員の数が300人を超えるか否かが判断基準となっている。

「常時使用する従業員」とは、「その事業者が常時雇用する者」をいい、臨時雇用者は含まない。また、当然のことながら役員は含まず、したがって、

役員が部店長、工場長等の職員を兼ねる場合においても、その役員たる地位に注目して、これを含まないものと解する（『信金法解説』97頁）。

「常時使用する」については、雇用の実態に即して判断されるが、法文上雇用の形態を限定していないため、正社員に限定されず、パートタイマーなど短時間労働者であっても、雇用期間が長期間継続するなど、実態が常時使用する者と変わらないのであれば、名称にかかわらず該当する。

雇用期間が具体的にどの程度継続すれば「常時使用する」に該当するかについて、信用金庫法と同様、中小企業者の判断基準として「常時使用する従業員の数」を用いている中小企業基本法2条1項の解釈につき、労働基準法20条の規定に基づく「解雇の予告を必要とする者」を指すと解されていること（中小企業庁ウェブサイト）から、信用金庫法上の「常時使用する従業員」についても、「解雇の予告を必要とする者」に該当するかによって判断するのが合理的とする見解がある（『5000講Ⅰ』103頁）。労働基準法21条においては、①日々雇い入れられる者、②2カ月以内の期間を定めて使用される者、③季節的業務に4カ月以内の期間を定めて使用される者、④試用期間中の者が解雇予告を必要としない者として定められている。

なお、派遣社員や請負業者からの受入れ社員は、原則として、派遣先や受入側の事業者との間で雇用関係が存在しないため、「従業員」に該当せず、「常時使用する従業員」にも該当しない（『5000講Ⅰ』103頁）。

従業員数の計算にあたっては1事業者が数業種の事業を営み、または数事業所を有する場合（それらの事業所が信用金庫の地区内にあるか否かを問わない）には、その全従業員を合計して数える（事業者とは、1個人事業者または1法人をいう。したがって、1個人事業者が数業種を営んでいる場合は1事業者であるが、法人の場合は、例えば2つの法人の代表者が同一人物であっても、その2つの法人はそれぞれが独立した1事業者である（『会員法務解説』4〜5頁））。

よって、地区内の事業所における従業員数が300人以下であっても、地区外の事業所における従業員数を加えると300人を超える場合には、従業員数要件を満たさない。

d　資本金等要件

法人会員については、従業員数要件（常時使用する従業員が300人超）のほ

か、資本金等要件（その資本金の額または出資の総額が施行令4条で定める金額（9億円）を超える事業者）が関係し、いずれの要件も満たす法人が除外される。

上記の資本金の額または出資の総額というのは、株式会社の資本の額、中小企業等協同組合の出資の総額等をいう。

なお、法人の中でも、医療法人、宗教法人、学校法人、特定非営利活動法人（NPO法人）、社会福祉法人のように、法人の根拠法等に資本の額や出資の総額の定めがない場合には資本金等要件は適用がなく、また、財団法人についても設立者が設立に際して財産を拠出する行為は財団法人を組成するための行為であり、資本金や出資の概念とは異なると解されており従業員数要件のみから判断される（森井編著『相談事例』7頁）。

また、前記cの従業員数要件とdの資本金等要件は、事業者たる企業単体で（法人格ごとに）判断されるものであり、例えば上場会社が連結子会社を有したり、親子関係の関係にあったりする場合であっても、これらを合算する必要はなく、単体で要件を満たせば規模要件を満たすものと解される（平野編著『実務相談』19頁〔平野英則〕）。

なお、規模要件を満たさなくなり、卒業生金融を行っていた借入人がリストラ（従業員削減や減資）により規模要件を再度満たすこととなった場合、再度会員となることができる（『5000講I』113〜114頁）。

5 地区内において勤労に従事する者（法10条1項3号）

本要件の「勤労に従事する者」とは、勤労者（憲法28条）、労働者（労働組合法3条、労働基準法9条）と同義である。労働組合法3条の「労働者」とは、「職業の種類を問わず、賃金、給料その他これに準ずる収入によって生活する者」とされていることからも、給与生活者というほどの意味であって、工場労働者のみならず、広く商店店員、公務員等も含まれ（『信金法解説』98頁）、実態に即して判断すべきものと解される。地区内の大学に通学している学生は含まれない。

地区内に事業所を有する法人等の役員については、「勤労に従事する者」（法10条1項3号）に該当するとはいい難いが、下記6により会員資格が認め

られる。地区内の事業所から地区外の事業所に転勤した場合は、「地区内で勤労に従事する者」に該当せず、転勤時に本号の会員資格を喪失する。

6 地区内に事業所を有する者の役員およびその信用金庫の役員（法10条1項4号、施行規則1条）

(1) 本号の趣旨

本要件は、平成14年4月の法改正で追加されたものであり、「3号に掲げる者に準ずる者として内閣府令で定める者」（法10条1項4号）について、「信用金庫の地区内に事業所を有する者の役員およびその信用金庫の役員」（施行規則1条）が規定されている。

3号においては、地区内において「勤労に従事する者」に会員資格を付与しているが、「役員」については事業者との契約形態（委任契約）、報酬、経営者として重い責任を負うことから、雇用契約により「勤労」に従事する者とは異なり、3号の「勤労に従事する者」に含めて解釈することは困難である。よって、平成14年の法改正前は、法人の役員は、役員本人の住所または居所が地区内にある場合（法10条1項1号）に限り、個人会員資格を有すると解されていた。しかし、法1条に規定された地区内の金融の円滑を図る観点や、信用金庫の地域金融機関としての性格から、地区内に事業所を有する者の役員およびその信用金庫の役員も、たとえ地区内に住所または居所を有していなくても、会員としての資格を認めたものである。

また、施行規則1条は、「その信用金庫の役員」にも個人会員資格を認めている。これは、「自金庫の役員」を自金庫の個人会員とすることができることを明確にしたものである。

(2) 本要件の解釈

施行規則1条は、「地区内に事業所を有する者の役員」とのみ規定しているため、「地区内に事業所を有する者」自体について、法人会員たる資格を有する必要はなく、例えば信用金庫の地区内に事業所を有する大企業や上場企業の役員や、卒業生企業の役員であっても、施行規則1条の要件を満た

す。この場合、当該役員個人が地区内に住所または居所を有しているかに限らず、また当該役員の勤務場所が信用金庫の地区外であっても、地区内に事業所を有する者の役員であれば足りると解される。

7 定款による会員たる資格の限定の可否

本条の法文のとおり、信用金庫の会員たる資格を有する者は、本条に掲げる者であって、かつ各信用金庫の定款に定められる者である。

しかし、従前、信用金庫は、「国民大衆のために金融の円滑を図り、その貯蓄の増強に資する」目的で設立されるものであること（法1条）にかんがみ、各信用金庫がその定款をもって会員資格を定める場合、法10条1項で法定された会員資格からさらに一部に限定することは適当でないと解されていた（『信金法解説』96頁）。また、大蔵省銀行局長通達の「信用金庫定款作成要領」（昭26.7.28蔵銀第3586号）においても、「会員たる資格」につき、「信用金庫は、広く国民大衆を対象とする金融機関であるから法10条各号（定款例各号）に掲げる者を広く会員とすることが適当と認められる」とされ、行政指導が行われてきた。

本条の目的規定との関係が問題となったのが、定款の会員資格において暴力団排除条項を設けることの是非であるが、以下のとおり解される（詳細については、拙稿「協同組織金融機関の会員・組合員からの反社会的勢力排除」金法1944号96頁参照）。

⑴ 法1条の目的規定

法1条の目的規定は、抽象的な目的・理念規定にすぎない。

⑵ 反社会的勢力の資格制限

反社会的勢力の資格制限は、法10条に定める規模や地域の観点からの制限とは質的に異なる定性的な制限であり、協同組織金融機関としての人的結合の観点からも、排除が許容されると解される。

(3)　加入自由の原則との関係

　信用金庫法においても加入自由の原則が妥当するが、中協法14条、農協法20条、水協法25条と異なり、この点の明文規定までは存しない。

　信用組合、農業協同組合などの組合組織は組合員の生活に密接な関係があり、公益的性格が強いのに対し、信用金庫は金融を目的とするものであって、必ずしもほかに金融を得る手段がないわけではないことと、会員の信用と相互の信頼が必要であるという両者の性格の相違がある。よって、加入自由の原則や加入の承諾義務についても他の協同組織金融機関に比較して、より弾力的に解釈してもよいと解されるところであり、反社会的勢力を排除しても法１条に反するとはいえない（なお、吉原省三「信用金庫の出資持分に対する強制執行について」金法674号６頁は、後記(5)の理由から、信用金庫については、有資格者であるからといって、加入をさせよという権利はなく、信用金庫は自由な判断で承諾するか否かを定め得ると考えるべきとする。ただし、東京地判昭44.5.29金法550号33頁、東京高判昭45.11.26金法611号35頁にかんがみて、これは少数意見である）。

(4)　信用金庫の一般金融機関性

　信用金庫は昭和26年の制度発足とともに、信用組合などの他の協同組織金融機関に比較して、会員以外の者からの預金の受入れ、員外貸出の範囲の拡大などの点で、より一層広く一般金融機関性が付与されている（森井編著『相談事例』126頁）。

　このように、これまでも信用金庫法の解釈として、形式的には会員資格を有すると考えられるものの、経済的信用等の観点から制限的に解釈しているものがあるが、反社会的勢力に関しても貸付の焦げ付きの可能性が十分あり、経済的信用に問題があるケースが少なくないうえ、協同組織金融機関の趣旨が相互扶助・人的結合である以上、人的信用や信頼関係等からの制限も認められるべきである。

⑸　法律における会員資格の条文の文理解釈

　農協法12条においては「農業協同組合の組合員たる資格を有する者は、次に掲げる者で」「定款で定めるものとする」という規定の仕方をしており、中協法8条4項も同様の規定の仕方をしている。前記のとおり、農業協同組合や信用組合の組合員資格について、法律は最大公約数としての定めをしており、定款自治により、法律の定めに加えてさらに組合員資格の限定が認められると解される（村橋時郎『協同組合法論』（千倉書房・1953年）123頁参照。なお、産業組合法は組合員の資格に関する規定を設けておらず、必要に応じて定款をもって組合員資格を定めることができると解してきた（神吉正三「協同組織金融機関の『地区』に関する考察」（RIETIポリシー・ディスカッション・ペーパー06－P－001）17頁参照））。

　これまで定款による資格制限が特に問題とされてきたのは信用金庫である。信用金庫法において、会員資格を有する者は「信用金庫法10条で定める者で定款で定めるもの」と規定されており、法23条3項5号は、上記記載を受け、定款の必要的記載事項の1つとして、「会員たる資格に関する規定」を置くことを規定している。

　法10条は農協法12条や中協法8条4項と同様の条文構成をとっている。信用金庫は農業協同組合や信用組合と同じく産業組合法に淵源がある協同組織金融機関であり、かつ同様の条文構成をとっていることからも、法10条は農協法10条等と同様、定款自治により、法律の定めに加えてさらに会員資格の限定が認められると解される。

　また、文理解釈の点からいうと、上記の「信用金庫法10条で定める者で」の最後の「で」は「のうち」を指すものと解される。すなわち、上記の文理解釈からは、信用金庫法が会員資格について規定を置いた趣旨に反しない限り、定款自治の観点から、当該信用金庫の理念・目的や地区の実情に応じて、法10条に定める会員資格の範囲内でこれを定款に定めることを認めていると解することができる（このような見解に立ったものとして、前掲拙稿のほか、飯島悟「信用金庫法をめぐる諸問題⑵会員資格と定款の定め」銀法702号28頁、同「続・信用金庫法をめぐる諸問題⑴信用金庫の会員からの反社会的勢力の

排除」銀法738号30頁参照）。

　見方を変えると、法10条の範囲内で別の資格制限を一切なし得ないのであれば、法定の会員資格が信用金庫の会員資格と等しいものであるから、法10条1項で「定款で定めるもの」と規定したり、法23条3項5号に定款の必要的記載事項として、定款に「会員たる資格に関する規定」を置かなければならないと規定したりする必要はなく、法10条の「定款で定めるもの」との文言や法23条3項5号が空文化することとなる。

　以上述べたところからも、定款に暴力団排除条項を設け、会員資格を制限することができると解され、定款例5条2項、〔別表3〕に反社会的勢力等の属性要件を有する者は「会員となることができない」という暴力団排除条項が導入され、各信用金庫においても同条項を導入している。

　よって、信用金庫は、原始加入、相続加入および譲受加入の場合、信用金庫は、会員の加入申込時に氏名、住所等の情報を得て、反社データベースと照合し、必要に応じて警察等への照会を行い、反社会的勢力に該当し、またその疑いがある場合、総合的判断により加入を謝絶することができる。

　なお、定款における暴力団排除条項の改正は、定款変更後に加入した会員のみならず、定款変更前からの会員が反社会的勢力に該当する場合についても、会員から排除することを想定しており、定款変更前からの会員につき、新たに追加した定款例別表3の暴力団排除条項（会員資格喪失事由）への該当性を根拠として、会員資格を喪失させることができる。

Column　定款における暴力団排除条項の既存会員への適用

1　問題の所在

　定款例の一部改正は、定款変更後に新規に会員となった者のみならず、定款変更時にすでに会員となっている者（既存会員）も排除することを想定している。

　かつて、協同組織金融機関の会員・組合員資格に関する定款変更については、現在の会員・組合員がその資格を喪失し、当然に脱退することとなるた

め、認められないと解されてきた（明田『農協法』126頁）。ただし、上記は昨今問題となっている反社会的勢力の会員等からの排除を具体的に想定した議論ではない。信用金庫における会員資格の変更と結びつくものとして、暴力団排除条項以外に地区や事業者の資本金規模があるが、例えば地区について、日本経済の成長発展に伴い、信用金庫がその事業の成長にあわせた適正な地区が認められるよう、行政当局に地区拡張の要望を出し、行政当局も地域の経済情勢の変化や信用金庫経営における資金吸収、運用のバランス改善といった観点から、経済圏の範囲内で逐次地区拡張を認可していたという経緯がある。よって、会員資格を拡大する方向、すなわち会員にとって少なくとも不利益でない変更が一般的であり、不利益変更についての議論の蓄積はなされてこなかった。

　また、反社会的勢力という属性や行為による制限は、従前の資本金規模など定量的な制限と異なり、定性的な制限であり、議論が十分なされてこなかったところであり、以下に検討する（なお、以下の詳細については、拙稿「信用金庫の定款における暴排条項の既存会員への適用(1)～(4)」金法1954号84頁、1956号70頁、1958号54頁、1960号104頁参照）。

2　団体法理に基づく定款変更自由の原則

　信用金庫法において、定款変更について総会の特別決議事項（信金法48条の3第1号）と定める手続規定があるが、変更の限界等実体面での規定はないことから、以下に検討する。

(1)　団体法理～定款と約款との比較

　定款と約款は、多数の会員ないし顧客に対し、集団的・画一的に適用される点で共通するが、約款については契約理論や契約の相手方保護の観点から、相手方の同意がない限り一方的に変更できないというテーゼがある（ただし、平成32年4月1日施行の改正民法において、定型約款の変更についての規定が盛り込まれた）のに対し、定款は、その組織・運営に関する基本的規則・自主法規であり、社会情勢や経営状態の変化とともに当該団体の自主的判断により総会等の多数決により変更することを当然に予定しており、これは自主的に活動する団体の本質に根ざすものである（団体法理・社団法理）。

⑵　民主的手続（多数決原理）による正当性

　定款変更については、民主的基盤の整った議決機関（総（代）会）による多数決（特別決議）によりなされるところであり、団体法理に基づき、定款変更は原則として自由に行えるものであり（定款変更自由の原則）、決議に賛成をしていない会員を含め、すべての会員に適用され、個々の会員の権利関係を同意なしに変更することが認められる。例外と解されるのは、変更後の定款の内容が強行法規、公序良俗、協同組織金融機関としての本質（協同組合４原則）などに反する場合、会員の固有権を侵害する場合、多数決の濫用（権利濫用）に該当する場合など特段の事情のある場合と解される。

3　法律の規定や協同組織金融機関の本質（加入・脱退自由の原則）との関係

　反社会的勢力を既存会員から排除することについて、法律上の明文規定や協同組織金融機関としての本質（団体法的特質）との関係では、協同組合４原則の一つである「加入・脱退自由の原則」との関係を検討する必要がある。

　まず、既存会員が会員となった際には、暴力団排除条項は存在しなかったことから、「加入自由の原則」との関係で「加入の際に付されたよりも困難な条件」に該当するかが問題となるが、「困難な条件」を付すことを禁止しているのは、加入を困難にすることを防止することのほか、既存の会員と新規の会員との間に公平を欠くためである。定款例は既存の会員にも暴力団排除条項を適用することを前提としており、公平を欠くものではなく、「困難な条件」に該当しない。

　次に、既存会員の利益との関係を考慮する必要があるが、これは脱退自由の原則といっよりも、後記の既得権等と関係する問題である。

4　多数決濫用防止（少数会員の利益保護）

　定款においては、信用金庫の重要事項（本件では会員たる資格および除名）について集団的・画一的に決定する必要があり、その関係で民主的手続に基づく多数決原理を採用している。通常は「過半数原理」であるところ、議決権の３分の２以上という加重された決議要件となっており、このように民主的意思形成がなされることを条件に、個別の少数会員の意思よりも多数の会員の意思（団体の意思）を尊重し、少数会員も決議内容に拘束されるもので

ある。

　少数会員（本件では既存会員のうち反社会的勢力）の保護は、①特別決議により、少数会員の意思が金庫の意思決定に反映されやすくなっていること、②協同組織金融機関においては株式会社のように資本多数決の原則ではなく、「頭数多数決」が理念とされていることから、より個々の会員の意思が反映されやすいことなどにより図られている。

5　定款変更の合理性（公序良俗違反などとの関係）

(1)　変更により会員が被る不利益

　会員には自益権（信用金庫事業利用券、剰余金配当請求権、持分払戻請求権、残余財産分配請求権）および共益権（議決権等単独会員権、役員等の解任請求権等少数会員権）に関するものがある。定款変更により会員が具体的不利益を受けるかについては、例えば反社会的勢力たる会員が会員資格喪失や除名により脱退した場合でも、持分払戻請求権に不利益な取扱いはなく、また共益権は会員全体の利益のために認められる権利であり、個々の会員の権利は希釈化している面がある。よって、定款変更による会員の不利益は大きいとはいえない。

(2)　定款における条項の変更の内容

　a　除名事由

　行為要件については、改正前より定款例15条2項において、信用金庫の事業妨害や信用毀損が除名事由として規定されており、変更後の行為要件は、上記除名事由をより具体化・明確化したということができ、実質的な変更は小さいといえる。

　表明確約違反については、これまで会員の加入に関して表明確約手続の運用がなかった以上、既存会員との関係での不利益変更は実質的に生じない。

　b　会員たる資格（属性要件）

　会員資格を定めた定款例5条において、これまで暴力団排除条項と関連するものはなく、除名事由と異なり包括条項も定められていなかったが、行為要件は属性要件を補完する側面もあるという観点からは両者は密接に関係し、また属性要件に該当する会員がいること自体が信用金庫

の事業を妨げ、信用を失わせるものである。

よって、属性要件に該当する場合、個別事案にもよるが、改正前より存在する除名事由（信用金庫の事業妨害や信用毀損）を根拠に除名されることもあり、会員にとって、よりその名誉を毀損する度合いの高い脱退（除名）が規定されている以上、会員資格喪失を定めても定款の変更内容が実質的に大きいとまではいえない。

(3) 既存会員の既得権・期待権を侵害しないこと

改正前の定款例であっても、除名をもって排除が不可能ではなかったし、信用金庫にとって求められる反社会的勢力排除のレベルは高まってきている。改正された暴力団排除条項の内容は一義的かつ明確であるといえるし、定款については公序良俗等に違反せず、所定の手続を履践する限り、自由に変更しうることにかんがみて、会員資格に関する定款変更も会員にとって予測可能性があり、不意打ちとまではいえない。

また、行為要件は将来行われるものであり、過去に行われた行為を対象とするものではないから、既得権や期待権の問題は生じないといえる。

(4) 定款変更の必要性

信用金庫法が昭和26年に制定された当時、定款自治に基づく反社会的勢力排除の観点は存在しなかったが、反社会的勢力排除の施策が進展してきており、社会情勢や社会通念の変化とともに、自主的判断により定款を変更することが当然に予定されており、これは信用金庫法１条の目的にもかなうものである。

(5) 会員への平等適用の必要性

契約については、個々の取引に応じて自由に内容を決定し得るものであるが（契約自由の原則）、定款における会員資格等については、①定款は信用金庫の基本規則であり、団体法理が適用されること、②信用金庫は一会員一議決権の原則が適用されることから、すべての会員について平等・統一的に適用する必要性がある。

(6) 変更後の条項の内容自体の必要性・相当性

a 会員資格（属性要件）

信用金庫は正当な理由なく加入拒否できないという裁判例（東京地判

昭44. 5. 29・金法550号33頁）があるが、反社会的勢力との間では協同組織金融機関の相互扶助や人的信頼関係を保つことはできず、関係遮断を行うことは信用金庫法1条の「金融業務の公共性」にも合致する。また、定款における会員資格（排除の範囲）が明確であり、恣意的な排除の運用を導くものでないことが求められるところ、定款例における属性要件は明確かつ具体的である。

　b　除名（行為要件・表明確約違反）

　改正前より存在した定款例15条(2)において、信用金庫の事業妨害や信用毀損が除名事由として規定されているが、裁判所の運用は包括規程の適用に消極的であることなどからも、除名事由を定款に具体的に規定する必要性がある。また、行為要件および表明確約違反は、いずれも信用金庫との信頼関係を著しく破壊するものであり、従前の定款例15条で定める除名事由と同等程度以上に、会員としてとどまることが信用金庫の運営上好ましくなく、定款自治に基づき除名事由として追加することには相当性が認められる。

(7)　変更しない場合の信用金庫の不利益

　定款を変更せず、反社会的勢力が会員として存在し続ける場合、信用金庫は反社会的勢力という属性のみで既存会員を排除することが困難となる。この場合、自益権を付与するなど反社会的勢力を利する程度が高いほか、共益権も付与することとなり、信用金庫に対する暴力的な要求行為や他の会員や信用金庫役職員の安全確保、総（代）会の議事混乱などの問題も予想される。

6　結論

　以上述べたことから明らかなとおり、定款変更は、強行法規や公序良俗に違反するものではなく、むしろ十分な合理性が認められる。よって、既存会員を含め、すべての会員に適用され、個々の会員の権利関係を同意なしに変更することが認められる。

8 会員たる資格の効果

会員たる資格の効果として、以下の点が挙げられる（『金融法務講座』80頁）。

(1) 会員となることが可能であること

会員以外の者で会員たる資格を有する者は、一定の手続を経て、新たに信用金庫に出資（金銭による出捐）することにより、またはすでに会員となっている者から、当該会員が信用金庫に対して有する持分（出資金を見合いとした各種の権利。義務の総体）を譲り受けることにより、もしくは当該会員からの相続により、信用金庫の会員となることができる（法13条～15条）。それぞれ、原始加入、持分の譲受けによる加入、相続加入と呼ばれる。

(2) 持分譲渡との関係

会員の持分の譲渡は、他の会員または会員以外の者で会員たる資格を有する者に対してのみすることができる（法15条1項）。

(3) 員外貸付

信用金庫は、会員以外の者であっても、会員たる資格を有する者に対して、政令で定める一定の金額（700万円）までは、資金の貸付または手形の割引をすることができる（法53条2項、施行令8条1項3号、昭43.6.1大蔵省告示第71号）。

(4) 会員たる資格喪失による脱退（法定脱退）

会員が会員たる資格を喪失した場合、本人の意思にかかわらず、その資格喪失時点において、信用金庫法上当然に会員たる地位を喪失し、信用金庫を脱退する（法17条1項各号）。

第10条

9 その他の問題

⑴ 制限行為能力者

　民法は判断能力の低いものを定型化して、画一的な基準を設定し、これを制限行為能力者とし、これに保護者をつけてその能力不足を補いながら、その制限行為能力者が保護者の権限を無視して自ら行為した場合に一定の要件に基づいて当該行為を取り消し得るものとしている。民法上、このような制限行為能力者には、未成年者、成年被後見人、被保佐人、被補助人がある。また、任意後見契約に関する法律が制定され、任意後見制度も創設されている。

a　未成年者

　未成年者とは満20歳未満の者をいう（民法 4 条）。

　法定代理人は未成年者を代理して契約などの法律行為をすることができる。法定代理人は親権者であるが、親権を行う者がないとき、または親権を行う者が管理権を有しないときは未成年者後見人がなる（民法818条、838条）。また、未成年者が自ら法律行為をするには、法定代理人（親権者または後見人）の同意を得ることを要し（同法 5 条 1 項、818条、838条）、同意を得ないでした法律行為は取り消すことができる（同法 5 条 2 項）。ただし、法定代理人の営業許可がある場合の営業行為（同法823条）や単に権利を得、義務を免れるだけの行為などについては、法定代理人の同意は必要ない（同法 5 条 1 項ただし書、 6 条）。

　信用金庫が国民大衆のための地域金融機関としての機能を担っていることからすると、「その金庫の地区内に住所または居所を有する者」（法10条 1 項 1 号）には未成年者も含まれ、未成年者であっても、その者が会員たる資格を有する者であるときは、会員となることができる（『会員法務解説』 5 頁）。満15歳に達した以後の最初の 3 月31日が終了すれば、勤労に従事することができるため（労働基準法56条 1 項）、未成年者であっても、信用金庫の地区内に勤務する者であれば、当然に会員たる資格がある（森井編著『相談事例』 9 頁）。

この場合は法定代理人が、未成年者を代理して加入の申込みをするか、法定代理人の同意を得て未成年者が加入の申込みをすることになる。なお、未成年者が営業の許可を得ている場合は、法定代理人のかかる同意や代理は必要ないと解される（民法6条1項）。また、未成年者が婚姻している場合は、成年に達したものとみなされるので（成年擬制。同法753条）、単独で加入の申込みをすることができる。

なお、少子化が進む中、現在、成人年齢を20歳から18歳に引き下げることが議論されており、動向に留意が必要である。もっとも、未成年者が金庫に加入する必要がある場面はあまり多くないことから、実務上は、未成年者からの加入の申込みの受付はやむを得ない限度にとどめるべきとされている（森井編著『相談事例』9頁）。

b　成年後見人等

成年後見等（後見、保佐、補助）の審判の開始を受けている者であっても、会員たる資格を有している者（法10条1項）については、会員にとどまることができる。

ただし、適用を受ける後見制度によっては、取引上の制限を受けることがあるので、取引を行う場合には慎重に取り扱う必要がある。

(a)　成年被後見人

成年被後見人とは、「精神上の障害により事理を弁識する能力を欠く常況にある者」で、家庭裁判所の後見開始の審判を受けた者のことをいう（民法7条、8条）。「精神上の障害により事理を弁識する能力を欠く常況にある者」とは、身体上の障害を除くすべての精神的障害（知的障害、精神障害、認知症、外傷性脳機能障害等）により、法律行為の結果が自己にとって有利か不利かを判断することができない程度の判断能力にある者をいう。

被後見人には必ず1名もしくは複数名の後見人が付され（民法843条）、本人の財産に関するすべての法律行為は、必ず後見人の代理による（同法859条）。本人が自ら行った法律行為は、日常生活に関する行為を除き、取り消すことができる（同法9条）。

また、この場合、意思無能力を理由として無効の主張もできるとするのが通説である（遠藤ほか編『双書民法(1)』52頁）。

また、成年被後見人の居住の用に供する建物またはその敷地について、売却、抵当権の設定その他これらに準ずる処分をするには、住環境の変更が被後見人の精神面に与える影響の大きさから、家庭裁判所の許可を得なければならない（民法859条の3）。

信用金庫は広く国民大衆のため金融の円滑を図り、その貯蓄の増強に寄与することを目的としているため、成年被後見人であっても、その者が会員たる資格を有する者であるときは、会員となることができる（『会員法務解説』5頁）。加入の申込みは後見人が代理して行わなければならない。

(b) 被保佐人

被保佐人とは、「精神上の障害により事理を弁識する能力が著しく不十分である者」で、家庭裁判所の保佐の審判を受けた者のことをいう（民法11条、12条）。「著しく不十分」とは、同法13条1項に規定する重要な財産行為について、自分1人ではこれを適切に行うには不安があり、常に他人の援助を受ける必要がある程度の判断能力と解されている。

成年被後見人とは違い、事理弁識能力を欠く「常況」にあるとはいえない点が相違する。

被保佐人は、法律で定められる一定の行為については保佐人の同意が必要である（民法13条1項）。加えて、その他法律行為であっても保佐人等からの請求に基づき家庭裁判所において保佐人の同意を得なければならない旨の審判を受けている場合は、同行為についても保佐人の同意が必要となる（同条2項）。なお、同意が必要な行為について、保佐人の同意等がないときは取り消すことができる（同条4項）ので、同意が必要な行為の範囲について注意する必要がある。

また、特定の法律行為については、家庭裁判所の審判により保佐人に代理権が付与される場合がある（民法876条の4）。保佐人の代理権の範囲は個々に異なるとともに、時間の経過に伴い、再度の審判により代理権の範囲が変更されることがあるため、取引を行う上では保佐人の代理権の範囲については注意する必要がある。

被保佐人であっても、その者が会員たる資格を有する者であるときは、会員となることができる（『会員法務解説』5頁）。「重要なる財産に関する権利

の得喪を目的とする行為をなすこと」（民法13条1項3号）は保佐人の同意を要する行為であり、会員加入はこれに該当するから、加入の申込みの際には、登記事項証明書の添付を求め、保佐人から同意書を徴求する必要がある（『会員法務解説』6頁）。

(c) 被補助人

被補助人とは、「精神上の障害により事理を弁識する能力が不十分である者」で、家庭裁判所の補助開始の審判を受けた者のことをいう（民法15条、16条）。

事理を弁識する能力が「著しく」不十分とはいえない点が被保佐人と相違し、民法13条1項に規定する重要な財産行為について、自分1人でこれを行うことは不可能ではないが、適切に行えないおそれがあるため、他人の援助を受けたほうが安心であるといった程度の判断能力と解されている。

被補助人は、法律で定められる一定の行為のうち、家庭裁判所で審判を受けた一部の行為については補助人の同意が必要である（民法17条1項）。

なお、補助人の同意が必要な行為について、その同意またはこれに代わる家庭裁判所の許可がないときは取り消すことができる（民法17条4項）ので、同意が必要な行為の範囲について注意する必要がある。

また、被補助人のために特定の法律行為について補助人に代理権を付与する審判もすることができる（民法876条の9）。補助人の代理権の範囲は個々に異なるとともに、時間の経過に伴い、再度の審判により代理権の範囲が変更されることがあるため、取引を行う上では補助人の代理権の範囲については注意する必要がある（『会員法務解説』7頁）。

被補助人も会員たる資格を有する者であるときは、会員となることができると考えられるが、申込みに関して同意を要する審判や代理権を付与する審判があれば、それぞれ当該審判に従い、補助人の同意または代理を要する。

c 任意後見契約

任意後見契約とは、委任者たる本人が、受任者に対して、精神上の障害により事理を弁識する能力が不十分な状況における自己の生活、療養看護および財産の管理に関する事務の全部または一部を委託し、その委任に係る事務について代理権を付与する委任契約であって、任意後見監督人が選任された

時からその効力が生じる定めがされた契約である（任意後見契約に関する法律
2条1号）。

任意後見人の代理権の範囲については、任意後見人の代理権を証する登記
事項証明書に記載されているので、その範囲を確認の上で取引を行う必要が
ある。

また、成年被後見人と同様に、後見契約発効後に本人が自ら行った法律行
為は、日常生活に関する行為を除き、取り消すことができる（民法9条）。

本契約の委任者も、会員たる資格を有する者であるときは、会員になるこ
とができると考えられるが、任意後見契約の委任者に対する後見契約発効後
の加入の申込みは、任意後見人の代理によらなければならない。

d　制限行為能力者か否かの確認

上記のとおり、信用金庫としては顧客が制限行為能力者の疑いがある場
合、制限行為能力者か否かを確認する必要がある（なお、すでに預金等の取引
があり、また出資に伴い貸付取引を行う場合には、当該取引において確認するこ
とも想定される）。

確認方法としては、全国の法務局、地方法務局（郵送申込みの場合は東京法
務局後見登録課のみ）が発行する「登記されていないことの証明書」を取り
寄せることが考えられる。これは、本人が後見登記等ファイルに成年被後見
人、被保佐人、被補助人および任意後見契約の本人とする記録がないことを
証明する書類である。

その他、市区町村が発行する身分証明書により、成年被後見人の登記の通
知を受けていないことを確認することも考えられる（もっとも、被保佐人、
被補助人は本籍地の市区町村に通知されないので記載されず、また任意後見契約
の本人も記載されない）。

上記を確認した上で、成年被後見人の場合は成年後見人を代理人として出
資加入の申込みを受け付ける必要がある。被保佐人および被補助人の場合に
は、保佐人および補助人に代理権が付与されているケースにおいては、保佐
人および補助人を代理人として、また、同意権が付与されているケースにお
いては保佐人および補助人の同意を受けて出資加入の申込みを受け付ける必
要がある。任意後見契約の本人の場合、任意後見人の「代理権目録」の委任

事項となっている場合には、任意後見人を代理人として出資加入の申込みを受け付け、上記委任事項に入っていない場合には、本人から直接に出資加入の申込みを受け付ける必要がある。

⑵　権利能力なき社団

　法人は法律の規定によらなければ成立しないが（民法33条）、法律の規定がない場合（もっとも、この点は中間法人法の制定によりかなり解決した）、規定はあっても法人格を取得できない場合や取得しない場合、法人格取得中の場合、いわゆる「権利能力なき社団」に該当する場合がある。

　判例（最一小判昭39.10.15民集18巻8号1671頁）においては、「権利能力なき社団」とは、社団法人と同じような実体を持ち日常の取引をしているが、法人格を有しない社団をいい、①団体としての組織を備え、②多数決の原則に基づく団体の意思決定が行われ、③構成員の変更にかかわらず団体が存続し、④その組織において代表権行使の方法、総会の運営方法、財産の管理方法等団体としての主要な点が確定していることを要し、要件を満たす場合には、固有の財産や債務の帰属、法律上の当事者能力を認めている。これらは法人格を有しないだけで、権利能力、行為能力等はすべて社団法人と同様に取り扱われている（権利能力なき社団は、民事訴訟法上は当事者能力を認められている）。

　前掲最一小判昭39.10.15のとおり、社団としての実体があれば、できる限り法人と同様に取り扱われるため、権利能力なき社団でも、前掲最一小判昭39.10.15の示す要件を満たし、定款で定める事業所が地区内にあって、常時使用する従業員数の制限を超えないものであれば、会員となることができる（『会員法務解説』8頁）。

　なお、一般社団・財団法人法によって、法律に適合した定款を作成し、公証人の認証を受け、設立の登記をすることによって一般社団法人を設立し（同法10条、13条、15条）、法人格を取得することができるが（同法3条）、権利能力なき社団が法人の設立手続をとらない場合、今後も権利能力なき社団の論点は残る（内田貴『民法Ⅰ総則・物権総論［第4版］』（東京大学出版会・2008年）226頁）。

⑶ 地縁団体

　町内会、自治会といった地縁団体については、通常法人格を有しないため、原則として会員資格を有することはない。

　しかし、平成３年の地方自治法の改正により、一定の要件のもとで法人格を得ることが可能とされていた。町または字の区域その他市町村内の一定の区域に住所を有する者の地縁に基づいて形成された団体は、地域的な共同活動のための不動産または不動産に関する権利義務等を保有するため市町村長の許可を受けたときは、その規約に定める範囲内において、権利を有し義務を負う（地方自治法260条の２第１項）。

　上記のとおり、地方自治法260条の２に規定する要件を満足し、市町村長の認可を受けた団体（地縁による団体）で、金庫の定款で定める地区内にあって、常時使用する従業員の制限を超えないものであれば、会員となることができる（『会員法務解説』６頁）。また、地方自治法に基づく法人格を与えられていない団体でも、権利能力なき社団としての要件を満たせば、会員資格を認めることが可能である。

　市町村長の認可は、その団体の代表者の申請に基づき、次の要件のもとでなされ、規約に定める目的、区域、主たる事務所、代表者の氏名等が告示される。

① 　その区域の住民相互の連絡、環境の整備、集会施設の維持管理等良好な地域社会の維持および形成に資する地域的な共同活動を行うことを目的とし、現にその活動を行っていること

② 　その区域が、住民にとって客観的に明らかなものとして定められていること

③ 　その区域に住所を有するすべての個人が構成員となることができ、その相当数の者が現に構成員になっていること

④ 　規約を定めていること

　このような認可された地縁による団体は、必要事項が市町村長より告示されるので、加入に際しては、告示事項に関する証明書、認可地縁団体の印鑑登録証明書、規約および必要に応じて総会議事録（写）を徴収することが考

えられる。

⑷　地方公共団体

　地方自治法１条の３の「普通地方公共団体」（都道府県、市町村など）および「特別地方公共団体」（特別区、地方公共団体の組合、財産区および地方開発事業団）を「地方公共団体」という。都道府県市町村等、統治団体である地方公共団体が会員資格を有するかどうかについては、法１条の定める、「国民大衆のために金融の円滑を図り、その貯蓄の増強に資するため、協同組織による信用金庫の制度を確立し」という目的規定や、信用金庫の中小企業専門金融機関としての性格からも、協同組織の構成員となり得るとは解し難く、会員資格は有しないものと解される。

　もっとも、地方公共団体との取引を通じ、地域経済の発展に寄与することも、地域金融機関としての信用金庫の重要な使命であることから、法53条２項の規定により、信用金庫は、会員に対する貸付業務を妨げない限度において、地方公共団体に対して貸付をすることができると定められている（施行令８条１項７号により員外貸付の対象とされている。平野英則「信用金庫の法務入門⑼員外貸出・員外保証（その３）」金法1697号60頁）。

⑸　外国人、外国法人

a　外　国　人

　外国人とは、日本国籍を有しない自然人のことであるが、外国の国籍を有する者と無国籍の者とが含まれる。外国人は法令または条約の規定により禁止される場合を除き、日本国籍を有する者と平等に権利能力を有する（民法３条２項）。これは、内外人平等主義により、日本人と同様に法律上の権利能力を持つものとしたものである。

　信用金庫は地区内に住所または居所を有する住民や、地区内で勤労する勤労者、地区内に事務所を有する中小企業等に対して、金融の円滑を図り、その貯蓄の増強に資するために設立されるのであるから（法１条）、そこに外国人を排除する理由は見当たらない。また、信用金庫法10条の個人の会員資格において、国籍を要件としていない。

したがって、外国人であっても、信用金庫の地区内に住所または居所を有する者、地区内に事業所を有する者、地区内において勤労に従事する者ならびに地区内に事業所を有する者の役員およびその信用金庫の役員は会員となることができるし、外国人であることを理由に加入を拒絶すると、不法行為に基づく損害賠償責任を負う可能性もある。ただし、観光のための在留者など、短期間しか在留しない者は、その実態にかんがみて、地区内に「住所」はもちろんのこと、「居所」もあるとは解されず、信用金庫の構成員たる会員としては不適切である（『会員法務解説』9頁）。

外国人であること、および外国人の住所・居所の確認は、加入申込者の特別永住者証明書や在留カード等で行う。

　b　外国法人

外国法人が日本に拠点を設ける場合の形態としては、①日本に日本法に基づき設立された子会社、②外国法人が日本に支店を設ける場合、③駐在員事務所、の3つの形態がある。②については支店設置の登記がなされ、支店名義で金融機関の口座を開設することもできるが、独立した法人格は有しない。③については登記の対象とならず、通常、駐在員事務所名義で金融機関の口座を開設することはできず、直接日本で営業活動を行うこともできない。

外国法人の日本の拠点が、日本で日本法に基づき設立された子会社の場合（上記①）、当該子会社は独立した法人格を有しているため、当該子会社について会員資格を判断することとなる。

他方で、外国法人の日本の拠点が、外国法人が日本に支店を設ける場合（上記②）、駐在員事務所（上記③）の場合、支店や駐在員事務所は独立した法人格を有しないため、外国法人について会員資格を判断する。

信用金庫法は、会員たる資格の要件について、我が国の法律に準拠して設立された日本法人であるか、外国法に準拠して設立された外国法人であるかによって区別をしておらず、また法1条の目的規定において定める信用金庫の制度趣旨からみて外国で設立された会社を排除する理由はない。地区内に事業所を持つ外国で設立された会社は法人会員としての資格要件を満足していれば会員資格がある。

上記の「事業所」とは、およそある事業の内容たる活動が行われる一定の場所を指すものであり、外国法人が日本に設けた支店は事業所に該当するし、また登記されていることは要件でないため、地区内に存するのが駐在員事務所であっても事業所に該当する。

よって、地区内に支店または駐在員事務所が存する場合、外国法人の常時使用する従業員の数および資本金の額を確認し、会員たる資格を判断する。この判断にあたっては、日本国内のみならず、当該外国法人全体の常時使用する従業員の数を検討する必要がある（『5000講Ⅰ』100頁）。

⑹ 独立行政法人、国立大学法人、PFI選定事業者

独立行政法人、国立大学法人およびPFI選定事業者（いわゆるPFI実施に係り選定された民間事業者）については、会員たる資格を有する者とは認められないが、施行令8条において員外貸付の対象としている（『会員法務解説』10頁）。

PFI（Private Finance Initiative：プライベート・ファイナンス・イニシアティブ）とは、公共施設等の建設、維持管理、運営等を民間の資金、経営能力および技術的能力を活用して行う新しい手法のことである。民間の資金、経営能力、技術的能力を活用することにより、国や地方公共団体等が直接実施するよりも効率的かつ効果的に公共サービスを提供できる事業をPFI手法で実施する。PFIの導入により、国や地方公共団体の事業コストの削減、より質の高い公共サービスの提供の実現を目指すものである。

⑺ 医療法人、学校法人、宗教法人等

信用金庫法は、会員たる資格について法人の種類による限定を設けていないため、会員たる資格について定めた法10条1項ただし書の法人たる「事業者」には公益法人も含まれるところであり、医療法人、学校法人、宗教法人等については、いずれも会員となることができる。

なお、資本金等が法律上の制度として想定されていない医療法人等については、資本金や出資という性質のものが存在しないため、会員資格の判断基準とはなりえず（常に資本金や出資は9億円以下と考えるべきであり）、した

第2章 会員（第10条〜第21条） 75

がって、常時使用する従業員の数が300人以下の場合はもちろんのこと、300人を超える場合であっても、会員たる資格が認められると解し、これらの法人が信用金庫の会員となり得る門戸を広げた上で、信用金庫法を運用するのが相当であるという見解がある（飯島悟「信用金庫法をめぐる諸問題(1)法人の信用金庫の会員としての欠格事由」銀法701号38頁）。

　しかし、前記のとおり、会員たる資格について規模要件が法定されているのは、信用金庫がもともと、銀行等から融資を受けられない中小零細事業者等の相互扶助を目的としており、一定の規模を有する個人および法人については、人的・財政的基盤があり、中小企業等専門金融機関たる信用金庫の会員とする必要性に乏しいためである。よって、医療法人等について、資本金等が存しないからといって、従業員数要件についても要件から外すことは、会員たる資格について上記規模要件を設けた趣旨を没却するものであり、法解釈の範囲を超えるところである。よって、学校法人、宗教法人、医療法人等には資本金あるいは出資金に当たるものがないとはいえ、会員資格の判定にあたって従業員数要件は必要であり、従業員数のみによって判断されることになる。

Column　連帯保証、物上保証、連帯債務と会員資格

1　連帯保証・物上保証と会員資格

　信用金庫法においては、資金の貸付等与信については、会員の相互扶助を旨とする協同組織金融機関としての性格から、原則として会員に対するものに限定されている（法53条1項2号・3号）。他方で、連帯保証人や物上保証人については会員であることや会員たる資格を要件としていないため、会員に対する貸付について、会員たる資格を有しない者を連帯保証人や物上保証人とすることもできる。

2　連帯債務と会員資格

　連帯債務とは、複数の債務者が同一内容の給付について、債務を負担し、そのうち1人が弁済すれば他の債務者も債務を免れるという各々独立した債

務である。したがって、連帯債務の中に会員以外の者が含まれている場合、信用金庫が会員以外の者に対して貸付債権を有することとなり、資金の貸付等与信については、会員の相互扶助を旨とする協同組織金融機関としての性格から、原則として会員に対するものに限定した趣旨に反することとなる。

よって、各債務者が会員であるか、あるいは当該貸付を信用金庫法によって認められた小口員外貸付（法53条2項、施行令8条1項3号、平成25年3月29日（最終改正）金融庁告示第20号「信用金庫が会員以外の者に対して行う資金の貸付け等に関する期間及び金額を指定する件」）の条件を満足していなければならない。

なお、会員以外の者が会員の信用金庫に対する借入れを併存的（重畳的）に引き受けた場合、当該債務引受により、原債務者と債務引受者は原則として連帯債務関係に立つ（最三小判昭41.12.20民集20巻10号2139頁）。そのため、原則として、会員以外の者を債務引受により債務者とすることはできないが、債務引受者がもともと会員の債務を連帯保証していた場合、当該債務引受は、保証のままでは、付従性により、主債務が時効消滅する可能性があることから、実質的には保証債務履行請求権を確保するためのものと解することができ、当初から会員以外の者を連帯債務者として貸付をするケースとは異なり、員外貸付を制限した趣旨にも反しないと解される（『5000講 I 』110頁）。

10 信用金庫連合会の会員たる資格（法10条2項）

> 2 信用金庫連合会の会員たる資格を有する者は、その連合会の地区の一部を地区とする信用金庫であつて、定款で定めるものとする。

信用金庫連合会の会員資格は、その連合会の地区の一部を地区とする信用金庫であり、定款で定められる。

現在、信用金庫連合会は信金中央金庫のみであり、信金中央金庫定款6条においても、本項と同様の規定がある。信金中央金庫の地区は全国であるから（同定款3条）、全国の信用金庫がその会員となっている。

第11条

| 第11条 | 出　資 |

（出資）

第11条　会員（信用金庫及び信用金庫連合会の会員をいう。以下同じ。）は、
出資１口以上を有し、かつ、その出資額は、第５条第１項に規定する政令
で定める区分に応じ、政令で定める金額以上で定款で定めるところによら
なければならない。

2　前項の政令で定める金額は、信用金庫の会員にあつては５千円、信用金
庫連合会の会員にあつては10万円をそれぞれ下回つてはならない。

3　出資の１口の金額は、均一でなければならない。

4　１会員の出資口数は、出資総口数の100分の10をこえてはならない。

5　会員の責任は、その出資額を限度とする。

6　会員は、出資の払込について、相殺をもつて金庫に対抗することができ
ない。

（会員の出資の最低限度額）

施行令第４条の２　法第11条第１項に規定する政令で定める金額は、次の各
号に掲げる区分に応じ当該各号に定める金額とする。

一　第１条第１号に掲げる信用金庫の会員　１万円

二　第１条第２号に掲げる信用金庫の会員　５千円

三　第１条第３号又は第４号に掲げる信用金庫連合会の会員　10万円

1　出資の意義

　出資とは、一般的には、金庫の事業を行うため、事業を遂行し維持すべき
財産額として、金銭その他の財産、信用または労務などを会社、組合などの
団体に出捐することをいう（『信金法解説』103頁）。金庫の「出資」は、株式

会社の「資本金」と同様、金庫が事業を行うための資金となり、金庫の債権者に対する支払いの最終的担保となる。

　金庫に払い込まれた財産の額を「出資額」といい、その総額を「出資総額」という（法57条１項１号）。出資は一定の単位に分割されており、これを「出資１口」といい（出資について、定款例７条では「普通出資」としている）、これは定款の絶対的必要記載事項である（法23条３項７号）。金庫の出資総額は、出資１口の金額に出資総口数を乗じた金額となる（出資の総額の最低限度について、法５条参照）。

2　会員の出資義務、１会員の出資額の最低限度（法11条１項・２項）

(1)　出資義務

　金庫の会員は、出資を行う義務を負い、最低限度、会員の義務として出資１口以上を引き受けて有しなければならない。したがって、出資をしない会員は存在することができず、定款または総会の決議をもってしても、特定の会員につき出資義務を免除することはできない。上記のとおり、金銭による出資の払込みまたは会員の持分の承継により会員となった後は、その意思によらずに追加出資義務を負うことはない。

　法律上の最低限度は１口であるが、定款の定めによりこれを加重し、例えば最低出資口数を２口以上とすることも認められるが、加入自由の原則の観点から、会員資格を有する者が通常負担できる程度の金額である必要がある。

　また、会員は、持分の共有が許されないため（法15条４項）、２人以上の会員が共同して出資することはできない。

(2)　出資の方法

　前記１のとおり、一般には出資として、信用や労務の提供を含むが、金庫の場合には、会員の責任が有限責任とされていることなどから、信用出資や労務出資、金銭以外の財産による現物出資は認められず、金銭出資（現金の払込みによる出資）のみが認められる（これに対し、農協法28条３項は現物出資

を認めることを前提としている）。

⑶　1会員の出資の最低限度

　法5条1項に基づき政令で定める区分に応じて、政令で定める金額以上
で、かつ定款で定める出資額を出資しなければならない。

　この出資最低限度額の規定は、信用金庫の発展に伴い、会員数が増大する
につれ、会員制度の特色が次第に希薄化しつつあり、会員制度の特色を発揮
するためには、会員を、信用金庫を利用しまたは信用金庫の運営に関心を持
つ者に限定し、会員意識の高揚を図ることが必要であり、そのためには、会
員に対してある程度の出資を義務付ける必要があるとの観点から採用された
制度である（『信金法解説』103頁）。

　現在の政令（施行令4条の2）によると、会員の出資額の最低限度額は、
下記のような区分および金額となる（定款例8条に規定がある）。

---

　①　東京都の特別区の存する地域または金融庁長官の指定する人口50万以
　　　上の市（指定市。前記**第5条**2(2)参照）に主たる事務所を有する信用金
　　　庫の会員　1万円
　②　その他の信用金庫の会員　5千円
　③　全国を地区とする信用金庫連合会またはその他の信用金庫連合会　10
　　　万円

　なお、会員は、その出資額が、金庫の出資1口の金額の減少その他やむを
得ない理由により、法11条1項に定める出資の最低限度額に満たないことと
なり、かつ、その満たないこととなった日から1年以内に当該最低限度額に
達しない場合には、その期間を経過した日に脱退する（法17条2項）。よっ
て、金庫は、引受出資口数に応ずる金額が出資最低限度額に達しない者に加
入の承諾をしたり（法13条）、または持分の譲渡人もしくは譲受人の有する
こととなる持分（出資額）がこの最低限度額を下回ることとなる持分の譲渡
に承諾したりすること（法15条）はできないものと解される。

3　出資１口の金額の均一性（法11条３項）

　出資１口の金額は均一でなければならない（法11条３項、定款例７条）。また、出資１口の金額を減少または増加させる場合も、すべて均一である必要がある。

　当該金額はなんら制限がないので、各金庫は実情に合わせて適宜定めることができるが、会員の加入自由の原則から考えて、会員たる資格を有する者が通常負担することができる程度の額でなければならないと思われる。

　出資１口の金額は定款の絶対的必要記載事項であり（法23条３項７号）、出資１口の金額を均一な一定の額をもって定款で定めなければならない。また、出資１口の金額は登記事項である（法65条２項５号）。

　なお、出資１口の金額の減少について、法51条、52条で定められている。

4　１会員の出資口数の最高限度（法11条４項）

(1)　１会員の出資口数の最高限度

　１会員の出資口数は、金庫の出資総口数の100分の10を超えてはならない。会員は、出資口数のいかんにかかわらず、各１個の議決権を有する（法12条１項）ほか、種々の共益権を有する。

　このように、金庫は１人１議決権の原則を採用しており、１株１議決権の原則を採用する株式会社のように大口出資者の資本的支配に服するおそれがないので、１会員の出資口数に制限を設ける必要性は低いようにも考えられる。しかし、現実には財力のある会員が多額の出資をし、これが金庫の財務に及ぼす影響力を通じて、事実上、発言力を高めて金庫を支配するおそれも否定しきれないし、１会員の出資口数に制限を設けないと、大口出資者の死亡等による法的脱退の場合には、持分の払戻しによって実質的に金庫の出資額が急激に減少し、その財政的基礎が危殆に瀕するおそれがある。

　そこで、本項の制限が設けられたものであり、協同組織の基本的な特徴の１つである。

第２章　会員（第10条〜第21条）　｜　81

(2) 最高限度内での制限の可否

　法の定める100分の10という制限は超えないとしても、さらに最高限度内で出資の口数の制限をすることができるか。

　この点、以下の理由により可能であると考えられる（平野英則「信用金庫の法務入門(13)出資」金法1708号61頁）。

① 　加入自由の原則の制限とならず、また会員の権利行使の制限にも当たらないこと。

② 　金庫の会員としての基本は、金庫という事業を利用するためであり、預金金利に代えて多くの収入を期待する等の利殖や投資の対象ではないこと。

③ 　脱退して回収しようとしても譲受人がない場合に金庫に譲り受けてもらうことになるが、金庫が譲り受けることができる最高限度が法定されていて（法16条2項、施行令5条1項）、それを超える場合には金庫は譲り受けることができないことを定款で定めなければならない。定款例においても金庫が譲り受けることになる持分は、金庫の普通出資総口数の100分の5に相当する口数を限度とするとされ、しかも譲受けの請求の日から6カ月を経過した日以降に到来する事業年度末において譲り渡すことがようやくできるなど、回収がかなり困難であることから、資金運用の対象になじみにくいこと。

④ 　金庫の出資は株式会社の資本とは違って日々増加する可能性があり、配当の負担をなるべく確定し軽減するために制限を設けるという要請には合理性があること。

⑤ 　口数の制限をしても、会員の議決権等の共益権は口数とは無関係であるから、その共益権を制限することにもならないこと。

　上記の観点から、大口出資の制限という法律の趣旨にかんがみ、信用金庫法の定めとは別に、1会員の出資額の限度を内規で、例えば個人50万円、法人100万円を限度とすると定めておくことにより、自己資本の安定を図ることが想定される（森井編著『相談事例』26頁）。

5 有限責任（法11条5項）

　本項は、会員の責任について、会員が引き受けた出資額が、当該会員の金庫に対する責任の限度となる有限責任であることを定めている。

　出資または会員の持分を承継することが会員となる前提であるので、いったん会員になった後には、たとえ金庫が第三者に債務を負担し、これを完済できなくても、会員は追加の出資義務を負わない。

　金庫の債権者との関係では、金庫は独立した法人格を有するので、あくまでも金庫が債務者であり、金庫の債権者は金庫に対してのみその履行を請求することができる（間接責任）。

　また、農協法13条4項においては、出資組合の組合員の責任について、「第17条の規定による経費の負担のほか、その出資額を限度とする」と定めているが、信用金庫法においては、金庫の経費を会員に賦課することができるとする法令の定めもないので、会員は経費について負担する責任もない。

6 相殺の禁止（法11条6項）

　会員は、出資の払込みについて、相殺をもって金庫に対抗することができない。すなわち、民法505条以下の規定によれば、互いに弁済期の到来した同種の債権債務を有する場合には相殺をすることができるとされているが、会員の出資払込債務と、当該会員の信用金庫に対する債権とが、互いに弁済期が到来している場合であっても、会員の側から債権債務の相殺を信用金庫に対して主張することができないこととなる。

　これは、金庫の出資金の充実維持のために、会員から相殺によって出資義務を免れることを禁止したものである。この相殺の禁止は片面的であり、上記の立法趣旨にかんがみて、金庫の側から会員に対して相殺をもって対抗することは可能である（『信金法解説』106頁）。例えば、出資の払込みを履行しないが、当該金庫に引受出資口数に応ずる金額以上の普通預金を有している者に対し、金庫の側から、この預金の一部または全部をもって出資の払込みに充当（相殺）する措置をとることは、可能である。もっとも、金庫の財政状態が悪化し、会員の有する預金債権の実際価値が名目価値より低いような

場合において、このような会員の預金債権と金庫の出資払込請求権とを相殺することは、金庫に損害を与えることになるので、背任となるおそれがあると解されていることに留意が必要である（『信金法解説』106頁）。

7 出資証券

(1) 出資証券の法的性格

出資証券は、金庫から出資をした会員に対し、出資の履行があったこと、したがってその所持人が金庫の会員であり、金庫に対し出資に応ずる持分を有することを証するために交付されるものである（『信金法解説』107頁）。

その法的性格は、証券上に記載された権利の発生、行使、移転につき証券の所持を必要とする有価証券（手形、小切手等）ではなく（東京高決昭35.10.24金法258号4頁）、また、証券の所持人が真の権利者でない場合でも所持人に対してなした給付によって債務者が債務を免れ得る効力を有する免責証券（預金証書、番号札等）でもなく、預金証書、借用証書、受取書のように、単に一定の事実を証明する証拠証券である（前掲東京高決昭35.10.24）。出資金を払い込んだ会員に対しては、信用金庫から出資証券が交付されるのが一般的であるが、法律上、出資証券に関する規定はなく、会員に対して出資証券を発行するか否かは信用金庫の任意である。

よって、出資証券が発行されている場合に、その小額証券を併合して大きな額面の出資証券を発行することは金庫の判断で行うことができる。

(2) 出資証券の紛失と再発行

出資証券は有価証券ではないため、会員が出資証券を紛失しても、会員の地位を喪失するわけではなく、総（代）会における議決権行使や剰余金の配当請求権の行使ができる。すなわち出資証券を紛失しても、公示催告や除権決定の手続（非訟事件手続法156条～160条。公示催告・除権決定の手続とは、有価証券の所持人がその証券を喪失した場合、有価証券の性質上権利を行使することができなくなり、不便なため、これを保護するべく、簡易裁判所が公示催告をなし、一定の期間内に正当な権利者の届出がないときは、除権決定によりその証

券を無効とする制度）の対象とはならず、会員が紛失した事実を信用金庫に対して立証すれば、出資証券は再発行が可能である。また、第三者が善意無過失で出資証券を取得しても、出資証券は証拠証券でしかないので、会員の地位を取得することはできない。

　もっとも、出資証券の再発行が乱発されると、一般の人が有価証券と同様に考えて取得し、トラブルとなるおそれもあるため、再発行は慎重に行うべきである。実務上は、再発行にあたり、他の会員を保証人に立てることを原則とすることや、必要に応じて印鑑登録証明書、登記事項証明書（商業登記簿謄本）の提出を求めること、紛失の届出があったことを一定期間、店頭に掲示するなど、慎重な手続をとることが想定される（平野編著『実務相談』160頁〔田中敏夫〕）。

(3)　会員の脱退および持分譲渡と出資証券

　脱退会員の出資証券について第三者が不測の損害を被ることがないように、信用金庫が会員の持分を譲り受け、または法定脱退会員にその持分を払い戻す場合には、預金の払戻しと同様、信用金庫は出資証券を回収すべきである（『信金法解説』109頁）。また、会員が持分を法に従って譲渡する場合には、その出資証券の名義を書き換えるか、信用金庫がこれを回収して、新しい出資証券を譲受人に交付する必要があり、一部譲渡の場合は出資証券記載の口数に所要の措置を要する（『信金法解説』109頁）。

(4)　出資証券の廃止（ペーパーレス化）

　上場会社の株券については、平成17年の会社法改正および、平成21年1月5日に施行された社債、株式等の振替に関する法律により、電子化されたが、出資証券についても、同様にペーパーレス化し、証券面に表示された権利の管理を電子的記録により行う取組がある。

　前記(1)のとおり、信用金庫が出資証券を発行するかはその任意によるものであり、ペーパーレス化することは信用金庫法に反するものではない。信用金庫は会員名簿に会員の氏名、名称または商号、住所または居所、加入年月日、出資の口数および金額、払込み年月日を記載することが義務付けられて

おり（法48条の6第1項）、会員の情報は会員名簿に記載されていることから、個々の会員が出資証券を所持しているかによって、その地位に影響があるものではない。もっとも、出資証券の廃止後は、譲渡・脱退等の手続の際に会員から証券の提出を受けることがなくなるため、手続の相手方の本人確認については十分に慎重を期すことが必要となる（平野編著『実務相談』158頁〔田中敏夫〕）。

ペーパーレス化のメリットとしては、信用金庫にとっては証券発行の印刷代や回収・再発行のコストや事務を削減し得ることにあり、会員にとっては、出資証券の紛失や盗難のリスクがなくなることである。平成24年度から複数の信用金庫において、出資証券のペーパーレス化が実施され、順次拡大してきている。

出資証券のペーパーレス化にあたっては、①出資証券を廃止（ペーパーレス化）すること、②ペーパーレス化に伴い、出資証券の効力が失われるが、出資持分および会員の権利について変更はないこと、③失効した出資証券の取扱い、④譲渡、相続、脱退その他の手続に必要となる書類等の内容をまとめて、既存の会員に個別に通知し、営業店にポスターを掲示し、またはウェブサイトに掲載する等して通知する必要がある。また、会員の保有出資口数および出資金額を証明するものとして、①会員の加入時には加入承諾書を、②年に1回、出資金残高通知書兼出資金配当金計算書を、③会員から依頼があった場合には出資金残高通知書（出資証明書）を発行することとなる（『5000講Ⅰ』166頁）。

第12条　議　決　権

1　総　説

本条は、1人1議決権の原則のほか、各種の議決権行使の方法として、代理人による議決権の行使、書面による議決権の行使（書面投票）、電磁的方法による議決権行使（電子投票）について定めている。代理人による議決権

行使も書面による議決権の行使（書面投票）も、いずれも書面を用いるが、代理人による議決権行使は第三者を代理人として議決権行使をさせるのに対し、書面投票は、会員自らが議決権行使する点が異なる。

2 1人1議決権の原則（法12条1項）

（議決権）

第12条 会員は、各1個の議決権を有する。

本条1項は、協同組合原則の1つである1人1票の議決権（議決権平等原則）を明文化したものであり、会員の議決権は、その出資口数の多寡にかかわらず平等となり、また一部の会員の議決権を奪うことも認められない。

この点、「人間（頭数）」よりも「資本力（出資額）」を重視する株式会社においては、株主平等原則（会社法109条1項）の議決権の側面の現れとして、「1株1議決権の原則」を採用し、所有する株式数に比例すること（同法308条1項）と対比される。

本条は協同組合の根幹にかかわるものであるため、強行規定として、定款等をもってしてもこの点は変更することができない。

議決権は、議案に対して賛否の意思表示をする権利を指すが、これに関連し、総会の招集通知の送付を受け、総会に出席し、質問をし、意見を陳述するなど、賛否の意思表示に関連する権利も含む（明田『農協法』332頁）。

なお、中小企業等協同組合法においては、議長に選ばれた組合員は、議決権の行使を停止されるとの規定があるが（同法52条3項）、信用金庫法にはそのような規定はない。

3 本条2項の趣旨

2 会員は、定款の定めるところにより、第45条の規定により、あらかじめ通知のあつた事項につき、書面又は代理人をもつて議決権を行使すること

第2章 会員（第10条〜第21条） 87

> ができる。ただし、他の会員でなければ、代理人となることができない。

　議決権は、会員自ら総会に出席して行使するのが原則であるが、会員の議決権行使を容易にし、より多くの会員が、直接、金庫の意思決定に加わることができるよう、総会招集の手続（法45条）に従い、あらかじめ通知された事項について、定款の定めるところに従い、書面または代理人によって行使することができることを定めている（本条3項のとおり、電磁的方法による議決権行使も存在する）。

　定款例9条においても、議決権の代理行使および書面による議決権行使の規定がある（書面による議決権行使については、同定款例9条〔B案〕のみが採用）。本項において、定款の定めを要件としているため、定款に規定がなければ、本項に基づく書面投票または代理行使を行うことはできない。

4　代理人による議決権行使

(1)　規定の趣旨

　協同組織金融機関である金庫の場合、議決権は一身専属的な人格的権利であると考えられるので、本来代理になじまないものであるが、会員が常に自ら出席して議決権行使することが困難なケースも多く、定款自治の観点から、例外的に認めたものと解される。

　この点、株式会社について、同じく議決権の代理行使について定めた会社法310条1項は、金庫と異なり、定款の定めや法45条による事前の通知を要件としておらず、代理人により議決権行使できることを直接的に規定しているのと異なる。

(2)　事前の通知事項

　総会においては、法45条の規定により、あらかじめ招集通知により通知のあった事項についてのみ決議をすることができ（法48条の2第2項）、あらかじめ通知されなかった事項については、いわゆる緊急動議について定款に緊急動議ができる旨を定めていても（定款例23条2項ただし書）、代理人による

議決権行使はできない。よって、総会に出席した会員のみで議決をしなければならない。会員が会議の目的たる事項を知った上で代理権を授与するべきだからである。したがって、まだ通知されていない将来の総会について委任状を信用金庫に提出することはできない。

議決権行使の代理権の授与は、いつでも自由に撤回できると解される。

なお、特別決議を要する議案については、一定の定足数を満たさなければ、決議することができない。

そのため、実務上は総会に代えて総代会を開催することが多いところ、上記定足数を満たすために、金庫が、招集通知に委任状用紙を同封し、総代は総代会に出席することができない場合に金庫に返送等をし、議決権の行使を委任することが一般的である。

⑶ 代理人の他の会員への限定

a 代理人を他の会員に限定した趣旨

議決権は、他の会員でなければ代理行使はできない（法12条2項ただし書）。

これは、人的結合の強い協同組織金融機関の性格上、会員本人が出席して審議・議決することが望ましいところ、代理人により議決権行使する場合も、金庫と関係のない第三者が出席してその意思決定が左右される弊害を排除するため、会員に限るとしたものと解される（農業協同組合に関するものであるが、明田『農協法』329頁も同旨）。

これに対して、営利を目的とする株式会社の場合は、議決権が一身専属的なものとは解されず、むしろ株主利益を顧慮し、議決権行使を容易にする必要がある。そこで、会社法310条において、直接的に代理人による議決権行使を保障しており、これは強行法規と解されている（大隅＝今井『会社法論㊥』59頁）。よって、会社法では定款規定がなくても、代理人による議決権行使が認められるものである。

ただし、株式会社でも定款で代理人は株主に限る旨の定めをすることができると解されている（最二小判昭43.11.1民集22巻12号2402頁・金法533号33頁）。

b 弁護士の代理人資格

株式会社の定款において代理人資格を制限している場合、弁護士が代理人

資格を有するか争いがあるところ、判例（東京地判昭57.1.26判時1052号123頁、宮崎地判平14.4.25金判1159号43頁）・通説は、特段の事情がないのに株主が弁護士を代理人とした場合、定款に基づき会社は議決権行使を拒むことができるとしている。他方で、神戸地裁尼崎支判平12.3.28（金法1580号53頁）は、代理人資格を株主に限定する定款規定によっても、「弁護士等の専門家」については議決権を代理行使する道は閉ざされていないという解釈を傍論として示している。

　人的結合体たる信用金庫においては、議決権行使は一身専属権としての性質を有しており、法律上も代理人資格を制限している。よって議決権を行使できないことについての特段の事情のない限り、弁護士等の専門家が代理人となる場合であっても、信用金庫は議決権行使を拒むことができるものと解する。

c　法人等の従業員

　代理行使に関連して、会員が法人である場合に、当該会員である法人の会員ではない従業員や職員が総会に出席し、代理行使する場合が問題となる。

　金庫その他協同組織金融機関についての裁判例は見当たらないが、株式会社について、最二小判昭51.12.24（民集30巻11号1076頁・金法814号43頁）は、株式会社が定款で株主総会における議決権行使の代理人の資格を株主に限定している場合においても、株主である地方公共団体、株式会社が、その職制上上司の命令に服する義務を負い、議決権の代理行使にあたって法人の代表者の意図に反することができないようになっている職員または従業員に議決権を代理行使させることは、定款の規定に反しないと判示している。これは、総会が株主以外の第三者により攪乱されることを防止し、会社の利益を保護することが趣旨であり、法人等の従業員の場合には組織内部の指揮命令系統に基づく職務の執行にすぎないといえるし、逆に議決権の代理行使を認めないと、事実上議決権行使の機会を奪うに等しい結果となるためである。

　この点、会社法においては、法律上、代理人を株主に限定しているものではなく（会社法310条1項）、代理人資格を限定する場合には定款自治に基づき限定するものであるのに対し、信用金庫法では法律上会員に限るとしており（法12条2項ただし書）、会員であることに強い要請があり、前掲最二小判

昭51.12.24がそのまま妥当するものではないと解される。

また、中協法では組合員の親族もしくは使用人の代理行使を認めているが（同法11条2項）、信用金庫法ではこのような明文がない。

以上より、金庫においては、従業員を代理人とすることは認められないものと解される（『信金法解説』152頁）。

d　会員の親族

会員の親族（会員でない）を代理人とすることができるかが問題となる。

この点、株式会社に関し、代理人資格を株主に限定する定款が存在する事案であるが、株主の1人が高血圧かつ難聴、他の1人が老齢かつ入院中の場合、前者の実子で後者の甥に当たる者（非株主）が、両株主の代理人として議決権を行使した場合、上記定款を有効であると認めつつ、非株主による議決権の代理行使を認めないことが当該株主の議決権行使の機会を事実上奪うに等しく、不当な結果となるような特段の事情がある場合、会社は定款の規定を形式的・画一的に適用して、非株主による議決権行使を拒否してはならないと判断したものがある（大阪高判昭41.8.8下民集17巻7～8号647頁・判タ196号126頁）。

これに対し、金庫は人的結合の強い協同組織金融機関であり、会員本人が出席して審議・議決することが望ましく、親族といえども、会員でない第三者が意思決定に関与することは好ましくない。

また、法人の従業員については、職制上上司の命令に服する義務を負い、議決権の代理行使にあたって法人の代表者の意図に反することができないという特質があるところ（その場合であっても前記のとおり、代理人による議決権行使は認められない）、親族については類型的にみて、このような関係にあるとまではいい難い。

さらに、中協法では組合員の親族の代理行使を認めており（同法11条2項）、また、農協法16条3項後段では、組合員と同一の世帯に属する者を代理人資格として認めるが、信用金庫法ではこのような明文規定はない。

以上より、信用金庫について、親族による代理行使は認められないと解される（『信金法解説』152頁）。

e　1会員が代理し得る会員数

　1会員が代理し得る会員の数については、協同組織金融機関としての性格上、本人が出席して審議・議決することが望ましいことから、他の協同組織金融機関においては人数を制限しているものもあるが（農協法16条6項では代理人が代理できる組合員の数を4人までに制限している）、信用金庫法では特に人数制限をしていない。

　1会員が無制限に他の会員を代理し得るとすることは好ましいことではなく、定款によって適宜制限することが望ましい面があるが（『信金法解説』152頁）、実務上は、議長が多くの委任を受けるなど現実の必要性もあり、このような人数の制限は認められないと解される（定款例においても、特にこのような人数制限をしていない）。

　なお、1人の会員が複数の代理人に代理権を付与することは、そもそも1会員は1個の議決権しか持たないことから、認められない。

f　総代会の場合

　総代会の場合、総代の代理人となり得る者について問題となる。

　すなわち、総会の場合、会員の代理人となり得るのは「他の会員」と規定されている（法12条2項ただし書）。総代会の場合、法49条5項により、総代会制度を採用している金庫については「会員」を「総代」に読み替えることができ、その場合、総代の代理人となり得るのは「総代」となるようにも思われるが、必ずしも「他の総代」である必要はなく、「総代以外の会員」であっても代理人となることができる。

　ただし、定款の定めにより総代の代理人を「総代」に限定することは、定款自治の観点から許容される。

(4)　代理人が本人の意思に反して議決権行使した場合の効力

　代理人が本人たる会員の意思に反して議決権行使をした場合、無権代理となるようにも思われるが、これは本人と代理人との間の内部関係にすぎず、議決権行使の効力自体には影響がないものと解される（明田『農協法』329頁も同旨）。

5 書面による議決権行使（書面投票）

　定款に書面による議決権行使について定めがある場合には、実際に総会に出席せず、書面によって議決権の行使をすることができる（書面投票。法12条2項本文）。定款例9条3項〔B案〕において、書面投票について定めている。

　法45条2項においては、会員の数が1000人以上である場合には、書面投票制度を設けなければならないこととされている（会社法298条2項において、株主の数が1000人以上である場合に書面投票制度が義務付けられているのと同趣旨である）。

　この書面による議決権行使とは、委任状を用いた代理人による議決権行使と異なり、総会の各議案に対する賛否欄を設けた書面を用いて、会員自身が議決権を行使するものである。金庫において、代理人を選任することが容易でない場合もあり、書面投票により議決権行使の機会を与えたものであると解される。

　具体的には、理事会での当該総会に係る招集決議において、書面による議決権行使を認める旨を定め、その旨を総会の招集通知に記載する必要がある（法45条1項3号）。そして、上記招集通知に際して、総会参考書類および各議案についての賛否欄を設けた議決権行使書面の交付が求められる（法46条1項、施行規則43条～46条）。

6 電磁的方法による議決権行使（法12条3項）

> **3** 会員は、定款の定めるところにより、前項の規定による書面をもつてする議決権の行使に代えて、議決権を電磁的方法（電子情報処理組織を使用する方法その他の情報通信の技術を利用する方法であつて内閣府令で定めるものをいう。第65条第2項第9号を除き、以下同じ。）により行使することができる。

（電磁的方法）

施行規則第 2 条　法第12条第 3 項（法第24条第10項において準用する場合を含む。）に規定する電子情報処理組織を使用する方法その他の情報通信の技術を利用する方法であつて内閣府令で定めるものは、次に掲げる方法とする。

　一　電子情報処理組織を使用する方法のうちイ又はロに掲げるもの

　　イ　送信者の使用に係る電子計算機と受信者の使用に係る電子計算機とを接続する電機通信回線を通じて送信し、受信者の使用に係る電子計算機に備えられたファイルに記録する方法

　　ロ　送信者の使用に係る電子計算機に備えられたファイルに記録された情報の内容を電気通信回線を通じて情報の提供を受ける者の閲覧に供し、当該情報の提供を受ける者の使用に係る電子計算機に備えられたファイルに当該情報を記録する方法

　二　磁気ディスクその他これに準ずる方法により一定の情報を確実に記録しておくことができる物をもつて調製するファイルに情報を記録をしたものを交付する方法

2　前項各号に掲げる方法は、受信者がファイルへの記録を出力することにより書面を作成することができるものでなければならない。

　会員は、定款に定めがあることを前提に、理事会の決定により、書面による議決権行使に代えて、電磁的方法によって議決権を行使することができる（法12条 3 項、45条 1 項 4 号、47条 1 項、施行規則43条〜46条、定款例 9 条 3 項〔B案〕）。

　電磁的方法は、施行規則 2 条において、具体的に定められている。

7　総会におけるみなし出席（法12条 4 項）

4　前 2 項の規定により議決権を行使する者は、総会における出席者とみな

第12条

　代理人によって議決権を行使する場合、書面投票により議決権を行使する
場合および電磁的方法によって議決権行使する場合は、会員が実際に総会に
出席したものではないので、定足数の問題が生ずるが、本項に従い、これら
の場合には、議決権を行使する者は出席したものとみなすことにした。

8　委任状の提出（法12条5項）

> 5　代理人は、代理権を証明する書面を金庫に提出しなければならない。

　代理人が議決権を代理行使する場合は、代理権を証する書面（委任状）を
金庫に差し出さなければならず、口頭等で授権を示すことはできない。
　本項の趣旨は、会社法310条1項と同様、代理権授与行為を代理権授与者
が委任状に署名または記名押印することによってのみその効力を生じる書面
行為としたものであり、署名または記名押印のない委任状による代理権授与
は無効であると解される。
　実務上、白紙委任状（受任者の記載のない委任状）が用いられることがあ
る。総会の委任状は、本来は他の会員に委任するべきものであるが、白紙の
まま返送されてきたものであっても、有効なものと認められている（金庫側
で補充の必要がある）。

9　委任状に代えての電磁的方法による提供（法12条6項）

> 6　代理人は、前項の代理権を証明する書面の提出に代えて、政令で定める
> ところにより、金庫の承諾を得て、当該書面に記載すべき事項を電磁的方
> 法により提供することができる。この場合において、代理人は、当該書面
> を提出したものとみなす。

　代理人は5項に従って、代理権を証明する書面（委任状）を金庫に提出し

第2章　会員（第10条〜第21条）　95

なければならないが、施行令4条の3に従って、金庫の承諾を得て、当該書面に記載すべき事項を電磁的方法により提供することができる（定款例9条2項）。会社法310条3項と同趣旨の規定である。

10 会社法の準用（法12条7項）

> 7 代理人による代理権の行使については会社法第310条第4項から第7項まで（議決権の代理行使）の規定を、書面による議決権の行使については同法第311条（第2項を除く。）（書面による議決権の行使）の規定を、電磁的方法による議決権の行使については同法第312条（電磁的方法による議決権の行使）の規定を準用する。この場合において、同法第310条第4項及び第312条第2項中「第299条第3項」とあるのは「信用金庫法第45条第4項」と、同法第310条第4項中「前項」とあるのは「同法第12条第6項」と、同条第6項中「第3項」とあるのは「信用金庫法第12条第6項」と、同条第7項中「株主（前項の株主総会において決議をした事項の全部につき議決権を行使することができない株主を除く。次条第4項及び第312条第5項において同じ。）」とあるのは「会員」と読み替えるものとするほか、必要な技術的読替えは、政令で定める。

（議決権について準用する会社法の読替え）
施行令第4条の4 法第12条第7項の規定において代理人による代理権の行使について会社法第310条第6項の規定を準用する場合における当該規定に係る技術的読替えは、次の表のとおりとする。

読み替える会社法の規定	読み替えられる字句	読み替える字句
第310条第6項	電磁的記録	電磁的記録（同法第23条第2項に規定する電磁的記録をいう。）

2 法第12条第7項の規定において電磁的方法による議決権の行使について

会社法第312条第1項及び第4項の規定を準用する場合におけるこれらの規定に係る技術的読替えは、次の表のとおりとする。

読み替える会社法の規定	読み替えられる字句	読み替える字句
第312条第1項	電磁的方法による	電磁的方法（信用金庫法第12条第3項に規定する電磁的方法をいう。以下この項及び第3項において同じ。）による
第312条第4項	電磁的記録	電磁的記録（信用金庫法第23条第2項に規定する電磁的記録をいう。次項において同じ。）

　議決権行使に関する一定の会社法の規定を準用し、それに必要な読替えが行われている。

(1) 議決権の代理行使（会社法310条4項〜7項）

　議決権の代理行使に関する会社法310条4項〜7項が準用される。

　a　電磁的方法による提出の拒絶禁止（会社法310条4項）

　法45条4項により書面による総会の招集通知の発出に代えて会員の承諾を得て電磁的方法により通知を発する場合、代理権を証明する書面の提出に代えて、当該書面に記載すべき事項を電磁的方法によって提出することについて、金庫は、正当な理由がなければ承諾を拒んではならない（会社法310条4項の準用）。

　b　代理人の数の制限（会社法310条5項）

　金庫は総会に出席する代理人の数を制限することができる（会社法310条5項の準用）。

　c　委任状等の備置き（会社法310条6項）

　金庫は、総会の日から3カ月間、代理権を証明する書面および代理権に関して電磁的方法によって提供された事項が記録された電磁的記録をその主たる事務所に備置きしなければならない（会社法310条6項の準用）。

このように備置きを義務付けたのは、総会において、代理人による議決権行使を認めた場合、当該総会の決議の公正・適正を担保する必要があるためである。備置期間は、総会決議取消しの訴えの提訴期間に合わせて、総会の日から3カ月間とされている（法48条の8、会社法831条1項）。

　d　委任状の閲覧・謄写（会社法310条7項）

　議決権を行使できる会員は、金庫の業務取扱時間内はいつでも、代理権を証明する書面や電磁的記録を表示したものの閲覧または謄写を請求することができる（会社法310条7項の準用）。

(2)　書面による議決権行使（会社法311条（同条2項を除く））

　書面による議決権の行使（書面投票）については、書面投票の方法等を定めた会社法311条（同条2項を除く）の規定が準用される。

　すなわち、書面による議決権の行使にあたっては、議決権行使書面に必要な記載をし、原則として、総会の日の直前の業務取扱時間の終了時までに提出して行うことを要する（会社法311条1項）。また、金庫は、総会の日から3カ月間、議決権行使書面を主たる事務所に備え置かなければならず（同条2項）、会員は、金庫の業務取扱時間内は、いつでも、議決権行使書面の閲覧または謄写を請求することができる（同条3項）。

(3)　電磁的方法による議決権行使（会社法312条）

　電磁的方法による議決権の行使に関しては、会社法312条の準用がある。

　電磁的方法による議決権行使は、あらかじめ金庫の承諾を得た方法により、原則として、総会の日の直前の業務取扱時間の終了時前に、議決権行使書面に記載すべき事項を電磁的方法により金庫に提供して行う（会社法312条1項）。

　この場合、会員が、電磁的方法による招集の通知を承諾した者である場合、金庫は、正当な理由がなければ電磁的方法による議決権行使を拒んではならない（会社法312条2項）。

　電磁的方法により提供された事項を記載した電磁的記録については、総会の日から3カ月間、主たる事務所に備え置かれ、会員の閲覧または謄写に供

される（会社法312条4項・5項）。

（書面に記載すべき事項等の電磁的方法による提供の承諾等）

施行令第4条の3　次に掲げる規定に規定する事項を電磁的方法（法第12条第3項に規定する電磁的方法をいう。第14条及び第15条を除き、以下同じ。）により提供しようとする者（次項において「提供者」という。）は、内閣府令で定めるところにより、あらかじめ、当該事項の提供の相手方に対し、その用いる電磁的方法の種類及び内容を示し、書面又は電磁的方法による承諾を得なければならない。

一　法第12条第6項（法第24条第10項において準用する場合を含む。）

二　法第12条第7項において準用する会社法第312条第1項（法第24条第10項において準用する法第12条第7項において準用する場合を含む。）

2　前項の規定による承諾を得た提供者は、同項の相手方から書面又は電磁的方法により電磁的方法による事項の提供を受けない旨の申出があつたときは、当該相手方に対し、当該事項の提供を電磁的方法によつてしてはならない。ただし、当該相手方が再び同項の規定による承諾をした場合は、この限りでない。

　代理権を証する書面に記載すべき事項を電磁的方法によって提出する場合（法12条6項）には、代理人は金庫に対して、使用する電磁的方法の種類および内容を示して、金庫から書面または電磁的方法による承諾を得る必要がある（施行令4条の3第1項1号）。なお、この規定は法24条10項により、創立総会に関しても準用される。

　また、電磁的方法によって議決権を行使しようとする会員は、金庫に対して、その用いる電磁的方法の種類および内容を示して、金庫より書面または電磁的方法による承諾を得る必要がある（施行令4条の3第1項2号）。なお、この規定は法24条10項により、創立総会に関しても準用される。

　上記の各場合において、金庫がいったん承諾した場合であっても、金庫が電磁的方法で提出を受けない旨の申出をした場合には、金庫が再び承諾しない限り、代理人や会員は電磁的方法によることができない。

第2章　会員（第10条〜第21条）　99

第13条　加　　入

> **（加　入）**
> **第13条**　金庫に加入しようとする者は、定款の定めるところにより加入につき金庫の承諾を得て引受出資口数に応ずる金額の払込を了した時又は会員の持分の全部若しくは一部を承継した時に会員となる。

1　加入の意義

　「加入」とは、信用金庫の成立後、会員たる資格を有する者が会員となることをいい、信用金庫法においては、「原始加入」（法13条前段）、「相続加入」（法14条）、「持分譲受けによる加入」（法13条後段、15条2項・3項）の3つの類型を定めている。

　金庫への加入には、会員になろうとする者の加入の申込みとこれに対する金庫の承諾が必要である（ただし、会員となるには本条のとおり、引受出資口数に応ずる金額の払込み等が必要となる）。金庫の承諾は、業務執行の範囲に属し、相続加入を除き、理事会の決議が必要となる。

　なお、金庫の設立に際し発起人に対し設立の同意を申し出て出資の払込みをした者は、設立と同時に会員となるが、「加入」とは金庫成立後の会員たる地位の取得を指すため、これは「加入」ではない。

2　加入の手続方法

(1)　総　　説

　金庫に加入しようとする者は、所定の手続を経て、引受出資口数に応ずる金額の払込みを終わった時（原始加入）、もしくは会員の持分の全部または一部を承継した時（持分承継加入）、または相続開始の時に遡って（相続加入）、会員となる。原始加入の場合、契約の意思表示の原則によれば、契約

の効力は申込みと承諾によって発生するはずであるが、本条はこの特則を定めており、引受金額の払込みを終えた時に会員となる。「会員の加入」に関する規定は、定款の絶対的必要記載事項である（法23条3項6号、定款例10条、11条）。

なお、中協法15条は、組合に原始加入しようとする者は、定款の定めにより加入につき組合の承諾を得て、「引受出資口数に応ずる金額の払込及び組合が加入金を徴収することを定めた場合にはその支払を了した時又は組合員の持分の全部又は一部を承継した時に組合員となる」と定めているが、本条を含め信用金庫法には、引受出資口数に応じた金額の払込みのほかに、加入金の徴収に関する規定がなく、原始的に会員になろうとする者の加入に際して加入金を徴収することはできないものと解される（『信金法解説』125～126頁）。

⑵　原始加入

原始加入は、会員になろうとする者と金庫との間の契約に加え、当該契約に基づく引受出資口数に応ずる出資払込義務を履行することによって行われるものであり（法13条）、以下に解説する。

a　加入の申込み

会員になろうとする者は、定款の定めるところにより加入申込書に所定の事項を記載して、金庫に加入申込書を提出しなければならない（定款例10条1項）。

加入申込書の記載事項は、引受出資口数のほか、申込者が会員たる資格を有するか否かを金庫が判断するのに必要な事項である。

定款例10条1項2号～5号においては、法10条1項の会員資格に対応し、例えば、地区内に住所・居所を有する者は、氏名または名称および住所または居所、地区内に事業所を有する者は、氏名、名称または商号、事業所の所在地、常時使用する従業員数および法人にあってはその資本金の額または出資の総額、などと規定されている。加入の申込みは本名のみならず、通称または芸名等によってすることもできるとされている（ただし、通称または芸名のみならず本名による本人確認も必要である）。

また、会員資格として暴力団排除条項が導入されたことを踏まえ（定款例5条2項、〔別表3〕）、加入申込書にも暴力団排除条項の属性要件に該当しないことの表明確約のほか、除名事由に関するものであるが、定款例〔別表4〕3項の行為要件に該当する行為を行わないことの確約もすることとされている（同定款例10条1項6号・7号）。

　次に、加入申込者が法人である場合には、加入申込書に登記事項証明書その他法人格を証する書面を添付しなければならない（定款例10条2項）。

　なお、定款例12条においては、加入後、上記の定款例10条1項2号～5号および2項に掲げる事項に変更を生じたときは、会員は遅滞なく信用金庫に届け出なければならないとしている（相続加入の場合も同様である）。

b　金庫の承諾

　金庫の組織は人的結合であって人的要素を重視し、加入は契約であるので、加入については金庫の承諾を得なければならない。しかし、後述のように、原則として加入の自由が認められるべきであり、金庫は正当な理由がないのに加入を拒むことは許されないと解されている。

　加入の要件として、会員たる資格を有することが前提となるため、会員たる資格を有しない者が加入の申込みをすることはできない。また、金庫は加入の承諾にあたり、会員たる資格を有するかを十分に調査することが求められるが、仮に金庫が会員資格のないことを看過して加入の承諾をしても、その者は会員となることはできない（『信金法解説』128頁）。

c　引受出資口数に応ずる金額の払込み

　会員は金庫との出資引受契約により1口単位で一定の口数を引き受け、出資1口の金額に引き受けた口数を乗じて算出される額に相当する金銭を、定款の定める払込方法に従って金庫に払い込まなければならない。前記aの加入の申込みおよびbの金庫の承諾のみならず、上記払込みにより会員となり、持分を取得する（法13条）。

　引受出資口数に応ずる金額とは、引受出資口数に出資1口の金額を乗じて得られる金額をいう。出資の払込みは金銭をもってなすことを要する（法11条1項）。また、会員になろうとする者は、出資の払込みについて、たとえ金庫に対し預金その他の債権があろうとも、相殺をもって金庫に対抗するこ

とはできない（同条6項）。

⑶ 持分譲受けによる加入（承継加入）

会員の持分の全部または一部を承継した時に会員となる（後記**第15条**参照）。

3 加入自由の原則と承諾謝絶の可否

協同組織金融機関について、特定の者の恣意的結合ではなく、一定の資格を有して組合に参加しようとする者は広く自由な参加が保障され、また加入を強制されないという、加入自由の原則が妥当する。特に、独占禁止法22条の適用除外の要件として、任意に設立され、かつ、組合員が任意に加入し、または脱退することができることが挙げられている（同条2号）。

そのため、原始加入や持分譲受けを謝絶するにあたって正当な理由が必要かについて、古くから論じられてきた。

a　正当理由不要説

この点、以下の理由から、信用金庫については会員たる資格を有する者でも加入を求める権利はなく、下記のとおり、信用金庫は自由な判断で承諾するか決定し得るという見解もある（正当理由不要説。吉原省三「信用金庫の出資持分に対する強制執行について」金法674号4頁、森井編著『相談事例』23頁）。

① 信用金庫法については中協法14条や農協法20条などと異なり、加入自由の原則に関する明文の規定までは存しないこと。

② 農業協同組合など組合組織は組合員の生活に密接な関係があり、公益的性格が強いのに対し、信用金庫は金融を目的とし他に金融を得る手段がないわけではなく、会員の信用と相互の信頼が必要であること。

③ 信用組合など他の協同組織金融機関よりも、信用金庫にはより広く一般金融機関性が付与されていること（会員以外の者からの預金の受入れ、員外貸出の範囲の拡大等）から、加入の承諾義務についても他の協同組織金融機関より、より弾力的に解されること。

b　正当理由必要説

信用金庫は会員組織であり、加入自由の原則が妥当する（法7条、独占禁止法22条2号）ことから、信用金庫は正当な理由なく加入拒否できないとい

第2章　会員（第10条〜第21条）　103

うのが判例・通説である。

　会員たる資格を有する者からの譲受承諾請求に対し、正当な理由がない場合は承諾拒否ができないとして、信用金庫の承諾義務を認めた裁判例として、東京地判昭44.5.29（金法550号33頁）、東京高判昭45.11.26（金法611号35頁）がある。

　「正当な理由」とは、会員たる資格を有する者に一般的に保障されている自由に加入できる権利が、具体的にその者に対して保障しないことが社会通念上も法の趣旨からも客観的一般的に是認される事由が存する場合をいう（信用金庫に関する裁判例ではないが、札幌地裁小樽支判平7.10.31（判時1574号135頁）参照）。

　具体例としては、①除名された会員が除名後直ちに加入の申込みをしてきた場合、②金融機関としての信用金庫の信用を、故意に、かつ、事実をゆがめて不当に、著しく傷つけた場合などが挙げられる（『信金法解説』128頁）。

　反社会的勢力についても加入を謝絶する「正当な理由」に該当し、定款例〔別表3〕〔別表4〕においては、暴力団排除条項（属性要件、行為要件、表明確約違反）が追加されている（詳細については、拙稿「信用金庫定款例における会員からの反社会的勢力排除(1)」金法1948号60頁参照）。

第14条　相続加入

> **第14条**　死亡した会員の相続人で会員たる資格を有するものが、金庫に対し定款で定める期間内に加入の申出をしたときは、前条の規定にかかわらず、相続開始の時に会員になつたものとみなす。この場合においては、相続人たる会員は、被相続人の持分について、その権利義務を承継する。
>
> **2**　死亡した会員の相続人が数人あるときは、相続人の同意をもつて選定された1人の相続人に限り、前項の規定を適用する。

1 相続加入の趣旨

　会員の死亡は法定脱退事由とされていることから（法17条1項2号）、本来、死亡した会員の相続人は死亡した会員の脱退に伴う持分払戻請求権（財産的権利。法18条1項）を相続するにすぎず、身分権たる会員権は承継しないのが原則である。

　しかし、死亡した会員の相続人が会員たる資格を有し、金庫への加入を希望しているにもかかわらず、いったん脱退した持分払戻請求権を相続して払戻しを受け、改めて出資金の払込みなど原始加入の手続が必要であるとすると、迂遠かつ不便である。また、相続人は、被相続人が死亡した日の属する事業年度末まで被相続人が有していた持分の払戻しを受けることができない（法18条2項）。

　そこで、手続および権利関係を簡便にするために、本条において相続加入の制度が設けられ、死亡した会員の相続人で会員たる資格を有する者が、金庫に対し定款で定める期間内に加入の申出をしたときは、相続開始の時に会員になったものとみなされ、また相続人たる会員は、被相続人の持分について、権利義務を承継するものとされた。

2 相続加入の要件

　相続加入の要件は、以下のとおりである。

(1) 会員たる資格を有すること

　死亡した会員の相続人で会員たる資格を有する者であることが必要である。「相続人」であることが要件となっているため、相続加入は会員が自然人である場合にのみ認められ、法人たる会員については認められない。

　なお、相続人がすでに当該金庫の会員である場合は、「相続加入」には該当せず、持分のうちの財産的な権利のみ承継し、身分的な権利は、死亡時において消滅したものと解される。

　また、相続人が未成年である場合も、当該相続人が会員たる資格を有するときは、相続加入の申込みをすることができる。ただし、この場合には、原

第2章　会員（第10条〜第21条）　105

則として、相続人が法定代理人の同意を得て申し込むか、または法定代理人が相続人を代理して申し込むことになる（相続人が営業の許可（民法 6 条）を受けた未成年者の場合には、成年者と同一の行為能力を有すると解されるため、法定代理人の同意を要しない）。

⑵　定款で定める期間内の加入申出

　金庫に対し、定款で定める期間内に加入の申出をしたことが必要である。原始加入や持分譲受けによる加入と異なり、金庫の承諾は必要なく、相続人の側からの一方的な加入申出のみで加入の効果が生じる。もっとも、相続人が反社会的勢力の場合、会員たる資格を有しないため、相続加入の場合も加入を拒否しなければならない。

　上記の期間について、各金庫において任意に定めることができるが、短すぎると相続人の手続保護に反し、他方で長すぎると手続の安定性を害し、また金庫の事務処理上も不都合がある。定款例11条においては、上記期間について会員の死亡の日から 3 カ月以内と規定している。このように、相続の承認・放棄をすべき熟慮期間（民法915条）と同じく「 3 カ月」とされているが、上記熟慮期間については相続の開始があったことを知った日から起算されるのに対し、定款例11条においては、「死亡の日から」とされている。

　なお、定款で定める期間内は、相続人から加入の申込みがある可能性があるので、金庫はこの期間内に死亡会員の持分の払戻し（法18条）をすることはできない。ただし、その申込期間内において、相続人から相続加入しない旨の意思表示が金庫に対してなされたときは、もはや相続加入の申込みに対応する必要はないので、事業年度末以降払戻しを行うことができる（『信金法解説』130頁）。

┃3┃　相続加入の効果

　相続加入の要件を満たすときは、相続開始の時、すなわち被相続人死亡の時に遡って会員になったものとみなされる（法14条 1 項）。この場合においては、相続人は、被相続人の権利義務を承継するため、死亡会員の脱退の効果は生ぜず、持分払戻請求権は発生しない。

法14条1項は、「被相続人の持分について、その権利義務を承継する」と権利義務を包括的に承継する前提での規定をしており、被相続人の持分の一部を承継して金庫に加入し、残りの持分につきその払戻しを請求することは認められないと解される。

なお、被相続人の死亡前に配当決議がなされ、具体的な配当請求権が発生しているときには、その配当請求権は被相続人の持分から独立した債権に転化しており、相続人が相続加入したかどうかに関係なく、相続人は当該配当請求権自体を相続する。

4 　持分の一部相続の可否

死亡した会員の相続人が数人あるときは、相続人の同意をもって選定された1人の相続人に限り、相続加入が可能である（法14条2項）。

これは、持分は協同組織の会員としての地位と結びつき、身分権的性格を有しており、そのため持分の共有が法15条4項において禁止されていることや、権利関係の簡明化を図る必要があるためである。

よって、金庫としては、相続加入の申込みがあった場合、相続人の調査を行うとともに、他のすべての相続人からの同意書や遺産分割協議書を徴求する必要がある。

実務上、複数の相続人がいる場合、相続人が被相続人の持分を分割して承継し、ともに金庫に加入することは認められない。死亡した会員の複数の相続人が加入するためには、いったん、相続人の同意をもって選定された1人の相続人が持分全部について相続加入し、金庫の承諾を受けた上で他の相続人に分割譲渡する手法が考えられる。もっとも、その場合、分割譲渡することとなる持分に見合う金額は、法11条1項・2項に規定された金額（1万円または5000円）以上でなければならない。

第15条	

第15条 持分の譲渡

（持分の譲渡）

第15条 会員は、金庫の承諾を得て、会員又は会員たる資格を有する者にその持分を譲り渡すことができる。

2 会員たる資格を有する者が持分を譲り受けようとするときは、金庫の承諾を得なければならない。

3 持分の譲受人は、その持分について、譲渡人の権利義務を承継する。

4 会員は、持分を共有することができない。

1 本条の趣旨

会員たる資格を有する者は、本条の手続に従って、会員からその持分を譲り受けることにより、金庫に加入することができる。

2 持分の意義

「持分」には2つの意義がある。

第1の意義は、会員は、その会員たる地位に基づいて、金庫に対して種々の権利を有するが、会員が会員たる地位において金庫に対して有する権利義務の総体をいう。すなわち、権利・義務発生の基礎たる法律上の地位（会員権）ともいうことができ、本条における「持分」はこの意義による。これは身分権的権利（会員自身の一身専属的権利）である。

第2の意義は、金庫の解散、または脱退の場合において、会員が払戻しを受けるべき観念上・計算上の財産額である。法18条（脱退者の持分の払戻し）、法20条（払戻しの停止）における「持分」はこの意義による。これは、財産権的権利である。

3 持分譲受けによる加入の要件

⑴ 持分の譲受人が会員または会員資格を有すること

持分の譲受人が会員または会員たる資格を有することが必要である。

会員たる資格を有する以上、未成年者その他の制限行為能力者であっても、法定代理人の同意、または法定代理人による代理、その他法定の要件を満たしている限り、会員となることができることは、原始加入の場合と同様である（前記**第10条**9⑴参照）。

⑵ 持分譲渡の有効要件（法15条１項）

持分を譲渡しようとする会員はその譲渡につき金庫の承諾を得る必要がある（法15条１項）。なお、金庫の承諾は持分譲渡の有効要件であると考えられており、譲渡人と譲受人の持分の譲渡契約は、金庫の承諾を停止条件とする契約である。普通株式の場合、株券の交付が効力要件とされているが、承諾が有効要件とされていないことと異なる（会社法128条）。

このように、金庫の持分の自由譲渡を認めていないのは、金庫が人的結合体であるためであり、株式譲渡の自由（会社法127条）を原則としている株式会社と異なる（ただし、株式会社についても譲渡制限株式（同法２条17号）について承認手続を要することとしている（同法136条以下））。金庫としては、正当な理由がある場合を除き、持分の譲渡を承諾しなければならないものと解される。譲渡を拒否できる正当な理由としては、例えば次のような場合がある（『信金法解説』112頁）。

① 名義書換停止期間中の持分の譲渡

「名義書換停止期間」とは、総会において議決権を行使し、または剰余金の配当を受領する等、会員としての権利を行使できる者を確定するために、一定の期間を定めて一律に持分の譲渡を認めないとする期間である。

名義書換停止期間中の持分の譲渡を拒否することに正当な理由が認められるのは、総会において議決権を行使し、または剰余金の配当を受領する等会員としての権利を行使できる者を確定するために、一定の期間を定め

て一律に持分の譲渡を認めないこととして、名義書換を停止する必要が認められるためである。

　ただし、大部分の信用金庫においては総会に代わる総代会を設けており、総代会を設けている場合には、少数会員の臨時総会招集請求権（法43条2項、44条）による場合など、特別な場合を除いて総会が開催されることはない。また、総代の数は会員の数に比して限られており、信用金庫は総代の氏名等を把握しているため、総代会開催のために全会員に対し持分譲渡を停止させることは、通常、合理的とはいえないものと解される（『信金法解説』111頁）。

② 出資最低限度または出資口数の最高限度の規定に抵触することとなる持分の譲渡

　出資最低限度額に抵触する持分譲渡は、譲渡人が一部譲渡することによって、譲渡人または譲受人の有することとなる持分が法11条1項に定める1会員当たりの出資額の最低限度を下回る場合をいう。また、出資口数の最高限度の規定に抵触することとなる持分の譲渡とは、譲受人である会員が、他の会員から持分の全部または一部を譲り受けることにより、すでに取得している持分と合計した場合、法11条4項に定める出資口数の最高限度（総口数の10％）を上回ることとなる場合である。

③ 譲渡しようとする会員の持分に質権が設定され、または差押えまたは仮差押えがなされている場合

④ 持分を譲渡しようとする会員に対し金庫が債権を有し、その債権に見合うだけの担保を徴していない場合

　持分を譲渡しようとする会員に対して金庫が債権を有し、当該債権に見合う担保を徴していない場合に、持分の譲渡を拒否することに正当な理由が認められる。これは、会員が債務の弁済を怠った場合、金庫は除名により発生する当該会員の持分払戻請求権と貸金債権とを相殺する期待権を有するので、かかる期待権を保護するための制限である。

　なお、持分譲渡の拒否に関する正当な理由の要否については、前記**第13条**のところで論じた「加入自由の原則と承諾謝絶の可否」と同様のことが当てはまる。

⑶　譲受人についての承諾（法15条2項）

　譲受人がすでに会員である場合、特段の事由のない限り、譲受けについての承諾は不要であるが、譲受人が会員以外の者（ただし、会員たる資格を有していることが必要である）である場合、その者について信用金庫の承諾が必要となる（法15条2項）。

　上記承諾を求められた場合の「正当な理由」の要否については、前記**第13条**のところで論じた「加入自由の原則と承諾謝絶の可否」と同様のことが当てはまる。

　なお、譲渡人が得るべき承諾と譲受人が得るべき承諾は別々に得る必要があるのではなく、譲渡人、譲受人、譲渡する出資口数等を特定して金庫の承諾を得れば、1個の承諾であっても足りるものと解される。東京高判昭45.11.26（金法611号35頁）も、譲渡人が譲渡についての承諾を得る際に、譲受人を特定明示して、その者に対する譲渡について併せて承諾を求め、金庫がこれを承諾する場合、これをもって足りることを前提としている。

⑷　譲渡の代価

　持分譲渡の代価は、譲渡人と譲受人との契約で適宜定めることができるが、譲渡される持分に見合う出資金額に相当する価格であり、譲渡される出資口数に出資1口の金額を乗じて得られる金額（額面金額）であるのが一般的である。

　その理由としては、①持分譲渡の代価と法定脱退における払戻価額の算定基準を区分して考える実益が見当たらないこと、②法定脱退における持分の払戻価額は出資金額を超えることができないとされ、出資金額を下回る価額によって払い戻されることはないこと等を挙げることができる（『金融法務講座』91頁）。

⑸　全部譲渡と一部譲渡

a　一部譲渡が可能な理由

持分譲渡には全部譲渡と一部譲渡がある。このように、一部の譲渡も可能

と解されているのは、①全部譲渡が可能なのに、一部譲渡を不可能とする理由がないこと、②1会員当たりの出資最低金額に見合う持分を残しておけば、会員たる地位は存続するので、当該出資最低金額以上の金額を控除した後の金額に見合う持分について譲渡できないとする理由が認められないこと、③自由脱退（法16条）において会員は持分全部の譲渡によって脱退できるとされていることと比較し、本条においては特段「全部」と明示していないためである。

b　譲渡対象となる出資口数の制限

人的結合という協同組織としての本質に基づき、持分はあくまでも個々の会員を単位とする地位であり、会員は持分の共有を禁止されている（法15条4項）。

よって、持分の一部譲渡の場合、譲渡対象となる出資口数は、譲渡人と譲受人との間の合意内容によるが、1口またはその整数倍でなければならない。

譲渡対象となる出資口数は、定款に定められる会員の出資の最低限度額以上でなければならない（法11条1項・2項）。また、1会員の出資口数は出資総口数の100分の10を超えることはできない（同条4項）。

4　持分の譲渡の効果（法15条3項）

譲受人は、譲り受けた持分について譲渡人の有していた金庫との間の権利義務を包括的に承継する（法15条3項）。よって、その結果、譲受人がもともと会員ではなく、会員たる資格を有する者である場合には、会員たる地位を取得して、信用金庫に加入することになる（法13条後段）。他方で、譲受人がもともと会員である場合には、身分権的権利は変動せず、財産的権利が増加する。

なお、持分の譲渡が行われた場合、譲受人は会員としての権利・義務を包括的に承継するため、譲渡があった事業年度末において発生することとなる剰余金配当請求権は、当然に譲受人に帰属することになり、別途債権譲渡の手続や対抗要件具備が必要となるものではない。ただし、持分の譲渡前にすでに具体化した剰余金配当請求権は、持分と併せて譲渡する旨の特段の意思

表示がない限り、譲受人に移転するものではない。また、特段の意思表示により譲受人に移転させる場合、具体化した剰余金配当請求権は債権であるから、債権譲渡としての対抗要件の具備が必要となる。

5 持分の共有禁止（法15条4項）

本項において、持分の共有が禁止されているが、これは以下の理由による。

① 持分の身分権的性格

前記のとおり、「持分」には2つの意義があるところ、本項では会員が会員たる地位において金庫に対して有する権利義務の総体をいい、財産権的性格のみならず身分権的性格も有している。

② 人的結合体としての金庫の性質（1会員1議決権の原則）

仮に持分の共有を認めると、数名の会員が1人の会員のような立場に立つこととなり、金庫が人的結合体として、会員にそれぞれ1個の議決権を付与したこと（法12条1項）と矛盾する。

③ 法律関係の複雑化

数人による持分の共有を認めると、法律関係が複雑化し、金庫の事務処理上も煩瑣となり、不都合を生じるところであり、これを防止する必要がある。

6 持分の質入れ

(1) 金庫に対する質入れ

会員の持分の質入れについては、権利を実行するため必要がある場合を除いて、金庫自身が会員の持分の上に質権を取得することを原則として禁止する旨が規定されている（法21条1項）。

平成13年6月の商法改正により、自己株式の質受けは規制対象から除外され、株式会社たる銀行は自由にその株式を質権の目的とすることができるようになったが、法21条1項は、引き続き規制をしているためである。

⑵ 第三者に対する質入れ

a 質入れの可否

前記⑴のとおり、金庫自身が会員の持分の上に質権を取得することを原則として禁止する規定があるが、第三者に対する質入れの可否については明文規定がない。

この点、以下の理由から、持分の質入れは可能であると解されている（『信金法解説』114頁）。

① 持分の財産的性格

　質権は財産権をその目的とすることができる（権利質の目的）と定められているが（民法362条1項）、金庫に対する持分は身分権的性格を有していると同時に財産権としての性格を有していること。

② 法21条1項の反対解釈

　金庫が会員の持分を質権の目的として受け取ることは法21条1項により禁止されているが、この反対解釈として、一般的には、すなわち金庫以外の第三者に対しては質入れが可能であると解されること。

③ 金融機関の合併及び転換に関する法律の解釈

　金融機関の合併及び転換に関する法律48条（質権の効力）は、異種金融機関との合併により消滅する金融機関の株式または出資を目的とする質権は当該消滅金融機関の株主、会員または会員等が合併により受けるべき金銭等について存在する旨を定めているが、これは、金庫の持分についても質権を設定することが可能であることを前提とした規定であること。

b 質入れについての金庫の承諾の要否

持分を第三者に質入れする場合において、金庫の承諾を要するについて、信用金庫法上の規定はなく、問題となる。

この点、流質契約がなされる場合は、債権者が会員または会員たる資格を有し、また、持分を実際に取得する際には「譲渡」に該当するものとして、法15条に基づく承認を必要とするが、質入れ自体は持分の譲渡を伴うものではないので、信用金庫法上は事前の金庫の承諾は必要ないと解される（味村治ほか「信用金庫の出資をめぐる法的諸問題⑵持分の取得・譲渡・質入」金法438

号6頁〔味村治〕）。

質入れ後、質権の実行がなされると「譲渡」と同様の効果があり、質権実行の際に承諾があれば足りると解される。なお、持分を質入れする際に承諾を得た場合、質権の実行としての競売については、法15条1項の承諾があったと解すべきである（ただし、買受人が非会員である場合、その者に会員資格があることを前提とした法15条2項の承諾が必要となる）（『金融法務講座』92頁）。

もっとも、会員（債務者）が第三者（債権者）との商行為によって生じた債務を担保するために質権を設定する場合のように、流質契約が許される場合において、流質契約を設定するときは、債権者が会員または会員たる資格を有する者でなければならず、かつ、法15条1項・2項の承諾を受けることが必要と考えられることから、持分を第三者に質入れする場合、金庫の承諾を要するものと解される（『信金法解説』115頁）。

なお、実務上は質権実行の際のトラブル防止のため、出資証券に「質入禁止」の特約がうたわれている。この場合、承諾なく質入れをしても質権者は悪意と推定される可能性があり、悪意の質権者との関係では質入れが無効となる（民法466条2項。大判大13.6.12民集3巻272頁）。よって、会員は金庫の承諾がない限り、質入れを行うことはできない（『会員法務解説』15頁）。

民法改正により、譲渡質入制限特約がある債権について、譲渡・質入れがなされた場合にこれらの効力は特約の効力により妨げられず（改正民法466条2項）、譲受人（質権者）は譲渡質入制限特約について悪意・重過失の場合に譲渡質入制限特約に基づき債務の履行を拒むことができる（改正民法466条3項）。よって、改正民法を前提とすると、譲渡質入制限特約が定められていても、信用金庫との関係で質入れは有効となり、質入れの際の信用金庫の承諾は不要である。

c　質入れの手続

持分は財産権的性格を有することから、持分の質入れについても、指名債権（預金債権等）の質入れと同様、金庫およびその他の第三者に対抗するため、会員の金庫に対する質入れした旨の通知または金庫の承諾が必要となる（民法364条、467条1項）。なお、上記の金庫の「承諾」とは、法15条の承諾とは異なり、債権譲渡の対抗要件としての承諾である。

また、上記の通知または承諾は、確定日付のある証書をもってしなければ、信用金庫以外の第三者には対抗することができない（民法364条、467条2項）。

d　質権の効力の及ぶ範囲

① 剰余金配当請求権

質権の効力が、債務者たる会員の剰余金配当請求権にまで及ぶか否か。

質権に関する民法350条は、留置権者による法定果実の収取を定めた同法297条を準用しており、法定果実（法定果実とは、一般に物の使用の対価として受けるべき金銭その他の物（同法88条2項）をいい、不動産の賃料や金銭が生み出す利子などをいう）に該当すれば、質権者による質権の効力が及ぶということができる。

会員の剰余金配当請求権は、法定果実自体には該当しないが、実質的には持分が生み出す金銭であり、持分の内容が実現したものといえるから、質権の効力は剰余金配当請求権に及ぶものと解される。もっとも、質権者は、配当金が支払われるまでに、配当請求権を差し押さえることが必要となる（民法350条、304条1項）。

② 代位による持分の譲受請求

会員が持分を第三者に質入れした場合、当該第三者（質権者）が会員に代位して、法16条の規定に基づき、金庫に対して持分の譲受請求ができるか問題となる。

この点、①質権者は質権の目的物が有する担保価値から優先弁済を受ける権利があること、②法16条の譲受請求持分の財産的価値を実現するための方法として認められていることから、質権者は会員に代位して、法16条の請求をすることができる。もっとも、この場合、金庫に対して譲受請求できるのは、全部譲渡による方法のみであるため、会員の持分の一部のみを質権の目的物としている場合、上記請求はできない（『金融法務講座』93頁）。

③ 議決権等

会員がその持分を質入れしても、その身分的な権利に影響がないことから、会員として議決権等共益権を行使することができる。

7 持分に対する強制執行

(1) 差押えの可否

会員の有する金庫の持分は身分権的性格と財産権的性格を併せ持ち、単純な金銭債権たる預金等と性質が異なるため、差押えの対象となるか問題となる。この点、信用金庫法に明文の規定はないが、持分は財産権的性格を有すること、金融機関の合併及び転換に関する法律49条1項（差押えの効力）は、異種金融機関との合併により消滅する金融機関の株式または出資の差押え（仮差押えを含む）は当該消滅金融機関の株主または会員等が合併により受けるべき金銭等にその効力を有する旨定めており、この規定は、金庫の持分に対する差押えが可能であることを前提としたものであることから、持分の差押えは可能であるといえる。

裁判例（東京地判昭44.5.29金法550号33頁、東京高判昭45.11.26金法611号35頁、東京地判平15.5.26金判1181号52頁）も同様の考えをとっており、前掲東京高判45.11.26は、「信用金庫の持分は、財産権としての性格を有するから、差押え・換価をすることができる」と判示している。

(2) 持分に対する差押えの手続

持分に対する差押えの手続は、民事執行法167条1項の「その他の財産権に対する強制執行」に該当し、同項により、債権執行の例によるとされる（同法143条以下）。

この点、前掲東京高判昭45.11.26も、持分については一般の金銭債権に準ずるものとして、「その他の財産権」として民事執行法143条以下の定めによると判示している（同法167条）。

よって、差押債務者（会員）および第三債務者（信用金庫）への差押命令送達による方法により、差押命令の金庫への送達時に効力が発生し、金庫の会員への弁済（持分の払戻し）が禁止される（民事執行法145条）。

⑶　差押えの効力

持分の差押えの効力について検討する。

a　第三債務者（金庫）に対する効力（持分の払戻し禁止）

差押命令によって、第三債務者である金庫は差押債務者である会員に対する弁済（持分の払戻し）が禁止される（民事執行法145条１項）。

差押えは、金庫への差押命令の送達時に効力を生じる（民事執行法145条４項）。

よって、金庫は執行裁判所から会員の持分に対する差押命令の送達を受けた場合、直ちにその内容を確認し、会員名簿に、①差押命令の受理日時、②差押命令を発した裁判所名・事件番号、③差押債権者、④差押対象の出資持分の明細などを記入するとともに、システムに差押えの登録をし、出資持分について払戻しがなされない措置を講ずる必要がある。

b　債務者（会員）に対する効力（持分の処分の禁止）

差押えによって、差押債務者たる会員は、その持分の譲渡・質入れ、取立て等の処分ができなくなる（処分禁止効。民事執行法145条１項）。

なお、協同組合原則からすると、会員はその自由な意思により脱退することができるのが原則であるが（脱退自由の原則）、持分の処分禁止効との関係に留意する必要がある。

まず、会員の第三者に対する持分の譲渡による自由脱退は、差押えによる処分禁止効（民事執行法145条１項）に違反する。この場合、持分の譲受人に対する持分譲渡代金請求権には持分差押えの効力が及ばないので、差押えの効力が失われることになる。差し押さえられた持分の譲渡を第三債務者である金庫が承諾した場合、譲渡は当事者間では有効であるが、民事執行法145条１項の処分禁止効に反し、差押債権者には対抗することができないので、差押債権者は、譲渡はなかったものとして以後の手続を進めることとなる。そのため、金庫は持分に対して差押えがなされている場合、持分譲渡の承諾をすべきではない。

c　差押債務者（会員）の脱退の可否

金庫においては、脱退自由の原則が当てはまり、この点は持分に差押えが

なされた場合にも妥当する。

　もっとも、信用金庫法においては、資本維持の原則から、持分の払戻しの方法による自由脱退を認めず、持分の第三者への全部譲渡の方法による自由脱退を原則とし、譲受人がいない場合には、当該持分全部を金庫が譲り受けることにより、実質的に自由脱退と同様の効果を与えている。

　そこで、これら脱退の効果が差押えの効力たる処分禁止効（民事執行法145条1項）に反するかが問題となる。

① 第三者への持分譲渡の場合

　まず、差押債務者（会員）が第三者（他の会員または会員たる資格を有する者）に持分を譲渡することは、持分の譲受人に対して差押えの効力が及ばないため、差押えによる処分禁止効（民事執行法145条1項）に反する。

　よって、金庫は第三者に対する持分譲渡を承諾できず、仮に承諾しても、差押債権者に対抗することができない。

② 金庫が譲り受ける場合

　会員の金庫に対する持分譲受請求による自由脱退（法16条1項後段）の場合、差押えによる処分禁止効に反しないとされている（「実務の再検討(7)」金法934号26頁）。

　というのは、仮に持分全部を金庫に対して譲受請求できないとすると、持分を差し押さえられた会員は自由脱退することができなくなるし、会員が金庫に対して譲受請求することによって取得すべき持分の譲渡代金請求権に対しては、当然に持分差押えの効力が及ぶと解されるため、差押え後に持分の譲受請求による自由脱退を認めても差押債権者の利益を害さないと解されるためである。

　以上より、持分に差押えがあっても、会員は金庫に対する持分全部の譲受請求によって自由脱退が可能である。

　もっとも、持分の譲受けが完了しても、譲渡代金請求権に差押えの効力が及ぶため、代金を会員（債務者）に支払うことはできず、支払ったとしても差押債権者に対抗することができない。

　d　差押えの効力の及ぶ客観的範囲

① 自益権（剰余金配当請求権、持分払戻請求権等）

第15条

　持分に対する差押えの効力が、差押え後に生ずる具体的な剰余金配当請求権に及ぶか否かについては、明文規定がなく、争いがある。差押え後に生ずる具体的な剰余金配当請求権は、法定果実（民法88条2項）ではないが、実質的には持分が生み出す金銭であり、法定果実に類するものであるし、信用金庫と同様、人的結合度合いの強い持分会社において、社員の持分が差し押さえられたときは、その差押えの効力は将来発生する利益配当請求権に対しても及ぶとする会社法621条3項の規定は、同様の性質を有する金庫の持分に対する差押えにも類推適用されるべきことにかんがみて、差押えの効力は及ぶものと解するべきである（『信金法解説』118頁、『金融法務講座』96頁）。大判大5.3.8（民録22輯537頁）も、差押えの効力は、その効力が生じた日（民事執行法145条4項）以降に生ずる剰余金配当請求権にも及ぶと判示している。

　よって、差押債権者は改めて差押命令を得ることなく、債権者の金銭債権の取立て（民事執行法155条）または転付命令（同法159条）により、剰余金を回収することができる。

　また、会員の法定脱退による持分払戻請求権、金庫の解散による残余財産分配請求権も持分の内容そのものであるので、差押えの効力は及ぶと解されている（『信金法解説』118頁）。なお、会員の持分が払戻請求権、残余財産分配請求権に転化した後においては、差押債権者はこれらを金銭債権として差押えあるいは転付命令を得て取り立てることができる。

②　共益権等差押債務者の身分権への影響

　持分に対する差押えは、持分を1個の財産権として、これに対してなされるものであるから、持分のもう1つの側面である身分的な権利には差押えの効力は及ばない。

　よって、持分の差押え後においても、差押債務者たる会員は議決権や書類の閲覧請求権等の共益権を行使し、または役員として業務を執行することができる。

e　持分差押えと譲渡の優先関係

持分の譲渡が有効になされた後に（金庫の承諾もなされ）、金庫に対して持分の差押命令が送達されても、すでに差押債務者は持分を有していないた

め、持分差押えの効力は生じないし、譲渡人の譲受人に対する持分譲渡代金請求権に持分差押えの効力は及ばない。持分代金が支払われていない場合には、譲受人を第三債務者とし、別途、譲渡代金請求権に対して債権差押えの申立てをする必要がある（『金融法務講座』100頁）。

他方で、すでに持分が譲渡されたものの、承諾がある前に差押えをした場合、譲渡については金庫の承諾が要件となるため、持分差押えの効力が生じ、その後は、金庫は承諾をすることができなくなる。

f　差押え後の除名の可否

持分へ差押えがあっても、それ自体が除名事由に該当するものではない。

もっとも、金庫は差押えがあった後においても、除名事由があれば、必要な手続を履践の上、除名することができる（法17条3項）。

除名により会員は持分払戻請求権を取得するが（法18条1項）、法定脱退による持分払戻請求権に対しても差押えの効力が及ぶため、持分の差押えは持分の払戻請求権に対する差押えに転化し、除名による持分払戻請求権にも差押えの効力が及ぶ。

g　金庫による持分差押えの可否

金庫による差押えは、法21条において、金庫による持分取得が禁止されている趣旨から、金庫が権利を実行する必要がある場合に限定される。

(4)　持分の換価方法

持分は単純な金銭債権ではないので、差し押さえた持分について、債権執行における差押命令に基づき取り立てたり（民事執行法155条）、転付命令に基づき、支払いに代えてこれを添付したりすることはできない（同法159条）。大阪地判昭47.1.27（金法653号24頁）は、信用金庫に出資した会員は、単に信用金庫に帰属する財産に対する持分権を取得するにすぎず、出資金返還請求債権なるものは認められず、また脱退を前提とする持分払戻請求権についても、その存否、金額が定まっていない以上、これを目的とした転付命令は無効であるから、転付債権者はその支払いを求めることはできないと判示している。

被差押持分は取立てが困難な「その他の財産権」として扱われ（民事執行

法167条1項)、持分を換価しようとするときは、執行裁判所の特別の換価命令による。

　上記の特別の換価命令としては、①執行裁判所が定めた価額で、支払いに代えて差押債権者に譲渡する命令(譲渡命令)、②取立てに代えて執行裁判所の定める方法により持分の売却を執行官に命ずる命令(売却命令)、③管理人を選任して持分の管理を命ずる命令(管理命令)、④その他相当の方法による換価を命ずる命令による方法などがある(民事執行法161条)。

　差し押さえた持分の換価については、差押債権者の申立てによって、譲渡命令や売却命令等によって換価されることになる(民事執行法161条1項)。いずれの場合も金庫による承諾が必要となるが、実際上の運用は、執行裁判所が差押債権者に対する持分譲渡について、あらかじめ持分を取得することができる者(会員または会員たる資格を有する者。法15条1項)について、金庫の承諾を得られるよう手配した上で、自己の定める価額(出資金額によることとなる)で支払いに代えて差押債権者に持分を譲渡する命令(譲渡命令)を発する方法により換価が行われている(「実務の再検討(7)」金法934号26頁)。差押債権者が会員資格を有していることも多いため、支払いに代えて差押債権者に譲渡する譲渡命令によることもある。

　なお、譲受人がいない場合や、金庫が譲渡の承諾を拒む場合、譲受人に資格がない場合等において、持分以外に財産がない場合、差押債権者は会員たる債務者に債権者代位して(民法423条)、法16条に基づいて、金庫に対して差押対象となった持分全部の譲受けを請求することができる(もっとも、会員は他から脱退を強要されるべきものではないため、債権者代位権を脱退した意思表示について行使することはできないとする見解もある(「金融法務セミナー(第57回)」金法678号18頁)。この場合、譲受代金請求権に対して差押えの効力が及ぶので、以後は、差押債権者は金銭債権に対する換価手続に従うことになる。

⑸　相殺と差押え

a　持分との相殺の可否

　金庫に対する会員の持分と金庫の会員に対する貸付債権との相殺につい

て、信用金庫法において明文規定はない。この点、東京地判昭31.1.21（下民集7巻1号70頁・金法95号3頁）も、法11条5項の規定は、信用金庫の会員が出資の払込みについて相殺をもって信用金庫に対抗することができない旨を定めたものであり、直接には会員がすでに払い込んだ出資金の返還に関するものではないが、この規定によっても十分うかがわれるように、信用金庫については資本充実の原則が行われており、法16条、21条、17条、18条、20条など脱退会員の持分に関する規定にかんがみれば、信用金庫の会員の信用金庫に対する出資金の返還請求は、資本充実の見地から前記各条の事由と制約のもとにおいてのみ認められると判示している。

すなわち、いったん出資されると持分に転化し、持分は財産権的性格のみならず身分権的性格を併有することや、持分の払戻請求は法16条の自由脱退や法17条の法定脱退事由が発生しない限り認められないため、このような脱退事由が生じない段階において、単純な金銭債権としての貸付債権との間で、当然に相殺の自働債権ないし受働債権とすることは民法505条1項に照らして認められない。

b　脱退による持分の金銭債権への転化と相殺

上記のとおり、持分のままでは貸付金と相殺できないが、持分が金銭債権に転化した場合、貸付金と相殺が可能となる。

すなわち、会員が自由脱退（法16条）により、信用金庫に対して持分の全部の譲受けを請求した場合、これにより発生する譲受代金請求権は、譲受請求日から6カ月を経過した日以後に到来する事業年度末において、信用金庫の譲受け後の持分が出資総口数の5％を超えないこと（法16条、施行令5条1項、定款例13条1項・2項）を停止条件とする純粋な金銭債権である。よって、金庫は上記停止条件が成就したときは、期限の到来している全庫の貸付金債権と相殺することができる。

また、法定脱退した会員（持分の全部の喪失者を除く）は、金庫に対して持分払戻請求権を有するが（法18条1項）、これも純粋な金銭債権であるため、貸付金と相殺することができる（東京地判平15.5.26金判1181号52頁）。

c　持分の差押えと相殺

会員の持分に対して会員の債権者が差押えをし、自由脱退や法定脱退によ

り当該持分が持分譲受請求権や持分払戻請求権に転化した場合において、金庫は会員に対して貸付債権を有する場合、相殺をもって差押債権者に対抗することができるか。

この点、最大判昭45.6.24（民集24巻6号587頁・金法584号4頁）は、銀行の預金債権が差し押さえられた場合において、第三債務者たる銀行が反対債権たる貸付債権を有していたときは、その債権が預金債権の差押え後に取得されたものでない限り、上記債権および被差押債権の弁済期の前後を問わず、両者が相殺適状に達しさえすれば、第三債務者たる銀行は、差押え後においても、上記反対債権を自働債権として、被差押債権と相殺することができると判示している。

すなわち、会員が有する持分に対し、差押命令もしくは差押通知がなされても、「支払の差止めを受けた第三債務者は、その後に取得した債権による相殺をもって差押債権者に対抗することができない」とする民法511条の反対解釈により、差押え以前に貸付債権等の反対債権を取得している場合、差押え当時貸付債権が弁済期になくても、当該貸出金債権と持分が金銭債権に転化した後の債権とが相殺適状に達した後は、相殺をもって差押債権者等に対抗することができる（いわゆる「無制限説」）。

以上より、会員の持分が差し押さえられた場合であっても、金庫は差押え前に貸金債権を有していれば、差押え時点において会員に除名事由があるときは、かかる会員を除名にした上で、その事業年度末以降に発生する持分払戻請求権と貸金債権を相殺して、差押債権者に対抗することができる。

改正民法511条1項においては、最大判昭45.6.24の内容が明文化され、差押え後に取得した債権について、差押え後に他人の債権を取得した場合を除いて「差押え前の原因に基づいて生じた」債権を自働債権として相殺することができると規定されている。もっとも、持分の差押えと貸出金との相殺について、民法改正による影響はないと解される。

第15条

8 持分に対する滞納処分

(1) 滞納処分に基づく持分への差押え

　持分は強制執行の対象となるが、滞納処分の対象にもなり、滞納処分による差押えの手続は、国税徴収法に基づき行われる。

　第三債務者である金庫に対する差押通知書の送達によって行い（国税徴収法73条1項）、差押えの効力は差押通知書が金庫に送達された時に発生する（同条2項）。

　換価については、滞納処分による差押えが預金など金銭債権の場合、直接取り立てることが可能だが（国税徴収法67条1項）、出資持分は単純な金銭債権でなく、身分権的要素が含まれているため、税務署長が換価することとなる。この換価手続は公売（同法94条）によることが一般的であるが、随意契約（同法109条）によることもある。この場合にも、買受人は会員または会員たる資格を有する必要があり、また持分の譲渡には金庫の承諾が必要であるので、これらの場合も買付予定者は譲受けについて承諾をとらなければならない。

(2) 持分の一部の譲受けの請求

　出資持分の売却について、前記(1)の制約があるため、公売等によっても買受人がいないことが一般的であり、持分の換価方法として、税務署長は、信用金庫に対して、以下のとおり、持分の一部の譲受請求をすることが認められている（国税徴収法74条1項）。

> **国税徴収法74条**　税務署長は、中小企業等協同組合法に基づく企業組合、信用金庫その他の法人で組合員、会員その他の持分を有する構成員が任意に（脱退につき予告その他一定の手続を要する場合には、これをした後任意に）脱退することができるもの（合名会社、合資会社及び合同会社を除く。以下この条において「組合等」という。）の組合員、会員その他の構成員である滞納者の持分を差し押さえた場合において、当該持分につき次に掲げる

第2章　会員（第10条〜第21条）　125

理由があり、かつ、その持分以外の財産につき滞納処分を執行してもなお徴収すべき国税に不足すると認められるときは、その組合等に対し、その持分の一部の払戻し（組合等による譲受けが認められている持分については、譲受け）を請求することができる。

一　その持分を再度換価に付してもなお買受人がないこと。

二　その持分の譲渡につき法律又は定款に制限があるため、譲渡することができないこと。

2　前項に規定する請求は、30日（組合等からの脱退につき、法律又は定款の定めにより、これと異なる一定期間前に組合等に予告することを必要とするものにあつては、その期間）前に組合等にその予告をした後でなければ、行うことができない。

国税徴収法74条１項のとおり、「一部」の譲受請求とされているのは、全部の譲受けを請求すると、会員が金庫の会員たる地位を喪失してしまうため、会員としての地位は保持しながら滞納処分としての目的を達成しようとしたものである。この点、法16条の譲受請求が、会員の任意脱退を実質的に保障するためのものであるのと異なり、この譲受請求は、持分の一部についての譲受請求を認めない法16条の特則といえる。

よって、税務署長は金庫に持分の譲受けを会員に代わり請求する場合、１万円相当額（出資１口の金額で１万円を整除することができないときは、１万円を超え１万円に最も近い整除できる金額とする）以下の金額の部分について譲受けの請求をしないこととされている（国税徴収法基本通達74条関係の７）。１会員の出資金額を5000円と定めている信用金庫の場合も（法11条２項）、１万円相当額以下の金額の部分について、譲受請求をしない取扱いとされる。

なお、会員が法定脱退して発生する持分の払戻請求権に対して滞納処分がなされた場合、払戻請求権は純然たる金銭債権であり、またすでに脱退していて会員たる資格を保持する必要性がないため、１万円相当額を控除する必要はなく、全額が引渡しの対象となる。

持分に対する滞納処分による差押えの効力は、会員の法定脱退による持分払戻請求権（法18条１項）にも及ぶので、持分に対して差押えがあった後

に、会員が法定脱退したことにより、当該持分が持分払戻請求権に転化した場合、改めて債権の差押手続を経ることなく取り立てることができる（国税徴収法73条5項、67条。『会員法務解説』18頁）。

⑶　滞納処分の手続

前記のとおり、持分を再度換価に付してもなお買受人がないか、金庫の承諾が得られない場合で、当該持分以外の財産について滞納処分を執行してもなお徴収すべき国税に不足する場合には、税務署長は金庫に対してその持分の一部の譲受けを請求することができる（国税徴収法74条1項）。

ただし、この請求は、30日（金庫からの脱退について、定款の定めにより、これと異なる一定期間前に金庫に予告することを必要とするものにあっては、その期間）前に金庫にその予告をした後でなければ、行うことができない（国税徴収法74条2項）。

上記予告期間経過後に、税務署長より会員の持分の1万円を超える部分について譲受請求がなされる。

国税徴収法74条1項は、会員の自由脱退に関する法16条の特則に該当するため、金庫が税務署長から持分の譲受請求を受けた場合、自由脱退に準じて支払いの処理を行うこととなる。

なお、滞納処分による差押えによって、持分は税務署長からの譲受請求により一部が持分譲受請求に転化するが、金庫は、この差押え前に貸金債権を取得していれば、この持分譲受請求権と貸金債権を相殺することができる（ただし、後記**第18条**参照）。

第16条　自由脱退

（自由脱退）

第16条　会員は、何時でも、その持分の全部の譲渡によつて脱退することができる。この場合において、その譲渡を受ける者がないときは、会員は、

金庫に対し、定款で定めるところによりその持分を譲り受けるべきことを、請求することができる。

2　信用金庫は、前項後段の場合において、その譲受けにより有することとなる持分が政令で定める限度をこえることができないことを定款で定めなければならない。

（持分譲受けの限度）

施行令第 5 条　法第16条第 2 項に規定する政令で定める限度は、信用金庫の出資総口数の100分の 5 に相当する持分とする。

2　前項の場合において、信用金庫が定款の定めるところにより合併に異議のある会員から譲り受ける持分その他やむを得ない理由により金融庁長官の承認を受けて有することとなる持分があるときは、これらを除いたところにより同項の規定を適用する。

1　脱退の自由

(1)　自由脱退と法定脱退

　脱退とは、金庫の存続中（信用金庫の成立後解散前）に、会員たる地位が絶対的に消滅し、会員でなくなること（団体法上の法律関係が消滅すること）をいう。

　脱退には、原因により、会員の意思に基づく自由脱退と、会員の意思にかかわりなく法に定められた一定の事由の発生に基づく法定脱退とに分類されるが、本条は自由脱退についての規定である。なお、会員の脱退に関する規定は、定款の絶対的必要記載事項である（法23条 3 項 6 号）。

(2)　脱退自由の原則

　脱退自由の原則は加入自由の原則とならび、協同組合原則の 1 つである。脱退自由の原則は、脱退することを金庫から拒絶されず、かつ強制されない

ことを意味するが、前者は本条の規定により、会員の意思による脱退が定められている。また、後者は法17条により脱退を強制できる場合を限定することにより保障している。

2　脱退の自由（原則）

上記①のとおり、脱退の自由は協同組織金融機関たる金庫の基本原則の1つである。しかし、信用金庫法は、金庫が公共性の高い金融機関であることを考慮し、その自己資本の維持安定を図る必要があることから、会員が任意に脱退する場合には、以下を要件としている。

⑴　持分全部の譲渡であること

自由脱退のためには、持分「全部」の譲渡をしなければならないこととしている（法16条1項）。

脱退によって会員の持分を払い戻すこととすると、金庫の出資総額が減少することとなり、金庫の経営の安定に悪影響を及ぼし得ることとなる。

そこで、持分の全部の譲渡によって脱退することを原則としたのは、金庫の出資総額には影響を及ぼさないこととしたものである。

⑵　他の会員または会員たる資格を有する者への譲渡であること

譲渡の相手は、他の会員または会員たる資格を有する者でなければならない（法15条1項）。

⑶　信用金庫の承諾

持分の譲渡について金庫の承諾を得ることが必要である（法15条1項）。

また、会員たる資格を有する者への譲渡の場合には、その者についても金庫の承諾を得ることが要求される（法15条2項）。

3　脱退の効果

譲渡人は、持分全部を譲渡した時点で会員たる地位を失い（金庫を自由脱退し）、会員たる地位に基づく身分権的権利および財産権的権利をすべて喪

失する。

　他方で、譲受人は、その持分につき、譲渡人が金庫との関係において有していた身分権的および財産権的権利義務を包括的に承継し（法15条3項）、譲受人が会員以外の会員たる資格を有する者である場合には、承継した時に会員となる（法13条後段）。

4　金庫に対する持分譲受けの請求（例外）

(1)　総　　説

　会員の自由意思による脱退は持分の全部譲渡だけに限られているが、そうすると譲受人が見つからないときは、脱退することができず、実質的にみて脱退を制限する結果になる。そこで、譲受人がない場合には、一定の条件のもとに、金庫に対して、その持分の全部を譲り受ける（買い取る）ことを請求できるものとして、会員の脱退の自由を保障している（法16条1項後段）。

　なお、会員から請求を受けた金庫は譲受けの義務を負うか、信用金庫法上は必ずしも明らかでないが、本条において会員の権利として「持分を譲り受けるべきことを、請求することができる」と規定していること、資本維持の原則の観点から金庫自身が譲り受ける場合について諸所の制約を課していること、また脱退自由の原則に照らし、要件を満たす場合には譲受けの義務があるものと解される（明田『農協法』259頁も同旨）。

(2)　持分譲受請求の制限

a　持分譲受請求および脱退の時期等

　金庫に対する持分譲受請求は、当該金庫の定款の定めるところに従って行われる（法16条1項後段）。この点につき、定款例13条1項は、「会員が金庫に対してその持分の譲受けを請求したときは、金庫はその請求の日から6月を経過した日以後に到来する事業年度末においてその持分を譲り受けるものとする」と規定している。したがって、持分譲受請求の日から当該事業年度末まで6カ月に満たないときは、翌事業年度末まで持分の譲渡（脱退）を待たなければならない。

金庫はかかる事業年度末経過後、速やかに譲渡代金の支払いをなすべきである。

自由脱退の時期は、金庫が譲り受けたとき、すなわち請求のあった日から6カ月経過以後の事業年度末となる。

金庫は、会員の持分を取得したときは、自己資本維持の観点から、速やかにこれを処分しなければならないため（法21条2項）、金庫が譲り受けた持分をさらに譲り受ける会員または会員たる資格を有する者を、上記期間内に見つけることができるように、脱退時期が制限されたものである。

仮に上記期間内に、譲り受けてくれる者が見つかったときは、金庫の仲介により、脱退しようとする会員は、その持分の全部をその者に直接に譲渡することにより、金庫を脱退することができる（『信金法解説』134頁）。

b　譲受けの額

定款例13条1項には、「その譲受けの額は、その会員の普通出資額を超えることができない」とされている。

本条に基づく金庫による持分譲受りは実質的には持分の払戻しと異ならず、出資額を超えると定款例16条による持分の払戻しの金額を超えることとなってしまい、金庫の自己資本維持に反するためである。

c　譲受けによる持分の制限

信用金庫は、会員の自由脱退のための持分の譲受けにより保有することとなる持分が、政令で定める限度を超えることができないことを定款で定めなければならない（法16条2項）。

これに関して、施行令では、信用金庫が持分の譲受けにより保有する持分は、信用金庫の出資総口数の100分の5に相当する持分を限度とするとされており（施行令5条1項）、定款例13条2項において同様の規定が設けられている。

この場合、信用金庫は、脱退する会員に対しその持分を払い戻すのではなく、会員または会員たる資格を有する者がその持分を譲り受けるのであるから、信用金庫の出資の総額は、形式的には減少しないのであるが、実質的には持分払戻しと同じであるために、信用金庫の自己資本維持の観点から設けられたものである。

なお、この信用金庫の持分譲受限度の規定は、信用金庫が、定款の定める
ところにより、合併に異議のある会員から譲り受ける持分その他やむを得な
い理由により金融庁長官の承認を受けて有することとなる持分には適用され
ない（施行令5条2項）。すなわち、合併に異議のある少数会員が信用金庫に
譲渡する場合には持分譲受限度の制限がなくなり、信用金庫から離脱して出
資した金額を回収することを保障している。

　信用金庫が上記金融庁長官の承認を受けようとするときは、承認申請書に
理由書を添付して内閣総理大臣に提出しなければならない（施行規則7条1
項）。また、内閣総理大臣は、当該承認の申請に係る持分が合併に異議のあ
る会員から譲り受ける持分やその他やむを得ない理由により所有することと
なる持分であるかどうか審査するものとされている（同条2項）。

　なお、大阪高判昭62.12.22（金法1185号33頁）は、信用金庫の合併反対を
理由とする会員から持分譲受けの請求がされた場合における譲受価額につい
て争点となった事例である。この点、合併に反対した会員は、合併が構成員
たる会員にとって重大な利害を生ずる組織変更であって、これに反対する会
員による持分譲受請求は、反対の会員を保護するため、定款で特に定めた補
償手段であるから、その譲受価額は、株式会社における合併反対株主の株式
買取請求権の場合に準じて、解散における残余財産分配的な清算価額による
べきと主張した。

　これに対し、裁判所は、①資産状態に関係なく、定額の出資金の払込みに
より会員となることができ、持分の譲渡価額も出資額を上回ることのない信
用金庫と、資産状態により、株主の地位の表象たる株式の価額が変動する株
式会社とを同列に扱うことはできないから、信用金庫の合併反対会員による
持分譲受請求の場合と、株式会社の合併反対株主による株式買取請求の場合
とで、その対価の評価方法に差異を生じても不合理であるとはいえないこ
と、②中小企業協同組合は、信用金庫とその団体としての性質に類似する点
はあっても、その自由脱退の場合の脱退会員の持分の処理には差異があっ
て、前者では、その持分は払戻しにより処理され、その価額は組合財産によ
り定めるとされ（中協法18条、20条）、他への譲渡は予定されていないのに対
し、後者では、前記のとおり、他への譲渡を第一次的に予定しているから、

両者を同一の基準で評価すべきであるとは直ちにはいえないこと、③合併反対会員の持分譲受請求と、通常の自由脱退の場合の持分譲受請求とで、その譲受価額に区別を設けるべき合理的理由を見出し得ないことなどから、通常の自由脱退の場合と同様に、出資額が限度となると判示している。

第17条　法定脱退

（法定脱退）

第17条　会員は、左の事由によつて脱退する。

　　一　会員たる資格の喪失

　　二　死亡又は解散

　　三　破産手続開始の決定

　　四　除名

　　五　持分の全部の喪失

2　会員は、その出資額が金庫の出資1口の金額の減少その他やむを得ない理由により第11条第1項に定める出資の最低限度額に満たないこととなり、かつ、その満たないこととなつた日から1年以内に当該最低限度額に達しない場合には、その期間を経過した日に脱退する。

3　除名は、定款の定める事由に該当する会員につき、総会の決議によつてすることができる。この場合においては、金庫は、その総会の会日の10日前までに、その会員に対しその旨を通知し、かつ、総会において弁明する機会を与えなければならない。

4　除名は、除名した会員にその旨を通知しなければ、これをもつてその会員に対抗することができない。

1　本条の趣旨

法定脱退とは、法律に定められた一定の事由が発生すれば、会員の意思に

かかわりなく、法律上当然に会員を脱退することをいう。かかる法定脱退事由を本条1項および2項に挙げている。

金庫は一般に、本条で定める法定脱退事由が発生しても、直ちにその発生を知ることができず、相当期間経過後に知ることが多い。しかし、法定脱退事由が発生すれば、一定の法律要件の具備によって、会員の認識や意思表示の有無にかかわりなく、かつ、金庫がそれを認識し了知したかどうかに関係なく、その事由発生時から法律上当然に脱退したことになる。したがって、法定脱退者が総会の議決に加わったような場合は、総会決議取消しの訴え（法48条の8）の対象となり得る。もっとも、実務上、法定脱退事由を金庫が知らず、また知らなかったことに過失がないときは、事実が生じたとき以後、会員として扱った事実は有効である（『会員法務解説』29頁）。

なお、会員たる資格の喪失、死亡、解散、破産手続開始の決定、除名、持分の全部の喪失、出資未達という各種法定脱退事由のうち、持分の全部の喪失以外の場合には、持分そのものが消滅し、出資総額の減少をもたらすが、持分の全部の喪失の場合のみについては、持分そのものは消滅せず、持分権を有する者が会員から金庫に変わるだけであるから、金庫の出資総額に影響は生じない（『会員法務解説』29頁）。

2　法定脱退事由（法17条1項）

(1)　会員たる資格の喪失（1項1号）

会員たる資格の喪失とは、法律（法10条）または定款（定款例5条）に定められた会員たる資格に合致しない状態になったことをいう。

a　法令上の会員資格

例えば、①信用金庫の地区内に住所または居所を有していたことにより会員たる資格を有していた者（法10条1項1号）が、その住所または居所を地区外に移転した場合、②信用金庫の地区内に事業所を有していたことにより会員たる資格を有していた者（同項2号）が、その事業所を地区外に移転し、または廃止した場合、③事業者で資本金基準（9億円以下）および従業員数基準（300人以下）を満たさなくなった場合、④信用金庫の地区内におい

て勤労に従事していたことにより会員たる資格を有していた者（同条3項）が、勤務先を地区外に変え、もしくは勤務所が地区外に移転した場合、または勤労に従事しなくなった場合等が考えられる。

ただし、これらのいずれかに該当する場合であっても、資格を認められる他の事由により会員たる資格を有するときは、依然として会員たる地位を有することになる。

なお、上記①に関連して、会員の住所または居所が不明の場合、例えば会員名簿に記載された会員の住所または居所に宛てて、通知を送った場合に住所不明で戻されてきた場合であっても、これだけでは、必ずしも地区外に移転したとはいえず、会員資格を喪失したものと取り扱うことはできない（『信金法解説』135頁）。もっとも、この点については、平成26年に施行規則が改正され、信用金庫は、定款に長期間所在が不明である会員の除名に関する事項を定めることができるとしており、多くの信用金庫は総（代）会において、定款に上記の定めに関する改正をしている（定款例15条2項、〔別表4〕4項・5項）。

b　定款上の会員資格

定款例5条2項は、〔別表3〕の暴力団排除条項に該当する場合、会員となることができないと規定している。これは、法令（法10条）に規定がなく、定款により創設された会員資格要件であり、また法10条の会員資格要件が積極的要件であるのと異なり、消極的要件（当該要件を満たすと会員となることができない要件）である。

c　会員資格喪失による脱退の効果

会員は資格を喪失した場合、金庫に対する通知の有無や、金庫がその事実を認識したか否かにかかわらず、資格喪失の時点から、その会員たる地位を失い、金庫を脱退する。その理由は、①会員資格を重視する金庫において、脱退時期が会員からの通知の有無により左右されるのは法的安定性を害すること、②除名の場合には、金庫からの通知をもって対抗要件とする規定があるが、会員資格喪失の場合にはそのような規定がないためである。

したがって、例えば、持分払戻請求権の時効（法19条）は、持分払戻請求権の行使が可能となる事業年度末から進行するとする説があるが、法定脱退

事由の発生の時から進行し、当該会員であった者から金庫に対しその旨の通知をしたり、あるいは金庫がその事実を了知し得たりした時ではないと考えられる（詳細は後記**第19条**の解説参照）。なお、平成32年4月1日施行の改正民法においては、客観的起算点に加え、主観的起算点が追加されている。

　なお、会員資格は与信取引と密接に関係するが、会員資格を失うことにより、融資取引を切断するとなると、不都合が生じることから、一定の条件のもとに貸出取引ができるとしている（卒業会員への貸出）。

⑵　死亡または解散

a　死　　亡

　死亡とは、自然人たる会員の死亡をいい、失踪宣告を受けた者が失踪期間満了時または危難の去った時（民法31条）において死亡したものとみなされる場合の擬制的な死亡も含まれる。会員が死亡したときは、その時点において会員たる地位を失い、金庫が脱退の処理をした時点に会員たる地位を失うものではない。その理由は、①会員が死亡した場合、死亡によって権利能力を喪失するため、会員資格も死亡により喪失すると解されること、②会員資格を重視する金庫において、脱退時期が相続人からの通知の有無により左右されるのは法的安定性を害するためである。

　会員が死亡した場合、その相続人は原則として持分自体を承継せず、死亡した会員が有することとなった持分払戻請求権を相続する。この持分払戻請求権は可分債権であり、相続分に応じて当然に分割され、遺産分割の対象とはならない（大阪高判平27.11.18金法2071号90頁、京都地判平27.2.6同号95頁）。

　相続人が相続加入（法14条）をしたときは、法18条に定める持分払戻請求を請求することはできない。

b　解　　散

　解散とは、法人たる会員の解散をいう。いかなる場合に会員たる法人が解散するかについては、当該法人の根拠法の定めるところによる。法人の解散は、通常、登記がなされなければ事実を第三者に対抗できないとされているが（会社法908条1項）、解散登記時ではなく解散事由が発生した時に脱退する。休眠会社たる株式会社（当該株式会社に関する登記が最後にあった日から

12年を経過したもの）について登記官の職権による解散登記がされた場合には（会社法472条、商業登記法72条）、本事由に該当すると解されているが（「実務の再検討(5)」金法930号35頁）実務上は解散の決議や登記がなされない場合が多い。

前記のとおり、解散登記がなされなくても、解散事由が発生していれば、法定脱退することとなるが、事務所を閉鎖し、代表者が行方不明となったのみでは当然に解散事由が発生したとはいえず、その場合には法定脱退させることができなくなる。この点、事務所を閉鎖したことにより、地区内に事業所を有しなくなったことが明らかであれば、解散ではなく、むしろ会員たる資格の喪失（法17条1項1号）によって法定脱退したものとして処理すべきである（平野編著『実務相談』132頁〔田中敏夫〕）。

⑶　破産手続開始の決定

債務者が支払不能や債務超過など破産手続開始原因が存在するとき（破産法15条、16条）は、裁判所は、同法30条1項の規定に基づき、申立てにより、破産手続開始の決定をする。

裁判所の破産手続開始決定があると、法人についてはその登記がされるが（破産法257条1項）、破産手続開始の決定は、その決定の時から効力を生ずるため（同法30条2項）、破産手続開始の登記や公告の時ではなく、破産手続開始決定の時に法定脱退すると解される。

なお、法定脱退は事由の発生により当然に脱退の効果を生じるものであり、拡張解釈や類推解釈は認められないことから（「実務の再検討(5)」金法930号35頁）、会社更生手続や民事再生手続など、解散（2号）や破産（3号）以外の再建型の法的整理手続は本事由に含まれない。会社更生手続や民事再生手続など再建型倒産手続の場合、会員が事業を継続しつつ再建を図るので、金庫との融資取引関係の維持が必要であり、再建をサポートする上で、会員資格を存続させることが不可欠なためである（『5000講Ⅰ』132頁）。

| Column | 破産管財人の持分払戻請求権の換価と信用金庫の対応 |

　会員が破産手続開始決定により法定脱退し、破産管財事件となる場合（同時廃止事件でない場合）、会員の破産管財人において、持分払戻請求権の換価に努めることとなる。

　持分払戻請求権については払戻時期が脱退した事業年度の終了後となり、これを待っていては、破産手続における他の資産の換価に比して時間を要することとなる。

　持分払戻請求権は身分権的要素を有しない純然たる金銭債権（指名債権）に転化したものであるため、破産管財人は、会員の脱退時に属する事業年度終了前に、破産者（個人）や破産会社の代表者の親族等に持分払戻請求権を債権譲渡することにより（債権譲渡スキーム）、早期に換価することが可能となる。この場合、持分自体の譲渡とは異なるため、信用金庫の承諾は要件とならないし、譲受人は会員たる資格を有する必要はない。債権譲渡の対価については、譲渡契約当事者間で決定するものであり、信用金庫側で関知するものではないが、「脱退した事業年度の終における金庫の財産」により持分が算定されること（法18条2項）も踏まえた金額となることが想定される。

　破産管財人は確定日付を付した債権譲渡通知書を信用金庫に送付し、債務者・第三者への対抗要件を具備することとなるが、信用金庫としては事業年度終了の時以降、持分払戻請求権の譲受人に対して持分を払い戻すこととなる。

⑷　除　　名

　除名は、定款で定める除名事由に該当する会員につき、当該会員の意思にかかわりなく、総（代）会の特別決議によって、会員たる地位を奪うことをいう（法17条3項、48条の3第3号）。

　除名の場合、除名決議の時に法定脱退するものと解される（もっとも、除名の旨を対象会員に通知しなければ、当該会員に対しては対抗することができない。法17条4項）。

⑸ 持分の全部の喪失

金庫が権利の実行のため、会員の持分の全部を取得すること（法21条1項ただし書）により、会員がその持分の全部を失うことをいう。金庫が会員の持分を取得し、または質権の目的として受けることができないことの例外とされているものであるが、上記「権利の実行」は、会員が自発的意思により持分の全部を譲渡する自由脱退と異なり、会員が金庫からの借入金を弁済するにあたって持分のほかに適当な資産がなく、金庫がその持分を代物弁済として取得するような場合を指す。

金庫が権利の実行として会員の持分を取得した時において、法定脱退する。

なお、会員は、自分の意思によりその持分全部を金庫に譲渡することにより、金庫を脱退するが、この脱退は「持分全部の喪失」による法定脱退ではなく、自由脱退に該当するものであり、区別する必要がある。

3 出資未達の場合の脱退（法17条2項）

①出資1口の金額の減少（減資）、②会員の最低出資金額の引上げ、③その他やむを得ない理由により生じるのが出資未達である。会員の出資額が、金庫の出資1口の金額の減少（減資、法51条、52条）その他「やむを得ない理由」により、定める会員の出資の最低限度（法11条1項）に満たないこととなり、かつ、満たないこととなった日から1年以内に当該最低限度額に達しない場合には、その期間を経過した日に金庫を脱退すると定められている（法17条2項）。

これは、昭和43年6月の信用金庫法改正において、会員の出資最低限度額が設けられたこと（法11条1項）に伴い追加された法定脱退事由である。「やむを得ない理由」とは、法令の改正、総会の議決等により会員の出資最低限度額が引き上げられた場合などをいうとされている（『信金法解説』139頁）。

第17条

4　除名（法17条3項・4項）

(1)　除名事由

　除名とは、定款に定める事由に該当する会員について、総（代）会の特別決議により、会員たる地位を奪うことである。

　除名事由は信用金庫法上制限がなく、法17条では手続についてのみ定めており、具体的な除名事由については定款で定めることとされている。

　この点、除名は、特定の会員を、その意思のいかんにかかわらず、強制的に、会員たる地位を奪うという、会員に対する重い制裁であり、協同組合原則たる脱退自由の原則との関係も問題となる。

　よって、定款で定める除名事由も、その会員が法令、定款に違反し、または借入金を返済しない等、会員としてとどまることが金庫の運営上好ましくないと一般に認められる事由に限られるべきであると解されている（『信金法解説』137頁）。また、単に金庫の事業を長期間利用しないとか、総会に出席しないというような比較的軽微な事由を除名事由とすることはできないと考えられる（『信金法解説』137～138頁。明田『農協法』263頁も、農業協同組合法の解釈として、除名事由は、組合の事業の不正な利用、組合の事業を積極的に妨害する行為、組合の信用を失墜させる行為をした組合員など、協同組合法の趣旨を逸脱するような行為に限定されるとする）。

(2)　所在不明会員についての施行規則改正

　実務上、長期間所在が不明である会員（所在不明会員）が相当数にのぼり、このような会員の管理負担が重くなっており、その除名の可否について問題となっていた。信用金庫が当該会員に対して貸付債権を有している場合には、通常、定款例15条、〔別表4〕1項の「貸付金の弁済…の履行を怠り…」にも該当するので除名事由に該当すると解されるが、このような貸付債権が存しない場合に特に問題となった。

　この点、前記のとおり、単に金庫の事業を長期間利用しないとか、総会に出席しないというような比較的軽微な事由を除名事由とすることはできず

（『信金法解説』137～138頁）、また会員名簿に記載された住所に宛てた配当通知ないし総会招集通知等が返送された所在不明会員は、その権利の行使を怠っているにとどまり、金庫の運営に支障を来す行為をしているわけではないこと、会員がその住所を変更したときは、遅滞なく金庫に届け出ることを要するので（定款例12条、10条1項2号）、所在不明会員は定款違反を犯していることになるが、このことも除名事由とし得るほどのこととは考えられないとされていた。

他方で、相当期間（例えば5年以上）会員に対する通知が返戻され、金庫の調査にもかかわらず、その行方が知れないような場合に、これを定款違反として除名することはあながち不当ではないとも解されていたところである（『信金法解説』138頁、「実務の再検討(5)」金法930号37頁）。

この点、平成26年に施行規則が改正され、①信用金庫は、定款に長期間所在が不明である会員（所在不明会員）の除名に関する事項を定めることができること、②この場合、除名の対象は長期間信用金庫の事業を利用しない会員とし、当該除名の対象となる会員の所在が不明であることを確認するための適切な措置を講ずるものでなければならないこととしており（施行規則9条の2）、多くの信用金庫は総（代）会において、定款に上記の定めに関する改正をしている。

なお、上記の「信用金庫の事業を利用しない」とは、普通預金等を含めた一切の預積金取引を利用しないことをいうが、普通預金口座に出資配当金および当該預金口座の利息のみが入金されている場合は、利用していないものと解される。

定款例15条2項、〔別表4〕5項においては、所在不明会員とは、①信用金庫が会員に対してする通知または催告が5年以上継続して到達しない会員、②5年以上継続して金庫の事業を利用していない会員、という両方の要件を充足していなければならないものとしている。

第17条

Column 所在不明会員の除名についての体制整備

　信用金庫法施行規則９条の２においては、除名の対象となる会員の所在が不明であることを確認するための適切な措置を講じなければならないとしている。

　所在不明会員を除名にするには、①定款に所在不明会員の除名に関する事項を定めること、②除名対象となる会員の所在が不明であることを確認するための措置を図ること、という措置を行うための体制整備が必要となる（『5000講Ⅰ』130頁）。

　上記②の措置については、以下のようなものが想定される。

・信用金庫が会員に対してする通知または催告が、長期間（５年以上継続して）到達しないことを疎明できるよう、返戻された郵便物またはそれに関する記録を管理すること。

・会員が５年以上継続して信用金庫の事業を利用していないことを疎明できるよう、会員の取引履歴を調査のうえ記録を作成、管理すること。

・信用金庫が、会員の住所等への現地調査を行うなど会員が届出住所に所在していないことの確認を行うこと。

　上記の確認方法としては、現地確認、公的書類（住民票等）の取得、親族への確認（個人会員の場合）、電話（固定電話または携帯電話）による確認、調査会社に依頼しての確認などが想定される。

・公告等により、除名対象者が金庫への住所等の変更届を行うことや所在不明を理由とする除名の決議を総（代）会で実施すること等について、会員に、周知すること。

・会員から「自らが除名対象者に該当するかどうか」を確認するための照会があった場合や、除名対象者である会員から除名しないよう申出があった場合に適切に対応できる体制を整備すること。

　定款例15条、〔別表４〕においては、以下を除名事由としている。下記の３（行為要件）および４（表明解約違反）は、暴力団排除条項である。

【定款例〔別表4〕】

1 貸付金の弁済、貸付金の利子の支払又は手形債務の履行を怠り、期限後6月以内にその義務を履行しないとき。

2 法令若しくはこの金庫の定款に違反し、この金庫の事業を妨げ又はこの金庫の信用を失わせるような行為をしたとき。

3 自ら又は第三者を利用して次の各号の1に該当する行為をしたとき。
　(1) 暴力的な要求行為
　(2) 法的な責任を超えた不当な要求行為
　(3) 取引に関して、脅迫的な言動をし、又は暴力を用いる行為
　(4) 風説を流布し、偽計を用い又は威力を用いてこの金庫の信用を毀損し、又はこの金庫の業務を妨害する行為
　(5) その他前各号に準ずる行為

4 定款第10条第1項第6号の表明・確約に関して虚偽の申告をしたことが判明したとき。

5 5年以上継続してこの金庫の事業を利用せず、かつ、この金庫がその会員に対してする通知又は催告が5年以上継続して到達しないとき。

　除名は会員の意思とは関係なく、一方的に会員としての地位を奪うものであるため、除名事由は厳格に解されるべきである。保証契約は利他性、無償性、情義性、未必性、軽率性などの特殊性を有するため〔別表4〕1項については、会員たる保証人が保証債務を履行しないからといって、「貸付金の弁済」を怠ったものとして除名対象とすることはできないものと解される（『5000講Ⅰ』126頁）。

(3) 除名の手続

　除名は金庫の一方的な決定により会員たる地位を奪う手続であることから、定款に定められた除名事由に該当する会員の除名には、以下のような慎重な手続が定められており、除名決議がなされた時点で会員は脱退する。

a 総（代）会の特別決議

総会員（または総総代）の半数以上が出席した総（代）会において、その議決権の3分の2以上の多数による議決（特別の決議）が必要である（法17条3項、48条の3第3号）。

会員の除名については、会員の自主性を尊重し、金庫の民主的運営の原則を確保する観点から、総（代）会の特別決議が必要である。

b 除名対象者への事前通知および弁明の機会

金庫が会員を除名するためには、当該総（代）会の会日の10日前までに、当該会員に対し除名する旨の通知をし、かつ、当該総（代）会において弁明する機会を与えることが必要である（法17条3項、定款例15条1項）。

これは、除名対象となっている会員に弁明の機会を与え、除名を慎重に行わせ、本人の権利が不当に侵害されないようにするためである。

条文の文言どおり、弁明の機会を与えれば足り、実際に会員が総（代）会に出席して弁明したかを問わないものと解する（明田『農協法』261頁も同旨）。除名する旨の通知の方法（後記の除名後の通知も同様である）については、信用金庫法上の定めはないが、実務上は配達証明付内容証明郵便を利用して通知する場合が多い。

ただし、所在不明会員については、通知または催告が5年以上継続して到達せず、現地確認等により所在が不明であることを確認していることから、事前通知が到達しないことは明らかであり、特定記録郵便または簡易書留郵便など発送した記録が残る方法で送付することも考えられる。この場合、除名された会員に対抗するためには、事前通知を送付したことを疎明する必要があるため、返戻された事前通知は開封せずに永久保存する必要がある。

c 除名後の通知

除名決議が行われたときは、当該会員に対しその旨を通知しなければならない。

この除名後の通知は、会員に対して除名の効力を主張する要件（対抗要件）であり、除名通知をするまでは当該会員が会員としての権利を行使することを金庫は拒むことができない（法17条4項）。よって、総（代）会で除名決議がなされた場合、当該会員に速やかに除名した旨の通知を行うことが必要で

ある。

なお、会員が加入申込書に記載した氏名、住所・居所等に変更が生じたときは、遅滞なく信用金庫に届け出る義務を負うところ（定款例12条）、この通知は、会員名簿に記載または記録したその者の住所等に宛てて信用金庫が発すれば足りると解されており、通常到達すべきであった時に到達したものとみなされる（法48条1項・2項）。

⑷ 罰則等

定款所定の除名事由に該当せず、または、上記bまたはcの手続に違反して除名を行ったときは、当該金庫の役員は100万円以下の過料に処せられ（法91条3号）、また総（代）会決議取消しの訴えの対象となり得るため（法48条の8、会社法831条）、留意が必要である。

---

5 法定脱退会員に対する剰余金の配当

会員は、法定脱退事由に該当した場合、当然に金庫を脱退し、会員として有していた一切の権利義務を失う。したがって、会員の権利である剰余金の配当請求権も当然に失うことになる。なお、信用金庫が譲り受けることとなる自由脱退の譲受けの時期が年度末であり、その場合は剰余金の配当を行うことになっていることとの均衡上、たまたま年度末に法定脱退することになった者に対しては、剰余金の配当を行うこととされている（『会員法務解説』31頁）。

---

6 法的整理があった場合の貸付金と持分との相殺

会員について破産手続、会社更生手続、民事再生手続などの法的整理手続が開始した場合、貸付金と持分譲受請求権（自由脱退の場合）または持分払戻請求権（法定脱退の場合）との相殺について、相殺自体が禁止されたり、相殺の時期について制限を受けたりすることがあり、以下に検討する。

(1) 会員が破産手続開始決定を受けた場合

a 相殺の可否

破産手続開始決定がなされると、会員は金庫を法定脱退するとともに（法17条1項3号）、持分は持分払戻請求権に転化する。もっとも、会員の持分払戻請求権は、法定脱退事由が生じた事業年度末における金庫の正味資産の存在を停止条件とする停止条件付債権である（法18条2項、定款例16条）。

破産法においては、破産手続開始後、原則として破産債権者は破産手続によってのみ権利行使が可能であり（破産法100条1項）、また債権者平等の観点から、危機時期における相殺を一定の要件のもとに禁止しており、会員が破産手続開始決定を受けた場合の持分と貸付金の相殺が禁止されるか問題となる。

まず、破産債権者が「破産手続開始後に破産財団に対して債務を負担したとき」（破産法71条1項1号）には相殺が禁止されているところ、会員が破産手続開始決定を受けたことにより金庫を法定脱退した場合に金庫が会員に対して負う持分払戻債務が、上記に該当するか問題となる。

この点、破産債権者が負担する債務が将来の請求権に関するもの（例えば条件付もしくは解除条件付債務）であるような場合であって破産手続開始以前にその債務を負担していれば、破産手続開始以後に条件が成就するようなときであっても、「破産手続開始後に破産財団に対して債務を負担したとき」（破産法71条1項1号）には該当せず、当該債務を受働債権として相殺することは可能であると解される（同法67条2項）。金庫が会員に対して負う持分払戻債務は、会員の法定脱退を停止条件とする将来の債務であり、法定脱退後、脱退した事業年度末において、金庫の正味財産の存在を条件として具体的に発生する債務であるが、会員が持分を取得したと同時に持分に内在して停止条件付きで負う債務であるから、破産手続開始後に負担した債務ではないといえるし、破産手続開始時において相殺についての「合理的な期待」が存するといえる。

よって、破産債権者は破産法67条2項後段により、破産手続終結までの間に、停止条件付の受働債権の現実化を承認して相殺することもできるし、停

止条件の成就を待って相殺することもできるというのが判例（東京地判平15.5.26金判1181号52頁）・通説の立場である。また、上記東京地裁平成15年判決後の最二小判平17.1.17（民集59巻1号1頁）は、積立普通傷害保険契約の満期および解約返戻金の事案であるが、破産債権者は、破産者に対する債務がその破産手続開始決定の前において期限付または停止条件付きである場合、特段の事情がない限り、期限の利益または停止条件不成就の利益を放棄したときだけではなく、破産手続開始決定後に期限が到来しまたは停止条件が成就したときにも、破産法67条2項の規定により、その債務に対応する債権を受働債権とし、破産債権を自働債権として相殺をすることができるとしている。

b　相殺の時期的制限

民事再生法や会社更生法では、相殺権の行使時期が債権届出期間の満了までに限定されているが（民事再生法92条1項、会社更生法48条1項）、破産法ではこのような時期的制限は存在しないため、会員が破産手続開始により脱退した事業年度末以降であれば、持分払戻請求権を受働債権として相殺することができる。

しかし、相殺権の行使が可能であるにもかかわらず、債権者が相殺についての態度を明らかにしない状態が続くと、破産管財人の管財業務に支障を来すおそれがあるため、破産手続の円滑な進行のため、破産管財人による催告権の制度が定められている（破産法73条）。具体的には、破産管財人は、一般調査期間の経過後、または一般調査期日の終了後、相殺をすることができる債権者に対し、1カ月以上の期間（熟慮期間）を定めて催告をすることができることとし、破産債権者がこの期間内に相殺するか確答しないときは、当該破産債権について相殺権を行使することができないこととしている（同条1項本文）。

ただし、期限付債務における期限未到来の場合や、停止条件付債務における停止条件の未成就の場合等についてはこの制度の対象から除外されており（破産法73条1項ただし書）、時期的制限を受けない。したがって、会員に対する貸出金は、信用金庫取引約定書参考例5条1項1号により破産の申立時に弁済期が到来（期限の利益喪失）することになるため、信用金庫は、破産

手続開始の決定のあった日の属する事業年度末（実際には払戻価額が確定する翌年度に開催される総（代）会での承認時）以降であれば、いつでも、破産手続開始の決定以前に取得した貸出金債権と持分払戻請求権とを相殺することができることになる（『金融法務講座』106頁）。

⑵　会員について会社更生手続が開始された場合

　会社更生手続が開始すると、更生債権は棚上げされ、更生債権者は更生手続によってのみ権利行使が可能（会社更生法47条1項）となるが、相殺権については、更生債権者が更生手続開始当時に更生会社に対して債務を負担していて、かつ、更生債権の届出期間満了前に相殺適状になれば、同届出期間内に限り、更生手続によらないで相殺することが可能であり、債務が期限付である場合も同様である（同法48条1項）。

　会社更生法による会社更生手続開始は、会員の法定脱退事由ではないため、会社更生手続が開始されても、これを根拠として持分が払戻請求権に転化し、相殺適状となることはない。

　相殺の可否が問題となり得るのは、①会社更生手続開始前に会員から金庫に対して持分全部の譲受請求があった場合、②会社更生手続開始前に、会員について除名処分等の法定脱退事由があり、持分払戻請求権に転化した場合である。この点、①の金庫の持分譲受代金債務は期限付債務ではなく、会員の譲受請求の日から6カ月を経過した日以後に到来する事業年度末において、譲受後に有する金庫の持分が総出資口数の5％を超えないこと（法16条、施行令5条1項、定款例13条1項・2項）、②持分払戻債務も前記のとおり、期限付債務ではなく、法定脱退事由が生じた事業年度末における金庫の正味資産の存在を停止条件とする停止条件付債務である（法18条2項、定款例16条）。

　前記のとおり、破産の場合には、破産法67条2項において、停止条件付債務を受働債権として相殺することを明文上認めているが、会社更生法48条1項後段は、停止条件付債務を受働債権とする相殺を認めていないことから、会社更生手続開始後、債権届出期間内に停止条件が成就したとしても、相殺はできないものと解される。

よって、会員について会社更生手続が開始した場合に、金庫が持分との相殺をするためには、会社更生手続開始決定時までに、持分譲受代金債務または持分払戻債務の停止条件が成就していること（更生会社に対して債務を負担していること）が必要であり、かつ（会社更生手続においては相殺権の行使期間が限定されているため、）更生債権の届出期間内に相殺することが必要である。

　しかし、会社更生手続開始の申立てがなされた時点において、会員は借入金について当然に期限の利益を喪失するため（信用金庫取引約定書ひな型5条1項1号）、会社更生手続開始決定までの間に持分譲受代金債務または持分払戻債務の停止条件が成就し、相殺適状に達していれば、金庫はその時点で速やかに相殺をするのが一般的である。また、会社更生手続開始の申立てが法定脱退事由（法17条）でなく、また前記のとおり停止条件付債務を受動債権とする相殺が認められていないことから、会社更生手続開始決定前において相殺適状となっており、かつ、開始決定後、再生債権の届出期間内に相殺をすることは稀である（『5000講Ⅰ』180頁）。

⑶　会員について民事再生手続が開始した場合

　民事再生手続が開始すると、再生債権者は再生手続によってのみ権利行使が可能（民事再生法85条1項）となるが、相殺権については、再生債権者が再生手続開始当時に再生債務者に対して債務を負担していて、かつ、再生債権の届出期間満了前に相殺適状になれば、同届出期間内に限り、再生手続によらないで相殺することが可能であり、債務が期限付きである場合も同様である（同法92条1項）。民事再生法による民事再生手続開始は、会員の法定脱退事由ではないため、再生手続が開始されても、これを根拠として持分が払戻請求権に転化し、相殺適状となることはない。

　相殺の可否が問題となり得るのは、①再生手続開始前に会員から金庫に対して持分全部の譲受請求があった場合、②再生手続開始前に、会員について除名処分等の法定脱退事由があり、持分払戻請求権に転化した場合である。この点、①の金庫の持分譲受代金債務は期限付債務ではなく、会員の譲受請求の日から6カ月を経過した日以後に到来する事業年度末において、譲受後に有する金庫の持分が総出資口数の5％を超えないこと（法16条、施行令5

条1項、定款例13条1項・2項）、②持分払戻債務も前記のとおり、期限付債務ではなく、法定脱退事由が生じた事業年度末における金庫の正味資産の存在を停止条件とする停止条件付債務である（法18条2項、定款例16条）。

　前記のとおり、破産の場合には、破産法67条2項において、停止条件付債務を受働債権として相殺することを明文上認めているが、民事再生法92条1項は、停止条件付債務を受働債権とする相殺を認めていないことから、再生手続開始後、債権届出期間内に停止条件が成就したとしても、相殺はできないものと解される。

　よって、会員について民事再生手続が開始した場合に、金庫が持分との相殺をするためには、再生手続開始決定時までに、持分譲受代金債務または持分払戻債務の停止条件が成就していること（再生債務者に対して債務を負担していること）が必要であり、かつ（民事再生手続については相殺権の行使期間が限定されているため、）再生債権の届出期間内に相殺することが必要である。

　しかし、民事再生手続開始の申立てがなされた時点において、会員は借入金について当然に期限の利益を喪失するため（信用金庫取引約定書ひな型5条1項1号）、再生手続開始決定までの間に持分譲受代金債務または持分払戻債務の停止条件が成就し、相殺適状に達していれば、金庫はその時点で速やかに相殺をするのが一般的である。また、民事再生手続開始の申立てが法定脱退事由（法17条）でなく、また前記のとおり停止条件付債務を受動債権とする相殺が認められていないことから、民事再生手続開始決定前において相殺適状となっており、かつ、開始決定後、再生債権の届出期間内に相殺をすることは稀である（『5000講Ⅰ』178頁）。

⑷　会員に特別清算の開始があった場合

　特別清算の対象となる会社は、解散による清算を手続中の株式会社である（会社法510条1号・2号）から、特別清算の開始がなされる前に会社は解散している。すなわち、解散という法定脱退事由（法17条1項2号）が発生しており、脱退した事業年度末において、金庫の正味財産の存在を停止条件として持分払戻請求権が発生する（法18条1項）。

　金庫の持分払戻債務は、停止条件付債務であるところ、会社法517条およ

び518条は、特別清算における相殺について、債権者平等原則の観点から、相殺の禁止規定である破産法71条、72条と同様の規定を定めている。特別清算手続の場合、破産法67条2項のように、停止条件付債務を受働債権とする相殺を認める旨の明文規定はないが、特別清算手続開始前に停止条件付債務を負担している場合、条件の成就が手続開始後であっても、相殺の合理的期待があるものとして、会社法517条1項1号の「特別清算開始後に清算株式会社に対して債務を負担したとき」には該当せず、金庫は相殺することができるものと解する。

　すなわち、会員は、特別清算開始の申立てがあると、貸付金の返還債務について期限の利益を喪失するため（信用金庫取引約定書参考例5条1項1号）、金庫は、解散会社に対して負担する持分払戻代金債務をその履行期（解散の日の属する事業年度末）が到来すれば、貸付金と相殺することが可能となる。

　ただし、特別清算手続における協定認可の決定が確定した後は、その効力が生じるため（会社法570条）、協定の条件によらない相殺はできないと解される。すなわち、協定認可決定の確定前に事業年度末が到来し、停止条件が成就している必要があるし、民事再生手続や会社更生手続のように、相殺の時期的制限についての明文規定はないが、特別清算手続が終結するまでに相殺する必要がある。

第18条　脱退者の持分の払戻

（脱退者の持分の払戻）

第18条　会員は、前条第1項第1号から第4号まで又は第2項の規定により脱退したときは、定款の定めるところにより、その持分の全部又は一部の払戻を請求することができる。

2　前項の持分は、脱退した事業年度の終における金庫の財産によつて定める。

第18条

1　持分の払戻し（法18条１項）

(1)　本条１項の趣旨・内容

　持分の全部の喪失以外の事由により法定脱退した会員は、定款の定めるところにより、その持分の全部または一部の払戻しを金庫に対し請求することができる（１項）。持分の全部の喪失の場合は、実質的には金庫に対する持分全部の譲渡と変わらず、貸金債務の対価として代物弁済等を受けているため、払戻請求はできない。本条１項に基づく持分払戻請求権は、会員が持分を取得した時から、持分に内在する停止条件付債権として存在し、会員の法定脱退後、脱退した事業年度の終わりにおいて、金庫の正味財産の存在を条件として、具体的に発生する（東京地判平15.5.26金判1181号52頁）。

　本条１項の条文上、持分の全部の喪失の場合（法17条１項５号）が除外されているのは、持分の全部の喪失による脱退者は、払戻しを受けるべき持分を有せず、持分払戻請求権を有しないためである。また、法17条１項２号において、死亡の場合が法定脱退事由とされているが、その相続人が相続加入したときは、相続人は被相続人の権利義務を承継し、相続開始時に遡って会員になったものとみなされ（法14条１項）、脱退の効果が生じていないため、持分払戻請求権は発生しない。

　なお、法定脱退した会員が金庫に対して債務を負っており、完済されていない場合には、金庫は持分の払戻しを停止することができる（法20条）。

(2)　持分払戻請求権の譲渡・質入れ

　持分払戻請求権は純然たる金銭債権であるため、持分と異なり、民法で定める債権譲渡や債権質の規定に従い自由に譲渡・質入れすることが可能である。

　また、会員が死亡により脱退した場合について、相続加入（法14条）が行われない場合には持分払戻請求権が発生する。この持分払戻請求権は純然たる金銭債権であるため、持分の共有禁止の規定は適用されず（法14条２項、15条４項）、相続人が数人いるときは（準）共有することができる（『金融法務

講座』119頁）。

⑶　定款による持分払戻制限の可否

　本項において、「定款の定めるところにより」と規定しているとおり、持分払戻請求権について、具体的には定款の定めによる。これを受け、定款例16条において定められている。

　本項において、「全部又は一部の払戻」と規定していることや財産的権利の一部を制限するものであることにかんがみて、定款において、持分の払戻しを一部に制限することは可能である。定款例16条において、持分の払戻額について、会員の普通出資額を限度としているのも、一部払戻しに該当するといい得る。その他、持分の一定割合に相当する額に限定すること、除名によって脱退した会員に対しては通常の脱退会員に対する払戻金額の半額のみを払い戻す場合などが理論上は、想定される（『中協法逐条解説』125頁）。

　次に、本項においては、持分の払戻しは「定款の定めるところにより」なされるものとされており、そもそも定款で脱退した会員に持分の全部の払戻しをしない旨を定めることができるか問題となる。この点、産業組合に関して争われた大判昭13.12.15（民集17巻2433頁）は、持分払戻請求権の有無および範囲については、定款に一任したる趣旨で、持分払戻請求権は定款の規定により認められた場合にのみ存する権利であると判断している。前掲大判昭13.12.15を前提にすると、定款規定により、持分の全部の払戻しをしないことも認められるように思われる。

　しかし、持分払戻請求権は持分に内在する本質的権利（自益権）である。持分払戻しの全部を行わないことは、脱退の自由を事実上制限するものであり、また本条においても、持分の「全部または一部」の払戻しと規定されており、一部の制限しか認められないと解されることから、定款自治の範囲を超え、認められないものと解する。

　なお、同様の規定をしている農協法22条の解釈に関し、明田『農協法』306頁は、除名の場合は制裁措置であり、脱退自由の原則を考慮する必要がないので、持分の（全部の）払戻しをしないことも許されるとするが、除名に関し、法定脱退させる（会員たる地位を奪う）こと自体が大きな制裁とい

うことができ、やはり許容されないものと解する。

2 持分の算定（法18条2項）

　払戻しを請求し得る持分は、当該会員が脱退した事業年度の終わりにおける金庫の財産によって算定される（2項）。事業年度末を基準としたのは、事業年度の中途で脱退等の効力が生じた場合、その都度持分を算定することによる、金庫の事務処理の煩雑さを回避し、払戻しの計算の便宜を図るためである。この場合の金庫の「財産」は、積極財産のみでなく消極財産を含み、払戻しをする持分相当額は純財産（正味財産）によって定められる。

　この場合の金庫の財産の算定方法を帳簿価格ないし時価のいずれを基準とすべきかについて、法に特に明文の規定はなく、協同組合（協同組織金融機関）の制度の趣旨に反しない限り、定款で自由に決められるものと解する見解もある（上柳『協同組合法』88頁）。もっとも、中協法に基づく協同組合の組合員が組合から脱退した場合における払戻持分の計算の基礎となる組合財産の評価は、いわゆる帳簿価額によるべきではなく、協同組合の事業の継続を前提とし、なるべく有利にこれを一括譲渡する場合の価額を標準とすべきとした裁判例がある（最一小判昭44.12.11民集23巻12号2447頁・金法573号24頁）。金庫においても、一般的に、単に帳簿価格によるべきではなく、時価によるべきものであり、それは、清算、破産の場合等の解体した財産の売却価格（清算価格）によるべきでなく、事業継続を前提とした一括譲渡価額（営業価格）を基準に算定すべきとされている（『金融法務講座』118頁）。よって、金庫の正味財産が出資総額を下回る場合には、払戻額が出資額以下になる。例えば、金庫が債務超過となり、会員が当該決算期で破産した場合には、払戻額は0円となり、会員がいわば出資者責任を負う結果となる。なお、金庫にあっては、持分の払戻額が出資額を超えることは自己資本維持の原則からして妥当でないと考えられるので、定款例でも「その払戻しの額は、その会員の出資額を超えることができない」とされており（定款例16条）、前記の方法で算定した額がいかに高額であっても、払戻しの額は出資額に限定されることから、実務上、財産の評価が問題となることは通常ない。

3 払戻しの時期

法定脱退会員の持分払戻請求権が発生するのは、法定脱退の時であるが、金庫が払戻しを履行する時期については、特に法律上明文の規定はない。

しかし、法18条2項において、持分は、脱退した事業年度の終わりにおける金庫の財産によって定めることとされている。したがって、金庫が払戻しを履行すべき時期は当該事業年度終了後とならざるを得ず（この意味で「停止条件付債権」といえる）、金庫はその事業年度終了後払戻額を確定し、速やかに払戻しを行うべきである。

なお、「事業年度の終における金庫の財産」（法18条2項）が確定するのが事業年度の終了時（決算期日）または総（代）会の決議時のいずれか争いがあるが、法18条2項においては「脱退した事業年度の終」と規定していることからも、事業年度の終了時（決算期日）と解される（平野編著『実務相談』143頁）。

第19条 時　効

（時効）

第19条　前条第1項の規定による請求権は、脱退の時から2年間行わないときは、時効に因つて消滅する。

本条は、持分払戻請求権の消滅時効について定めた規定である。

持分払戻請求権は、請求権が発生する脱退の時から2年間これを行使しないときは、時効によって消滅するとされる。

持分払戻請求権は、脱退の時から2年間行わないときは、時効によって消滅するが（法19条）、消滅時効の起算点については争いがある。消滅時効は、権利を行使することができる時から進行するので（民法166条1項）、持分払戻請求権の行使が現実に可能となる事業年度末から進行するとする説（事業

年度末説）があるが（平野編著『実務相談』144頁〔田中敏夫〕）、上記のとおり、会員が資格を喪失した場合、金庫に対する通知の有無や、金庫がその事実を認識したか否かにかかわらず、資格喪失の時点から、会員たる地位を失い、金庫を脱退することからすると、法定脱退事由の発生の時から進行し、当該会員であった者から金庫に対しその旨の通知をしたり、あるいは金庫がその事実を了知し得たりした時ではないと考えられる（脱退時説。『会員法務解説』31頁）。

　脱退者は自らの持分払戻請求権の時効消滅後も金庫の貸金債権と相殺ができるため（民法508条）、この消滅時効が実務上意味を有するのは、金庫が脱退者に対する貸金等の債権を有しない場合、または持分払戻額が貸金債権額を上回る場合である（『5000講Ⅰ』187頁）。

　なお、平成32年4月1日施行の民法改正により、改正前の民法170条～174条の職業別の1～3年の短期消滅時効が廃止されたが、本条は民法上の消滅時効の特則に位置付けられるため民法改正の影響を受けるものでないことは当然である。なお、信用金庫の実務上は、消滅時効が完成している場合でも、時効を援用せず、原則として払戻しに応じている。

第20条　払戻の停止

> **（払戻の停止）**
> **第20条**　金庫は、脱退した会員が金庫に対する債務を完済するまでは、その持分の払戻を停止することができる。

　本条は、法定脱退した会員に金庫に対する債務があり、完済されていない場合には、金庫は、その持分の払戻しを停止することができることを定めている。「金庫に対する債務」には、金庫からの借入金、手形債務その他一切の債務が含まれる。

　脱退した会員の金庫に対する債務の弁済期がすでに到来している場合に

は、金庫は、事業年度末において払い戻すべき持分の額を確定すれば、直ちに相殺することが可能である（相殺適状にある限り、会員の側から、金庫に対して有する持分払戻請求権と金庫に対して負う債務を相殺することも可能である。なお、上柳『協同組合法』88頁は、組合員側からする相殺はできないとするが、否定する理由はないと解される）。

しかし、金庫に対する債務の弁済期がいまだ到来していない場合には、相殺することができないが、自ら債務を負担しながら、持分の払戻しを受けるのは不合理であるという公平の見地から、本条は、このような場合に、相殺のできる期限到来まで待つことができるようにし、金庫の財産の安定充実を図ろうとしたものである。

第21条　金庫の持分取得の禁止

（金庫の持分取得の禁止）

第21条　金庫は、会員の持分を取得し、又は質権の目的としてこれを受けることができない。ただし、金庫が権利を実行するため必要がある場合又は第16条の規定により譲り受ける場合においては、この限りでない。

2　金庫が前項ただし書の規定によつて会員の持分を取得したときは、速やかに、これを処分しなければならない。

1　金庫による持分取得の禁止（法21条1項本文）

金庫が、本条ただし書の場合のほか、その会員の持分を取得し、または質権の目的としてこれを受けることを禁止した規定であり、これに違反して取得すると過料に処せられる（法91条4号）。金庫の自己持分の取得を原則として禁止したのは、持分の身分権的性格、すなわち会員としての地位としてみると、金庫が持分を取得することにより、金庫が自らの会員になり、「会員組織による金融機関」という基本的な性格に反するためである。持分の財産

権的性格からみると、金庫が持分を取得すると、混同（民法520条）により消滅し、実質的には持分の払戻しと同じことになり、自己資本の維持が損なわれるからである。また、金庫に対し、会員から質権の目的として持分を受けることを禁止したのは、質権の実行により、持分が金庫に帰属することとなり、持分の取得の場合と同様の問題を生じるためである。このように、信用金庫法においては自己持分の取得を原則として禁止しており、中協法18条、20条において、組合員は一定期間前に予告し、事業年度の終わりにおいて脱退することができ、脱退した組合員は持分払戻請求権を有するとされているのと異なる。

2　持分取得禁止の例外（法21条１項ただし書）

金庫の持分取得を完全に禁止すると、かえって業務上支障を来すことがある。以下の２つの場合には、弊害が少ないと考えられるため、例外的に会員の持分を一時的に取得することが認められている。なお、その他、あらかじめ会員が金庫に対し、債務不履行の場合に備え、持分の譲渡または自由脱退の手続を委任することにより、出資金を債務に充当することができる旨の契約をすることができるとする見解がある（『5000講Ⅰ』174頁）。

(1)　金庫が権利を実行するため必要がある場合

「権利を実行するため必要がある場合」とは、例えば、会員が金庫からの借入金を弁済するためほかに適当な財産を有しない場合に、金庫が当該会員の持分を代物弁済として取得する場合などである。もっとも、このような場合、通常は、代物弁済による取得ではなく、金庫に対して持分の譲受請求をさせて、当該譲受代金と貸出金の相殺をすることになると考えられる。

(2)　法16条の規定により譲り受ける場合（会員の金庫に対する持分全部の譲受請求による場合）

以下のとおり、法16条に従って会員が金庫に対し持分全部の譲渡を請求する場合もある。

a　全部譲受請求ができる場合

　会員は持分の全部譲渡により脱退することができるが、これを譲り受ける他の会員もしくは会員たる資格を有する者がいない場合には、譲渡しようとする会員は、金庫に対してその持分の全部を譲り受けるよう請求することができる（法16条1項、定款例13条1項）。

　これは譲り受ける他の会員もしくは会員たる資格を有する者がいない場合の救済措置であり、また「全部」と法定されていることからも、金庫が一部の持分のみ譲り受けることはできない。

　この場合、金庫が譲り受けることとなる持分の総額は、前記の趣旨から当該金庫の出資総口数の100分の5を上限とし、その旨を必ず定款に記載することとしている（法16条2項、施行令5条1項、定款例13条2項）。

　なお、譲り受けた持分は、速やかに処分することが必要である（法21条2項）。

b　譲受時期

　金庫が、会員の譲受請求に基づき持分を譲り受けることとなる時期は、定款への絶対的必要記載事項とされている（法16条1項）。そして、定款例においては、通常「会員が金庫に対しその持分の譲受けを請求したときは、金庫はその請求の日から6月を経過した日以後に到来する事業年度末においてその持分を譲り受けるものとする」と規定されている（定款例13条1項）。

　金庫に対する持分の譲受請求の日が4月1日から9月30日の場合は、6カ月を経過した日以後に到来する事業年度末は翌年の3月31日なので、その日が譲受けの請求の日となるが、10月1日～3月31日が請求の日であるときは、翌々年の3月31日に譲り受けることとなる。なお、この請求のあった日から6カ月を経過した日以後に到来する事業年度末までに、譲り受けることを希望する他の会員もしくは会員たる資格を有する者が現れれば、金庫は、その者に譲受けの仲介をすることになる（『会員法務解説』17頁）。

c　譲受価額

　金庫の譲受価額については、通常の自由脱退の場合と同様、信用金庫の自己資本維持の観点から、出資額が限度となる。大阪高判昭62.12.22（金法1185号33頁）は、金庫の合併反対を理由とする、会員から持分譲受けの請求

がされた場合における譲受価額は、通常の自由脱退の場合と同様、出資額が限度となると判示している。

3 取得した持分についての権利行使の可否

金庫が適法に会員の持分を取得した場合、共益権・自益権等を行使できるか問題となる。

(1) 共 益 権

議決権その他の共益権については、金庫自ら持分について権利行使することは、「会員組織による金融機関」という基本的な性格に反するものであり、共益権の性格上、行使することはできないと解される。

もっとも、金庫が上記の取得した持分を他に譲渡すれば、譲受人は共益権を行使できるので、共益権が消滅するものではなく、金庫が自ら持分を保有している間は行使できないにすぎない。

(2) 自 益 権

自益権は財産的権利であるため、認められるようにも思われるが、以下aおよびbに述べるとおり、認められないものと解する。

もっとも、法21条において、持分払戻制度とは別に、金庫による自己持分の取得制度を例外的に設けた趣旨は、そのような持分は、持分払戻しの場合のように絶対的に消滅させるのではなく、金庫をして速やかに処分せしめて金庫の自己資本の維持を図ろうとする点にある。

よって、金庫の取得した持分は、信用金庫が保有している限り、その効果は消滅するものではなく、いわば停止しているものと解される（『信金法解説』124頁）。

a 剰余金配当請求権

剰余金配当請求権については、行使し得ないものとする考えが有力である。その理由としては、剰余金の配当は、営利を目的としない金庫が、その事業により得た収入とそれに要した費用との差額（剰余金）の全部または一部を、会員の出資額（信用金庫自身が現実に出資しているわけではない）また

は会員の金庫事業の利用分量に応じて行うものである（法57条2項）から、金庫自体が配当金を受けることは意味がないばかりでなく、法律上認められないと解されるためである（『信金法解説』124頁）。

b 残余財産分配請求権

金庫が解散した場合の残余財産について、金庫自体がその分配請求権を有すると解することは、およそ残余財産分配の趣旨に反し、認められない（『信金法解説』124頁）。

4 持分の速やかな処分義務（法21条2項）

金庫が適法に会員の持分を取得したときは、速やかに、これを処分しなければならない。

金庫が長期にわたって自己持分を保有することは、自己資本の維持・充実の観点から問題があり、また「会員組織による金融機関」という基本的な性格に反する。そこで、自己持分の取得による弊害を防止するため、速やかな処分を義務付けたものである。本項における「処分」とは、他の会員または会員以外の会員たる資格を有する者に譲渡することにより行われる。

この処分に基づき、会員たる資格を有する者が、金庫から持分を譲り受けることによってなされる金庫への加入は、法15条1項でいう「加入」とはいえず、むしろ「原始加入」に準ずるものといえる。

第3章

設立および
事業免許の申請

（第22条〜第30条）

はじめに

　金庫の設立は、金庫という団体を設立し、法人格を取得し（法2条）、法律上の権利義務の主体となることを指す。金庫の設立手続は、一般の社団法人の設立手続と同様であり、まずは発起人が設立行為を行い、その後、創立総会の開催（法24条）、発起人から理事への事務引継ぎ（法25条）、出資の払込み（法26条）などを経て、主たる事務所の所在地において設立の登記を行うことによって成立し（法27条）、手続が完了する。

　上記のとおり、金庫は、設立登記前は成立しておらず、法人としての権利能力を有しないが、株式会社の設立に関する通説と同様、金庫の成立前であっても権利能力なき社団が存在し、発起人をその機関と解することにより、発起人が設立のために行った行為の効果を、成立後の金庫に帰属させることができる（上柳『協同組合法』61頁）。

第22条　発 起 人

> **（発起人）**
> **第22条**　信用金庫を設立するには、その会員になろうとする7人以上の者が発起人となることを要する。
> **2**　信用金庫連合会を設立するには、その会員になろうとする15以上の信用金庫が発起人となることを要する。

1　発起人の法定数と手続

　信用金庫および信用金庫連合会の設立手続は、発起人の活動によって開始されるところであり、本条において、発起人の法定数について規定している。

すなわち、信用金庫を設立するには、その会員になろうとする7人以上の者が発起人となることを要し（法22条1項）、信用金庫連合会を設立するには、その会員になろうとする15以上の信用金庫が発起人となることを要する（同条2項）。

発起人は、創立総会を開催し（法24条1項）、創立総会において設立時会員から説明を求められた場合に説明をするなど（同条6項）、設立事務を行うものであり、発起人の任務は、創立総会終了後、遅滞なく、事務を理事に引き継ぐことにより終了する（法25条）。

2　発起人の資格

発起人の資格としては、信用金庫が協同組織金融機関であり、構成員の人的結合に基づくものであること、また信用金庫連合会は信用金庫の中央金融機関であることなどから、「会員になろうとする」者である必要がある。具体的には、会員資格を有し、かつ、設立と同時に会員となる意思を有する者を指し、会員資格を有しない者や、会員となる意思のない者は、発起人となることができない。

なお、金庫を設立する場合、定款上会員たる資格を有し、金庫の設立と同時に会員となる意思を有する者であれば、自然人でも法人でも発起人となり得る。

第23条　定　　款

（定款）

第23条　金庫を設立するには、発起人が定款を作成し、その全員がこれに署名し、又は記名押印しなければならない。

2　前項の定款は、電磁的記録（電子的方式、磁気的方式その他人の知覚によつては認識することができない方式で作られる記録であつて、電子計算機による情報処理の用に供されるものとして内閣府令で定めるものをいう。

以下同じ。）をもつて作成することができる。この場合において、当該電磁的記録に記録された情報については、内閣府令で定める署名又は記名押印に代わる措置をとらなければならない。

3　金庫の定款には、次に掲げる事項を記載し、又は記録しなければならない。

一　事業

二　名称

三　地区

四　事務所の名称及び所在地

五　会員たる資格に関する規定

六　会員の加入及び脱退に関する規定

七　出資１口の金額及び会員の出資の最低限度額並びに出資の払込みの時期及び方法

八　剰余金の処分及び損失の処理に関する規定

九　準備金の積立の方法

十　役員の定数及びその選任に関する規定

十一　事業年度

十二　公告方法（金庫が公告（この法律又は他の法律の規定により官報に掲載する方法によりしなければならないものとされているものを除く。）をする方法をいう。以下同じ。）

十三　金庫の存続期間又は解散の事由を定めたときは、この期間又は事由

4　前項各号に掲げる事項のほか、金庫の定款には、この法律の規定により定款の定めがなければその効力を生じない事項及びその他の事項でこの法律に違反しないものを記載し、又は記録することができる。

5　金庫の定款については、会社法第30条（定款の認証）の規定を準用する。この場合において、同条第２項中「第33条第７項若しくは第９項又は第37条第１項若しくは第２項の規定による場合を除き、これを」とあるのは「これを」と読み替えるものとするほか、必要な技術的読替えは、政令で定める。

1 定款の意義

本条は、定款の作成、記載事項、認証等について規定している。

金庫は法人格が付与され（法2条）、権利義務の主体となり得るが、法人は自然人と異なり、固有の意思能力を有しない。また、法人の権利能力・行為能力は目的によって制限され、その目的は社団法人については定款によって明らかにされる。

そこで、金庫が活動する場合の基準や、金庫を構成している会員相互の関係などを規律する基本的規則が必要となり、これを「定款」という。定款は、金庫の組織、事業、管理運営などに関する根本的自治法規（最高規範）またはこれを記載した書面もしくは電磁的記録をいう。

定款は、金庫の設立時に作成され（法23条1項）、自治法規の中で最も優越する効力を有し、金庫の会員（新たに加入した者も含む）や役員のみならず金庫自体も定款に拘束される（ただし、金庫の内部関係を拘束するものであり、外部の第三者に直接規律が及ぶものではない）。

また、定款はその重要性にかんがみ、その変更にあたっては総会の特別決議を要する（法48条の3第1号）。

定款の記載事項は、必要記載事項と任意記載事項に分けられ、必要記載事項の中に絶対的必要記載事項と相対的必要記載事項がある。

2 定款の作成・署名（法23条1項・2項）

発起人は、金庫の定款を作成し、その全員がこれに署名し、または記名押印しなければならない（法23条1項）。ただし、会社法制定に伴い、電磁的記録をもって作成することもできるようになった（同条2項、施行規則8条、9条）。そして、発起人の作成した定款は、公証人の認証を受けなければ、その効力を生じない（法23条5項、会社法30条）。

3 絶対的必要記載事項（法23条3項）

本条3項において、絶対的必要記載事項について定めている。

絶対的必要記載事項とは、必ず定款で定めなければならない事項のうち、

第3章　設立および事業免許の申請（第22条～第30条）　167

法令の規定により定款に必ず定めなければならない事項をいう。絶対的必要記載事項のいずれか1つ以上の記載を欠くか、あるいは記載内容が違法である定款は効力を生ぜず、定款全体が無効となる。

(1) 事業(1号)

金庫が目的を達成するために実際に行おうとする事業をいう。金庫が行うことのできる事業は、法53条、54条において限定されている。

「事業」については抽象的ではなく、目的とする事業が何か推知し得る程度に具体的に特定する必要がある(定款例2条)。

この「事業」は、本法または他の法律において金庫が行うことができるとされている事業以外のものを定めることはできず、法定のもの以外の事業については、金庫の権利能力、理事等の金庫に対する責任(法39条)、会員または監事による違法行為差止などとの関係で問題となる。

(2) 名称(2号)

信用金庫は、名称中に「信用金庫」という文字を、また全国を地区とする信用金庫連合会は名称中に「信金中央金庫」という文字を用いなければならず(法6条1項1号)、当該文字を用いて具体的な名称を記載する必要がある(定款例1条)。会社の「商号」に相当するものである。

(3) 地区(3号)

「地区」は、地域金融機関たる信用金庫等の会員資格を定める基準となる(法10条、定款例3条)。

(4) 事務所の名称および所在地(4号)

「事務所」とは、主たる事務所および従たる事務所をいう。信用金庫法においては単に「事務所」とあるので、主たる事務所のみが絶対必要記載事項であり、従たる事務所はこれを設ける場合にのみ定款に記載すべき相対的必要記載事項と解される。

事務所の「所在地」とは、事務所の所在する最小行政区画をいい、市、

区、町、村の名称を記載すれば足り、定款には番地まで記載する必要はない。

定款例4条においては、主たる事務所を定款本文、従たる事務所を〔別表2〕に記載することとしている。

(5) 会員たる資格に関する規定（5号）

会員たる資格は、法10条に規定されているが、その範囲内で会員の要件を定めて記載する（定款例5条）。

近年は定款自治に基づき、会員たる資格に関し、定款例5条2項、〔別表3〕において、暴力団排除条項が定められている。

(6) 会員の加入および脱退に関する規定（6号）

加入申込者に提出を求める書類、相続加入手続、除名事由およびその手続、脱退者に対する持分払戻しなど、加入手続や脱退手続に関する規定である（定款例10条～16条）。

(7) 出資1口の金額および会員の出資の最低限度額ならびに出資の払込みの時期および方法（7号）

出資1口の金額について、法11条3項において、均一でなければならないことを定めているにすぎないが、金庫の会員たる資格を有する者が通常負担し得る金額を設定する必要がある。出資の払込みの時期および方法については、金庫の設立時においては、理事が事務引継ぎを受けたとき、遅滞なく全額の払込みをさせなければならないことが定められているが（法26条）、それ以後の払込みについては法定されていない。

そこで、各金庫において、全額一時払込制や分割払込制その他の方法について定める必要がある。定款例7条においては、「金銭による全額一時払い」であることが定められている。

(8) 剰余金の処分および損失の処理に関する規定（8号）

剰余金から積み立てるべき準備金および積立金の積立、剰余金処分による

配当の方法、損失の填補の順位等を定めて記載する（定款例46条〜49条）。

⑼　準備金の積立の方法（9号）

法56条において、金庫が出資の総額に達するまで、毎事業年度の剰余金の100分の10に相当する金額以上の金額を準備金として積み立てるべきことが規定されており、これに適合するよう定めて記載する（定款例47条）。

⑽　役員の定数およびその選任に関する規定（10号）

役員の定数は、法32条2項に定める範囲内で、当該金庫の実情に照らして具体的に規定する（定款例17条1項）。

役員の選任については、議決の方法などを規定する（定款例17条2項）。

⑾　事業年度（11号）

金庫の決算の関係から、事業年度の期間を規定しなければならない。

法55条において、金庫の事業年度は4月1日から翌年3月31日までとされているので、始期・終期や期間（1年、6カ月など）について、これ以外の事業年度を設定することはできない（定款例45条）。

⑿　公告方法（12号）

公告方法について規定しなければならない（定款例6条）。

なお、公告については、法87条の4第1項において、官報による公告は認めず、日刊新聞紙への掲載および電子公告のみ認めている。その他、信用金庫の事務所の店頭に掲示する方法でも公告する必要がある。

その他、通常総会および臨時総会招集の時期および方法（法42条、43条1項）も絶対的必要記載事項とされている。

4 相対的必要記載事項・任意記載事項（法23条4項）

(1) 規定の趣旨

絶対的必要記載事項のほか、定款には、相対的必要記載事項（この法律の規定により定款の定めがなければその効力を生じない事項）および任意記載事項（その他の事項でこの法律に違反しないもの）を記載し、または記録することができることを定めている。

(2) 相対的必要記載事項

相対的必要記載事項とは、定款に必ず規定しなければならないものではないが、信用金庫法の規定により、その事項を定めるためには必ず定款に記載を要する（定款に定めなければその事項の効力を生じない）事項を指す。実務上の定め方としては「定款で定めるところにより」として、具体的な内容は定款に委任されることが一般的である。

例として、①会員の議決権の代理行使に関する規定（法12条2項）、②金庫の存続期間または解散の事由（法23条3項13号）、③役員の任期（法35条の2第1項・2項）、④理事会の招集通知の期間の短縮規定（法37条4項において準用する会社法368条1項）、⑤理事会の議決方法の加重（法37条1項）、⑥総会における議決方法（法48条の2第1項）、⑦緊急議案の議決に関する規定（同条2項）、⑧総代会の設置等の規定（法49条）、⑨清算人の決定（法63条、会社法478条1項・2項・4項）などがある。

(3) 任意的記載事項

任意的記載事項とは、信用金庫法の規定により強制または委任されることがなく、金庫が任意に記載する事項である。法令の強行規定や公序良俗に反しない限り、記載することができる。もっとも、任意記載事項であっても、いったん定款に定めると、これを変更するには定款変更の手続を要する。

任意的記載事項としては、①金庫への加入申込書記載事項の変更の届出に関する規定、②代表理事および理事会に関する規定、③総会の議長、④解散

第23条の2

の場合の残余財産の分配方法などがある。

第23条の2 定款の備置き及び閲覧等

（定款の備置き及び閲覧等）

第23条の2　金庫は、定款を各事務所に備え置かなければならない。

2　会員及び金庫の債権者は、業務取扱時間内は、いつでも、次に掲げる請求をすることができる。ただし、第2号又は第4号に掲げる請求をするには、当該金庫の定めた費用を支払わなければならない。

一　定款が書面をもつて作成されているときは、当該書面の閲覧の請求

二　前号の書面の謄本又は抄本の交付の請求

三　定款が電磁的記録をもつて作成されているときは、当該電磁的記録に記録された事項を内閣府令で定める方法により表示したものの閲覧の請求

四　前号の電磁的記録に記録された事項を電磁的方法であつて当該金庫の定めたものにより提供することの請求又はその事項を記載した書面の交付の請求

3　定款が電磁的記録をもつて作成されている場合であつて、各事務所（主たる事務所を除く。）における前項第3号及び第4号に掲げる請求に応じることを可能とするための措置として内閣府令で定めるものをとつている金庫についての第1項の規定の適用については、同項中「各事務所」とあるのは、「主たる事務所」とする。

1　定款の備置義務（法23条の2第1項・3項）

　平成17年の会社法制定に伴い、本条において、定款の備置きおよび閲覧等の義務規定が新設されたものである。

　金庫は、定款を各事務所に備え置かなければならない（1項）。「事務所」

とは、主たる事務所および従たる事務所をいう。

もっとも、文書の電子化等の進展を踏まえ、定款が電磁的記録をもって作成され、かつ、従たる事務所においても閲覧請求等を可能とする措置（施行規則10条）をとっている場合、金庫の負担を減らすため、従たる事務所における定款の備置きは不要である（3項）。

2 定款の閲覧等の請求権（法23条の2第2項）

会員および金庫の債権者は、業務取扱時間内は、いつでも以下の請求をすることができる。これは、閲覧等を認めることにより、金庫の業務の適正化を図るとともに、閲覧請求権者の利益を保護することを目的としており、会員のみならず、金庫の債権者も閲覧請求権を有する。

もっとも、定款の謄本・抄本の交付にはコストを要することから、書面の謄本・抄本の交付の請求や電磁的記録による場合の謄写を請求する場合には、当該金庫の定めた費用を支払わなければならない（法23条の2第2項ただし書）。

① 閲覧請求

会員および金庫の債権者は、定款の閲覧請求をすることができる（1号）。

② 謄本・抄本請求

定款は相当な分量があり、閲覧のみでは請求者の利益保護や利便性確保の観点で十分でないため、書面の謄本または抄本の交付の請求も認めている（2号）。

③ 電磁的記録により作成されている場合

定款が書面でなく、電磁的記録をもって作成されているときは、当該電磁的記録に記録された事項を内閣府令（施行規則3条）で定める方法（紙面または映像面に表示する方法）により表示したものの閲覧または謄写を請求することができる（3号・4号）。

3 罰 則

本条に定める定款の備置義務に違反し、または正当な理由がなく書類の閲

第3章　設立および事業免許の申請（第22条〜第30条） | 173

覧等を拒んだ場合、その行為をした金庫の役員、支配人等は100万円以下の過料に処せられる（法91条4号の2）。

第24条　創立総会

（創立総会）

第24条　発起人は、定款作成後、会員になろうとする者を募り、定款を会議の日時及び場所とともに公告して創立総会を開かなければならない。

2　前項の公告は、会議開催日の少くとも2週間前までにしなければならない。

3　発起人が作成した定款の承認、事業計画の設定その他設立に必要な事項の決定は、創立総会の決議によらなければならない。

4　創立総会においては前項の定款を修正することができる。ただし、地区及び会員たる資格に関する規定については、この限りでない。

5　創立総会の議事は、会員たる資格を有する者でその会日までに発起人に対し設立の同意を申し出たもの（以下この章において「設立時会員」という。）の半数以上が出席して、その議決権の3分の2以上の多数で決する。

6　発起人は、創立総会において、設立時会員から特定の事項について説明を求められた場合には、当該事項について必要な説明をしなければならない。ただし、当該事項が創立総会の目的である事項に関しないものである場合、その説明をすることにより設立時会員の共同の利益を著しく害する場合その他正当な理由がある場合として内閣府令で定める場合は、この限りでない。

7　創立総会の議事については、内閣府令で定めるところにより、議事録を作成しなければならない。

8　発起人（金庫の成立後にあつては、当該金庫）は、創立総会の日から10年間、前項の議事録を発起人が定めた場所（金庫の成立後にあつては、その主たる事務所）に備え置かなければならない。

9　設立時会員（金庫の成立後にあつては、その会員及び債権者）は、発起

人が定めた時間（金庫の成立後にあつては、その業務取扱時間）内は、いつでも、次に掲げる請求をすることができる。

一　第7項の議事録が書面をもつて作成されているときは、当該書面の閲覧又は謄写の請求

二　第7項の議事録が電磁的記録をもつて作成されているときは、当該電磁的記録に記録された事項を内閣府令で定める方法により表示したものの閲覧又は謄写の請求

10　創立総会における設立時会員については第12条の規定を、創立総会の決議の不存在若しくは無効の確認又は取消しの訴えについては会社法第830条（株主総会等の決議の不存在又は無効の確認の訴え）、第831条（株主総会等の決議の取消しの訴え）、第834条（第16号及び第17号に係る部分に限る。）（被告）、第835条第1項（訴えの管轄及び移送）、第836条第1項及び第3項（担保提供命令）、第837条（弁論等の必要的併合）、第838条（認容判決の効力が及ぶ者の範囲）並びに第846条（原告が敗訴した場合の損害賠償責任）の規定を準用する。この場合において、同法第831条第1項中「株主等（当該各号の株主総会等が創立総会又は種類創立総会である場合にあっては、株主等、設立時株主、設立時取締役又は設立時監査役）」とあるのは「会員、理事、監事又は清算人」と、「株主（当該決議が創立総会の決議である場合にあっては、設立時株主）又は取締役（監査等委員会設置会社にあっては、監査等委員である取締役又はそれ以外の取締役。以下この項において同じ。）、監査役若しくは清算人（当該決議が株主総会又は種類株主総会の決議である場合にあっては第346条第1項（第479条第4項において準用する場合を含む。）の規定により取締役、監査役又は清算人としての権利義務を有する者を含み、当該決議が創立総会又は種類創立総会の決議である場合にあっては設立時取締役（設立しようとする株式会社が監査等委員会設置会社である場合にあっては、設立時監査等委員である設立時取締役又はそれ以外の設立時取締役）又は設立時監査役を含む。）」とあるのは「設立時会員（信用金庫法第24条第5項に規定する設立時会員をいう。）又は理事、監事若しくは清算人」と読み替えるものとするほか、必要な技術的読替え

は、政令で定める。

1 創立総会の開催・公告 （法24条1項・2項）

　創立総会は、会員になろうとする者をもって組織され、定款の承認、事業計画の設定、役員の選出その他設立に必要な事項を決定する、設立中の金庫の議決機関であり、金庫の総会の前身をなすものである。

　発起人は、法23条1項の定款の作成後、会員になろうとする者を募って創立総会を開くために、定款ならびに創立総会の日時および場所を、会議開催日の少なくとも2週間前までに公告しなければならない。その際、創立総会の必要議決事項に関連する事業計画や収支予算の概要等を記載した設立趣意書を併せて公告することが、情報開示の観点から望ましい。

　公告の方法については、定款の必要記載事項であり（法23条3項12号）、登記事項でもあるが（法65条2項8号）、これは金庫の設立後の公告に関するものであり、創立総会に関する公告の方法については法定されていないから、発起人において、これを知らしめるに足りる適切な方法で行うことができるものと解される（明田『農協法』110頁も同旨）。もっとも、本項に定める公告は、信用金庫法において特に法定されたものであるから、省略することはできない。

2 創立総会の必要議決事項 （法24条3項）

　創立総会においては、発起人が作成した定款の承認、事業計画の設定その他設立に必要な事項を決定しなければならない。設立に必要な事項としては、設立当初の役員の選任、金庫の負担に帰すべき設立費用の限度額、発起人による財産引受け、発起人に対する報酬等が挙げられる。

3 創立総会の定款修正権 （法24条4項）

　創立総会においては、発起人が作成した定款を承認するに際し、これを修正することもでき（4項）、事業計画の修正も認められる。

　ただし、地区および会員たる資格に関する規定については、修正できない

（4項ただし書）。発起人が作成した公告は創立総会前に公告されて、会員に
なろうとする者はこれを知り得る状況にあったものであり、また地区や会員
たる資格は、地域金融機関および会員組織による協同組織金融機関たる信用
金庫等にとって最も基本的な事項であり、これらを修正することは、発起人
による設立行為の基礎を根本的に変更することになるためである。

4　創立総会の定足数（法24条5項）

創立総会の議事は、会員たる資格を有する者で、その会日までに発起人に
対し設立の同意を申し出た者（設立時会員）の半数以上が出席して、その議
決権の3分の2以上の多数で決する（5項）。これは、創立総会の議事の重
要性にかんがみて、総会の特別決議と同様の厳格な要件としたものである。

5　発起人の創立総会における説明義務（法24条6項)・議事録作成義務（法24条7項〜9項）

平成17年の会社法制定に伴い、発起人の創立総会における説明義務および
議事録作成義務規定が新設され（6項・7項。従前は商法規定を準用してい
た）、議事録については、備置きおよび閲覧等の義務規定も新設された（8
項・9項）。

6　会社法の準用（法24条10項）

創立総会は金庫の総会（法第7章、42条）との共通点が少なくないことか
ら、会社法における株主総会の規定が多く準用されている（法24条10項）。

第25条　理事への事務引継

（理事への事務引継）

第25条　発起人は創立総会終了後、遅滞なく、その事務を理事に引き継がな

ければならない。

　発起人は、創立総会終了後、遅滞なく、その事務を理事に引き継がなければならない（法25条）。この場合の「理事」とは、金庫の設立（登記）後の理事として創立総会で選任され、就任を承諾した者をいう（法32条3項）。

　上記の引継ぎにより、発起人の職務は終了し、機関としての発起人は消滅し、理事が設立中の金庫の機関として事務を担当する。理事は、発起人からの事務を引き継いだ後、出資金の徴収や設立の登記申請手続などを行うこととなる。

第26条　出資の払込

（出資の払込）

第26条　理事は、前条の規定による引継を受けたときは、遅滞なく、出資の全額の払込をさせなければならない。

　理事は、発起人から事務の引継ぎを受けたときは、遅滞なく、設立同意者に出資の全額の払込みをさせなければならない（法26条）。

　払込みの時期は、上記のとおり、理事が法25条の規定により、発起人から事務の引継ぎを受けてから遅滞なく行う必要がある。この払込みをしない場合には、会員たる地位は取得しない。

　株式会社の場合、払込みの確実を期するため、払込みの取扱いを銀行、信託会社等に限定しているほか（会社法34条）、預合いの罪が定められているが（同法965条）、金庫の設立においては、株式会社のような出資の払込みに関する各種の規定が設けられていない。これは、金庫の設立が事業免許を通じて行政庁の厳重な監督を受けるためであると解される（『信金法解説』57頁）。

第27条～第28条

第27条 成立の時期

（成立の時期）

第27条 金庫は、主たる事務所の所在地において設立の登記をすることに因つて成立する。

　本条は、金庫の成立時期について、主たる事務所の所在地において設立の登記をすることによって成立すると定めたものである。

　信用金庫の設立の登記は、その主たる事務所の所在地において、法26条による出資の払込みがあった日から２週間以内にしなければならない（法65条１項）。金庫が法人格を取得するためには、設立の登記が効力要件となっており、主たる事務所の所在地において、上記の設立の登記を行うことによって金庫は初めて有効に成立する。なお、設立の登記以外の一般の登記は第三者対抗要件にすぎないが（法８条）、設立の登記は金庫成立の効力要件となっており、金庫の成立の日は設立の認可を受けた日ではなく、設立登記の完了の日である。

　このように、設立登記によって初めて金庫が成立するとした趣旨は、いわば国家による公告制度たる登記を金庫の成立要件とすることにより、金庫の成立時期を明確化し、金庫と顧客との取引の安全を図るためである。

第28条 金庫の設立についての会社法の準用

（金庫の設立についての会社法の準用）

第28条 金庫の設立の無効の訴えについては、会社法第828条第１項（第１号に係る部分に限る。）及び第２項（第１号に係る部分に限る。）（会社の組織に関する行為の無効の訴え）、第834条（第１号に係る部分に限る。）（被告）、

第３章　設立および事業免許の申請（第22条～第30条）　179

第835条第１項（訴えの管轄及び移送）、第836条第１項及び第３項（担保提供命令）、第837条から第839条まで（弁論等の必要的併合、認容判決の効力が及ぶ者の範囲、無効又は取消しの判決の効力）並びに第846条（原告が敗訴した場合の損害賠償責任）の規定を準用する。この場合において、同法第828条第２項第１号中「株主等（株主、取締役又は清算人（監査役設置会社にあっては株主、取締役、監査役又は清算人、指名委員会等設置会社にあっては株主、取締役、執行役又は清算人）をいう。以下この節において同じ。）」とあるのは、「会員、理事、監事又は清算人」と読み替えるものとするほか、必要な技術的読替えは、政令で定める。

1　設立の無効

　金庫の設立において重大な瑕疵があった場合、設立は無効となる。設立の無効原因について、信用金庫法等法律には直接の規定はなく、解釈によることとなるが、合併無効と同様、設立行為を前提とした取引の安全確保や法的安定性の確保の要請と、手続遵守の要請の利益衡量により判断される。具体的な設立無効原因としては、定款の無効（絶対的必要記載事項の欠如など）、発起人が法定数を欠くこと、創立総会の非開催、創立総会において定款の承認ないし議決がなされていないこと、出資の払込みの未了、設立登記の無効など、重大な瑕疵が存在する場合が想定される。

　設立が無効の場合、金庫は法律上、当初から成立していなかったことになり、会員または第三者の権利義務も無効となる。

2　会社法の準用

　上記のとおり、設立が無効の場合、金庫は法律上、当初から成立していなかったことになり、会員または第三者の権利義務も無効となる。

　この場合、法律行為の無効の一般原則によれば、何人から何人に対し、かつ、いつ、いかなる方法によっても無効を主張できるはずであるが、それでは法律関係が複雑となり、第三者の取引安全も欠くこととなる。

　設立無効の問題が生じた場合の法律関係の画一的処理と取引の安全保護の

措置の必要性は、会社の場合も金庫の場合も共通するため、本条においては、このような金庫の設立の無効の訴えについては、会社法の各種規定が準用されることを定め、設立無効の主張の時期および方法を制限し、無効判決に対世的効力を認めて無効の効力を画一的に定める一方、金庫と第三者との間の取引の効力には影響を及ぼさないこととしている（法28条、会社法828条、838条）。

　例えば、金庫の成立後は、2年以内に訴えをもってのみ設立の無効を主張できること、また、その金庫の会員、理事、監事または清算人以外の者はいかなる方法によっても無効を主張し得ないこと、設立無効の判決は、当事者以外の第三者に対しても効力を生じること（判決の対世効）、無効の判決は、すでに金庫、会員および第三者の間に生じた権利義務に影響を及ぼさず、遡及しないことなどである。

　もっとも、金庫の場合、事業免許取得の過程で、行政庁のチェックを受けるので、設立の無効の問題が発生することは、通常想定されない。

第29条　事業免許の申請

（事業免許の申請）

第29条　金庫は、第4条の内閣総理大臣の免許を受けようとするときは、申請書に次に掲げる書類を添付して、内閣総理大臣に提出しなければならない。

　一　理由書

　二　定款

　三　業務方法書（その記載事項は、預金、為替取引その他の業務の種類並びに預金利子及び貸付利子の計算その他の業務の方法とする。）

　四　事業計画書（その記載事項は、金庫の事業開始後3事業年度における取引及び収支の予想とする。）

　五　創立総会の議事録

六　会員数並びに出資の総口数及び総額を記載した書面

七　登記事項証明書

八　最近の日計表

九　役員の履歴書

十　事務所の位置に関する書面

　本条は、法4条の内閣総理大臣による事業免許の規定を受け、事業免許の申請の手続（申請書および添付書類）について規定したものである。

　すなわち、金庫は、事業免許を受けようとするときは、以下の書類を添付して、申請書を内閣総理大臣に提出しなければならない（法29条）。

① 理由書

② 定　款

③ 業務方法書

　業務方法書は、金庫が実際に行おうとする業務の種類（内容）とその方法を定めた書面である。

　定款が金庫の内部規範であり、約款（信用金庫取引約定書等）が取引に関する金庫の外部的な自治規範であるのに対し、業務方法書は、内容的には約款として外部に開示される事項を明示しているものの、その性格は、金庫とその監督者たる金融庁との関係を示すものである。すなわち、金庫の業務範囲を規定し、その業務運営の方法を記載させることにより、行政官庁の監督手段的性格を有する。

④ 事業計画書

　金庫の事業開始後3事業年度における取引および収支の予想を記載したものである。

⑤ 創立総会の議事録

⑥ 会員数ならびに出資の総口数および総額を記載した書面

⑦ 登記事項証明書

⑧ 最近の日計表

⑨ 役員の履歴書

⑩ 事務所の位置に関する書面

第30条

第30条　免許の失効

（免許の失効）

第30条　金庫が次の各号のいずれかに該当するときは、第4条の内閣総理大臣の免許は、効力を失う。

　一　免許を受けた日から6月以内に事業を開始しなかつたとき（やむを得ない理由がある場合において、あらかじめ内閣総理大臣の承認を受けたときを除く。）。

　二　解散したとき（設立又は合併（当該合併により金庫を設立するものに限る。）を無効とする判決が確定したときを含む。）。

本条は、金庫の事業免許が失効する場合について定めている。

第1に、金庫が、事業の免許を受けた日から6カ月以内に事業を開始しないときは、その免許は効力を失う。ただし、やむを得ない理由がある場合において、あらかじめ内閣総理大臣の承認を受けた場合は、失効しない（法30条1号）。いかなる場合が「やむを得ない理由」に該当するかについて、法令で明記されているものではないが、いったん免許が付与されたものを覆すものであるため、効力を否認するには慎重な配慮を要する（小山『銀行法』567頁）。

第2に、金庫が解散したとき（設立または合併（当該合併により金庫を設立するものに限る）を無効とする判決が確定したときを含む）にも、免許は失効する（法30条2号）。

第3章　設立および事業免許の申請（第22条〜第30条）　183

第
4
章

管理

（第31条～第52条の２）

第31条

第 1 節 　通　　則

第31条　内閣総理大臣の認可

> **（内閣総理大臣の認可）**
>
> **第31条**　金庫は、次の各号のいずれかに該当するときは、内閣府令で定める場合を除き、内閣総理大臣の認可を受けなければならない。
> 一　定款を変更しようとするとき。
> 二　業務の種類又は方法を変更しようとするとき。

1　本条の趣旨

　金庫が内閣総理大臣から事業免許を受けようとするときは、申請書に定款や業務方法書（業務の種類および方法が記載される）を添付して内閣総理大臣に提出しなければならない（法29条2号・3号）。よって、金庫の事業免許を受ける当初の定款の内容ならびに事業の種類および方法については、内閣総理大臣としては、認可の過程において、適否の検討を行っている。本条においては、金庫が事業免許を受けた後に定款または業務方法書を変更しようとする場合にも、これらの内容が免許事業者として不適切なものとならないよう、行政官庁（内閣総理大臣）が継続的に審査を行うこととされている。

2　定款の変更（法31条1号）

　金庫が、定款を変更しようとするときは、総（代）会の特別決議を経るとともに（法48条の3第1号、49条5項）、内閣総理大臣（実際には、財務局長または福岡財務支局長に委任されている。法88条1項・2項、施行令10条の2第1

186

項1号）の認可事項となっている（法31条。施行規則17条に定める場合を除く）。この認可は、いわゆる行政法上の「認可」とは性質を異にし、定款変更の効力要件ではなく、事業免許（法4条）と同じ管理規定または取締規定と解されている。

　したがって、登記事項（法65条2項）を変更しようとする場合において、当該事項が定款記載事項であっても当該定款変更について内閣総理大臣の認可は効力要件ではないから、定款変更の認可書は、変更登記（法66条〜68条）の際に添付を要しない（法85条、商業登記法19条。『信金法解説』68頁）。

　定款の変更にあたって当局の認可が必要な場合は、同認可を停止条件として決議し、総（代）会終了後、定款変更の認可申請を行うことが一般的である。その後、当局からの認可書を受領することによって定款変更の効力が発生し、定款変更の実行届を提出することになる（法87条1項5号、施行規則100条）。なお、付則において変更する日を記載しているなど、定款の変更日を決議の際に明確にしている場合は、その前日までは変更の効力は生じない。

3　業務方法書の変更（法31条2号）

　金庫が、業務方法書を変更しようとするときは、内閣総理大臣（法88条1項・2項、施行令10条の2第1項1号）の認可を受けなければならない（施行規則17条に定める場合を除く）。もっとも、定款変更と異なり、総（代）会の特別決議は不要である（法48条の3）。業務の種類および方法は、業務方法書（金庫の業務範囲を決定し、その業務の運営の方法を記載した書面であり、金庫が実際に行おうとする業務についての基本的規定を定めたもの）に記載されるため、業務方法書の変更という形で行われる。

4　認可申請手続

　金庫は、定款または業務方法書の変更について認可を受けようとするときは、当該認可の申請をする際に、提出すべき書面に準じた書面を提出して予備審査を受けることができる（施行規則173条1項）。定款変更に係る認可申請書に添付すべき書類は施行規則16条1項に、認可の基準は同条2項に規定

第31条

されている。

5　認可が不要となる場合

　国債等の募集の取扱いに関する定款または業務方法書の変更等、施行規則17条各号に掲げる場合には、内閣総理大臣の認可を受ける必要がない（法31条柱書、施行規則17条、法87条1項6号、施行規則100条1項）。これらの場合には、本条とは別途、内閣総理大臣の許認可を受けることになっているため、当該許認可の段階で定款・業務方法書の内容について審査が行われるためである。

　ただし、内閣総理大臣の認可が不要とされる場合であっても、理事会の変更決議後、法87条1項6号、施行規則100条1項4号～8号の2の規定に従い、内閣総理大臣（実際には、財務局長または福岡財務支局長。法88条1項・2項、施行令10条の2第1項4号）への届出は必要である（また、定款変更について総（代）会の特別決議が必要であることも当然である）。

第2節　役　員

第32条　役　員

（役員）

第32条　金庫は、役員として理事及び監事を置かなければならない。

2　理事の定数は、5人以上とし、監事の定数は、2人以上とする。

3　役員は、総会の決議（設立当初の役員にあつては、創立総会の決議）によつて、選任する。

4　理事の定数の少なくとも3分の2（信用金庫連合会の理事について定款で定数の2分の1を超える数を定めたときは、その数）は、会員又は会員たる法人の業務を執行する役員（設立当初の理事にあつては、会員になろうとする者又は会員になろうとする法人の業務を執行する役員）でなければならない。

5　金庫（政令で定める規模に達しない信用金庫を除く。）の監事のうち1人以上は、次に掲げる要件のいずれにも該当する者でなければならない。

　一　次のいずれかに該当すること。

　　イ　当該金庫のうち信用金庫の監事については、当該信用金庫の会員又は当該信用金庫の会員たる法人の役員若しくは使用人以外の者であること。

　　ロ　当該金庫のうち信用金庫連合会の監事については、当該信用金庫連合会の会員たる信用金庫の役員又は職員以外の者であること。

　二　その就任の前5年間当該金庫の理事若しくは職員又は当該金庫の子会社の取締役、会計参与（会計参与が法人であるときは、その職務を行うべき社員）若しくは執行役若しくは使用人でなかつたこと。

第4章　管理（第31条～第52条の2）　189

三　当該金庫の理事又は支配人その他の重要な使用人の配偶者又は2親等
　　　以内の親族以外の者であること。

6　前項第2号に規定する子会社とは、金庫がその総株主等の議決権（総株
　主又は総出資者の議決権（株式会社にあつては、株主総会において決議を
　することができる事項の全部につき議決権を行使することができない株式
　についての議決権を除き、会社法第879条第3項（特別清算事件の管轄）の
　規定により議決権を有するものとみなされる株式についての議決権を含む。
　以下この条及び第5章の4において同じ。）をいう。以下同じ。）の100分の
　50を超える議決権を保有する会社をいう。この場合において、金庫及びそ
　の1若しくは2以上の子会社又は当該金庫の1若しくは2以上の子会社が
　その総株主等の議決権の100分の50を超える議決権を保有する他の会社は、
　当該金庫の子会社とみなす。

7　前項の場合において、金庫又はその子会社が保有する議決権には、金銭
　又は有価証券の信託に係る信託財産として所有する株式又は持分に係る議
　決権（委託者又は受益者が行使し、又はその行使について当該金庫若しく
　はその子会社に指図を行うことができるものに限る。）その他内閣府令で定
　める議決権を含まないものとし、信託財産である株式又は持分に係る議決
　権で、当該金庫又はその子会社が委託者若しくは受益者として行使し、又
　はその行使について指図を行うことができるもの（内閣府令で定める議決
　権を除く。）及び社債、株式等の振替に関する法律（平成13年法律第75号）
　第147条第1項又は第148条第1項の規定により発行者に対抗することがで
　きない株式に係る議決権を含むものとする。

8　理事又は監事のうち、その定数の3分の1を超えるものが欠けたときは、
　3月以内に補充しなければならない。

　本条は、役員の種類、定数、選任、理事および監事の要件等について定め
ている。

1 理事および監事の設置（法32条1項）

(1) 役　員

本条1項では、金庫の必要かつ常設の役員として、理事および監事を設置することを義務付けている。

会計監査人については「役員」に適用される法33条が準用され、金庫と委任関係にあるが、会計監査人は「役員」ではない。会計監査人および役員（理事および監事）を併せて「役員等」（法39条1項）といい、任務懈怠に基づく金庫や第三者に対する損害賠償責任が定められている（法39条、39条の2）。

(2) 金庫の「機関」との関係

理事は、金庫の業務執行に関する意思決定および代表理事の職務の執行を監督する機関である理事会（法36条～37条の2）の構成員たる地位を有するが、代表理事を除き、それ自体が金庫の機関に該当するものではない。

これに対し、監事は、それぞれが（代表）理事の職務の執行を監督する金庫の（必要かつ常設の）機関であり、数人の監事が存在する場合でも、各自が単独で監事としての職務権限を有する。監事は2人以上でなければならないが（法32条2項）、金庫においては、会社法328条1項の規定により公開大会社（監査等委員会設置会社および指名委員会等設置会社を除く）に設置が義務付けられる監査役会に相当する、監事によって構成される合議機関の設置は義務付けられていない（もっとも、平成27年4月に全国信用金庫協会の「総代会の機能向上策等に関する業界申し合わせ」が改定され、監事の機能強化に関する施策として、理事に対する牽制機能等の強化の観点から、監事会の設置が明記された）。

理事および監事については、法35条の6、35条の7において、株式会社の取締役および監査役に関する会社法の規定が多く準用されている。

2 役員の定数（法32条2項）

「定数」とは、法律上必要とする定まった数をいう。本項においては、信

用金庫の役員の定数の下限を定めるものであり、理事の定数を5人以上とし、監事の定数を2人以上と規定している。

これは、金庫の業務の執行に必要な人数であると同時に、役員による独裁的業務執行を防止するため、最低限置くべき人数として定められている。

役員の定数は定款の絶対的必要記載事項であるところ（法23条3項10号）、法定の要件を満たせば金庫の判断で自由に定めることができ、また確定数である必要はなく、定款例17条1項においては、「理事〇人以内、監事〇人以内」と役員の上限を定める形をとっている。

役員の「定数」については、定款に定める上限や下限を指すという見解（朝倉敬二『三訂 信用金庫役員の権限と責任』（経済法令研究会・2010年）15頁、平野編著『実務相談』214頁〔近藤祐史〕）のほか、実際に総（代）会で選任された員数（実数）とする見解（岸本『職務執行の手引き』47頁）がある。

この点の解釈は、選任しなければならない会員理事の員数（法32条4項）と関係し、また法32条8項は、役員の定数について、理事または監事のうち、その定数の3分の1を超えるものが欠けたときは、3カ月以内に補充しなければならない旨の規定をし、これに違反して役員の補充のために必要な手続をとらなかったときの罰則規定も設けられている（法91条1項7号）ことから、影響がある。

例えば、定款に「監事5人以内」との規定があり、4人の監事を選任し、任期中に監事1人が辞任した場合を例にとると、定款に定める上限数（5人）を「定数」とすると、欠員が2名となり、「定数の3分の1を超えるものが欠ける」ことになるため、3カ月以内に補充のための選任を行わなければならない。他方で、上限の範囲内で実際に選任された4人を「定数」とすると、欠員は1名であり、「定数の3分の1を超えるものが欠ける」ことにはならないので、補充のために選任を行う必要はない。

実際に選任された員数（実数）と解すると、上記員内理事の選任や役員の補充義務との関係で柔軟に解し得る。しかし、この見解に対しては、本来定款で定めるべき「定数」（法23条3項10号）を、その時々の総（代）会の決議により自由に決定し得ることとなるという批判があり（『5000講Ⅰ』202頁）、また、大蔵省銀行局中小金融課（当時）は、定款で定める上限数の見解を採

用していたので、定款に定める定数には十分な配慮を払う必要がある。

3 役員の選任 (法32条3項)

本条3項は、金庫の役員の選任権が、総（代）会にあることを定めている（法49条5項）。なお、設立当初の役員にあっては創立総会の決議によって選任され（法32条3項括弧書）、新設合併の場合の合併当初の役員は設立委員によって選任される（法61条の5第2項）。

一般的には、事前の理事会で役員候補者を選任し、総（代）会で当該候補者の選任を決議することとなるが、総（代）会の決議は、定款において特別の定めをしていない限り、一般の決議、すなわち、出席した会員（総代）の議決権の過半数で決する（法48条の2第1項。金庫の場合、理事および監事の選任を含む一般の決議における定足数の規定はない）。

総（代）会で選任するのは役員（理事および監事）であり、定款をもって総（代）会の権限に留保されていない限り、理事における理事長、専務理事、常務理事等の職務および代表権を有する理事（代表理事）の選定は理事会に（法36条4項、定款例18条）、監事における常勤監事の選定は監事の協議（法38条の2第13項、会社法390条3項）によりすることになる。

役員の選任は総（代）会の固有の権限であり、定款または総（代）会の決議によっても、選任を理事会その他の機関や第三者に委ねることはできないと解される。

なお、常務に従事する理事の選任議案の決定プロセス等においては、その適格性について、「経営管理を的確、公正かつ効率的に遂行することができる知識及び経験」および「十分な社会的信用」として、監督指針に例示されたような要素を適切に勘案する必要がある（監督指針Ⅱ－1－2－(3)⑬）。

また、監事の選任議案の決定プロセス等においては、その適格性について、「銀行の取締役の職務の執行の監査を的確、公正かつ効率的に遂行することができる知識及び経験」および「十分な社会的信用」として、監督指針に例示されたような要素を適切に勘案する必要がある（監督指針Ⅱ－1－2－(4)⑦）。

4 会員理事 (法32条4項)

　理事の定数の少なくとも3分の2 (信用金庫連合会の理事について定款で定数の2分の1を超える数を定めたときは、その数) は、会員または会員たる法人の業務を執行する役員でなければならないことを定めている (法32条4項)。また、設立当初の理事にあっては、定数の少なくとも3分の2は「会員になろうとする者」または「会員になろうとする法人の業務を執行する役員」でなければならない (同項括弧書)。

　これは、理事の資格について、金庫の会員による協同組織性を担保するという趣旨から、会員等の地位を有する理事 (会員理事) が理事会に一定数以上いることを要件としたものである。上記の観点から、会員外理事を一定以下に制限するものの、別の見方をすると、金庫の健全な運営を図るため、上記の協同組織性に反しない3分の1の範囲において、例えば経営の専門能力を有する理事を金庫の運営に参加させることができる。

　なお、法32条5項においては、員外監事について定めているが、これは、監事が役員等と近い関係にある場合、馴れ合い監査のおそれもあるため、馴れ合い的な監査を防止し、適正な監査を実現するために、員外監事を義務付けたものであり、会員外理事とは趣旨も要件も異なるものである。

Column　職員外理事

　会員外理事のように、法定の要件とは異なるが、近年、全国信用金庫協会「総代会の機能向上策等に関する業界申し合わせ」に基づき、会員や地域の声を活かした信用金庫経営のさらなる実践を図るため、職員外理事を1名以上登用しなければならないことが申し合わせ事項とされている (同申し合わせ3. (1))。

　職員外理事とは、理事に就任する前5年間、その信用金庫の理事 (職員外理事を除く)、職員等ならびにその信用金庫の子会社の取締役、会計参与、執行役もしくは使用人ではなかった者を指すこととされている。

上場企業等ではコーポレートガバナンス・コードに基づく対応が求められている中、協同組織金融機関たる信用金庫にはコーポレートガバナンス・コードが適用されるものではないが、経済社会や地域において、株式会社たる地域銀行等と同様の機能を果たしており、一層のガバナンスの向上や会員や地域の声を経営管理体制に活用することが求められるところである。

なお、職員外理事が、①日常の業務執行を通じて機能を果たすこと、②理事会等での意思決定参加と業務執行の監督等を中心に機能を果たすことのいずれのケースも想定されることから、職員外理事に係る常勤・非常勤の別は問わないことが想定される。

---

5 員外監事（法32条5項～7項）

(1) 員外監事を義務付けた趣旨

本条5項は、員外監事に関する規定であり、大会社の社外監査役の設置義務（会社法335条3項）にならい、他の協同組織金融機関と同様に設けられた規定である。

下記(2)aの要件を満たす金庫については、利害関係者が多く、経営悪化等による我が国の信用秩序に与える影響が大きいため、業務や財務の状況について、金庫の経営執行部から一定の距離を置いた員外監事の選任を義務付け、外部からの客観的なチェックや意見を求めることにより、より一層高い独立性や中立性を有する監査体制の実現を図り、適正な監査の実現を期待するものである。後記のとおり、平成26年の会社法改正において、社外取締役・社外監査役の「社外性」の要件が厳格化されたことに伴い、信用金庫法でも要件が追加された。

なお、監事の資格については、理事の資格と異なり、会員についての要件がないため、員内監事を設ける必要はなく、監事の全員を員外監事としてもよい。これは、監事は、金庫の業務執行に直接携わる理事と異なり、信用金庫の業務を監査する立場にあるので、その性質によって金庫の運営に及ぼす影響が理事より少ないと解され、また広く一般から監査能力を有する者を求

める必要があるためである。

(2) 信用金庫の場合

a 員外監事の選任が義務付けられる信用金庫

員外監事の選任義務は、信用金庫の事業年度の開始時における預金および定期積金の総額（以下「預金等総額」という）が50億円に達しない信用金庫については、免除されている（法32条5項1号、施行令5条の2第1項）。現在はすべての信用金庫が50億円に達しているので該当する信用金庫は存しない。

なお、当該事業年度の開始時における預金等総額が、新たに50億円を下回ることとなり、または上回ることとなる場合については、施行令5条の2第2項・3項において定められている。

b 員外監事の要件

信用金庫の監事のうち1人以上は次の3つの要件を充足する監事（員外監事）を置くことが義務付けられている（法32条5項）。

---

① 信用金庫の会員または信用金庫の会員たる法人の役員もしくは使用人でない者

② 員外監事に就任する前の5年間、信用金庫の理事もしくは職員または信用金庫の子会社の取締役、会計参与（会計参与が法人であるときは、その職務を行うべき社員）、執行役もしくは使用人でなかった者

③ 信用金庫の理事または支配人その他の重要な使用人の配偶者または2親等以内の親族でない者

(a) 会員等でないこと（上記①）

これは、他の協同組織金融機関（農協法30条14項1号など）にもみられる要件であり、協同組合においては、株式会社と比較して、会員・組合員と協同組合との結びつきが強く、会員・組合員には客観的なチェックが期待し難い場合もあるため、会社法の社外監査役の要件に比して要件が加重されたものである。

「信用金庫の会員たる法人の役員もしくは使用人」については、信用金庫

の会員たる法人において役員や使用人としての地位にある者、例えば非常勤の監査役（監事）であっても、これに該当する。

(b)　過去5年間、理事、職員等でなかったこと（上記②）

「就任前の5年間」とあるとおり、当該要件は監事就任時において満たす必要があり、監事の任期中に5年経過した者が、5年経過した日の翌日から員外監事として扱われるものではない（明田『農協法』411頁も同旨）。

(c)　理事、支配人等の配偶者または2親等以内の親族でない者（上記③）

平成26年の会社法改正において、社外取締役・社外監査役の「社外性」の要件が厳格化されたことに伴い（会社法2条1項15号・16号）、信用金庫法でも追加された要件である。理事等の近親者は、親族との人的関係により、理事等と信用金庫との間の利益相反について実効的な監督を期待し難いために定められた要件である。

「支配人」とは、名称のいかんを問わず、本支店等において業務を行うために理事会の決議により選任され、当該業務に関する一切の裁判上および裁判外の行為をする権限（包括的代理権）を有する使用人をいう（法40条）。例えば、本店長や重要な支店の支店長である使用人を支配人として選任することが考えられる。

また、「重要な使用人」とは、支配人と同等に信用金庫の経営に影響を与えるような重要なポストに就いている者として、理事会が選解任の決定を行わなければならない者を意味する（法36条5項3号）。具体的にどの範囲の者がこれに該当するかは、信用金庫の規模、職制、経営組織、業務の態様、その使用人に与えられる実際の権限等を総合的に考慮し、判断することとなる。例えば、執行役員、本部の部室長および重要な支店の支店長など、各信用金庫の理事会においてその選解任が行われている使用人は、一般に「重要な使用人」に当たることになる。

c　員外監事の選任

選任が義務付けられる員外監事は、常勤・非常勤を問わないが、員外監事を選任しなかった場合には、罰則規定が適用されることとなる（法91条1項6号の2）。

法定の要件を満たす員外監事を選任（再任）したとしても、員外監事がそ

の就任期間中に、信用金庫の会員たる法人の役員に就任するなどにより、員外監事としての法定要件を充足しなくなることもあり得る。員外監事が任期途中で死亡や解任などにより残任義務（法35条の３）を果たすことができない場合あるいは員外監事が法定要件を充足しなくなった場合で、かつ、員外監事が１名もいない状態になる場合には適法な監査を行うことができなくなり、法令違反に該当することから、直ちに員外監事の補充を行う必要がある。

⑶ 信用金庫連合会の場合

信用金庫連合会にあっては、監事のうち１名以上は、①当該信用金庫連合会の会員たる信用金庫の役員または職員以外の者であって、②その就任前の５年間、当該信用金庫連合会の理事もしくは職員または当該信用金庫連合会の子会社の取締役、執行役もしくは使用人でなかったもの、③当該信用金庫連合会の理事または支配人その他の重要な使用人の配偶者または２親等以内の親族以外の者であること、という要件を満たさなければならない（法32条５項）。

⑷ 子会社の範囲

員外監事の要件に係る子会社の範囲は、法32条６項・７項、施行規則18条の規定により定められる。「子会社」とは、金庫がその総株主等の議決権の100分の50を超える議決権を有する会社をいい、この場合、当該金庫およびその子会社の双方で、または当該金庫の子会社が単独で株式会社の総株主等の議決権の100分の50を超える議決権を有する会社も、当該金庫の子会社とみなされる。銀行法２条８項の子会社の定義規定と同様、子会社の判断は議決権の割合のみで判断され、会社法や会計ルール（財務諸表等の用語、様式および作成方法に関する規則など）と異なり、実質支配力基準が採用されていない。

「総株主等の議決権」から除外されるのは、「株式会社にあっては、株主総会において決議をすることができる事項の全部につき議決権を行使することができない株式についての議決権」なので、総会決議事項の一部についてで

も議決権行使が可能な株式についての議決権は、「総株主等の議決権」に含まれる。他方で、無議決権優先株式（議決権を一切行使できない代わりに、剰余金の配当や残余財産の分配の金額・順位等について普通株式よりも優先する株式）は「総株主等の議決権」に含まれない。

6 役員の欠員（法32条8項）

本条8項は、理事または監事の欠員の場合の補充に関する規定である。

本来、欠員が1名でもあれば、遅滞なく補充すべきところであるが、常にこれを充足することは困難な場合もある。そこで、金庫において、定数の3分の1を超えて欠けた場合にのみ、3カ月以内という猶予を与えて補充すべきものとし、補充義務を緩和して明文化したものである。

「理事または監事の定数の3分の1」と規定されているとおり、理事および監事の定数を通算するのではなく、それぞれの定数を基準とし、個別に補充義務がある。

なお、役員に欠員が生じた場合、欠員を補充するためには、総（代）会を開催して新たに役員を選任する必要があるが、任期満了または辞任により退任した役員は、新たに選任された役員が就任するまで、なお役員としての権利義務を有するが（法35条の3）、このように残任義務を負う場合であっても、本条の補充義務との関係では欠員として取り扱う必要がある。

本条8項の義務に違反した場合、100万円以下の過料に処せられることがある（法91条1項7号）。

第33条　金庫と役員との関係

（金庫と役員との関係）

第33条　金庫と役員との関係は、委任に関する規定に従う。

1 本条の趣旨

金庫と役員との法律関係は私法上の委任契約（または準委任契約）であると考えられ、本条は当然のことを確認的に明文化した規定と解される。

よって、本法または金庫と役員との間の合意に別段の定めがない限り、民法の委任に関する規定（民法643条～655条）が適用される（会社法330条）。

「委任」とは、法律行為をなすことを他人に委託することであり（民法643条）、受任者である役員は、委任者である金庫のために、金庫に代わって職務（金庫の運営の事務・判断）を行う。

2 委任契約に基づく具体的な規定

民法の委任に基づく具体的な規定は以下のとおりである。

(1) 契約の成立

役員を選任する総（代）会の決議は、被選任者の承諾を停止条件とする金庫の単独行為であり、本来は委任契約が存在しないところに委任の規定を適用する趣旨であるとする考えもあり得る（法33条と同趣旨の規定である会社法330条につき、このような見解を採用するものとして、鈴木＝竹内『会社法』270頁参照）。

しかし、役員の選任決議は金庫内部の意思決定であり、被選任者が当然に拘束されるものではない。民法643条においては、委任は、当事者の一方が法律行為をすることを相手方に委託し、相手方がこれを承諾することによって、その効力を生ずると定めていることから、金庫が役員に就任するよう申し込み、被選任者がこれを承諾し、金庫と被選任者との間に任用契約（委任契約）が締結される必要がある（奥島ほか編『新基本法コンメ会社法(2)』89頁〔髙橋美加〕参照）。

もっとも、実務上はあらかじめ、総（代）会の選任決議の成立を停止条件とする任用契約（委任契約）を締結し、決議と同時に選任行為の効力が完全に生じるという形式を採用することがあり、本論点の考え方により影響が生じることは通常存しない。

⑵ 善管注意義務

役員は委任の本旨に従い、善良な管理者の注意をもって委任事務を行う義務を負う（民法644条）。

役員は委任契約に基づいて金庫に代わって職務を行う権限を有するが、その表裏のものとして、適切に権限を行使する注意義務を負うものであり、この善管注意義務は役員が金庫に負う義務の中核となる。

「善良な管理者の注意義務」の水準（レベル）は、その地位に基づき、一般的に要求される程度が基準となり、当該役員個人の能力や注意力により主観的に判断されるものではない。

なお、北海道拓殖銀行事件（最三小決平21.11.9刑集63巻9号1117頁・金法1896号71頁）は、銀行の代表取締役頭取が、実質倒産状態にある融資先企業グループの各社に対し、客観性を持った再建・整理計画もないまま、赤字補填資金等を実質無担保で追加融資したことが、銀行の取締役として融資に際し求められる債権保全に係る義務に違反し、特別背任罪における取締役としての任務違背に当たるとされた事例であるが、融資業務に際して要求される銀行の取締役の注意義務の程度は、一般の株式会社の取締役の場合に比べ高い水準となり、経営判断の原則が適用される余地はそれだけ限定的なものにとどまると判断している（岩原紳作「金融機関取締役の注意義務―会社法と金融監督法の交錯―」落合還暦記念『商事法への提言』173頁等も、銀行の取締役の義務の程度は一般の企業経営者よりも高く、裁量の幅が狭いとしている）。

⑶ 報告義務

委任契約においては、受任者の付随的義務として、委任事務の処理状況や委任事務終了後の報告義務が定められている（民法645条）。もっとも、信用金庫法においては、理事の定期的な理事会への報告義務など、具体的な規定が存在するため（法36条6項）、一般規定である民法645条を直接適用する必要性に乏しい。

⑷ 報　　酬

　民法上、委任契約において、受任者は特約がなければ、委任者に対して報酬を請求することができないとしており（民法648条1項）、無償を原則としている。

　しかし、役員については定款または総（代）会の決議により報酬を受けることが実務上原則となっており、これを前提とした報酬の決定手続についての規定が存在する（理事については法35条の6、会社法361条1項・4項、監事については法35条の7、会社法387条）。

⑸　職務執行に要する費用

　民法においては、受任者は委任事務の処理のために支出する費用の前払いを請求でき（民法649条）、費用を支出したときの当該費用および支出の日以後の利息の償還を請求できる規定などがある（同法650条）。

　理事の職務執行に要する費用については、金庫の財産管理も委任事務に含まれると解され、あえて民法650条を適用する必要性は低い。

　監事については、費用面での立証責任を転換することにより監査の充実を図るため、費用の支払いについての特別の規定がある（法35条の7、会社法388条）。

　なお、会計監査人については法38条の3で会社法の準用をしているが、会社法自体において費用の支払いに関する規定はなく、一般には金庫との監査契約において経費支払いについての約定が存在する。

⑹　役員の終任

　委任契約につき、民法651条は委任契約の解除を、同法653条は委任の終了事由について定めている。

　この点、金庫の側からの役員の解任については法35条の8に規定があるが、役員の側からの辞任については民法651条に基づき、いつでも辞任できることが導かれる（もっとも、法35条の3に基づき、当該役員の辞任によって役員に欠員が生じる場合は、辞任により退任した役員は、新たに選任された役員が

就任するまで、なお役員としての権利義務を有する）。辞任は法的には口頭によることも可能であるが、実務上は金庫（意思表示の受領権限を有する代表理事）に書面（辞任届）を提出して行う。

なお、株式会社については、取締役の辞任を制限する特約の効力を消極的に解する判例（大阪地判昭63.11.30判時1316号139頁）がある。信用金庫にまで射程範囲が及ぶかは明らかでないが、信用金庫および理事との間の債権契約としての効力（具体的効果は違反の場合の賠償義務等）は認めていいという見解がある（『5000講Ⅰ』207頁）。

また、民法653条の委任の終了事由（委任者または受任者の死亡、委任者または受任者の破産手続開始決定、受任者の後見開始審判）が生じた場合、委任関係の終了により役員も当然に退任する。もっとも、委任者たる金庫が破産手続開始決定を受けた場合は、民法653条の趣旨に照らし、委任関係は当然には終了しない（最一小判平16.6.10民集58巻5号1178頁）。

第34条　役員の資格等

（役員の資格等）

第34条　次に掲げる者は、役員となることができない。

一　法人

二　破産手続開始の決定を受けて復権を得ない者

三　成年被後見人若しくは被保佐人又は外国の法令上これらと同様に取り扱われている者

四　この法律、会社法若しくは一般社団法人及び一般財団法人に関する法律（平成18年法律第48号）の規定に違反し、又は金融商品取引法（昭和23年法律第25号）第197条（有価証券届出書虚偽記載等の罪）、第197条の2第1号から第10号の3まで若しくは第13号から第15号まで（有価証券の無届募集等の罪）、第198条第8号（裁判所の禁止又は停止命令違反の罪）、第199条（報告拒絶等の罪）、第200条第1号から第12号の2まで、

第20号若しくは第21号（訂正届出書の不提出等の罪）、第203条第3項（金融商品取引業者等の役職員に対する贈賄罪）若しくは第205条第1号から第6号まで、第19号若しくは第20号（特定募集等の通知書の不提出等の罪）の罪、金融機関等の更生手続の特例等に関する法律（平成8年法律第95号）第549条（詐欺更生罪）、第550条（特定の債権者等に対する担保の供与等の罪）、第552条から第555条まで（報告及び検査の拒絶等の罪、業務及び財産の状況に関する物件の隠滅等の罪、管財人等に対する職務妨害の罪）若しくは第557条（贈賄罪）の罪、民事再生法（平成11年法律第225号）第255条（詐欺再生罪）、第256条（特定の債権者に対する担保の供与等の罪）、第258条から第260条まで（報告及び検査の拒絶等の罪、業務及び財産の状況に関する物件の隠滅等の罪、監督委員等に対する職務妨害の罪）若しくは第262条（贈賄罪）の罪、外国倒産処理手続の承認援助に関する法律（平成12年法律第129号）第65条（報告及び検査の拒絶等の罪）、第66条（承認管財人等に対する職務妨害の罪）、第68条（贈賄罪）若しくは第69条（財産の無許可処分及び国外への持出しの罪）の罪若しくは破産法（平成16年法律第75号）第265条（詐欺破産罪）、第266条（特定の債権者に対する担保の供与等の罪）、第268条から第272条まで（説明及び検査の拒絶等の罪、重要財産開示拒絶等の罪、業務及び財産の状況に関する物件の隠滅等の罪、審尋における説明拒絶等の罪、破産管財人等に対する職務妨害の罪）若しくは第274条（贈賄罪）の罪を犯し、刑に処せられ、その執行を終わり、又はその執行を受けることがなくなつた日から2年を経過しない者

五　前号に規定する法律の規定以外の法令の規定に違反し、禁錮以上の刑に処せられ、その執行を終わるまで又はその執行を受けることがなくなるまでの者（刑の執行猶予中の者を除く。）

1　役員の欠格事由を定めた趣旨

　本条は金庫の役員（理事および監事。法32条1項）の欠格事由を定めている。このように、役員の欠格事由を定めているのは、役員と金庫の関係が委

任契約であり、個人的信頼関係が重視されるためであり、株式会社の取締役および監査役についても、同様の規定が設けられている（取締役について会社法331条1項、監査役についても同法335条1項において準用。ただし、「破産手続開始の決定を受けて復権を得ない者」は会社法では欠格事由とされていない）。

役員の資格については、本条のほか、法35条1項の兼職・兼業の制限、法32条4項の会員外理事の制限、法35条3項の監事に関する制限がある。

2 各欠格事由の内容

⑴ 法人（法34条1号）

金庫の役員は個人としての経営能力を評価され、人的信頼関係に基づき就任するものである。また、役員は日常の金庫の運営を担当するものであり、自ら現実の業務執行を行わなければならないため、政策的な観点から、法人を欠格事由として定めており、自然人しか役員には就任できない。

かつて、法人が株式会社の取締役に就任できるか争いがあり、旧商法においては明文規定がなかったため、学説においては争いがあったが（外国では法人の取締役資格を認める例が少なくないこと、我が国においても、持分会社の無限責任社員に法人がなることを認めていること、法人に会計監査人、更生管財人等の資格が認められていることから、立法論として、少なくとも閉鎖型のタイプの会社については、法人の取締役資格を認める余地があるとする見解がある（江頭『株式会社法』385頁））、会社法331条1項1号においても、法人が欠格事由として明文化され、信用金庫法においても平成17年改正において明文化されている。

⑵ 破産手続の開始を受けて復権を得ない者（法34条2号）

破産手続開始決定は委任の終了事由（民法653条）とされているため、理事等役員の就任中に破産手続開始決定を受けた場合は、委任契約が終了し、当然に退任となる。

なお、最一小判昭42.3.9（民集21巻2号274頁・金法475号25頁）は、取締役の果たすべき重大な責任から、破産者はその資力の点でこのような責任を果

たすに適さず、取締役たる地位と相容れないところであり、いったん破産者となった者はたとえ取締役に選任されたとしても復権しない限り取締役たり得ないと判示し、平成17年改正前商法254条ノ2第2号においても同様の欠格事由が定められていた。

しかし、特に中小企業の破産の場合、経営者が会社の債務につき個人保証をした結果、経営者自身も破産に追い込まれるケースも多い。このため、そのような破産者に再度の経済的再生の機会をできるだけ早期に与えることが、国民経済上有益であるとの観点に基づき、破産手続の開始を受けて復権を受けない者は、平成17年の会社法制定時に欠格事由から除外された（相澤ほか編著『論点解説新会社法』280頁）。

本条は平成17年以降も改正が繰り返されているが、会社法と異なり、その後も欠格事由として残っている。金庫においては、役員が金庫の債務について個人保証することが一般に想定されないためである。よって、復権によって完全な能力者となるが（破産法255条、256条）、復権しない限り、役員に就任することができない。

⑶　成年被後見人もしくは被保佐人等（法34条3号）

成年被後見人とは、精神上の障害により事理を弁識する能力を欠く常況にある者であり、後見開始の審判を受けた者をいう（民法7条、8条）。また、被保佐人とは、精神上の障害により事理を弁識する能力が著しく不十分である者であって、保佐開始の審判を受けた者をいう（同法11条、12条）。

理事は意思能力を有すれば、行為能力を有しなくても理事となり得ると解されてきたが、成年被後見人および被保佐人は財産管理能力に乏しいため、理事としての欠格事由として法定されたものである。

また、後見開始の審判は委任の法定終了事由（民法653条）とされているが、信用金庫法においては、被保佐人や外国の法令上これらと同様に取り扱われている者についても欠格事由を拡大したものである。

なお、被補助人については欠格事由とされておらず、また被後見人等と同じく制限行為能力者である未成年者については、営業の許可を得ることにより成年者と同様の能力を認められることもあり、欠格事由として法定されて

いない。

⑷　**本法（信用金庫法）、会社法、一般社団・財団法人法、金融商品取引法、破産法・民事再生法等の倒産処理手続に関する法律に定める特定の罪を犯し、刑に処せられた者（法34条4号）**

役員と金庫との関係は委任契約であり、個人的信頼関係が重要であり、信用金庫法のほか、会社法など企業秩序に違反する罪を犯した者については、役員たる資格を認め難いため規定されたものである。

罰金刑に処せられた者や刑の執行猶予中の者も欠格者とされ、また、刑の執行を終わりまたはその執行を受けることがなくなった後も2年間は欠格者とされる。

もっとも、執行猶予判決付の判決を受けた者が、これを取り消されることなく執行猶予期間を満了すれば、その時点で刑の言渡しが効力を失うため（刑法27条）、その満了の時から欠格事由は消滅する。

⑸　**上記⑷以外の法令の規定に違反し、禁錮以上の刑に処せられた者**

上記⑷以外の法令の規定に違反し、禁錮以上の刑に処せられ、その刑の執行が終わるまで、またはその執行を受けることがなくなるまでの者（刑の執行猶予中の者を除く）は欠格事由とされている。実刑判決を受け、刑務所に服役中の者などが典型例である。

3　欠格事由該当の効果

欠格事由の該当性については十分に確認する必要があり、仮に当該者を役員に選任しても、当該選任決議は内容が法令違反に該当し無効であり、仮に当該者が役員への就任を承諾しても、役員とはならない。

また、役員が本条で定める欠格事由に該当するに至った場合には、役員の「資格」としての性質上、資格喪失によりその時点で当然に退任すると解される（明田『農協法』361頁も同旨）。

第35条

4 定款による資格制限

　法律（信用金庫法）で定める欠格事由以外に、定款で役員の資格を制限することができるか問題となるところ、法の趣旨や公序良俗に反しない合理的範囲であれば、定款自治の観点から可能と解される。

　問題となるケースとして、定款で役員の資格を日本人に限定することができるかという論点がある。この点、株式会社に関する裁判例であるが、名古屋地判昭46.4.30（下民集22巻3～4号549頁・判時629号28頁）は、上場会社の定款において、取締役の資格を日本人に限定した場合、取締役への被選任権が株主の固有権でないことを理由に、私法的自治ないし株式会社自治の範囲に属し、公序良俗に反するものではなく、有効と判示している。もっとも、近年経営のグローバル化が進み、特に外国人株主がいるような場合、外国人株主保護の観点から、このような制限については問題があるとの見解もある。地域金融機関たる信用金庫について、外国人が役員となることは少ないと思われるが、留意が必要である（定款例においてはこのような制限は加えていない）。

　その他、役員の資格を成年者に限定すること、役員の定年制を定めること、役員について住所により資格制限することなどが考えられるが、公序良俗に反せず、合理的な内容の制限として適法と解される（稲葉威雄ほか『実務相談株式会社法(3)〔新訂版〕』（商事法務・1992年）7頁）。

第35条　兼職又は兼業の制限

（兼職又は兼業の制限）

第35条　金庫を代表する理事（以下「代表理事」という。）並びに金庫の常務に従事する役員（役員が法人であるときは、その職務を行うべき者）及び支配人は、他の金庫若しくは法人の常務に従事し、又は事業を営んではならない。ただし、内閣総理大臣の認可を受けたときは、この限りでない。

第35条

2 内閣総理大臣は、前項の認可の申請があつたときは、当該申請に係る事項が当該金庫の業務の健全かつ適切な運営を妨げるおそれがないと認める場合でなければ、これを認可してはならない。

3 監事は、理事又は支配人その他の職員と兼ねてはならない。

1 代表理事等の兼職・兼業の禁止（法35条1項・2項）

(1) 兼職等禁止の趣旨（1項）

　社会経済において、金庫が重要な機能を担い、国民大衆に大きな影響を与えることや、代表理事等が他の法人の業務に従事する場合、預金者の資金を当該法人に貸し付け（情実融資）、結果として金庫資産内容の悪化や信用失墜を招くおそれもあるので、金庫の職務に専念させ、迅速・適正な経営判断を遂行し得る業務執行体制を確立する必要がある。

　そこで、本項において代表理事ならびに金庫の常務に従事する役員（以下「代表理事等」という）および支配人の兼職等を禁止して、当該金庫の業務に専念させ（職務専念義務）、もって当該金庫の業務の健全かつ適切な運営を確保している。

　したがって、当該金庫の業務の健全かつ適切な運営を妨げるおそれがなければ、他の金庫または法人の非常勤役員等に就任することは制限されない。この点については、株式会社の取締役の競業の制限に関する会社法356条1項1号（理事について法35条の6において準用されていない）および支配人の競業の禁止に関する会社法12条（信用金庫の使用人について法40条2項において準用されている）参照。

　なお、法34条1号により法人が役員になることは禁じられており、1項に「（役員が法人であるときは、その職務を行うべき者）」とあるが、これが適用されることはなく、立法上の誤りである。

第4章　管理（第31条〜第52条の2）　209

⑵　要件の検討

a　常務に従事する役員および支配人

「常務に従事する役員および支配人」とは、日常かつ継続的に営業の実務を遂行している役員および支配人であり、一般的に役職では「専務」「常務」「常勤」などが付される役付の役員、あるいは実態として当該金庫に在籍して、金庫の業務が行われている間、自らの職務を果たしている者をいい、「常勤監事」もこれに当たる。これに該当するか否かは、当該者が担っている業務の内容・性質、金庫での地位・権限、指揮命令系統、業務の実態等個別の事情を総合考慮して判断される。

b　兼　　職

「他の金庫若しくは法人」とは、法人格の異なる金庫のほか、営利・非営利を問わず、あらゆる法人が含まれる。

c　兼　　業

「事業を営む」とは、代表理事等および支配人が自ら営む事業（営利の目的をもって同種の行為を反復継続的に行うこと）を指す。

⑶　認可を受けた場合

本来、金庫の代表理事等および支配人は、金庫業務に専念することが望ましいが、地域金融機関として各方面からの要請等により兼職または兼業をせざるを得ない場合もある。

そこで、内閣総理大臣の認可を受けた場合には、理事等の兼職または兼業が認められる（法88条、施行令10条の2第1項1号。認可申請の手続については、施行規則19条参照）。

⑷　兼職または兼業禁止違反の罰則

代表理事等および支配人の兼職または兼業の禁止（法35条1項）に違反した場合、100万円以下の過料に処せられることがある（法91条1項8号）。

2　監事の理事・支配人その他の職員との兼任禁止（法35条3項）

(1)　本条3項の趣旨

　監事は業務監査や会計監査を通じて理事を監督すべき地位にあり、独立の監査機関として信用金庫法に規定されているにもかかわらず、理事や支配人その他の職員を兼ねることは、自己監査となり、監事としての職務執行の公正さに疑義が生じる。

　そこで、金庫の業務執行の監査の主体と客体を分離し、監査の実効性を担保するため、本項が設けられた（株式会社の監査役の兼任禁止に関する会社法335条2項参照）。

　本項においては1項と異なり、「常務に従事する役員」といった限定は付されていないことから、非常勤監事であっても当該金庫の理事または支配人その他の職員と兼ねることはできない。ただし、非常勤監事は1項の「常務に従事する役員」に該当しないため、他の金庫もしくは法人の常務に従事し、または事業を営むことは差し支えない。

　なお、理事が自金庫の使用人を兼職することは差し支えないし、実務上も同一人との間で委任契約および雇用契約を締結するケースもみられる。

(2)　兼任禁止規定に反した場合の効果

　本条3項の兼任禁止規定に反した場合、選任決議自体が、欠格事由を有する者を選任した場合と同様、無効なのか、現職を辞任することを条件として効力を有し、新たな地位に就任することを承諾した場合、従前の職を辞任する意思表示をしたと解されるか問題となる。

　この点、監事に選任される者が兼任の禁止される従前の地位を辞任することは、総会における監事選任決議の効力発生要件ではなく、当該地位にある者が監事に選任され、その者が監事への就任を承諾した場合、従前の地位を辞任して監事に就任したものと解すべきである。

　株式会社において顧問弁護士を監査役に選任した事案に関する最三小判平元.9.19（金法1263号30頁）も、監査役に選任された者が就任を承諾したと

第4章　管理（第31条～第52条の2）　211

きは、監査役との兼任が禁止される従前の地位を辞任したものと解すべきであるが、仮に監査役就任を承諾した者が事実上従前の地位を辞さなかったとしても、監査役の任務懈怠による責任の原因となるのは格別、総会の選任決議の効力に影響を及ぼさないと判示している。

　前掲最三小判平元.9.19を前提とすると、逆に、監事の地位にある者が理事に選任され、その者が理事への就任を承諾した場合、監事を辞任したものと解するべきである（『信金法解説』165頁（注））。

　なお、事業年度の途中に開催された総会において、それまで理事であった者が監事に選任された場合（横滑り監事）、自己が理事であった期間につき自己を含む理事の職務執行を監査する「自己監査」の事態が生ずるが、かかる選任は許容されるものと解すべきである。この点、株式会社の横滑り監査役に関する東京高判昭61.6.26（金法1148号49頁）は、取締役であった者を監査期間の途中で監査役に選任しても違法とはいえず、当該監査役は未就任期間中についても監査適格を有すると判断している。

⑶　**兼任禁止違反の罰則**

　監事の兼任禁止（法35条3項）に違反した場合、100万円以下の過料に処せられることがある（法91条1項8号）。

Column　理事と総代の兼任

　法35条は理事の兼業・兼職を禁止しているが、同法においては、理事が信用金庫の総代を兼ねてはならないとする規定は存しない。

　また、信用金庫法においては、理事の定数のうち少なくとも3分の2以上は会員（会員が法人の場合は、当該法人の業務執行役員）でなければならないと規定しており（法32条4項）、総代会を設置しない信用金庫においては、理事が会員を兼ねることは当然に予定されることから、会員制組織という信用金庫の性質上、理事が総代を兼ねることを実務上避ける必要もないという見解もある（『5000講Ⅰ』206頁）。

しかし、理事は業務執行決定機関のメンバーであるのに対し、総代は、総代会のメンバーとして、会員を代表して理事会の業務執行の決定や理事の業務執行を監督する立場にあり、理事が総代を兼ねると、監督する立場とされる立場が同一人となり、それぞれの立場に矛盾が生じ、理事に対する総代の監視機能が十分機能しなくなるおそれがある。

また、総代会においては、理事の選任や理事の報酬の決定など、理事の利害に直接関係する事項を決定するため、会員の代表たる総代が理事を兼任している場合、自らの利益を捨象して会員の意思を反映させる行動をとれるかといった公平性への疑義も生じ得る。

以上より、理事と総代の兼任について、信用金庫法で直接禁止する規定はないものの、実務上は避けるべきである。

第35条の2　役員の任期

（役員の任期）

第35条の2　理事の任期は、2年以内において定款で定める期間とする。

2　監事の任期は、4年以内において定款で定める期間とする。

3　補欠役員の任期は、前2項の規定にかかわらず、前任者の残任期間とする。

4　設立当初の役員の任期は、第1項及び第2項の規定にかかわらず、創立総会において定める期間とする。ただし、その期間は、1年を超えてはならない。

5　第1項、第2項及び前項の規定は、定款によつて、第1項、第2項及び前項の任期を任期中の最終の事業年度に関する通常総会の終結の時まで伸長することを妨げない。

第35条の2

1　理事・監事の任期（法35条の2第1項・2項）

　本条は、役員の任期についての規定である。

　従前、信用金庫法は、理事および監事を区別せず、「役員」の任期を一律に2年とし、ただし、定款で3年以内において別段の期間を定めたときは、その期間とするものと規定していた。

　しかし、会社法におけるガバナンス強化の動きを受け、平成18年の「証券取引法等の一部を改正する法律」（金融商品取引法の制定）に伴う信用金庫法の平成18年改正により、項を分け、理事については最長2年と短縮され（法35条の2第1項）、他方で監事については監事監査の充実を目的とした地位強化・独立性担保の観点から、原則となる期間を最長4年に伸長する旨の改正がなされた（同条2項）。

　定款の規定によっても、2年（理事）または4年（監事）の上限期間を超えることはできないが、これらの期間内であれば、定款をもって任期を自由に定め得る。この点、株式会社の場合、取締役については定款または株主総会決議によって任期を短縮できる（会社法332条1項ただし書）のに対し、監査役については上記のような例外規定はなく、法定の任期を定款や株主総会決議によって短縮することは認められない（同法336条、332条1項ただし書。江頭憲治郎＝中村直人編著『論点体系会社法(3)―株式会社Ⅲ（役員等・計算）』（第一法規・2012年）29頁）のと異なる。もっとも、平成18年改正の趣旨からすると、監事の任期を定款で短縮する場合には合理的な理由が求められる。

　任期の計算は民法で定めた期間計算の方法による（民法138条以下）。したがって、任期の計算にあたり、初日は不算入でその翌日から計算し、任期満了の応当日までとなる。

2　補欠役員の任期（法35条の2第3項）

　補欠役員とは、任期の途中で退任した役員の補充として選任される役員であり、補欠役員として選任された場合、前任者の残任期間が任期となる。

　これは、補欠として選任された役員と他の在任中の役員の任期の終期を揃え、全役員につき同時に改選決議を行い、任期満了に伴う改選の煩雑さを避

けることにある（株式会社において補欠として選任された監査役の任期に関する
会社法336条3項参照）。

　なお、定款例においては、補欠として選任された役員のほか、（役員の任
期の途中において）新たに増員のため選任された役員の任期も、定款によっ
て既存役員の残任期間に合わせている（定款例20条2項）。

3　設立当初の役員の任期（法35条の2第4項）

　本条4項の趣旨は、設立当初の役員は、その適格性が十分判断された結果
選ばれたものではないため、早期に会員や総代の信任を問う機会を与えるこ
とにある。

4　任期の伸長（法35条の2第5項）

　役員の選任は通常総（代）会で行われることが一般的であるところ、その
会日は毎年一定の日ではなく、通常総（代）会が役員の任期を超えて開催さ
れることがあり得るため、役員の任期は、定款によって任期中の最終の事業
年度に関する通常総（代）会の終結の時まで伸長することができることと
し、実務上の要請に応えることとしたものである（定款例20条1項は本項に基
づく伸長を前提としている）。株式会社の取締役および監査役の任期に関する
会社法332条1項、336条1項は、法文において、最終の事業年度に関する定
時株主総会の終結時までとしているが、信用金庫においては伸長ができると
いう規定をしたものである。

　このように、任期伸長を認めることにより、通常総（代）会において決算
関係書類を承認するにあたり、当該事業年度末まで金庫の業務の執行を担当
した役員に説明を担当させることができるというメリットも存在する。

　年によって会日が異なるため、例えば理事の任期を2年と定めている場
合、任期が2年を若干下回るケースもあり得るが、理事の任期は「2年以内
において定款で定める」とされていることから、本条に反しない。

　なお、任期伸長規定が存在すると、任期中に到来する最後の決算期に関す
る通常総（代）会が定款所定の時期までに開催されない場合、役員の任期の
満了時期が不明確となるようにも思われる。しかし、定款規定は決算期後所

定の時期に通常総（代）会が開催される通常の事態を想定しているのであり、定款において、通常総（代）会を開催すべき期限の定めがあり、当該期限内に開催されない場合には、当該期限の経過によって当然に任期が終了すると解され（横浜地決昭31.8.8下民集7巻8号2133頁・判時87号17頁、岡山地決昭34.8.22下民集10巻8号1740頁。東京高決昭60.1.25判時1147号145頁は、定時総会が開催されたものの、紛糾して決議に至る見通しが立たない場合に、前記のそもそも総会が開催されない場合と同様、任期が満了すると判断したものである）、登記実務（昭28.10.24民事甲第2007号民事局長回答）も同様に解している。よって、任期伸長規定によって任期が不明確となるものではない。

Column　役員の終任

　役員の終任については信用金庫法で直接規定していないが、民法の委任の規定に関するところであり（法33条、民法643条）、下記のとおりである。

1　任期の満了

　任期が満了した場合である。

2　辞　任

　役員と金庫との関係は委任に関する規定（法33条、民法643条以下）に従うことから、役員は理由のいかんを問わず、いつでも辞任（委任契約を解除）することができ（民法651条1項）、辞任によって役員は終任する。辞任は、金庫に対する一方的な意思表示によって可能であり、金庫の承諾や総（代）会の議決を必要としないが、以下の例外ないし制限がある。

　まず、金庫にとって不利益な時期に辞任したときは、病気などのやむを得ない事由のない限り、金庫が被った損害を賠償しなければならない（民法651条2項）。

　次に、辞任した場合であっても、金庫の業務に急迫の事情があるときは、後任者が任務に就くまで必要な処理をする義務（応急処分義務）がある。

　さらに、役員の辞任によって、定款に定めた役員の定数の下限の員数を欠くに至ったときは、新任の役員が就任するまで職務を処理する義務（残任義

務）がある（法35条の３）。

　なお、監事の辞任は自由な意思に基づき行うのが本来であるが、自らの意思によらない辞任も想定されることから、監事が任期途中で辞任した場合は、その者の辞任後、最初に招集される総（代）会に出席して、辞任した旨およびその理由を述べることができるなどの措置がある（後記**第35条の７**、会社法345条２項参照）。

3　委任の終了および欠格事由の発生

　役員は、委任の終了原因である役員の死亡または破産（法33条、民法653条１号・２号）、欠格事由の発生（法34条）によって終任する。

4　解　任

　解任された場合である。

第35条の3　役員に欠員を生じた場合の措置

（役員に欠員を生じた場合の措置）

第35条の3　役員が欠けた場合又はこの法律若しくは定款で定めた役員の員数が欠けた場合には、任期の満了又は辞任により退任した役員は、新たに選任された役員が就任するまで、なお役員としての権利義務を有する。

1　本条の趣旨

　本条の趣旨は、任期満了または辞任により役員が退任した場合、遅滞なく後任者を選任すべきであるが、新役員が選任されるまでの役員の欠員により生じる業務上の不都合や混乱を回避するための一時的措置を講じることにある（株式会社の役員等に欠員が生じた場合の措置に関する会社法346条１項参照）。

　役員は退任によって、金庫との権利義務関係が消滅し、役員たる地位を喪失するが、本条の場合には法律上当然に、後任の役員が就任して定数を満た

第４章　管理（第31条〜第52条の２）　|　217

し、同一内容の権利義務関係が法律の規定によって新たに成立するまで、なお役員としての権利義務を有する。これは、退任した役員の「残任義務」を定めるものであり、役員の任期自体を伸長する規定ではない。また、この権利義務を有する者の地位は、委任関係に基づくものではなく、法律が特別に創設した地位であるから、辞任や解任はできないものと解される。

2　本条の適用範囲

　本条は、条文のとおり、「任期満了または辞任により退任」した場合にのみ適用され、その他の理由（役員の死亡、解任、欠格事由の発生、定款所定の資格の喪失、金庫の解散）により役員が欠けるなどした場合は、役員としての権利義務を付与するのが不可能（役員の死亡）であったり、不適切（解任、欠格事由の発生など）であったりするため、適用されない。

　「法律もしくは定款で定めた役員の員数が欠けた場合」としては、①全役員が退任した場合、②法律（法32条2項）で定めた役員の最低員数（理事につき5名、監事につき2名）に満たなくなった場合、③定款で役員の員数の下限を定めている場合、これに満たなくなった場合が考えられる。

　数人の役員が「同時に」任期満了または辞任により退任して欠員が生じた場合、退任につき順位を付すことはできないから、退任した役員全員について権利義務が継続すると解される（昭37.8.18民事甲第2350号民事局長回答。会社法346条1項の解釈について、上柳ほか編著『新版注釈会社法(6)』84頁〔浜田道代〕）。また、このような場合で、欠員の一部について後任が選任されて就任したものの、なお最低の員数に満たない場合、新たに就任した役員に加え、退任役員全員に権利義務の継続を認めると、定款所定の上限の員数を超えることもあり得るが、退任した役員全員について権利義務が継続するものと解される（大決大15.12.10法律新聞2650号10頁、昭30.4.28民事甲第547号民事局長回答）。

3　継続する権利義務

　前記のとおり、権利義務が継続する者の地位は、委任関係に基づくものではなく、法律が特別に創設した地位であるが、役員としての権利義務に特段

の制限はなく、善管注意義務や忠実義務を負担し、利益相反規制（取締役の利益相反取引について、大阪地判昭42.11.17判時523号75頁）なども受けると解される。

ただし、後任の役員が長期間選任されなかったり、選任されなかったりする理由によっては、役員の原則どおりの権利義務を認めることができない場合もあり得る（取締役の第三者責任について、東京高判昭63.5.31金法1220号27頁）。

第35条の4　忠実義務

> **（忠実義務）**
> **第35条の4**　理事は、法令及び定款並びに総会の決議を遵守し、金庫のため忠実にその職務を行わなければならない。

1　本条の趣旨

本条は、理事の法令および定款ならびに総会の決議の遵守義務、ならびに忠実義務を定めており、会社法355条の忠実義務と同様、理事がその地位を利用し、金庫の利益を犠牲にして自己または第三者の利益を図ってはならない義務を指す。

2　忠実義務と善管注意義務の関係

金庫と理事との関係は委任に関する規定に従うため（法33条）、理事は金庫に対して善管注意義務を負う（民法644条）。

この善管注意義務と忠実義務の関係が問題となるところ、取締役の忠実義務について、最大判昭45.6.24（民集24巻6号625頁・金法585号16頁〔八幡製鉄政治献金事件上告審判決〕）は、「商法254条ノ2の規定は、同法254条3項、民法644条に定める善管義務を敷衍し、かつ、一層明確にしたにとどまり、

通常の委任関係に伴う善管義務とは別個の、高度な義務を規定したものではない」と判示しており、これが通説となっている（同質説）。これによると、忠実義務の規定の存在意義は、委任関係に伴う善管注意義務を取締役につき強行規定とした点に認められる（江頭『株式会社法』435頁）。

これに対して有力説を前提とすると、善管注意義務（duty of care）が、理事が職務執行にあたって尽くすべき注意の程度に関する義務であるのに対し、忠実義務（duty of loyalty）とは、理事がその地位を利用し、金庫の利益を犠牲にして自己または第三者の利益を図ってはならないとするものであり、両者は異質のものであるとする（北沢『会社法』412頁、加美『会社法』308頁など）。

通説・判例によれば、利益相反取引規制（法35条の5）は法律（信用金庫法）が特別に定めた不作為義務と解されるのに対し、有力説によれば、利益相反取引規制は忠実義務の典型例となる。

なお、監事は金庫の業務執行機関ではないので、忠実義務の条文自体の適用はない。

【理事の主な権限と義務】

1　理事の権限

①　理事会の構成員として理事会に出席し、業務執行等の決定に参画（法36条3項1号）

②　他の理事の職務執行の監督（法36条3項2号）

③　理事会の招集（法37条4項、会社法366条1項）

2　理事の義務

①　善管注意義務

②　忠実義務（法35条の4）

③　兼業および兼職の禁止（法35条）

④　総（代）会における説明義務（法48条の4）

⑤　定款、会員名簿、理事会の議事録、総（代）会の議事録、計算書類等の作成・備置き・閲覧等の義務

⑥　内部統制システム構築義務

第35条の5　金庫との取引等の制限

（金庫との取引等の制限）

第35条の5　理事は、次に掲げる場合には、理事会において、当該取引につき重要な事実を開示し、その承認を受けなければならない。

一　理事が自己又は第三者のために金庫と取引をしようとするとき。

二　金庫が理事の債務を保証することその他理事以外の者との間において金庫と当該理事との利益が相反する取引をしようとするとき。

2　民法（明治29年法律第89号）第108条（自己契約及び双方代理）の規定は、前項の承認を受けた同項第1号の取引については、適用しない。

3　第1項各号の取引をした理事は、当該取引後、遅滞なく、当該取引についての重要な事実を理事会に報告しなければならない。

1　利益相反取引（法35条の5第1項）

⑴　利益相反取引の規制の趣旨

　本条において、理事または金庫が利益相反取引をするときは、事前に理事会の承認を受けなければならないことが定められている。株式会社の取締役の利益相反取引の制限に関する会社法（356条1項2号・3号、2項、365条参照）と同趣旨の規定である。

　金庫に対して忠実義務（法35条の4）を負っている理事が個人の利益を優先し、金庫の利益を害するおそれがあるため、利益相反取引について、理事会に付議した上で利害関係を有しない理事や監事に監視・監督させ、金庫の利益を害する事態を予防することを目的としている（旧商法265条について、

第4章　管理（第31条～第52条の2）　221

最大判昭43.12.25民集22巻13号3511頁・金法533号23頁参照）。

　なお、監事については業務執行を行う権限がないため、理事と異なり、利益相反取引の制限についての規定がない。

⑵　利益相反取引の類型

　本条に規定する規制の対象となる利益相反取引としては、直接取引（法35条の5第1項1号）と間接取引（同項2号）の2類型がある。

　a　直接取引

　直接取引とは、理事が金庫から借入れをするなど、金庫と理事が直接取引を行うものである。

　すなわち、理事が自金庫を相手方として「自己または第三者のために」行い、理事と金庫の利益が相反する取引であり、形式的に自己の名義において、または第三者を代理・代表して取引することを意味し、実質的に自己または第三者の利益のためではない（龍田『会社法』76頁）。

　理事が自ら当事者として金庫と取引を行う場合のみならず、金庫の取引の相手方（個人および法人を含む）の代理人や代表者として金庫と取引をする場合も含まれる。

　b　間接取引

　金庫が理事の債務を保証するなど、金庫が第三者（理事自身や理事が代理または代表する者を含まない）と取引する際に、金庫と理事の間に利益相反関係が生じる場合にも理事会の承認が必要であり、このような取引を「間接取引」という。

　直接取引のみならず間接取引も規制対象としているのは、理事が金庫の利益の犠牲のもとに、自己または第三者の利益を図るおそれがある点で変わりはないからである。

　金庫と理事との間の利益相反関係について、金庫が第三者と取引をする場合において、直接取引と同程度に金庫に損害をもたらす危険性があれば、金庫と理事の利益が相反するといえる。

　具体的には、金庫が理事の債務を保証する取引、金庫が理事の債務を引き受ける取引、理事の債務について金庫が担保を提供する（物上保証）取引等

が挙げられる。

(3)　例外的に承認を得る必要のない取引

　形式的には理事と金庫の取引であっても、類型的にみて金庫に損害を及ぼすおそれがない以下の取引については、直接取引に当たらず、理事会に付議する必要はない。

①　金庫に損害を与えるおそれのない取引

　　例えば、理事による負担付でない金庫への贈与、理事または金庫による債務の履行、金庫への理事による無担保・無利息の金銭の貸付などである。

②　金庫と完全子会社の取引

　　完全子会社の場合、当該子会社の利害得失は実質的には完全親会社たる金庫の利害得失を意味するため、両者の間に利益相反がない。

③　理事が金庫との間で普通取引約款に基づき取引をなしたときのように、契約内容が定型化されていて理事や金庫に裁量の余地がない場合

　　理事と金庫との間の定型的取引（預金契約等の普通取引約款による定型的取引など、取引の相手方が誰であっても同じ条件で行われる取引）等が挙げられる。

(4)　規制対象となる主体

　本条において、理事または金庫が利益相反取引をするときは、事前に理事会の承認を受けなければならないなど、金庫と理事との取引について規制をしている。

a　理　　事

　信用金庫法においては、利益相反取引規制の対象となる「理事」について、特に制限を設けていない。よって、職員外理事や使用人兼務理事などを含め、また常勤・非常勤の別を問わず、金庫の理事の地位にある者はすべて対象となる。

　次に理事就任前の取引については、金庫の利益を損ねるおそれはないから、取引時に理事会の承認は必要ないし、取引後理事就任時にも理事会の承

認は必要ない（取締役候補者についても、最三小判昭47.4.4民集26巻3号373頁・金法652号30頁は、規制の対象となる取締役には含まれないとしている）。

　b　監　　事

　信用金庫法において、金庫と監事との取引については規制をしていない。監事は業務執行に関する意思決定に関与しないため、規制の対象とする必要がないためである。

　よって、金庫が監事に対して貸付を行う際、理事会の承認を得る必要はない。

　もっとも、監事についても、善管注意義務を負う以上、金庫よりも自己の利益を優先してはならないことは当然であり、これによって金庫に損害が生じたような場合には、監事らも善管注意義務違反の責任を負う可能性がある。

　c　親族との取引

　本条が利益相反取引として規制対象としているのは、「理事」との取引であり、理事の親族とはいえ、理事とは別人格であることから、法文上は理事会の承認が必要ないようにも思われる。

　しかし、理事と同居し、生計を同一にしている配偶者や子と取引を行う場合、理事が親族の名義を利用し、理事と行う直接取引と同様、金庫の利益が害されるおそれがある。

　よって、理事と生計を同一にしている理事の子に対して貸付を行う場合、理事会の承認を得ることが望ましいといえる。なお、仙台高決平9.7.25（判時1626号139頁）は、会社が当事者となっている生命保険契約において、受取人を会社から取締役の妻に変更する場合、取締役の承認を要するものとしている。

　また、理事と生計を同一にしていない親族との取引であっても、貸付の内容や条件によっては、理事の善管注意義務違反として金庫に対する損害賠償責任を負う場合もあり得るから、利益相反取引規制が適用されない場合であっても、親族名義を濫用し、善管注意義務違反となるような場合には取引を差し控えるべきである。

⑤ 理事会での承認等の手続

a 重要な事実の開示

利益相反取引をしようとする場合には、理事会において、その取引につき重要な事実を開示し、その承認を受けなければならない（法35条の5第1項柱書）。

「重要な事実」とは、その取引について金庫が承認すべきか否かの判断をするために必要な事実を意味する。借入れの場合は借入者、金額、利率、借入日、借入目的等が該当すると考えられる。間接取引の場合には、これらに加えて、債権者や金庫が負うこととなる債務の内容や主債務者の返済能力（保証契約の場合）等についても開示する必要がある。

b 理事会の承認手続

理事会の承認決議は、議決に加わることのできる理事の過半数が出席し（定足数）、その過半数をもって行う（法37条1項）。ただし、金庫の理事がその金庫から信用の供与を受ける場合における理事会の承認について、決議要件を通常よりも加重し、必要となる賛成数を通常の決議では出席理事の過半数であるところ、3分の2以上の賛成数を必要としている（法89条1項、銀行法14条2項）。これは、理事への貸付行為が理事間の馴れ合いで行われやすく、かつその行為が金庫に及ぼすおそれが類型的に高いため、金庫が情実貸出を行うことのないよう、より慎重な手続としたものである。

取引の相手方となる理事またはその取引につき利益相反関係にある理事は法37条2項に規定する「特別利害関係人」に当たり、定足数に算入されず、理事会の承認の議決に加わることはできない（法37条2項）。

承認手続は個々の取引について行うのが原則であるが（株式会社について、大判明37.6.21民録10輯956頁）、同種の取引が反復して行われるときは、取引の種類、数量、期間などを特定し、ある程度包括的に行うことも例外的に認められる。

c 承認の時期

理事会の承認は、原則として事前承認であるが、例外的に事後承認（追認）も認められ、その場合、利益相反取引は当初から有効となる。

理事会の承認を受けた場合、民法108条の適用はない（法35条の5第2項）。

2 違反の効果（法35条の5第2項）

前記のとおり、理事会の承認を受けた場合、民法108条（自己契約および双方代理）の適用はない（法35条の5第2項）。換言すると、理事会の承認を受けないでなされた取引は無効であるが、無権代理行為に準じて追認（理事会の事後承認）があれば有効となる。

また、理事会の承認なしになされた取引も絶対的に無効ではなく、金庫は当該理事に対しては無効を主張できるが、第三者に対しては、その者の悪意（承認決議がないことを知っていたこと）を証明した場合に限り、無効を主張し得る（相対的無効説）。これは、金庫の利益保護と第三者の取引保護のバランスを図るためのものである。

3 報告義務（法35条の5第3項）

(1) 取引後の事後報告

利益相反取引を行った理事は、その取引後遅滞なく、取引に関する重要な事実を理事会に報告する義務がある（法35条の5第3項）。

「取引に関する重要な事実」とは、取引が金庫に及ぼす影響を判断する上で必要な事実であり、金庫の承認を得る際に開示が求められる重要な事実と同程度の事項である。

報告を行う義務を負う「利益相反取引を行った理事」とは、直接取引においては金庫の相手方の理事および金庫側を代表した理事であり、間接取引については金庫を代表した理事となる（すなわち、理事会の承認決議に従って実際に取引を行った理事である）。

(2) 定期的な事後報告

理事会の承認を受ける際に開示した重要な事実に重大な変更がない場合には、その各事実について変更のないことを定期的に報告すれば足りる。ただし、開示した重要な事実に重大な変更を生じたときは、遅滞なくその事実を

報告しなければならない。さらに、その変更が理事会の承認判断の基礎に変動を生じさせるようなものであれば、改めてその事実を開示して理事会の承認を受ける必要がある。理事会への報告の頻度は、理事が職務執行の状況を報告する「3月に1回以上」（法36条6項）が目安になる。

4 理事の責任

(1) 理事会の承認を得ないで行われた利益相反取引

利益相反取引規制に違反して理事会の承認を得ずに取引がなされた場合には、それ自体が法令違反行為であり、理事の任務懈怠に該当する。よって、利益相反取引によって金庫に損害が生じた場合には、理事は金庫に対して損害賠償責任を負う（法39条1項）。

直接取引の場合、上記の損害賠償責任は、金庫の取引の相手方である理事と金庫を代表して利益相反取引を行った理事が連帯して負い（法39条の3）、間接取引の場合、金庫を代表してその間接取引を行った理事が負う。

(2) 理事会の承認を得て行われた利益相反取引

利益相反取引により金庫に損害が生じたときは、①利益相反取引を行った理事、②金庫がその取引をすることを決定した理事、③その取引に関する理事会の承認決議に賛成した理事は任務懈怠が推定される（法39条2項）。よって、これらの理事は、貸付実行時に十分な資料を収集して検討を行い、理事会決議で反対したなど、自らについて任務懈怠がないことを主張立証しない限り、損害賠償義務を免れない。

また、上記のとおり、理事会の決議に賛成した理事も任務懈怠が推定されることから、検討の結果、賛成することができないと判断するときは、明確に反対の意見を表明し、かつ、これを理事会議事録にとどめることが必要となる。

(3) 免責の可否

任務懈怠が認められた理事の責任については、総会員の同意がなければ免

第35条の6

除することができないが、職務を行うにつき善意かつ無重過失のときは、報酬等を基準とする責任軽減の対象となる（法39条3項〜7項）。

　ただし、直接取引を自己のためにした理事の、その取引による金庫に対する損害賠償責任は無過失責任となり、自らに帰責事由がないことを主張して責任を免れることができず、任務懈怠責任の一部免除も認められない（法39条8項・9項）。

第35条の6　理事についての会社法の準用

> **（理事についての会社法の準用）**
> **第35条の6**　理事については、会社法第357条第1項（取締役の報告義務）、第360条第1項（株主による取締役の行為の差止め）並びに第361条第1項及び第4項（取締役の報酬等）の規定を準用する。この場合において、同法第357条第1項中「株主（監査役設置会社にあっては、監査役）」とあるのは「監事」と、同法第360条第1項中「株式を有する株主」とあるのは「会員である者」と、「著しい損害」とあるのは「回復することができない損害」と読み替えるものとするほか、必要な技術的読替えは、政令で定める。

　法35条の6は、理事について会社法の規定を準用している。法35条の6において準用している規定を信用金庫法に合わせて読み替えた規定は以下のとおりである。

1　監事に対する理事の報告義務（法35条の6、会社法357条）

> **（理事の報告義務）**
> **会社法第357条**　理事は、金庫に著しい損害を及ぼすおそれのある事実があることを発見したときは、直ちに、当該事実を監事に報告しなければならな

い。

　法35条の6で準用する会社法357条は、信用金庫に著しい損害を及ぼすおそれのある事実を発見した際の、理事の監事に対する報告義務を定めたものである。

　この規定は、監事による報告請求権および業務・財産調査権から一歩進んで、重要な事実について監事の報告請求を待たずに、理事に自発的に報告すべき義務を負わせ、監事による実効性のある対応を可能にしようとするものである。

　「金庫に著しい損害を及ぼすおそれのある事実」の「著しい損害」とは、その損害の質および量において著しいことを意味し、理事の法令・定款違反行為によって生じる損害について、損害賠償その他の措置により回復可能であるかを問わないと解されている（上柳ほか編代『新版注釈会社法(6)』464頁〔鴻常夫〕）。

　具体的には、金庫の経営に直接または間接的に影響を及ばす社会的事件（不祥事件や大口倒産等）、あるいは訴訟事件、風評被害等による経営に多大な影響を及ぼすおそれを発見したときや、金庫に重大な信用失墜を生じるおそれがあるときなどであり、理事の違法性に起因するか否かを問わない。また、理事が利益相反取引をし、それによって金庫が著しい損害を被るおそれがあるときなどもこれに含まれる。

　なお、現に著しい損害を及ぼしている事実がなくても、そのような損害を将来発生させるおそれのある事実であれば、理事はその事実について監事に報告する義務があるといえる。

　法35条の6で準用する会社法357条に違反し、理事による報告の懈怠や遅滞があった場合、報告義務者である理事は、任務懈怠に基づく責任を金庫または第三者に対して負う（法39条1項、39条の2）。

第35条の6

2 会員による理事の行為の差止め（法35条の6、会社法360条）

> **（会員による理事の行為の差止め）**
>
> **会社法第360条**　6箇月（これを下回る期間を定款で定めた場合にあっては、その期間）前から引き続き会員である者は、理事が金庫の目的の範囲外の行為その他法令若しくは定款に違反する行為をし、又はこれらの行為をするおそれがある場合において、当該行為によって当該金庫に回復することができない損害が生ずるおそれがあるときは、当該理事に対し、当該行為をやめることを請求することができる。

　理事が職務を行う際に違法行為等を行い、金庫に損害を与えた場合、金庫に対して損害賠償責任（法39条1項）を負うが、事後的な損害賠償では十分な救済が受けられない場合があるため、未然に防止することを目的とした規定である。

　信用金庫法においては、このような理事の違法行為（「金庫の目的の範囲外の行為その他法令若しくは定款に違反する行為をし、又はこれらの行為をするおそれがある場合」）に対する監督の措置として、監事にも違法行為差止請求権を付与しているが（法35条の7、会社法385条）、これが十分に機能しない場合のために、会員にも違法行為差止請求権を付与したものである。

　なお、監事による違法行為差止請求権の要件が「著しい損害」（その損害の質および量において著しいことを意味し、損害回復の可能性の有無は問題とならないと解される（上柳ほか編代『新版注釈会社法(6)』464頁〔鴻常夫〕））であるのに対し、本条では会社法360条1項における「著しい損害」を「回復することができない損害」と読み替え、より要件が厳格となっている。これは、理事の違法行為については、理事の職務執行の監督の職務を有する監事が第一次的には差止請求権を行使すべきであり、理事の違法行為により金庫に回復することができない損害が生ずるような重大な場合に、会員にも差止請求権を認めたものである。

第35条の6

3 理事の報酬等の決定（法35条の6、会社法361条1項）

（理事の報酬等）

会社法第361条 理事の報酬、賞与その他の職務執行の対価として金庫から受ける財産上の利益（以下この章において「報酬等」という。）についての次に掲げる事項は、定款に当該事項を定めていないときは、総会の決議によって定める。

　一　報酬等のうち額が確定しているものについては、その額

　二　報酬等のうち額が確定していないものについては、その具体的な算定方法

　三　報酬等のうち金銭でないものについては、その具体的な内容

2、3　（略）

4　第1項第2号又は第3号に掲げる事項を定め、又はこれを改定する議案を総会に提出した理事は、当該総会において、当該事項を相当とする理由を説明しなければならない。

---

(1)　趣　　旨

　「報酬等」とは、報酬、賞与その他の職務執行の対価として金庫から受ける財産上の利益をいう（法35条の6、会社法361条1項）。

　理事の報酬等について、定款で定められていないときは、総（代）会の決議で定めなければならない（法35条の6、会社法361条1項、法49条5項）。定款で定める場合、特別決議が必要であり、かつ報酬等の額を変更する都度、厳格な定款変更手続を踏まなければならず、手続が煩雑である。そのため、定款で報酬等を定めることは少なく、通常は総（代）会の決議で決定している。

　本来、委任契約においては無償が前提であり、法35条の6で準用する会社法361条1項は例外的規定である。もともと、このような例外（特則）を設ける場合、金庫の業務執行といえるが、「お手盛り」の危険性があるため、

第4章　管理（第31条〜第52条の2）　231

第35条の6

理事の決定権限ではなく、定款または総（代）会の決議によるとしたものである。

　総（代）会に提出する議案は、理事と監事別々にその報酬等の総額を定めて提出することを要するが、両議案を一括上程して決議することもできる。

⑵　報酬等を定める場合の決議事項

　理事の報酬等については、定款でその金額が定められていないときには、以下の事項を総（代）会の決議で定めなければならない（法35条の6、会社法361条1項）。

a　報酬等のうち額が確定しているものについては、その額

　上記の「額」については、各理事の個別の報酬額までを定める必要はなく、理事全員の報酬総額（最高限度額）のみを総（代）会で定め、当該総額の範囲内での理事に対する配分を理事会に一任するか、あるいは理事会の決議において理事長等の決定に一任し、理事長などが決定することで足りる（最二小判昭31.10.5商事51号13頁、最三小判昭58.2.22判時1076号140頁）。

　その場合には理事会で配分を決定する必要があり、総（代）会において、総額（最高限度額）を定めずに額の決定や支払いを理事会に無条件で一任する決議をしても、無効である。

b　報酬等のうち額が確定していないものについては、その具体的な算定方法

　これは、主に業績連動型報酬などを想定した規定である。

c　報酬等のうち金銭でないものについては、その具体的な内容

　社宅の供与などが典型例であり、この場合、具体的内容として、例えば上限としての賃料またはその相当額について定めることになる。

⑶　使用人兼務理事の使用人給与分

　使用人兼務理事の使用人給与分が理事の報酬等に含まれ、総（代）会決議が必要か問題となる。

　この点、最三小判昭60.3.26（判時1159号150頁）を前提にすると、使用人として受ける給与の体系が明確に確立されており、使用人としての給与は当

該体系によって支払うこと、および総（代）会での報酬等の決議に際して使用人給与分が含まれていないことを明らかにすることを条件として、理事として受ける報酬に関する事項についてのみ総（代）会で決議しても脱法行為には当たらないと解される。

⑷ 理事の退職慰労金・死亡弔慰金

理事の退職慰労金および死亡弔慰金は、「報酬の後払い」と解されており、総（代）会の決議が必要である。

具体的には、①総（代）会の議案において支給総額の上限を記載して決議する方法と、②支給総額の上限額を明示せずに、退職慰労金規程などの一定の基準に従って決定することを理事会または監事の協議に委任する旨を議案に記載して決議する方法が想定される。②については、会社法の判例（大阪地判昭44.3.26（金法543号33頁）、東京地判昭63.1.28（金法1181号42頁）、奈良地判平12.3.29（金法1578号88頁））を前提にすると、(i)内規や慣行によって一定の支給基準が確立しており（明確性）、(ii)会員が当該基準を推知し得るような適切な措置を講じており（周知性・開示性）、またその内容がお手盛り防止の基準に合致するもの（合理性）であれば、総（代）会において具体的金額まで定めなくても、その支給金額・時期・方法について理事に関する部分については理事会の協議に委ねることが必要となる。また、理事会で内規一定の支給基準に従い、理事長の決定に一任することを決議することも可能である。

⑸ 理事の賞与

賞与は「職務執行の対価として株式会社から受ける財産上の利益」として整理されており（法35条の6、会社法361条1項）、役員報酬と同様、定款または総（代）会の決議によって決定され、支給される。

役員賞与を支給するにあたっては、①総（代）会で賞与の額（上限額）を決議し、毎期の支給額については決議しない方法（(i)「報酬等の額」に賞与を含め、報酬と賞与の合計額を決議する方法と、(ii)「報酬等の額」に賞与を含めず、「役員賞与の額」として別途決議する方法がある）、②総（代）会において、賞

与の額（上限額）を定めず、毎期、賞与の支給額を決議する方法、のいずれかによって対応する必要がある。

(6) 役員の報酬開示

　法135条3項において、信用金庫は、事業年度ごとに、預金者その他の顧客が当該信用金庫およびその子会社等の業務・財産の状況を知るために参考となるべき事項のうち重要なものを開示すべき努力義務が定められている。これを受け、「信用金庫法施行規則132条1項第6号等の規定に基づき、報酬等に関する事項であって、信用金庫等の業務の運営又は財産の状況に重要な影響を与えるものとして金融庁長官が別に定めるものを定める件」（平成24年金融庁告示第22号）3条1項において、信用金庫は、役員（信用金庫の常務に従事しない者を除くことができる）等について、事業年度ごとに、報酬等の体系や報酬等の総額を開示する努力義務を負う（施行規則135条3項）。

　また、信用金庫の常務に従事しない役員についても、信用金庫から高額の報酬等を受け、信用金庫の業務・財産の状況に重要な影響を与えるものについては、同様に開示の努力義務を負う。なお、非常勤の役員の報酬等が「高額」であるかどうかについては、上記告示等で具体的な基準は定められていないため、各信用金庫において、対象役員に対する報酬等の水準等にかんがみて、必要に応じて過去の実績率等を勘案して判断する必要がある。

　報酬の開示については、上記のとおり努力義務であるが、多くの信用金庫が開示している。

第35条の7　監事についての会社法の準用

（監事についての会社法の準用）

第35条の7　　監事については、会社法第345条第1項から第3項まで（会計参
　　　与等の選任等についての意見の陳述）、第381条（監査役の権限）、第382条
　　　（取締役への報告義務）、第383条第1項本文、第2項及び第3項（取締役会

への出席義務等）、第384条（株主総会に対する報告義務）、第385条（監査役による取締役の行為の差止め）、第386条第1項（第1号に係る部分に限る。）及び第2項（第1号及び第2号に係る部分に限る。）（監査役設置会社と取締役との間の訴えにおける会社の代表等）、第387条（監査役の報酬等）並びに第388条（費用等の請求）の規定を準用する。この場合において、同法第345条第1項中「会計参与の」とあるのは「監事の」と、同条第2項中「会計参与を辞任した者」とあるのは「監事を辞任した者」と、同条第3項中「第298条第1項第1号」とあるのは「信用金庫法第45条第1項第1号」と、同法第382条中「取締役（取締役会設置会社にあっては、取締役会）」とあるのは「理事会」と、同法第386条第1項中「第349条第4項、第353条及び第364条の規定にかかわらず」とあるのは「信用金庫法第35条の9第1項の規定にかかわらず」と、同条第2項中「第349条第4項」とあるのは「信用金庫法第35条の9第1項」と、同項第1号中「第847条第1項」とあるのは「信用金庫法第39条の4において準用する第847条第1項」と、同項第2号中「第849条第4項」とあるのは「信用金庫法第39条の4において準用する第849条第4項」と、「第850条第2項」とあるのは「同法第39条の4において準用する第850条第2項」と読み替えるものとするほか、必要な技術的読替えは、政令で定める。

　法35条の7は、監事について会社法の規定を準用している。法35条の7において準用している規定を信用金庫法に合わせて読み替えた規定は以下のとおりである。

1　監事の意見陳述権（総説）

（監事の選任等についての意見陳述）
会社法第345条　監事は、総会において、監事の選任若しくは解任又は辞任について意見を述べることができる。
2　監事を辞任した者は、辞任後最初に招集される総会に出席して、辞任した旨及びその理由を述べることができる。

> **3** 理事は、前項の者に対し、同項の総会を招集する旨及び信用金庫法第45
> 条第1項第1号に掲げる事項を通知しなければならない。

　監事の意見陳述権について定めたものである。なお、監事には、本条1項
および2項の意見陳述権のほか、監事の報酬等についての意見陳述権が認め
られている（法35条の7、会社法387条3項）。

2 監事の就退任に関する意見陳述権（会社法345条1項）

　監事が、監事の選任もしくは解任または辞任について、総（代）会に出席
して意見を述べることができること（法35条の7、会社法345条1項）を定め
ている。
　監事は別途、理事会における意見陳述権が認められているため（法35条の
7、会社法383条1項本文）、監事の選任または解任の議案が理事会で審議さ
れる際、意見を述べる機会がある。
　しかし、監事は理事会における議決権を有しないため、理事会において意
見を述べたとしても、これが反映されずに総（代）会に議案が上程されるお
それがある。このことは、監事の地位を不安定化させるものであるため、監
事の地位安定と独立性の保障・強化の観点から、監事の総（代）会におけ
る、監事の選任もしくは解任または辞任についての意見陳述権を認めたもの
である（法35条の7、会社法345条1項）。
　なお、辞任等をした監事のみでなく他の監事も、総（代）会において辞任
等をした監事について意見を述べることができる。

3 辞任した監事の意見陳述権（会社法345条2項）

　任期満了前に監事を辞任した者は、辞任後最初に招集される総（代）会に
出席して、辞任した旨およびその理由を述べることができることを定めてい
る（法35条の7、会社法345条2項）。
　辞任は、本来、自らの意思に基づいて行うべきものであるが、特に任期満
了前の辞任の場合、自らの意思によらないこともあり得る。そこで、監事が
任期途中で辞任した場合は、その者の辞任後、最初に招集される総（代）会

に出席して、辞任した旨およびその理由を述べることができることとし（法35条の7、会社法345条2項）、理事等から意に沿わない辞任を強制されることがないようにし、その地位の安定と強化を図ることを目的にしたものである。

　株式会社の場合、監査役が任期の途中で辞任する場合、定時株主総会終結時をもって辞任する形をとるケースが多い。その場合、臨時株主総会が開催されないとすると、次の定時株主総会が意見陳述の機会となり、辞任監査役に意見を陳述する機会を設けた趣旨が没却されかねないことから、実務上は、辞任時の株主総会で意見陳述する意思があるか否かを確認している。ただし、こうした場合でも、辞任した監査役は次に開催される株主総会で意見を陳述することができるので、当該株主総会を招集する旨およびその日時・場所を通知しなければいけないと解されている。金庫の監事の場合にも、法律の趣旨にかんがみて、意見陳述権を実質的に保障することが求められる。

4　総会招集手続（会社法345条3項）

　上記のとおり、辞任した監事には意見陳述権が認められていることから、その機会を保障するため、理事は、辞任した監事に対し、意見等を述べるべき総（代）会を招集する旨、ならびに総（代）会の日時および場所を通知しなければならない（法45条1項1号）。

5　監事の権限（総説）

（監事の権限）

会社法第381条　監事は、理事の職務の執行を監査する。この場合において、監事は、内閣府令（施行規則第21条）で定めるところにより、監査報告を作成しなければならない。

2　監事は、いつでも、理事及び支配人その他の使用人に対して事業の報告を求め、又は金庫の業務及び財産の状況の調査をすることができる。

3　監事は、その職務を行うため必要があるときは、金庫の子会社（信用金庫法第32条第6項に規定する子会社その他金庫がその経営を支配している

法人として内閣府令で定めるものをいう。）に対して事業の報告を求め、又はその子会社（信用金庫法第32条第6項に規定する子会社その他金庫がその経営を支配している法人として内閣府令で定めるものをいう。）の業務及び財産の状況の調査をすることができる。

4 前項の子会社（信用金庫法第32条第6項に規定する子会社その他金庫がその経営を支配している法人として内閣府令で定めるものをいう。）は、正当な理由があるときは、同項の報告又は調査を拒むことができる。

法35条の7で準用する会社法381条は、監事の職務および権限について定めている。まず、会社法381条1項前段は、監事の基本的な職務権限として、「理事の職務の執行を監査する」と定めており、監事が金庫の監査機関として、会計監査権限および業務監査権限を有することが導かれる。これを踏まえ、2項以下は具体的な権限を定めており、2項は理事等に対する事業報告請求権・業務財産調査権を、3項および4項は子会社（「信用金庫法第32条第6項に規定する子会社その他金庫がその経営を支配している法人として内閣府令で定めるもの」）に対する調査権を定めている。

なお、監事による監査の実効性確保のため、独立性が求められ、その担保のための手当がなされており、経営におけるガバナンス向上のための社会的要請から、監事の職務権限は拡大しつつある。

6　監事の職務権限（会社法381条1項）

(1)　業務監査と会計監査

理事の職務は、金庫の会計以外の業務に関する職務と、会計に関する職務に大きく分けることができる。これに対応し、監事は理事の職務を監査するために、業務監査権と会計監査権を有し、これと表裏一体のものとして、業務監査義務と会計監査義務を負っている。

監事の主な法令上の義務として、以下のものがある。

① 業務監査および監査報告の作成（法35条の7、会社法381条1項、施行規則21条）

② 計算書類および業務報告ならびにこれらの附属明細書の監査（法38条3項、38条の2第3項）

③ 理事会への報告（法35条の7、会社法382条）

④ 理事会への出席・意見陳述（法35条の7、会社法383条1項本文）

⑤ 総（代）会での報告・説明（法35条の7、会社法384条、法48条の4、施行規則47条）

⑥ 監査報告の内容の通知（施行規則27条、34条）

⑦ 総（代）会に提出する会計監査人の選任、解任または不再任に関する議案の決定（法38条の3、会社法344条1項・2項）

⑵ 適法性監査と妥当性監査

会社法における監査役の監査の範囲の議論と同様、監事の業務監査権について、「適法性監査」（理事について不正の行為または法令・定款違反の行為がないかの監査）を超えて、「妥当性監査」（理事の職務執行が妥当ないし合目的的かについての監査）にまで及ぶか否かという議論がある。

この点、監事に強い監査権限を認めるべきであるとして、広く妥当性監査にまで及ぶとする考え方も有力であったが、理事の職務執行についてはその裁量的判断に委ねられる部分が多く、妥当性については理事会の監督によりチェックすべきものであることから、監事の業務監査権は妥当性監査にまでは及ばないと解されていた。

しかし、理事の職務執行が「著しく不当」な場合については理事会への報告義務の対象とされていること（法35条の7、会社法382条）や、内部統制システムについての理事会の決定が相当でないと認めた場合もその旨を監査報告の内容とすること（施行規則26条5号）とされていることから、近年の通説としては、一定の範囲で妥当性監査にまで監査権限が及ぶと解されている。

---

7 理事等に対する報告請求権・金庫の業務・財産調査権（会社法381条2項）

監事は、いつでも理事および支配人その他の使用人（以下「理事等」とい

う）に対し、事業の報告を求め、または金庫の業務および財産の状況を調査することができる（法35条の7、会社法381条2項）。

これは、監事が業務監査権を遂行する上で、理事等から事業の報告を受けるなど、積極的に情報を求めることができるように付与された権限であり、監事の職務遂行上、基本的な権限である。

上記の「事業」は、金庫の事業全般と広範に解されている。監事は理事会に出席して報告を受け、情報収集をすることができるが、監査のため必要があれば、理事等に対して口頭または書面によって直接報告を求めるなど、能動的な情報収集・調査が可能となる。理事等は、監事から監査に必要な報告を求められた場合、守秘義務などを理由に報告を拒否することはできない。

また、監事は、理事等に対する報告請求のほか、自ら直接に金庫の業務および財産状況を調査する権限を有している。

理事等が監査に協力せず報告請求を拒絶し、あるいは調査を妨げるなどして、監事が監査のために必要な調査ができなかった場合には、その旨およびその理由を監査報告に記載することになっており（施行規則26条4号、31条4項5号）、理事等が監事の監査を妨げたり、非協力的なために監事が必要な資料を得られず、その結果、監査することができない事態が生じたりしたときは、監査報告にその事実を記載することになる（施行規則26条4号）。また、理事等の重大な違反行為として指摘すべき場合が生ずることもある（同条3号）。

8　子法人等調査権（会社法381条3項）

金庫の監事は、その職務を行うため必要なときは、子法人等に対し事業の報告を求め、または子法人等の業務および財産の状況を調査することができ（法35条の7、会社法381条3項）、正当な理由がなくこれを拒んだ子法人等の取締役等は、100万円以下の過料に処せられる（法35条の7、会社法381条4項、法91条2項）。

親会社である金庫と子法人等は別法人ではあるが、違法行為などを子法人等を利用して行うおそれもあること、子法人等を含めたグループ経営が重視されていることから、子法人等に対する調査権が定められた。

子法人等への調査権の行使については、「職務上の必要性」が要件とされているとおり、親会社（金庫）の理事の職務執行を監査することとの関係が必要であり、漫然と業務を全般的に調査することは認められない。金庫の監事が平素から関係部門を通じて子法人等の資料や情報を収集した上で、目的を明確にし、必要な範囲で直接調査権を行使することが必要である。

　なお、子法人等において生じる不祥事等は金庫に重大な損害を与え得ることから、監事は、内部統制システムが、金庫および子法人等において適切に構築・運用されているかに留意してその職務を執行するよう努めるとともに、金庫およびその子法人等から成る集団における監査の環境の整備にも努める必要がある。

9　子法人等による報告・調査の拒絶権（会社法381条4項）

　子法人等も法律上独立の法人であるため、正当な理由がある場合には監事の報告・調査を拒絶できることを定めている。

　「正当な理由」とは、「職務上の必要性」の要件を欠く場合や、社会通念上不適切な方法による権限濫用的な調査に限定されるか（前田『会社法入門』502頁）、あるいは子法人等側に秘密保持の必要性がある場合を含むか（上柳ほか編代『新版注釈会社法(6)』459頁〔谷川久〕）については争いがある。

10　理事会への違法行為の報告義務の趣旨

（理事会への報告義務）

会社法第382条　監事は、理事が不正の行為をし、若しくは当該行為をするおそれがあると認めるとき、又は法令若しくは定款に違反する事実若しくは著しく不当な事実があると認めるときは、遅滞なく、その旨を理事会に報告しなければならない。

　理事会は、業務執行を決定するとともに代表理事その他の理事の職務執行を監督する権限を有している。監事は、会計監査のみならず業務監査を行う権限を有するが、理事会に理事の違法行為等の是正措置を講ずる機会（理事

に対する行為の差止請求や代表理事の解任など）を与えるため、上記の業務監査権限に基づき、違法行為についての理事会への報告義務を定めたものである。

11 報告義務を負う場合

監事の報告義務は、①理事が不正の行為をし、もしくは当該行為をするおそれがあると認めるとき、または、②法令もしくは定款に違反する事実あるいは著しく不当な事実があると認めるときである。

上記②の法令違反には、信用金庫法等の個別の規定に違反する場合のみならず、善管注意義務や忠実義務といった一般的義務に違反した場合も含まれる。また、理事が積極的に不正行為をする場合のみならず、なすべき行為をしない（不作為の）場合、またはそのおそれがある場合も、この報告義務の対象となる。

法35条の7が準用する会社法381条は、会社法385条の違法行為差止請求権のように、金庫の損害の発生可能性（金庫に著しい損害を生じるおそれがある場合）を要件としておらず、上記違法行為差止請求権よりも広範となっている。その理由としては、会社法385条の違法行為差止請求権のように、直接的な違法行為の差止（抑止）を求めるものではなく、まずは理事会に報告をし、自主的是正措置を促して、違法行為等を早期に未然に防止することを目的としているためである。

監事が理事の違法行為等を認識しながら、これを理事会に報告しないと、監事の任務懈怠となる（法39条1項）。

監事の報告先は理事会となり、監事から報告を受けた理事会は、その監督権限を発動して適切な措置をとらなければならない。理事会が是正措置を怠ったために金庫に損害が生じたときは、監事の報告に対して適切な対応をしなかった理事全員が損害賠償義務を負うことになる。

| 12 | 理事会への出席義務と意見陳述義務（会社法383条１項本文）|

（理事会への出席義務等）

会社法第383条　監事は、理事会に出席し、必要があると認めるときは、意見を述べなければならない。

2　監事は、前条に規定する場合において、必要があると認めるときは、理事（信用金庫法第37条第４項において準用する会社法第366条第１項ただし書に規定する場合にあっては、招集権者）に対し、理事会の招集を請求することができる。

3　前項の規定による請求があった日から５日以内に、その請求があった日から２週間以内の日を理事会の日とする理事会の招集の通知が発せられない場合は、その請求をした監事は、理事会を招集することができる。

(1)　趣　　旨

　法35条の７で準用する会社法383条は監事の理事会への出席義務と意見陳述権を定めたものである。また、理事による不正行為等が発見されたにもかかわらず、理事会が開催されないために報告や意見陳述ができない場合を想定し、監事による理事会の招集に関する規定が定められている。いずれも、監事の理事会に対する監視強化を趣旨とするものである。

(2)　出席義務・意見陳述義務

　理事会における審議内容は、監事の監査対象として重要なものであるため、監事が出席し、理事会の議案を十分理解するとともに、必要な情報や資料を入手する必要があるため、出席義務が認められた。なお、監事の理事会への出席義務違反が、直ちに金庫に対する善管注意義務違反に該当するとは限らないが、交通の途絶、病気など、正当な理由がないにもかかわらず監事が理事会に出席せず、当該理事会において違法な決議がなされた場合には、監事の任務懈怠となり、金庫に対して損害賠償責任を負う場合がある。

第４章　管理（第31条〜第52条の２）　243

また、監事は、理事会へ出席することができるが、監事は理事会の構成員ではなく、議決権はないことから、意見陳述義務を認めたものである。監事は、理事会による違法または著しく不当な決議がなされるおそれがあるなど、「必要があると認めるとき」は、これを未然に防止すべく、違法性に関する意見を陳述しなければならない。

13 監事による理事会の招集請求と招集（会社法383条2項・3項）

(1) 理事会の招集請求（2項）

監事は、理事が違法行為をするおそれがあるときには、理事会に対して報告義務を負うが、理事会が開催されないと、当該義務を果たすことができない。そこで、報告義務を果たす場を確保するために、監事にも理事会招集請求権が与えられている。この場合の招集請求は、理事会の招集権者に対して行う。

この招集請求権は、「権利」として規定されているが、招集の必要がある場合に、本条に基づく請求を行うことは、監事の善管注意義務の内容をなすものと解される。

(2) 理事会の招集（3項）

監事から理事会の招集請求があったにもかかわらず、その招集権者が請求日から5日以内に、その請求があった日から2週間以内の日を会日とする招集通知を発しないときは、その請求をした監事は、自ら理事会を招集することができる（法35条の7、会社法383条3項）。この招集手続は、通常の理事会の招集手続と同様である。

監事の招集請求に応じて招集された理事会（会社法383条2項）も、監事が自ら招集した理事会（同条3項）も、理事会であることに変わりはないため、各理事には出席義務がある。

なお、監事が不正行為などを発見し、理事会に報告すべく、理事会を招集したにもかかわらず、定足数不足などによって理事会が開催されなかった場合、監事には報告する場がないこととなる。この場合、定足数を満たさな

かったことについて監事に責任があるものではないため、報告義務の懈怠とはならないが、例えば理事の違法行為を放置することにより、著しい損害が生じるおそれがある場合などについては、監事は理事の違法行為等の差止請求をするなど、代替措置を講ずる必要がある。

14 総（代）会議案の調査義務および総（代）会への報告義務

（総会に対する報告義務）

会社法第384条 監事は、理事が総会に提出しようとする議案、書類その他内閣府令（施行規則第22条）で定めるものを調査しなければならない。この場合において、法令若しくは定款に違反し、又は著しく不当な事項があると認めるときは、その調査の結果を総会に報告しなければならない。

⑴ 趣　　旨

　法35条の7の準用する会社法384条は、監事に業務監査権限があることから、理事が総（代）会に提出しようとする議案、書類等に関する監事の調査義務を定めるとともに、法令・定款違反や著しく不当な事項がある場合、調査結果を総（代）会に報告すべきことを定めたものである。

⑵ 総（代）会議案の調査義務

　「議案」とは総（代）会の議題に関する提案内容（例：理事選任を会議の目的とするときは具体的な候補者を指し、定款変更を会議の目的とするときはその具体的な変更内容）であり、監事はすべてを調査対象としなければならない。

　「書類」とは、決議または報告について提出される書面でつくられたものであり、これには、例えば合併決議における合併契約書、定款変更決議における定款変更案などのほか、業務報告、貸借対照表、損益計算書、剰余金処分（損失処理）案等も含まれる。

⑶　総（代）会への報告義務

　監事は、理事が総（代）会に提出しようとするすべての議案および書類等を調査し、調査の結果、法令もしくは定款に違反しまたは著しく不当な事項があると認めるときは、調査結果を総（代）会で報告しなければならない（法35条の7、会社法384条）。

　条文上は、法令・定款違反等がある場合にのみ報告すべきようにも思われるが、実務上は、法令・定款違反や著しく不当な事項がなくても、「…はございません」と著しく不当事項がない旨を報告するのが一般的である。

15　監事による理事の違法行為差止請求権

（監事による理事の行為の差止め）

会社法第385条　監事は、理事が金庫の目的の範囲外の行為その他法令若しくは定款に違反する行為をし、又はこれらの行為をするおそれがある場合において、当該行為によって当該金庫に著しい損害が生ずるおそれがあるときは、当該理事に対し、当該行為をやめることを請求することができる。

2　前項の場合において、裁判所が仮処分をもって同項の理事に対し、その行為をやめることを命ずるときは、担保を立てさせないものとする。

⑴　趣　　旨

　法35条の7の準用する会社法385条は、理事の違法行為（法令・定款違反行為等）によって金庫に著しい損害が生ずるおそれがある場合に、監事にその行為を差し止める請求権を与えたものである。

　監事は、理事が不正の行為をし、もしくは当該行為をするおそれがあると認めるとき、法令・定款に違反する事実もしくは著しく不当な事実があると認めるとき、遅滞なく、理事会に報告する義務を負うが（法35条の7、会社法382条）、会社法385条、特に理事の法令・定款違反行為により金庫に著しい損害が生ずるおそれがある場合について、金庫に損害が発生するのを未然

に防止すべく、監事自身に直接の差止請求権を認めたものである。

「著しい損害」とは、損害の質および量において著しいことを意味し、損害の回復可能性は問わない（上柳ほか編著『新版注釈会社法(6)』464頁〔鴻常夫〕）。

法35条の7の準用する会社法385条に基づく差止請求権は監事の権利として規定されているが、必要な場合に監事が当該権限を行使しないと、任務懈怠となり得る。

⑵　会員による違法行為差止請求権との差異

理事の違法行為を是正するための差止請求権としては、法35条の7が準用する会社法385条のほかに、会員による違法行為差止請求権もある（法35条の6、会社法360条1項）。

監事による違法行為差止請求権は、金庫に「著しい損害」を生ずるおそれがあるかが要件となっているのに対し、会員による違法行為差止請求権は、さらに理事の行為によって金庫に「回復することのできない損害」を生ずるおそれがあるときに認められる。

このように、監事による違法行為差止請求権のほうが要件が緩やかなのは、監事の違法行為差止請求権は、理事の職務執行の監督機関として善管注意義務を負っている金庫の機関によるものであり、要件を満たす場合には職務上の義務ともいえるためである。

理事の違法行為等によって金庫に著しい損害が生じ、これが回復できない損害である場合には、監事による差止請求権と会員による差止請求権が競合することとなる。

16　違法行為差止請求権の行使方法

監事の差止請求権の行使は、必ずしも訴訟提起によることが必要ではなく、理事に対して違法行為等をしないよう、口頭ないしは書面で直接に請求することができる。

監事が差止請求をしても理事がこれに応じて任意に行為を停止しないときは、監事は差止請求訴訟を提起することになる。また、違法行為等の差止め

は、差し止めようとする行為の完了前にしなければ意味がないので、差止請求訴訟の判決を待っていたのでは理事の違法行為が遂行されてしまうおそれがある場合には、監事は、裁判所に対し、差止請求訴訟を本案とし、違法行為等の差止めを命じる仮処分の申請を行うことが想定される。

17 無担保での仮処分発令

　一般に、裁判所が仮処分命令を発令する場合、担保の提供を求めることができるが（民事保全法14条）、裁判所が仮処分をもって理事に対し、その行為をやめることを命ずるときは、担保提供を命じることはできない。

　無担保とする理由は、監事はそもそも金庫の機関として差止請求権を行使する義務を負っており、私的利益の追求のために差止請求権を濫用するおそれが少ないこと、担保提供を命ずると監事が金庫に対してその支出を請求することが予想され、理事にそれを拒否して仮処分を阻止する機会を与えかねないためである（奥島ほか編『新基本法コンメ会社法(2)』270頁〔野村修也〕）。

18 会社法386条の趣旨

（金庫と理事との間の訴えにおける金庫の代表）

会社法第386条　信用金庫法第35条の9第1項の規定にかかわらず、金庫が理事（理事であった者を含む。以下この条において同じ。）に対し、又は理事が金庫に対して訴えを提起する場合には、当該訴えについては、監事が金庫を代表する。

2　信用金庫法第35条の9第1項の規定にかかわらず、次に掲げる場合には、監事が金庫を代表する。

　一　金庫が信用金庫法第39条の4において準用する第847条第1項の訴えの提起の請求（理事の責任を追及する訴えの提起の請求に限る。）を受ける場合

　二　金庫が信用金庫法第39条の4において準用する第849条第3項の訴訟告知（理事の責任を追及する訴えに係るものに限る。）並びに同法第39条の4において準用する第850条第2項の規定による通知及び催告（理事の責

> 任を追及する訴えに係る訴訟における和解に関するものに限る。）を受ける場合

本条は、金庫と理事との間の訴訟は監事が代表すること（1項）および理事の責任に関する提訴請求の受領者等も監事であること（2項）を規定している。

金庫を代表するのは代表理事であるため（法35条の9）、本来、金庫と理事の間の訴訟についても代表理事が代表すべきとも考えられる。しかし、代表理事が金庫を代表すると、理事同士の仲間意識から馴れ合い訴訟が行われるおそれがあること、代表理事よりもむしろ、理事の職務執行を監督する立場にある監事が金庫を代表するほうが、公正の観点から適切であるために、監事が代表するものと規定したものである。すなわち、馴れ合い訴訟によって金庫の利益が害されるのを防ぐための規定である（最三小判平5.3.30民集47巻4号3439頁、最三小判平9.12.16金法1513号48頁）。

19 適用範囲

(1) 信用金庫・理事間の訴訟

法35条の7の準用する会社法386条に定める金庫と理事間の訴訟が、金庫が理事に対して提起する訴訟と、理事が金庫に対して提起する訴訟の双方を含むことは条文上明確である。

上記の双方の場合について、理事の地位に基づく法律関係に関する訴訟（金庫の理事に対する責任追及訴訟など）のみならず、理事個人としての法律関係に基づく訴訟（理事に対する貸金返還請求訴訟や、自己取引を行った理事の信用金庫に対する履行請求訴訟など）の双方を含む。

(2) 理事の範囲

法35条の7の準用する会社法386条に定める金庫と理事の間の訴訟は、代表理事等業務執行を行う理事に対する訴訟のみならず、すべての理事を相手とする訴訟を含む。

なお、退任した取締役に対して会社が訴訟提起する場合に会社を代表するのが、代表取締役または監査役のいずれかについて、争いがあった。この点、最三小判平15.12.16（民集57巻11号2265頁・金法1709号38頁）は、農業協同組合が退任理事に対して提起する訴訟における組合の代表理事の代表権の有無について、馴れ合い訴訟となる危険性が少ないため、代表理事の代表権限を肯定していたが、現在は条文上「理事であった者を含む」と監事が代表する旨の明文規定が設けられ、一律に適用対象となることが明確となった。

20　監事に付与される他の代表権限

(1)　会員による提訴請求の受領権

会員が理事についての代表訴訟を提起する場合、まずは金庫に対して理事に対する提訴を請求する必要がある（法39条の4、会社法847条1項）。

そこで、会員による提訴請求に関しても、監事が受領権限を有することとされた（会社法386条2項1号）。

(2)　代表訴訟の訴訟告知の受領権

会員が代表訴訟を提起した場合、金庫に対して遅滞なく訴訟告知をすることが求められている（法39条の4、会社法849条3項）。

これは、金庫側に訴訟参加の機会を付与するためのものであるため、理事に対する代表訴訟に限定し、訴訟代理権を有する監事に訴訟告知の受領権を付与している（会社法386条2項2号）。

21　報酬等の総額の決定（法35条の7、会社法387条1項）

（監事の報酬等）

会社法第387条　監事の報酬等は、定款にその額を定めていないときは、総会の決議によって定める。

2　監事が2人以上ある場合において、各監事の報酬等について定款の定め又は総会の決議がないときは、当該報酬等は、前項の報酬等の範囲内にお

いて、監事の協議によって定める。

3　監事は、総会において、監事の報酬等について意見を述べることができる。

(1)　会社法387条1項の趣旨

監事の「報酬等」とは、会社法361条1項の定義が当てはまり、「報酬、賞与その他の職務執行の対価として金庫から受ける財産上の利益」を意味する。監事の報酬等について、定款でその金額が定められていないときには、総（代）会の決議で定めなければならない（法35条の7、会社法387条1項）。

監事の報酬等に関する規定は、理事の報酬等についての規定が「お手盛り防止」を目的としているのと異なり、監査対象である理事からの独立性と権限を高めて、監査の充実を図ることを目的としている（監事は、総（代）会において、監事の報酬等について意見を述べることができる（法35条の7、会社法387条3項、法49条5項））。よって、総（代）会において、理事と監事の報酬等を一括して（合算して）決議することは認められない。

当該報酬等は、監事全員の報酬総額を総（代）会で定め、総（代）会で定めた報酬等の範囲内において、各監事に対する配分を監事の協議に委ねることでよいと解されている。

(2)　賞　　与

監事に対する賞与の支払いの可否について、収益に貢献しない監事に支給するのは不合理として消極説もある（鈴木竹雄「役員報酬・賞与等の取扱い」商事917号2頁）。しかし、信用金庫法で準用する会社法361条1項の定義により、「職務執行の対価として金庫から受ける財産上の利益」が報酬等となるので、役員に支給される賞与についても報酬等に含まれると解されるし、監事も金庫に対する信頼を高めることによって業績の向上に貢献しているため、賞与を付与しても不自然でないと解されており（江頭『株式会社法』545頁）、監事にも賞与を支払うことができる。

なお、現在は、役員に支給される賞与は会計上、役員給与として費用計上

が義務付けられている。

⑶　退職慰労金

　退任役員に対する退職慰労金について、理事と同様、「報酬等」に含まれるか問題となる。

　退職慰労金は、特別の功労があったことについての功労加算金を含めることもあるが、一般には在任中の職務執行に対する対価の後払いであり、「報酬等」に含まれるため、定款または総（代）会の決議による必要があると解される（最二小判昭39.12.11民集18巻10号2143頁）。

　なお、具体的な支給額を理事会に委ねたのでは、監事の独立性を損なうおそれがあるため、一定の基準に従い機械的に金額が算出できる場合を除き、理事会への一任は許されず、監事の協議に委ねるべきと解される（江頭『株式会社法』545頁）。

　また、死亡監事に対する退職慰労金（あるいは弔慰金）も、職務執行の対価の性質を有しているときは、報酬等に該当することになる。

22　報酬等の配分（法35条の 7 、会社法387条 2 項）

　監事が複数存在する場合、本来、定款または総（代）会で、個々の監事の報酬額を決定すべきともいえるが（竹内『改正会社法解説』179頁）、監事の独立性確保という会社法387条の趣旨からすると、各監事の個別報酬額までを定める必要はなく、監事全員の報酬総額が定まれば足りるといえる。

　そこで、総（代）会で監事の報酬等の総額は定められたものの、個々の監事の報酬金額について定款に定めがなく、総（代）会での決議もないときは、個々の監事が受け取る配分額は、理事会あるいは代表理事がそれを定めることはできず、その報酬等の総額の範囲内で監事全員の協議によって定めなければならない（法35条の 7 ）。

　監事の「協議」とは、全員一致による決定をいう（江頭『株式会社法』544頁）。また、法令上は定めがないが、監事全員の同意がある場合は、監事会において行うことができるとされている（監事会規程例24条）。

　なお、監事の独立性を確保するという法律の趣旨にかんがみて、監事の報

酬等の額の配分を理事会ないし代表理事に委ねることはできないと解される（奥島ほか編『新基本法コンメ会社法(2)』274頁〔野村修也〕）。もっとも、各監事が報酬等の額の配分を決定するにあたって、監事の「協議」に基づき、理事会または代表理事に原案作成の限度で依頼し、当該案に拘束されずに決定することは妨げられない。よって、理事会または代表理事が作成した案に異議がなければ、監事の協議によって、理事会または代表理事が作成した案どおりに配分額を決定することは差し支えない。

23　報酬等に関する意見陳述（法35条の7、会社法387条3項）

　監事は、総（代）会で監事の報酬等の金額について意見を述べることができる（法35条の7、会社法387条3項）。

　これは、総（代）会に提出する議案を決定するのは理事であることから、監事の報酬議案が適切に上程されない場合や、内容が不適切である場合が考えられ、監事の報酬等を保障するために設けられた規定である。

　この意見陳述権は、監事の報酬等が議題となっている場合は当然のこと、そもそも議題として付議されていない総（代）会においても行使可能である（竹内『改正会社法解説』180頁）。このような場合、監事の報酬等について、議題として付議されないこと自体について、監事が意見を述べる機会を保障する必要があるためである。

24　会社法388条の趣旨

（費用等の請求）

会社法第388条　監事がその職務の執行について金庫に対して次に掲げる請求をしたときは、当該金庫は、当該請求に係る費用又は債務が当該監事の職務の執行に必要でないことを証明した場合を除き、これを拒むことができない。

一　費用の前払の請求

二　支出した費用及び支出の日以後におけるその利息の償還の請求

三　負担した債務の債権者に対する弁済（当該債務が弁済期にない場合に

> あっては、相当の担保の提供）の請求

　監事と金庫とは委任関係にあるため、民法の委任の規定が適用され、監事は職務の執行に要する費用の前払いの請求（民法649条）や、費用を支出したときは当該費用および支出の日以後の利息の償還を請求できる（同法650条１項）。

　しかし、監事がこれらの請求をするにあたって、費用支出の必要性の立証責任を負い、費用面から十分な監査が行えなくなるおそれがある。

　そこで、立証責任を転換し、監事が監査に必要とする費用等について、監事が金庫に対して請求をした場合、金庫は、その費用等が監事の職務執行に必要でないことを立証しなければ、その請求を拒むことはできないと規定したものである。

25　金庫に請求できる「費用」の内容

　監事が法35条の７の準用する会社法388条に基づき金庫に請求できる費用は、監事が善管注意義務に基づいて理事の職務執行を監査するために必要な一切の費用が含まれると解され、外部の専門家（弁護士、公認会計士、税理士等）の助言を受けた場合や監事の役割・責務に対する理解を深めるための必要な知識の習得や適切な更新等の研鑽に適合した研修の参加費用も含まれる。

　なお、効率的・効果的監査を実施する観点から、監査計画等を踏まえて年間の予算を確保しておくことも考えられる。

26　監査費用の請求

　監事は、金庫に対し、①監査費用の前払い、②立替払いした監査費用の償還請求、③監査のために負担した債務の弁済（弁済期前の場合は相当な担保の提供）を求めることができる。

　金庫が監査費用等の請求を拒むには、これらの費用ないし債務が監事の職務の執行に必要でないことを証明することが必要である。

第35条の8

第35条の8 役員の解任

（役員の解任）

第35条の8　会員は、総会員の５分の１以上の連署をもつて、役員の解任を
　請求することができるものとし、その請求につき総会において出席者の過
　半数の同意があつたときは、その請求に係る役員は、その職を失う。

2　前項の規定による解任の請求は、理事の全員又は監事の全員について、
　同時にしなければならない。ただし、法令又は定款に違反したことを理由
　として解任を請求するときは、この限りでない。

3　第１項の規定による解任の請求は、解任の理由を記載した書面を金庫に
　提出してしなければならない。

4　第１項の規定による解任の請求があつたときは、金庫は、その請求を総
　会の議に付し、かつ、総会の会日の７日前までに、その請求に係る役員に
　対し、前項の書面を送付し、かつ、総会において弁明する機会を与えなけ
　ればならない。

5　第43条第２項及び第44条の規定は、前項の場合について準用する。

1 会員による解任請求（法35条の8第1項）

⑴　本条１項の内容

　本条１項は、総会員の５分の１の少数会員による役員解任請求手続（リ
コール）について定めている。

　すなわち、会員は、総会員の５分の１以上の連署をもって、役員の解任を
請求することができるものとし、その請求につき総（代）会において出席者
の過半数の同意があったときは、その請求に係る役員について解任の効果が
生じ、その職を失う（法35条の8第１項、49条５項）。

　なお、本条に定める会員による解任請求手続のほか、金庫が法令・定款等

第４章　管理（第31条～第52条の２）　255

に違反した場合または公益を害した場合、内閣総理大臣は、当該金庫に対して、役員の解任を命じることができる（内閣総理大臣による役員解任命令。法89条1項、銀行法27条）。

(2) 「総会員の5分の1」についての読替え

この解任請求の「総会員の5分の1以上」という連署の要件について、総代会制度を採用する信用金庫の場合、信用金庫法49条5項に基づき、「総総代の5分の1以上」と読み替えるべきか問題となる。

a 読替え肯定説

以下に述べる理由から、総総代の5分の1以上と読み替えることができ、「総会員の5分の1以上」または「総総代の5分の1以上」のいずれかの連署をもって、役員の解任を請求することができると解する見解もある（内藤ほか編著『逐条解説信金法』167頁、岸本『職務執行の手引き』63頁参照）。

① 総代会制度の趣旨

総代会制度の趣旨は、会員数が多数に及ぶことによる、会員間の意思疎通の困難さを解決し、円滑な意思疎通を行うことにもある。よって、少数総代による解任請求権を認めたほうが、このような会員による意思疎通の困難さの解決という趣旨にも合致する。

② ガバナンス機能の発揮

総代は会員の代表として、役員を選任し、監督する立場にあることから、そのための実効的な手段として、少数会員権（共益権）を実効化するためにも、「総総代の5分の1以上」の少数の総代によって役員解任請求を認めることでガバナンス機能を向上させることが期待できる。

③ 役員の地位安定との関係

また、読替えを認めたとしても、かかる解任請求権は、総代会における過半数の同意の契機にすぎず、さらに出席総代の過半数の同意が必要となるため、少数会員が解任請求権を濫用的に行使するおそれを考慮する必要性に乏しい。

④ 総総代の5分の1が集まらない場合の不都合性

一般に信用金庫の会員は多数に及ぶことから、総代会制度を採用する金

庫において、総会員の5分の1以上の連署を集めることは実務上困難といえる。よって、総総代の5分の1以上の連署を集めたものの、総会員の5分の1に満たない場合に連署の要件を満たさないとするのは、本条に基づく解任手続の意義を損なうものであり、妥当でない。

b　読替え否定説

しかし、以下に述べる理由から、総総代の5分の1以上と読み替えることはできないものと解する（『信金法解説』170頁、『会員法務解説』50頁）。

① 会員に固有の基本的権利（共益権）

　本項に規定する役員解任請求権は、会員に固有の最も基本的な権利（共益権）であるので、総代会を設けている金庫においても、解任請求は、必ず総会員の5分の1以上の連署によることが必要と解される（『信金法解説』170頁）。

② 役員の地位安定

　役員の解任という最も役員に不利益な場面であるため、役員の地位安定に配慮する必要もある。

③ 多数派会員の恣意防止

　会員の5分の1以上という要件を定めたのは、多数派会員の恣意により、少数会員の意見を代表する理事が解任されるなど、金庫内部の派閥争いを防止する趣旨であるところ、総総代の5分の1となると、そのリスクは高まる。

④ 総代会制度との関係

　読替え肯定説は総代会制度の趣旨を根拠とするが、少数総代による解任請求権と会員による意思疎通の困難さの解決を結びつけるのは論理に飛躍がある。

⑤ 解任およびガバナンス向上に関する他の制度

　前記のとおり、本条に定める会員による解任請求手続のほか、内閣総理大臣による役員解任命令の制度もある。

　また、役員については、他にも、理事会による監督、監事による監督など、ガバナンス機能向上のための他の制度もある。

2 全役員全員同時請求の原則（法35条の8第2項）

　本条2項は、1項の規定による解任請求は、法令または定款違反を理由とする場合を除き、理事または監事の全員について同時にしなければならない旨を定めている。

　本条2項の趣旨は、多数派会員の恣意により少数派会員の意見を代表する役員が解任される等、解任請求権が信用金庫内部の派閥抗争に悪用されることを防止することにある（『信金法解説』171頁）。

3 信用金庫に対する書面提出（法35条の8第3項）

　本条3項は、1項の規定による解任請求の方式として、解任の理由を記載した書面を金庫に提出して行うことを定めている。

4 総（代）会における弁明の機会付与（法35条の8第4項）

　金庫は、本条1項による解任の請求があったときは、その請求を総（代）会の議題とし、かつ、総（代）会の会日の7日前までに、その請求に係る役員に対し、解任請求の書面を送付し、かつ、総（代）会当日において弁明する機会を与えなければならない（法35条の8第4項、49条5項）。

　この規定に違反した場合、当該手続をとらなかった役員は100万円以下の過料に処せられることがある（法91条1項3号）。

5 総会の招集（法35条の8第5項）

　本条5項は、1項の規定による解任請求があった場合について、法43条2項および法44条の規定を準用している。これらの規定を本条に合わせて読み替えた規定は以下のとおりである。

（臨時総会の招集）

第43条 （略）

2　第35条の8第1項の規定による解任の請求があつたときは、理事会は、その請求のあつた日から3週間以内に臨時総会を招集すべきことを決しな

けらばならない。

（会員による総会の招集）

第44条　第35条の8第1項の規定による解任の請求をした会員は、同項の請
求をした日から2週間以内に理事が総会招集の手続をしないときは、内閣
総理大臣の認可を受けて総会を招集することができる。理事の職務を行う
者がない場合において、会員が総会員の5分の1以上の同意を得たときも、
同様とする。

⑴　**臨時総（代）会の招集（法35条の8第5項、43条2項、49条5項）**

　法35条の8第1項の規定による役員解任請求を受けた理事会は、その請求
のあった日から3週間以内に臨時総（代）会を招集すべきことを決定しなけ
ればならない。

⑵　**会員による総（代）会の招集手続（法35条の8第5項、44条、49条5項）**

　法35条の8第1項の規定による役員解任請求をした会員は、同項の請求を
した日から2週間以内に理事が総（代）会招集の手続をしないときは、内閣
総理大臣の認可を受けて総（代）会を招集することができる。

　理事の職務を行う者がない場合において、会員（総代）が総会員（総総代）
の5分の1以上の同意を得たときも、同様に、内閣総理大臣の認可を受けて
総（代）会を招集することができる（法35条の8第5項、44条、49条5項、88
条、施行令10条、10条の2第1項、申請手続について施行規則41条）。

　以上の手続の流れを図示すると下記のとおりとなる。

第4章　管理（第31条〜第52条の2）　259

第35条の8

【解任請求手続】

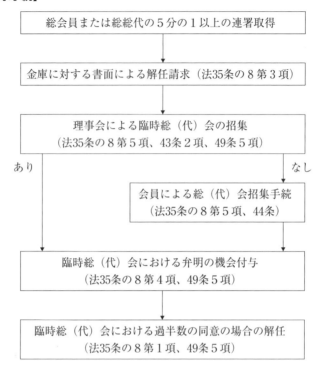

| Column | 総（代）会の決議による役員解任の可否 |

1　問題の所在

　信用金庫法は、役員の解任について、株式会社における会社法339条の「株主総会の決議による役員の解任」に相当する規定を設けておらず、総（代）会の決議によって、役員の任期中においても解任ができるか否か、解釈上争いがある。

2　解任肯定説

　この点、昭和31年の法制局第一部長回答は、信用金庫は理事会がその決議に基づいて理事の解任を総会の議題とすることによっても理事を解任し得るところであり、法38条（現在の法35条の8）の手続によることなく解任し得

るとの見解を示したことから（昭和31年6月23日法制局一発24号大蔵省銀行局長宛て法制局第一部長回答（法制局意見年報5巻44頁）、金融実務も上記行政解釈と同様の前提に立っていた。

また、これを裏付ける学説等として、理事会がその決議に基づいて役員の解任を総（代）会の議題とすることが必要であり、通常総（代）会または臨時総（代）会において、役員の任期中においても解任ができるものとし、ただし、役員にとって不利な時期に解任を行った場合、やむを得ない事由がない限り、金庫は解任された役員に対し、その損害を賠償しなければならない（法33条、民法651条2項）とする見解がある（『信金法解説』169頁、内藤ほか編著『逐条解説信金法』118頁、平野編著『実務相談』227頁〔近藤祐史〕など）。

上記の見解については、理事が選挙でなく総（代）会決議で選任され、選任権と解任権は表裏一体のものにあることや、法33条は金庫と役員との関係を委任関係としており、民法651条1項においては委任契約をいつでも解除できるとしていることなども根拠となり得るものと解する（中小企業等協同組合においては、選挙によって役員が選ばれるため、中協法41条所定の改選手続によることが必要であるが、信用金庫においては、総（代）会の議決によって役員が選ばれることから、法38条所定の手続によることなく役員を解任することができるとの説（上柳克郎「判批」民商55巻2号357頁）がある）。

3 解任否定説（判例）

最三小判平16. 10. 26（民集58巻7号1921頁・金法1758号49頁）は、信用金庫の代表理事が、信用金庫の理事会において、代表理事から解任され、さらに、総代会において、理事から解任されたことにつき、決議の効力等を争った事案である。

同事案においては、理事会が提出した議案に基づき、理事の地位から解任する旨の総代会決議がされており、法38条（現在の法35条の8）所定の手続がとられていないので、信用金庫法所定の手続によることなく理事から解任することができるかが争点となった。

本事案の原審判決（大阪高判平14. 3. 19民集58巻7号1964頁）は、委任関係はいつでも自由に解除できるとし（民法651条1項）、株式会社と同様に総代

会の決議による解任ができるものとする判断を示していた。

しかし、前掲最三小判平16.10.26は、理事の解任について、会員を構成員とする協同組織金融機関の特色を踏まえ、法38条（現在の法35条の8）において、信用金庫の役員解任の手続につき役員の地位の安定等に配慮した特別の手続を定めていること、また、法39条（現在の法35条の6）において、信用金庫の理事につき、商法の株式会社の取締役について定めた規定を多数準用しているが、同条は、取締役の解任手続を定めた商法257条の規定を準用していないことから、信用金庫の理事の解任は、法38条（現在の法35条の8）所定の役員解任請求の手続によらず、総（代）会の決議による解任はできないとする判断を示した。

法35条の8の趣旨は、多数派会員の恣意により少数会員の意向を代表する理事が解職される危険を防止し、役員の地位安定確保を目的とすることにあり、信用金庫法においては役員の解任について特別かつ厳格な手続規定を設けていること、会社法339条の役員解任規定の準用をしていないという文理解釈にかんがみて、前掲最三小判平16.10.26は妥当であり、実務上も同様に運用すべきものと解される（この点、前記の法35条の8第1項の読替え規定の解釈と矛盾するものではない）。

第35条の9　代表理事

（代表理事）
第35条の9　代表理事は、金庫の業務に関する一切の裁判上又は裁判外の行為をする権限を有する。

2　前項の権限に加えた制限は、善意の第三者に対抗することができない。

3　代表理事は、定款又は総会の決議によつて禁止されていないときに限り、特定の行為の代理を他人に委任することができる。

4　代表理事については、第35条の3、一般社団法人及び一般財団法人に関

する法律第78条（代表者の行為についての損害賠償責任）及び会社法第354
条（表見代表取締役）の規定を準用する。この場合において、同条中「社
長、副社長」とあるのは「理事長、副理事長」と読み替えるものとするほ
か、必要な技術的読替えは、政令で定める。

1 総 説

(1) 代表理事について法定化した趣旨

　代表理事とは、金庫を代表し、かつ、金庫の業務執行権限を有する理事で
あって、すべての金庫に必要かつ常設の機関である。

　金庫は理事会に業務執行についての意思決定権限を委ねているが、会議体
たる理事会が業務を執行するには適さないし、すべての細かい事項や常務に
ついてまで逐一決定するには適さない。

　そこで、信用金庫法は、業務執行機関として、業務に関する意思決定を行
う理事会と、理事会の監督に基づき実際の業務執行を行う代表理事に分化し
た。すなわち、理事会の決議をもって代表理事の選定を行い（法36条3項3
号）、代表理事が常設の機関として、対内的には業務の執行を行うとともに、
対外的には金庫を代表することとし、日常の業務決定権限を委ねたものであ
る。

(2) 業務執行権

　業務執行権とは、代表理事の対内的な権限である。

　代表理事は、金庫の業務全般について執行権限を有する。代表理事は、理
事会の専決事項以外の業務執行事項や、専決事項でも細目的事項や日常的な
業務執行事項について、法令や定款で特段の制限がない限り、自ら業務執行
の意思決定をし、執行する権限を有する。

　金庫の規模や業務内容の拡大に伴い、代表理事のみで業務執行を担当する
ことは難しくなることから、実務上は、代表権のない理事であっても、金庫
内部の職務分掌として、業務執行を担当する理事（業務執行理事）を置くこ

とがある。この点、代表権と業務執行権に乖離が生じ得ることとなる（後記 8 9 表見代表理事参照）。

⑶ 代 表 権

代表権とは、代表理事の対外的な権限である。

「代表」とは、その者の行為により、金庫に権利義務が帰属する関係をいう。よって、代表権を有しない理事が第三者と契約など法律行為を行っても、その法的効果は金庫には帰属しないのが原則である（ただし、後記 8 9 表見代表理事参照）。

2 代表理事の員数および複数の場合の代表

代表理事の員数には法律上制限はなく、1人でも複数人でも差し支えない。

また、代表理事が複数選任されている場合、定款をもって複数の代表理事が共同して金庫を代表すべきことを定めた場合などを除き、原則として各自が金庫を代表する。

定款例18条1項・2項においては、理事長、専務理事および常務理事は、理事会の決議により、理事のうちから選定し、各自金庫を代表するとされている。

3 代表理事の選任および終任

⑴ 選 任

代表理事について、単に選任されるのではなく、被選任者の承諾によって効力を生ずる。

⑵ 終 任

代表理事は理事の地位を前提とするから、理事の終任によって代表理事も終任し、理事の辞任および解職も終任事由となる。

他方で、代表理事の辞任または解職によっても、理事たる地位まで失うも

のではない。また、代表理事と役付理事（専務理事、常務理事など）の観念は
異なるから、定款により両者が不可分とされているような例外的場合を除
き、代表理事の辞任が役付理事の辞任となるものではないし、他方で役付理
事の辞任が代表理事の辞任となるものでもない。

　理事会はその決議をもって代表理事を解職する権限があり（法36条3項3
号）、代表取締役の解任に関する最三小判昭41.12.20（民集20巻10号2160頁・
金法466号26頁）を前提とすると、理事会の決議によって代表理事からの解職
の効果が生じると解される（これに対し、民法655条に従い、決議のみならず告
知をもって初めて解任の効果が生じるとするのが学説上は多数説である（北沢『会
社法』397頁、加美『会社法』304頁など））。

　なお、やむを得ない理由がある場合を除き、代表理事が金庫のために不利
益な時期に辞任したときは、これにより金庫に生じた損害を賠償する責任が
あり（民法651条2項）、代表理事の任期がある場合に、金庫が正当な理由な
く任期満了前に解職したときは、これによる損害を賠償する責任がある。

4　代表理事の裁判上・裁判外の行為の権限（法35条の9第1項）

　本条1項は、代表理事が金庫の業務に関する一切の裁判上または裁判外の
行為をする権限を有する旨を定めている。

　「裁判上の行為」とは、訴訟行為を指し、代表理事はいずれの審級の裁判
所においても、金庫の訴訟代理人となることができ（民事訴訟法54条）、民事
訴訟法上は法定代理人に準じて取り扱われる（同法37条）。

　なお、金庫と理事との間の訴訟については、代表理事は代表権を有せず、
監事が金庫を代表する（法35条の7、会社法386条1項（1号のみ）、2項（1
号・2号））。

5　代表理事の代理権の制限（法35条の9第2項）

　本項は代表理事の代理権に加えた内部的制限は、取引安全保護の観点か
ら、善意の第三者に対抗することができないことを定めている。

　平成18年の法改正前は、法35条の9第2項において代表理事の代表権の制
限について定めた民法54条および代表理事の代理行為の委任について定めた

同55条を準用していた。しかし、平成18年5月26日に成立したいわゆる公益法人改革三法が、明治39年の民法制定以降、抜本的な改正をしていなかった公益法人制度について大改正を行い、民法54条および55条が削除されたため、法35条の9第2項および3項において同内容の条文が追加されたものである。

また、複数の代表理事が共同して代表すべきことを定款において定めた場合であっても、これは内部的な制限であり、善意の第三者には対抗できないと解すべきである。

6　代表理事の代理行為の委任（法35条の9第3項）

代表理事の代表行為については、原則として民法の代理に関する規定が適用され、代表理事は、この代理人の選任および監督について、本人、すなわち金庫に対して責任を負う（民法105条1項）。

7　法35条の3および会社法の準用（法35条の9第4項）

本条4項は、代表理事について、法35条の3、一般社団・財団法人法および会社法の規定を準用している。

本条において準用している規定を読み替えた規定は以下のとおりである。

（代表理事に欠員を生じた場合の措置）

第35条の3　代表理事が欠けた場合又はこの法律若しくは定款で定めた代表理事の員数が欠けた場合には、任期の満了又は辞任により退任した代表理事は、新たに選任された代表理事が就任するまで、なお代表理事としての権利義務を有する。

なお、法35条の3は、代表理事が欠けた場合にも準用され（法35条の9第4項）、代表理事が欠けた場合、任期の満了または辞任により退任した代表理事は、新たに選任された代表理事が就任するまで、なお代表理事としての権利義務を有する。

代表理事の欠員については、理事の任期満了または辞任による代表理事の

終任の場合も含むと解されるが、代表理事としての権利義務を有する者は、理事としての権利義務をも有する者であることを要すると解すべきであるから、代表理事が理事の任期満了または辞任によって理事たる資格をも欠くに至ったときは、当然には代表理事としての権利義務を有することにはならない（明田『農協法』393頁、東京地判昭45.7.23判時607号81頁、北沢『会社法』398頁）。

（代表理事の行為についての損害賠償責任）

一般社団法人及び一般財団法人に関する法律第78条　金庫は、代表理事その他の代理人がその職務を行うについて第三者に加えた損害を賠償する責任を負う。

　金庫が損害賠償責任を負う場合、不法行為を行った代表理事その他の代理人も第三者に対して損害賠償責任を負うものと解される（最一小判昭49.2.28金法719号34頁参照）。

8　会社法354条の趣旨

（表見代表理事）

会社法第354条　金庫は、代表理事以外の理事に理事長、副理事長その他金庫を代表する権限を有するものと認められる名称を付した場合には、当該理事がした行為について、善意の第三者に対してその責任を負う。

　金庫は、代表理事以外の理事に、理事長、副理事長その他金庫の代表権があると誤認しやすい名称を付した場合、たとえ当該理事に代表権がない場合であっても、このような名称を付したことについて責任を負うべきと考えられるため、善意の第三者に責任を負うことを定めたものである。

　信用金庫は定款をもって、信用金庫に理事長、専務理事および常務理事などを置き（定款例18条2項）、これらの理事の中から代表理事を選任することが多い。理事は代表理事に選任されない限り代表権を有さず、また代表理事

の氏名、住所および資格は登記事項であるため（法65条7号）、登記を確認すれば代表者を確認できるはずであるが、上記のような名称を付した理事（表見代理理事）は、外部からは代表理事と誤認されやすいため、第三者の取引安全保護のため、逐一登記を確認しなくとも、全員第三者に責任を負うこととしたものである（いわゆる「外観法理」に基づく）。

9 表見代表が認められる要件

会社法354条に基づき金庫の責任が認められるための要件は、以下のとおりである。

(1) 金庫を代表する権限を有すると認めるべき名称の使用

金庫を「代表する権限を有するものと認められる名称」について、理事長、副理事長以外は解釈に委ねられるが、専務理事、常務理事などのほか、会長、副会長などが該当し得る（東京地判昭48.4.25下民集24巻1～4号216頁・金法709号37頁は、「取締役会長」が「その他株式会社を代表する権限を有するものと認められる名称」に該当することを認めている）。

(2) 名称使用についての金庫の帰責性

金庫が「代表する権限を有すると認めるべき名称」を付したか、または使用を許した場合であり、理事が勝手にこのような名称を僭称したとしても、本要件を満たさない。もっとも、金庫が当該僭称の事実を知りながら放置したような場合には責任を負うものと解される（最二小判昭42.4.28民集21巻3号796頁・金法478号33頁は、会社を代表する権限を有するものと認めるべき名称を付した取締役には、当該名称の使用を会社から黙認された取締役を含むとした上、共同代表の定めがあるのに他の代表取締役全員が黙認していた事案において、代表取締役が単独で行った行為につき商法262条（現在の会社法354条）を類推適用している）。

(3) 第三者の外観に対する信頼

第三者が善意であることが必要である。前記のとおり、登記を確認すれば

代表権を有するかどうかは容易に知り得るが、法は、第三者が逐一登記を確認しなくても、善意である限り金庫の責任を認めたものである。

なお、条文上「善意」とされており、第三者は、代表権が存しないことについて善意である限り過失の有無を問わない（最一小判昭41.11.10民集20巻9号1771頁・金法463号48頁）。もっとも、第三者に重大な過失がある場合には悪意と同視される（最二小判昭52.10.14民集31巻6号825頁・金法845号24頁）。

第36条

第3節 | 理事会

第36条 理事会の権限等

> **(理事会の権限等)**
>
> **第36条** 金庫は、理事会を置かなければならない。
>
> **2** 理事会は、すべての理事で組織する。
>
> **3** 理事会は、次に掲げる職務を行う。
>
> 一 金庫の業務執行の決定
>
> 二 理事の職務の執行の監督
>
> 三 代表理事の選定及び解職
>
> **4** 理事会は、理事の中から代表理事を選定しなければならない。
>
> **5** 理事会は、次に掲げる事項その他の重要な業務執行の決定を理事に委任することができない。
>
> 一 重要な財産の処分及び譲受け
>
> 二 多額の借財
>
> 三 支配人その他の重要な使用人の選任及び解任
>
> 四 従たる事務所その他の重要な組織の設置、変更及び廃止
>
> 五 理事の職務の執行が法令及び定款に適合することを確保するための体制その他金庫の業務並びに当該金庫及びその子会社（第32条第6項に規定する子会社をいう。以下同じ。）から成る集団の業務の適正を確保するために必要なものとして内閣府令で定める体制の整備
>
> **6** 理事は、3月に1回以上、自己の職務の執行の状況を理事会に報告しなければならない。

270

第36条

1　理事会（法36条1項・2項）

　理事会は、金庫の必要的合議機関であり、すべての理事によって構成される（1項・2項）。

　加入脱退が自由であり、多数の会員が存在する金庫において、会員が会員たる資格において金庫の業務執行を直接担当するのは極めて困難であり、非現実的といえる。そこで、総（代）会で選任された理事全員をもって構成される必要常設の機関である理事会を設置し、業務執行についての意思決定権限を委任したものである。合議制によって議論の実をあげるとともに、業務執行を行う代表理事に対する監督機能を働かせることを目的としている。

　理事会については、金庫の必要的機関であるから、定款の定めをもってしても、廃止することはできない。

2　理事会の職務（法36条3項〜5項）

　本条3項〜5項は、理事会の職務および権限について定めている（株式会社の取締役会の権限等に関する会社法362条2項〜4項参照）。

⑴　職務内容（3項・4項）

　理事会の職務は、①金庫の業務執行の決定、②理事の職務の執行の監督、③代表理事の選定および解職である（法36条3項・4項）。

　a　金庫の業務執行の決定（3項1号）

　理事会は業務執行の意思決定機関であり、定款の変更、合併・解散、会員の除名、事業の全部の譲渡、法39条4項に規定する責任の免除、役員の選任（法32条3項）、事業の一部譲渡（法58条1項）、事業の一部または全部の譲受け（法58条2項）といった総（代）会の専決事項（法48条の3）を除いて、いかなる業務執行に関する事項も決定することができる。

　執行機関である理事（代表理事）は、理事会の決定に基づいて職務を執行するのが原則となるが、日常的な業務を含め、すべてを理事会が決定するのは非効率的かつ現実的でない。そこで、迅速かつ円滑な業務遂行のため、理事会の専決事項を除いた日常的業務執行事項については、代表理事自らが業

第4章　管理（第31条〜第52条の2）　271

務執行の意思決定をし、執行することができる。

b　理事の職務の執行の監督（3項2号）

理事会は業務執行の意思決定機関であり、執行は代表理事や業務執行理事により行われるため、理事会は、上記執行が適正に行われているかを監督する職責がある。

具体的には、理事会は業務執行の決定を行い（法36条3項1号・5項）、代表理事の職務執行が不適切と判断した場合には解職をすることにより（同条3項3号）、理事の職務執行を監督する。後記の同条6項に基づく職務執行状況の報告をさせることも情報収集の観点から重要である。監事による理事の職務執行の監督が適法性監査のみでなく妥当性監査にまで及ぶかについて争いがあるが、理事会による理事の職務執行の監督は、妥当性監査にも及ぶ。また、理事会に上程された事項のみでなく、代表理事の業務執行一般につき、これを監視し、理事は、必要があれば、理事会を自ら招集し、あるいは招集することを求め、理事会を通じて業務執行が適正に行われるようにする職務を有する（株式会社の取締役に関する最三小判昭48.5.22民集27巻5号655頁・金法692号25頁参照）。この理事会による監督は、権限であるのみでなく、義務でもあり、代表理事等の違法または不当な業務執行を看過し、その結果金庫に損害を与えた場合、理事会の構成員である各理事は、金庫に対して善管注意義務違反または忠実義務違反としての責任を負い、また、ケースによっては職務を行うにつき悪意重過失があるとして、第三者に対しても責任を負う可能性がある。

c　代表理事の選定および解職（3項3号・4項）

3項3号・4項においては、代表理事の選定のほか、解職について規定されている。これは、理事会が選定の権限を有し（3項3号）、理事の職務の執行の監督権限を有する（3項2号）ことの裏付けとして、解職権限も認めたものと解される。なお、「選定」とは、特定多数の中から選ぶ場合を指し、その反対を「解職」と呼ぶ。3項3号は、特定多数の理事から代表理事を選び、また代表理事から代表権を外して代表権のない理事とする場面を想定しているため、「選定」および「解職」の用語が用いられている。他方で、不特定多数の者の中から選ぶ場合を「選任」、その反対を「解任」と呼

び、よって、総（代）会で理事を選ぶのは「選任」（法32条3項）、総（代）会で理事の地位を奪うのを「解任」としている（法35条の8）。役付理事（専務理事や常務理事等）の選定については、信用金庫法での定めはないが、定款例18条2項においては、理事長のほか、専務理事および常務理事が理事会の決議により選定され、これら役付理事が信用金庫の代表理事であることとしている。

⑵ 理事会の専決事項（5項）

理事会は、その職務を代表理事その他の理事に委任することができるが、5項各号に掲げられた重要な業務執行の決定事項（専決事項）については理事会で決すべき事項であり、理事に委任することが許されない。

なお、法36条5項柱書において、「次に掲げる事項その他の重要な業務執行」と規定していることからも、法36条5項1号～5号に定める事項は限定列挙ではなく例示列挙と解され、同1号～5号に例示された事項と同等以上に重要な業務について理事会で決定する必要がある。

a 重要な財産の処分および譲受け（1号）

「重要な財産」の「財産」につき、信用金庫法上、特段の制限は付されていないことから、不動産、動産、保険、有価証券、債権、知的財産権（著作権、特許権、商標権等）など、金庫が有するすべての財産が対象となる。

理事会の専決事項たる「重要な」財産の処分および譲受けの基準について、信用金庫法上は明らかでないが、最一小判平6.1.20（民集48巻1号1頁・金法1391号43頁）は、「重要な財産の処分および譲受け」に該当するかについては、量的な側面（当該財産の価額や会社の総資産に占める割合）と、質的な側面（当該財産の保有目的、処分行為の態様および会社における従来の取扱い等）を総合的に考慮するとしている。

信用金庫においては、代表理事等に委任できる事項を明確にするため、その都度理事会決議で委任の範囲を定めるのではなく、理事会付議基準等において、あらかじめ付議基準を定めている。例えば「重要な財産の処分および譲受け」に該当するかについて、1件当たりの金額や、前期末における自己資本に占める割合などを基準として定めることが考えられる。

b　多額の借財（2号）

「借財」について、金銭消費貸借契約に基づく借入れに加え、社会通念上これと同視すべき金銭債務負担行為も含み、金融機関からの借入金、手形割引、債務保証、リース契約、デリバティブ取引などが該当する。

理事会の専決事項たる「多額の」借財の基準について、信用金庫法上は明らかでないが、東京地判平9.3.17（金法1479号57頁）は、「多額の借財」に該当するかについて、当該借財の額、会社の総資産・経常利益等に占める割合、借財の目的および会社における従来の取扱い等の事情を、総合的に考慮するとしている。

c　支配人その他の重要な使用人の選任および解任（3号）

理事に使用人の職務を委嘱する場合や、総（代）会に伴う人事異動で重要な使用人の選任等を行う場合は、理事会の決議が必要となる（法36条5項3号）。

なお、「その他の重要な使用人」は支配人に準ずる重要な使用人を意味する。具体的範囲は個々の金庫の規模や組織に応じて総合的に判断されるが、一般的には執行役員や本部の部室長、重要な支店の支店長などが該当すると考えられる。

d　従たる事務所その他の重要な組織の設置、変更および廃止（4号）

「その他の重要な組織」とは、従たる事務所に準ずる重要な組織を意味するが、重要か否かの判断基準は、当該金庫の規模や組織の在り方に応じて総合的に判断される。

e　内部統制システムの整備（5号）

理事の職務の執行が法令および定款に適合することを確保するための体制その他金庫の業務の適正を確保するために必要なものとして内閣府令で定める体制の整備（いわゆる「内部統制システムの整備」）である。

内部統制システムについての先駆的な判例が、大和銀行事件判決（大阪地判平12.9.20判時1721号3頁）である。同判決は、重要な業務執行について、取締役会が決定することを要するから、会社経営の根幹に係るリスク管理体制の大綱については、取締役会で決定することを要し、業務執行を担当する代表取締役および業務担当取締役は、この大綱を踏まえ、担当する部門にお

けるリスク管理体制を具体的に決定すべき義務を負い、この意味において、取締役は、取締役会の構成員として、また、代表取締役または業務担当取締役として、リスク管理体制を構築すべき義務を負い、さらに、代表取締役および業務担当取締役がリスク管理体制を構築すべき義務を履行しているか否かを監視する義務を負うのであり、これもまた、取締役としての善管注意義務および忠実義務の内容をなすと、内部統制システム構築義務を明確に認めている。

　会社法において、いわゆる大会社に対しては、内部統制システムの整備を取締役会の専決事項とするのみでなく、業務執行の一環として、内部統制システムの整備に関する決議をすることを義務付けている（会社法362条4項6号、362条5項）。信用金庫法においては内部統制システムの整備を理事会の専決事項としているが、内部統制システムの整備に関する決議を法律上義務付けることまではしていない。

　もっとも、理事会による監督は理事の職務執行を対象とするものであり（法36条3項2号）、使用人の業務執行の監督は、代表理事等を通じて間接的に行うにすぎないため、内部統制システムの構築は、会社法上の大会社と同様、金庫においても重要といえる。

　　f　内部統制システムの決議事項

　内部統制システムの構築について決議する際の決議事項としては、法36条5項5号の「理事の職務の執行が法令及び定款に適合することを確保するための体制」のほか、施行規則23条1号〜12号において、下記の事項が列挙されている。もっとも、施行規則においては、内部統制システムについて決議する場合には、下記の事項を決議することを例として定めているにすぎず、内部統制システムの具体的な内容について、一律に定めているものではない。

（業務の適正を確保するための体制）

施行規則第23条　（略）

　一　当該金庫の理事の職務の執行に係る情報の保存及び管理に関する体制

　二　当該金庫の損失の危険の管理に関する規程その他の体制

三　当該金庫の理事の職務の執行が効率的に行われることを確保するための体制

四　当該金庫の職員の職務の執行が法令及び定款に適合することを確保するための体制

五　次に掲げる体制その他の当該金庫及びその子法人等から成る集団における業務の適正を確保するための体制

　　イ　当該金庫の子法人等の取締役、執行役、業務を執行する社員、会社法598条１項の職務を行うべき者その他これらの者に相当する者（ハ及びニにおいて「取締役等」という。）の職務の執行に係る事項の当該金庫への報告に関する体制

　　ロ　当該金庫の子法人等の損失の危険の管理に関する規程その他の体制

　　ハ　当該金庫の子法人等の取締役等の職務の執行が効率的に行われることを確保するための体制

　　ニ　当該金庫の子法人等の取締役等及び使用人の職務の執行が法令及び定款に適合することを確保するための体制

六　当該金庫の監事がその職務を補助すべき職員を置くことを求めた場合における当該職員に関する事項

七　前号の職員の当該金庫の理事からの独立性に関する事項

八　当該金庫の監事の第６号の職員に対する指示の実効性の確保に関する事項

九　次に掲げる体制その他の当該金庫の監事への報告に関する体制

　　イ　当該金庫の理事及び職員が当該金庫の監事に報告をするための体制

　　ロ　当該金庫の子法人等の取締役、会計参与、監査役、執行役、業務を執行する社員、会社法598条１項の職務を行うべき者その他これらの者に相当する者及び使用人又はこれらの者から報告を受けた者が当該金庫の監事に報告をするための体制

十　前号の報告をした者が当該報告をしたことを理由として不利な取扱いを受けないことを確保するための体制

十一　当該金庫の監事の職務の執行について生ずる費用の前払又は償還の手続その他の当該職務の執行について生ずる費用又は債務の処理に係る

方針に関する事項

　十二　その他当該金庫の監事の監査が実効的に行われることを確保するた

　　めの体制

　なお、平成26年の会社法改正を受けた信用金庫法改正により、法36条5項
5号において、金庫のみならずその子会社から成る集団の業務の適正を確保
するための体制整備であることが明記され（規則事項から法律事項へ格上げ）、
また平成26年改正後の施行規則23条においては、上記のとおり、グループ内
部統制システムの内容が具体的に例示されている。

　また、監事監査の実効性を確保するためには、監査体制の整備が必要であ
るが、当該体制の充実を図るため、平成26年改正後の施行規則23条6号にお
いては、監事の職務を補助すべき職員に対する監事の指示の実効性の確保に
関する事項などが追加されている。

3　理事会への報告義務（法36条6項）

　理事は、3カ月に1回以上、自己の職務の執行の状況を理事会に報告しな
ければならない（法36条6項）。このように報告義務が定められたのは、理事
会の監督機能が有効に発揮されるためには、理事（ここでの「理事」とは、事
実上、理事の中でも職務の執行を行っている理事と解することが可能と解される）
に対して業務執行の状況について理事会へ随時報告する義務を課し、各理事
が業務執行について適切な情報を有している必要があるからであり、また監
事も理事会に出席することにより報告を受け、監督機能を発揮し得るところ
であり、会社法363条2項と同趣旨の規定である。

　本条6項の報告義務にかんがみて、法37条3項に基づき理事会の決議の省
略が認められてはいるが、少なくとも理事会は3カ月に1回以上実際に開催
されなければならない（会社法372条1項・2項参照）。

第37条

第37条 理事会の決議

（理事会の決議）

第37条 理事会の決議は、議決に加わることができる理事の過半数（これを
上回る割合を定款で定めた場合にあつては、その割合以上）が出席し、そ
の過半数（これを上回る割合を定款で定めた場合にあつては、その割合以
上）をもつて行う。

2 前項の決議について特別の利害関係を有する理事は、議決に加わること
ができない。

3 金庫は、理事が理事会の決議の目的である事項について提案をした場合
において、当該提案につき理事（当該事項について議決に加わることがで
きるものに限る。）の全員が書面又は電磁的記録により同意の意思表示をし
たとき（監事が当該提案について異議を述べたときを除く。）は、当該提案
を可決する旨の理事会の決議があつたものとみなす旨を定款で定めること
ができる。

4 理事会の招集については、会社法第366条（招集権者）及び第368条（招
集手続）の規定を準用する。この場合において、同条第１項中「各取締役
（監査役設置会社にあっては、各取締役及び各監査役）」とあるのは「各理
事及び各監事」と、同条第２項中「取締役（監査役設置会社にあっては、
取締役及び監査役）」とあるのは「理事及び監事」と読み替えるものとする
ほか、必要な技術的読替えは、政令で定める。

---

1 決議要件（法37条１項）

⑴ 本条１項の趣旨

　本条１項は、①理事会の決議の定足数が、議決に加わることのできる理事
の過半数であること、②議決要件が、出席理事の過半数であること、③双方

について定款の定めにより加重することができることを定めている。株式会社の取締役会の決議に関する会社法369条1項と同内容の規定である。

定款自治の拡大の観点から、金庫の判断で決議要件を加重することができるが、上記③の反対解釈から、定款の定めにより、定足数および議決要件の双方について、決議要件を緩和することはできないと解される。なお、定足数は議事開始時点のみならず、決議の時点においても充足している必要がある。なお、理事に対する信用供与については、出席理事の3分の2以上の賛成が必要とされている（法89条1項、銀行法14条）。

⑵　可否同数の場合

理事会の決議は「過半数」が決議要件であるため、可否同数の場合には決議が不成立とならざるを得ないが、可否同数の場合に議長の決するところによるとの定款の定めが有効かについて争いがある。

この点、会社法の解説として、取締役会はなんらかの決定をなすことが必要であり、可否同数の場合に議長に裁決権を付与することが会議体の一般原則であることから、有効とするのが通説とされており（鈴木＝竹内『会社法』280頁）、登記実務上も有効と解されている（昭34.4.21民事甲第772号民事局長回答参照）。

他方で、議長に裁決権を付与すると、出席取締役の過半数の賛成がなくても可決できることとなり、法定の決議要件を緩和することから、無効とする考えもある（北沢『会社法』388頁、大阪地判昭28.6.19下民集4巻6号886頁）。

実務上は、議長が議決権を留保した上で採決を行い、可否同数の場合に議長が議決権を行使して可決する方式であれば過半数の賛成は確保されるため、いずれの見解に立っても有効である。

⑶　そ の 他

理事会については、総（代）会と異なり、普通決議と特別決議の区別はない。

また、理事は個人的な信頼関係や能力を見込まれて選出されているものであるから、自ら理事会に出席して議決に加わる必要があり、代理人による議

決権行使（代理出席）はできないし、議決権数は頭数により１個であること
は当然である。

2　議決に参加できない理事（特別利害関係理事・法37条２項）

⑴　本条２項の趣旨

　本条２項は、理事会の決議について特別の利害関係を有する理事（特別利
害関係理事）が、議決に加わることができないことを定めている（株式会社
の取締役会の決議に関する会社法369条２項参照）。

　理事は金庫に対して忠実義務（法35条の４）を負っており、自己の利害を
離れて権限を行使すべきであるが、特別利害関係がある理事には公正な権限
行使を期待し得ないために定められたものである。

⑵　特別利害関係の該当性

　いかなる場合に「特別の利害関係」に該当するかについて、信用金庫法等
には規定がないが、特定の理事が、当該決議について、金庫に対する忠実義
務を誠実に履行することが定型的に困難と認められる個人的利害関係ないし
金庫外の利害関係と解される（落合編『会社法コンメ(8)』294頁）。

　特別の利害関係を有する理事としては、理事と金庫との間の取引の承認に
おける当該理事（法35条の５第１項。大阪地判昭57.12.24（判時1091号136頁））、
代表理事の解職における当該代表理事（法36条３項３号、株式会社の取締役会
による代表取締役の解任に関する最二小判昭44.3.28民集23巻３号645頁参照）が
挙げられる。

　これに対し、代表理事の選定は業務執行の決定そのものであるため、代表
理事の選定の場合における候補者たる理事は、特別利害関係を有する理事に
は該当しない。また、総（代）会が定めた理事の報酬総額の配分を理事会で
決定する場合について、特別利害関係に該当すると解する見解もあるが（田
中『会社法詳論(上)』572頁）、総（代）会で報酬総額を決定している以上、各
理事への配分いかんにより金庫を害することはなく、特別利害関係には該当
しないと解すべきである（名古屋高裁金沢支判昭29.11.22下民集５巻11号1902

頁、江頭『株式会社法』454頁）。

(3)　特別利害関係理事の理事会出席等

　特別利害関係を有する理事は議決に加わることができず（法37条2項）、理事会の決議要件との関係で定足数算定の基礎の数に算入されない（同条1項・2項）。

　そこで問題となるのが、特別利害関係理事が理事会に出席して審議に参加し、意見陳述をすることができるかという点である。

　この点、「議決に加わることができない」という法37条2項の文言や定足数においても理事として数えられないことから、理事会に出席して審議に加わることが禁止され、意見陳述権もないとする見解が有力であるが（北沢『会社法』391頁）、審議には加わることができるとする見解もある（河本『現代会社法』449頁）。

　なお、株式会社に関する裁判例ではあるが、東京地判平23.1.7（資料版商事323号67頁）は、「「議決」とは合議して決定することであるため、特別利害関係取締役は、会議体たる取締役会の合議および決定過程に加わることができず、よって、取締役会の構成メンバーとしての出席権および意見陳述権はない」旨を判示している。

　もっとも、いずれの見解に立っても、決議の上での情報収集のために金庫の側で必要があるときは、当該理事を理事会に出席させ、席にとどまることを認めて事情を聴くことはできる（前田『会社法入門』461頁）。また、意見陳述権があるとする見解に立っても、理事会が必要に応じて退席を命じることができるから、実務上は大差のない運用が可能である。

(4)　特別利害関係理事の議長就任

　特別利害関係を有する理事が当該決議に関し、理事会の議長にとどまることができるかについて、東京地判平2.4.20（判時1350号138頁）は、議長としての権限も当然に喪失すると判示しており、議長を務めることはできないと解される（控訴審である東京高判平8.2.8資料版商事151号143頁も同旨）。なお、この点、当然に無効と解するまでの必要はなく、不公正な議決がなされた場

合に初めて決議の効力を否定すればよいとする反対説もある（大隅＝今井『会社法論㊥』200頁）。

⑸　特別利害関係理事が関与した決議の効力

　最二小判昭54.2.23（民集33巻１号125頁・金法891号35頁）は、中協法に基づく企業組合の理事会決議に特別の利害関係を有する理事が加わった場合であっても、当該決議は当然に無効ではなく、その理事の議決を除外してもなお決議の成立に必要な多数が存するときは、決議としての効力を認めて妨げないと解すべきであると判示していた。

　この点、漁業協同組合に関する最二小判平28.1.22（民集70巻１号84頁）は、水協法37条２項が、漁業協同組合の理事会の議決について特別の利害関係を有する理事が議決に加わることができない旨を定めているのは、理事会の議決の公正を図り、漁業協同組合の利益を保護するためのものであるから、特別の利害関係を有する理事が議決権を行使した場合であっても、その議決権の行使により議決の結果に変動が生ずることがないときは、そのことをもって、議決の効力が失われるものではなく、よって、漁業協同組合の理事会の議決が、当該議決について特別の利害関係を有する理事が加わってされたものであっても、当該理事を除外してもなお議決の成立に必要な多数が存するときは、その効力は否定されるものではないと判示しており、前掲最二小判昭54.2.23と同様の解釈を採用している。

3　書面決議（法37条３項）

⑴　書面決議立法化の背景

　本来、理事会は、膝を突き合わせ、意見交換や議論を通じて、理事の専門的知識と経験を結集して妥当な結論を導くことに重要な意味がある。株式会社に関する判例であるが、最一小判昭44.11.27（民集23巻11号2301頁・金法570号21頁）も、書面決議（持回り決議）の方法による取締役会は無効と判示していた。

　しかし、機動的かつ迅速な意思決定をすべく、一定の場合に書面決議を認

めるべきという経済界の強い要請を背景として、平成17年改正において、会社法370条は持回り決議を認めるに至り、これを受け、本条3項においても書面決議を認める改正を行った。

(2) 書面決議の要件

下記の要件を満たす場合、当該提案を可決する旨の理事会の決議があったものとみなされ、理事会の決議を省略することができる（法37条3項）。

a 定款の定め

定款において、書面決議を認める旨の規定が必要である。

b 理事の提案および理事全員の同意

理事が理事会の決議の目的である事項について提案をした場合において、当該提案につき理事（当該事項について議決に加わることができるものに限る）の全員が書面または電磁的記録により同意の意思表示をすることが必要である。

c 監事が異議を述べていないこと

消極的要件として、監事が当該提案について異議を述べたときは除外される。

(3) 書面決議利用の留意点

上記のとおり、書面決議が立法化されているが、理事による理事会への報告（法36条6項）まで省略が認められるものではない（この点、株式会社においては、会社法372条1項・2項において、取締役会への報告の省略に関する規定が定められているのと異なる）。もっとも、全信協理事会規程例12条4項においては、報告の省略制度について規定している。

書面決議について、信用金庫法等において回数の制限などはないが、前記のとおり、理事会については膝を突き合わせて議論するのが原則であり、書面決議を多用すると、理事会そのものが形骸化するおそれがある。理事による理事会への報告義務との関係で、少なくとも3カ月に1回以上は理事会を開催することが必要となる。

また、前記のとおり、監事が異議を述べた場合には書面決議を利用するこ

とができないことから、提案をする理事としては、理事のみならず監事にも当該提案の内容を十分説明し、理解を得る必要がある。

なお、書面決議を利用した場合も、議事録を作成する必要があり、理事会決議があったとみなされた日から10年間、金庫の主たる事務所に備え置かなければならないことに留意が必要である（法37条の2、施行規則24条4項）。

Column　テレビ会議、電話会議による理事会開催

理事会につき、映像・音声の送受信によって、相互に相手の状態を認識しながら同時に通訳できる方式（テレビ会議システムや電話会議システム）により参加することができるか。

この点、施行規則24条3項1号においては、「理事会が開催された日時および場所（当該場所に存しない理事または監事が理事会に出席をした場合における当該出席の方法を含む）」という規定の仕方をしており、よってテレビ会議システムや電話会議システムを利用した理事会への出席が可能であることを前提としている。もっとも現に特定の場所において理事会が開催されていることを前提とし、その理事会にテレビ会議システムや電話会議システムにより参加することができるというものである。

よって、地域金融機関たる信用金庫においても、必要に応じて利用することが想定される。

4　理事会の招集権者・招集手続（法37条4項）

本条4項は、理事会の招集について、会社法366条（招集権者）および368条（招集手続）の規定を準用している。本条において準用している規定を読み替えた規定は以下のとおりである。

（招集権者）

会社法第366条　理事会は、各理事が招集する。ただし、理事会を招集する理

事を定款又は理事会で定めたときは、その理事が招集する。

2　前項ただし書に規定する場合には、同項ただし書の規定により定められた理事（以下この章において「招集権者」という。）以外の理事は、招集権者に対し、理事会の目的である事項を示して、理事会の招集を請求することができる。

3　前項の規定による請求があった日から５日以内に、その請求があった日から２週間以内の日を理事会の日とする理事会の招集の通知が発せられない場合には、その請求をした理事は、理事会を招集することができる。

（招集手続）

会社法第368条　理事会を招集する者は、理事会の日の１週間（これを下回る期間を定款で定めた場合にあっては、その期間）前までに、各理事及び各監事に対してその通知を発しなければならない。

2　前項の規定にかかわらず、理事会は、理事及び監事の全員の同意があるときは、招集の手続を経ることなく開催することができる。

5　理事会の招集権者（会社法366条）

　理事会の招集については、法37条４項において、会社法366条（招集権者）の規定を準用している。

　まず、理事会は各理事が招集するのが原則であるが（法37条４項、会社法366条１項本文）、理事会を招集する理事を定款または理事会で定めたときは、その理事が招集することとなる（法37条４項、会社法366条１項ただし書）。定款例19条においては、代表理事たる理事長を招集権者とし（同条１項）、理事長に事故のあるときはあらかじめ理事会が定めた順序による旨を定めている（同条２項）。

　定款等で招集権者を定めた場合、それ以外の理事は、招集権者に対し、理事会の目的である事項を示して、理事会の招集を請求することができ（法37条４項、会社法366条２項）、招集の請求があった日から５日以内に、その請求があった日から２週間以内の日を理事会の日とする理事会の招集の通知が発せられない場合には、その請求をした理事は、理事会を招集することがで

第４章　管理（第31条〜第52条の２）　285

きる（法37条4項、会社法366条3項）。

　なお、監事による理事会の招集権限については、法35条の7、会社法383条2項・3項を参照されたい。

6　理事会の招集手続（会社法368条）

　理事会の招集については、法37条4項において、会社法368条（招集手続）の規定を準用している。

⑴　招集通知の発送（1項）

　招集手続に関し、理事会を招集する者は、理事会の日の1週間（これを下回る期間を定款で定めた場合にあっては、その期間）前までに、各理事および各監事に対してその通知を発しなければならない（法37条4項、会社法368条1項）。「発しなければならない」と規定しているとおり、発信主義を採用しており、必ずしも期間内に到達している必要はない。

　上記のとおり、定款において、1週間の期間を短縮することができるが、合理的範囲を超えて短縮はできないものと解される（明田『農協法』383頁も同旨）。定款例19条5項においては、会日の3日前までと上記期間を短縮する定めをし、さらに緊急の必要がある場合には上記期間を短縮することができるものとしているが、これは合理的範囲内と解される。

　通知の送付については、各理事および監事に対して行う必要があり、常勤・非常勤や会員・会員外の区別を問わない。また、理事のうち、決議に特別利害関係を有するため議決権を行使することができない理事に対しても通知が必要である（明田『農協法』383頁も同旨）。

　上記のとおり、理事会の招集通知を監事に対しても発することを要することとしたのは、監事は理事会に出席し、必要があると認めるときは意見を述べなければならないためである（法35条の7、会社法383条1項）。もっとも、招集通知の送付先としなければならないからといって、監事が理事会の構成員となったり、決議に加わる権利を有したりするものでないことは当然である。

　招集通知には、日時および場所を特定することが必要であるが、会議の目

的、議題などは必ずしも特定する必要がなく（この点、総（代）会と異なる）、方式も定めはないため、口頭によることも可能である。

⑵ 全員の同意がある場合の招集手続省略（2項）

　理事会は、理事および監事の全員の同意があるときは、招集の手続を経ることなく開催することもできる（法37条4項、会社法368条2項）。これは、緊急に理事会を開催する必要があって、招集権者である理事長等が理事および監事の全員の同意を得て、直ちに開催する場合や、たまたま理事および監事の全員が出席した場で、全員が当日または他の日に理事会を開催することに同意した場合などが想定される。

　法37条4項が準用する会社法368条2項の「同意」については、明示のみならず黙示でも足りるが、特定の日時の理事会についての同意である必要があり、包括的に招集手続を省略することの同意は無効である。また、事前の同意が必要であり、事後の同意により招集手続省略の瑕疵が治癒されるものではない。

　なお、招集手続の省略については理事および監事の全員の同意が必要であるが、理事会自体には理事および監事の全員の出席の必要性はなく、定足数を満たせば足りる。

⑶ 招集通知の瑕疵と理事会決議の効力

　一部の理事等に対する招集通知の漏れがあったため、当該理事や監事が出席しなかった場合、当該理事会決議は原則として無効となる。

　もっとも、招集通知を受けなかったにもかかわらず、当該理事または監事が出席し、かつ、異議を述べなかった場合には、招集手続の瑕疵は治癒され、決議の効力に影響はない（最三小判昭44.12.2民集23巻12号2396頁・金法571号25頁は、株式会社の取締役会の開催にあたり、一部の取締役に対する招集通知を欠いた取締役会の決議は原則として無効であるが、その取締役が出席してもなお決議の結果に影響を及ぼさないと認めるべき特段の事情があるときは、決議は有効であると判断している）。

　これに対し、招集通知を受けなかったために理事会を欠席した理事または

第4章　管理（第31条～第52条の2）　287

監事が、事後的に当該決議に同意したとしても、決議の瑕疵が治癒されるものではない。

第37条の2 理事会の議事録の作成、備置き及び閲覧等

（理事会の議事録の作成、備置き及び閲覧等）

第37条の2　理事会の議事については、内閣府令で定めるところにより、議事録を作成し、議事録が書面をもつて作成されているときは、出席した理事及び監事は、これに署名し、又は記名押印しなければならない。

2　前項の議事録が電磁的記録をもつて作成されている場合における当該電磁的記録に記録された事項については、内閣府令で定める署名又は記名押印に代わる措置をとらなければならない。

3　金庫は、理事会の日（前条第3項の規定により理事会の決議があつたものとみなされた日を含む。）から10年間、第1項の議事録又は前条第3項の意思表示を記載し、若しくは記録した書面若しくは電磁的記録（以下この条において「議事録等」という。）をその主たる事務所に備え置かなければならない。

4　会員は、その権利を行使するため必要があるときは、金庫の業務取扱時間内は、いつでも、次に掲げる請求をすることができる。

　一　議事録等が書面をもつて作成されているときは、当該書面の閲覧又は謄写の請求

　二　議事録等が電磁的記録をもつて作成されているときは、当該電磁的記録に記録された事項を内閣府令で定める方法により表示したものの閲覧又は謄写の請求

5　金庫の債権者は、役員の責任を追及するため必要があるときは、裁判所の許可を得て、当該金庫の議事録等について前項各号に掲げる請求をすることができる。

6 裁判所は、前項の請求に係る閲覧又は謄写をすることにより、当該金庫又はその子会社に著しい損害を及ぼすおそれがあると認めるときは、同項の許可をすることができない。

1 理事会の議事録の作成（法37条の2第1項）

理事会の議事については、内閣府令で定めるところにより、議事録を作成し、議事録が書面をもって作成されているときは、理事会に出席した理事および監事が署名または記名押印しなければならない（法37条の2第1項）。

内閣府令（施行規則24条3項）においては、理事会が開催された日時・場所、議事の経過の要領およびその結果、特別利害関係を有する理事があるときは、当該理事の氏名、議長が存するときは議長の氏名等の事項を記載することと規定されている。

なお、信用金庫法においては、会社法369条5項と異なり、理事会の決議に参加した理事で議事録に異議をとどめないものは決議に賛成したものと推定する旨の規定はないことから、理事会に出席して異議をとどめなかった理事であっても、決議に賛成したものと法律上推定されるものではない。しかし、議事録の記載は承認決議に賛成したか否か（法39条2項3号）を認定する重要な証拠書類であり、理事会の議事録の記載は理事の責任追及にあたって重要な証拠となるものであり、議事録にも具体的に記載する必要がある。

2 電磁的記録による議事録作成（法37条の2第2項）

(1) 電磁的記録による作成方法

議事録が電磁的記録をもって作成されている場合における当該電磁的記録に記録された事項については、内閣府令で定める署名または記名押印に代わる措置をとらなければならない（法37条の2第2項）。

内閣府令においては、署名または記名押印に代わる措置につき、「電子署名」とされている（施行規則9条1項）。また、上記「電子署名」とは、電磁的記録に記録することができる情報について行われる措置であって、施行規

則9条2項1号・2号のいずれにも該当するものをいう。

（電子署名）

施行規則第9条　（略）

2　（略）

　一　当該情報が当該措置を行つた者の作成に係るものであることを示すためのものであること。

　二　当該情報について改変が行われていないかどうかを確認することができるものであること。

⑵　書面により作成された議事録の電子化

　理事会議事録については、書面のみならず電磁的記録により作成することもできるが、その場合、最初から電磁的記録で作成する必要があり、いったん書面により作成した議事録をスキャナで読み取るなどして電磁的記録に変換することは認められないと解されていた。

　しかし、平成16年に制定されたいわゆるe－文書法（「民間事業者等が行う書面の保存等における情報通信の技術の利用に関する法律」）3条において、「民間事業者等は、保存のうち当該保存に関する他の法令の規定により書面により行わなければならないとされているもの（主務省令で定めるものに限る。）については、当該法令の規定にかかわらず、主務省令で定めるところにより、書面の保存に代えて当該書面に係る電磁的記録の保存を行うことができる」と規定されている。

　そして、これを受けた「内閣府の所管する金融関連法令に係る民間事業者等が行う書面の保存等における情報通信の技術の利用に関する法律施行規則」4条1項においては、書面の電磁的記録の保存を行う場合の方法として、下記のいずれかの方法と定めている（同項1号・2号）。

---

　①　作成された電磁的記録を民間事業者等の使用に係る電子計算機に備えられたファイル又は磁気ディスク、シー・ディー・ロムその他これらに準ず

る方法により一定の事項を確実に記録しておくことができる物（以下「磁気ディスク等」という。）をもって調製するファイルにより保存する方法

② 書面に記載されている事項をスキャナ（これに準ずる画像読取装置を含む。）により読み取ってできた電磁的記録を民間事業者等の使用に係る電子計算機に備えられたファイル又は磁気ディスク等をもって調製するファイルにより保存する方法

よって、いったん書面により作成された理事会議事録を、スキャナ等により読み取ってできた電磁的記録を信用金庫の使用に係る電子計算機に備えられたファイルまたは磁気ディスク等をもって調製するファイルにより保存する方法が認められる。

3 理事会議事録等の備置き（法37条の2第3項）

金庫は、理事会の日から10年間、理事会議事録および理事会の決議を省略した場合における理事全員の同意の意思表示をした書面または電磁的記録（以下「理事会議事録等」という）を金庫の主たる事務所（本店）に備え置かなければならない（法37条の2第3項）。

理事会議事録等が書面により作成されている場合、その正本（原本）を主たる事務所に現実に備え置く必要がある。他方で、理事会議事録等が電磁的記録により作成されている場合、主たる事務所において「電磁的記録に記録された事項を紙面または映像面に表示する」こと（施行規則3条）が可能であれば、会員等による閲覧謄写請求に対応することができるため、電磁的記録またはその媒体自体を主たる事務所に現実に備え置く必要は必ずしもなく、主たる事務所とは別の場所に所在するサーバーのハードディスク等に記録されていれば足りる。

4 会員および債権者による理事会議事録等の閲覧・謄写請求権
（法37条の2第4項〜6項）

(1) 会員による閲覧・謄写（4項）

会員は権利行使のため必要があるとき、金庫の業務取扱時間内であればいつでも、金庫に対して理事会議事録の閲覧や謄写等を請求できる（法37条の2第4項）。

「権利行使のために必要があるとき」の「権利」とは、会員としてのすべての権利行使を意味し、共益権としての議決権や提訴権だけでなく、自益権も含まれると解される。役員等の責任を追及するために、理事会の議題に関する役員等の賛否や意見等を確認したいときなどが典型例である。

(2) 債権者による閲覧・謄写（5項・6項）

他方で、金庫の債権者は、役員の責任追及のため必要があるときに限り、裁判所の許可を得て理事会議事録等の閲覧や謄写等を行うことができる（法37条の2第5項）。

裁判所は、債権者が理事会議事録等を閲覧または謄写をすることにより、金庫またはその子会社に著しい損害を及ぼすおそれがあると認めるときは、上記許可をすることができない（法37条の2第6項）。

「役員の責任追及のため必要があるとき」との要件のとおり、債権者が金庫から債権を回収するために、資産等についての情報を探索すべく、理事会議事録等を閲覧等することは認められない。

人的結合からなる協同組織金融機関の構成員である会員に比して債権者について、裁判所の許可を要件とするなど、閲覧・謄写の要件を厳格にしているのは、理事会は金庫の業務執行の意思決定を行うものであるため、その審議内容や決議事項には、必然的に企業秘密等が含まれ得るところであり、債権者に無限定に閲覧等を認めると、企業秘密が漏洩し、金庫が損害を被るおそれがあるためである。

第38条

第4節 計算書類等の監査等

第38条 計算書類等の作成、備置き及び閲覧等

（計算書類等の作成、備置き及び閲覧等）

第38条 金庫は、内閣府令で定めるところにより、各事業年度に係る計算書類（貸借対照表、損益計算書、剰余金処分案又は損失処理案その他金庫の財産及び損益の状況を示すために必要かつ適当なものとして内閣府令で定めるものをいう。以下同じ。）及び業務報告並びにこれらの附属明細書を作成しなければならない。

2 前項の計算書類及び業務報告並びにこれらの附属明細書は、電磁的記録をもつて作成することができる。

3 第1項の計算書類及び業務報告並びにこれらの附属明細書は、内閣府令で定めるところにより、監事の監査を受けなければならない。

4 前項の規定により監事の監査を受けた計算書類及び業務報告並びにこれらの附属明細書については、理事会の承認を受けなければならない。

5 金庫は、通常総会の招集の通知に際して、内閣府令で定めるところにより、会員に対し、前項の承認を受けた計算書類及び業務報告（監事の監査の報告を含む。）を提供しなければならない。

6 理事は、第4項の規定により理事会において承認を受けた計算書類及び業務報告を通常総会に提出し、又は提供しなければならない。

7 前項の規定により提出され、又は提供された計算書類は、通常総会の承認を受けなければならない。

8 理事は、第6項の規定により提出され、又は提供された業務報告の内容を通常総会に報告しなければならない。

第4章　管理（第31条～第52条の2）　293

9 金庫は、各事業年度に係る計算書類及び業務報告並びにこれらの附属明細書（監事の監査の報告を含む。以下この条において「計算書類等」という。）を通常総会の日の2週間前の日から5年間、主たる事務所に備え置かなければならない。

10 金庫は、計算書類等の写しを通常総会の日の2週間前の日から3年間、従たる事務所に備え置かなければならない。ただし、計算書類等が電磁的記録で作成されている場合であつて、従たる事務所における次項第3号及び第4号に掲げる請求に応じることを可能とするための措置として内閣府令で定めるものをとつているときは、この限りでない。

11 会員及び金庫の債権者は、金庫の業務取扱時間内は、いつでも、次に掲げる請求をすることができる。ただし、第2号又は第4号に掲げる請求をするには、当該金庫の定めた費用を支払わなければならない。

　一　計算書類等が書面をもつて作成されているときは、当該書面又は当該書面の写しの閲覧の請求

　二　前号の書面の謄本又は抄本の交付の請求

　三　計算書類等が電磁的記録をもつて作成されているときは、当該電磁的記録に記録された事項を内閣府令で定める方法により表示したものの閲覧の請求

　四　前号の電磁的記録に記録された事項を電磁的方法であつて金庫の定めたものにより提供することの請求又はその事項を記載した書面の交付の請求

1　総　説

　本条は、計算書類および業務報告ならびにこれらの附属明細書の作成手続等について定めている。特定金庫における作成手続については、法38条の2参照。なお、計算書類等の作成方法の詳細は、施行規則25条～37条において定められている。

第38条

2 計算書類等の作成（法38条1項・2項）

　金庫は、事業年度ごとに、計算書類（貸借対照表、損益計算書、剰余金処分案または損失処理案その他金庫の財産および損益の状況を示すために必要かつ適当なものとして内閣府令で定めるもの）および業務報告ならびにこれらの附属明細書を作成しなければならない（法38条1項）。

　上記計算書類、業務報告およびこれらの附属明細書は電磁的記録をもって作成することもできる（法38条2項）。

　このように、上記の作成が義務付けられているのは、金庫の業務および財産の状況を明らかにすることにより、その事業運営の適正を期するとともに、金庫および債権者の利益を保護することを目的としている。

　具体的な作成方法については、施行規則25条により、業務報告、貸借対照表、損益計算書および附属明細書について、別紙様式1号から4号に基づき作成することになる。また、剰余金処分案または損失処理案の作成方法については明確に定められていないが、施行規則131条により、別紙様式第13号に基づき作成する業務報告書の「第4　剰余金処分計算書」または「第5　損失金処理計算書」に準じて作成することになる。

　このほか、法36条5項5号の内部統制システムの整備（内部管理基本方針）についての理事会決議を行っている場合は、その決議の内容の概要および当該体制の運用状況の概要を、業務報告の内容として記載しなければならない。

3 監事による会計監査、理事会の承認（法38条3項・4項）

　金庫は、計算書類および業務報告ならびにこれらの附属明細書について、監事の監査を受けなければならない（法38条3項）。

　これは会計事項に関する監査（会計監査）に関するものであり、理事の業務執行全般に関する監査（業務監査）（法35条の7、会社法381条1項）と区別される。

　また、監事の監査を受けた計算書類および業務報告ならびにこれらの附属明細書については、理事会の承認を受けなければならない（法38条4項）。

第4章　管理（第31条〜第52条の2）　295

このように、監査の後に理事会の承認を受けることとしているのは、理事会において機関決定する際には、監査の結果を参照して判断することが適切であると考えられるためである。

この決算理事会は、計算書類および業務報告ならびにこれらの附属明細書（監事の監査報告および（特定金庫の場合は）会計監査人の会計監査報告を含む）を主たる事務所等に備え置くことを考慮し、それに間に合うようにスケジュールを設定する必要がある（法38条9項・10項、38条の2第12項）。

4　通常総（代）会への提出・承認等（法38条5項～8項）

金庫は、通常総（代）会の招集の通知に際して、会員（総代）に対し、理事会の承認を受けた計算書類および業務報告（監事の監査の報告および（特定金庫の場合は）会計監査人の会計監査報告を含む）を提供しなければならず（法38条5項、38条の2第5項）、また理事は、理事会において承認を受けた計算書類および業務報告を通常総（代）会に提出し、または提供しなければならない（6項）。

会員（総代）に対して計算書類等を提供しなければならないとしているのは、通常総（代）会において決算関係書類の審議を十分行うためには、事前に決算関係書類を会員（総代）に提供することが適切であるためである。

そして、提出または提供された計算書類は、通常総（代）会の承認を受けなければならず（7項）、理事は、提出または提供された業務報告の内容を通常総（代）会に報告しなければならない（8項）。

5　計算書類等の事務所への備置き（法38条9項・10項）

金庫は、各事業年度に係る計算書類および業務報告ならびにこれらの附属明細書（監事および（特定金庫の場合は）会計監査人の会計監査報告を含む）を、通常総（代）会の日の2週間前の日から5年間、主たる事務所に備え置かなければならない（法38条9項、38条の2第12項）。

また、これらの写しを、通常総（代）会の日の2週間前の日から3年間、従たる事務所に備え置かなければならない（法38条10項）。

なお、計算書類等が電磁的記録により作成されている場合で、会員および

金庫の債権者の閲覧・提供等に応じられる場合は、従たる事務所に備え置く必要はない（法38条10項、施行規則10条2号）。したがって、計算書類等のデータがサーバー等に記録され、イントラネットなどを通じて従たる事務所のパソコンで画面上の表示またはプリントアウトできる場合などは、従たる事務所に備え置く必要はない。

6 　計算書類等の閲覧等請求権（法38条11項）

　会員や金庫の債権者は、計算書類等およびその写しについて、閲覧請求や、金庫の定めた費用を支払うことにより謄本・抄本の交付請求を行うことが認められている（11項）。

第38条の2 　特定金庫の監査

（特定金庫の監査）

第38条の2　信用金庫（政令で定める規模に達しない信用金庫を除く。）及び信用金庫連合会は、会計監査人を置かなければならない。

2　前項に規定する信用金庫以外の信用金庫は、定款の定めによつて、会計監査人を置くことができる。

3　特定金庫（第1項に規定する信用金庫及び信用金庫連合会並びに前項の規定により会計監査人を置く信用金庫をいう。以下この条及び第61条第3号において同じ。）は、前条第1項の計算書類及びその附属明細書について、監事の監査のほか、会計監査人の監査を受けなければならない。

4　特定金庫においては、前条第3項の監事の監査及び前項の会計監査人の監査を受けた計算書類及び業務報告並びにこれらの附属明細書については、理事会の承認を受けなければならない。

5　特定金庫は、通常総会の招集の通知に際して、内閣府令で定めるところにより、会員に対し、前項の規定により理事会の承認を受けた計算書類及び業務報告（監事及び会計監査人の監査の報告を含む。）を提供しなければ

ならない。

6　特定金庫の理事は、第4項の規定により理事会の承認を受けた計算書類及び業務報告を通常総会に提出し、又は提供しなければならない。

7　前項の規定により提出され、又は提供された計算書類は、通常総会の承認を受けなければならない。

8　特定金庫の理事は、第6項の規定により提出され、又は提供された業務報告の内容を通常総会に報告しなければならない。

9　特定金庫については、第4項の承認を受けた計算書類（剰余金処分案又は損失処理案を除く。以下この項において同じ。）が法令及び定款に従い特定金庫の財産及び損益の状況を正しく表示しているものとして内閣府令で定める要件に該当する場合には、当該計算書類については、第7項の規定は、適用しない。この場合においては、理事は、当該計算書類の内容を通常総会に報告しなければならない。

10　第3項の書類が法令又は定款に適合するかどうかについて会計監査人が監事と意見を異にするときは、会計監査人（会計監査人が監査法人である場合にあつては、その職務を行うべき社員）は、通常総会に出席して意見を述べることができる。

11　特定金庫については、前条第4項から第8項までの規定は、適用しない。

12　特定金庫に対する前条第9項の規定の適用については、同項中「監事の監査」とあるのは、「監事及び会計監査人の監査」とする。

13　特定金庫については、会社法第343条第1項及び第2項（監査役の選任に関する監査役の同意等）並びに第390条第3項（監査役会の権限等）の規定を準用する。この場合において、同項中「監査役会」とあるのは「監事」と読み替えるものとするほか、必要な技術的読替えは、政令で定める。

1　会計監査人設置義務（法38条の2第1項）

　本条1項は、金庫のうち、事業年度の開始の時における預金および定期積金の総額が200億円以上の信用金庫（法38条の2第1項、施行令5条の5）および信用金庫連合会は、監事の監査のほか、会計監査人（公認会計士または

監査法人）の設置が必要的であることを定めている。

現在は、すべての信用金庫が預金および定期積金の総額が200億円以上に該当する。

会社法においては、大会社（資本金5億円以上または負債の合計額が200億円以上の株式会社）について、会計監査人による外部監査が義務付けられている。これは、大規模な会社においては、計算関係が複雑となることに加え、債権者等利害関係人も多数に及ぶため、会計に関する職業的専門家の監査を義務付けることにより、会計処理の適正さを担保することを目的としている。一定規模以上の協同組織金融機関（信用金庫等）について、平成8年の関係法律の改正により、会計監査人による外部監査が義務付けられたものである。

会計監査人は、金庫における機関の1つとして取り扱われ、監事のように業務監査権限までは有していないが、金庫の会計監査を行うために必要な職務・権限が与えられている。

2　会計監査人の任意の設置（法38条の2第2項）

本条2項は、事業年度の開始の時における預金等の総額が200億円に達しない規模の信用金庫は、定款に定めることで、会計監査人を任意に設置することができることを定めている。

3　特定金庫における計算書類等作成手続の特例（法38条の2第3項～12項）

本条3項～12項は、特定金庫（1項に規定する信用金庫および信用金庫連合会ならびに2項の規定により会計監査人を任意に置く信用金庫）における計算書類および業務報告ならびにこれらの附属明細書の作成手続の特例について定めている。

⑴　計算関係書類の監査権限（3項）

特定金庫は、計算書類およびその附属明細書（計算関係書類、施行規則26条1号）について、監事の監査のほか、会計監査人の監査を受けることが義務

付けられている（法38条の2第3項）。

　よって、特定金庫の計算書類を作成した理事は、会計監査人および監事の双方に計算関係書類を提供する義務を負う（法38条の2第3項、施行規則31条1項）。

⑵　特定金庫についての手続の特例（4項〜8項・11項・12項）

　特定金庫については会計監査人の監査が義務付けられていることから（法38条の2第3項）、法38条4項〜8項の手続に対応し、特定金庫についての特例を定めたものであり、特定金庫については法38条4項〜8項は適用されない（法38条の2第11項）。

⑶　計算書類の承認についての特則（9項）

　「計算書類の承認」について、計算書類が法令および定款に従い、特定金庫の財産および損益の状況を正しく表示しているものとして以下の①〜③の要件に該当する場合、貸借対照表および損益計算書は総（代）会の承認を要せず、理事会決議によって計算書類が確定し、総（代）会の決議事項でなく報告事項となる（法38条の2第9項、施行規則37条）。

　会計監査人の監査によって計算書類の適法性の担保が期待でき、また会計監査人の監査を受ける金庫においては、計算書類の内容も複雑・専門的であり、総（代）会で適否を判断するのに適さないためである。

---

　①　会計監査人の会計監査報告の内容に無限定適正意見が表明されていること（施行規則37条1号）

　これは、会計監査人の監査を経て計算書類の内容の適法性が担保されていることが必要となるための要件である。

　この無限定適正意見とは、監査の対象となった計算関係書類が一般に公正妥当と認められる会計の慣行に準拠して、当該計算関係書類に係る期間の財産及び損益の状況をすべての重要な点において適正に表示していると認められる旨の意見をいう（施行規則31条2項2号イ）。

　②　会計監査報告に係る監査の監査報告の内容として、会計監査人の監査の

方法または結果を相当でないと認める意見がないこと（施行規則37条2号）

これは、会計監査人による監査の相当性が、監事によっても担保されることを求める趣旨である。

③　監事が監査報告の内容を通知しないことによって監事の監査を受けたものとみなされた計算関係書類ではないこと（施行規則37条3号）

ただし、金庫の計算書類のうち、剰余金処分案または損失処理案は条文上除外されており、通常総（代）会の承認を受けなければならない（法38条の2第7項・9項）。剰余金の配当については、信用金庫法において総（代）会の決議の要否は定められていないが、剰余金の配当は、広義の「剰余金の処分」に整理され、剰余金処分案に含まれるため、実務上、剰余金処分案において剰余金の配当についても付議される。

⑷　会計監査人の通常総（代）会における出席・意見陳述権（10項）

会計監査人（会計監査人が監査法人である場合は、その職務を行うべき社員）は、計算関係書類が法令または定款に適合するかどうかについて監事と意見を異にするときは、通常総（代）会に出席して意見を述べることができる（法38条の2第10項）。

通常のケースにおいては、会計監査人と監事との間で、事前に計算関係書類の法令・定款適合性について協議および調整が行われるが、それでも協議が調わない場合に、計算関係書類がそのまま総（代）会に提出されることとなる。そこで、会員（総代）への情報提供等のために、会計監査人の出席・意見陳述権が認められたものである。

⑸　会社法の準用（13項）

本条13項は、特定金庫について、会社法343条1項および2項（監査役の選任に関する監査役の同意等）ならびに390条3項（監査役会の権限等）の規定を準用している。本項において準用している規定を読み替えた規定は以下のとおりである。

> 第38条の2

> **（特定金庫の監事の選任に関する監事の同意等）**
>
> **会社法第343条**　特定金庫の理事は、監事の選任に関する議案を総会に提出するには、監事の過半数の同意を得なければならない。
>
> **2**　特定金庫の監事は、理事に対し、監事の選任を総会の目的とすること又は監事の選任に関する議案を総会に提出することを請求することができる。

4　会社法343条の趣旨

　監事には総（代）会における選任もしくは解任または辞任についての意見陳述権等が認められているが（法35条の7、会社法345条）、この意見陳述権には法的拘束力がないため、実効性が十分でないケースもある。

　そこで、監事に同意権限を付与することにより、理事の恣意的な監事の選任を排除し、監事の地位の独立性を確保し、地位を強化するために、監事の選任議案に対する同意権（会社法343条1項）および監事選任に関する議案の提案権（同条2項）を定めたものである。

5　監事選任議案についての監事の同意権（会社法343条1項）

⑴　同意権の趣旨

　理事が監事選任に関する「議案」を総（代）会へ提出するためには、監事の過半数の同意が必要である（法38条の2第13項、会社法343条1項）。

　監事は総（代）会において選任され（法32条3項、49条1項）、監事選任の議案は、原則として理事会が決定するものであるが、理事の恣意を排除し、監事の地位を強化するため、理事による監事選任議案の提出について、監事の同意を要求したものである。監事の同意が得られない場合には、総（代）会に議案を提出することができないと考えられ、よって、監事には事実上、理事が総（代）会に提出する監事選任議案について拒否権が付与されたことを意味する（江頭『株式会社法』528頁）。

(2) 同意取得の時期

　監事の過半数の同意は、議案の賛否を総（代）会で諮る前に取得する必要があるが、さらに、総（代）会提出議案を決定する理事会の前後のいずれにおいて取得するかについて法令上の定めはない。

　この点理事会で先に決定してしまった場合、その後で監事会（監事の協議）の意見が異なり過半数の同意を得られなければ、理事会を再度開催する必要が生じてしまう。またこの場合、監事としても理事会決定後では反対しにくくなるおそれがあるし、そうなれば監事としての機能が損なわれるという問題も生じる。

　したがって、理事会で監事選任議案を決定する前に監事会（監事の協議）で「監事選任に関する監事の同意」を決議したほうが実務的であるし、このように「監事の同意」を得てから理事会で諮る過程のほうが、法の趣旨である監事の機能強化を反映していることにもなる（『監事の手引き』6頁）。

(3) 同意の方法

　同意の方法として、法令上は書面による同意が要件とされておらず、口頭でもよいとされている（奥島ほか編『新基本法コンメ会社法(2)』128頁〔潘阿憲〕）。

　しかし、実務上は、書面（同意書）への署名押印や、議長が監事に口頭で同意の確認をし、議事録に記録する方法が考えられる。

(4) 同意が得られない場合

　監事選任議案について、理事会の提案した候補者について監事の過半数の同意が得られない場合、理事会は選任議案を撤回して修正をしなければならないが、監事が議案の修正にも応じない場合、デッドロック状態となる。監事はこのような状態を解消するため、会社法343条2項の監事選任議案の提案権を行使する義務を負うとの見解もある（江頭ほか編著『改正会社法セミナー』224頁〔浜田道代〕）。

第38条の2

6 監事選任に関する議題・議案の提案権（会社法343条2項）

　監事は、理事に対して「監事の選任を総（代）会の目的とすること」（法38条の2第13項、会社法343条2項前段）または「監事の選任に関する議案を総（代）会に提出すること」（法38条の2第13項、会社法343条2項後段）の請求ができる。

　これは、監事に対し、監事の選任に関する議題および議案の提案権を付与したものである。監事は会社法343条1項に基づき、監事の選任に関して事実上の拒否権を有しているが、同条2項による議題・議案提案権に基づき、より積極的なイニシアティブをとることもできる。

　「監事の選任を総（代）会の目的とすること」は選任議題の提案権であり、例えば、「監事の選任の件」を総（代）会に付議するよう理事に請求するもので、特定の候補者を示さず、単に監事の増員を請求するような場合である（江頭『株式会社法』528頁）。これに対し、「監事の選任に関する議案を総（代）会に提出すること」は選任議案の提案権であり、特定の候補者を示し、例えば「Aを監事に選任する件」というように、その選任議案を総（代）会に付議するよう請求することである（会社法施行規則76条1項4号）。

　監事の選任に関する議題および議案の提出の方法について、特に制限されていないことから、口頭でも可能であるが（奥島ほか編『新基本法コンメ会社法(2)』128頁〔潘阿憲〕）、実務上は理事に対して書面を提出することが考えられる。

　監事から選任議題または議案の提出請求があった場合、請求を受けた理事は、要件を満たす要求であれば総（代）会に付議する義務があり、違反すると、任務懈怠責任（法39条）を負う。

Column　監 事 会

　会社法上の公開大会社において、監査等委員会設置会社および指名委員会等設置会社を除き、監査役会が法定されているのと異なり、信用金庫法にお

いては監事会の設置等についての規定はない。また、監事は独任制の機関であり、複数人が選任されていても、個々の監事がすべての権限を有する。

しかし、法38条の2第13項が準用する会社法343条1項のように、監事の過半数の同意を要件としているものがあり、実務上も、監事全員の協議によらなければならない事項が存在する。

そこで、実務上は常勤監事および非常勤監事から構成される監事会を設置し、各監事の役割分担を実効的かつ効率的に行い、情報を共有化し、監事の機能強化および理事に対する牽制機能等の強化に役立てている。

具体的には、①監査意見の形成に関する検討および協議、②常勤の監事の選定および解職、ならびに③監査の方針、業務および財産の状況の調査の方法その他の監事の職務執行に関する事項の検討および協議などを職務として行っている。

なお、平成27年4月に全国信用金庫協会の「総代会の機能向上策等に関する業界申し合わせ」が改定され、監事の機能強化に関する施策として、理事に対する牽制機能等の強化の観点から、監事会の設置が明記されている。

（特定金庫の監事の権限等）

会社法第390条　1、2（略）

3　特定金庫の監事は、監事の中から常勤の監事を選定しなければならない。

7　常勤監事の選定

(1)　会社法390条3項の趣旨

特定金庫は、監事の中から少なくとも1人を常勤の監事として選定しなければならない。

特定金庫においては、監査の対象が広範かつ複雑であり、日常的に監査を行う体制を整備する必要性が認められるため、常勤監事の選定が義務付けられたものである。

(2)　常勤監事の意義

　「常勤監事」は、常時信用金庫におり、原則として、金庫の営業時間中は監事の職務に専念し、監事の職務を遂行する義務を負うものである。したがって、他の会社の常勤の職務に就いたり、自ら事業を営んだりすることは許されない（法35条１項）。

　会員・会員外監事の差異が、選任されるための資格要件による区別であるのに対し、常勤監事・非常勤監事は勤務態様による区別である。

　監事のうちの誰を常勤の監事とするかは、監事の協議（互選）により選定しなければならず、理事（会）がそれを決めることはできない。実務上、常勤監事は、監事会での協議により選定することとなる。

　常勤監事が２名以上いる場合は、理事に業務報告およびその附属明細書に係る監査報告の内容を通知すべき監事（施行規則27条）や、会計監査人から会計監査報告の内容の通知を受け、理事および会計監査人に計算書類およびその附属明細書に係る監査報告の内容を通知すべき監事（施行規則30条、34条）を「特定監事」として定めるときは、監事会において定めることが考えられる（もっとも、非常勤監事の中から「特定監事」を選ぶことも可能である）。

　常勤監事選定の手続を怠ったときは、罰則規定が定められている（法91条１項10号の２）。

8　常勤監事と非常勤監事の役割

　常勤監事以外に非常勤監事がいる場合、日常の業務監査を常勤監事に委ねることはよくある。しかし、常勤監事と非常勤監事の職務権限や責任については、法令上の区別はないのであるから（法35条の７、会社法381条）、非常勤であっても常に善管注意義務をもって監事としての義務を履行すべきことになる（もっとも、常勤監事のほうが、常時、監査権限を行使し得る立場にあるため、実際には任務懈怠責任が認められやすい可能性がある）。

　したがって、非常勤監事としては常勤監事に任せきりにすることなく、常に必要な報告を求めたり、たえず情報を交換したりするなどして、常勤監事の業務監査が適正に行われているかどうかを監視しなければならない。

非常勤監事が常勤監事の任務懈怠を監視しなかった場合、金庫に対して常勤監事とともに連帯責任を負う場合がある。

第38条の3　会計監査人についての会社法等の準用

> **（会計監査人についての会社法等の準用）**
>
> **第38条の3**　会計監査人については、第33条の規定並びに会社法第329条第1項（選任）、第337条（会計監査人の資格等）、第338条第1項及び第2項（会計監査人の任期）、第339条（解任）、第340条第1項から第3項まで（監査役等による会計監査人の解任）、第344条第1項及び第2項（会計監査人の選任等に関する議案の内容の決定）、第345条第1項から第3項まで（会計参与等の選任等についての意見の陳述）、第396条第1項から第5項まで（会計監査人の権限等）、第397条第1項及び第2項（監査役に対する報告）、第398条第2項（定時株主総会における会計監査人の意見の陳述）並びに第399条第1項（会計監査人の報酬等の決定に関する監査役の関与）の規定を準用する。この場合において、同法第337条第3項第1号中「第435条第2項」とあるのは「信用金庫法第38条第1項」と、同法第345条第1項中「会計参与の」とあるのは「会計監査人の」と、同条第2項中「会計参与を辞任した者」とあるのは「会計監査人を辞任した者」と、同条第3項中「第298条第1項第1号」とあるのは「信用金庫法第45条第1項第1号」と、同法第396条第1項中「次章」とあるのは「信用金庫法第38条の2第3項」と、「計算書類及びその附属明細書、臨時計算書類並びに連結計算書類」とあるのは「同項に規定する書類」と読み替えるものとするほか、必要な技術的読替えは、政令で定める。

1　会計監査人

本条は、会計監査人について、法33条のほか、会社法の各規定の大半を準

第4章　管理（第31条～第52条の2）　307

用している。

　会計監査人は、特定金庫（法38条の2第3項）の機関として、計算書類な
どの会計を監査する公認会計士または監査法人を指し、法38条の2第1項の
とおり、政令で定める規模に達しない信用金庫を除いて会計監査人が必要で
ある。

　会計監査人は信用金庫の「機関」に該当するが、「役員」（理事および監事）
には該当しない（法32条1項）。もっとも、会計監査人および役員（理事およ
び監事）を併せて「役員等」（法39条1項）といい、任務懈怠に基づく金庫や
第三者に対する損害賠償責任が定められている（法39条、39条の2）。会計監
査人の員数についての制限はない。

　本条において準用している規定を読み替えた規定は以下のとおりである。

（金庫と会計監査人との関係）

第33条　金庫と会計監査人との関係は、委任に関する規定に従う。

　法33条についての会計監査人への準用は、信用金庫法の平成26年改正の際
に追加されたものである。

　会計監査人は金庫の「役員」ではないため、法33条が直接適用されるもの
ではないが、委任関係にあると解されることから、確認のために追加された
ものである。

　よって、会計監査人は理事や監事と同様、金庫に対して善管注意義務を負
う（民法644条）。会計監査人の職務は職業専門家としてのものであり、後記
のような種々の調査権限も会員の「権利」とは異なり、機関の職務に関する
「権限」であるから、権限行使についての裁量の範囲は一定の制約を受け、
善管注意義務に基づき、適切に行使することが求められる。また、会計監査
人が上記調査権限等を適切に行使せず、よって虚偽の会計監査報告を提出
し、金庫に損害を与えた場合には、任務懈怠に基づく損害賠償責任を負担す
る（法39条）。

　委任関係にあるため、会計監査人はいつでも辞任することができるし、総
（代）会決議をもって解任することができる（会社法339条1項）。

> **（選任）**
> **会社法第329条**　会計監査人は、総会の決議によって選任する。

　会社法329条は、会計監査人の選任方法について定めたものである。

　すなわち、金庫の会計監査人の選任権が総（代）会にあることが定められている（法38条の3、会社法329条1項、法49条5項）。

> **（会計監査人の資格等）**
> **会社法第337条**　会計監査人は、公認会計士又は監査法人でなければならない。
> 2　会計監査人に選任された監査法人は、その社員の中から会計監査人の職務を行うべき者を選定し、これを金庫に通知しなければならない。この場合においては、次項第2号に掲げる者を選定することはできない。
> 3　次に掲げる者は、会計監査人となることができない。
> 　一　公認会計士法の規定により、信用金庫法第38条第1項に規定する計算書類について監査をすることができない者
> 　二　金庫の子会社若しくはその取締役、会計参与、監査役若しくは執行役から公認会計士若しくは監査法人の業務以外の業務により継続的な報酬を受けている者又はその配偶者
> 　三　監査法人でその社員の半数以上が前号に掲げる者であるもの

　会社法337条は、会計監査人の資格について定めるとともに、会計監査人が監査法人である場合における会計監査人の職務を行うべき社員の選定等について規定している。

2　会計監査人の資格（会社法337条1項）

　会計監査人は、公認会計士（外国公認会計士を含む）または監査法人でなければならない（法38条の3、会社法337条1項、公認会計士法16条の2）。

　会計監査人は専門家として、計算関係書類の監査を行う者であるため、専門資格が要件となっている。

公認会計士法27条は、「公認会計士は、正当な理由がなく、その業務上取り扱つたことについて知り得た秘密を他に漏らし、又は盗用してはならない。公認会計士でなくなつた後であつても、同様とする」と規定している。信用金庫法においては、会計監査人の守秘義務を規定していないが、信用金庫に対して善管注意義務を負うものであるから（法33条）、当然に守秘義務も負うものと解される。

3　職務を行うべき社員の選定・通知（会社法337条2項）

会計監査人に監査法人が選任された場合、当該監査法人は、社員の中から会計監査人の職務を実際に行うべき者（職務執行者）を選定し、金庫に通知しなければならない。

なお、「社員」とは、社団法人たる監査法人の構成員を指し、単に当該監査法人と雇用関係があるにすぎない公認会計士は職務執行者となることはできない。これは、監査法人の社員が行う職務執行行為は、会計監査人たる監査法人の行為であることが明確となるが、単に雇用関係しかない公認会計士が職務執行者となった場合、会計監査人たる監査法人として業務を行っているのか、個人として業務を行っているか不明確となるためである（相澤哲＝石井裕介「株主総会以外の機関(下)」商事1745号14頁）。

4　欠格要件（会社法337条3項）

会社法337条3項においては、欠格事由が定められている。

欠格事由のある者を選任しても、選任決議が無効であり、また選任後に欠格事由に該当するに至った場合は、その時点で会計監査人の地位を当然に喪失する。

5　会計監査人の任期

（会計監査人の任期）

会社法第338条　会計監査人の任期は、選任後1年以内に終了する事業年度のうち最終のものに関する通常総会の終結の時までとする。

2 会計監査人は、前項の通常総会において別段の決議がされなかったとき
は、当該通常総会において再任されたものとみなす。

　会計監査人の任期は、選任後1年以内に終了する事業年度のうち最終のも
のに関する通常総（代）会の終結の時までとされている（法38条の3、会社
法338条1項）。

6　会計監査人の再任

　会計監査人は、通常総（代）会で別段の決議がなされなかったときは、当
該通常総（代）会において再任されたものとみなされる（法38条の3、会社
法338条2項）。すなわち、不再任の決議を行わない限り、自動的に更新さ
れ、同一の会計監査人を再任する場合は、実務上、総（代）会の決議を行わ
ないのが一般的である。

　会計監査人の再任に関する監事の決定権について、明文規定は設けられて
いない。もっとも、会計監査人の選解任等の議案決定権が監事に付与された
ことを踏まえると、会計監査人の再任の適否については、監事において会計
監査人の職務の遂行状況等を踏まえ、決定するものと解される。

7　会社法339条の趣旨

（解任）

会社法第339条　会計監査人は、いつでも、総会の決議によって解任すること
ができる。

2　前項の規定により解任された者は、その解任について正当な理由がある
場合を除き、金庫に対し、解任によって生じた損害の賠償を請求すること
ができる。

　会計監査人と金庫は委任関係にあるため（法38条の3、33条）、金庫は民法
651条に基づき、当然に委任契約を解除することができるはずである。しか
し、金庫によって会計監査人との委任契約の解除（解任）を行うことは、会

計監査人の意思に反して地位を喪失させることとなるため、総（代）会決議という一定の手続を定めるとともに（会社法339条1項）、解任によって生じた損害について手当したものである（同条2項）。

上記総（代）会決議について、特別決議は要求されず、普通決議で足りる。

8　「正当な理由」の意義

また、会社法339条2項の「正当な理由」については、会計監査人については、監事による解任を定めた会社法340条1項各号所定の事由（法38条の3において準用）のみならず、会計監査人が戒告処分（公認会計士法29条1号。同条2号の業務停止処分は欠格事由とされている。会社法337条3項1号）を受けることにより、適正な監査を期待し得ない場合（上柳ほか編著『新版注釈会社法(6)』548頁〔龍田節〕）、会計監査人の能力や資質・監査の能率が不適当である場合（大隅＝今井『会社法論(中)』336頁）などが含まれる。

なお、会計監査人について、会社法339条に基づく解任のほか、欠格事由の発生、死亡、任期満了時の不再任も終任事由となる。

9　会社法340条の趣旨

（監事による会計監査人の解任）

会社法第340条　監事は、会計監査人が次のいずれかに該当するときは、その会計監査人を解任することができる。

　一　職務上の義務に違反し、又は職務を怠ったとき。

　二　会計監査人としてふさわしくない非行があったとき。

　三　心身の故障のため、職務の執行に支障があり、又はこれに堪えないとき。

2　前項の規定による解任は、監事が2人以上ある場合には、監事の全員の同意によって行わなければならない。

3　第1項の規定により会計監査人を解任したときは、監事（監事が2人以上ある場合にあっては、監事の互選によって定めた監事）は、その旨及び

解任の理由を解任後最初に招集される総会に報告しなければならない。

　会計監査人の解任は、原則として総（代）会の決議によることが必要であるが（法38条の3、会社法339条1項）、会社法340条は、一定の重大事由が生じた場合に限り、例外的に、監事全員の同意による会計監査人の解任ができることについて定めたものである。

　会計監査人に対する信頼関係を失わせる事由が生じた場合、直ちに解任する必要が生じるが、金庫において、解任を目的とする臨時総（代）会を開催することが困難なことも踏まえ、簡易な手続による解任の制度が定められているものである。

10　解任事由

　監事全員の同意により会計監査人を解任することができる場合として、3つの事由が規定されている。この法定解任事由は制限列挙であり、解釈も厳格になされるべきである（上柳ほか編著『新版注釈会社法(6)』551頁〔片木晴彦〕）。

11　解任の報告

　会計監査人を解任したときは、監事（監事が2人以上ある場合にあっては、監事の互選によって定めた監事）は、その旨および解任の理由を解任後最初に招集される総（代）会に報告しなければならない。

　「解任の理由」の報告とは、会社法340条1項に定める解任事由のいずれに該当すると判断したかを説明することである（竹内『改正会社法解説』244頁）。また、解任された会計監査人は、不適当な解任であると考えた場合、当該総（代）会に出席して自己の意見を述べることもできる。

12　会計監査人の選解任等に関する議案の内容の決定権

（会計監査人の選任等に関する議案の内容の決定）

会社法第344条　金庫においては、総会に提出する会計監査人の選任及び解任

第38条の3

　並びに会計監査人を再任しないことに関する議案の内容は、監事が決定する。

2　監事が2人以上ある場合における前項の規定の適用については、同項中「監事が」とあるのは、「監事の過半数をもって」とする。

　会計監査人も役員と同様に、総（代）会で選任されるが（法38条の3、会社法329条1項）、会社法344条においては、総（代）会に提出される会計監査人の選任および解任ならびに会計監査人を再任しないことに関する議案の内容は、監事の過半数をもって決定することが規定されている（法38条の3、会社法344条1項・2項）。すなわち、監事に会計監査人の選任および解任ならびに不再任の議案の内容の決定権を付与したものである。この点、平成26年の会社法改正前においては、会計監査人の選解任および再任しないことに関する議案の内容の決定権は取締役会（会社法を準用する信用金庫法については理事会）にあり、監査役または監査役会（会社法を準用する信用金庫法においては監事）は議案についての同意権を有するにとどまっていた。

　しかし、会計監査人の監査を受ける立場にある取締役会が会計監査人の選解任等についての議題・議案を決定する仕組みは、会計監査人の独立性の観点から問題があることが指摘されており、また会計監査人と監査役との職務上の密接な関係により、監査役の意思を反映し、監査役の権限を強化する必要が認められた（法務省民事局参事官室「会社法制の見直しに関する中間試案の補足説明」第1部第2、1）。

　そこで、平成26年の会社法改正により、会計監査人の選解任および再任しないことに関する議案の内容の決定権が監査役の過半数をもって決定されることとなり、会社法を準用している信用金庫法についても、監事の過半数をもって決定されることとなった。

　本条に基づき、理事および理事会は、会計監査人の選解任等に関する議案の内容を決定したり、監事または監事会が決定した当該議案の内容の取消しや変更をしたりすることはできず、監事または監事会が当該議案の内容を決定した場合には、当該議案を決議するための総（代）会の招集を決定しなければならない。なお、理事が会計監査人の選解任等に関する議案の決定につ

いて、監事に対して原案を提示することは認められないとの見解もあるため、留意が必要である。

13 会計監査人の就退任に関する意見陳述権（会社法345条1項・2項）

（会計監査人の選任等についての意見の陳述）

会社法第345条　会計監査人は、総会において、会計監査人の選任、解任若しくは不再任又は辞任について意見を述べることができる。

2　会計監査人を辞任した者は、辞任後最初に招集される総会に出席して、辞任した旨及びその理由を述べることができる。

3　理事は、前項の者に対し、同項の総会を招集する旨及び信用金庫法第45条第1項第1号に掲げる事項を通知しなければならない。

　会社法345条は、会計監査人の選任、解任もしくは不再任または辞任に関する意見陳述権を定めたものである。

　会計監査人については、会社法345条とは別に、監事に選任および解任ならびに再任しないことに関する議案の内容の決定権が付与されているが（会社法344条）、会計監査人に対して総（代）会での直接の意見陳述権を付与し、独立性の保障や地位の強化を図ったものである。

　本条に基づき、会計監査人は、会計監査人の選任、解任もしくは不再任または辞任について、総（代）会に出席して意見を述べることができるし（法38条の3、会社法345条1項、施行令5条の6）、会計監査人を辞任した者は、辞任後最初に招集される総（代）会に出席して、辞任した旨およびその理由を述べることができる（法38条の3、会社法345条2項）。

14 総（代）会招集手続（会社法345条3項）

　会計監査人には上記13の意見陳述権が認められていることから、理事は、辞任した会計監査人に対し、辞任後最初に招集される総（代）会に出席して、辞任した旨およびその理由を述べることができる旨、ならびに総（代）会の日時および場所を通知（法45条1項1号）しなければならない。

第4章　管理（第31条〜第52条の2）　｜　315

第38条の3

15　会社法396条の趣旨

（会計監査人の権限等）

会社法第396条　会計監査人は、信用金庫法第38条の2第3項の定めるところにより、金庫の同項に規定する書類を監査する。この場合において、会計監査人は、内閣府令（施行規則第31条第2項、第3項）で定めるところにより、会計監査報告を作成しなければならない。

2　会計監査人は、いつでも、次に掲げるものの閲覧及び謄写をし、又は理事及び支配人その他の使用人に対し、会計に関する報告を求めることができる。

　一　会計帳簿又はこれに関する資料が書面をもって作成されているときは、当該書面

　二　会計帳簿又はこれに関する資料が電磁的記録（信用金庫法第23条第2項に規定する電磁的記録をいう。）をもって作成されているときは、当該電磁的記録に記録された事項を内閣府令（施行規則第3条第7号）で定める方法により表示したもの

3　会計監査人は、その職務を行うため必要があるときは、金庫の子会社に対して会計に関する報告を求め、又は金庫若しくはその子会社の業務及び財産の状況の調査をすることができる。

4　前項の子会社は、正当な理由があるときは、同項の報告又は調査を拒むことができる。

5　会計監査人は、その職務を行うに当たっては、次のいずれかに該当する者を使用してはならない。

　一　信用金庫法において準用する会社法第337条第3項第1号又は第2号に掲げる者

　二　特定金庫の理事若しくは監事又は支配人その他の使用人である者又はその子会社の取締役、会計参与、監査役若しくは執行役又は支配人その他の使用人である者

　三　特定金庫又はその子会社から公認会計士又は監査法人の業務以外の業

> 務により継続的な報酬を受けている者

　会社法396条は、会計監査人がその職務を遂行する際の権限等について規定したものである。

16　計算関係書類の監査および会計監査報告作成（会社法396条1項）

　会計監査人は、金庫の計算書類およびその附属明細書を監査して、会計監査報告を作成しなければならない（法38条の3、会社法396条1項（なお、金庫について連結計算書類は対象外となる）、施行規則31条2項）。

　会計監査人は、一定の日までに、特定監事および特定理事に対して、会計監査報告の内容の通知をしなければならない（施行規則32条1項）。施行規則では、「内容の通知」となっているが、実務上は会計監査報告書が提出されている。

　なお、監事と異なり、会計監査人の職務権限は会計監査に限定され、業務監査一般には及ばない。会計監査人の計算関係書類の監査および会計監査報告の作成権限を適切に遂行できるよう、会計監査人には後記のような権限が付与されている。

17　会計帳簿等の閲覧・謄写請求権、理事等に対する会計に関する報告請求権（会社法396条2項）

　会計監査人は、いつでも、金庫の会計帳簿またはこれに関する書類の閲覧および謄写をし、または理事および支配人その他の使用人に対して会計に関する報告を求めることができる（法38条の3、会社法396条2項）。

　会計監査人が使用人に対して報告を求めたにもかかわらず、使用人がこれに応じない場合には、会計監査人は理事に対し、使用人に命じて報告させるよう求めることが考えられる。

18　子会社に対する会計に関する報告請求権、金庫等の業務・財産調査権（会社法396条3項・4項）

　会計監査人は、その職務を行うため必要があるときは、金庫の子会社に対

して会計に関する報告を求め、または金庫もしくはその子会社の業務および財産の状況の調査をすることができる（法38条の3、会社法396条3項）。

子会社は、正当な理由があるときは、上記の報告または調査を拒むことができる（法38条の3、会社法396条4項）。この「正当な理由」とは、会計監査人の権限濫用の場合のみならず、子会社の営業秘密の保持が必要な場合や（上柳ほか編著『新版注釈会社法(6)』459頁〔谷川久〕）、子会社が親会社たる金庫による調査受忍義務を負わない場合が含まれる（相澤ほか編著『論点解説新会社法』422頁）。

19 補助者の欠格事由（会社法396条5項）

会計監査人が使用する補助者についても同様に、欠格事由が定められている（法38条の3、会社法396条5項）。

本項の趣旨は、補助者として不適任な者が会計監査に関与することを排除し、監査の公正さを確保することにある。

20 会社法397条の趣旨

（監事に対する報告）

会社法第397条　会計監査人は、その職務を行うに際して理事の職務の執行に関し不正の行為又は法令若しくは定款に違反する重大な事実があることを発見したときは、遅滞なく、これを監事に報告しなければならない。

2　監事は、その職務を行うため必要があるときは、会計監査人に対し、その監査に関する報告を求めることができる。

会社法397条は、会計監査人が職務を遂行する際に、理事らの職務執行に関する不正行為や法令・定款違反の重大な事実を発見した場合、会計監査人の監事に対する報告義務を規定したものである。

21 理事の不正行為等の監事への報告義務（会社法397条1項）

会計監査人の職務・権限は会計監査に限定され、業務監査一般には及ばな

いが、会計監査の過程で、理事の不正行為等を発見することが十分想定される。

　そこで、会計監査人に対して監督機関である監事への報告義務を課し、業務監査の実効性の向上や信用金庫の利益を図ろうとしたものである。これは、会社法397条2項の監事の会計監査人に対する報告要求に対応した報告義務である。

　会計監査人の職務には業務監査権限は含まれず、会計監査権限のみであるが、監事が業務監査権限を発動する上での報告義務であるから、報告対象は会計に関する事項に限定されず、業務に関する事項も含まれる。

　個別の事案において、会社法397条1項に定める「理事の職務の執行に関し不正の行為又は法令若しくは定款に違反する重大な事実」に該当するかについては、会計監査人が善管注意義務に基づき判断することとなる。

22　監事の会計監査人に対する報告請求権（会社法397条2項）

　監事は、その職務を行うため必要があるときは、会計監査人に対し、その監査に関する報告を求めることができるとしたものである。

　この権限は、時期や対象を限定しない一般的なものであるが、報告を請求する内容としては、会計監査人が一定の事項に関して調査資料を有しているか、どのような資料を得ており、どのように評価しているか、などが挙げられる（前田『会社法入門』527頁）。

23　通常総（代）会における意見陳述義務

（通常総会における会計監査人の意見の陳述）

会社法第398条　（略）

2　通常総会において会計監査人の出席を求める決議があったときは、会計監査人は、通常総会に出席して意見を述べなければならない。

　会社法398条2項は、通常総（代）会において会計監査人の出席を求める決議があった場合の会計監査人の出席および意見陳述義務を規定したもので

ある。

通常総（代）会における上記決議に備えて、会計監査人は総（代）会当日に待機すべき監査契約上の義務を負うことになる。

会計監査人は合理的な程度に意見を述べ、総代や会員からの質問があれば、これに回答しなければならない。出席や意見陳述を拒むこと自体についての罰則はないが、会計監査人としての任務違反を構成する（上柳ほか編著『新版注釈会社法(6)』621頁〔龍田節〕）。

24 会計監査人の報酬

（会計監査人の報酬等の決定に関する監事の関与）

会社法399条 理事は、会計監査人又は一時会計監査人の職務を行うべき者の報酬等を定める場合には、監事（監事が２人以上ある場合にあっては、その過半数）の同意を得なければならない。

会計監査人は役員（理事および監事）と同様、総（代）会において選任されるが、役員と異なり、報酬等について定款または総（代）会で決定するとの規定はなく、よって、会計監査人の報酬は、会計監査人と金庫との監査契約によって決定される。

25 会計監査人の報酬等への同意

(1) 会社法399条の内容

平成26年の改正会社法により、会計監査人の報酬等を決定するにあたり、あらかじめ監事の過半数の同意を得ることが必要となった（法38条の３、会社法399条１項）。これは、理事会が会計監査人の報酬等を決定する際に、監事の関与（同意）を必要とすることにより、会計監査人に対する報酬等の適正性を確保しようとしたものである。

(2) 平成26年改正の経緯

会社法399条においては、従前より会計監査人の報酬等の議案の内容の決定権は取締役（会）にあり、監査役等に同意権が認められていた（もっとも、平成26年の改正前の法38条の3は、会社法399条1項の会計監査人の報酬等の決定に関する規定を準用していなかった）。

しかし、会計監査人の監査を受ける立場の理事（会）のみが会計監査人の報酬を決定するとなると、会計監査人が金庫に対し十分な質・量の役務を提供することが困難な低い水準に報酬等を抑制したいとのインセンティブが働きかねない。また、会計監査人が金庫に対して十分な監査業務を提供することが困難となるおそれがあり、会計監査人の独立性確保や監査の適正性に疑問が生じ得るところであった。そこで、報酬等が適正な額であるかを監事の立場から判断させる必要があった。

なお、会社法制定にあたっては、会計監査人の選解任等の議案（会社法344条）と同様、会計監査人の独立性確保のために、監査役に決定権を付与することも考えられたが、報酬等の議案は、株式会社の財務に関する経営判断と密接に関係するところであり、また取締役のみが会計監査人の報酬決定に関与することが問題であることにかんがみて、取締役（会）に決定権を残し、監査役には同意権を与えることとなったものである。

平成26年の改正後の法38条の3は、会社法399条1項を準用することとなり、会計監査人の報酬等の決定にあたっては、あらかじめ監事の同意が必要となったものである。

会計監査人の選解任権等についての議案の決定権が監事に付与されたことにより、実務上は、会計監査人候補者を判断する過程において、選任された場合の報酬等についての情報を入手し、報酬の適否についても判断することが求められる。

第38条の4

第38条の4 会計監査人に欠員を生じた場合の措置

（会計監査人に欠員を生じた場合の措置）

第38条の4 　会計監査人が欠けた場合又は定款で定めた会計監査人の員数が欠けた場合において、遅滞なく会計監査人が選任されないときは、監事は、一時会計監査人の職務を行うべき者を選任しなければならない。

2 　前項の一時会計監査人の職務を行うべき者については、会社法第337条（会計監査人の資格等）及び第340条第1項から第3項まで（監査役等による会計監査人の解任）の規定を準用する。この場合において、同法第337条第3項第1号中「第435条第2項」とあるのは「信用金庫法第38条第1項」と読み替えるものとするほか、必要な技術的読替えは、政令で定める。

1　一時会計監査人の選任（法38条の4第1項）

　本条1項は、会計監査人が欠けた場合または定款で定めた会計監査人の員数が欠けた場合、後任の会計監査人を選任しなければならないが、遅滞なく選任がなされないとき、監事による一時会計監査人選任義務を定めている（株式会社の会計監査人に欠員を生じた場合の措置に関する会社法346条4項と同趣旨の規定である）。

　一時会計監査人の資格、欠格事由や職務・権限等は、会計監査人と同じであるものの、任期については会計監査人の規定は適用されないことから（法38条の4第2項）、選任後最初に招集される総（代）会で会計監査人を選任する手続をとらなければならない。なお、会計監査人が選任されて欠員が補充されることによって、一時会計監査人は当然にその地位を失う。

2　一時会計監査人の職務を行うべき者（法38条の4第2項）

　本条2項は、一時会計監査人の職務を行うべき者について、会社法337条（会計監査人の資格等）および340条1項～3項（監査役等による会計監査人の

解任）の規定を準用している。本条２項において準用している規定を読み替えた規定は以下のとおりである。

　準用する会社法337条および340条１項～３項の趣旨、内容は法38条の３のところで述べた点と同様である。

（一時会計監査人の職務を行うべき者の資格等）

会社法第337条　一時会計監査人の職務を行うべき者は、公認会計士又は監査法人でなければならない。

2　一時会計監査人の職務を行うべき者に選任された監査法人は、その社員の中から会計監査人の職務を行うべき者を選定し、これを金庫に通知しなければならない。この場合においては、次項第２号に掲げる者を選定することはできない。

3　次に掲げる者は、一時会計監査人の職務を行うべき者となることができない。

　　一　公認会計士法の規定により、信用金庫法第38条第１項に規定する計算書類について監査をすることができない者

　　二　金庫の子会社若しくはその取締役、会計参与、監査役若しくは執行役から公認会計士若しくは監査法人の業務以外の業務により継続的な報酬を受けている者又はその配偶者

　　三　監査法人でその社員の半数以上が前号に掲げる者であるもの

（監事による一時会計監査人の職務を行うべき者の解任）

会社法第340条　監事は、一時会計監査人の職務を行うべき者が次のいずれかに該当するときは、その者を解任することができる。

　　一　職務上の義務に違反し、又は職務を怠ったとき。

　　二　一時会計監査人の職務を行うべき者としてふさわしくない非行があったとき。

　　三　心身の故障のため、職務の執行に支障があり、又はこれに堪えないとき。

2　前項の規定による解任は、監事の全員の同意によって行わなければならない。

第38条の4

3 第1項の規定により一時会計監査人の職務を行うべき者を解任したとき
は、監事の互選によって定めた監事は、その旨及び解任の理由を解任後最
初に招集される総会に報告しなければならない。

第39条

第5節 | 役員等の責任

第39条 役員等の責任

（役員等の責任）

第39条 理事、監事又は会計監査人（以下「役員等」という。）は、その任務を怠つたときは、金庫に対し、これによつて生じた損害を賠償する責任を負う。

2 第35条の5第1項各号の取引によつて金庫に損害が生じたときは、次に掲げる理事は、その任務を怠つたものと推定する。

一 第35条の5第1項の理事

二 金庫が当該取引をすることを決定した理事

三 当該取引に関する理事会の承認の決議に賛成した理事

3 第1項の責任は、総会員の同意がなければ、免除することができない。

4 前項の規定にかかわらず、第1項の責任は、当該役員等が職務を行うにつき善意でかつ重大な過失がないときは、賠償の責任を負う額から当該役員等がその在職中に金庫から職務執行の対価として受け、又は受けるべき財産上の利益の1年間当たりの額に相当する額として内閣府令で定める方法により算定される額に、次の各号に掲げる役員等の区分に応じ、当該各号に定める数を乗じて得た額を控除して得た額を限度として、総会の決議によつて免除することができる。

一 代表理事 6

二 代表理事以外の理事であつて、次に掲げるもの 4

　イ 理事会の決議によつて金庫の業務を執行する理事として選定されたもの

第4章 管理（第31条〜第52条の2） 325

ロ　当該金庫の業務を執行した理事（イに掲げる理事を除く。）

　　三　前2号に掲げる理事以外の理事、監事又は会計監査人　2

5　前項の場合には、理事は、同項の総会において次に掲げる事項を開示しなければならない。

　　一　責任の原因となつた事実及び賠償の責任を負う額

　　二　前項の規定により免除することができる額の限度及びその算定の根拠

　　三　責任を免除すべき理由及び免除額

6　理事は、第1項の責任の免除（理事の責任の免除に限る。）に関する議案を総会に提出するには、各監事の同意を得なければならない。

7　第4項の決議があつた場合において、金庫が当該決議後に同項の役員等に対し退職慰労金その他の内閣府令で定める財産上の利益を与えるときは、総会の承認を受けなければならない。

8　第35条の5第1項第1号の取引（自己のためにした取引に限る。）をした理事の第1項の責任は、任務を怠つたことが当該理事の責めに帰することができない事由によるものであることをもつて免れることができない。

9　第4項の規定は、前項の責任については、適用しない。

1　総　説

　本条は、役員等（理事、監事および会計監査人）の任務懈怠に基づく金庫に対する損害賠償責任について定めている（株式会社の役員等の損害賠償責任に関する会社法423条1項参照）。

　役員等（理事、監事および会計監査人）は、法令上、金庫に対して善管注意義務を負い（法33条、38条の3、民法644条。理事は法35条の4に基づく忠実義務も負う）、よって役員等に善管注意義務違反があった場合、民法上の債務不履行責任の一般原則に基づき損害賠償責任（任務懈怠についての故意・過失を要件とする過失責任）を負うのは当然である。

　しかし、本条は民法の一般原則に加え、役員等の責任について特別の定めを置き、金庫、会員、金庫の債権者の利益保護を図っている。

第39条

2　任務懈怠に基づく金庫への損害賠償責任（法39条１項）

⑴　理事の責任

a　任務懈怠責任

　理事の任務懈怠責任の中には、法令遵守義務違反、代表理事や特定の理事の行為についての監視義務違反、組織管理責任を負う場合（内部統制システム構築義務違反。大阪地判平12.9.20判時1721号３頁〔大和銀行事件判決〕）、経営判断を逸脱した場合といった類型が考えられる（久保利ほか『取締役の責任』102頁）。

b　監督義務違反

　法36条のところで述べたとおり、理事は理事会のメンバーとして、代表理事や業務執行理事による執行が適正に行われているかを監督する職責があり、理事は、必要があれば、理事会を自ら招集し、あるいは招集することを求め、理事会を通じてその業務執行が適正に行われるようにする職責がある（最三小判昭48.5.22民集27巻５号655頁・金法692号25頁）。理事会ないし理事による代表理事等の監督の手段として、以下のようなものがある。

【理事会ないし理事による監督の手段】
- ①　代表理事の解職（法36条３項３号）
- ②　職務執行状況の報告をさせること（同条６項）
- ③　理事会の招集請求または自ら招集（法37条４項、会社法366条）
- ④　理事会での質問や報告・資料の提出要求
- ⑤　監事への違法行為の報告（法35条の６、会社法357条１項）

　理事が、代表理事等の違法または不当な業務執行を看過し、理事に通常要求される水準として、自己の職務を忠実に行っていれば違法行為等を知ることができ、差し止めることができたにもかかわらず、これを怠り、その結果、金庫に損害を与えた場合、金庫に対して善管注意義務違反または忠実義務違反としての責任を負う。

第４章　管理（第31条〜第52条の２）　327

信用金庫の理事に関して監督義務違反が認められた事例として、破綻した信用金庫がリスクの高い債券を、同金庫の自己資本額を超過して大量に購入していたことについて、理事らがこれを問題視して投資を調査、検討せず、むしろ運用報告書に押印して違法な投資を承認していた事案で、理事らはデフォルトの危険を分散すべき善管注意義務に違反したとする裁判例がある（岡山地判平19.3.27判タ1280号249頁）。

　他方で、監督義務違反が認められなかった事例として、信用金庫の代表理事が専務理事の違法な職務執行を探知することが不可能ないし困難であったとされ、同専務理事に対する監督義務違反を理由とする金庫から同代表理事への損害賠償請求が棄却された事例（東京地判昭61.2.18判時1212号143頁）がある。

　なお、理事は、理事会に上程された事項に限定されず、業務執行全般について監督義務を負う（株式会社についての前掲最三小判昭48.5.22参照）。

c　内部統制システム構築義務違反

　前記のとおり、内部統制システムの整備は理事会の専決事項（法36条5項5号）であるが、これによって、理事は、他の関係者がそれぞれ誠実に職務を遂行していると信頼してその職務の遂行を委ねることが許されるようになり、他の関係者の職務執行について疑念が生じる特段の事情がない限り、仮に他の関係者に善管注意義務違反があったとしても、監督義務違反を問われることはない（「信頼の原則」。前掲大阪地判平12.9.20〔大和銀行事件判決〕）。

d　経営判断の原則（ビジネス・ジャッジメント・ルール）

① 経営判断の原則

　金庫の経営は、現在または将来の不確実な要素に基づき、業務執行の決定（経営判断）をしなければならず、代表理事等の業務執行の結果、金庫に損失が生じることもあり得る。このような場合、事後的に結果のみから理事が責任を問われるとすると、適切な経営判断やリスクテイクを躊躇するようになり、保守的な経営しかできなくなる。そこで、理事の判断の決定過程や内容に著しく不合理な点がない限り、理事は善管注意義務違反を問われないという「経営判断の原則」の論点がある。

　理事の経営判断について、裁量を認め、その判断に善管注意義務違反等

が認められるのは、意思決定が行われた当時の状況下において、一般的に期待される水準に照らして、判断の前提となった事実認識に不注意な誤りがあったか、または判断の過程・内容に著しく不合理なものがあった場合、すなわち、合理的な情報収集・分析・検討等がなされなかった場合や、判断の推論過程および内容が明らかに不合理なものであった場合に限定される（経営判断の原則）。

　経営判断の原則を認めた裁判例は多数あるが、善管注意義務違反の有無については、(i)行為当時の状況に照らした情報収集・調査・検討等の過程が不合理でないか（判断過程）と、(ii)その状況と理事に要求される能力水準に照らして不合理な判断がなされていないか（判断内容）の２点から判断される（最一小判平22.7.15金法1916号89頁〔アパマンショップホールディングス事件〕）。

　合理性・適正性が認められる具体的ポイントは以下のとおりである。

【合理性・適正性のポイント】

① 　理事の経営上の判断が、<u>必要な情報を収集した上で慎重に検討された</u>ものであること

　　他の理事、職員、社外の専門家等から情報収集して十分な調査をし、適切な判断資料を用いて検討することが必要である。そのためには、平素から必要な情報が迅速に収集できる体制を構築することが必要である。

② 　企業人の経験と識見に基づき合理的な計算により判断されたものであり、<u>合理的な根拠を有すること</u>

　　理事会において、経験および識見に基づき、慎重かつ十分な討議をした上で合理的な判断をすることが必要である。

　　また、理事がいかなる過程で結論に至ったか、後に証拠となるように書面化する必要があり、判断のプロセス（手続）が重要である。例えば、理事会議事録において議論の過程を記録化すること、理事会における判断の材料となった資料、その他弁護士等専門家の意見書などが含まれる。

③ 　経営判断の対象は、理事が<u>利害関係を有し金庫の利益に反する結果となるものでないこと</u>（忠実義務違反とならないこと）

④　当該判断が法令・定款違反の結果を引き起こすものではないこと

　　善管注意義務に違反するのみならず、法令や定款に具体的に違反すると、原則として経営判断の原則が適用されない。

　なお、上記④との関係では、大阪高判平18.6.9（判時1979号115頁〔ダスキン事件判決〕）は、他の取締役の法令違反を認識した取締役に経営判断の原則が適用されるかが一争点となったものであるが、法令違反を認識した取締役らが信頼喪失の損害を最小限度に止めるための方策を取締役会で明示的に議論することもなく、「自ら積極的には公表しない」などというあいまいで、成り行き任せの方針を、手続的にもあいまいなままに黙示的に事実上承認したものであり、到底、「経営判断」というに値しないと判断している。

② 一般の事業会社と金融機関の取締役等の注意義務

　北海道拓殖銀行事件（最三小決平21.11.9刑集63巻9号1117頁・金法1896号71頁）は、銀行の代表取締役頭取が、実質倒産状態にある融資先企業グループの各社に対し、客観性を持った再建・整理計画もないまま、赤字補填資金等を実質無担保で追加融資したことが、銀行の取締役として融資に際し求められる債権保全に係る義務に違反し、特別背任罪における取締役としての任務違背に当たるとされた事例であるが、融資業務に際して要求される銀行の取締役の注意義務の程度は、一般の株式会社の取締役の場合に比べ高い水準となり、経営判断の原則が適用される余地はそれだけ限定的なものにとどまると判断している。なお、岩原紳作「金融機関取締役の注意義務―会社法と金融監督法の交錯―」落合還暦記念『商事法への提言』173頁等も、銀行の取締役の義務の程度は一般の企業経営者よりも高く、裁量の幅が狭いとしている。

③ 信用金庫理事と銀行取締役の注意義務

　次に、金融機関の中でも、信用金庫の理事と銀行の取締役の注意義務とで差異があるか問題となる。

　この点、信用組合が行った融資金が回収不能となり、融資判断をした理事に善管注意義務違反および忠実義務違反があるとして損害賠償請求がな

された事案において、東京地判平18.7.6（金法1811号68頁）は、信用組合の理事のほうが銀行の取締役よりも、融資審査におけるリスク判断において、広い裁量が認められるかが争点となった。裁判所の判断は、「協同組合による金融事業に関する法律」の目的規定として、預金者等の利益を保護し、一般の信用を維持し、金融の発達を図ることを定めていることや、同法が銀行法の一部の規定を準用して銀行と同様の義務を課したり、監督官庁の強力な権限を認めたりしていることなどから、信用組合の理事の裁量の幅が、銀行の取締役に比較し、より広範であると解すべき理由はないと判断している。

　上記は信用組合の理事に関する事例であるが、当該裁判例を参考にすると、信用金庫の理事と銀行の取締役とでも、注意義務の水準（レベル）に差はないと解される。

⑵　監事の責任

　監事が、善管注意義務に違反して、その職務の遂行を怠ったため金庫に損害を与えた場合、当該監事は金庫に対して損害賠償責任を負う（法39条1項）。

　例えば、監事は理事の職務の執行を監査する義務があることから（法35条の7、会社法381条1項）、理事の職務執行が適法性を欠く場合、監事による監督義務違反が善管注意義務違反となり、損害賠償責任を負う場合がある。

　また、監事が、計算書類および業務報告ならびにこれらの附属明細書について、相当の注意をもって調査をすれば不正または虚偽の記載があることを発見できたにもかかわらず、その調査を怠って正当なものとして報告し、金庫に損害を与えた場合についても、損害賠償責任を負う。

　なお、法律上は、例えば監事について、常勤か非常勤かで職務権限の差もなく、責任についても区別があるものではないが、責任を追及された場合、常勤監事のほうが重い立証負担を負う可能性がある（明田『農協法』413頁、元木『改正商法逐条解説』301頁）。

⑶　会計監査人の責任

　会計監査人も金庫と委任関係に立ち（法33条、38条の3）、金庫の計算書類

等を監査する機関として、善管注意義務を負い、会計監査人が任務を怠った場合も、理事や監事と同様、金庫に対して損害賠償責任を負う。例えば、虚偽の計算関係書類の作成に関与して金庫に分配可能額を超える剰余金の配当を行わせることや、不適切な監査の実施により金庫の業務に支障を生じさせること、職員の不正経理を見逃すこと、守秘義務に違反することなどが想定される。

3 利益相反取引の場合の任務懈怠推定（法39条 2 項）

本条 2 項は、法35条の 5 第 1 項に規定する利益相反取引によって金庫に損害が生じた場合に、①当該取引を金庫と行う理事、②金庫が当該取引をすることを決定した理事、および③当該取引に関する理事会の承認の決議に賛成した理事の任務懈怠を推定する規定である。

本条 1 項のとおり、任務懈怠責任は過失責任であるが、利益相反取引は常に金庫に損害を及ぼすおそれのある取引であるため、このような取引については、当該取引が行われた結果、金庫に損害が生じた場合、理事が任務を怠ったものと推定し、自らについて任務懈怠がないことを主張・立証しなければ損害賠償責任を免れることはできないとすることで、理事に対して慎重に行為するよう求めたものである。

株式会社の取締役等の任務懈怠の推定に関する会社法423条 3 項と同趣旨の規定であるが、本条においては、会社法369条 5 項と異なり、理事会の決議に参加した理事であって議事録に異議をとどめないものが、決議に賛成したものと推定する旨の規定はない。よって、信用金庫法においては、理事会に出席した理事が議事録に異議をとどめなかったとしても、賛成したものと法律上推定されることはない。もっとも、実務上は、例えば決議に賛成しなかったにもかかわらず、理事会議事録に「全会一致をもって承認可決された」旨の記載がされている場合、議事録の証拠としての価値は大きく、当該理事としては賛成しなかったことの立証をせざるを得ず、理事会決議に賛成したものと判断されやすいこととなる。

なお、利益相反取引のうち直接取引を行った理事の責任は、後記のとおり無過失責任である（法39条 8 項、35条の 5 第 1 項 1 号）。

4 総会員の同意による免除（法39条 3 項）

　本条 3 項は、役員等の任務懈怠に基づく金庫に対する賠償責任は、理事会の決議によって免除することはできず、総会員の同意がなければ、免除することができない旨を定めている。よって、 1 人の会員でも反対すれば、責任を免除することはできず、実務上は、役員等の責任の全部について免除を受けることは極めて困難である。

　本条 3 項は、株式会社の役員等の損害賠償責任の免除に関する会社法424条と同趣旨の規定であるが、このように、会員全員の同意を要件としているのは、会員の総意により選出された役員等としての地位であるし、また、理事会の決議等によって免責し得るとすると、役員等の責任追及の訴えは、会員が単独でも提起し得るとしたこと（法39条の 4 で準用する会社法847条）と矛盾するためである。

　この総会員の同意は、総会の議決としてなす必要はなく、個別の同意で足りる（明田『農協法』446頁も同旨）。

　ただし、役員等の責任追及等の訴えに係る訴訟における和解をする場合には、総会員の同意は不要である（法39条の 4 、会社法850条 4 項）。

5 任務懈怠責任の一部免除（法39条 4 項〜 7 項）

⑴ 総（代）会の特別決議による一部免除（最低責任限度額）（ 4 項）

a 最低責任限度額

　本条 4 項〜 7 項は、 3 項の役員等の免責の要件の例外として、総（代）会の議決により役員等の損害賠償責任を事後的に一部免除する制度を定めている。

　すなわち、任務懈怠責任は、原則として、総会員の同意がなければ免除することができないが（ 3 項）、当該役員等が職務を行うにつき善意かつ無重過失であったときは、総（代）会の特別決議により一部免除することを認め、その要件・手続について定めている（株式会社の役員等の責任の一部免除に関する会社法425条参照）。

第39条

　具体的には、損害賠償責任を負う額から、その在職中に金庫から職務執行の対価として受け、または受けるべき財産上の利益の１年間当たりの額に相当する額として内閣府令で定める方法により算定される額について、責任が問われる行為がなされた時点での役職に応じて以下により算定された金額が最低責任限度額となり、これを控除した額を限度として免除することができる（最低責任限度額よりも責任額を多くすることは当然可能である）。

　本条４項における「職務執行の対価」には、月々の報酬のみでなく、賞与も含まれ、事業年度ごとの合計額のうち最も高い金額を算出する。役員等が金庫の支配人その他の職員を兼ねている場合は、職員としての報酬、賞与その他の職務執行の対価も含まれる（施行規則38条）。

【施行規則38条２号ロ】

① 代表理事　　　　　　　　　　　　　　　　　　　　　６年分

② 代表理事以外の理事であって、次に掲げるもの　　４年分

　ア　理事会の決議によって金庫の業務を執行する理事として選定されたもの

　イ　当該金庫の業務を執行した理事（アに掲げる理事を除く）

③ 次に掲げる者　　　　　　　　　　　　　　　　　　２年分

　ア　①、②以外の理事

　イ　監事

　ウ　会計監査人

---

　b　平成26年改正における役職の区分変更

　法39条４項は、平成26年の会社法425条１項の改正に合わせて、文言が改正されている。

　すなわち、信用金庫法の平成26年改正前においては、最低責任限度額を算定するための役職の区分として、①代表理事につき「６」、②代表理事以外の理事（会員外理事（金庫の理事であって、当該金庫の会員等でなく、かつ、過去に当該金庫の会員等または金庫子会社の業務執行取締役等となったことがないもの）を除く）につき「４」、③会員外理事、監事または会計監査人につき

「2」と区分していたが、平成26年改正により、会員・会員外の区別ではなく、業務執行を行う理事かによって区分するよう変更された。

　改正がなされた理由としては、業務執行を行う理事は、会員・会員外の区別にかかわらず、自らの責任が発生するリスクを管理することが可能であること、他方で業務執行を行わない理事は、自らの責任が発生するリスクを管理することが困難である点で監事や会計監査人と同様であるため、業務執行の有無により区分することとされたものである。

⑵　総（代）会における開示（5項）

　上記⑴の決議に際して、理事は、総（代）会において、①責任の原因となった事実および賠償の責任を負う額、②責任のうち免除することができる額の限度およびその算定の根拠、③責任を免除すべき理由および免除額を開示しなければならない（5項）。

　この開示を怠った場合、行為をした金庫の理事等は100万円以下の過料に処せられる（法91条1項11号）。

⑶　監事の同意（6項）

　責任の免除（理事の責任の免除に限る）に関する議案を総（代）会に提出するにあたっては、各監事の同意を必要とする。

　これは、理事の金庫に対する損害賠償責任がある場合、この責任を追及するのは監事の権限であるためである。

⑷　退職慰労金等の総（代）会承認（7項）

　総（代）会の特別決議による一部免除の決議（法39条4項）があった場合において、金庫が当該決議後に同項の役員等に対し退職慰労金その他の内閣府令で定める財産上の利益を与えるときは、他の役員等に支給する退職慰労金等との総額を示すのみでは足りず、当該役員等に支給する個別の額を明らかにし、総（代）会の承認を受けなければならない。

　この承認決議は、前記の任務懈怠責任の一部免除が特別決議であるのと異なり、普通決議で足りる。

また、理事が当該承認の決議に関する議案を提出する際には、参考書類に責任を免除した役員等に与える退職慰労金等の財産上の利益の内容を記載する必要がある（施行規則38条の2）。

⑸　ま　と　め

上記のとおり、役員等の責任の一部免除の手続としては、総（代）会の特別決議による可決が必要であるが、その前に、総（代）会提出議案についての監事の同意を取得する必要があるし、また理事は総（代）会において、前記⑵の開示をしなければならない。

> **6**　利益相反取引を自己のためにした理事の無過失責任（法39条8項・9項）

本条8項は、利益相反取引を自己のためにした理事の、当該取引による金庫に対する損害賠償責任が無過失責任であることを定めている。

また、本条9項は、上記損害賠償責任については、一部免除の規定（4項）の適用がなく、総（代）会の特別決議によっても一部免除することができないことを定めている（株式会社の取締役が自己のためにした取引に関する特則に関する会社法428条参照）。

役員等の金庫に対する責任は、10年の時効によって消滅する（民法167条1項）。なお、平成32年4月1日施行の民法改正により、消滅時効について改正がなされるので留意が必要である。

Column　金庫における責任限定契約等の可否

1　信用金庫法と会社法の条文の差異

信用金庫法における役員等の金庫に対する損害賠償責任（法39条）は、会社法における損害賠償責任（会社法423条以下）と共通する部分が多いが、取締役会決議による役員の責任の一部免除（同法426条）や社外役員との間での責任限定契約締結（同法427条）に対応する規定はない。

2　理事会決議による役員の責任の一部免除の可否

　まず、会社法426条において、取締役会決議による役員の責任の一部免除の規定が定められたのは、役員等の責任の一部免除のためだけに同法425条の臨時株主総会を招集するのは、費用・手続面で困難であり、反面、定時株主総会まで責任軽減を待たなければならないとすると、責任の一部免除が行われるか分からない状態が継続し、経営萎縮を招きかねないことから、取締役会の決議等により機動的に対応できるようにするニーズがあるためとされている（太田誠一ほか監修、商事法務編集部編「企業統治関係商法改正法Ｑ＆Ａ」商事1623号7頁）。

　この点、信用金庫においては総代会を採用するところが多く、大企業の株主総会等に比べれば機動的な開催が可能であるし、また信用金庫法では会社法426条に対応する規定がなく、同条を準用もしていないから、理事会や理事の過半数の同意による役員等の責任の一部免除は認められないものと解される。

3　責任限定契約締結の可否

　次に、会社法427条において、社外役員（社外取締役、会計参与、社外監査役、会計監査人）との間で、定款所定の額の範囲内であらかじめ当該会社が定めた額と最低責任限度額のいずれか高い額を限度として免除する旨の契約（責任限定契約）を締結することができる旨を定款で定めることを認めているのは、社外役員等の人材確保を図るためとされている。

　この点、信用金庫法には会社法427条に対応する規定がなく、同条を準用もしていないから、責任限定契約の締結は認められないものと解される。

第39条の2　役員等の第三者に対する責任

（役員等の第三者に対する責任）

第39条の2　役員等がその職務を行うについて悪意又は重大な過失があつた

> ときは、当該役員等は、これによつて第三者に生じた損害を賠償する責任を負う。
>
> 2 次の各号に掲げる者が、当該各号に定める行為をしたときも、前項と同様とする。ただし、その者が当該行為をすることについて注意を怠らなかつたことを証明したときは、この限りでない。
>
> 一 理事 次に掲げる行為
>
> 　イ 計算書類及び事業報告並びにこれらの附属明細書に記載し、又は記録すべき重要な事項についての虚偽の記載又は記録
>
> 　ロ 虚偽の登記
>
> 　ハ 虚偽の公告（第89条において準用する銀行法（昭和56年法律第59号）第16条第1項の規定による金庫の事務所の店頭に掲示する措置及び第89条において準用する同法第38条の規定による金庫のすべての事務所の公衆の目につきやすい場所に掲示する措置を含む。）
>
> 二 監事 監査報告に記載し、又は記録すべき重要な事項についての虚偽の記載又は記録
>
> 三 会計監査人 会計監査報告に記載し、又は記録すべき重要な事項についての虚偽の記載又は記録

1 職務遂行に関する第三者への損害賠償責任（法39条の2第1項）

(1) 本条1項の趣旨

　本条1項は、役員等がその職務を行うについて悪意または重大な過失があったときの、第三者に対する損害賠償責任について定めている。本項は、会社法429条1項（会社法施行前の商法266条ノ3第1項）と同趣旨の規定である。

　代表理事以外の役員等は、金庫と委任関係にあるものの、第三者とは直接法律関係にない。よって、役員等が金庫に対する任務を懈怠し、その結果第三者に損害を及ぼしたとしても、その責任は金庫が負うべきものであり、一般の不法行為（民法709条）の要件を備える場合を除き、当然には損害賠償責

任を負わないはずであるが、第三者保護の観点から、特別に法定責任を定めたものである。

　この場合、損害を被った第三者は、金庫に対して損害賠償責任を請求できるのは当然のこと、当該悪意または重過失の役員個人に対しても損害賠償請求をすることができる（この場合の「第三者」には会員も含まれる）。

⑵　本条１項の要件

①　悪意または重過失

　「職務を行うについて」との要件のとおり、任務懈怠について役員等に悪意または重大な過失があることが必要である（最大判昭44.11.26民集23巻11号2150頁・金法569号22頁）。「悪意」とは、故意と同一であり、結果を認識しながらあえて行為する心理状態をいい、「重過失」は、なすべき注意を著しく欠くことであり、この注意は、金庫の役員として平均的に要求される注意が基準となる。

②　第三者が損害を被ったこと

③　任務懈怠によって第三者に損害を与えたこと

　また、役員等の任務懈怠と第三者の損害との間に相当の因果関係がある限り、「損害」には第三者が直接に損害を被った場合（直接損害）のみでなく、金庫が理事の任務懈怠によって損害を被った結果、第三者が損害を被った場合（間接損害）も含まれる（前掲最大判昭44.11.26）。

　なお、役員等の金庫に対する責任については、総会員の同意による免除（法39条３項）や総（代）会の決議による一部免除（同条４項）の２つの制度があるが、役員等の第三者に対する責任についての免除の制度はない。

2　虚偽記載等による第三者への損害賠償責任（法39条の２第２項）

　本条２項は、①理事につき、計算書類、事業報告およびこれらの附属明細書の記載事項等の虚偽記載等、②監事につき、監査報告の虚偽記載、および③会計監査人につき、会計監査報告の虚偽記載に基づく、第三者に対する損害賠償責任について定めている（株式会社の役員等の第三者に対する損害賠償責任に関する会社法429条２項参照）。

情報開示の重要性や、計算書類の虚偽記載等の責任の重大性から、第三者保護のために責任を加重し、注意懈怠につき立証責任が転換されたものである。

3 消滅時効期間

役員等の第三者に対する損害賠償責任は、役員等を退任したからといって消滅するものでないことは当然であるが、消滅時効など法定の原因がある場合に消滅する。

本条に基づく役員等の第三者に対する損害賠償責任の消滅時効期間は、民法167条1項に基づき10年と解される。なお、最三小判昭49.12.17（民集28巻10号2059頁・金法745号32頁）は、会社法429条1項（旧商法266条ノ3第1項前段）所定の第三者の取締役に対する損害賠償請求権の消滅時効期間は10年と解すべきとしている。なお、平成32年4月1日施行の民法改正により、消滅時効についての改正がなされるため、留意が必要である。

第39条の3　役員等の連帯責任

（役員等の連帯責任）

第39条の3　役員等が金庫又は第三者に生じた損害を賠償する責任を負う場合において、他の役員等も当該損害を賠償する責任を負うときは、これらの者は、連帯債務者とする。

本条は、複数の役員等の金庫または第三者に対する損害賠償責任の連帯性について定めており、株式会社の役員等の連帯責任に関する会社法430条と同趣旨の規定である。

委任契約に基づく債務不履行責任という民法の一般原則からすれば、個々に責任を負うはずであるが、役員等の責任の性格にかんがみて特別の規定を設け、特に連帯責任とされており、各自が損害額の全額を支払う義務があ

る。よって、損害に対する寄与度の低い役員等であっても、全額について損害賠償責任を負わなければならない。

　なお、損害賠償責任を負う役員等のうち一部の役員等が支払った場合、自らの負担部分を超える金額について、他の役員等に対して求償権を行使することができる（民法442条）。この「負担部分」については、形式的・機械的に算出することができるものではなく、当該役員等の職務内容・地位等によって個別に判断されることとなる。最終的には、当該役員等の間の求償訴訟の判決によって決定される。

　例えば、ある理事の違法な業務執行によって金庫が損害を被った場合、①当該違法な業務執行をした理事、②当該業務執行が理事会の決議に基づく場合、決議に賛成した理事、③業務執行に対する監督義務を尽くさなかった理事は、金庫に対して連帯して責任を負うものと解される。

第39条の4　役員等の責任を追及する訴え

（役員等の責任を追及する訴え）

第39条の4　役員等の責任を追及する訴えについては、会社法第7編第2章第2節（第847条第2項、第847条の2、第847条の3、第849条第2項、第3項第2号及び第3号並びに第6項から第11項まで、第851条並びに第853条第1項第2号及び第3号を除く。）（株式会社における責任追及等の訴え）の規定を準用する。この場合において、これらの規定（同法第847条の4第2項、第848条及び第849条第3項の規定を除く。）中「株主等」とあるのは「会員」と、「株式会社等」とあるのは「金庫（信用金庫法第2条に規定する金庫をいう。）」と、同法第847条第1項中「株式を有する株主（第189条第2項の定款の定めによりその権利を行使することができない単元未満株主を除く。）」とあるのは「会員である者」と、同法第847条の4第2項中「株主等（株主、適格旧株主又は最終完全親会社等の株主をいう。以下この節において同じ。）」とあるのは「会員」と、「当該株主等」とあるのは「当

該会員」と、同法第848条中「株式会社又は株式交換等完全子会社（以下この節において「株式会社等」という。）」とあるのは「金庫（信用金庫法第2条に規定する金庫をいう。）」と、同法第849条第3項中「株式会社等、株式交換等完全親会社又は最終完全親会社等が、当該株式会社等、当該株式交換等完全親会社の株式交換等完全子会社又は当該最終完全親会社等の完全子会社等である株式会社の」とあるのは「金庫（信用金庫法第2条に規定する金庫をいう。）が、」と、同法第850条第4項中「第55条、第102条の2第2項、第103条第3項、第120条第5項、第213条の2第2項、第286条の2第2項、第424条（第486条第4項において準用する場合を含む。）、第462条第3項（同項ただし書に規定する分配可能額を超えない部分について負う義務に係る部分に限る。）、第464条第2項及び第465条第2項」とあるのは「信用金庫法第39条第3項」と読み替えるものとするほか、必要な技術的読替えは、政令で定める。

1 本条の趣旨

　役員等が金庫に対し任務懈怠の場合に負う損害賠償責任（法39条）の追及は、本来金庫自身が行うものであるが、役員間の人的関係から、積極的かつ十分な追及がなされないおそれがあり、そのため金庫の利益、ひいては会員の利益が害されることとなる。

　そこで、本条は、役員等の責任を追及する訴えについて、会社法第7編第2章第2節（847条2項、847条の2、847条の3、849条2項・3項2号および3号ならびに6項から11項まで、851条ならびに853条1項2号および3号を除く）（株式会社における責任追及等の訴え）の規定を準用している。上記訴えにおいて、会員は実質上、金庫の代表機関的地位に立つため、一般に「（会員）代表訴訟」という。会員代表訴訟の制度は、会員が原告となるが、金庫の役員等に対する損害賠償請求を会員が金庫に代わって請求する制度であり、あくまでも「金庫のために」行われるものであるため、訴訟において、原告たる会員自身に対して支払うよう請求することはできず、会員の請求が認められたとしても、役員等が損害賠償を支払う相手は金庫となる。

（責任追及等の訴え）

会社法第847条　6箇月（これを下回る期間を定款で定めた場合にあっては、その期間）前から引き続き会員である者は、金庫に対し、書面その他の内閣府令（施行規則第39条）で定める方法により、発起人、役員等若しくは清算人の責任を追及する訴え（以下この節において「責任追及等の訴え」という。）の提起を請求することができる。ただし、責任追及等の訴えが当該会員若しくは第三者の不正な利益を図り又は当該金庫に損害を加えることを目的とする場合は、この限りでない。

2　（略）

3　金庫が第1項の規定による請求の日から60日以内に責任追及等の訴えを提起しないときは、当該請求をした会員は、金庫のために、責任追及等の訴えを提起することができる。

4　金庫は、第1項の規定による請求の日から60日以内に責任追及等の訴えを提起しない場合において、当該請求をした会員又は同項の発起人、役員等若しくは清算人から請求を受けたときは、当該請求をした者に対し、遅滞なく、責任追及等の訴えを提起しない理由を書面その他の内閣府令（施行規則第40条）で定める方法により通知しなければならない。

5　第1項及び第3項の規定にかかわらず、同項の期間の経過により金庫に回復することができない損害が生ずるおそれがある場合には、第1項の会員は、金庫のために、直ちに責任追及等の訴えを提起することができる。ただし、同項ただし書に規定する場合は、この限りでない。

2　提訴請求（会社法847条1項）

(1)　提訴権者

　6カ月（これを下回る期間を定款で定めた場合にあっては、その期間）前から引き続き会員である者は、まず金庫に対し、書面または電磁的方法により、役員等の責任を追及する訴訟を提起するよう請求することができる（会社法

847条1項本文)。ただし、濫訴防止の観点から、責任追及等の訴えが当該会員もしくは第三者の不正な利益を図りまたは当該金庫に損害を加えることを目的とする場合は、この限りでない(同項ただし書)。

この6カ月前から引き続き会員であることの要件は、金庫に対して訴えの提起を請求する時から、またその請求をしないで直ちに訴えを提起できる場合はその訴えの提起の時から、訴訟終了に至るまで継続して存しなければならない。

(2) 提訴請求の相手方

提訴請求の相手方は金庫であるが、責任追及をする対象が理事の場合、監事が宛先となる(法35条の7、会社法386条2項1号)。責任追及をする対象が理事以外(監事、会計監査人)の場合、代表理事を宛先とする(法35条の9第1項)。

もっとも、請求書面に宛名として、金庫を代表して同書面を受領すべき監事または代表理事が明記されていないとしても、訴えの提起が手続上の瑕疵を理由に不適法として却下されるものではない(大阪地判平12.5.31判時1742号141頁)。また、最三小判平21.3.31(民集63巻3号472頁・金法1892号34頁)は、農業協同組合の理事に対する代表訴訟を提起しようとする組合員が、同組合の代表者として監事ではなく代表理事を記載した提訴請求書を農業協同組合に送付した場合であっても、監事において、上記請求書の記載内容を正確に認識した上で当該理事に対する訴訟を提起すべきか否かを自ら判断する機会があったといえるときは、監事は、農業協同組合の代表者として監事が記載された提訴請求書の送付を受けたのと異ならない状態に置かれたものといえるから、上記組合員が提起した代表訴訟については、代表者として監事が記載された適式な提訴請求書があらかじめ農業協同組合に送付されたのと同視することができ、これを不適法として却下することはできないと判示している。

(3) 提訴請求書の記載

提訴請求にあたっては、書面または電磁的方法により、①被告となるべき

者、②請求の趣旨および請求を特定するのに必要な事実を記載する必要がある（施行規則39条）。

⑷ 対象者

会員代表訴訟の対象となる者は、理事、監事、会計監査人、発起人または清算人であり、すでに退任していた場合も対象となる。

⑸ 代表訴訟の対象となる責任

代表訴訟の対象となる責任について、理事等の任務懈怠に基づく損害賠償義務（法39条）のみならず、取引上の債務を含むかについては争いがあるが、会社法の通説は、提訴懈怠のおそれは同じであることや、条文上も限定していないことから、役員等が会社に対して負担する一切の債務を含むと解している（鈴木＝竹内『会社法』300頁）。

3　金庫の不提訴と会員による代表訴訟提起（会社法847条3項・5項）

会社法847条1項の請求の日から60日以内に、金庫が訴訟を提起しない場合、会員は自ら、金庫のために責任追及等の訴訟を提起することができる（3項）。また、例外として、60日の経過により、金庫に回復し難い損害が生じるおそれのある場合、会員は直ちに訴訟提起することができる（5項）。「金庫に回復し難い損害が生じるおそれのある場合」とは、例えば、役員等が財産を隠匿しまたは無資力となる場合、金庫の債権が消滅時効に掛かるなどの場合である。

4　不提訴理由通知制度（会社法847条4項）

金庫は、前記2の提訴請求の日から60日以内に責任追及等の訴えを提起しない場合において、当該請求をした会員等から請求を受けたときは、当該請求をした者に対し、遅滞なく、責任追及等の訴えを提起しない理由を通知しなければならない。

不提訴理由通知制度は、証拠資料の収集能力に乏しい会員が行う訴訟追行を適正化するために、会員に必要な訴訟資料の収集を容易化することを目的

としている（相澤哲ほか「新会社法の解説（17・完）雑則[下]」商事1755号5頁）。すなわち、原告会員と被告理事との情報の非対称性を是正する役割を担う。

5 訴訟の目的の価額算定（会社法847条の4第1項）

（責任追及等の訴えに係る訴訟費用等）

会社法第847条の4 　第847条第3項若しくは第5項、第847条の2第6項若しくは第8項又は前条第7項若しくは第9項の責任追及等の訴えは、訴訟の目的の価額の算定については、財産権上の請求でない請求に係る訴えとみなす。

2 　会員が責任追及等の訴えを提起したときは、裁判所は、被告の申立てにより、当該会員に対し、相当の担保を立てるべきことを命ずることができる。

3 　被告が前項の申立てをするには、責任追及等の訴えの提起が悪意によるものであることを疎明しなければならない。

　代表訴訟を提起する手数料は、「財産上の請求でない」とみなされ、民事訴訟費用等に関する法律4条2項により、一律に訴額が160万円となるため、手数料は1万3000円となる。

6 担保提供命令制度（会社法847条の4第2項・3項）

　会員が代表訴訟を提起した場合において、被告たる役員等がその訴えの提起が悪意によることを疎明して請求した場合、裁判所は、会員に相当の担保を立てるべきことを命じることができる。この担保提供命令制度は、濫訴を防止する目的によるものである。

　この場合の「悪意」とは、役員等の責任について、事実的、法律的根拠のないことを知りながら、または代表訴訟の制度の趣旨を逸脱し、不当な目的をもって被告を害することを知りながら訴えを提起した場合をいう（大阪高判平9.11.18判時1628号133頁）。

第39条の4

7　訴えの管轄（会社法848条）

> **（訴えの管轄）**
> **会社法第848条**　責任追及等の訴えは、金庫（信用金庫法第2条に規定する金庫をいう。）の主たる事務所の所在地を管轄する地方裁判所の管轄に専属する。

　会員代表訴訟が、信用金庫の主たる事務所の所在地を管轄する地方裁判所を管轄裁判所とすることを定めている。

　本条の「責任追及等の訴え」には、会員が金庫のために提起する代表訴訟のみならず、金庫自身が提起する役員等の責任追及の訴えも含まれる。これは、金庫または会員が提起する役員等の責任追及の訴えに、原告以外の者（金庫の提起する訴えであれば会員、会員の提起する代表訴訟であれば信用金庫または他の会員）が、訴訟に参加すること（会社法849条）を容易にすることを目的としている。

8　訴訟参加（会社法849条1項）

> **（訴訟参加）**
> **会社法第849条**　会員又は金庫（信用金庫法第2条に規定する金庫をいう。）は、共同訴訟人として、又は当事者の一方を補助するため、責任追及等の訴えに係る訴訟に参加することができる。ただし、不当に訴訟手続を遅延させることとなるとき、又は裁判所に対し過大な事務負担を及ぼすこととなるときは、この限りでない。
> **2**　（略）
> **3**　金庫（信用金庫法第2条に規定する金庫をいう。）が、理事及び清算人並びにこれらの者であった者を補助するため、責任追及等の訴えに係る訴訟に参加するには、監事（監事が2人以上ある場合にあっては、各監事）の同意を得なければならない。

第4章　管理（第31条〜第52条の2）　347

> 4 会員は、責任追及等の訴えを提起したときは、遅滞なく、当該金庫（信用金庫法第2条に規定する金庫をいう。）に対し、訴訟告知をしなければならない。
>
> 5 金庫は、責任追及等の訴えを提起したとき、又は前項の訴訟告知を受けたときは、遅滞なく、その旨を公告し、又は会員に通知しなければならない。

　会員または金庫は、不当に訴訟手続を遅延させることとなるとき、または裁判所に対し過大な事務負担を及ぼすこととなるときを除き、共同訴訟人として、または当事者の一方を補助するため、責任追及等の訴えに係る訴訟に参加することができることを定めている。

　これは、会員については、金庫の提起した訴訟の進行を監視し、または他の会員が提起した訴訟を支援するために認められたものであり、すでに提起された訴えの参加であるため、代表訴訟を提起する場合と異なり、6カ月前から引き続いて会員であることは必要ない。

　他方で、金庫については、馴れ合い訴訟の防止または金庫が理事に不要に有利な訴訟上の和解をしたり、訴えを取り下げたりすることを防止するために、会員の提起した代表訴訟に共同訴訟人として参加できるほか、被告となる役員等に責任がないと考えた場合には、被告側に補助参加（民事訴訟法42条）することもできる。

9 訴訟参加についての各監事の同意（会社法849条3項）

　金庫が、理事および清算人ならびにこれらの者であった者を補助するため、責任追及等の訴えに係る訴訟に参加するには、各監事の同意を得なければならないことを規定している。

　この規定の趣旨は、補助参加の際に金庫を代表するのは代表理事となるため、金庫の判断の適正さを確保するためのものである。

10 訴訟告知（会社法849条4項・5項）

　会員が代表訴訟を提起したときは、遅滞なく金庫に対し、訴訟告知をしな

ければならず（4項）、また金庫は当該訴訟告知を受けたときは、遅滞なくその旨を公告し、または会員に通知しなければならない（5項）。

これは、当事者の訴訟参加を保障するためのものである。

11 会員代表訴訟における和解

（和解）

会社法第850条 民事訴訟法第267条の規定は、金庫（信用金庫法第2条に規定する金庫をいう。）が責任追及等の訴えに係る訴訟における和解の当事者でない場合には、当該訴訟における訴訟の目的については、適用しない。ただし、当該金庫の承認がある場合は、この限りでない。

2 前項に規定する場合において、裁判所は、金庫に対し、和解の内容を通知し、かつ、当該和解に異議があるときは2週間以内に異議を述べるべき旨を催告しなければならない。

3 金庫が前項の期間内に書面により異議を述べなかったときは、同項の規定による通知の内容で会員が和解をすることを承認したものとみなす。

4 信用金庫法第39条第3項の規定は、責任追及等の訴えに係る訴訟における和解をする場合には、適用しない。

会員代表訴訟における和解の手続については、民事訴訟法267条（「和解または請求の放棄もしくは認諾を調書に記載したときは、その記載は、確定判決と同一の効力を有する」）の規定は、金庫が責任追及訴訟における和解の当事者でない場合は、当該金庫の承認がある場合を除き、当該訴訟の目的については適用しない（すなわち、当然に金庫に対して和解の効力が及ぶものではない）。

しかし、裁判所が金庫に対して和解の内容を通知し、かつ、当該和解に異議があるときは2週間以内に異議を述べるべき旨を催告しなければならず（法39条の4、会社法850条1項・2項）、これに対し、金庫が2週間以内に書面による異議を述べなかったときは、金庫は通知の内容で会員が和解をすることを承認したものとみなされ（法39条の4、会社法850条3項）、その結果、和解調書は確定判決と同一の効力を有し、金庫に確定判決と同一の効力が及

第4章 管理（第31条〜第52条の2） 349

ぶ。

　和解の内容は他の会員に通知がなされるものではなく、異議を述べるか否かの理事および監事の善管注意義務は重大であり（江頭『株式会社法』502頁）、十分な資料をもとに慎重に検討する必要がある。

　役員等の任務懈怠責任は、総会員の同意がなければ免除できないが（法39条3項）、会員代表訴訟で和解する場合には法39条3項は適用されず、役員等の責任の全部を免除する内容であっても、総会員の同意は必要ない（法39条の4、会社法850条4項）。

12　提訴会員の費用請求権（会社法852条1項）

> **（費用等の請求）**
>
> **会社法第852条**　責任追及等の訴えを提起した会員が勝訴（一部勝訴を含む。）した場合において、当該責任追及等の訴えに係る訴訟に関し、必要な費用（訴訟費用を除く。）を支出したとき又は弁護士若しくは弁護士法人に報酬を支払うべきときは、当該金庫に対し、その費用の額の範囲内又はその報酬額の範囲内で相当と認められる額の支払を請求することができる。
>
> **2**　責任追及等の訴えを提起した会員が敗訴した場合であっても、悪意があったときを除き、当該会員は、当該金庫に対し、これによって生じた損害を賠償する義務を負わない。
>
> **3**　前2項の規定は、信用金庫法第39条の4において準用する会社法第849条第1項の規定により同項の訴訟に参加した会員について準用する。

　代表訴訟の判決が請求認容（一部認容を含む）となった場合、代表訴訟を提起した会員は金庫に対して、当該訴訟について必要な費用（訴訟費用を除く）または弁護士報酬について、相当と認められる額の支払いを請求することができる（1項）。

　代表訴訟は、会員が金庫のために行うものであり、勝訴判決の利益は金庫に帰属するものであるから、金庫が訴訟に要した費用を負担すべきとしたものである。

訴訟費用は敗訴被告（役員等）に転嫁し得るため除外されており、転嫁することができない必要費用や弁護士報酬が対象となる。

上記の「相当と認められる費用」の算定にあたっては、金庫自身が責任追及等の訴えを提起した場合であっても必要であったはずの費用が基準となる（上柳ほか編著『新版注釈会社法(6)』381頁（北沢正啓））。

13　会員が悪意の場合の損害賠償義務（会社法852条 2 項）

代表訴訟を提起した会員が敗訴した場合でも、悪意があった場合を除き、当該会員は金庫に対して、損害賠償責任を負わない。

「悪意があった場合」とは、金庫を害することを知って不適当な訴訟の追及をした場合をいう（北沢『会社法』461頁）。

代表訴訟を提起した会員が敗訴した場合、判決の効力は金庫にも及ぶにもかかわらず、悪意の場合に限り損害賠償責任を認めたのは、代表訴訟の制度を認める以上、悪意がない場合にまで責任を負わせるのは酷であり、また訴訟追行の適否の問題については、金庫が訴訟参加することによって防止し得るためである（明田『農協法』458頁）。なお、会員が役員等に責任がないことを知りながら訴えを提起した場合には、役員等に対して一般の不法行為に基づく損害賠償責任を負う（民法709条）。

代表訴訟を提起した会員が敗訴した場合は、会社法852条 1 項の反対解釈として、訴訟費用や弁護士費用を自ら負担しなければならない（民事訴訟法61条）。

なお、勝訴した役員等は、弁護士報酬等を含め、防御のために要した相当の費用を金庫に請求することができると解されている（江頭『株式会社法』502頁）。

14　訴訟参加した会員についての準用（会社法852条 3 項）

本条 1 項・ 2 項の規定は、法39条の 4 において準用する会社法849条 1 項の規定により同項の訴訟に参加した会員について準用されている。

（再審の訴え）

会社法第853条 責任追及等の訴えが提起された場合において、原告及び被告が共謀して責任追及等の訴えに係る訴訟の目的である金庫の権利を害する目的をもって判決をさせたときは、金庫又は会員は、確定した終局判決に対し、再審の訴えをもって、不服を申し立てることができる。

2 前条の規定は、前項の再審の訴えについて準用する。

　原告（会員）と被告（役員等）が共謀して、金庫の権利を害する目的をもって責任追及訴訟につき判決をさせた場合、金庫または会員は、判決が確定した場合でも再審の訴えを提起することができることを定めたものである。

　具体的には、会員が役員等との馴れ合いによって、故意に少額の請求をしたことや、敗訴の結果をもたらしたような場合である。

　会員が再審の訴えを提起する場合、当該会員は代表訴訟を提起する場合と異なり、6カ月前から引き続き会員である必要はなく、また提訴前の手続を履践する必要もない。

第6節 支配人

第40条 支配人

> **（支配人）**
> **第40条** 金庫は、理事会の決議により、支配人を置くことができる。
> 2 支配人については、会社法第11条第1項及び第3項（支配人の代理権）、第12条（支配人の競業の禁止）並びに第13条（表見支配人）の規定を準用する。この場合において、必要な技術的読替えは、政令で定める。

1 支配人の設置（法40条1項）

本条1項は、金庫が理事会の決議により、支配人を設置することができる旨を定めている。支配人その他の重要な使用人の選任および解任は重要な業務執行事項として、理事会の専決事項である（法36条5項3号）。なお、支配人は重要な権限を有しているため、支配人の選任および代理権の消滅は、絶対的登記事項に該当し、登記手続が義務付けられており（法69条。会社法918条と同趣旨の規定である）、支配人の権限に応じてその範囲を公示することとなる。

2 会社法の規定の準用（法40条2項）

本条2項は、支配人について、会社法の規定を準用している。本項において準用している規定を読み替えた規定は以下のとおりである。

| 3 | 包括的代理権（会社法11条１項） |

（支配人の代理権）

会社法第11条　支配人は、金庫に代わってその事業に関する一切の裁判上又
　は裁判外の行為をする権限を有する。

２　（略）

３　支配人の代理権に加えた制限は、善意の第三者に対抗することができな
　い。

　本条１項は、金庫の支配人が、金庫に代わってその事業に関する一切の裁
判上または裁判外の行為をする権限（包括的代理権）を有することを定めて
いる。「支配人」の意義について、事業に関する一切の裁判上または裁判外
の行為をする権限（包括的代理権）を使用者から付与された使用人とする見
解と、本店または支店の長たる地位にある者が支配人であり、その者には包
括的代理権があるとみなされるとする見解がある（奥島ほか編『新基本法コン
メ会社法(1)』60頁〔山下友信〕）。この点、信用金庫に関する最三小判昭54.5.1
（金法901号34頁）は、信用金庫の支店長を表見支配人として位置付けており、
前者の見解を採用しているものと解される。支配人の包括的代理権は、支配
人が選任されている本店または支店を単位として、その事業に関する範囲で
認められる（支配人は使用人として金庫から雇用された従業員にすぎず、代表理
事のような全社的な代表権とは異なる）。前掲最三小判昭54.5.1は、事業の目
的たる行為のほか、事業のため必要な行為を含み、事業に関する行為に該当
するかは、当該行為につき、その行為の性質・種類等を勘案し、客観的・抽
象的に観察して決すべきと判示している。なお、会社法11条２項は、包括的
代理権の一内容として、「他の使用人」の選任または解任の権限を認めてい
るが、法40条２項は会社法11条２項の準用をしていない。

| 4 | 代理権に加えた制限（会社法11条３項） |

　本条３項は、金庫の取引先の取引安全を保護する観点から定められた規定

である。条文上は「善意の第三者」と規定されているが、当該第三者に重過失もなかったことを要すると解される。代理権に加えた制限の例としては、支配人が行う特定の取引について理事や理事会の承認を必要とする場合や、取引金額の上限を設定する場合などが挙げられる。

5 競業等の禁止（会社法12条１項）

（支配人の競業の禁止）

会社法第12条　支配人は、金庫の許可を受けなければ、次に掲げる行為をしてはならない。

一　自ら営業を行うこと。

二　自己又は第三者のために金庫の事業の部類に属する取引をすること。

三　他の金庫、会社又は商人（会社を除く。）の使用人となること。

四　他の金庫の理事、又は会社の取締役、執行役若しくは業務を執行する社員となること。

2　支配人が前項の規定に違反して同項第２号に掲げる行為をしたときは、当該行為によって支配人又は第三者が得た利益の額は、金庫に生じた損害の額と推定する。

　本条１項は、支配人が包括的代理権を有し、退職後に顧客情報等を競業に利用すると、金庫の活動に大きな影響を及ぼすことから、競業等の禁止を定めたものである。もっとも、支配人はあくまでも使用人として雇用された従業員であり、役員と異なり、金庫と委任関係に立つものではないから（法33条）、善管注意義務を負うものではない（もっとも、従業員として金庫の就業規則の服務規律による）。狭義の意味での競業等の禁止は、２号の自己または第三者のために金庫の事業の部類に属する取引をすることであるが、その他競業関係はなくても、包括的代理権を有する支配人が、他の金庫等の使用人となって職務に専念できなくなることや、その有する地位により知り得た金庫の秘密を流用することを防止するために、１号・３号および４号の行為が禁止されている。

6　損害額の推定（会社法12条2項）

　本条2項は損害額の推定について定めたものであり、取締役の競業避止義務違反の行為につき、取締役または第三者が得た利益の額を、会社に生じた損害の額と推定する会社法423条2項の規定と同趣旨の規定である。

7　会社法13条の趣旨

（表見支配人）

会社法第13条　金庫の主たる事務所又は従たる事務所の事業の主任者であることを示す名称を付した使用人は、当該主たる事務所又は従たる事務所の事業に関し、一切の裁判外の行為をする権限を有するものとみなす。ただし、相手方が悪意であったときは、この限りでない。

　会社法13条は、支配人には該当しないが、あたかも支配人のような名称（肩書）を金庫より付された使用人について、一切の裁判外の行為をする権限を有するとみなしたものである（表見支配人）。これは、上記のような名称（肩書）を付された場合、第三者が支配人と信頼するおそれがあるため、このような外観を信頼した取引の相手方の取引安全を保護するための規定である（外観法理）。

8　会社法13条の要件

⑴　名称（肩書）

　条文上、「主たる事務所又は従たる事務所の事業の主任者であることを示す名称を付した使用人」を表見支配人としている。「事業の主任者」の例として、支店長、支社長、支配人などの肩書が挙げられるが、最三小判昭39.3.10（民集18巻3号458頁）は、出張所の出張所長もこれに該当すると判示している。

　この点、最三小判昭37.5.1（民集16巻5号1031頁・金法314号10頁）は、本

店または支店（金庫に読み替え後の「主たる事務所または従たる事務所」に該当する）とは、商法における「営業所」の実質を備えることが必要であると判示しており、上記「主たる事務所または従たる事務所」についても、営業所の実質を備えることが必要となるものと解される。

⑵　相手方が悪意の場合の除外

　会社法13条ただし書において、相手方が悪意の場合が除外されている。

　これは、前記のとおり、会社法13条は、支配人であるとの外観を信頼した取引の相手方の取引安全を保護するためのものであるため、相手方の悪意の場合にまで保護する必要性がないためであり、悪意のみならず善意重過失も含まれる。

　悪意の対象となる事実は、表見支配人の裁判外の行為について、権限がないことと解される。

　なお、最一小判昭59.3.29（金法1061号33頁）は、手形行為について表見支配人の規定の適用が問題となる場合、「第三者」とは、手形行為の直接の相手方に限定されると判示している。

第41条　支配人の解任

（支配人の解任）

第41条　会員は、総会員の10分の１以上の連署をもつて、理事に対し、支配人の解任を請求することができる。

2　前項の規定による請求は、解任の理由を記載した書面を理事に提出してしなければならない。

3　第１項の規定による請求があつたときは、理事会は、その支配人の解任の可否を決しなければならない。

4　理事は、前項の可否を決する日の７日前までに、その支配人に対し、第

> 2項の書面を送付し、且つ、弁明する機会を与えなければならない。

1 会員による解任請求（法41条1項）

　支配人の解任は、理事会の専決事項（法36条5項5号）であるが、その職務および権限の重要性から、役員の場合（法35条の8）と同様、総会員の10分の1以上の少数会員による支配人解任請求手続（リコール）を認めたものである。

　すなわち、会員は、総会員の10分の1以上の連署をもって、支配人の解任を請求することができるものとし（1項）、その場合理事会は、支配人の解任の可否を決定しなければならない（3項）。

　役員の解任請求（法35条の8）においては、総会員の5分の1以上という数値基準を設けているのに対し、本条では10分の1と緩和されている。

　この点、前記の役員の解任請求（法35条の8）と同様、「総会員の10分の1以上」という連署の要件について、総代会制度を採用する金庫の場合、法49条5項に基づき、「総総代の10分の1以上」と読み替えるべきか問題となる。この点読替えを肯定する見解もあるが（内藤ほか編著『逐条解説信金法』167頁）、本項に規定する支配人の解任請求権は、会員に固有の基本的な権利（共益権）の1つであるので、総代会を設けている金庫においても、解任請求は、必ず総会員の10分の1以上の連署によることが必要であり、総総代の10分の1以上と読み替えることはできないものと解される（『信金法解説』161頁）。

2 金庫に対する書面提出（法41条2項）

　本条2項は、1項の規定による解任請求の方式として、解任の理由を記載した書面を理事に提出して行うことを定めている。

3 理事会による支配人の解任の決定および弁明の機会付与（法41条3項・4項）

　支配人の解任は、理事会の専決事項であり、理事会は、少数会員による解

任請求があったときは、解任の可否を決定しなければならない。

　本条1項の規定による請求があったときは、理事会は、その支配人の解任の可否を決しなければならない（3項）。

　そして、理事は、解任の可否を決する日の7日前までに、その支配人に対し、会員から提出された解任の理由を記載した書面を送付し、かつ、弁明する機会を与えなければならない（4項）。

　理事会は、会員から提出された解任の理由書、当該支配人の弁明の内容、その他調査した事項を踏まえ、解任の可否を決定する必要がある。

第42条

第7節 ｜ 総 会 等

第42条 通常総会の招集

> **（通常総会の招集）**
> **第42条** 通常総会は、定款の定めるところにより、毎事業年度１回招集しな
> ければならない。

1 総会の意義

　協同組織金融機関である金庫は、多数の会員の人的結合からなる法人であ
るため、金庫が法人として活動するためには、多数の会員の意思を統一し、
これを法人である金庫自身の意思として決定する機関が必要となる。

　そこで、このような会員の意思決定をすべく、その構成員たる全会員に
よって構成される金庫の必要的な議決機関（最高意思決定機関）として総会
が設けられている。

　総会は、株式会社における株主総会と同様に信用金庫の基本的事項に関す
る意思を決定する機関であるが、取締役会設置会社の株主総会は、法定の事
項のほか、株式会社の組織、運営、管理等を決定する機関とされている（会
社法295条）のに対し、信用金庫法においてはこのような制限は法定されて
おらず、同法に定められた総会の必要議決事項のほか、法令または定款等の
定めに反しない限り、必要議決事項以外の事項をも決議することができる議
決機関といえる。

　信用金庫法（その他、法定事項ではないが、定款によって総代会の決議事項と
されているものとして、総代候補者選考委員の選任（定款例27条３項）がある）

360

により総会の決議または承認を必要とする主な事項は、次のとおりであり、これらの事項については、その決定を理事会等他の機関に委ねることはできない。

【総会の決議事項】

① 会員の除名（法17条3項、48条の3第3号、定款例15条1項）

② 役員の選任および解任（法32条3項、35条の8第1項、定款例17条2項）

③ 計算書類の承認（法38条の2第7項・第9項）

④ 会計監査人の選解任・不再任（法38条の3、会社法329条1項、339条1項、344条1項）

⑤ 役員の報酬等（法35条の6、会社法361条、法35条の7、会社法387条）

⑥ 役員等の責任の一部免除（法39条4項、48条の3第5号）

⑦ 定款の変更（法48条の3第1号）

⑧ 解散（法48条の3第2号、62条1号）

⑨ 合併（法48条の3第2号、61条の2第3項、61条の3第3項、61条の4第3項）

⑩ 事業の譲渡（法58条1項）、事業の全部の譲渡（法48条の3第4号）

⑪ 出資1口の金額の減少（法51条1項）

⑫ 事業の譲受け（法58条2項）

⑬ 設立委員の選任（法61条の5第2項）

⑭ 清算人の解任（法63条、会社法479条1項）

---

2 総代会

金庫は定款の定めにより、総会に代わる総代会を設置することができ（法49条1項、定款例24条1項）、ほとんどの信用金庫で総代会制度が採用されている。総代会制度を採用する信用金庫では、総会はごく限られた一定の場合（金庫の合併に関する法50条の決議など）以外には開催されることがない。

3 総会の種類

　総会は、常設機関ではなく、適法に招集された際に成立し、会議の終了と同時に消滅する合議体の機関である。

　総会は、招集の時期を標準として、毎事業年度１回定期的に招集・開催される通常総会と、必要がある都度招集・開催される臨時総会の２種類に分けられる。通常総会と臨時総会は、このように定期的に招集されるかという点以外に、決議事項について決算書類の承認を行うものかによっても異なる。

4 通常総会の招集

　本条は、通常総会を毎事業年度１回招集しなければならない旨を定めている。

　定款例21条１項においては、通常総会を「毎事業年度終了後〇月以内に招集する」旨を定めている。

　金庫においては、監事や会計監査人による計算書類等の監査の期間を考慮し、通常総会の開催期限は毎事業年度終了後３カ月以内と定めているのが通常である。

第43条　臨時総会の招集

（臨時総会の招集）

第43条　臨時総会は、必要があるときは、定款の定めるところにより、何時でも招集することができる。

2　会員が総会員の５分の１以上の同意を得て、会議の目的たる事項及び招集の理由を記載した書面を理事に提出して、総会の招集を請求したときは、理事会は、その請求のあつた日から３週間以内に臨時総会を招集すべきことを決しなければならない。

1 臨時総会の招集（法43条1項）

　定款の定めにより、毎事業年度1回招集される通常総会（法42条）以外の総会はすべて「臨時総会」という。本条1項は、臨時総会は、必要があるときは定款の定めるところにより、回数の制限なく、いつでも招集することができる旨を定めている。本条1項において、「定款の定めるところにより」と規定されているとおり、臨時総会を招集するためには、定款の定めがなければならない（定款例21条2項参照）。

2 少数会員による臨時総会の招集請求権（法43条2項）

(1) 本条2項の趣旨

　本条2項は、少数会員の臨時総会招集請求権について定めている。臨時総会の招集は、原則として「必要があるとき」（本条1項）に理事会が決定するものであるが（法45条3項）、本条2項は、少数会員保護のために少数会員に臨時総会招集請求権を付与している。

　本条2項は、少数会員の利益保護のために設けられた規定であり、「5分の1」の要件を定款で加重することはできない（『信金法解説』147頁）。他方で、定款をもって5分の1を下回る割合を定めることの可否について、信用金庫法は、農協法48条の2第2項のように、明文で下回る割合を定めることができることを規定していない。もっとも、少数会員の意思反映の機会を確保するために設けられた制限であることから、定款でこれを下回る割合を定めることも認められるものと解する。

　なお、本条2項および法44条における、「総会員の5分の1」とあるのは、総代会が設けられた場合には「総総代の5分の1」と読み替えるべきであるが、少数会員による臨時総会招集請求権は、共益権の1つとして会員の基本的権利であることにかんがみれば、総代会を設けている金庫にあっても、総代による招集請求のほか、会員も総会員の5分の1以上の同意を得て、臨時総代会の招集を請求し得るものと解される。

⑵ 少数会員による臨時総会招集

　この請求は、会議の目的たる事項および招集の理由を記載した書面を理事に提出して行うことができる。理事会は、請求があった日から3週間以内に臨時総会を招集すべきことを決しなければならない（法43条2項）。「その請求のあつた日から3週間以内に臨時総会を招集すべきことを決しなければならない」とは、総会招集を決定すべき期間が請求があった日から3週間以内という趣旨ではなく、3週間以内の日を会日として総会を招集しなければならないという趣旨である（上柳『協同組合法』99頁、『逐条解説農協法』342頁も同旨）。

　なお、少数会員から臨時総会の招集請求があったものの、これに正当な理由がないと判断される場合、法44条の救済規定も設けられており、理事会としては招集請求に応じないことも否定されない（『中協法逐条解説』251頁も同旨）。もっとも、少数会員による臨時総会招集請求に正当な理由があるにもかかわらず、理事会が招集請求に応じず、少数会員が内閣総理大臣の認可を受けて招集した場合、理事が責任を追及されるおそれもあることに留意が必要である。

第44条　会員による総会の招集

（会員による総会の招集）

第44条　前条第2項の規定による請求をした会員は、同項の請求をした日から2週間以内に理事が総会招集の手続をしないときは、内閣総理大臣の認可を受けて総会を招集することができる。理事の職務を行う者がない場合において、会員が総会員の5分の1以上の同意を得たときも、同様とする。

1 内閣総理大臣の認可を受けての総会招集

　本条は、法43条2項の規定により、少数会員が臨時総会招集請求権を行使したにもかかわらず、請求の日から2週間以内に理事が総会招集の手続をしない場合、および理事の職務を行う者がない場合の、会員による招集権について定めている。

　法43条2項のとおり、臨時総会は、招集請求があった日から3週間以内を会日として開催されることとなるが、各会員に対する招集通知は臨時総会の会日から7日前（法45条）までに発することとされている。よって招集請求の日から2週間以内に招集通知が到達しなければ、理事会が招集手続をしなかった可能性が高いため、2週間を基準としているものと解される（厳密に述べると、法45条1項においては7日前までに「発しなければならない」と発信主義を採用しているため、発信から到達のタイムラグがあり得る（中協法48条においては到達主義の解釈がなされている（『中協法逐条解説』252頁）のと異なる））。

　総代会制度を採用する金庫の場合は、総会の決議を要する事項は総代会で決議されることになるので、当該金庫の会員が臨時に招集することができるのは、法に特別の規定がある場合（法50条）を除き、臨時総会ではなく臨時総代会である。

　理事の職務を行う者がない場合においては、会員が総会員の5分の1以上の同意を得て、かつ、内閣総理大臣の認可を受けて自ら総会を招集することができる。もっとも、役員には任期満了または辞任による退任の場合、残任義務が課されているため（法35条の3）、「理事の職務を行う者がない場合」としては、理事全員が死亡した場合、理事全員が解任されたにもかかわらず後任の理事が選任されない場合など、非常にレアケースと解される。

2 内閣総理大臣の認可の申請手続

　会員が本条の規定に基づき総会を招集するためには、内閣総理大臣（金融庁長官等。法44条、88条2項、施行令10条の2第1項1号、施行規則41条）の認可を受けなければならない。認可申請の手続は、施行規則41条に規定されて

いる。

第45条 総会招集の手続

（総会招集の手続）

第45条 理事（前条の規定により会員が総会を招集する場合にあつては、当
該会員。以下この条において同じ。）は、総会を招集する場合には、次に掲
げる事項を定め、会日の７日前までに書面をもつて会員に対しその通知を
発しなければならない。

一 総会の日時及び場所

二 総会の目的である事項

三 総会に出席しない会員が書面によつて議決権を行使することができる
こととするときは、その旨

四 総会に出席しない会員が電磁的方法によつて議決権を行使すること
ができることとするときは、その旨

五 前各号に掲げるもののほか、内閣府令で定める事項

2 理事は、会員の数が1000人以上である場合には、前項第３号に掲げる事
項を定めなければならない。

3 前条の規定により会員が総会を招集するときを除き、第１項各号に掲げ
る事項は、理事会の決議によつて定めなければならない。

4 理事は、第１項の書面による通知の発出に代えて、政令で定めるところ
により、会員の承諾を得て、電磁的方法により通知を発することができる。
この場合において、当該理事は、同項の書面による通知を発したものとみ
なす。

5 前項の電磁的方法による通知には、第１項各号に掲げる事項を記録しな
ければならない。

6 第１項及び第４項の規定にかかわらず、総会は、会員の全員の同意があ
るときは、招集の手続を経ることなく開催することができる。ただし、第

> 1 項第 3 号又は第 4 号に掲げる事項を定めた場合は、この限りでない。

1 本条の意義

本条は、会員に総会出席の機会と準備期間を与えるため、総会招集手続（招集の際に定めなければならない事項とその決定権限を有する主体、通知の時期、通知の方法）について定めている（株式会社の株主総会の招集の決定および通知に関する会社法298条、299条と同趣旨の規定である）。

2 総会の招集の主体

総会の目的事項等の決定は、原則として理事会の決議により、代表理事は理事会の決定を受け、会員に対して通知を発送し、招集することとなる（定款例22条）。

本条 3 項において、理事会の決議事項としたのは、会社法298条 4 項と同様、代表理事の専断を防止するためのものである。

この招集は、金庫の内部機関である総会の招集手続に関する行為であるため、理事の業務執行行為には該当せず、法律上、代表理事の権限になるものでなく、理事の資格があれば招集することができるとする見解があるが（相澤ほか編著『論点解説新会社法』468頁参照）、代表理事ではない理事が招集した場合には決議取消事由があるとするのが従来の多数説である（酒巻＝龍田編集代表『逐条解説会社法(4)』66頁〔潘阿憲〕。前田『会社法入門』352頁は、決議不存在事由となるとする）。

理事会の決議を経ないで代表理事が総会を招集した場合、招集手続の法令違反（法48条の 8 、会社法831条 1 項 1 号）として決議取消事由となり（最一小判昭46.3.18民集25巻 2 号183頁）、また代表権のない理事が理事会決議を経ずに総会を招集した場合は、より瑕疵が重大であるため、決議不存在事由となる（最一小判昭45.8.20判時607号79頁）。

なお、 1 項括弧書において、「前条の規定により会員が総会を招集する場合にあっては当該会員」と規定されているとおり、法44条に基づき、会員が内閣総理大臣（財務（支）局長）の認可を受けて総会を招集する場合は、例

外的に、会員が総会の目的事項等を決定することとなる。

3 総会の招集にあたって決定すべき事項

法45条1項1号ないし5号、施行規則42条は、総会の招集にあたって決定すべき事項を定めている。

(1) 総会の日時および場所（1項1号）

招集通知には、総会の日時および場所を記載しなければならない（法45条1項1号）。

開催地が、会員の総会出席を困難にさせるような交通の不便な場所であったり、遠方であったりする場合、招集手続が著しく不公正なものとして、決議取消事由（法48条の8、会社法831条）に該当する場合がある。

(2) 総会の目的である事項（1項2号）

招集される総会の目的である事項（議題）を決定しなければならない。総会においては、本条の規定により事前に通知した事項についてのみ決議をすることができるため（法48条の2第2項）、議題の決定は不可欠である。

具体的に決定すべき事項は、総会の承認・決議を求める事項（決議事項）のほか、総会に報告すべき事項（報告事項）も含まれる。

　a　決議事項

このうち決議事項については、招集通知に議題（例えば、合併の場合には相手方、役員解任の場合にはその役員名など）を具体的に記載する必要があるが（法45条1項2号）、「議案の要領」を記載する必要はない（『信金法解説』148頁）。招集通知における記載は、会員が議題を知り、議案の輪郭を明らかにできる程度に記載がなされていれば足り、例えば、理事の選任に関する決議事項については、単に「理事○名選任の件」と招集通知に記載すれば、「総会の目的である事項」として足りることになる。そのほか、理事、監事の報酬改定については「理事および監事の報酬額改定の件」、退任役員に対する慰労金贈呈については「退任理事および退任監事に対し退職慰労金贈呈の件」、定款変更については「定款一部変更の件」といった記載が、「総会の目

的である事項」としての要件を満たした記載ということになろう（『総代会の手引き』32頁）。

　もっとも、一部の決議事項については、招集通知に「議題」を記載するのみでは足りず、「議案の概要」も記載しなければならない。

　すなわち、書面あるいは電磁的方法による議決権行使のいずれも採用していない金庫は、以下に挙げる重要な議題が総会の目的の場合は、会員が議決権行使をするにあたっての情報提供の観点から、当該議案の概要（議案が確定していない場合にあっては、その旨）を理事会で決定し、招集通知に記載しなければならない（法45条1項5号、施行規則42条6号）。

① 　役員等（理事・監事・会計監査人）の選任
② 　役員等の報酬等
③ 　定款の変更
④ 　事業の譲渡または譲受け
⑤ 　合併

　b　報告事項
　総会への報告事項について、以下のとおり定められている。
① 　理事会の承認を受けた業務報告の内容（法38条の2第8項）
② 　理事会の承認を受けた貸借対照表、損益計算書の内容
　ただし、法令および定款に従い特定金庫の財産および損益の状況を正しく表示しているものとして内閣府令（施行規則37条）で定める要件に該当しない場合は、計算書類は総（代）会での承認を要するため、決議事項として取り扱う必要がある（法38条の2第7項・9項、施行規則37条）。
③ 　会計監査人解任の場合の報告
　監事全員の同意に基づき、会計監査人を解任したときは、監事（監事が2人以上ある場合にあっては、監事の互選によって定めた監事）は、その旨および解任の理由を解任後最初に招集される総（代）会へ報告しなければならない（法38条の3、会社法340条3項）。

⑶ 書面・電磁的方法による議決権行使（1項3号・4号、2項）

　金庫の定款において、書面や電磁的方法（電子メール等）によって議決権

行使を可能とする旨を記載している場合で、これを実際に実施しようとする場合は、理事会の決議によって、総会に出席しない会員が書面または電磁的方法によって議決権を行使することができる旨を定める必要がある（包括的に定めている場合は招集の都度、理事会決議を行う必要はない）。

さらに、総会の招集通知においても、書面や電磁的方法により議決権の行使が可能となっている旨を記載した上で、総会参考書類および各議案についての賛否欄を設けた議決権行使書面の交付が必要となる（法45条～47条、施行規則42条～46条、定款例B案9条③など）。

本条2項に基づき、会員の数（総代会制度を採用する場合は総代の数）が1000人以上である場合、総会に出席できない会員の意思をできるだけ総会に反映させるために、書面による議決権行使（法45条1項3号）が義務付けられるが、この場合を除いて、書面・電磁的方法による議決権行使の採用は任意であり、また双方の制度を採用することも認められる。

なお、現在、書面による議決権行使を採用している信用金庫は、少数である。

⑷ 内閣府令で定める事項（5号）

前記のほか、内閣府令（施行規則42条）で定める事項がある。

① 通常総会の開催日が、前事業年度に係る通常総会の日に応当する日と著しく離れた日であるときは、その日時を決定した理由（施行規則42条1号）

② 総会の開催場所が過去に開催した総会のいずれの場所とも著しく離れた場所であるとき（当該場所が定款で定められた場所もしくは当該場所で開催することについて総会に出席しない会員全員の同意がある場合は除く）は、その場所を決定した理由（施行規則42条2号）

上記のほか、施行規則44条により総会参考書類に記載すべき事項（施行規則42条3号イ）、書面や電磁的方法による議決権行使の期限を定めた場合の特定の時（同号ロ・ハ）、インターネット上のウェブサイトへの掲載により総会参考書類に記載しないものとした事項がある場合の当該事項（同号ホ）、重複した書面または電磁的方法による議決権行使の取扱方法を定めた場合の当該方法（同号ヘ、同条4号ロ）、代理権の証明方法や代理人の数等の代理人に

よる議決権の行使に関する事項を定めた場合の当該事項（同条5号）などである。

4　総会の招集通知の発送時期

　理事は、総会の会日の7日前までに、書面をもって会員に対し、招集通知を発送しなければならない（法45条1項、定款例22条）。

　「会日の7日前までに」とは、通知の発送の終わった日と会日との間に丸7日あることを要する（『信金法解説』148頁。大判昭10.7.15民集14巻1401頁参照）。

　「7日前」という期間は、会社法における公開会社でない株式会社の招集通知の時期についての「1週間前」（会社法299条1項括弧書）と同一であり、他方で公開会社の「2週間前」（同項本文）よりも短くなっている。会員間の人的結合が強い協同組織金融機関たる金庫については、公開会社に比して準備期間が短くても対応が可能と解されるためである。

5　通知の方法

　通知は、手続の透明化を図る観点から、書面によることが要件となっているため（本条1項）、口頭による通知は認められないが、会員の承諾を得て、電磁的方法により通知を発することができる（本条4項）。電磁的方法による通知には、1項各号の事項を記録しなければならない（本条5項）ことが定められている。

　電磁的方法による通知の承諾等については施行令5条の7、また電磁的方法の種類および内容は施行規則4条に定められている。

　金庫側の便宜に配慮し、平成17年の信用金庫法改正により、通知については到達主義でなく、発信主義を採用することが明文化されており、電磁的方法により通知を発した時も、書面による通知を発したものとみなされている（本条4項）。

6　招集手続の省略（法45条6項）

　本条6項は、総会に出席しない会員に書面議決権または電磁的方法による

第4章　管理（第31条〜第52条の2）　│　371

議決権を付与する場合を除き、会員の全員の同意による総会招集手続の省略を認める。

信用金庫法で定められた招集手続は、会員に出席や準備の機会を与えるためのものであり、よって、法定の招集手続がとられていない場合、会員が集会を開催しても、これは「総会」とはいえず、その決議にも総会決議としての効力がないのが原則である（酒巻＝龍田編集代表『逐条解説会社法(4)』69頁〔前田重行〕）。

しかし、裏からいうと、招集手続は会員の出席等の機会を確保するという利益のためのものであるから、招集手続がなされない場合でも、不利益を受けるはずの会員が同意する場合には、招集手続を省略したほうが便宜にかなうということができ、そのために本条6項が定められたものである。

本条6項の会員による「同意」とは、黙示のものでも足りると解されるが（東京高判昭48.10.25判時723号90頁参照）、包括的な同意は認められず、個別の総会ごとの同意が必要と解される（江頭『株式会社法』328頁参照）。

第46条 総会参考書類及び議決権行使書面の交付等

（総会参考書類及び議決権行使書面の交付等）

第46条 理事は、前条第1項第3号に掲げる事項を定めた場合には、同項の通知に際して、内閣府令で定めるところにより、会員に対し、議決権の行使について参考となるべき事項を記載した書類（以下この条及び次条において「総会参考書類」という。）及び議決権行使書面を交付しなければならない。

2 理事は、前条第4項の承諾をした会員に対し電磁的方法による通知を発するときは、前項の規定による総会参考書類及び議決権行使書面の交付に代えて、これらの書類に記載すべき事項を電磁的方法により提供することができる。ただし、会員の請求があつたときは、これらの書類を当該会員

に交付しなければならない。

1 本条の趣旨

本条は、書面による議決権行使（法45条1項3号）が採用されている場合、総会の招集通知を発送するに際し、内閣府令（施行規則43条～46条）の定めるところにより、会員に対して総会参考書類および議決権行使書面を交付（または記載すべき事項を電磁的方法により提供）すべきことを定めたものである。

すなわち、書面による議決権行使を行う場合、総会の開催前に賛否を決する必要があり、会員自身やその代理人が総会に実際に出席する場合と異なり、議案の審議を通じた議案への賛否の判断材料に乏しい。そこで、これを補充するため、会員に対する情報を事前に提供すべく、参考書類の交付を定めたものである。

2 総会参考書類

(1) 総会参考書類の記載事項（法46条1項、施行規則44条1項・2項）

総会参考書類の記載事項は下記のとおりである。

① 議案（施行規則44条1項1号）

株式会社の株主総会参考書類においては、取締役・会計参与・監査役・会計監査人の選任に関する議案（会社法施行規則74条～77条）、取締役・会計参与・監査役の解任、会計監査人の解任・不再任に関する議案（同法施行規則78条～80条）、取締役・会計参与・監査役の報酬に関する議案（同法施行規則84条の2）などについての記載事項が定められており、参考となる。

② 提案の理由（総会において一定の事項を説明しなければならない議案の場合における当該説明すべき内容を含む）（施行規則44条1項2号）

例えば、理事の報酬等につき、(i)額が確定していないもの（業績連動型報酬等）については、その具体的な算定方法、(ii)金銭でないものについて

第4章　管理（第31条～第52条の2）　373

はその具体的な内容を総会の決議で定めることができ、その際、(i)または(ii)を「相当とする理由」を総会で説明することが必要とされている（法35条の6、会社法361条4項）。よって、(i)または(ii)を「相当とする理由」を総会参考書類に記載する必要がある。

③　議案につき法35条の7において準用する会社法384条の規定により総会に報告すべき調査の結果があるときは、その結果の概要（施行規則44条1項3号）

④　その他会員の議決権の行使について参考となると認める事項（施行規則44条2項）

　　法定の記載事項以外にも、会員が議決権を行使するにあたって参考となると認められる事項の記載が認められている。

(2)　総会参考書類と他の書面との記載の重複（施行規則44条3項・4項）

　総会参考書類に記載すべき事項のうち、業務報告等他の書面に記載している事項または電磁的方法により提供する事項があれば、総会参考書類に記載する必要はない。この場合には、他の書面に記載している事項または電磁的方法により提供する事項があることを明らかにしなければならない（施行規則44条3項）。

　一方で、招集通知の内容とすべき事項のうち、総会参考書類に記載している事項がある場合には、当該事項は招集通知に記載する必要はない（施行規則44条4項）。

(3)　総会参考書類の記載事項の特則（ウェブ開示）

　総会参考書類の記載については、特則が設けられている（施行規則46条）。

　すなわち、総会参考書類は、定款の定めがある場合、以下の①〜③の事項を除き、インターネットによる開示を行うことにより、開示した事項を記載した総会参考書類を会員に対して提供したものとみなされる（施行規則46条）。

①　議案

②　総会参考書類に記載すべき事項が開示されているウェブサイトにアクセスするためのアドレス

③　総会参考書類に記載すべき事項（①および②を除く）につきこの措置を
とることについて監事が異議を述べている場合における当該事項

　なお、この措置を行う場合、当該総会に係る招集通知を発出する時から、
当該総会の日より3カ月が経過する日までの間、継続して電磁的方法により
会員が提供を受けることができる状態にする（インターネット上のウェブサイ
トに表示する）とともに（施行規則46条1項本文）、総会参考書類に記載すべ
き事項が開示されているウェブサイトにアクセスできるように総会参考書類
にアドレスを記載する必要がある（同条2項）。

3　議決権行使書面（法46条1項）

　議決権行使書面とは、会員が議決権を行使するための書面をいう。
　書面による議決権行使（以下「書面投票」という）を採用する場合、金庫
は、招集の通知に際して、会員に議決権行使書面を交付しなければならな
い。

⑴　議決権行使書面の記載事項（施行規則45条1項）

　議決権行使書面の法定の記載事項は、以下のとおりであるが（施行規則45
条1項）、電子投票を採用する場合、その他、インターネット上のウェブサ
イトにアクセスするための議決権行使コードおよびパスワードを議決権行使
書面に記載することが考えられる。
　　a　各議案（次の①～③までに掲げる場合にあっては、当該①～③までに定め
　　るもの）についての賛否（棄権の欄を設ける場合にあっては、棄権を含む）
　　を記載する欄（施行規則45条1項1号）
①　二以上の役員等の選任に関する議案である場合には、各候補者の選任
②　二以上の役員等の解任に関する議案である場合には、各役員等の解任
③　二以上の会計監査人の不再任に関する議案である場合には、各会計監査
　人の不再任
　施行規則45条1項1号に基づき、議案が複数の候補者がある役員等の選
任・解任に関する議案または会計監査人の不再任に関する議案である場合、
議案に対する賛否の記載欄において、会員は候補者別に賛否を記入できるも

第4章　管理（第31条～第52条の2）　｜　375

のであることが求められ、理論的には候補者ごとに別の議案を構成すると解される（東京地判平19.12.6金法1825号48頁）。

なお、棄権の欄を設けることも可能と解されるが、実務上は設ける例は少ない。

　　b　各議案についての賛否の記載がない議決権行使書面が提出された場合における、各議案についての賛成、反対または棄権のいずれかの意思の表示があったものとする取扱いを定めるときは、その内容（同項2号）

金庫は、賛否の欄に記載がないまま返送された議決権行使書の各議案について、理事会の決議によって、賛成、反対または棄権のいずれかの意思表示があったものとする取扱いを定めることができ（施行規則42条3号ニ）、当該取扱いを定めた場合には、議決権行使書面にその内容を記載しなければならない（施行規則45条1項2号）。招集通知に記載することも可能だが（施行規則42条3号ニ）、議決権行使書面に記載するのが一般的である。

なお、本取扱いについては、必ずしも全議案について同一の取扱いをすることが求められるものではない（札幌高判平9.1.28資料版商事155号109頁）。

　　c　同一の会員が同一の議案につき、重複して議決権を行使した場合（重複して書面投票を行った場合または重複して電子投票を行った場合、あるいは重複して書面投票と電子投票を行った場合）でその内容が異なるときの取扱いに関する事項を定めるときは、その事項（同項3号）

会員が議決権行使書面を紛失した場合などの例外的なケースを除いて、会員が金庫から複数の議決権行使書面を交付されることはないため、書面投票が重複して行われる可能性は極めて低い。よって、書面投票が重複行使された場合の取扱いを定めることは稀である。

他方で、電子投票を採用する場合には、重複して議決権が行使（重複して電子投票を行った場合または重複して書面投票と電子投票を行った場合）された場合の取扱いを定めるのが一般的である。議決権行使書面と招集通知の記載事項には互換性があり、招集通知に記載されることが多い。

　　d　議決権の行使の期限（同項4号）

書面および電磁的方法による議決権行使期限は、総会の日時の直前の業務取扱時間の終了時となるが（施行規則5条、6条）、これと異なる議決権行使

期限を定める場合、理事会の決議によって「特定の時」を定めることができる（施行規則42条3号ロ、ハ。ただし、総会の日時以前の時であって、招集通知を発送した日から7日を経過した日以後の時に限る）。

 e 議決権を行使すべき会員の氏名または名称（同項5号）

(2) 招集通知と議決権行使書面の記載の重複

 同一の総会に関し、会員に対して提供する招集通知の内容とすべき事項のうち、議決権行使書面に記載している事項がある場合には、当該事項は、招集通知に記載する必要はない（施行規則45条3項）。実務上は、各議案についての賛否の記載がない場合の取扱いについては招集通知には記載せず、議決権行使書面に記載するのが一般的である。

 また、(1)に記載した、同一の総会に関して会員に対して提供する議決権行使書面の記載事項のうち、b～dの事項については、招集通知の内容としている事項がある場合には、当該事項は、議決権行使書面に記載する必要はない（施行規則45条4項）。実務上は、重複して電子投票を行った場合または重複して書面投票と電子投票を行った場合で、内容が異なる場合の取扱いに関する事項については、議決権行使書面には記載せず、招集通知に記載するのが一般的である。

4 総会参考書類および議決権行使書面の電磁的方法による提供（法46条2項）

 書面投票を採用する場合、総会参考書類および議決権行使書面は、総会の招集通知の際に、書面（紙ベース）で提供することが原則となるが、会員に対して電磁的方法により招集通知を発送する場合、総会参考書類および議決権行使書面についてもこれに合わせ、電磁的方法にて提供することを認めたものである。

 もっとも、会員の請求があった場合には、総会参考書類および議決権行使書面を書面で交付しなければならない（法46条2項ただし書）。これは、電磁的方法により総会参考書類等を受領した会員が、利便性等の観点から、これらを紙に印刷するのではなく、金庫から書面で受領したいという希望を有す

第4章 管理（第31条～第52条の2） 377

第47条

る可能性があり、そのような会員のニーズに応えるべく、会員の請求がある場合の書面交付を義務付けたものである。

第47条 電磁的方法による通知等

> **第47条** 理事は、第45条第1項第4号に掲げる事項を定めた場合には、同項の通知に際して、内閣府令で定めるところにより、会員に対し、総会参考書類を交付しなければならない。
>
> 2　理事は、第45条第4項の承諾をした会員に対し、同項の電磁的方法による通知を発するときは、前項の規定による総会参考書類の交付に代えて、当該総会参考書類に記載すべき事項を電磁的方法により提供することができる。ただし、会員の請求があつたときは、総会参考書類を当該会員に交付しなければならない。
>
> 3　理事は、第1項に規定する場合には、第45条第4項の承諾をした会員に対する同項の電磁的方法による通知に際して、内閣府令で定めるところにより、会員に対し、議決権行使書面に記載すべき事項を当該電磁的方法により提供しなければならない。
>
> 4　理事は、第1項に規定する場合において、第45条第4項の承諾をしていない会員から総会の日の1週間前までに議決権行使書面に記載すべき事項の電磁的方法による提供の請求があつたときは、内閣府令で定めるところにより、直ちに、当該会員に対し、当該事項を電磁的方法により提供しなければならない。

1　電子投票制度の場合の総会参考書類交付（法47条1項）

本条は、電磁的方法による議決権行使の制度（以下「電子投票制度」という）（法45条1項4号）が採用されている場合、総会の招集通知を発送するに際し、施行規則43条、44条、46条の定めるところにより、会員に対して総会

378

参考書類を交付（または記載すべき事項を電磁的方法により提供）すべきこと
を定めたものである。

　すなわち、電子投票を行う場合、総会の開催前に賛否を決する必要があ
り、会員自身やその代理人が実際に総会に出席する場合と異なり、議案の審
議を通じた議案への賛否の判断材料に乏しい。そこで、これを補充するた
め、会員に対する情報を事前に提供すべく、総会参考書類の交付を定めたも
のである。

　本条1項のとおり、電子投票制度を採用する場合も、総会参考書類は書面
で交付することが原則となるが、書面投票制度の場合（法46条1項）と異な
り、議決権行使書面の交付は必要とされていない。

2　電磁的方法による通知の場合の総会参考書類提供（法47条2項）

　本条1項のとおり、電子投票制度を採用する場合も、総会参考書類は書面
で交付することが原則となるが、総会の招集通知を電磁的方法により発する
ことを承諾した会員に対して、総会参考書類の記載事項を電磁的方法により
提供することを可能としている。ただし、会員が紙ベースでの書類の交付を
希望することもあり得るため、会員からの請求があったときは、総会参考書
類を書面により交付しなければならない。

3　議決権行使書面の記載事項の電磁的方法による提供

(1)　法47条3項

　電子投票を採用する場合には、議決権行使書面の交付は必要とされておら
ず（法47条1項）、本条3項により、招集通知を電磁的方法により発すること
を承諾した会員に対して、議決権行使書面に記載すべき事項を電磁的方法に
より提供しなければならないとされている。

　もっとも、実務上は、電子投票を行うにあたって、議決権行使書面を送付
したり、ウェブサイトの行使画面に、議決権行使書面に記載すべき事項を記
録したりすることが一般的である（『総代会の手引き』135頁）。

⑵ 法47条4項

　招集通知を電磁的方法により発することを承諾していない会員が、金庫に対し、総会の1週間前までに議決権行使書面に記載すべき事項を電磁的方法により提供するよう請求した場合、金庫は直ちに、議決権行使書面に記載すべき事項を電磁的方法により提供しなければならない。この場合の方法は内閣府令（施行規則45条）に定められている。

　これは、もともと総会に実際に出席して議決権行使を予定していた会員が、予定を変更して電子投票することとした場合、これを可能にするためのものである。

第48条　通知又は催告

（通知又は催告）

第48条　金庫の会員に対してする通知又は催告は、会員名簿に記載し、又は記録したその者の住所又は居所（その者が別に通知又は催告を受ける場所又は連絡先を金庫に通知した場合にあつては、その場所又は連絡先）にあてて発すれば足りる。

2　前項の通知又は催告は、通常到達すべきであつた時に到達したものとみなす。

3　前2項の規定は、第45条第1項の通知に際して会員に書面を交付し、又は当該書面に記載すべき事項を電磁的方法により提供する場合について準用する。この場合において、前項中「到達したもの」とあるのは、「当該書面の交付又は当該事項の電磁的方法による提供があつたもの」と読み替えるものとする。

　本条は、会員に対する通知等の宛先および効力発生について定めたものである。

1　通知・催告（法48条1項）

　民法97条1項において、隔地者に対する意思表示は、その通知が相手方に
到達した時から効力を有することとする到達主義を採用している（平成32年
4月1日施行の改正民法97条1項においては、隔地者以外の者に対する意思表示
も含め、相手方に対する表示全般の効力発生時期についても到達主義をとること
が明記されている）。

　これに対し、本条1項は、金庫の事務の簡易化や迅速化を図る観点から、
金庫の会員に対してする通知または催告の宛先を、会員名簿に記載または記
録されたその者の住所または居所（その者が別に通知または催告を受ける場所
または連絡先を金庫に通知したときは、その場所または連絡先）とすれば、仮に
その者の実際の住所または居所が会員名簿の記載または記録と異なっていた
としても、その通知または催告を有効とする規定である（株式会社の株主に
対する通知等に関する会社法126条と同趣旨の規定である）。

　本条における「通知」とは、ある一定の事実、処分または意思を相手方に
知らせることをいい、「催告」とは、相手方に対して一定の行為をなすべき
ことを請求することをいう。

　第4章第7節の「総会等」のところで定められているが、総（代）会招集
通知のみならず、会員に対する金庫からのすべての通知および催告について
妥当するものと解される（明田『農協法』32頁も同旨）。

2　みなし到達（法48条2項）

　本条2項は、金庫の会員に対してする通知または催告が、会員名簿に記載
されたその者の住所または居所に宛ててなされれば、仮になんらかの事故に
よってその者に到達せず、または遅延して到達したとしても、通常到達すべ
きであった時に到達したものとみなす規定である。金庫は会員名簿に記載さ
れた住所・居所に発送すれば、会員に対する通知または催告の義務を果たし
たこととなる。

　なお、会員に対する通知とは異なるが、信用金庫取引約定書等において、
相手方の最後の届出住所に通知をした場合、たとえ通知が延着しまたは到達

第4章　管理（第31条～第52条の2）

しなかった場合であっても、通常到達すべき時に到達したものとみなす規定（みなし到達規定）が設けられていることがあり、本条2項と同趣旨の規定である。

3 総会招集の手続の場合の準用（法48条3項）

本条3項は、前2項の規定を、法45条1項の通知に際して会員に書面を交付し、または当該書面に記載すべき事項を電磁的方法により提供する場合について準用する旨を定めている。

第48条の2 総会の議事

> **（総会の議事）**
>
> **第48条の2** 総会の議事は、この法律又は定款に特別の定めのある場合を除いて、出席者の議決権の過半数で決する。
>
> **2** 総会においては、第45条の規定によりあらかじめ通知した事項についてのみ決議をすることができる。ただし、定款で別段の定めをしたときは、この限りでない。

1 総会の決議要件（法48条の2第1項）

(1) 決議要件および定足数要件

本条1項は、総会の議事について、本法または定款に特別な定めのある場合を除いて、出席者の議決権の過半数で決することを定めている（普通決議）。本法の特別な定めとして、法48条の3（特別決議）等がある。特別決議（法48条の3）においては総会員の半数以上の出席を必要としているのと異なり、普通決議については定足数の定めがなく、適法に招集された会議であれば、1人の会員でも理論的には議決が可能である（上柳『協同組合法』104頁

参照)。

しかし、出席者が極端に少ない場合には、総会の日時や場所の設定が適切であったか問題となり得るところであり、総会の招集手続または決議の方法が「著しく不公正」であるとして、総会の決議取消事由になるおそれもある（法48条の8、会社法831条1項1号）。

したがって、信用金庫法においては、普通決議に定足数要件が定められていないが、実務的には会員（総代会を採用している場合には総代）が可能な限り出席できるような日時・場所とすることが民主的な運営の点からも望ましい。

また、本条において「定款に特別な定めのある場合を除いて」と規定しているとおり、金庫の定款において、普通決議についての定足数を定めることは可能である。

(2) 採決方法

採決方法については、拍手、投票、挙手、起立などが考えられるが、特に信用金庫法に規定されていないため、議長の議事整理権に基づき、適宜採決方法を決めることができる（信用金庫の総代会においては、実務上、主な採決方法として、拍手が採用されている）。

決議の成立に必要な議決権数を満たしたことが明白な場合は、議長が可否を確認すれば足りるし（最三小判昭42.7.25民集21巻6号1669頁・金法489号29頁）、議案の成立に必要な議決権数が決議に賛成することが明らかになれば賛否の数を確定することは必ずしも必要ではない。

2　決議が可能な事項（法48条の2第2項）

本条2項の趣旨は、法45条の規定によりあらかじめ通知した事項のみ総会において決議することができるとすることにより、会員に総会での議論や議決権行使のための準備期間を与えることにある（定款例23条2項本文）。

ただし、決議に急を要する場合があることを勘案し、定款において別段の定めをすることを認めており、定款例23条2項ただし書においては、「緊急の必要があると総会が決議した事項については、この限りではない」旨を定

め、緊急でやむを得ない事項（いわゆる「緊急動議」）については、決議が可能となるようにしている（ただし、書面または代理人による議決権行使の場合を除く）。

また、定款に定めがなくても、議事運営に関する事項は、あらかじめ通知になくても必要に応じて決議し得るものと解される（明田『農協法』335頁参照）。

Column 　議　　長

1　総（代）会の議長の要否

総（代）会における議長とは、総（代）会の議事運営を主宰する者をいう。

信用金庫法においては総（代）会の議長について定めておらず（この点、会社法315条や農協法45条2項において、株主総会または総会の議長についての明文規定があるのと異なる）、施行規則48条3項5号において、総会議事録の記載事項として「議長が存する場合には議長の氏名」と規定されており、法文上は総（代）会の議長を置くことが必須ではないようにも思える。

しかし、会議体の一般原則からも、適法かつ公正な審議を行うために、議事進行役として議長を定めることは必須と解される。

定款例23条1項においては、その都度選任手続をとることは煩雑であるため、理事長が総（代）会の議長となり、理事長に事故があるときは、あらかじめ理事会が定めた順位に従い、他の理事がこれに当たることを規定している。

2　総（代）会における議長の権限

総（代）会における議長の権限については、会社法315条の条文が信用金庫法に準用されていないが、参考となる。

まず、会社法315条1項において、株主総会の議長が、当該株主総会の秩序を維持し、議事を整理することを定めている。総（代）会の議長についても、会議の秩序維持権限および議事進行権限を有することは当然と解される。

また、会社法315条2項においては、株主総会の議長が、その命令に従わな

い者その他当該株主総会の秩序を乱す者を退場させることができることを定めている。この退場命令権限は、前記の秩序維持および議事整理権を実効あらしめるために具体的に必要な権限ということができ、総（代）会の議長にも認められるものと解される。

その他、議長には、総代でない会員の傍聴を許可する権限や総（代）会の開会および閉会を宣言する権限などがある。

第48条の3　特別の決議

（特別の決議）

第48条の3　次に掲げる事項については、総会員の半数以上が出席し、その議決権の3分の2以上の多数による決議を必要とする。

一　定款の変更

二　解散又は合併

三　会員の除名

四　事業の全部の譲渡

五　第39条第4項に規定する責任の免除

本条は、金庫の事業運営に重大な影響を与える一定の事項について、特に決議に慎重を期する必要があるため、総会員の半数以上の出席という定足数を設けるとともに、決議要件を総会員の議決権の3分の2以上に加重するものである（いわゆる「特別決議」）。

本条に掲げられている事項については、定款の定めをもってしても、緩和する変更を行うことはできない。

第48条の4　役員の説明義務

（役員の説明義務）

第48条の4　役員は、総会において、会員から特定の事項について説明を求められた場合には、当該事項について必要な説明をしなければならない。ただし、当該事項が総会の目的である事項に関しないものである場合、その説明をすることにより会員の共同の利益を著しく害する場合その他正当な理由がある場合として内閣府令で定める場合は、この限りでない。

1　本条の趣旨

　本条は、役員の説明義務として、金庫の役員である理事および監事は、総会において、会議の目的である事項に関して会員から質問があった場合には、原則として必要な説明をしなければならないことを定めている。

　会議体の一般原則にかんがみても、会員が総会に出席して、議決権を行使するにあたり、総会の目的事項（議題）について質問をし、意見を述べることができることは当然のことであるが、総会を実質的な審議の場として機能させるために、役員の説明義務という裏からの形式により、会員の質問権を定めたものである（株式会社の取締役等の説明義務に関する会社法314条参照）。

2　質問権者および説明義務者

⑴　質問権者

　総会において役員に説明を求めることができるのは、会員本人およびその代理人である。説明の要求は会員が単独で行うことができる。

⑵　説明義務者

　本条において説明義務者は「役員」と規定されており、これは理事および

監事を意味する（法32条１項）。役員（理事および監事）は本条により説明義務を負うことから、本条は間接的に、理事および監事の総会出席義務を定めたものと解される。

なお、役員により適切な説明が尽くされれば足りるため、会員は特定の役員を指名して説明を求める権利はなく、たとえ会員が指名した場合であっても、議長はこれに拘束されず、それ以外の適当な者が説明することも認められる。

理事は業務職務執行全般にわたる事項について説明義務を負う。実務上は、金庫の業務執行に関する事項については、代表理事が説明を行うか、あるいは当該質問事項に関係する業務を担当する理事が説明することとなる。

また、監事は監査に関連する事項について説明義務を負う。監事は独任制の機関であるため、各監事が説明義務を負っているが、監事間の意見が同一であるものについては、仮に特定の監事を指名してなされた質問であっても、他の監事が代表して説明することができる。また、ここでも適切な説明が尽くされればよいとされるので、議長は、監事会または監事の協議により（あらかじめ）定められた監事を指名し、その者が説明をすることになる（『総代会の手引き』74頁）。

3 説明義務の範囲と程度

(1) 説明義務の範囲

役員は、会員が総会の目的事項を合理的に理解し、賛否について適切な判断をするために客観的に必要な範囲の説明をしなければならない。本条において「特定の事項」についての説明とされていることから、総会の目的事項全体についての質問（例：当該議題を設定した理由・経緯についての質問）や、個別の事項についての質問であっても、役員の一般的な意見を求める質問などは説明義務の対象ではない。

(2) 説明義務の程度

説明義務の程度については、説明の相手方が多くの会員であることからす

ると、具体的に質問した会員を基準とするのではなく、平均的な会員（通常人）を基準とすべきである（大阪高判平2.3.30判時1360号152頁、東京地判平24.7.19判時2171号123頁）。具体的には、議題や議案の内容、会員の具体的な質問内容に依拠するので、平均的な会員の理解を基準として、報告事項については、その内容を理解するのに必要といえる程度に説明をする必要があり、また決議事項については、賛否を決するのに必要な程度の説明をする必要がある。

実際の総会では、質問の趣旨が不明確な場合もあり、議長や説明義務者は、適宜会員の質問の趣旨を確認するなどして対応することが求められる。

4 説明の正当拒絶事由

(1) 説明を拒絶することができる場合

役員は、総会において会員から特定の事項について説明を求められた場合であっても、法48条の4に定める場合、その他正当な理由がある場合として内閣府令（施行規則47条）で定める場合には拒絶することができる（本条ただし書）。これは、総会を実質的な審議の場として機能させるという役員の説明義務の制度趣旨を踏まえ、合理的な制約を課したものである。

a　総会の目的である事項に関しないものである場合（法48条の4）

役員は、招集通知に記載された具体的な総会の目的事項（決議事項のみならず報告事項も含まれる）に関連しない質問については説明義務を負わない（前記3(1)参照）。役員の説明義務は、報告事項に対して理解を深め、決議事項について賛否を決定するのに必要な情報を提供するためのものであり、会員に一般的な情報開示の請求権を認めたものではないためである。

上記には政治的・社会的な問題に関する一般的な質問や、個別の融資案件、理事の個人的な醜聞に関する質問などが該当するが、その他株式会社に関連する裁判例として、株主が会社に委託した仕事への不満についての質問（東京地判昭60.9.24判時1187号126頁）、株主総会のあり方や取締役の責任問題についての質問（東京地判昭62.1.13金法1185号39頁）などは、株主総会の目的事項に関しないと判断されている。

b 会員の共同の利益を著しく害する場合（法48条の4）

会員の共同の利益を著しく害する場合とは質問会員が得られる利益と、説明を行うことにより金庫、ひいては会員全体が被る不利益とを比較考量し、後者が著しく大きい場合をいう。質問を行った会員に、加害の意図が存することは要件とされていない。

会員が説明を求めた事項が、金庫の重要な業務上の秘密に属する場合（貸付先、貸付金額、大口預金の取引先など）が典型例である。

c 説明をするために調査が必要である場合（施行規則47条1号）

会員が説明を求めた事項について、説明をするために調査を要するときは、以下の場合を除き、役員は説明を拒むことができる。

(a) 会員による事前質問通知がなされた場合

会員が総会の日より相当の期間前に当該事項を金庫に通知した場合である。

上記の「相当の期間」とは、質問事項について調査をするために必要な期間をいい、具体的な期間は通知された質問の内容等によって定まる（相澤ほか編著『論点解説新会社法』490頁）。

通知の方式に特段の制限はなく、口頭による通知でも足りるが、質問の内容が具体性を欠き、不正確な場合には事前通知としての効力を有しないものと解される（奥島ほか編『新基本法コンメ会社法(2)』49頁〔久保田光昭〕）。

また、会員による質問事項の事前通知は、役員に調査のための時間的余裕を与え、総会で質問があればこれに応答できるように準備させるための制度であり、これ自体が総会における質問に代替するもの（書面による質問）ではない。よってこの通知があっても会員本人または代理人が出席して実際に質問しない限り、役員は説明義務を負わない（最一小判昭61.9.25金法1140号23頁など）。

(b) 当該事項について説明をするために必要な調査が著しく容易である場合

「調査が著しく容易」とは、調査が必要であっても、総会の場で手持ち資料をみたり出席している担当者に聴取すれば直ちに説明をすることができる場合をいい、その判断は質問があった時点の状況に基づきなされる（相澤ほ

か編著『論点解説新会社法』490頁参照)。

d　金庫その他の者(当該会員を除く)の権利を侵害する場合(施行規則47条2号)

会員の質問に対し、役員が説明することによって金庫や他の会員の権利を侵害する場合である。

プライバシー侵害(例えば、役員候補者の財産に関する事項など)のほか、金庫の業務上の秘密が漏洩する場合などである。

e　会員が当該総会において実質的に同一の事項について繰り返して説明を求める場合(施行規則47条3号)

金庫が説明したにもかかわらず、会員が同一の事項について再度説明を求めるような場合には、金庫はすでに説明義務を尽くしていることから、当該事項に関する説明を拒むことができる。

「実質的に同一の事項」については、同一の議題・議案の中での質問に限られず、当該総会全体の中で判断すべきである。ただし、一見同様の質問であっても、議題や議案が異なったり議論の文脈が異なったりすれば説明すべき内容が異なることもあるし、また役員の説明内容が結果的に同じになる場合でも、従前の質問とは趣旨が異なる場合もあるため、このような場合には、拒絶は認められない(『総代会の手引』77頁)。

なお、議長は、実質的に同一の事項について繰り返して説明を求められる場合、議事整理権限に基づいて質問を制止することができるが、議長がこの権限を行使しない場合であっても、役員は説明を拒絶することができる。

f　その他説明をしないことにつき正当な理由がある場合(施行規則47条4号)

説明拒絶事由に関する包括条項(バスケット条項)である。

具体的には、①会員の質問が権利濫用に該当する場合(例えば、会員たる利益とは無関係な個人的利益のためになされる場合、故意に議事を混乱させる意図に基づく場合など)、②質問事項に対する調査に多大な費用、手間がかかる場合、③役員がかつて公務員であったときに職務上知り得た事項等について質問がなされた場合のように、守秘義務が存する場合、などである。

5 説明義務違反の効果

(1) 決議についての瑕疵

　会員からの決議事項に関する質問に対し、質問の機会を全く与えなかったり、不当に説明を拒絶したり、正当な事由がないのに不十分な説明しかしなかったりしたときは、いずれも決議の方法が法令に違反するものとして、総会の決議取消事由に該当する（法48条の8、会社法831条1項1号）。

　ただし、決議方法の瑕疵については、その違反する事実が重大でなく、かつ、決議に影響を及ぼさない場合は、裁判所は決議取消しの訴えを棄却することができるとされている（法48条の8、会社法831条2項）。

　会員が決議の取消しを求めるためには、総会において役員に説明を拒絶された事実を明らかにすれば足り、当該拒絶が正当な理由に基づくことは金庫側で立証責任を負う（奥島ほか編『新基本法コンメ会社法(2)』50頁〔久保田光昭〕）。

　なお、報告事項に対する説明義務違反があっても、決議の取消し等の問題は直接には生じない。

(2) 過　　料

　役員が正当な理由なく、会員の求めた質問事項について説明しなかった場合、過料に処せられる（法91条1項4号の3）。

第48条の5　延期又は続行の決議

（延期又は続行の決議）

第48条の5　総会においてその延期又は続行について決議があつたときは、第45条の規定は、適用しない。

本条は、総会の延期または続行についての規定である。総会の議事がその日中に終了しないなどの場合、総会において延期または続行の決議をすることにより、総会を後日に継続することができる（本条前段）。

「延期」とは、総会の成立後、その日に予定された議事日程による審議に入る前に会議を後日に持ち越すことをいい、「続行」とは、議案の審議を開始したものの、時間不足その他の理由により、審議未了のまま会議をいったん中断し、残る議案の審議を後日開催することを指す。延期および続行のいずれの場合も、総会において、後日の総会の日時および場所を決定し、決議を行うことが必要である。

本条は、実務的要請を勘案し、総会において延期または続行についての決議があった場合には、第45条に規定する招集手続を経ることを要しない旨を定めている。

延期または続行の決議があった場合、総会は同一性を保持しつつ継続するものであるため、次の日時・場所を当該決議で決定したときは、改めて招集手続をとることは必要なく、また、委任状や議決権行使書面を改めて招集することも必要ない。

もっとも、延会または継続会のために招集手続を不要とした趣旨にかんがみて、相当の期間内に開催されることが必要と解される。これは、相当の期間が経過した後であれば、改めて総会の招集の手続をすることが十分可能であるためとされている（会社法317条の解釈につき、田中『会社法詳論（上）』458頁は、当初の総会から2週間以内に開催すべきとし、また大隅＝今井『会社法論（中）』45頁は、延期または続行を必要とするに至った事由を顧慮し、かつ総会招集の手続をなすに必要な期間を参酌して決定すべきとする。その他、『逐条解説農協法』357頁参照）。

第48条の6 会員名簿の作成、備置き及び閲覧等

（会員名簿の作成、備置き及び閲覧等）

第48条の6　金庫は、会員名簿を作成し、各会員について次に掲げる事項を記載し、又は記録しなければならない。

一　氏名、名称又は商号及び住所又は居所

二　加入の年月日

三　出資の口数及び金額並びにその払込みの年月日

2　金庫は、会員名簿を主たる事務所に備え置かなければならない。

3　会員及び金庫の債権者は、金庫の業務取扱時間内は、いつでも、次に掲げる請求をすることができる。この場合においては、当該請求の理由を明らかにしてしなければならない。

一　会員名簿が書面をもつて作成されているときは、当該書面の閲覧又は謄写の請求

二　会員名簿が電磁的記録をもつて作成されているときは、当該電磁的記録に記録された事項を内閣府令で定める方法により表示したものの閲覧又は謄写の請求

4　理事は、前項の請求があつたときは、次の各号のいずれかに該当する場合を除き、これを拒むことができない。

一　当該請求を行う会員又は金庫の債権者（以下この項において「請求者」という。）がその権利の確保又は行使に関する調査以外の目的で請求を行つたとき。

二　請求者が当該金庫の業務の遂行を妨げ、又は会員の共同の利益を害する目的で請求を行つたとき。

三　請求者が会員名簿の閲覧又は謄写によつて知り得た事実を利益をもつて第三者に通報するため請求を行つたとき。

四　請求者が、過去2年以内において、会員名簿の閲覧又は謄写によつて知り得た事実を利益をもつて第三者に通報したことがあるものであると

き。

1 本条の意義

会員名簿とは、会員の氏名または商号および住所ならびに保有する出資に関する事項を記載・記録した名簿である。

金庫においては、会員の変動や権利行使の反復性に配慮し、会員名簿の制度を設けて処理しており、金庫との関係で会員資格の有無を確定する重要な機能を果たしている。

本条は、会員名簿の作成、備置きならびに閲覧・謄写請求および拒絶事由等について定めている（株式会社の株主名簿、その備置きおよび閲覧等に関する会社法121条、125条参照）。

なお、本条に違反した場合には、罰則の対象となる（法91条1項4号の2）。

2 会員名簿の作成および記載・記録事項（48条の6第1項）

本条1項は、会員名簿の作成義務および会員名簿に記載・記録する事項（会員名簿記載事項）のうち、必要的記載事項を定めている。

3 会員名簿の備置き（48条の6第2項）

会員名簿は、会員および金庫の債権者にとって重要な名簿であり、これらの者が閲覧・謄写できる公示文書であることから、主たる事務所への備置義務を定めている。

4 会員名簿の閲覧・謄写請求権（48条の6第3項・4項）

(1) 閲覧・謄写請求の規定の趣旨

本条3項において、閲覧・謄写請求を認めているが、これは、会員や債権者が会員情報を知る機会を付与することにより、その権利行使等を容易にすること、また、会員名簿の管理の監視を通じて、金庫の適正な運営を間接的に図ることを目的としている。他方で、本条4項においては、会員や債権者

から正当な目的以外で閲覧・謄写請求がなされる場合にまで閲覧・謄写を認める必要はないため、拒絶事由を法定している。

⑵ 請求権者・請求対象

　会員および金庫の債権者は、金庫の業務取扱時間内は、いつでも、会員名簿の閲覧・謄写の請求をすることができる。

　閲覧・請求の対象は、①会員名簿が書面をもって作成されているときは、当該書面の閲覧・謄写の請求、②会員名簿が電磁的記録をもって作成されているときは、当該電磁的記録に記録された事項を内閣府令で定める方法により表示したものの閲覧・謄写の請求である。

⑶ 請求手続

　前記のとおり、会員および金庫の債権者は、金庫の業務取扱時間内は、いつでも会員名簿の閲覧・謄写を請求することができるが、閲覧・謄写の請求理由を明らかにしなければならない。

　これは、法48条の6第4項において、後記⑷のとおり、拒絶事由が法定されているところ、請求理由を明示させることにより、金庫が会員や債権者からの請求が拒絶事由に該当するか判断できるようにするためのものである。

⑷ 拒絶事由

a　拒絶事由法定の経緯

　信用金庫法における会員名簿の規定は、会社法の株主名簿の閲覧・謄写等の規定に倣っているものが多いが、旧商法263条3項においては株主名簿の閲覧・謄写の拒絶事由が定められておらず、権利濫用に該当するとして閲覧・謄写請求が否定された判例（最三小判平2.4.17金法1288号29頁）や閲覧・謄写により入手した情報を名簿業者に有償で提供し、または自己の営業に用いることを目的としていると推認できるとした裁判例（東京地判昭62.7.14判時1242号118頁）があった。

　しかし、権利濫用の主観的意図などを会社側で立証することは必ずしも容易ではなく、また名簿屋による株主名簿の閲覧・謄写請求の弊害や株主のプ

ライバシー保護の観点により、拒絶事由を法定すべきとの見解が主張されていた。

そこで、平成17年の会社法制定時に、会計帳簿の閲覧・謄写請求に倣い、株主名簿についても請求拒絶事由が法定され（会社法125条3項）、信用金庫法においても、平成17年に会員名簿の閲覧・謄写およびその請求拒絶事由が法定された。

b　拒絶事由

拒絶事由について、会社法125条3項の株主名簿の閲覧・謄写についての拒絶事由に倣って規定されている。

なお、当初、信用金庫法において、競業者や競業従事者からの請求についても拒絶事由として定めていた。

しかし、会社法125条の株主名簿の閲覧等に関し、株主名簿上の株主情報は、競業者等に知られることが競争上会社に不利となる秘密情報ではなく、むしろ競業者等が当該会社を買収する際の有用な情報となるため、競業者等による情報取得を当然に拒絶できるとすべきではないという批判がなされており（鳥山恭一「判批」法セ641号121頁など）、また、下級審裁判例では、競業者等からの株主名簿の閲覧・謄写請求の仮処分申立てを認容するもの（東京高決平20.6.12金判1295号12頁）と却下するもの（東京地決平20.5.15金判1295号36頁など）とに分かれていた。

このような学説上の争いや裁判例の状況を踏まえ、会社法125条の改正において競業者や競業従事者からの請求を拒絶事由から外したところであり、信用金庫法においても、会社法125条の改正と併せ、平成26年改正において削除された。

(a)　その権利の確保または行使に関する調査以外の目的で請求を行ったとき（法48条の6第4項1号）

金庫の会員は、金庫の事業運営を監督是正する権利として、総会の決議の不存在もしくは無効の確認または取消しの訴えに係る提訴権（法48条の8、会社法830条、831条1項）、役員等の責任追及の訴えの提起権（法39条の4、会社法847条）、理事の行為の差止請求権（法35条の6、会社法360条1項）、役員等の解任請求権（法35条の8）などを有している。

そして、会員が上記の権利を適切に行使するための前提として、書類の閲覧または謄写請求権が認められるのであり、権利の確保や行使に関する調査以外の目的で請求を行った場合には、会員の権利との関連性がなく、請求を認める必要はないため、拒絶事由として定められたものである。

(b) 当該金庫の業務の遂行を妨げ、または会員の共同の利益を害する目的で請求を行ったとき（同項2号）

「業務の遂行を妨げ」る目的とは、金庫の業務を妨害する目的に基づき、多数の会員や金庫の債権者が意を通じて同時に閲覧等の請求をする場合などである。また、「会員の共同の利益を害する」目的とは、金庫の信用を毀損する目的で請求した場合などである。

(c) 会員名簿の閲覧または謄写によって知り得た事実を利益をもって第三者に通報するため請求を行ったとき（同項3号）

会員名簿の閲覧・謄写によって知り得た事実を利益をもって第三者に通報するとは、いわゆる「名簿屋」を想定しており、このような者から会員のプライバシーや個人情報を保護することを目的としている。

(d) 請求者が、過去2年以内において、会員名簿の閲覧または謄写によって知り得た事実を利益をもって第三者に通報したことがあるものであるとき（同項4号）

上記(c)のように、第三者に通報する目的であることが明らかとはいえなくても、過去2年以内において同様の行為を行ったことがある場合、同様の行為を行うおそれが認められるため、拒絶事由として法定している。

第48条の7　総会の議事録の作成、備置き及び閲覧等

（総会の議事録の作成、備置き及び閲覧等）

第48条の7　総会の議事については、内閣府令で定めるところにより、議事録を作成しなければならない。

2　金庫は、総会の日から10年間、前項の議事録をその主たる事務所に備え

置かなければならない。

3 金庫は、総会の日から5年間、第1項の議事録の写しをその従たる事務所に備え置かなければならない。ただし、当該議事録が電磁的記録をもつて作成されている場合であつて、従たる事務所における次項第2号に掲げる請求に応じることを可能とするための措置として内閣府令で定めるものをとつているときは、この限りでない。

4 会員及び金庫の債権者は、金庫の業務取扱時間内は、いつでも、次に掲げる請求をすることができる。

一 第1項の議事録が書面をもつて作成されているときは、当該書面又は当該書面の写しの閲覧又は謄写の請求

二 第1項の議事録が電磁的記録をもつて作成されているときは、当該電磁的記録に記録された事項を内閣府令で定める方法により表示したものの閲覧又は謄写の請求

1 総会議事録の意義

本条1項は、金庫の最高意思決定機関たる総会の重要性にかんがみて、意思決定の手続について正確に記録する必要があることから、明文をもって、総会の議事録の作成を義務付けた規定である。

このため、総会議事録は、単なる任意の会議録ではなく、信用金庫法に基づく法定文書に該当し、また登記の変更申請や監督官庁に対する定款変更の認可申請等の際に議事録の添付が必要となるなど（法80条1項、31条、施行規則16条1項1号ロ）、議事録の記載に証明力が認められる。また、例えば、総会決議の取消し等の問題となった場合にも、議事録は有力な証拠となる。

しかし、議事録に記載がなくても、他の証拠によって、総会の審議の内容等を主張立証したり、議事録の記載とは異なる事実を主張立証したりすることも否定されるものではない。また、東京地判昭35.2.19（判タ102号85頁参照）は、議長が閉会を宣言して退席した後に、1株主が総会の決議が成立したとして議事録を作成し、これに基づく登記をも済ませた事案について、決議不存在確認の請求が認容されており、議事録の記載があるからといって、

存在しない決議が存在することになるわけではないのは当然である。

本条にもかかわらず、議事録が仮に作成されず、あるいは作成された場合で、その記載に不備があったとしても、決議の効力自体に影響を及ぼすものではない（大判昭16.3.25新聞4701号13頁）。もっとも、議事録の不実の記載等について過料による制裁が科されている（法91条1項4号の2）。

(1) 議事録の作成方法

総会の議事録については、書面または電磁的記録（磁気ディスク、CD-ROM、ハードディスク等）によって作成する必要がある（施行規則48条2項）。

(2) 議事録の記載事項

総会の議事録は、内閣府令（施行規則）で定めるところにより作成しなければならない（法48条の7第1項）。

a 開催の日時・場所（施行規則48条3項1号）

議事録には、総会の開催された日時および場所を記載しなりればならない（施行規則48条3項1号）。

なお、総会の開催場所に存しない理事、監事、会計監査人または会員が総会に出席した場合における当該出席の方法を含むとされている（施行規則48条3項1号括弧書）。これは、テレビ会議等により理事等が参加していた場合を想定した規定である。

b 議事の経過の要領およびその結果（施行規則48条3項2号）

議事録には、議事の経過の要領およびその結果を記載しなければならない。

「議事の経過」とは、総会の開始から終了するまでの間の審議のプロセスであり、出席会員数、議案の提出、討議、決議方法、閉会等である。「要領」とされているとおり、例えば発言内容を逐一記載する必要はないし、質疑応答についても、下記cの「監事または会計監査人等が総会において述べられた意見またはその発言内容の概要」を除いて、その要領を記載すれば足りる。

議事の結果は、議案の可決または否決の結果、修正内容等をいい、採決方

法までは記載する必要はない。

　　c　監事または会計監査人等が総会において述べられた意見またはその発言内容の概要（施行規則48条3項3号）

　総会において、監事または会計監査人等から、次の事項について意見または発言があった場合には、その意見またはその発言の概要を記載しなければならない。

① 　監事が、監事の選任もしくは解任または辞任について述べた意見（法35条の7、会社法345条1項）

② 　会計監査人が、会計監査人の選任、解任もしくは不再任または辞任について述べた意見（法38条の3、会社法345条1項）

③ 　辞任した監事が述べた辞任した旨およびその理由（法35条の7、会社法345条2項）

④ 　辞任した会計監査人が述べた辞任した旨およびその理由（法38条の3第2項、会社法345条2項）

⑤ 　監事が、理事が総会に提出しようとする議案、書類等を調査した結果、法令もしくは定款に違反し、または著しく不当な事項があると認めて報告した調査結果（法35条の7、会社法384条）

⑥ 　監事が、監事の報酬等について述べた意見（法35条の7、会社法387条3項）

⑦ 　会計監査人が、計算書類およびその附属明細書について監事と意見が異なる場合に、通常総会に出席して述べた意見（法38条の2第10項）

⑧ 　会計監査人が、通常総会において会計監査人の出席を求める決議があり、出席して述べた意見（法38条の3、会社法398条2項）

　　d　出席理事、監事、会計監査人の氏名または名称（施行規則48条3項4号）

　総会の議事録には、総会へ出席した理事、監事、会計監査人の氏名または名称を記載しなければならない（施行規則48条3項4号）。本規定は、理事および監事が総会への出席義務があることを間接的に定めているものと解される。

　なお、理事および監事は金庫に対して善管注意義務を負っており、総会を欠席するには正当な事由が求められることを踏まえると、欠席した理事およ

び監事の欠席理由を議事録に記載することも考えられる（『総代会の手引き』85頁）。

e　議長の氏名（施行規則48条3項5号）

総会に議長が存するときは、議事録に議長の氏名を記載しなければならない（施行規則48条3項5号）。信用金庫法では議長の選任や、誰が議長に就くか規定されていないが（農協法45条2項においては、議長を総会において選任することが法定されている）、定款例23条1項においては、原則として理事長が議長の任に就くことになっている。

f　議事録の作成に係る職務を行った理事の氏名（施行規則48条3項6号）

議事録には、議事録の作成に係る職務を行った理事の氏名を記載しなければならない（施行規則48条3項6号）。

「議事録の作成に係る職務を行つた理事」と規定されているとおり、必ずしも総会の議長や代表理事が作成するとは限らない。

Column　議事録の署名・記名押印

理事会の議事録については出席した理事・監事の署名または記名押印についての規定があるが（法37条の2第1項）、総会議事録については議長や理事等の署名や記名押印（捺印）の規定がない。

平成17年の改正前の法49条で準用する商法244条3項では、議長および出席した取締役の署名が義務付けられていたが、総会の議事録は取締役会等の議事録と異なり、その記載に特段の法的効果（会社法369条5項、393条4項、412条5項参照）が存在するものではなく、記録・証拠としての意味を有するにすぎないことから、会社法では株主総会議事録についての議長および取締役の署名義務を廃止し（江頭『株式会社法』358頁）、これを受け、信用金庫法においても廃止されたものである。

もっとも、金庫の判断で署名や記名押印（捺印）をすることに問題のないことは当然である。

なお、総代会を採用している金庫において、出席総代の中から議事録署名

者を選任している金庫もあるが、法令上の規定はないことから、自金庫の定款にその旨の記載がない場合は、総代の署名や記名押印（捺印）は必要とはならない。

⑶ 議事録の作成時期

議事録の作成時期について、明文の規定はないが、総会終了後遅滞なく、合理的期間内に作成すべきである。

代表理事の変更登記など、総会決議を受けて変更登記が必要な場合（法66条1項）、変更登記手続を総会の日から2週間以内に行わなければならず、また登記申請書に総会議事録の添付が求められるから、総会から2週間以内に議事録を作成する必要がある。

2 総会の議事録の備置き（法48条の7第2項・3項）

総会の議事録は、総会の日から10年間主たる事務所に、その写しを5年間従たる事務所に備置きしなければならない。

総会の議事録は電磁的記録で作成することも認められており、その場合には、電磁的記録を備え置くこととなるが、従たる事務所において、主たる事務所の電磁的記録による議事録を閲覧・謄写できる場合は、従たる事務所での備置きは不要である（法48条の7第3項ただし書）。

一方、総会の議事録を書面にて作成した場合についても、民間事業者等が行う書面の保存等における情報通信の技術の利用に関する法律に基づき、議事録原本の保存に代えて電磁的記録（pdf ファイルなど）にて保存を行うことが可能である（民間事業者等が行う書面の保存等における情報通信の技術の利用に関する法律3条）。

3 会員・債権者による閲覧・謄写請求権（法48条の7第4項）

会員および金庫の債権者は、金庫の業務取扱時間内は、いつでも、議事録の閲覧または謄写の請求をすることができる。

これは、金庫における議事の経過等は、会員や債権者が権利行使する上で

重要な情報であるため、金庫に議事録の備置きを義務付けるとともに、閲覧・謄写請求権を認めたものである。

　これらの請求があった場合、正当な理由がなければ金庫はこれを拒むことはできない。

第48条の8　総会の決議についての会社法の準用

（総会の決議についての会社法の準用）

第48条の8　総会の決議の不存在若しくは無効の確認又は取消しの訴えについては、会社法第830条（株主総会等の決議の不存在又は無効の確認の訴え）、第831条（株主総会等の決議の取消しの訴え）、第834条（第16号及び第17号に係る部分に限る。）（被告）、第835条第1項（訴えの管轄及び移送）、第836条第1項及び第3項（担保提供命令）、第837条（弁論等の必要的併合）、第838条（認容判決の効力が及ぶ者の範囲）並びに第846条（原告が敗訴した場合の損害賠償責任）の規定を準用する。この場合において、同法第831条第1項中「株主等（当該各号の株主総会等が創立総会又は種類創立総会である場合にあっては、株主等、設立時株主、設立時取締役又は設立時監査役）」とあるのは「会員、理事、監事又は清算人」と、「株主（当該決議が創立総会の決議である場合にあっては、設立時株主）又は取締役（監査等委員会設置会社にあっては、監査等委員である取締役又はそれ以外の取締役。以下この項において同じ。）、監査役若しくは清算人（当該決議が株主総会又は種類株主総会の決議である場合にあっては第346条第1項（第479条第4項において準用する場合を含む。）の規定により取締役、監査役又は清算人としての権利義務を有する者を含み、当該決議が創立総会又は種類創立総会の決議である場合にあっては設立時取締役（設立しようとする株式会社が監査等委員会設置会社である場合にあっては、設立時監査等委員である設立時取締役又はそれ以外の設立時取締役）又は設立時監査役を含む。）」とあるのは「設立時会員（信用金庫法第24条第5項に規定する

設立時会員をいう。）又は理事、監事若しくは清算人」と読み替えるものと
するほか、必要な技術的読替えは、政令で定める。

　本条は、総会の決議の不存在もしくは無効の確認または取消しの訴えにつ
いて、会社法の関連する規定を準用したものである。
　上記の各訴えは、いずれも金庫を被告とするものであるが（本条が準用す
る会社法834条）、請求を認容する判決が確定した場合、第三者効による法律
関係の画一的処理の観点から、当該判決は第三者に対しても効力を有する
（本条が準用する会社法838条）。

（総会等の決議の不存在又は無効の確認の訴え）
会社法第830条　総会又は創立総会（以下「総会等」という。）の決議につい
　ては、決議が存在しないことの確認を、訴えをもって請求することができ
　る。
2　総会等の決議については、決議の内容が法令に違反することを理由とし
　て、決議が無効であることの確認を、訴えをもって請求することができる。

1　総会等の決議の不存在または無効の確認の訴え

　総会または創立総会の決議について、決議不存在の確認の訴えまたは、決
議内容の法令違反を理由とした決議無効の確認の訴えを請求することができ
る。
　上記各訴えについては、出訴権者についての法律上の制限がないため、訴
えの利益が存在する限り、誰でも訴えの提起ができるし、出訴期間について
の法律上の制限もない。
　また、請求を認容する判決が確定した場合、第三者効による法律関係の画
一的処理の観点から、当該判決は第三者に対しても効力を有する（本条が準
用する会社法838条）。なお、訴え提起によらずに、訴訟外で決議不存在また
は無効を主張することも妨げられないと解される。

2 総会等の決議の不存在の確認の訴え

　総会等の決議の不存在の確認の訴えを請求することができる場合としては、①総会等を開催して決議をした事実そのものが全くないにもかかわらず決議があったことを前提とした議事録が作成されている場合、②招集権のない者が総会等を招集して決議した場合、③招集の通知漏れが著しく、総会等の招集通知があったと社会通念上認められない場合など、総会等招集の手続または決議の方法の違法が著しく、法律的な意味における総会等の存在を認めることができない場合である。

3 総会等の決議の無効の確認の訴え

　総会等の決議の無効の確認の訴えは、決議の内容が法令に違反することを理由として請求することができる。決議の内容が法令に違反する場合としては、公序良俗に反する事項を金庫の目的として定める定款変更の決議、会員の平等原則に反する決議、総会の専属的決議事項を理事会に一任する決議などが想定される。

（総会等の決議の取消しの訴え）

会社法第831条　次の各号に掲げる場合には、会員、理事、監事又は清算人は、総会等の決議の日から3箇月以内に、訴えをもって当該決議の取消しを請求することができる。当該決議の取消しにより「設立時会員（信用金庫法第24条第5項に規定する設立時会員をいう。）又は理事、監事若しくは清算人」となる者も、同様とする。

　一　総会等の招集の手続又は決議の方法が法令若しくは定款に違反し、又は著しく不公正なとき。

　二　総会等の決議の内容が定款に違反するとき。

　三　総会等の決議について特別の利害関係を有する者が議決権を行使したことによって、著しく不当な決議がされたとき。

　2　前項の訴えの提起があった場合において、総会等の招集の手続又は決議

の方法が法令又は定款に違反するときであっても、裁判所は、その違反する事実が重大でなく、かつ、決議に影響を及ぼさないものであると認めるときは、同項の規定による請求を棄却することができる。

4 総会等の決議の取消しの訴え

　総会等の決議に瑕疵がある場合のうち、手続上の瑕疵については、時間の経過とともにその判定が困難となるケースが多い。また、内容上の瑕疵についても、定款違反の場合、金庫内部の自治規範に反するものであり、法令に違反するものではないため、会員がその瑕疵を争わない場合、あえて決議を無効とする必要が認められない。

　そこで、信用金庫法は会社法における株主総会の決議の取消しの訴えを準用し、一定の期間（出訴期間）内に一定の者（出訴権者）が取消しの訴えを提起し、当該判決が確定した場合にはじめて、決議が取り消されることとしている。

　なお、法28条に基づき、設立無効の判決は、すでに金庫、会員および第三者の間に生じた権利義務に影響を及ぼさず、遡及しないこととされているが、決議取消しの訴えについては、遡及効を否定する根拠がないため、決議は取り消されるために一応有効に存在するものの、取消しによって、当初に遡って無効となる（遡及効）。

5 取消しの原因

　総会等の決議の取消しの訴えは、以下の場合に提起することができる。

(1) 総会等の招集の手続または決議の方法が法令もしくは定款に違反し、または著しく不公正な場合（1項1号）

a 招集の手続または決議の方法が法令もしくは定款に違反する場合

　これは、総会等は一応存在しているが、決議成立の手続において、法令または定款違反の瑕疵が存在する場合である。

　例えば、会員の一部に招集通知の漏れがあった場合、代表理事が理事会の

決議に基づかずに総会等を招集した場合、招集通知の期間が足りなかった場合、会員またはその代理人でない者が決議に参加した場合、決議事項に関する質問について、質問の機会を全く与えなかったり、不当に説明を拒絶したり、正当な事由がないのに不十分な説明しかしなかった場合、決議に際する定足数を欠く場合などである。

もっとも、この場合、法令または定款に違反する事実が重大でなく、かつ、決議に影響を及ぼさないものと認められる場合は、裁判所は決議取消しの訴えを棄却することができる（2項）。

b　招集の手続または決議の方法が著しく不公正な場合

これは、決議成立の手続自体に直接の違法性は認められないものの、決議の成立の過程が実質的に著しく不当または不公正な場合をいう。

例としては、議長が議案に関する理事の説明またはこれに関する会員の発言を十分にさせなかった場合や、不当に短時間で審議不十分なまま、審議を打ち切った場合等、会員の意思を考慮せずに決議を成立させた場合などである。

⑵　決議の内容が定款に違反する場合（1項2号）

決議の内容の定款違反とは、定款で定める剰余金の配当（法57条、定款例48条）の方法に違反する剰余金の処分に関する決議をした場合、定款の所定の員数を超える数の理事を選任する決議をした場合などが想定される。

なお、決議の内容が定款に違反するとともに、法令にも違反することもあり得るが、その場合には決議が無効となる。

⑶　決議について特別の利害関係を有する者が議決権を行使したことによって、著しく不当な決議がされたとき

信用金庫法においては、理事会と異なり（法37条2項）、総会等については、決議に特別の利害関係を有する者であっても、議決権の行使が認められているが、その結果、著しく不当な決議がなされた場合の救済措置として、取消事由としたものである。

6　出訴権者・出訴期間

　取消しの訴えを請求できる者は、会員、理事、監事または清算人である。
　また、取消しの訴えは、総会等の決議の日から３カ月以内に限り請求する
ことができる。これは、総会等の決議の成立により第三者にも影響が生じる
ところであり、総会等の決議の効力をできる限り早期に安定させる必要があ
るためである。

（被告）

会社法第834条　次の各号に掲げる訴え（以下「金庫の組織に関する訴え」と
　総称する。）については、当該各号に定める者を被告とする。

　十六　総会等の決議が存在しないこと又は総会等の決議の内容が法令に違
　　　反することを理由として当該決議が無効であることの確認の訴え　当該
　　　金庫

　十七　総会等の決議の取消しの訴え　当該金庫

　会社法834条においては、会社の組織に関する訴えについて、被告を明示
的に定めており、法48条の８も会社法834条を準用しており、総会等の決議
の不存在もしくは無効の確認または取消しの訴えについて、いずれも金庫を
被告とするものである。

（訴えの管轄）

会社法第835条　金庫の組織に関する訴えは、被告となる金庫の主たる事務所
　の所在地を管轄する地方裁判所の管轄に専属する。

　金庫の組織に関する訴えについて、被告となる金庫の主たる事務所の所在
地を管轄する地方裁判所の専属管轄としたものである。これは、金庫の法律
関係を画一的に処理する要請による（会社法838条）。

（担保提供命令）

会社法第836条　金庫の組織に関する訴えであって、会員が提起することがで
きるものについては、裁判所は、被告の申立てにより、当該金庫の組織に
関する訴えを提起した会員に対し、相当の担保を立てるべきことを命ずる
ことができる。ただし、当該会員が理事、監事若しくは清算人であるとき
は、この限りでない。

3　被告は、第１項の申立てをするには、原告の訴えの提起が悪意によるも
のであることを疎明しなければならない。

　本条１項において、金庫の組織に関する訴えで会員が提起できるもの（会
員が提訴権者である場合）についての会員の担保提供義務を規定している。

　これらは、不当な訴訟への応訴等により損害を受けた被告たる金庫が原告
に対して有する損害賠償請求権（会社法846条）を担保するほか、濫訴の防止
の意味合いがある（『平成９年改正会社法』118頁）。

　担保提供の申立てをした被告（金庫）は、当該担保提供があるまで、応訴
を拒むことができ（民事訴訟法81条、75条４項）、担保提供の申立てを受けた
裁判所の担保提供命令は決定によりなされ、当該決定において、裁判所は担
保の額および担保を立てるべき期間を定めなければならない（同法81条、75
条５項）。担保の額について特段の定めはなく、裁判所が自由に決定し得る
（東京控決昭9.4.18評論全集23巻商法571頁、上柳ほか編著『新版注釈会社法(5)』
367頁〔岩原紳作〕）。

　また、本条３項において、被告が担保提供の申立てをするには、原告の訴
えの提起が悪意によるものであることを疎明しなければならないことを定め
ている。「悪意」とは、ことさら金庫に不利益を被らせようとする意図ある
いは困らせる意図、すなわちいわゆる「害意」の意味とされている（上柳ほ
か編著『新版注釈会社法(6)』1443頁〔小橋一郎〕、上柳ほか編著『新版注釈会社法
(5)』365頁〔岩原〕）。

（弁論等の必要的併合）

会社法第837条　同一の請求を目的とする金庫の組織に関する訴えに係る訴訟が数個同時に係属するときは、その弁論及び裁判は、併合してしなければならない。

　金庫の組織に関する訴えは、訴訟の結果を合一的に確定する必要があるため、数個同時に係属する場合に併合することとされている。

　訴えが併合された場合、類似的必要共同訴訟となる（山口和宏「設立無効の訴えその他の会社の組織に関する無効の訴え」江頭＝門口編代『会社法大系⑷』271頁）。

（認容判決の効力が及ぶ者の範囲）

会社法第838条　金庫の組織に関する訴えに係る請求を認容する確定判決は、第三者に対してもその効力を有する。

　金庫の組織に関する訴えに係る請求を認容する確定判決については、法律関係の画一的処理の要請から、第三者にも効力（対世効）を認めたものである。判決の既判力は、原則として訴訟当事者間においてのみその効力を有する（民事訴訟法115条1項）ものであるため、その例外となる。

（原告が敗訴した場合の損害賠償責任）

会社法第846条　金庫の組織に関する訴えを提起した原告が敗訴した場合において、原告に悪意又は重大な過失があったときは、原告は、被告に対し、連帯して損害を賠償する責任を負う。

　金庫の組織に関する訴えを提起した原告が敗訴した場合において、当該原告に悪意・重過失があった場合に、原告に被告（信用金庫）に対する損害賠

償責任を課す規定である。

　本条に定める損害賠償責任は、理論的には、不当な訴訟への応訴を余儀なくされたことにより被告が被った損害を填補させるためのものであるが、実質的には、上記に加え、担保提供義務を課すことに濫訴を防止する点にもあったものである（奥島ほか編『新基本法コンメ会社法(3)』402頁〔小林量〕）。

第49条

第8節 総代会

第49条 総代会

（総代会）

第49条 金庫は、定款の定めるところにより、総会に代るべき総代会を設けることができる。

2 総代は、定款の定めるところにより、会員のうちから公平に選任されなければならない。

3 前項の定款には、総代の定数その他政令で定める事項を定めなければならない。

4 総代の任期は、3年以内において定款で定める期間とする。

5 総代会については、総会に関する規定を準用する。

6 総代会において金庫の解散、合併又は事業の全部の譲渡の決議をしたときは、金庫は、その決議の日から1週間以内に、会員に決議の内容を通知しなければならない。

---

1 総代会の設置（法49条1項）

⑴ 総代会制度

　法49条1項は、金庫は定款の定めにより、総会に代わるべき総代会を設けることができることを定めている（定款例24条1項参照）。

　協同組織金融機関たる金庫の最高の議決（意思決定）機関として、全会員をもって構成される総会が存在するが、会員の中から選任された総代によっ

て総代会という会議体を構成し、総会に代わって決議することを可能とする規定である。

　総代会は総会に代わるものであるから、総代会が設置された場合、金庫の最終的な意思決定は、原則として、総会ではなく総代会において行うこととなる。

　なお、昭和43年6月の信用金庫法改正前は、金庫の解散、合併および事業の全部の譲渡の3項目については総代会を設けている金庫にあっても、必ず総会で決議しなければならないこととされていた（改正前の法50条6項）。しかし、改正後は、総代会を設けている金庫にあっては、総代会は総会に代わる最高意思決定機関として、総会の決議を要する事項はすべて総代会で決議されることとなった（信用金庫法自体の解釈ではないが、総代会の決議事項について総会は法的に不存在となり、総会は開催されず、総代会での決議事項について総会を開催することはできないという見解がある（上柳『協同組合法』111頁））。ただし、総代会制度を採用する金庫にあっても、総代会による金庫の解散、合併または事業の全部譲渡の決議に異議のある、法49条6項の通知を受けた会員には、臨時総会の招集請求または招集を認めており（法49条6項、50条）、この場合には例外的に総会が開催されることとなる。

　法49条1項において、「…設けることができる」と規定されているとおり、総代会は任意の機関であるが、実際には、ほとんどの信用金庫は、定款の定めにより総代会制度を採用している。

⑵　総代会制度を法定化した趣旨

a　多数の会員による総会運営の困難性

　金庫は会員組織からなる協同組織金融機関であり、本来、金庫の民主的運営の確保の観点からは、会員の総意を直接表明することができる総会によって意思決定をなすものである。しかし、多数の会員が存在するため、書面や電磁的方法による議決権行使の採用が可能になってはいるものの、全会員をもって構成される総会の開催については、依然として会場確保の困難性や招集手続等の事務の煩雑化などの課題があり、会議体としての総会の運営を困難なものにするおそれがある。

b 総代会による充実した審議

総代としてふさわしい見識を有する者を選任し、会議体に適した人数による総代会を開催することにより、より充実かつ実質的な審議が期待される。

c 会員および地域の多様な意見の反映

金庫の地区が広く、また会員が多数に及ぶことが多い現状を前提とすると、総会を開催した場合、一部の会員のみが出席して議決権を行使するなどして、会員の総意を反映しづらくなるおそれがある。

そこで、金庫の地区をいくつかの選任区域に分け、当該選任区域ごとに定数を定め、会員の中から総代を選任し（定款例26条参照）、このように選任された総代で構成された総代会を設置することにより、会員や地域の多様な意見を反映しやすくなる。

(3) 総代会設置の要件

総代会を設置するには、法49条1項に規定されているとおり、定款にその旨を規定することが必要であり、定款に規定せずに総代会を設置しても、法的な効力を有する総代会とは認められない。

他の協同組織金融機関の場合には、総代会設置のための最低の会員・組合員数の要件を定めているものが多いが（労働金庫法55条1項、中協法55条1項および水協法52条1項では各200名、農協法48条1項では500名）、信用金庫法においては、会員数要件の定めはない。

なお、総代会は定款の定めにより設置され、総会に代わるべき役割を果たすものであるから（法49条1項）、定款の定めとして、一定の事項に限定して総代会の権限とすることも認められるものと解される。

---

2 総代の選任（法49条2項）

(1) 会員からの選任

総会は会員のみによって構成される機関であり、総代会はこれに代わるべきものである。よって、総代が会員から選任されることは当然であり、会員以外の者から選任することは認められない。また、総代が脱退するなどし

て、当該金庫の会員資格を喪失したときは、当然に総代の地位を喪失するものと解される。

(2) 法人総代

法人も一定の要件のもとに、信用金庫の会員となることができることから（法10条1項）、会員から公平に選任される総代につき（法49条2項）、法人も就任することができる（法人総代）。

法人自体が信用金庫の会員であり、また総代となっている場合、その代表取締役は、代表取締役としての代表権に基づき、総代会の出席権限を有し、法人の議決権を行使するが、あくまでも総代は法人であり、代表者個人が総代としての地位を有するものではない。

よって、法人の代表取締役社長が退任して代表権を失った場合、旧代表者は総代会への出席権限を喪失し、代表者変更を行った代表取締役に出席を依頼し、議決権行使をしていただくこととなる。

Column　法人総代の従業員による代理行使

法人総代の従業員に総代会の議決権を代理行使させることができるか。

この点、株式会社について、最二小判昭51.12.24（民集30巻11号1076頁・金法814号43頁）は、株式会社が定款で株主総会における議決権行使の代理人の資格を株主に限定している場合においても、株主である地方公共団体、株式会社が、その職制上上司の命令に服する義務を負わせ、議決権の代理行使にあたって法人の代表者の意図に反することができないようになっている職員または従業員に議決権を代理行使させることは、定款の規定に反しないと判示している。

これは、総会が株主以外の第三者により攪乱されることを防止し、会社の利益を保護することが趣旨であり、逆に議決権の代理行使を認めないと、事実上議決権行使の機会を奪うに等しい結果となるためである。

しかしながら、会社法においては、法律上、代理人を株主に限定している

ものではなく（会社法310条1項）、代理人資格を限定する場合には定款自治に基づき限定するものであるのに対し、信用金庫法では法律上会員に限るとしており（法12条2項ただし書）、会員であることに強い要請がある。よって、金庫においては、従業員を代理人とすることは認められないものと解される。

(3) 公平な選任

法49条2項は、総代の選任方法について、定款の定めるところにより、公平に選任されなければならないと規定しており、会員の自治を基本としている。

「公平」な選任を法律上の要件としているのは、総代会が総会に代わる議決機関として正当性を有する根拠が、構成員たる総代が会員から公平に選出されることにあるためである。

本条2項においては「公平」の具体的内容は法定化されず、定款記載事項とされている（中協法55条2項においては、総代は組合員のうちから、「その住所、事業の種類等に応じて公平に選挙されなければならない」とやや具体的な定めがある）。

具体的な選任方法については、金庫の規模、地域等の特性、会員の経営参画意識、金庫を取り巻く環境、取引業種、年齢などを踏まえて決定されるべきものと解されるが、本条2項のほか、本条3項および4項を受け、定款例25条～30条においては、総代の定数および任期、総代の選任区域および定数、選考委員、総代候補者の選考、総代の選任、異議のある場合の措置などについて定めている。

すなわち、定款例において、総代選任のために選任区域を分け、総代の定数を会員数に応じて選任区域ごとに定めること（26条）、総代選任のために選任区域ごとに選考委員をおくこと（同27条）、選考委員が総代候補者を選考し、理事長に氏名を報告すること（同28条）などが定められている。

(4) 総代と理事の兼任

法35条は、金庫の代表理事ならびに金庫の常務に従事する役員および支配

人の兼業・兼職の制限について規定しているが、金庫の理事が自金庫の総代を兼任してはならないとする規定は存しない。

しかし、理事は理事会という業務執行決定機関の構成員であるのに対し、総代は、総代会の構成員として、会員を代表して理事会の業務執行の決定や理事の業務執行を監督する立場にある。よって、理事が総代を兼任すると、監督する立場とされる立場が同一人となり、それぞれの立場に矛盾が生じ、理事に対する総代の監視機能が十分機能しなくなるおそれがある。

また、総代会においては、理事の報酬の決定など、理事の利害に関係する事項を決議するため、会員の代表たる総代が理事を兼任している場合、自らの利益を捨象して会員の意思を反映させる行動をとり得るかといった公平性への疑義も生じ得る。

特に、協同組織金融機関たる金庫は株式会社たる銀行と異なり、市場でのチェックが期待しがたいため、総代会によるガバナンス機能の発揮が重要といえることからも、理事と総代の兼任について、法で直接禁止する規定はないものの、実務上は避けるべきである。

3 総代の定数、選任方法等（法49条3項）

本条3項は、総代の定数その他政令で定める事項について、定款に定めるべき旨を定め、これを受け、施行令6条は、総代の選任方法およびその選任に関して会員から異議の申出があった場合の措置を掲げている。

総代の定数や選任方法については、総代会制度の基本的内容であり、また法49条2項の「公平」な選任の基礎となるため、会員自治の観点から定款に定めるべきことを規定したものと解される。

なお、他の協同組織金融機関においては、法律上、会員ないし組合員の総数を基準とした総代の定数の下限が定められているが（労働金庫法55条3項、中協法55条3項、農協法48条3項、水協法52条3項）、信用金庫法においては相互会社（保険業法42条2項）と同様、定数を定款に定めることが義務付けられているにすぎず、具体的な定数の下限は定款自治に委ねられている。もっとも、総代会が総会に代わって金庫の意思決定を行う機関であることから、多くの会員の意思を公平に反映するとともに、会議体としての実質的な審議

や公正な意思決定が行われるに足りる適正規模である必要がある。

　法および施行令を受け、定款例においては、総代の定数（定款例25条1項）、総代選任のために選任区域を分け、総代の定数を会員数に応じて選任区域ごとに定めること（定款例26条1項）、総代選任のために選任区域ごとに選考委員を置くこと（定款例27条1項）、選考委員が総代候補者を選考し、理事長に氏名を報告すること（定款例28条1項）などが定められている。

　なお、以前の定款例において、理事長は、理事会の決議により会員の中から選考委員を委嘱するものとされていた。しかし、総代会の機能を一層向上させること等を目的とし、平成27年4月24日に、全国信用金庫協会の「総代会の機能向上策等に関する業界申し合わせ」が一部改正されたことに伴い、総代の選任のために置く選考委員は、理事会の決議でなく総代会の決議により選任することとなった（定款例27条3項・4項）。

　その他、上記業界申合せにおいては、総代会の機能向上策として、総代の定年制または重任制限の導入や、総代会に係る開示充実に関する施策が盛り込まれている。

4　総代の任期（法49条4項）

⑴　総代の任期

　本条4項は、総代の任期は、3年以内において定款で定める期間とすることを定めており、本項を受け、定款例25条2項において、任期について規定している。

　「公平」に選任された総代がその役割を十分に発揮するには、一定の任期を保障する必要があることから、本条4項において、定款で任期を定めることを法定化している。他方で、総代会は会員の意見を幅広く反映する必要があることから、会員が総代を選任する機会を確保する必要があり、あまりに長期の任期となることは適切でないため、任期の上限を3年と定めたものである。「3年」という上限期間は他の協同組織金融機関に関して法定された総代の任期の上限（労働金庫法55条4項、中協法55条5項、農協法48法5項、水協法52条4項）と同様となっている。

418

なお、法令上は総代の再任は禁止されていないが、前記「総代会の機能向上策等に関する業界申し合わせ」においては、総代会の機能向上策の１つとして、金庫経営により深い見識を持つ総代を確保しつつ、かつ、会員の多様な意見を経営に活かしていくため、特定の会員が過度に長期にわたって総代を務めることがないよう、総代の定年制または重任制限の導入に関する施策を導入することが盛り込まれている。

補欠役員については、その任期を前任者の残任期間とする旨の規定があるが（法35条の２第３項）、補欠または増員により選任された総代の任期については、前任者の残任期間とする旨の法律の規定がないので、そのようにするためには、その旨を定款に定めておくことが必要である（定款例25条３項参照）。

⑵　総代の任期伸長の可否

総代の任期につき、法定の上限期間（３年）を超え、総代会終了まで伸長することができるか問題となる。

この点、法35条の２第５項においては、役員の任期は、定款によって、任期中の最終の事業年度に関する通常総会の終結時まで伸長することを妨げないと規定している。また、法35条の３においては、役員に欠員を生じた場合の措置として、役員が欠けた場合等について、任期満了または辞任により退任した役員は、新たに選任された役員が就任するまで、なお役員としての権利義務を有することとしている。

しかし、総代については上記のような法律の規定はなく、総代の任期については、定款で定めた期間を超えることはできず、また仮に定款において法35の２第５項のような規定を設けても、総代の任期の上限期間である３年を超えて総代会終了まで任期を伸長することはできない（『信金法解説』163頁参照）。

5　総会の規定の準用（法49条５項）

総代会が総会に代わるべき機関であることから、本条５項は、総代会について、総会に関する規定を準用することを定めている。

一般には、総会に関する規定のうち「総会」とあるのを「総代会」と、「会員」とあるのを「総代」と読み替えることとなるが、以下の点については、解釈の問題が生ずる。

(1) 総代会における代理人（法12条）

総会の場合、会員の代理人となるのは「他の会員」であるが（法12条2項ただし書）、総代会の場合、総代の代理人となり得るのは、必ずしも他の総代であることを要せず、総代以外の一般の会員であっても代理人となることができる（前記**第12条**の解説参照）。

(2) 少数会員の臨時総会招集請求権

少数会員の臨時総会招集請求権に関する規定（法43条2項、44条）のうち、「総会員の5分の1」とあるのは、総代会が設けられた場合には「総総代の5分の1」と読み替えるべきであるが、少数会員による臨時総会招集請求権は、共益権の1つとして会員の基本的権利であることにかんがみれば、総代会を設けている金庫にあっても、総代による招集請求のほか、会員も総会員の5分の1以上の同意を得て、臨時総代会の招集を請求し得るものと解される。

(3) 役員および支配人の解任請求権に関する規定

役員および支配人の解任請求権に関する規定（法35条の8第1項、41条1項）のうち、「総会員の5分の1」「総会員の10分の1」との要件があり、これらの少数会員権が会員に固有の最も基本的な権利の1つであり、総代会を設けているからといって、「総会員」を「総総代」と読み替えるべき理由は何もなく、したがって総代会を設けている金庫にあっても必ず「総会員の5分の1」「総会員の10分の1」でなければならないと解する（『信金法解説』161頁）。

6　会員への決議内容の通知（法49条6項）

総代会制度をとる金庫は、総代会において金庫の解散、合併、事業の全部

の譲渡または普通銀行等への転換の決議をすることができるが、上記決議を
したときは、決議の日から1週間以内に、会員に対して決議内容を通知しな
ければならない（法49条6項、金融機関の合併及び転換に関する法律35条3項、
41条2項、63条）。

　上記通知を受けた会員は、総会員の5分の1以上の同意を得て、金庫に対
して、当該通知に係る事項を会議の目的とする臨時総会の招集請求をするこ
とができ（法43条2項、50条1項）、理事が請求の日から2週間以内に臨時総
会招集の手続をしないときは、当該会員は、財務（支）局長の認可を受けて
自ら臨時総会を招集することができる（法44条、88条2項、金融機関の合併及
び転換に関する法律35条3項、41条2項、63条）。この場合には総代会制度を採
用する金庫においても、その権限に一定の制限が加えられ、例外的に総会が
開催されることとなる。

　金庫の解散等、金庫の存立に重大な影響を与える事項についても、総会の
専決事項ではなく、総会に代わるべき機関である総代会で決議し得ることと
しつつ、上記は金庫の存立に重要な影響を与える事項であり、会員の直接の
意思を反映させる必要があるため、総代以外の一般会員に対して決議内容を
通知し、臨時総会における意思表明の機会を与えたものである。なお、総代
会を設けている金庫にあっては、本条6項および同条に基づき臨時総会が開
催される場合を除き、総会が開かれることはない（『信金法解説』160～161頁）。

　なお、信用金庫法においては、本条6項を除き、決議通知について特段の
定めはない。よって、信用金庫法上は、金庫の解散、合併または事業の全部
の譲渡を決議した場合以外は、会員への通知義務は生じない。

　実務上は、総代会に参加できない会員に対して、総代会における決議事
項・決議結果や選任後の役員一覧等を決議通知として案内しており、また配
当金の支払いや振込みに関する出資配当金通知や事業報告（これは法38条で
作成が義務付けられた「業務報告」とは異なる）も併せて同封することが多い
が、これは法令で義務付けられたものではない。

第49条

Column　総代の定数に欠員が生じた場合の補充選任の要否

　定款に定める総代の定数の下限を下回った場合、直ちに総代を補充選任する必要があるか。

１　総代の定数についての信用金庫法の規定

　信用金庫法において、定款には、総代の定数、総代の選出方法、総代の選任に関して会員から異議があった場合の措置を定めなければならないとしている（法49条３項、施行令６条）。

　本設問のように、定款に定める員数を欠くに至った場合の措置については信用金庫法等には定められておらず、定款自治に委ねられている。

２　定款例

　定款例30条１項ただし書は、総代候補者について会員から一定以上の異議があった場合、当該総代候補者の数がその選任区域の総代の定数の２分の１に満たないときは、改めて選考を行わないことができると定めている。これは選任時の規定であるが、選任後に定数を下回った場合についても、同様の考え方が妥当すると解することができ、欠員数が選任区域ごとの総代の定員の２分の１に満たない場合には、直ちに総代を補充選任するまでの必要はないと解される。

Column　会員による総代会の傍聴

　信用金庫は定款の定めにより、総会に代えて総代会を設置することができる（法49条１項）。

　このように、総代会制度が法定されているのは、会員数等が多数に及ぶ協同組織金融機関において、総会を開催することが実務上困難なためである。

　上記のとおり、本来は総会により意思決定するものであり、総代会も会員の代表によって構成されるものであることからすれば、会員から要望のあった場合、総代会の傍聴を認めることが、その透明性や民主性向上に資するこ

ととなる。

　また、平成27年 4 月に改正された「総代会の機能向上策等に関する業界申し合わせ」（全国信用金庫協会）においては、会員や地域の多様な意見を反映するために経営管理態勢の強化・充実を図るとともに、積極的な情報開示に努める必要があるとされており、総代会に総代以外の会員の意見をより反映させるため、総代以外の会員の意見を吸い上げる場のさらなる充実を図ると記載されている。

　よって、総代会の議長の権限として、会員から要望のあった場合、総代会の傍聴を認めることができ、また望ましい。

　もっとも、総代でない会員は総代会の構成員ではなく、当然のことながら総代会での発言権（野次等）や議決権はなく、傍聴を認めるとしても発言等は認めず、また必要に応じて、議長は議事整理権限や秩序維持権限を行使し、総代会の適正な運営に支障を来さないようにすることが必要である。

　また、信用金庫法等において会員に総代会の傍聴を認める規定があるものではないことから、会員には当然に傍聴を求める権限があるものではない。総代会運営規程等に基づき議長において、傍聴を認めると、総代会の適正な運営に支障を来すと判断する場合には、その裁量において傍聴を認めないこともできると解される。

第50条　総会と総代会の関係

（総会と総代会の関係）

第50条　前条第 6 項の通知をした金庫にあつては、当該通知に係る事項を会議の目的として、第43条第 2 項又は第44条の規定により総会を招集することができる。この場合において、第43条第 2 項の規定による書面の提出又は第44条後段の場合における認可の申請は、当該通知に係る事項についての総代会の決議の日から 1 月以内にしなければならない。

> **2** 前項の総会において当該通知に係る事項を承認しなかつた場合には、総代会における当該事項の決議は、その効力を失う。

1 臨時総会の招集請求等（法50条１項）

⑴ 臨時総会の招集請求または招集（１項前段）

　総代会制度をとる金庫は、総代会において金庫の解散、合併、事業の全部の譲渡または普通銀行等への転換の決議をしたときは、決議の日から１週間以内に、会員に対して決議内容を通知しなければならない（法49条６項）。

　本条はこれを受け、法49条６項の通知をした金庫において、この通知を受けた会員は、総代会による金庫の解散、合併または事業の全部譲渡の決議に異議のある場合、当該通知に係る事項を会議の目的として、法43条２項または44条の規定により臨時総会の招集請求または招集をすることができることを定めている。すなわち、総会員（総総代ではない）の５分の１以上の同意を得て、理事に対し、当該通知に係る事項を会議の目的とする臨時総会の招集を請求し、請求をした日から２週間以内に理事が総会招集の手続をしないときは、内閣総理大臣の認可を受けて総会を招集することができる（法43条２項、44条、50条１項、金融機関の合併及び転換に関する法律35条３項、41条２項、63条）。

　本条１項の趣旨は、金庫の解散、合併または事業の全部譲渡といった、金庫の存立に重大な影響を与える事項について、総代以外の一般会員にも法50条に定める臨時総会における意思表明の機会を与えることにある。なお、総代会を設けている金庫にあっては、本条に基づき臨時総会が開催される場合を除き、総会が開かれることはない（『信金法解説』160〜161頁）。

⑵ 臨時総会の招集請求等の期限（１項後段）

　前記⑴の場合において、会員の理事に対する総会招集請求の書面提出（法43条２項）または内閣総理大臣への認可の申請（法44条）は、当該通知に係る事項についての総会の決議の日から１カ月以内にしなければならないこ

とを定めている（法50条１項、金融機関の合併及び転換に関する法律35条３項、41条２項、63条）。

これは、臨時総会により総代会の決議が失効すること（法50条２項）による法的に不安定な状態を早期に確定させるため、臨時総会の招集請求または認可申請に期限を設定したものである。

2　総代会決議の失効（法50条２項）

臨時総会において、当該通知に係る事項が承認されなかった場合には、総代会における当該事項の決議はその効力が失われる（法50条２項、金融機関の合併及び転換に関する法律35条３項、41条２項、63条）。

本条２項は、金庫における総会の最高議決機関性に基づき、総代会において、金庫の存立に重大な影響を与える事項（金庫の解散、合併または事業の全部譲渡）に関する決議の内容を、総会が承認しなかった場合、当該決議が効力を失う旨を定めたものである。

第51条

第9節 | 出資1口の金額の減少

第51条 債権者の異議

（債権者の異議）

第51条 金庫は、総会において出資1口の金額の減少の決議があつたときは、その決議の日から2週間以内に、財産目録及び貸借対照表を作成し、かつ、次条第2項第2号の期間の最終日から6月を経過する日までの間、これらを主たる事務所に備え置かなければならない。

2 前項の財産目録及び貸借対照表は、電磁的記録により作成することができる。

3 金庫の債権者は、金庫の業務取扱時間内は、いつでも、次に掲げる請求をすることができる。

一 第1項の財産目録及び貸借対照表が書面をもつて作成されているときは、当該書面の閲覧の請求

二 第1項の財産目録及び貸借対照表が電磁的記録をもつて作成されているときは、当該電磁的記録に記録された事項を内閣府令で定める方法により表示したものの閲覧の請求

---

1 出資1口の金額の減少

出資1口の金額の減少とは、定款で定められた出資1口の金額（法23条3項7号）を減少させることである。

出資1口の金額は定款の絶対的必要記載事項（法23条3項7号）であるから、定款所定の出資1口金額を変更（減少）するには、総（代）会で定款の

変更決議（特別決議）をしなければならず（法48条の３第１号）、また定款の変更は内閣総理大臣の認可事項である（法31条）。

　出資１口の金額の減少は、旧来の株式会社における株金額の減少による資本の減少に相当する（以前は、株式会社における資本の減少の具体的な方法として、株金額の減少および株式数の減少（株式の消却または株式の併合）があったが、平成13年法律第73号による商法改正により額面株式制度が廃止されたため、現在は、株金額の減少の方法はなくなった）。

　出資１口の金額の減少を行うことができる場合について、信用金庫法は明記していないが、金庫の事業の縮小により予定の出資額が必要でなくなり、金庫の財産を出資者に返還するために出資１口金額を減少する場合、金庫の財産に欠損を生じ、貸借対照表上の純資産額が出資総額に満たない場合において、欠損部分の損失の填補の目的をもって払込出資金額の切捨てを行う場合などが考えられる。

　なお、減資の方法として、出資１口の金額の減少以外に、出資口数の減少（出資の消却または出資の併合）の方法によることが認められるかが問題となるが、信用金庫法にはこれらに必要な手続規定（会社法施行前の商法212条〜216条参照）がなく、認められないと解するべきである（『信金法解説』243〜244頁）。

2　財産目録等の作成・備置き、債権者による閲覧請求（法51条１項〜３項）

　本条の趣旨は、出資１口の金額の減少に際して、債権者保護の一環として、債権者に金庫の財産の状態を知り得る機会を与え、異議申立てをするかどうかの判断の材料を提供することにある。出資１口の金額の減少の決議の日から２週間以内に、財産目録および貸借対照表を作成して主たる事務所に備え置き、金庫の債権者は業務取扱時間内であれば、いつでも閲覧請求することができる。

　なお、農協法49条においても、同様の財産目録・貸借対照表の作成および主たる事務所への備置きを義務付けていたが、実務において過大な事務負担となっていたため、平成27年の法改正により、会社法と同様の手続に改めら

れ、最終の事業年度の貸借対照表等を使用することとされている（『逐条解説農協法』371頁）。

　出資１口の金額の減少は債権者に重要な利害関係があるため、総会の議事録と同様（法48条の７第４項、49条５項）、業務取扱時間内であればいつでも閲覧請求ができる（理事会の議事録閲覧のように「役員の責任を追及するため必要があるとき」や「裁判所の許可」（法37条の２第５項）といった要件は課されていない）。

第52条　債権者保護手続

第52条　金庫が出資１口の金額の減少をする場合には、金庫の債権者は、当該金庫に対し、出資１口の金額の減少について異議を述べることができる。

2　前項の場合には、金庫は、総会において出資１口の金額の減少の決議があつた日から２週間以内に、次に掲げる事項を官報に公告し、かつ、預金者、定期積金の積金者その他政令で定める知れている債権者には、各別にこれを催告しなければならない。ただし、第２号の期間は、１月を下ることができない。

一　出資１口の金額を減少する旨

二　債権者が一定の期間内に異議を述べることができる旨

3　前項の規定にかかわらず、第１項の金庫が前項の規定による公告を、官報のほか、第87条の４第１項の規定による定款の定めに従い、同項各号に掲げる公告方法によりするときは、前項の規定による各別の催告は、することを要しない。

4　債権者が第２項第２号の期間内に異議を述べなかつたときは、当該債権者は、当該出資１口の金額の減少について承認をしたものとみなす。

5　債権者が第２項第２号の期間内に異議を述べたときは、第１項の金庫は、当該債権者に対し、弁済し、若しくは相当の担保を提供し、又は当該債権者に弁済を受けさせることを目的として信託会社等（信託会社及び信託業

務を営む金融機関（金融機関の信託業務の兼営等に関する法律（昭和18年法律第43号）第１条第１項（兼営の認可）の認可を受けた金融機関をいう。）をいう。）に相当の財産を信託しなければならない。ただし、当該出資１口の金額の減少をしても当該債権者を害するおそれがないときは、この限りでない。

1 債権者保護手続（法52条１項〜３項）

本条１項〜３項の趣旨は、出資１口の金額の減少により利益を害される可能性のある債権者に対し、異議申立ての機会を与えることにある。

金庫は、出資１口の金額の減少をする場合、出資１口の金額を減少する旨、債権者が一定の期間（１カ月以上の期間）内に異議を述べることができる旨を官報に公告し、かつ、預金者、定期積金の積金者、保護預り契約に係る債権者および全国を地区とする信用金庫連合会（信金中央金庫）の発行する債券の権利者（施行令７条および施行規則49条）以外の知れている債権者には、個別に催告をしなければならない。

ただし、定款所定の公告方法が日刊新聞紙公告または電子公告である場合において、官報公告のほか、定款の定めに従いこれらの公告方法によりするときは、格別の催告は不要となる（３項）。

なお、前記の預金者、定期積金の積金者等の債権者について例外として個別の催告を必要しないものとされているのは、債権者数が極めて多いことから、実際に催告を行う場合、多大な事務負担とコストを要すること、法律関係の早期安定を図る必要があること、定型的な契約であることによるものである。

2 債権者のみなし承認（法52条４項）

異議申立期間中に異議を述べなかった債権者は、出資１口の金額の減少を承認したものとみなされ、その結果、出資１口の金額の無効の訴えを提起することができなくなる（法52条の２、会社法828条２項５号）。

第４章　管理（第31条〜第52条の２）　429

第52条の2

3 債権者による異議、金庫による弁済（法52条5項）

　債権者が異議を述べたときは、金庫は、債務を弁済するか、相当の担保を提供し、または債権者に弁済を受けさせることを目的として、信託会社もしくは信託業務を営む金融機関に相当の財産を信託しなければならない。

　本条5項の趣旨は、異議を述べた債権者の利益を保護するために、金庫に対し、当該債権者への弁済等を義務付けることにある。

　よって、十分な担保が設定されているとき、または金庫の財産の状況からみて、出資1口の金額の減少後も債務を十分返済できるときなど、出資1口の金額を減少してもその債権者を害するおそれがないときは、担保の提供または財産の信託の必要はない（法52条5項ただし書）。

第52条の2　出資1口の金額の減少の無効の訴え

（出資1口の金額の減少の無効の訴え）

第52条の2　金庫の出資1口の金額の減少の無効の訴えについては、会社法第828条第1項（第5号に係る部分に限る。）及び第2項（第5号に係る部分に限る。）（会社の組織に関する行為の無効の訴え）、第834条（第5号に係る部分に限る。）（被告）、第835条第1項（訴えの管轄及び移送）、第836条から第839条まで（担保提供命令、弁論等の必要的併合、認容判決の効力が及ぶ者の範囲、無効又は取消しの判決の効力）並びに第846条（原告が敗訴した場合の損害賠償責任）の規定を準用する。この場合において、同法第828条第2項第5号中「株主等」とあるのは「会員、理事、監事、清算人」と読み替えるものとするほか、必要な技術的読替えは、政令で定める。

---

1 本条の意義

出資1口の金額の減少の手続に瑕疵がある場合、出資1口の金額の減少の

無効の訴えをもってのみ、その無効を主張することが認められ、これについて、会社法の株式会社における資本金の額の減少の無効の訴えの規定を準用している。

本条を信用金庫法に合わせて読み替えた規定は以下のとおりである。

（金庫の出資１口の金額の減少の無効の訴え）

会社法第828条 金庫における出資１口の金額の減少の無効は、出資１口の金額の減少の効力が生じた日から６箇月以内に、訴えをもってのみ主張することができる。

2 金庫における出資１口の金額の減少の無効の訴えは、会員、理事、監事、清算人、破産管財人又は出資１口の額の減少について承認をしなかった債権者に限り、提起することができる。

---

2 出訴期間等（会社法828条１項）

出資１口の金額の減少については、無効の確認の訴えを提起することができるが、無制限に無効の主張を認めると、法的安定性を害するため、無効は訴えをもってのみ主張することができるとするとともに、提訴期間を、出資１口の金額の減少の効力の生じた日から６カ月以内に限定している。

3 提訴権者（会社法828条２項）

上記 2 の法的安定性の観点から、提訴権者（訴えを提起できる者）を、会員、理事、監事、清算人、破産管財人または出資１口の額の減少について承認をしなかった債権者に限定している。

「承認をしなかった債権者」とは、異議をとどめた債権者であるが、異議を述べたときに弁済がされれば債権者でなくなるため、提訴権を失う。また、担保の提供・弁済のための財産信託がなされた場合、訴えの利益が失われる（上柳ほか編著『新版注釈会社法(13)』249頁〔小橋一郎〕）。

4 被告（会社法834条）

（被告）

会社法第834条 金庫における出資1口の金額の減少の無効の訴えについて
は、当該金庫を被告とする。

　本条は、出資1口の金額の減少の無効の訴えについて、金庫を被告と規定
したものである。

5 訴えの管轄（会社法835条）

（訴えの管轄）

会社法第835条 金庫における出資1口の金額の減少の無効の訴えは、被告と
なる金庫の主たる事務所の所在地を管轄する地方裁判所の管轄に専属する。

　本条は、出資1口の金額の減少の無効の訴えについて、金庫の主たる事務
所の所在地を管轄する地方裁判所の専属管轄としたものである。よって、他
の裁判所は管轄を有せず、他の裁判所に移送することはできない。

　このように、専属管轄を定めたのは、金庫の出資1口の金額に関連する訴
えであり、画一的処理の要請があるためである（会社法838条）。

6 担保提供命令（会社法836条）

（担保提供命令）

会社法第836条 金庫における出資1口の金額の減少の無効の訴えであって、
会員が提起することができるものについては、裁判所は、被告の申立てに
より、当該金庫における出資1口の金額の減少の無効の訴えを提起した会
員に対し、相当の担保を立てるべきことを命ずることができる。ただし、
当該会員が理事、監事又は若しくは清算人であるときは、この限りでない。

2 前項の規定は、金庫における出資１口の金額の減少の無効の訴えであっ
て、債権者が提起することができるものについて準用する。

3 被告は、第１項（前項において準用する場合を含む。）の申立てをするに
は、原告の訴えの提起が悪意によるものであることを疎明しなければなら
ない。

　会社法836条１項は、金庫における出資１口の金額の減少の無効の訴えで
会員が提起できるもの（会員が提訴権者である場合）についての会員の担保提
供義務を規定しており、２項において、債権者が提訴権者である場合の債権
者の担保提供義務について規定している。

　これらは、不当な訴訟への応訴等により損害を受けた被告たる金庫が原告
に対して有する損害賠償請求権（会社法846条）を担保するほか、濫訴の防止
の意味合いがある（『平成９年改正会社法』118頁）。

　担保提供の申立てをした被告（金庫）は、当該担保提供があるまで、応訴
を拒むことができ（民事訴訟法81条、75条４項）、担保提供の申立てを受けた
裁判所の担保提供命令は決定によりなされ、当該決定において、裁判所は担
保の額および担保を立てるべき期間を定めなければならない（同法81条、75
条５項）。担保の額について特段の定めはなく、裁判所が自由に決定し得る
（東京控決昭9.4.18評論全集23巻商法571頁、上柳ほか編著『新版注釈会社法(5)』
367頁〔岩原紳作〕）。

　また、会社法836条３項において、被告が担保提供の申立てをするには、
原告の訴えの提起が悪意によるものであることを疎明しなければならないこ
とを定めている。「悪意」とは、ことさら金庫に不利益を被らせようとする
意図あるいは困らせる意図、すなわちいわゆる「害意」の意味とされている
（上柳ほか編著『新版注釈会社法(6)』1443頁〔小橋一郎〕、上柳ほか編著『新版注
釈会社法(5)』365頁〔岩原〕）。

第52条の2

7　弁論等の必要的併合（会社法837条）

（弁論等の必要的併合）

会社法第837条　同一の請求を目的とする金庫における出資１口の金額の減少
　の無効の訴えに係る訴訟が数個同時に係属するときは、その弁論及び裁判
　は、併合してしなければならない。

　出資１口の金額の減少の無効の訴えは、訴訟の結果を合一的に確定する必
要があるため、数個同時に係属する場合に併合することとされている。訴え
が併合された場合、類似的必要共同訴訟となる（山口和宏「設立無効の訴えそ
の他の会社の組織に関する無効の訴え」江頭＝門口編代『会社法大系(4)』271頁）。

8　認容判決の効力が及ぶ者の範囲（会社法838条）

（認容判決の効力が及ぶ者の範囲）

会社法第838条　金庫における出資１口の金額の減少の無効の訴えに係る請求
　を認容する確定判決は、第三者に対してもその効力を有する。

　出資１口の金額の減少の無効の訴えに係る請求を認容する確定判決につい
ては、法律関係の画一的処理の要請から、第三者にも効力（対世効）を認め
たものである。判決の既判力は、原則として訴訟当事者間においてのみその
効力を有する（民事訴訟法115条１項）ものであるため、その例外となる。

9　無効又は取消しの判決の効力（会社法839条）

（無効又は取消しの判決の効力）

会社法第839条　金庫における出資１口の金額の減少の無効の訴えに係る請求
　を認容する判決が確定したときは、出資１口の金額の減少は、将来に向かっ

第52条の2

てその効力を失う。

　出資1口の金額の減少の無効の訴えに係る請求を認容する判決が確定したときの効力について定めており、出資1口の金額の減少は将来に向かって効力を生じる、すなわち判決の効力が遡及しない（不遡及）としたものである。

　このように遡及効が否定されているのは、巻き戻しによる取引関係の混乱を防止し、法的安定性を維持するためである。

10　原告が敗訴した場合の損害賠償責任（会社法846条）

（原告が敗訴した場合の損害賠償責任）

会社法第846条　金庫における出資1口の金額の減少の無効の訴えを提起した原告が敗訴した場合において、原告に悪意又は重大な過失があったときは、原告は、被告に対し、連帯して損害を賠償する責任を負う。

　出資1口の金額の減少の無効の訴えを提起した原告が敗訴した場合において、当該原告に悪意・重過失があった場合に、原告に被告（金庫）に対する損害賠償義務を課す規定である。

　本条に定める損害賠償義務は、理論的には、不当な訴訟への応訴を余儀なくされたことにより被告が被った損害を塡補させるためのものであるが、実質的には、上記に加え、担保提供義務を課すことに濫訴を防止する点にもある（奥島ほか編『新基本法コンメ会社法(3)』402頁〔小林量〕）。

第4章　管理（第31条〜第52条の2）　　435

第5章

事業

（第53条～第54条）

第53条

| 第53条 | 信用金庫の事業

（信用金庫の事業）

第53条 信用金庫は、次に掲げる業務を行うことができる。

一　預金又は定期積金の受入れ

二　会員に対する資金の貸付け

三　会員のためにする手形の割引

四　為替取引

2　信用金庫は、政令で定めるところにより、前項第2号及び第3号に掲げる業務の遂行を妨げない限度において、地方公共団体、金融機関その他会員以外の者に対して資金の貸付け（手形の割引を含む。以下この章において同じ。）をすることができる。

1 信用金庫の事業の総説

(1)　信用金庫法における枠組み

　信用金庫および信用金庫連合会の事業は、法人としての権利能力や役員の任務懈怠責任などに影響し、またその経済活動の外縁を画する重要な概念であり、第5章において規定されている。

　信用金庫法の枠組みとして、まずは信用金庫の業務のうち必要最小限のものとして、固有業務（預金、融資、為替）を法53条1項で規定し、また固有業務のうち会員に対する資金の貸付および会員のためにする手形の割引に関連し、本条2項で員外貸付について規定し、その上で本条3項において固有業務に付随する主要な業務を列挙している。

　固有業務は「銀行業」に関連し、「銀行業」は銀行の免許を受けた者（銀行法4条）や特例として銀行業を認められた信用金庫、信用組合、農林中央金庫、商工中央金庫、農業協同組合、漁業協同組合でなければ営むことがで

438

きないが（もっとも、貸付のみなどは「銀行業」でないため、その他の者も営むことができる）、付随業務は銀行や信用金庫の営業免許を有しない者も営むことができる業務であり、他業態との間で同じ業務で競合することになる。

　信用金庫の経営の健全性確保、他業を営むことによるリスク混入防止、預金者の安全確保（利益相反取引の防止）、信用金庫の業務に専念することによる与信・受信における効率性発揮、優越的地位の濫用の防止のために、信用金庫の事業は本法第5章に定める業務のほか、他の法律の規定に基づき行う事業に限られる（他業禁止）。そして、信用金庫の事業については定款に定めることを要し（法23条3項1号）、法律に定められた事業の範囲内で定款に具体的な事業を定めることで、初めて当該事業を実施することが可能である。信用金庫の事業については設立の登記事項でもあり（法65条2項1号）、信用金庫が行う事業が特定されることは信用金庫設立の要件にも該当する。

　他業禁止は、第5章における業務範囲規制のみならず、子会社範囲規制・出資規制をも規律するものであり、信用金庫法における重要な概念である。

⑵　固有業務

　法53条1項においては、固有業務として、①預金または定期積金の受入れ（1号）、②会員に対する資金の貸付（2号）、③会員のためにする手形の割引（3号）、④為替取引（4号）が限定列挙されている。

　これらを固有業務とした理由は、国民大衆から預金という形で資金を集め、これをもとに与信に振り向けることで金融仲介機能を果たすという点で、社会経済上重要な機能や公共性を有し、また為替取引についてもその沿革や、支払決済機能という点で経済的に重要な機能を果たし、また顧客との間で信用の授受を発生させるものであることから、固有業務として厳格な規制をするものと解される。

　この固有業務については、銀行法2条2項が規定する「銀行業」とほぼ同様の枠組みとなっている。ただし、法53条については、協同組織金融機関としての性質から、貸付については原則として会員に対するものに限定している点が異なる（法53条2項において例外的に員外貸付について規定している）。

　預金取扱金融機関に適用される業法の基本法たる銀行法においては、「銀

行業」については、内閣総理大臣の免許を受けた者でなければ営むことができない（銀行法4条1項）と規定しているが、銀行法は銀行という営業免許を形式的に受けたものを対象としている。それ以外の「銀行業」を営む金融機関につき、特別の法令（法53条1項、54条1項、中協法9条の8第2項、協同組合による金融事業に関する法律3条等）において、銀行法の特例として、金庫や信用組合などの銀行以外の預金取扱金融機関も行うことができるとして調整を図ったものである。

なお、銀行法2条2項においては、「預金又は定期積金の受入れと資金の貸付け又は手形の割引とを併せ行うこと」と規定されているのに対し、法53条1項においては「併せ行う」との文言はない。銀行法2条2項において、上記の「併せ行う」との要件が課されたのは、銀行が経済的にみて、資金の需要者と供給者との間に立ち、自己の計算において、広く両者と取引をなすことを業とするものであり、特に、信用を受ける業務である受信業務と信用を与える業務である与信業務との双方を併せなすことを本質的特徴とし、このような信用媒介機能を担うという高度な公共的性格から、「銀行業」であるためには受信業務と与信業務を併せて営むことが必要であることを前提として法規制を課したものである（貸付等のみで預金等の受入れを行わない質屋営業法における質屋や、借入金を原資として資金の貸付等を行う短資会社や割賦販売金融業者はいずれも「銀行業」ではない。なお、不特定多数の者から預り金等の名目で金銭を受け入れることは、預金等との誤認を招くものであり、「出資の受入れ、預り金及び金利等の取締りに関する法律」（出資法）により禁止されている。また、預金等の受入れを行い、かつ、その運用として資金の貸付等は行わず、有価証券投資や直接自らの事業投資に充てるものは「併せ行う」ものではないため「銀行業」ではないが、預金者保護の観点から銀行業とみなし（「みなし銀行業」。銀行法3条）、銀行法が適用される（小山『銀行法』65頁））。

法53条1項および54条1項においては、法律上「併せ行う」ことが信用金庫の業務の要件とは規定されていないが、これは「銀行業」は本来は銀行の営業免許を持たない者が行うことはできないところ（銀行法4条）、法53条および54条は銀行法の特例として金庫にも受信業務と与信業務を「併せ行う」ことを認めているため、「併せ行う」ことを法律上の要件とする必要がない

ためと解される。もっとも、法律上の要件ではないが、金庫は経済社会において受信業務と与信業務を併せ行っている。

⑶　付随業務

　付随業務とは、信用金庫の固有業務に伴って当然に生ずる業務である（小山『銀行法』169頁）。

　付随業務の枠組みについては、2つの視点を考慮する必要がある。すなわち、法文の明確性や予測可能性確保の観点からは、業務範囲を詳細・明確に規定する要請がある一方で、今後の経済金融情勢の変化や時代の進展に応じて弾力的に規定する要請もある。そこで、法53条3項では22種類の付随業務（銀行法に定める付随業務とほぼ同様である）を具体的に列挙しているが、列挙された業務に付随する業務も行うことができることとしており、また法改正により、列挙される付随業務は拡大してきている。

　より具体的に述べると、金融制度調査会答申「普通銀行のあり方と銀行制度の改正について」（昭和54年6月20日）は、経済金融環境の変化に応じた銀行業務の効率的な遂行、顧客に対するサービスの充実等を銀行が適切に行っていくことができるようにするため、規定はある程度弾力的なものとすることが適当としており、これが昭和56年の銀行法全面改正のもととなっている。

　他方で、信用金庫の公共性や経営の健全性確保の観点から、固有業務を超えて他の業務に進出することについてはリスクを孕み、経営の健全性や預金者の保護に反するおそれがある。また固有業務に専念することにより機能の充実や効率性を発揮し得るところであり、業務として適切な範囲を超える部分についてはリスク拡大防止のため禁止する必要が認められる。

⑷　法令違反の効果

　信用金庫は、法令の規定に従い、定款で定められた目的の範囲内において、権利を有し、義務を負う（民法34条）ことから、信用金庫が法律や定款による事業の限定を超えて事業を行ったときは、信用金庫の権利能力を超えて事業を行ったこととなるため、行為は無効となる。

また、当該違反行為をした信用金庫の役員、支配人、もしくは清算人、会計監査人もしくはその職務を行うべき社員、信用金庫代理業者、信用金庫電子決済等代行業者もしくは電子決済等代行業者（信用金庫代理業者、信用金庫電子決済等代行業者または電子決済等代行業者が法人であるときは、その取締役、執行役、会計参与もしくはその職務を行うべき社員、監査役、理事、監事、代表者、業務を執行する社員または清算人）または認定信用金庫電子決済等代行事業者が協会の理事、監事もしくは清算人は、100万円以下の過料に処せられる可能性がある（法91条1項1号）。また法令および定款に定められた事業以外の事業を行うことは、理事の行為の差止請求（法35条の6、会社法360条1項）、理事の信用金庫に対する損害賠償責任（法39条1項。なお法39条の4、会社法第7編第2章第2節（同法847条2項、849条2項2号および同条5項ならびに851条を除く））、理事の解任請求（法35条の8）の事由となるほか、内閣総理大臣の業務の停止等および免許の取消し等その他の監督権（法89条1項、銀行法24条〜28条）の発動の事由となる。

　信用金庫が経済情勢の変動等に伴い、新規事業を行う場合に、これが「その他の業務」（法53条3項）に該当するか、上記の他業禁止規定に反しないかが問題となるが、この点については後記7を参照されたい。

⑸　大口信用供与等規制

a　概　　要

　大口信用供与等規制とは、金庫または金庫グループによる特定の会社・個人やその関係者等に対し、自己資本に比して一定割合を超える「信用の供与等」（貸出、債務保証、出資、有価証券の保有その他の信用の供与）を行うことを規制したものである。

　法89条1項が大口信用供与等規制について定めた銀行法13条を準用しており、具体的には政省令（信用金庫法施行令および信用金庫法施行規則）において定められているが、金融商品取引等の一部を改正する法律（平成25年法律第45号。平成25年6月19日公布）に基づく信用金庫法の改正において、「信用の供与等」の範囲、信用供与等限度額、適用除外などについて、重要な改正がなされている。

規制の概要としては、下記のとおりである（『金融法務講座』142頁）。

信用供与等限度額（1信用供与等先グループへの信用供与等の限度額）

　≦自己資本の額×政令で定める率

---

b　趣　　旨

大口信用供与等規制は以下の趣旨から定められたものである。

① 金庫の業務の遂行を妨げないこと……金庫が一定の範囲で貸付等を行うことで、金庫の業務の遂行を妨げないようにする必要がある（法53条2項）。

② 金庫のリスク分散による健全性確保、預金者保護……同一の信用供与先等に集中して貸し付けた場合、信用供与先の財務内容の悪化による貸倒れ等による過度の信用リスクを負うおそれがある。そこで、金庫の資産のリスク分散を図り、信用金庫の経営の健全性を確保し、ひいては預金者を保護する必要がある。

③ 中小企業金融の円滑化……金庫は免許制のもと、預金保険制度等のセーフティーネットを背景に、一般公衆からの預金を通じて集めた資金をもとに業務を行っている。同一の信用供与先等への過度の与信集中を回避することにより、金庫の資金をさまざまな主体に適正配分し、中小企業金融の円滑化や国民経済の発展に寄与する必要がある（池田＝中島監修『銀行法』163頁）。

　我が国の規制は、規制の対象範囲を形式的に規律しているほか、国際基準（バーゼル・コア・プリンシプル）と乖離しているとして、平成24年のIMFのFSAP（金融セクター評価プログラム）において規制の強化が求められていた。そこで、金融審議会のもとに設置された「金融システム安定等に資する銀行規制等の在り方に関するワーキング・グループ」において、大口信用供与等規制の見直しについて議論がなされた。我が国の大口信用供与等規制は、デリバティブの発達など金融技術の普及・高度化、複数の取引主体が絡む取引の複雑化、M&Aや事業提携などによるグループ構造の多様化・複雑化に対応しきれていないとの問題が指摘され（金融審議会「金融システム安定等に資する銀行規制等の見直しについて」（平成25年1月））、国際的スタンダー

ドに適合するよう、平成25年6月に銀行法および信用金庫法等が改正された。

c　規制対象となる「信用の供与等」

1信用供与等先グループに対する信用の供与等の額は、規制対象となる信用の供与等の範囲（種類）に該当する信用の供与等の額の合計額から、信用の供与等の額から控除することが認められている額の合計額を控除して計算し、その額が前記の信用供与等限度額内に収まっている必要がある。

規制対象となる信用の供与等の範囲は以下のとおりである。

(a)　規制対象となる信用の供与等の範囲

規制対象となる「信用の供与等」および「信用の供与等」の額から控除することが認められているものは、以下のとおりである。

なお、以前は、「信用の供与等」の範囲が限定されていたため、融資先を中心とした限度額管理が行われていたが、自己資本比率規制において信用リスクがあるとされる取引については大口信用供与等規制の対象とするとの考えのもと、平成25年改正により、ほぼすべてのオン・バランス取引、オフ・バランス取引、デリバティブ取引等に対象が拡大された。よって、融資先のみではなく、有価証券運用先や銀行間取引を含めた限度額管理を行うことが必要となっている。

① 　貸出金として内閣府令で定めるもの……貸借対照表の「買現先勘定」「貸出金勘定」に計上されるものである（施行令11条7項1号、施行規則114条1項）。もっとも、「コールローン勘定」は施行規則附則により設けられた経過措置規定により、当分の間、適用除外とされている。

② 　債務の保証として内閣府令で定めるもの……貸借対照表の「債務保証見返勘定」に計上されるもの、「銀行法第14条の2の規定に基づき、銀行がその保有する資産等に照らし自己資本の充実の状況が適当であるかどうかを判断するための基準」（平成18年金融庁告示第19号。以下「自己資本比率告示」という。）においてオフ・バランス取引に計上される債務保証（同告示上72条1項の表の100の項の中欄七に掲げられるもの）である（施行令11条7項2号、施行規則114条2項）。

③ 　出資として内閣府令で定めるもの……貸借対照表の「有価証券勘定のう

ち株式勘定またはその他の証券勘定」に計上されるもの（その他の証書勘定に計上されるものについては、「外国法人の発行する株式等」に限る）、「その他資産勘定」のうち出資として計上されるものである（施行令11条7項3号、施行規則114条3項）。

④　その他上記①～③に類するとして内閣府令で定めるもの（施行令11条7項4号、施行規則114条4項）……貸借対照表の「預け金勘定」「買入手形勘定」「債券貸借取引支払保証金勘定」「買入金銭債権勘定」「金銭の信託勘定」「商品有価証券勘定」「有価証券勘定のうち短期社債勘定、社債勘定、その他の証券勘定（「外国法人の発行する株式等」として計上されるものを除く）」「外国為替勘定」「その他資産勘定のうち、先物取引差入証拠金勘定・先物取引差金勘定・金融商品等差入担保金勘定・リース投資資産勘定（リース投資資産勘定に計上されない付随費用を含む）」に計上されるもの、自己資本比率告示72条1項と2項の表に掲げられたオフ・バランス取引（債務保証に係るものを除く）」（自己資本比率告示上で掛け目が0％とされているコミットメントライン契約（任意の時期に無条件で取消可能なコミットメント等）の信用の供与等の額は、想定元本額に10％を乗じて得た額とする）、自己資本比率告示73条1項本文の先渡・スワップ・オプションその他の派生商品取引・同条2項に規定する長期決済期間取引、自己資本比率告示250条1項各号に掲げる取引（オフ・バランス取引に該当する証券化エクスポージャー）などである。

(b)　信用の供与等の額から控除することが認められているもの

上記(a)のとおり、規制対象となる信用の供与等の範囲が決まっているが、信用の供与等の額から控除することが認められているもの（控除項目）として、現金を担保とするもののうち当該担保の額、自金庫の預金積金や国債・地方債を担保とする貸出金の額のうち当該担保の額、信用保証協会の保証付貸出金のうち日本政策金融公庫により当該保証に保険の付されているものの額のうち当該保険金額、信用金庫連合会への出資の額および預け金の額などがある（施行規則115条1項）。

その他、国際的な議論の動向を踏まえ、コールローン勘定や商工債等については、経過措置として、「当分の間」、大口信用供与等規制を適用しないこ

ととされている。上記「当分の間」について、現時点では国際規制の導入が予定されている平成31年までの間が想定されている（金融庁「平成25年金融商品取引法等改正（1年半以内施行）に係る銀行法施行令・銀行法施行規則等の改正案に対するパブリックコメントの結果等について」「コメントの概要及びコメントに対する金融庁の考え方」（平成26年10月17日）NO.118）。

d 信用供与等先（受信者）グループの範囲

信用供与等規制は、単体の信用供与等先（「同一人自身」という）ではなく、信用供与等先グループ（「同一人」という）単位で合算し、過度の信用供与等がなされていないか管理する必要がある。このように合算して管理する必要がある理由としては、信用供与先（企業）の経営状況が悪化する場合、これと同一グループの他の企業の事業内容も悪化する必要があり、また個人とその親族等の関係者についても、同様の問題が生じるおそれがあるためである（池田＝中島監修『銀行法』164頁）。

信用供与等先（受信者）グループの範囲は以下のとおりである。

(a) 同一人自身が会社である場合の信用供与等先（受信者）グループ

ⅰ） 同一人自身の合算子法人等

ⅱ） 同一人自身を合算子法人等とする法人等およびこれに準ずる者として施行規則で定める者

ⅲ） 上記ⅱ）の合算子法人等

ⅳ） 同一人自身またはⅰ）～ⅲ）に掲げる者の合算関連法人等（注）

ⅴ） 同一人自身の議決権の50％超を保有する会社以外の者

ⅵ） ⅱ）に掲げる法人等の議決権の50％超を保有する会社以外の者

ⅶ） ⅴ）またはⅵ）に掲げる者が議決権の50％超を保有する法人等

ⅷ） ⅶ）に掲げる者の合算子法人等および合算関連法人等

ⅸ） 同一人自身、合算会社およびⅴ）またはⅵ）に掲げる者が合算して議決権の50％超を保有する他の会社

(注) 「合算関連法人等」に該当する場合であっても、当該関連法人自身が上場会社等の場合、他の法人等の子会社・子法人等となっている場合、同一人自身の破綻により連鎖的に破綻する見込みがないことが明らかである場合等は対象外となる（平成26年10月22日金融庁告示第55号

「合算関連法人等から除かれる者として金融庁長官が定める者等を定める件」第1条)。

(b) 同一人自身が会社以外の者(個人等)である場合

x) 同一人自身が議決権の50%超を保有する会社

xi) 同一人自身およびⅰ)の会社または複数のⅰ)の会社が合算して議決権の50%超を保有する他の会社

平成25年改正までは「議決権50%超基準」(形式基準)に基づく親子・兄弟関係でつながるグループを受信者側合算の対象としていたが、国際的には、議決権基準(形式基準)よりも実質的な基準に基づき、受信者合算対象者の範囲を画する傾向にあった。そこで、平成25年改正により、「実質支配力基準に基づく親子・兄弟会社関係」および「影響力基準に基づく関連会社関係」も信用供与等先(受信者側)の合算の対象として追加され、受信者側の合算対象が拡大している。

e 信用供与等の限度額

1信用供与等先グループ(同一人)への信用供与等限度額は、自己資本比率規制上の単体・連結の各自己資本の額に、政令で定める率(25%)を乗じて得た金額となる(単体・連結のいずれの基準も満たす必要がある)。

・単体信用金庫から信用供与等先グループへの信用の供与等……単体自己資本の額の25%

・信用金庫グループから信用供与等先グループへの信用の供与等……連結自己資本の額の25%

受信側 与信側	同一人自身(単体)	同一人(グループ)
信用金庫単体	25%	25%(＊1)
信用金庫グループ	25%	25%(＊2)

なお、平成25年改正前は、受信側グループに対しては与信側の信用金庫単体、信用金庫グループの自己資本の各40%が限度とされていたが(上記表の(＊1)(＊2))、国際的な標準に引き下げるため、限度額が25%に引き下げられた。このように、単体・グループでの掛け目が25%で統一されたことか

ら、上記表における受信者側の「同一人自身（単体）」および「同一人（グループ）」の区別は不要となっている。

　　f　適用除外

　信用の供与の性格等を勘案し、以下については適用除外とされている（銀行法13条３項、信用金庫法施行令11条12項）。なお、この点については、改正により信用供与等の範囲が拡大したことを踏まえ、適用除外事由も拡大している（下記ⅲ）〜ⅶ）が平成25年改正で追加されたものである）。

　　ⅰ）　国および地方公共団体に対する信用の供与（銀行法13条３項１号）

　　ⅱ）　政府が元本の返済および利息の支払いについて保証している信用の供与その他これらに準ずるものとして政令で定める信用の供与等（銀行法13条３項１号）

　　ⅲ）　予算について国会の議決を経、または承認が必要な法人（銀行法13条３項２号、施行令11条12項１号）

　　ⅳ）　特別法により設立された法人で、国および地方公共団体以外の者の出資のないもののうち、特別法により債券を発行することができる法人（銀行法13条３項２号、施行令11条12項２号）

　　ⅴ）　日本銀行（銀行法13条３項２号、施行令11条12項３号）

　　ⅵ）　外国政府等で金融庁長官の定めるもの（銀行法13条３項２号、施行令11条12項４号）……具体的には、平成26年10月22日金融庁告示第55号「合算関連法人等から除かれる者として金融庁長官が定める者等を定める件」により、自己資本比率規制上でリスク・ウェイトが０％とされている外国政府等と定められている。

　　ⅶ）　信用金庫グループ間の取引

　　g　やむを得ない理由がある場合

　また、信用の供与等を受けている者が合併を行い、共同新設分割もしくは吸収分割を行い、または事業を譲り受けたことにより信用金庫または信用金庫グループの同一人に対する信用の供与等の額が限度額を超えることとなる場合その他政令で定めるやむを得ない理由がある場合（信用供与先等の事業の遂行上で予見しがたい緊急の資金の必要が生じた際に、信用供与等限度額を超えて信用供与等を行わないと当該債務者の事業の継続に著しい支障が生じるおそ

れがある場合など）において、内閣総理大臣の承認を受けたときも、大口信用供与等規制の適用が除外されている（銀行法13条１項ただし書、施行令11条９項・11項、施行規則116条、119条）。

やむを得ない場合の例外が定められている趣旨としては、例えば合併に伴い、大口信用供与等規制に突然抵触してしまう場合その他やむを得ない理由がある場合を一律に規制対象とすると、融資の突然の引上げによって融資先の事業継続が困難となるなど、かえって金庫の経営の健全性に悪影響が生じるおそれがあるためである（池田＝中島監修『銀行法』168頁）。

なお、従前、「やむを得ない理由」については限定列挙されていたが、平成25年改正により、法令等で具体的に列挙された理由以外でも、個別事案に応じて、監督当局（金融庁長官）が適当と認めれば「やむを得ない理由」として認められるよう、柔軟化されている。

改正監督指針においては、「その他金融庁長官が適当と認めるやむを得ない理由」に該当するものとして銀行法13条１項ただし書の承認をする場合として、以下のとおり例示列挙された。

① 法令上の義務に基づき信用の供与等をする場合

② 「銀行法第14条の２の規定に基づき、銀行がその保有する資産等に照らし自己資本の充実の状況が適当であるかどうかを判断するための基準」（平成18年金融庁告示第19号。以下「自己資本比率告示」という。）第６章第５節に規定する信用リスク削減手法を用いることにより、信用の供与等の額が信用供与等限度額を超過しない場合

③ 金融グループの組織再編やビジネスモデルの再構築等を実施する場合であって、当該組織再編等の目的の実現のために必要であると認められる場合

例示列挙した事由に該当して承認をする場合は、例外的に解消計画を求めないことが記載されている。

　　h　潜脱防止規定の追加（銀行法13条５項）

平成25年改正により、大口信用供与等規制の適用を免れる目的で信用供与等を行っている場合（迂回融資や名義分割等）、当該信用供与等の名義人以外の実質的に信用供与等を受けるものに対する信用供与等として、大口信用供

与等規制を適用することが銀行法13条5項に明記されている。

2 預金または定期積金の受入れ（法53条1項1号）

(1) 預金の意義

「預金」については、一般用語として用いられており銀行法、信用金庫法その他の法令で定義規定がない。昭和56年の銀行法の全面改正の際、預金および為替取引の定義規定を設けるべきとの意見もあったが、定義規定がなくても実務上支障がないこと、よほど工夫した法文としないと現実の預金取引等の変化に対応できず、新商品開発の制約になりかねず、弾力的に解釈し得る余地を残す観点から、規定されなかった（家根田正美＝小田大輔「実務相談銀行法⑾」金法1941号10頁）。

一般に、預金とは、「後日に同額の金銭の返還を受ける約束のもとで他人に金銭を預けること」（小山『銀行法』109頁）をいうが、取引慣行から、以下の4点を特徴とするものと解釈されている（小山『銀行法』110頁）。

---

① 受け入れる側が、不特定かつ多数の者を相手として行う営業であること。
② 金銭の預入れであること。
③ 元本保証があること。
④ 主として預け主の便宜のためになされるものであること。

上記①②のとおり、国民大衆（不特定多数者）から金銭の預入れを受けるという公共性や、通常の民商法取引に比して債権者保護の要請が高いことから、一般人が不特定多数者を相手として預金業務を行うことは禁止されている。すなわち「出資の受入れ、預り金及び金利等の取締りに関する法律」（出資法）2条において、「業として預り金をするにつき他の法律に特別の規定のある者を除く外、何人も業として預り金をしてはならない」と規定されているとおり、預金業務を行うことができる者は上記の「他の法律に特別の規定」（銀行法や信用金庫法）がある場合に限定されるものである。

預金取引については、各金庫が定める預金規定（約款）により、金庫と預

金者との権利義務関係が決せられる。

⑵　預金の法的性質

a　消費寄託契約

預金取引は、金銭の消費寄託契約（場合によっては準消費寄託契約）によってなされる。普通預金契約の法的性質について、金銭の消費寄託契約とした裁判例もある（東京高判平14.12.4金法1693号86頁）。普通預金契約については、消費寄託と消費貸借の両者の要素を包含する無名契約であると解する見解（幾代＝広中編『新版注釈民法⒃』395頁）や金銭消費寄託を中心とする役務の提供を目的とする契約と解する見解（中田裕康「銀行による普通預金の取引停止・口座解約」金法1746号17頁参照）もある。

通常の寄託（単純寄託）が寄託者から預かった物自体を単に預かって保管し、期日到来後に返還する義務を負うのに対し、「消費寄託契約」（民法666条）とは、受寄者が寄託者から受領した物を使用・運用・消費することができ、期日が到来した際に頂かった物と同種・同等・同量の物を調達して返還すれば足りる契約である。

現行民法においては、消費寄託契約は、借りた物を使用後に返す点で消費貸借契約に類似されるため、「寄託」の一類型ではあるが、「消費貸借」の規定が準用されていた（改正前民法666条1項、587条〜592条）。しかし、平成32年4月1日施行の改正民法においては、消費寄託は「寄託」の一類型であると整理され、原則として寄託の規定（改正民法657条以下）が適用され、消費貸借の規定の準用は一部に限定されている（同法666条2項・3項）。

普通預金は返還期限の定めのない消費寄託に該当する。現行民法下において、普通預金について、相当の期間を定めた返還の催告（民法591条1項）を行う必要はなく、いつでも返還を請求できると解されていた。改正民法においては、消費寄託には前記のとおり寄託の規定が適用されるところ、返還期限の定めのない寄託における寄託者からの返還請求について直接定めた規定はないが、これまでと同様、寄託者はいつでも寄託物の返還を請求できると解される。

また、定期預金は返還期限の定めのある消費寄託に該当する。改正前民法

において、消費寄託には消費貸借の規定を準用し、返還時期の定めのある消費貸借について、期限到来前の貸主による返還請求権に関する規定はなかったが、期限が到来するまでは、返還請求をすることができないと解されていた。平成32年4月1日施行の改正民法においては、原則として寄託の規定を準用することとしているところ、寄託者はいつでも寄託物の返還を請求できるとされている（改正民法662条1項）。もっとも、別段の合意（特約）があれば払戻しを拒絶することができ、従前の実務のように、定期預金規定において、預金者は信用金庫の承諾なく期限前解約することができない旨の特約により対応できる。

　信用金庫の預金取引についてみると、預金者（寄託者）が信用金庫に対して金銭（現金のみならず、金銭と同等視し得る手形・小切手等を含む）の保管を委託し、信用金庫は預金者（寄託者）の請求または金銭消費寄託契約（預金取引）で定められた期限に、寄託を受けた金銭と同額の金銭を返還することを約し、かつ実際に金銭を授受することによって成立する。

　なお、信用金庫の取り扱う預金の中には、当座預金のように、消費寄託契約と他の契約との混合契約であるものもある。

b　契約の性質

(a)　要物・不要式契約

預金取引は消費寄託契約であり、元本となる金銭を受け取ることによって効力を生ずる要物・不要式の契約である。

　要物契約であるため、金銭が現実に交付されない限り成立しないはずであるが、預金口座への振替入金（手形割引、貸付の代わり金を預金者の預金口座に振り替えることなど）も金銭の授受と同視することができるため、要物性を満たすものとして、預金契約が成立するものと解される（大判昭6.6.22新聞3302号11頁）。

　また、実務上は、定期預金の満期後の同額書替や満期後の利息を加えた金額による書替等が行われている。これは既存の消費寄託上の債務を新たな消費寄託の目的とするものであり、準消費寄託契約であり、本来の消費寄託契約における要物性を必要としないが、本来の消費寄託契約と同等の効力を有する（『金融法務講座』176頁）。

（b） 有償契約

受寄者たる信用金庫は、寄託を受けた金銭（預金）を融資取引、有価証券運用、不動産取得の原資など、自由に運用することができ、信用金庫が預金を運用する対価として、通常は利息が付されるので、有償契約である（利息付消費寄託契約）。

（c） 片務契約

金銭の交付がなされ預金契約が成立した後は、信用金庫のみが預金の払戻義務（および利息の支払義務）を負うので、片務契約に該当する。

c 預金通帳、預金債権の譲渡等

預金債権は、特定された預金者と信用金庫との合意によって成立する指名債権であるから、その成立には証券の存在を必要としない。また、預金取引の内容を明確にし預金者の保護を図るため、預金者に対して預金通帳または預金証書が交付されるのが普通であるが、上記預金通帳や預金証書は有価証券ではなく、証拠証券にすぎない（また、近年は預金通帳についてもペーパーレスとすることが増えている）。

預金債権の譲渡は、指名債権の譲渡（民法467条、468条）としての性質を有するが、一般には、預金約款によって譲渡を禁じられている。

(3) 員外預金

信用金庫は、その協同組織金融機関としての性格から、会員外への貸付が制限されているが、預金または定期積金の受入れについては、金融の円滑を図るための必要資金の確保および国民大衆の貯蓄の便宜の見地から、会員以外の一般の者からの受入れも認められている。

この点、例えば信用組合については、預金の受入れは原則として組合員を対象とし、総預金額の20％まで員外預金が認められることと異なり、同じく協同組織金融機関であるものの、信用組合に比して一般金融機関性が高い。

(4) 預金の種類

信用金庫が取り扱うことができる預金の種類は法令上制限されておらず、具体的な預金の種類ごとに法令の定めがあるものでもない（なお、信用金庫

以外の一部の協同組織金融機関（農業協同組合や漁業協同組合）や郵便貯金においては、従前より「預金」でなく「貯金」との文言が用いられている。貯金は沿革的に零細・小口のものを指すことがあるが、実質的な差異があるものではなく、法律的には区別はない）。

実務上のニーズから、普通預金、貯蓄預金、定期預金等に類型化されてきたものであるが、信用金庫は、法令に抵触しない限り、これらの預金を自由に取り扱うことができる。

預金の類型も増加してきており、今後は新しいタイプの預金が登場する可能性がある。前記のとおり、一般には、預金約款によって預金債権の譲渡が禁じられているが、その後、譲渡・質入れが可能な譲渡性預金（譲渡性預金はCertificate of Depositの略で、「CD」と呼ばれるが、金融業界においては、キャッシュ・ディスペンサー（Cash Dispenser）との混同を避けるために、「NCD」と呼ばれることも多い）が追加されている。

預金について、2つの観点から分類すると、下記のとおりである。

a　要求払預金と定期性預金

要求払預金とは、預金者の要求に応じて、随時、自由に払戻しが行われる預金の総称であり、当座預金、普通預金、通知預金、納税準備預金などがある。

これに対し、定期性預金とは、一定期間は原則として払戻しができない預金であり、定期預金が代表例である。

要求払預金は、いつでも自由に払戻しができることから、信用金庫の立場としては運用資産としての安定性という点で定期性預金に比べて劣っているため、預金利率は低く設定される。他方で、顧客（利用者）の立場からすると、要求払預金は貯蓄・利殖機能は定期性預金に比べて劣るが、受払機能、各種決済機能、保管機能において優れている（小山『銀行法』114頁）。

b　流動性預金と固定性預金

流動性預金は、預入期間を固定せず、いつでも払戻しのできる預金であり、要求払預金の概念とほぼ重複するが、超短期の返済期間を持つ預金を指すことがある（小山『銀行法』114頁）。固定性預金は、預入期間が比較的長期に固定されている預金である。

⑸　預金の帰属

　出捐者と預入行為者が異なる場合の預金債権の帰属（真の預金者）の判断基準について、以下のような説がある（榎本克巳「預金者の認定」塩崎編『裁判実務大系⑵』13頁参照）。

・客観説…自らの出捐によって、自己の預金とする意思で、金融機関に対し、本人自らまたは代理人・使者を通じて預金契約をした者を預金者とする説である。客観説によると、預入行為者が出捐者の金銭を横領し、自己の預金とするなどの特段の事情がない限り、出捐者が預金者であるとする（架空名義預金についての最三小判昭57.3.30金法992号38頁参照）。

・主観説…預入行為者が特に他人のために預金することを表示しない限り、預入行為者を預金者とする説である。

・折衷説…原則として客観説によるが、例外的に預入行為者が自己の預金であると明示または黙示に表示したときは、預入行為者が預金者であるとする説である。

　判例は、無記名式定期預金（最一小判昭32.12.19民集11巻13号2278頁・金法164号12頁）および記名式定期預金（最二小判昭57.4.2金法995号67頁）の双方について、預金債権は出捐者に帰属すると判断し、客観説を採用している。

　また、保険代理店名義の普通預金口座（保険契約者から収受した保険料のみを入金する目的で開設した保険料専用預金口座）が保険会社および保険代理店のいずれに帰属するかについて、下級審の判断が分かれていたところ、最二小判平15.2.21（民集57巻2号95頁・金法1677号57頁）は、代理店Bが、保険契約者から収受した保険料のみを保管するため、金融機関に「A損害保険代理店B」名義の普通預金口座を開設したが、AがBに対して普通預金契約締結の代理権を授与しておらず、Bが同口座の通帳・届出印を保管し、Bのみが同口座からの払戻事務を行っていたという事実関係のもとにおいて、同口座の預金債権はBに帰属すると判示している。

　上記は最高裁が普通預金の帰属について初めて判断したものであるが、流動性預金（普通預金や当座預金）は金銭の交付によって所有権が移転し、預入者が当該口座を管理しているという事情によるものである。

また、最一小判平15.6.12（民集57巻6号563頁・金法1685号59頁）は、依頼者から委任を受けた弁護士が当該依頼者から受領した預り金を原資とする弁護士名義の預金債権の帰属について争われた事案で、債務整理事務の委任を受けた弁護士が、委任者からその事務処理費用に充てるために交付を受けた金銭は前払費用に当たり、前払費用は、交付の時に委任者の支配を離れ、受任者がその責任と判断に基づいて支配管理し、委任契約の趣旨に従って用いるものとして受任者に帰属すると解され、かかる資金をもって自己の名義で開設し管理していた口座に属する預金債権は、その後に入金されたものを含めて弁護士に帰属すると判断している。

⑹　預金の払戻方法と信用金庫の免責

　普通預金等の払戻方法については、信用金庫の窓口において払戻請求書および預金通帳を窓口に提出する方法と、CDやATMなどの機械において、キャッシュカードによる払戻しをする方法に分けられる。

　信用金庫の営業店窓口において、例えば普通預金の払戻しをした場合、信用金庫側が普通預金通帳と払戻請求書の提出を受け、相当な注意を払って、払戻請求書に捺印された印影と届出の印鑑を照合した上で払い戻した場合、信用金庫は免責約款または民法478条により免責される（ただし、最一小判昭46.6.10（民集25巻4号492頁・金法618号50頁）は、銀行が手形の印影と届出印鑑とが符合すると認めて支払いをした場合は責任を負わない旨の当座取引契約上の免責約款は、銀行が手形の印影照合にあたって尽くすべき前項の注意義務を軽減する趣旨のものではないと判示している）。

　次に、キャッシュカードによる払戻しについて、最二小判平5.7.19（金法1369号6頁）は、銀行の設置した現金自動支払機を利用して預金者以外の者が預金の払戻しを受けたとしても、真正なキャッシュカードが使用され、正しい暗証番号が入力されていた場合には、銀行による暗証番号の管理が不十分であったなど特段の事情がない限り、銀行は、免責約款により免責されると判示していた。

　しかし、偽造・盗難キャッシュカードによる預金払戻しの被害増加を踏まえ、偽造カード等及び盗難カード等を用いて行われる不正な機械式預貯金払

戻し等からの預貯金者の保護等に関する法律（以下「預貯金者保護法」という）が平成18年2月10日に施行された。

　預貯金者保護法は、偽造・盗難カード等を用いたATM、CDからの不正な預金払戻しの被害について、預金者に過失がなければ、原則として金融機関による補填対象となる。

　ただし、預金者に重過失がある場合には、偽造、盗難カード被害とも補償されず、また重過失以外の過失では、偽造カードによる被害は、原則、全額補償対象となり、盗難カードは、原則、75％が補償対象と定められている（ただし、信用金庫側が善意無過失であることが前提となる）。

⑺　普通預金

a　普通預金の成立・法的性格

　普通預金は、1円以上の単位で、いつでも預入れおよび払戻請求のできる要求払いの預金債権であり、その性質は期間の定めのない金銭消費寄託契約である（民法666条2項）。

　普通預金は、預金者より普通預金の申込みと、預金の目的たる金銭が信用金庫に交付され、預金者の口座に開設されることにより成立する。

　いったん普通預金が成立すると、預金者は当該普通預金口座を利用して預入れおよび払戻しを反復継続して行うこととなり、普通預金は包括的・継続的な預金契約といえる。

　普通預金債権は口座への預入金ごとに成立するのではなく、既存の預金と1つの債権に合体して1個の消費寄託契約として成立し、反復する預入れ、払戻しによる金銭の増減にかかわらず、常に現在残高につき1個の普通預金債権として成立する。

b　普通預金の特色

　普通預金には、以下の特色がある（小山『銀行法』119頁）。

①　要求払預金としての性質から簡便であり、国民大衆の家計や貯蓄用に、あるいは当座預金取引のない中小企業が営業用出納預金として、さらに大企業が一時的な余裕資金を運用するため、などに広く使われている。

②　給与、年金配当金の送金の受け皿となり、また保険料や各種公共料金の

ための自動振替など決済口座として利用されている。

③　継続的な取引であり、解約をしなければ、仮に預金残高が0円となっても口座はなくならない。

④　年に2回、利息を元金に組み入れる慣行（元加）が確立している。

c　預金口座開設拒否の可否

特に普通預金については、信用金庫の業務の公共性にかんがみて、不特定多数の公衆に対して預金の受入れを行う意思を表明している商慣行等を踏まえると、預金口座開設拒否をできるか問題となるが、民事上契約自由の原則が認められるから、信用金庫側は、普通預金口座開設の申入れに必ず応じなければならない法律上の義務を負うものではない。

また、いったん普通預金契約が成立すれば、信用金庫は顧客が預金通帳とともに金銭を差し出す限りは受け入れる義務を負うとともに、営業時間内であればいつでも払出しに応じる義務を負うものであり、また解除のハードルも高まるため、入口で排除する必要性が認められる。

この点、銀行が普通預金口座の開設申込みを拒否した行為の不法行為該当性が争点となった東京地判平26.12.16（金法2011号108頁）も、銀行に預金口座開設の承諾を義務付ける法令上の根拠がなく、銀行業務の公共性から、直ちに契約自由の原則の適用が制限され、銀行が預金口座の開設申込みを承諾すべき義務があるとまではいえないと判断している。

また、預金口座の開設に関する事例ではないが、東京高判平14.8.29（金判1155号20頁）は、永住資格なき外国人の住宅ローン申込みを銀行が拒絶したことに関し、銀行業務の公共性よりも、契約締結自由の原則（経済活動の自由）を優先させ、憲法14条違反等を理由とする不法行為の成立を否定した地裁判決が支持されている。

もっとも、信用金庫の業務の公共性や商慣習にかんがみて、単に経済非効率というのみで謝絶することはできず、口座開設を拒否するについては、合理的・相当な理由が必要となる。

預金口座開設を謝絶する合理的・相当な理由がある場合としては、以下のような場合が想定される。

・信用金庫に対する嫌がらせ目的等の場合…預金を約定の本旨に従って正当

に利用する目的ではなく、同一名義の口座を分割して開設するなど（1円預金など）、信用金庫に対して負担をかけたり、嫌がらせをしたりすることが目的である場合。

・暴力団排除条項に該当する場合…口座開設申込者が暴力団排除条項に該当し、またはそのおそれがある場合。

・取引時確認に応じない場合…信用金庫は取引の際に、取引時確認を行う必要があるが（犯罪による収益の移転防止に関する法律条）、顧客等が取引時確認に応じない場合（同法5条）。

・マネー・ローンダリングのおそれがある場合…詐欺等犯罪による収益の受領に利用される口座（犯罪収益口座）のおそれがある場合、自宅および勤務先の住所に照らして、口座開設の申込みに不審な点がある場合など、マネー・ローンダリングのおそれがある場合。

⑻　定期預金

定期預金とは、預入期間が一定期間（例：3カ月、6カ月、1年、2年等）と確定しており、当該期間内は、原則として払戻しの請求ができない預金である。すなわち、貯蓄型預金であり、法的性格としては、期間の定めのある金銭の消費寄託契約である。

定期預金は、普通預金債権が口座への預入金ごとに成立するのではなく、既存の預金と1つの債権に合体して1個の消費寄託契約として成立するのに対し、預入れごとに個別に成立する。

定期預金証書は有価証券ではなく、証拠証券かつ免責証券としての性質を有する。預入れが複数口にわたる場合、預金通帳が発行されることがあるが、これは数個の定期預金債権を便宜上、1つの通帳に記載したものにすぎず、1口ごとに独立した預金契約が成立するものである。

定期預金は期間の定めのある契約であるため、原則として期限前の払戻しはできないが、預金者が期限前の払戻しを請求した場合、信用金庫は期限の利益を放棄して中途解約に応じる。もっとも、その場合、預入期間に応じ、本来の定期預金の利率よりも低い期限前解約利率（中途解約利率）が適用される。なお、総合口座となっている場合、定期預金を担保として自動的に貸

出が行われる。

なお、信用金庫が預金者に対する貸金と定期預金を相殺することによって、債権回収をすることが考えられるが、定期預金については期間の定めがあるため、問題となる。

この点、期限の利益は債務者（信用金庫）のためにあるものと推定されるが（民法136条1項）、預金者にとっても満期までの利息を収受し得る利益がある。

信用金庫取引約定書（参考例）に期限の利益喪失の約定（5条1項・2項）、相殺予約（払戻充当。8条）があるため、当該約定によって相殺の予約完結権を行使し、相殺することとなる。しかし、当該取引約定書が差し入れられていないときは、一般の相殺手続によることとなり、定期預金の満期前に相殺する場合、預金者側の満期まで利息を収受し得る利益を害さないようにする必要があり、信用金庫は期限の利益を放棄し、満期までの利息を付して（大判昭9.9.15民集13巻1839頁）相殺することとなる（『金融法務講座』182頁）。

⑼ 通知預金

通知預金とは、信用金庫が任意に定める一定の据置期間（通常7日間）が設定され、当該据置期間中は払戻しができない性格の預金であり、かつ、預金者が払戻しを受けるために、信用金庫が任意に定める所定日前までに払戻しの予告（通常2日前）をしなければならない。

通知預金は、据置期間中は払戻しに応じる義務がない確定期限付消費寄託契約であるが、据置期間経過後は、期間の定めのない要求払預金の性格となる。

通知預金は、定期預金と同様、預入れの1口について1つの消費寄託契約が成立し、1口の金額の一部払戻しはできない。

⑽ 当座預金

a 当座預金

当座預金は、当座勘定に預入れされる預金であり、信用金庫と当座勘定取引契約を締結した取引先が、当該信用金庫を支払人として振り出した小切

手、または当該信用金庫を支払場所として振り出した約束手形または為替手形の決済資金とするものであり、主として企業の決済口座として利用されている。

当座預金は、預金者が随時、自由に引き出しができる要求払預金であり、また引き出す場合には小切手・手形をもって行い、また無利息という特徴がある。

なお、当座預金口座に十分な資金がないにもかかわらず手形・小切手が振り出されると、不渡りとなり、信用取引が混乱するため、信用金庫としては、当座預金を開設するにあたり、顧客の資力や信用力を十分審査する必要があるし、当座預金口座を解約する場合には、相手方に交付していた手形用紙・小切手用紙を回収する必要がある。

b 当座勘定取引契約

当座勘定取引契約は、支払資金となるべき金銭の受入れおよび保管を目的とする消費寄託契約としての当座預金契約と、小切手、手形の支払委託をする準委任契約（民法656条）を包括する継続的な複合取引契約（混合契約）である。当座勘定取引契約は、当座勘定に関する基本契約であり、当座預金をする当座預金契約とは異なる。この点で、普通預金契約が普通預金をすることと不可分であり、これと独立した存在が認められないのと異なる（『金融法務講座』183頁）。

c 当座貸越契約

当座勘定取引契約を締結する場合、これに付随して当座貸越契約も締結されるケースが多い。当座貸越契約は、当座預金の残高が足りなくても、当座預金の預金者に代わり、信用金庫が一定の極度額（限度額）まで支払いをすることを事前に予約する与信取引であり、消費貸借の予約に該当する。なお、信用金庫が取引先の依頼により、当座預金残高または当座勘定貸越契約の限度額を超えて振り出された小切手について、当該取引先の信用や定期預金の担保がある場合に、例外的に支払いをするケースを「過振り」という。

⑴ 別段預金

別段預金とは、信用金庫の預金や為替等の業務を通じて生じた預金者から

の預り金や保管金などを暫定的・一時的に処理する必要がある際、他の預金種目や勘定科目で取り扱うことが適当でない場合、信用金庫の事務処理上、便宜上設けられた預金種目である。

　具体的には、信用金庫が取り扱う株式配当金、株式の払込金、公社債元利金の支払資金などがある。

　別段預金は上記のとおり、仮の勘定であり、その性格も統一的ではないため、一般の預金と異なり、特定の約款は存在しない。また、預金者単位で口座が設けられるものではなく、資金の種類や内容別に内訳が設定される。

　また、預金通帳や預金証書は一般に発行されず、利息も付されない。

⑿　定期積金の受入れ

　信用金庫法においては、預金のほかに定期積金の受入れを固有業務としている（法53条1項1号）。定期積金は「月掛け貯金」とも呼ばれ、預金（積立定期預金）と極めて類似した機能を有するが、以下に述べるとおり、法的には預金と区別される。

　すなわち、定期積金とは、あらかじめ期限を定めて、一定金額の給付を行うことを約して、定期にまたは一定の期間内において数回にわたり継続的に信用金庫に払い込むことを条件として、信用金庫が満期日に一定の金額（満期給付金）を積金者に交付することを約する契約である（銀行法2条3項参照）。昭和56年に銀行法が全面改正された際、貯蓄銀行等を銀行法に吸収することとし旧貯蓄銀行法の定期積金の定義規定を銀行法に取り入れ「預金」と並び規定した経緯がある（池田＝中島監修『銀行法』68頁）。

　定期積金契約は、預金契約が要物契約であるのとは異なり、信用金庫および積金者の意思表示の合致のみで成立する諾成契約である。

　また、積金者は掛金の払込義務を負うものではなく、掛金の払込みは満期給付金の支払いを受けるための条件であるため、条件どおり掛金の払込みが行われたときに信用金庫が条件成就により満期給付金の支払い義務を負う片務契約であり、また掛金の払込みの対価として満期給付金の支払いがなされるため、有償契約である。

　上記満期給付金は預金と異なり、法的には信用金庫からの一方的な給付と

解されている。したがって、給付補填金（掛金総額と給付金の差額）は、経済的には預金利息に相当するものではあるが、法的には利息ではなく、この点、積立定期預金と区別される。

⒀　利　　　息

金融機関ごとに預金者との契約により自由に金利を決定することは、金融機関間の過当競争を誘発し、金融の円滑化を阻害し、金融機関の健全性を損なうおそれがあることから、昭和22年12月、臨時金利調整法（昭和22年法律第181号）が制定され、同法2条1項で、「内閣総理大臣及び財務大臣は、当分の間、経済一般の状況に照らし必要があると認めるときは、日本銀行政策委員会をして、金融機関の金利の最高限度を定めさせることができる」と規定している。

臨時金利調整法を受け、金利の最高限度を定めた昭和23年1月10日大蔵省告示第4号「金融機関の金利の最高限度に関する件」1の2が存したが、これは平成17（2005）年4月1日に効力を失っているため、信用金庫の預金の利率の最高限度に関する規制は現在のところ存在しない。

3　会員に対する資金の貸付（法53条1項2号）

⑴　「資金の貸付」の意義

信用金庫の固有業務のうち、預金業務と対をなすものが資金の貸付および手形の割引業務である（手形の割引業務については4で説明する）。

資金の貸付とは、償還を条件として金銭を貸与し、利息を得ることを目的とする与信行為であり、法的には金銭消費貸借契約（民法587条～592条）である。広義における「資金の貸付」については、手形の割引や債務の保証・手形の引受け、有価証券の貸付などの与信行為全般を含めることもあるが、手形の割引は法53条1項3号において規定されており、また債務の保証・手形の引受けは同条3項1号の付随業務として、また有価証券の貸付は同条3項3号の付随業務として規定されていることから、法53条1項2号における資金の貸付は、証書貸付、手形貸付、当座貸越をいうものと解される（これ

第5章　事業（第53条～第54条）　463

らの広義の「資金の貸付」（与信行為）のうち、資金の貸付と手形の割引は資金の交付を伴うのに対し、債務の保証、手形の引受け、有価証券の貸付は、資金の交付がない点で異なる）。

なお、平成32年4月1日施行の改正民法においては、消費貸借は、金銭その他の目的物の引渡しをもって契約が成立する要物契約とする点は現行民法を維持しつつ、書面（電磁的方法を含む）でする消費貸借は、目的物の引渡しを要しないで契約が成立する諾成契約とした。

⑵ 貸付についての5原則

資金の貸付および手形の割引は、国民大衆から預金等として資金を調達し、これを借り手に供給するものであり、よって経済社会の基礎をなすものであり、そのため信用金庫の業務は公共性を有するものである。

貸付にあたって、以下のとおり5原則がある（小山『銀行法』127頁）。

① 安全性の原則…貸付金が確実に回収されることをいい、そのため、地域別・業種別・企業別にみて、適度に分散（リスクヘッジ）されていることが必要となる。

② 流動性の原則…要求払預金の預金者は随時、自由に預金を払い戻すことができるため、信用金庫は一定程度、現金化の可能な資産を手元に準備しておく必要がある。資産・負債の総合的な管理方法（ALM）が効果的である。

③ 収益性の原則…信用金庫の収入を増加させ、支出を減少させて、収益を確保することである。信用金庫は営利企業ではないが、経営の安全性等を確保するためにも、収益をあげることが求められる。

④ 公共性の原則…信用金庫が一般の預金を受け入れてこれを原資として貸付をするものであるため、一般の預金者の利益保護につながるものでなければならず、また貸付にあたって公共の利益を尊重しなければならない。

⑤ 成長性の原則…貸付が貸付先企業の成長に寄与しなければならないことである。

⑶　会員に対する貸付の原則

　資金の貸付は信用金庫の固有業務であることや、信用金庫が会員の相互扶助を目的とする協同組織金融機関であることからも、信用金庫による貸付の相手方は原則として会員に限定され、政令で定める一定の場合のみ会員以外の者に対する資金の貸付が認められている（法53条2項）。

　政令で定める例外（員外貸付）については、⑥で説明する。

⑷　貸付の種類

　貸付の種類としては、貸付の形式（証書貸付、手形貸付など）、担保の有無（担保貸付、無担保貸付）などさまざまな観点から分類可能であるが、以下においては、貸借対照表の勘定科目をもとに、手形貸付、証書貸付および当座貸越について検討する。

a　手形貸付

　手形貸付とは、証拠および支払確保の手段として、借用証書の代わりに借主の発行した約束手形を用いて資金の貸付を行うものである。

　手形貸付を行った信用金庫は、手形債権と金銭消費貸借契約上の債権を併せて取得する。

　手形貸付のメリットとして、通常の証書貸付に比べて、回収が簡便かつ迅速であり、譲渡による資金化も容易であること、手形訴訟によって請求することもできること、書替の都度、利息の先取りが可能であること等がある。他方で、デメリットとしては、手形面に各種貸付条件（利息の割合や分割支払い等）を記載できないため、長期の貸付に適さない点がある。

b　証書貸付

　証書貸付とは、貸付に際して、証拠として借用証書を用いるものをいう。

　借用証書の形式としては、公正証書と私署証書とがある。借用証書が強制執行認諾文言付きの公正証書で作成すれば、費用がかかるものの、債務名義としての効力を有するため（民事執行法22条5号）、信用金庫としては、債務不履行が生じた場合、確定判決を取得することなく強制執行を行うことができる。

証書貸付については、1年以上の長期貸付にも適しているというメリットがあり、債権保全のために不動産抵当その他の担保の徴求がなされることが多い。

　c　当座貸越

当座貸越契約は、当座勘定取引に随伴し、当座預金の残高（支払資金）が足りなくても、当座預金の預金者に代わり、信用金庫が一定の極度額（限度額）まで支払いをすることを事前に予約する与信取引であり、消費貸借の予約に該当する。当座貸越においては、当座預金残高を超過して振り出された小切手が支払呈示された段階で、信用金庫による貸付が実行される。

いわゆるカードローン、すなわち信用金庫の発行するキャッシュカードを利用して、いつでも預金残高を超えて払戻しを受けられる貸付の方式がある。実務上のバリエーションは存在するが、一般的には貸越取引の一類型と解されている（『金融法務講座』189頁）。

(5) 貸付金の利率

資金の貸付は、法的には金銭の消費貸借契約であり、民法上当然に利息が付されるものではなく、当事者間の約定により付されるものであるが（平成32年4月1日施行の改正民法589条1項）、一般には利息を付す有償契約である。信用金庫による貸付金の利率は、当事者間の約定によるものであるが、臨時金利調整法（昭和22年法律第181号）による規制には服さず（臨時金利調整法2条1項の規定に基づく金融機関の金利の最高限度に関する件（昭和23年1月10日大蔵省告示第4号））、利息制限法（昭和29年法律第100号）および当該信用金庫の業務方法書（法29条3号参照）の定める最高限度の範囲内で取り決めることになる。

(6) 資金の貸付手法の多様化

資金の貸付については、社会の変化や顧客のニーズも踏まえ、シンジケート・ローン（以下「シ・ローン」という）、プロジェクトファイナンス、劣後ローンなど多様化している。

信用金庫も、参加金融機関、アレンジャーまたはエージェントとしてシ・

ローンの組成に参加することがある（平野英則「Q&A信用金庫職員のための
シンジケートローン契約書の見方」金法1722号24頁、平野『よくわかるシンジケー
トローン』8頁）。

　シ・ローンも法53条1項2号の「資金の貸付け」に該当するため、信用金
庫がシ・ローンによる貸付を行う場合、シ・ローンの借入人が当該信用金庫
の会員または施行令8条1項各号に掲げられた取引の主体となり得る会員以
外の者に限定されることになると解されている（平野英則「信用金庫の法務入
門⑵」金法1732号76頁）点に留意が必要である。

4　会員のためにする手形の割引（法53条1項3号）

　「手形の割引」とは、満期日到来前の手形を、その譲受けの日から満期日
までの利息相当額（割引料）を手形金額から差し引いた金額を対価として授
受する行為であって、その法的性質は有価証券たる手形の売買行為と考えら
れている。通常、金融機関の与信事業の1つとして行われる。信用金庫に手
形を持参して割引を受けることができる者は、原則として当該信用金庫の会
員に限定されているが、手形の割引は、信用金庫が会員以外の第三者と手形
法上の関係を持ち、当該第三者から支払いを受けるものであることから、会
員に対する貸付と異なり、手形法上の保護を受ける一方で、上記第三者の信
用リスクを負う。

　なお、手形貸付は、消費貸借としての貸付の債権保全のために、借用証書
に代えて手形の差し入れを受けるものであり、手形関係のほか、その原因と
なる金銭消費貸借関係が残るものであるのに対し、手形割引は手形関係しか
残らない点で異なる。

5　為替取引（法53条1項4号）

⑴　為替取引の意義

　為替取引については、銀行法、信用金庫法その他の法令で定義規定が設け
られていないが、一般に、空間的、距離的に隔たった隔地者間において、直
接に現金を輸送することなく、資金の授受の目的を達成することとされてい

る（小山『銀行法』144頁）。最三小決平13.3.12（刑集55巻2号97頁・金法1613号77頁）は、「銀行法2条2項2号は、それを行う営業が銀行業にあたる行為の一つとして『為替取引を行うこと』を掲げているところ、同号にいう『為替取引を行うこと』とは、顧客から、隔地者間で直接現金を輸送せずに資金を移動する仕組みを利用して資金を移動することを内容とする依頼を受けて、これを引き受けること、またはこれを引き受けて遂行することをいうと解するのが相当である」としている。金融庁も、法令適用事前確認手続（ノーアクションレター制度）の回答において、上記最高裁決定の考え方を採用している。

　債権者と債務者が資金決済のために現金を持ち運んで授受する場合、盗難・紛失のリスクがあるほか、特に遠隔地の場合には時間やコストを要し、現代社会においては非現実的といえる。金融機関の為替業務は、遠隔地に安全・迅速に資金を送ることができ、遠隔地が支払場所となっている手形や小切手の代金の取立てを行うことができ、現代の経済社会の資金流通の基礎となっている。

　このように、為替取引がそれ自体経済社会において重要な機能を有することや、実質的に顧客との間で信用の授受を発生させるものであることから、為替取引については、資金決済法に基づく資金移動業者を除き、これを営業することのみで「銀行業」に該当することとしたものである。

　現在、銀行のほか、信用金庫、信用協同組合、農業協同組合、労働金庫などほぼすべての金融機関が参加する一大為替オンライン網が形成され、日本国内において、自由にどこでも為替を行う仕組みが確立している（小山『銀行法』136頁）。

⑵　為替取引が固有業務とされている理由

　為替取引が固有業務とされているのは、銀行制度が為替取引に淵源を有するという沿革的な理由のほか、為替取引が隔地者間における資金授受の媒介を行う経済的に重要な行為であり、為替取引は信用機能を担うという重要な業務であるため、このような信用機能を担うにふさわしいものに限定し、為替取引の利用者保護、ひいては信用秩序の維持等を図るためである（小山

『銀行法』136頁参照）。

　このような観点から、為替取引業務はもともと、銀行や信用金庫など預金取扱金融機関に限って行うことができたが、金融審議会金融分科会第二部会「決済に関するワーキング・グループ」において取りまとめられた報告書「資金決済に関する制度整備について―イノベーションの促進と利用者保護―」を踏まえ、平成22年に「資金決済に関する法律」（資金決済法）が施行され、預金取扱金融機関（銀行、信用金庫等）以外の者でも登録を受ければ一部為替業務を行うことができるようになった。すなわち、資金決済法は、銀行等以外の者が行う為替取引（少額の取引として、100万円に相当する額以下の資金の移動に係る為替取引に限る）を「資金移動業」と定義し（資金決済法2条2項、同法施行令2条）、内閣総理大臣の「登録」を受けた株式会社または外国資金移動業者である「資金移動業者」（資金決済法2条3項）は、銀行法4条1項および47条1項の規定にかかわらず、資金移動業を営むことができるとしている（資金決済法37条、40条1項1号）。

⑶　為替取引の種類

a　送金、振込み、代金取立て

　為替は、送金、振込み、代金取立ての3つの機能がある。

　送金は、金融機関を経由して債務者から債権者に資金を送付し、債権・債務を決済する方法であり、振込みとは受取人の預金口座に一定金額を入金することを内容とする為替業務である。送金とは金融機関を介して行う資金の送付であり、預金口座を介しない点で振込みと異なる。

　これに対し、代金取立ては、債権者が手形などの証券類を金融機関を通じて、債務者に対して取り立てるものである。

　送金および振込みと、代金取立てとは、資金の流れが異なり、送金および振込みは、「債務者→金融機関→債権者」の順に資金が流れる。これに対し、代金取立ては、「債権者→金融機関→債務者」の順に資金が流れる。

b　内国為替取引と外国為替取引

　なお、為替取引には、内国為替取引と、外国為替取引がある。内国為替取引とは、金銭の貸借の決済ないし資金の移動を必要とする地域が、いずれも

同一国内にある場合であり、外国為替取引は、複数国にまたがる場合である。

信用金庫の為替業務は、かつては内国為替業務に限定されていたが、昭和56年の信用金庫法の改正に伴い、旧大蔵大臣の許可を得れば信用金庫も外国為替業務を取り扱えるようになり、さらに平成10年4月1日施行の外国為替及び外国貿易法により、信用金庫も含めた一般企業も自由に外国為替業務を行えることになった。外国為替業務については、「外国為替及び外国貿易管理法」（昭和24年12月1日法律第228号）により、財務大臣の認可を受けなければこれを営むことはできない。

なお、かつての信用金庫法においては「会員のためにする内国為替取引」に限定されていたが、現行の信用金庫法においては「為替取引」とのみ規定されているため、会員以外の一般の者も信用金庫の為替取引業務を利用し得る。

6 信用金庫の業務と員外貸付

(1) 総　　説

信用金庫の業務は、法53条に定められているところ、固有業務のうち、預金や為替取引については、不特定多数の者との取引が可能である（法53条1項1号・4号）。他方で、与信（資金の貸付および手形の割引）については、会員の相互扶助を目的とする協同組織金融機関としての性格から、原則として会員に対するものに限定されている（法53条1項2号・3号）。

もっとも、信用金庫の円滑な金融事業の遂行や、融資の安全性・少額・会員貸出の継続・公共性といった観点から、例外的に、政令で定めるところにより、会員に対する「業務の遂行を妨げない限度」において、会員以外の者に対する資金の貸付および手形割引（以下「員外貸付」という）を行うことができる（法53条2項）。

員外貸付が認められる類型として、後記のとおり10類型がある。

⑵ 員外貸付の類型

員外貸付の類型については、施行令8条1項1号～10号において定められている。施行令の文言のとおり、うち施行令8条1項1号・4号・6号～8号は資金の貸付のみで手形の割引は含まれない。

また、施行令8条1項1号～6号・9号に掲げる資金の貸付および手形割引の額の合計額は、当該信用金庫の資金の貸付および手形割引（同項10号に定める金融機関に対するものを除く）の総額の20％に相当する金額までに限定されているが、その他は貸付額の制限がない（施行令8条2項）。

⑶ 預金・定期積金担保貸付（施行令8条1項1号）

a　趣旨および要件

会員以外の者に対し、その預金または定期積金を担保として行う資金の貸付をいう。

預金等の受入れには会員や会員たる資格の制限がないことから、この貸付について、小口員外貸付のように「会員たる資格を有する」といった要件が付されていない。これは、信用金庫に預け入れた定期預金や定期積金などの満期が近くなったものの急に資金が必要となったり、満期まで長期間を残しているが一時的に資金が必要となったような場合に、当該預金等を中途解約することは、預金者等にとって不利益となることから、預金者等の利益のために定められたものであり、信用金庫のための制度ではないためである（雨宮＝和田『金融取引ルールブック〔信用金庫版〕』129頁）。上記のとおり、預金者の利益のために定められた員外貸付であることから、信用金庫が非会員に対し、当初から貸付を行うことを意図して員外預金を勧誘したり、運転資金として預金担保貸付を反復継続することは、脱法的な行為と解され得るため、留意が必要である（平野編著『実務相談』95頁〔岡野正明〕、『5000講Ⅰ』164頁）。

また、会員たる資格の要件が付されていないことから、その者の住所、居所、事業所または勤労に従事する場所が、信用金庫の地区内に限定されず、地区外の者も対象となるが、「会員以外の者に対しその預金又は定期積金を

担保として…」との文言から、「その預金又は定期積金」とは借入希望者自身の預金または定期積金をいう。すなわち、貸付後は「債務者兼担保提供者」となることが必要であり、借入人以外の他人（例：家族）の名義の預金を担保として貸付をすることはできない（もっとも、会員以外の者で会員たる資格を有する者に対しては、700万円以下の小口員外貸出を行うことができる）。

また、小口員外貸出と異なり、貸付限度額は定められていないが、預金等を担保として行うことから、貸付額は当該預金等の金額の範囲内である必要がある。

b 員外預金担保貸付と小口員外貸出の併用の可否

会員以外の者が員外預金担保貸付と小口員外貸付を重畳的に利用できるか否かが問題となる。

この点、小口員外貸出が導入された昭和43年6月の信用金庫法改正に際して開催された金融二法説明会における旧大蔵省との質疑応答において、施行令により、員外預金担保のほかに小口員外貸出ができるので、両者の併用も考えられるため、分けて取り扱って差し支えない旨の説明がなされている（森井編著『相談事例』219頁）。

よって、借入人が同一人であっても、貸付が員外預金担保貸付および小口員外貸付としてそれぞれの要件を充足する場合には、両者を併用した貸付を行うことができると考えられている（森井編著『相談事例』219頁）。

なお、員外預金担保貸付と小口員外貸付については、①会員資格の要否（員外預金担保貸付は不要、小口員外貸付は必要）、②貸付額の上限（員外預金担保貸付については預金等の金額の範囲内、小口員外貸付は700万円）、③手形割引の可否（員外預金担保貸付は不可、小口員外貸付は可）などの点で異なる。

⑷ 卒業生金融（施行令8条1項2号）

a 卒業生金融の意義

卒業生金融とは、金融庁長官の定める期間（3年以上。平成10年12月14日大蔵省告示第54号「信用金庫が会員以外の者に対して行う資金の貸付け等に関する期間及び金額を指定する件」1号）会員であった事業者で、法10条1項ただし書に規定する事業者となったこと（個人事業者については、常時使用する従業

員の数が300人を超えること、法人については常時使用する従業員の数が300人を超えかつ資本または出資の額が9億円を超えること）により、信用金庫の会員たる資格を失い、法17条に基づき脱退したもの（卒業会員）に対して行う資金の貸付（償還期限が当該期間内に到来するものに限る）および手形の割引である。

信用金庫の会員には、地区の制限とは別に、従業員数および資本金額等の規模要件が存在するが、事業の規模は変動し得るものである。一定期間以上の長きにわたって信用金庫の会員として取引のあった中小企業者が、経済情勢の変化により会員資格の範囲を超えて成長したり、あるいは合併したりすることにより、規模が拡大した場合に、直ちに会員としての貸付等を受けられなくなることは適当でないために規定されたものである。

なお常時使用する従業員の数が300人を超え、もしくは資本の額または出資の総額が9億円を超えるに至った原因については、信用金庫法、施行令や告示において、特に制限されていない。

なお、貸付先がいったん卒業生となった場合であっても、その後再び会員たる資格要件を有するようになった場合、会員となることができる。

　b　卒業生金融の期間

卒業生金融の期間は、会員であった期間に応じて異なり、以下のとおり定められている（平成25年3月29日（最終改正）金融庁告示第20号「信用金庫が会員以外の者に対して行う資金の貸付け等に関する期間及び金額を指定する件」2号）。

・会員であった期間が3年以上5年未満の場合…脱退の時から5年
・会員であった期間が5年以上の場合…脱退の時から10年

資金の貸付は、この期間内に償還期限が到来するものに限られる。ただし、手形の割引は、この期間内に行われればよく、手形の満期日がその期間を超えてもかまわない（手形の割引については、支払期日資金の貸付に比較して一般に期間が短いために要件を定めなかったものと想定される）。

　c　合併により会員資格を喪失した場合と卒業生金融

前記aのとおり、規模要件について特段の制限は課されていないことから、合併によって会員資格を喪失した会社が、卒業生金融の対象となるか問

題となる。

　この点、昭和43年に旧大蔵省銀行局中小金融課は、「合併前には両社とも会員資格があったが、合併により会員資格を失った場合、大蔵大臣の定める期間会員であった事業者が一方のみであっても、合併後の会社を卒業生として取り扱ってさしつかえない」と回答している（森井編著『相談事例』226頁）。

　よって、①両社とも合併前に会員資格を有していたこと、②存続会社が合併により会員資格を喪失したこと、③合併前において少なくとも１社が実際に３年以上会員であったこととの要件を満たせば、存続会社を「卒業生」と取り扱うことが可能であると解する（内藤ほか編著『逐条解説信金法』192頁）。

⑸　小口員外貸付（施行令8条1項3号）

a　趣旨および内容

　小口員外貸付とは、「会員以外の者で会員たる資格を有するものに対し、金融庁長官の定める金額の範囲内において行う資金の貸付け及び手形の割引」（施行令8条1項3号）をいう。

　「金融庁長官の定める金額」とは、１人当たりの資金の貸付および手形の割引の額の合計額700万円とされている（3号）。

　小口員外貸付が認められているのは、小口の一時的利用者にまで信用金庫への加入を求める必要がないためであり、前記⑴と異なり、会員以外の者のうち、会員たる資格を有することが要件となる。

b　小口員外貸付と制度融資

　前記第3号括弧書において、「（信用金庫が地方公共団体から資金の預託を受けて会員たる資格を有する者に対して行う当該資金の貸付については、一人当りの資金の貸付の額700万円）」と規定されている。

　よって、上記告示の文言解釈からは、信用金庫が、会員外の者に対し、小口員外貸付とともに地方公共団体から資金の預託を受け、この預託金を見合いとしていわゆる制度融資を行う場合には、その者に対し、自金庫プロパーの小口員外貸付の700万円とは別枠で預託金の範囲内でさらに700万円まで貸付可能である。すなわち、小口員外貸出として１人当たり合計1400万円まで、資金の貸付および手形の割引を行うことが可能となる（森井編著『相談

事例』221頁）。

なお、地方公共団体が信用保証協会に資金を貸し付け、信用保証協会がその資金を信用金庫に預託する場合であっても、その預託が地方公共団体の中小企業対策などのためのいわゆる制度融資を円滑に実施するために、信用保証協会を経由して行われていることが明らかであるときは、当該資金は平成25年3月29日（最終改正）金融庁告示第20号「信用金庫が会員以外の者に対して行う資金の貸付け等に関する期間及び金額を指定する件」の「地方公共団体から…預託を受け」た資金として取り扱って差し支えないと解されている（森井編著『相談事例』223頁）。

⑹　会員の外国子会社に対する資金の貸付または卒業会員の外国子会社に対する金融庁長官の定める期間内に行う資金の貸付（償還期限が当該期間内に到来するものに限る）（施行令8条1項4号）

a　改正の経緯

会員の外国子会社に対する資金の貸付または卒業会員の外国子会社に対する資金の貸付を定めたものである。これは、平成25年3月26日に「信用金庫法施行令及び中小企業等協同組合法施行令の一部を改正する政令」が閣議決定され、同月29日に、上記政令が関連する内閣府令の改正と合わせて公布され、員外貸付の一類型として政令に追加されたものである。

b　改正の背景

経済のグローバル化に伴い、信用金庫の会員たる中小・零細企業が海外に進出し、現地法人（子会社）を設立し、製造の一部や販路の拡大を請け負わせる事例が増加しているが、外国子会社は、事業規模や信用力から、現地の銀行などから借入れが困難なケースも多かった。

また、法人の会員資格については地区要件があり、地区外の法人に対する貸付については員外貸付の要件を満たす必要があるところ、会員または卒業生の外国子会社に対する貸付は規定がないところである。

従前は、信用金庫が会員等の外国子会社に対して直接の貸付ができず、地区内の親会社たる会員等に、外国子会社への転貸資金を融資する、いわゆる親子ローンにより対応するケースもあった。しかし、これは例外的な取扱い

であり、地域の中小・零細企業について、その海外現地法人についても、従前から取引のある信用金庫から資金の貸付や債務の保証を直接受けるニーズが高まった（北神裕「信用金庫・信用組合の会員・組合員の外国子会社への直接貸付等を可能とする制度の概要」金法1968号28頁）。

平成25年3月29日に公布・施行された施行令および施行規則の改正により、会員等の海外展開の際の資金調達の支援の多様化に沿った改正がなされ、会員等の海外子会社の依頼による、当該海外子会社への直接貸付が解禁されたものである（卒業会員の海外子会社については、償還期限が金融庁の定める期間内に到来するものに限定されている）。

c 「外国子会社」の意義

「外国子会社」（施行令8条1項4号）の意義については、会員等の海外の事業展開ニーズに応える趣旨で例外的に解禁されたものであるため、厳格な定義がされており、外国の法令に準拠して設立された法人その他の団体（外国法人等）であって、以下のいずれかのものをいうとされている（施行令8条3項）。

外国子会社は必ずしも法人である必要はなく、外国子会社を支配する会員等も必ずしも法人である必要はない（北神・前掲30頁）。

【外国子会社】

1　会員または卒業会員がその総株主等の議決権（に相当するもの）の50％超を保有しているもの（原則）

2　その本国（当該外国法人等の設立にあたって準拠した法令を制定した国をいう）の法令または慣行その他やむを得ない理由により、会員または卒業会員がその総株主等の議決権の50％超の保有が認められない外国法人等であって、人的関係、財産の拠出に係る関係その他の関係において当該会員又は卒業会員と密接な関係を相当程度有するものとして内閣府令で定めるもの「人的関係、財産の拠出に係る関係その他の関係において当該会員又は卒業会員と密接な関係」（施行規則49条の2）について、①〜③のいずれか

①　当該会員等の役員、業務を執行する社員もしくは使用人である者、またはこれらであった者であって当該会員等が外国法人等の財務及び営業また

は事業の方針の決定に関して影響を与えることができるものが、当該外国法人等の取締役会その他これに準ずる機関の構成員の過半数を占めていること。

② 当該会員等と当該外国法人等との間に当該外国法人等の重要な財務および営業または事業の方針の決定を支配する契約等が存在すること。

③ 当該外国法人等の資金調達額（貸借対照表の負債の部に計上されているものに限る）の総額の過半について当該会員等が融資（債務の保証および担保の提供を含む）を行っていること。

前記の経緯やニーズ等から、会員の外国子会社にまで員外貸付の範囲を拡大したところではあるが、信用金庫は地域等の会員の相互扶助を旨とするものであり、本来の取引対象は会員である。よって、外国子会社に対する貸付や債務の保証についても、当該外国子会社と会員等との結びつきが相当程度認められる範囲で解禁されたため、上記のような要件が設定されたものである。

また、このように会員等とその外国子会社との強い結びつきを確保する観点から、「外国子会社」の概念は法32条6項の「子会社」の概念と異なり、間接支配（子会社などを通じた保有）分と直接支配分を合わせた総株主等の議決権の50％超の議決権ではなく、会員等が直接総株主等の50％超の議決権を有するケースに限定される（北神・前掲29頁）。

d 卒業会員の外国子会社への資金の貸付

平成25年の改正の際に、親会社たる卒業会員への資金の貸付が認められるのと同じ期間、卒業会員の外国子会社に対する資金の貸付も行うことができることが施行規則および告示（「信用金庫が会員以外の者に対して行う資金の貸付け等に関する期間及び金額を指定する件」）により規定された。

e 監督指針の規定

平成25年の政令、内閣府令、告示の改正と合わせ、信用金庫等による会員等の外国子会社への資金の貸付・債務の保証に係る適切なリスク管理を確保するため、監督指針の改正が行われた。

監督指針の中では、①親会社たる会員等を通じた実効性ある外国子会社に

対する融資の審査やモニタリング実施と合わせ、必要に応じ、現地において借り手企業の状況を確認できる態勢整備、②必要に応じ、親会社たる会員等と外国子会社との間で保証契約を締結、③外貨建てによる外国子会社に対する貸付の場合について、適切な為替リスク管理の実行、④日本国内の法令に加え、借り手企業の所在地における法令遵守のための態勢整備、が求められている。

(7) 独立行政法人等に対する貸付（施行令8条1項5号）

独立行政法人通則法2条1項に規定する独立行政法人または地方独立行政法人法2条1項に規定する地方独立行政法人（以下「独立行政法人等」という）に対する資金の貸付および手形の割引が定められている。

なお、地方独立行政法人の中には、施行令8条1項8号に規定する独立行政法人勤労者退職金共済機構および独立行政法人住宅金融支援機構に対する資金の貸付は別に定められている。

金融庁は、国立大学法人および大学共同利用機関法人（以下「国立大学法人等」という）を信用金庫等の員外貸付の対象先として施行令8条1項5号に追加する改正がなされ、平成29年3月24日に公布および施行された。

独立行政法人等については、施行令8条1項5号で員外貸付先として認められながら（公立大学法人についても、大学の設置および管理を行う一般地方独立行政法人（地方独立行政法人法68条1項）として、本号に基づく員外貸付の対象とされていた）、類似の制度下にある国立大学法人（国立大学法人法に基づき国立大学の運営等を行っている法人）等については、これまで員外貸付が認められていなかった。しかし、近年、産学官連携の事業融資等、国立大学法人等に対する資金需要が増大しているほか、国立大学法人等は、独立行政法人等と同様に、国が責任を持つべき高等教育や学術研究において、国から財政措置を受けながら、それぞれの地域で公共サービスを提供している点で、独立行政法人制度と同様の枠組みにあるとともに公共性が認められる。

そこで、国立大学法人等についても、員外貸付の対象として追加される改正がなされたものである。

⑻ 民間資金等の活用による公共施設等の整備等の促進に関する法律に規定する選定事業者に対する貸付（施行令8条1項6号）

民間資金等の活用による公共施設等の整備等の促進に関する法律2条5項に規定する選定事業者（いわゆる PFI 実施に係り選定された民間事業者）に対する同条4項に規定する選定事業に係る資金の貸付である。

⑼ 地方公共団体に対する貸付（施行令8条1項7号）

「地方公共団体」とは、普通地方公共団体（都道府県・市町村）および特別地方公共団体（特別区、地方公共団体の組合、財産区および地方開発事業団）をいう（地方自治法1条の3）。

地方公共団体は、その統治団体としての性格や、「国民大衆のため」の中小企業専門金融機関であるという法1条の趣旨から、信用金庫の会員となることはできない。もっとも、地方公共団体との取引を通じ地域経済の発展に寄与することも地域金融機関たる信用金庫の重要な使命であることから、員外貸付の対象先とされている。

なお、貸付先となる地方公共団体について特段の制限は付されていないため、地区外の地方公共団体に対する員外貸付も可能である。

⑽ 勤労者退職金共済機構、住宅金融支援機構等に対する貸付（施行令8条1項8号）

独立行政法人勤労者退職金共済機構、独立行政法人住宅金融支援機構、沖縄振興開発金融公庫または勤労者財産形成促進法12条1項に規定する共済組合等に対する同法11条に規定する資金の貸付である。これも信用金庫の地域金融機関としての性質等から員外貸付の対象先とされている。

⑾ 地方住宅供給公社等に対する貸付および手形の割引（施行令8条1項9号）

「地方住宅供給公社その他これに準ずる法人で金融庁長官の指定するものに対する資金の貸付け及び手形の割引」である。

上記の「金融庁長官の指定するもの」（平成 8 年11月 8 日大蔵省告示第317号）とは、①住宅、宅地および道路の供給を目的とする法人であって、その出資金額または拠出された金額の 2 分の 1 以上が地方公共団体により出資または拠出されているもの、および②特定住宅金融専門会社の債権債務の処理の促進等に関する特別措置法 3 条 1 項 2 号に規定する債権処理会社をいう。

施行令 8 条 1 項 9 号の員外貸出を認めた趣旨は、主に地域住民の金融機関たる信用金庫にその役割を十分発揮させようとすることにある（平野英則「信用金庫の法務入門・第 9 回　員外貸出、員外保証（その 3 ）」金法1697号60頁）。

⑿　金融機関に対する貸付および手形の割引（施行令 8 条 1 項10号）

金融機関に対する貸付（コール・ローンを含む）および金融機関同士の手形の売買（再割引等）をいう。

⒀　事後員外貸付・事後地区外貸付

a　事後員外貸付と事後地区外貸付の類型

施行令 8 条 1 項に定められた員外貸付は、例外として有効とされている。

しかし、上記とは別に、貸付当初は会員に対する貸付であったが、事後的に、当該会員がなんらかの事情により会員資格を喪失し、法定脱退したにもかかわらず残存することとなる貸付が存在する。

施行令 8 条 1 項以外の員外貸出は、以下のとおり、「事後員外貸付」と「事後地区外貸付」に分けられる。

⒜　事後員外貸付

事後員外貸付としては、たとえば以下のようなものがある。

① 卒業生金融の特例期間（平成10年12月14日大蔵省告示第54号「信用金庫が会員以外の者に対して行う資金の貸付け等に関する期間及び金額を指定する件」2 号）を経過した場合

② 貸付先（会員）が死亡し、債務を承継した相続人が会員たる資格を有しない場合複数の相続人は法定相続分により債務を分割相続する。実務上は相続人が相互に重畳的債務引受けをするケースがあるほか、相続人の支払能力などにより返済が困難な場合、旧債務と同一の残債を新たに貸し出

し、返済を求める方法が採用されるケースがある。後掲最一小判昭33.9.18（民集12巻13号2027頁）は、農業協同組合の員外貸付について、事業目的の範囲を広く解し、組合の事業に付帯する事業の範囲内に属すると判示していることなどを根拠に、当初の貸出が協同組織金融機関たる信用金庫の事業目的の範囲内であり、相続により相続人の債務を承継した結果、非会員たる相続人への貸付の形式となるものの、有効と解される（平野編著『実務相談』115頁〔岡野正明〕）。

③　貸付金の返済を延滞しており、出資金より一部返済に充当したが、残債が生じた場合

(b)　事後地区外貸付

事後地区外貸付としては、以下のようなものがある。

①　地区外に移転した場合

②　地区内の事業所に勤務していたが、退職した場合

③　地区内の事業所に勤務していたが、地区外の事業所に転職した場合

④　地区内の事業所に勤務していたが、事業所が地区外に移転した場合

⑤　地区内に事業所を有する者の役員を務めていたが、退任した場合

b　施行令8条1項以外の員外貸付等と法令違反

施行令8条1項に規定された以外の事後員外貸付や事後地区外貸付が法令違反になるか。この点、信用金庫法は、会員資格が融資の発生条件（貸出開始の要件）であるか、発生条件であるのみでなく存続条件（貸出継続の要件）でもあるか否かについては明示していないため、問題となる。

会員による人的結合体という協同組織金融機関たる信用金庫の性質からすれば、会員に対する貸出が原則であり、施行令8条1項に定めた以外の員外貸出は適切でないとも解され、脱退と同時に全額を弁済させるのが妥当な取扱いともいい得る（信用金庫実務研究会「信用金庫取引実務の再検討」金法916号14頁）。

しかし、信用金庫法上の会員資格は、事後的な状況の変化によって喪失することがあり得ること、実際にも、脱退と同時に債務者が全額を弁済することは困難なケースが多いこと、特に個人の住宅ローンのような貸付の場合、脱退と同時に全額返済することは極めて困難なケースが多いことにかんがみ

て、貸出期限までは回収上のズレが過渡的に生じるという取引の実態がある。

　また、「国民大衆のために金融の円滑を図る」という法１条の目的や、中小企業者や勤労者その他の一般庶民大衆のための中小企業等専門金融機関としての性質からすると、前記の施行令８条１項に規定された以外の員外貸付（いわゆる事後員外貸出や事後地区外貸出）については、信用金庫は合理的な範囲内で継続することが許容されると解されるし、員外貸出として残存することがやむを得ないものとして行政上も容認されるべきと解される（信用金庫実務研究会・前掲14頁）。

　金融庁（旧大蔵省）の検査においても、これらの貸付について下記のとおり取り扱っていることでもあり、早期回収に努めるべきことは当然であるとしても、一概に法令違反と断じ、無理な回収を図る必要はなく、会員資格喪失後、貸出期限まで不可避的に生じる過渡的な回収のズレを員外貸出の継続により補完することが許容される（「信用金庫実務研究会報告Ｉ　会員資格等（その３）」金法1226号22頁）。

　　「(i)　事後地区外貸出（会員に対して行われていた貸出であって、その後、当該会員の住所、居所または事務所が地区外に移ったため、法定脱退となり、結果的に地区外貸出となったもの）、事後員外貸出（会員に対して行われていた貸出であって、除名、死亡、解散、破産などの事由により法定脱退および自由脱退により、結果的に員外貸出になったもの）および卒業生金融で卒業生としての資格喪失後においても残存する貸出については、

①　償還について積極的な努力をしていると認められるものについては、法令違反とはしないが、その後の整理を引き続き促進させるため、不備事項として取り上げることとする。

②　償還について積極的な努力が認められず、貸付がいたずらに放置されているものについては、法令違反とはしないが、貸付態度の問題として取り上げ、同時に不備事項として指摘する。

③　前記①および②の場合においても、貸増しまたは更改を行っているものについては、法令違反として指摘する。

(ii)　卒業生金融については、貸付の契約上の償還期限が資格喪失までの

期間内となっているものであっても、金庫が当該期間内に回収する意図
をもたずに取り扱ったことが明らかであるものは、法令違反として指摘
する」

⒁　法令違反の員外貸付の効力

⒀は、貸付当初は会員であったが、事後的に会員資格を喪失した場合であ
るが、貸付当初から会員でない者に貸し付けた場合（法令違反の員外貸付の
場合）の、信用金庫の事業目的の範囲との関係や貸付の効力について検討す
る。

a　法人の事業目的

法人は定款等の目的の範囲内において権利能力を有するものであり（民法
34条）、この範囲外の行為は無効となる。

員外貸付は法53条２項および施行令８条１項に定める類型に限定されてい
るところ、信用金庫が法令に違反して行った員外貸付の私法上の効果につい
て、法人の事業目的との関係で問題となる。

すなわち、営利法人について、「目的の範囲内の行為」とは、目的たる事
業を遂行するに必要な行為をすべて包含し、行為の客観的な性質に即して抽
象的に判断されなければならないなど、その範囲は広く解されている（最大
判昭45.6.24民集24巻６号625頁・金法585号16頁）。

これに対し、信用金庫等協同組織金融機関は、資本主義社会において経済
的地位の総体的に弱い小規模事業者や消費者たる会員・組合員の相互扶助や
経済的地位の向上を目的として、特別法により設立された非営利法人であ
る。よって、会員・組合員の保護や法人の財産確保が求められ、営利法人に
比して事業目的の範囲が限定的に解釈される。

b　法令違反の員外貸付の効力

⒜　有　効　説

員外貸付は金融政策的な理由による行政規制としての側面を有し、法令違
反の員外貸付については、役員等に対する取締的措置によって対処すべきで
あり、私的効力自体を否定すべきでないとする有効説もある（我妻榮『新
訂民法総則（民法講義Ⅰ）』（岩波書店・1965年）158頁）。津地裁松阪支判昭

28.3.12（下民集 4 巻 3 号384頁・金法22号17頁）は、員外貸付は役員の処罰をもたらすが、行政監督上の措置にすぎず、実体法上、貸付が無効となるものではないとする。

上記は協同組織金融機関の事業目的の範囲を限定的に解し、当該目的の範囲外の行為を無効とするロジックによるものである。他方で、最一小判昭33.9.18（民集12巻13号2027頁）は、農業協同組合の員外貸付について、農業協同組合は信用事業のほか他の事業を行っており、当該貸付はその面で組合の経済的基礎を確立するために行われたものであるとして、事業目的の範囲を広く解し、組合の事業に付帯する事業の範囲内に属すると判示しているが、信用事業およびこれに付随する事業のみを行うことを認められた信用金庫に一概に適用させることには疑義がある。

また、視点が少し異なるが、会員に対する債権を回収するための会員ではない保証人に対する肩代わり融資や割引手形の振出人に対する当該手形の決済資金の貸付などは、事業目的の範囲に属し有効とする考えもある（『5000講 I』141頁）。

有効説の背景には、法令違反の員外貸付を無効とすると附従性により抵当権も無効となり、債権者の保護が害されるため、これを回避する配慮があるものと解される。

(b) 無効説（通説・判例）

非営利法人の事業目的の範囲が相互扶助性等から限定的に解されることや、理事に対する取締の措置（制裁）のみでは足りないことから、員外貸付は事業目的の範囲外であって無効とするのが通説（大塚喜一郎『協同組合法の研究〔増訂版〕』（有斐閣・1968年）391頁）である。

信用金庫について直接判示した裁判例は見当たらないが、農業協同組合が組合員以外の者に対し、組合の目的事業と全く関係のない貸付をした場合について、目的の範囲外であり無効と判断されている（最三小判昭41.4.26民集20巻 4 号849頁・金法443号 8 頁）。また、労働金庫の員外貸付についても、労働金庫法58条が労働金庫の事業範囲を明定し、かつ同法99条で役員の事業範囲外の行為について罰則を設けていること、同法が会員の福利共済活動の発展およびその経済的地位の向上を目的としていることなどから、目的の範囲

外として無効と判断されている（最二小判昭44.7.4民集23巻 8 号1347頁・金法559号29頁）。

c 抵当権の効力

員外貸付が無効の場合、金銭消費貸借上の債務は存在せず、附従性により抵当権も無効となるはずであるが、その場合、債権者による貸付金の回収が困難となり得る。

この点、員外貸付が無効であっても、不当利得返還請求権が成立する。附従性の原則は、金銭の授受がないため被担保債権が成立しない場合の議論であり、経済的には同一であるにもかかわらず、被担保債権の法律上の性質の変化により抵当権が無効となるのは矛盾であるとし、抵当権は消費貸借契約の無効による不当利得返還請求権にも及ぶとする説がある（星野英一「農業協同組合の員外貸付が無効とされた事例」法協84巻 4 号570頁など）。

しかし、上記見解については、被担保債権が当初から定まっていなければ、後順位担保権者の地位を不明確にし、その利益を害するおそれがあるため、抵当権の流用は認められないとの批判がある。

そこで、前掲最二小判昭44.7.4は、法令違反の員外貸付の場合に、抵当権を正面から有効とするのではなく、無効であることを前提に、経済的には債権者たる労働金庫の有する債権の担保たる意義を有することから、借入人が員外貸付に基づく債権を担保するために設定した担保権およびその実行手続の無効を主張することは信義則上許されないと判示し、現実的かつ柔軟な解決を図っている。

d 小 括

員外貸付が無効の場合、貸付金相当額の不当利得返還請求権が発生し得るとしても、貸付債権とは返済時期や利率に差異が生ずる。

また、前掲最二小判昭44.7.4は、債務者の有責性等を踏まえた救済判決であり、信義則違反となるかは個別の事案によるし、後順位者保護等の必要性が生じる場合もある。

よって、信用金庫は貸付にあたり、会員たる資格の有無、法令で許容された員外貸付か、限度額を超えないものかなど、十分に確認する必要がある。

7	付随業務（総論）（法53条3項）

> **3** 信用金庫は、前2項の規定により行う業務のほか、当該業務に付随する
> 次に掲げる業務その他の業務を行うことができる。

⑴ 総　　説

a　銀行法と信用金庫法の関係

付随業務については主要な業務を本条3項で列挙し、これに「その他の業務」（3項）を加えており、銀行法10条2項の規定とほぼ同様の内容となっている。

銀行法と信用金庫法の業務については、銀行については信用の供与先が限定されていないのに対し、信用金庫については信用の供与先が原則として会員に限定されている点を除いてほぼ同一である。

付随業務は信用の供与を行わないものが大半であるため、信用金庫の付随業務の範囲は、信用の供与を伴う一部の業務を除き、基本的には銀行と同様と解釈することができ、以下においては、銀行法の解釈を前提に論ずる。

b　付随業務の基準・解釈（2つの視点）

以前より、銀行や信用金庫においては、付随業務としてのフィービジネスが注目され、融資等の場合も、アレンジャーやエージェントとしての立場で、信用供与以外の業務による対価を得るなど、収益分野を多角化してきている。

ここで、信用金庫法における付随業務の規定の仕方、ひいては付随業務の範囲の解釈に関しては、2つの視点を検討する必要がある。

⒜　規定の具体化・明確化

信用金庫の公共性や経営の健全性確保の観点から、固有業務を超えて他の業務に進出することについてはリスクを孕み、経営の健全性や預金者の保護に反するおそれがある。また固有業務に専念することにより機能の充実や効率性を発揮し得るところであり、業務として適切な範囲を超える部分につい

ては禁止する必要が認められる。

このような観点からは、付随業務についてもできる限り具体的に限定列挙し、業務として適切な範囲を超える範囲については禁止する必要性が認められる。

(b) 社会経済の変化に応じた業務範囲の弾力化

固有業務と比べて、付随業務の業務範囲は固定的なものではなく、社会・経済情勢の変化、信用金庫の業務の多様化および高度化（新たな金融商品の開発）、顧客に対するサービスの充実化の観点から変化し得るところである。

このような観点からは、付随業務についても、限定列挙ではなく、包括条項（バスケット条項）である「その他の付随業務」の解釈を通じて、今後の経済金融情勢の変化や時代の進展に応じ、列挙された付随業務以外に新たな付随業務の必要性が生じた場合の法律上の受け皿として、弾力的に解釈する要請もある。

なお、金融制度調査会答申「普通銀行のあり方と銀行制度の改正について」（昭和54年6月20日）においても、経済金融環境の変化に応じた銀行業務の効率的な遂行、顧客に対するサービスの充実等を銀行が適切に行っていくことができるようにするため、規定はある程度弾力的なものとしておくことが適当としており、これが昭和56年の銀行法全面改正のもととなっている。

信用金庫法における付随業務の規定の解釈については、上記の要請を念頭に置く必要があるが、信用金庫法の改正により、列挙される付随業務も拡大してきているし、解釈上も、国民年金基金からの受託契約に基づく同基金への加入申出の受理業務、地方自治体が発行する「プレミアム付商品券」の金融機関窓口における委託販売等が認められているところである。

今後も、固有業務を超えて他の業務に進出することのリスク等を踏まえつつも、FinTechの進展や金融技術革新など社会経済の変化に伴い、信用金庫の付随業務の範囲は個別具体的かつ柔軟に考慮されるべきである。

(2) 監督指針において明記された「その他の付随業務」

監督指針（監督指針Ⅲ－4－2の各「『その他の付随業務』の取扱い」）において、法53条3項各号に列挙された業務を除き、「その他の付随業務」につ

き、例示されている業務がある。

　a　コンサルティング業務、ビジネスマッチング業務、人材紹介業務、
　　M&A 業務、事務受託業務

⒜　付随業務として認められる趣旨

　コンサルティング業務（富裕層向けのプライベート・バンキング業務や企業
向けの財務アドバイザリー契約が含まれる）、ビジネスマッチング業務、人材紹
介業務、M&A 業務、事務受託業務は、従来から固有業務と一体となって実
施することを認められてきたが、取引先企業に対する経営相談・支援強化の
観点から、固有業務と切り離して業務を行う場合も「その他の付随業務」に
該当するとされている。

　平成30年の監督指針改正により、金庫本体や子会社が取引先企業に対して
人材紹介業務を行うことができるようになった。取引先企業に経営幹部を派
遣したり、財務・経理の専門家を紹介したりして取引先企業の経営相談・支
援強化に資するものであり、監督指針においては、人材紹介業務について、
職業安定法に基づく許可が必要である旨も付記されている。

　なお、監督指針の注においては、より具体的に、①「取引先企業に対し株
式公開等に向けたアドバイスを行い、又は引受金融商品取引業者に対し株式
公開等が可能な取引先企業を紹介する業務」、②「勧誘行為をせず単に顧客
を金融商品取引業者に対し紹介する業務」（①と②は「市場誘導業務」）も「そ
の他の付随業務」に含まれること、③「個人の財産形成に関する相談に応ず
る業務」（資産運用アドバイス業務）も「その他の付随業務」に含まれる旨が
明記されている。

　これらの業務は、①金融機関が有している取引先のネットワークやノウハ
ウを有効に活用しようとするものであること、②大規模な設備投資は通常は
必要ではないこと、③いわゆるフィービジネスであり信用リスクを伴わない
こと、といった点で共通している。

　上記①および②の市場誘導業務が付随業務として明確化されたのは、市場
機能を中核とする金融システムを再構築するためである。すなわち、信用金
庫等の取引先の立場としては、信用金庫等から融資のみでなく資本市場から
の調達を含めた、総合的な資金調達についての助言をワンストップサービス

で得られるというメリットがあり、他方で引受金融商品取引業者の立場としては、非上場企業との多数の取引がある信用金庫等から紹介を受けられるというメリットがある。

上記より、信用金庫等において、株式公開等に向けたアドバイスの対価として取引先企業から手数料を得ることや、取引先の公開候補企業を引受金融商品取引業者に紹介する対価として金融商品取引業者から紹介手数料を得ることが可能となっており、また信用金庫等は特定の金融商品取引業者を引受金融商品取引業者とすることを取引先企業に推奨することもできるようになっており、市場誘導業務によるフィービジネスが活発化している。

(b) 顧客保護・法令等遵守の観点からの留意点

監督指針Ⅲ-4-2においては、上記(a)の業務実施にあたっては、顧客保護や法令等遵守の観点から、以下の点について態勢整備が図られている必要があることに留意することとされている。

---

① 優越的地位の濫用として独占禁止法上問題となる行為の発生防止等法令等の厳正な遵守に向けた態勢整備が行われているか。

(注) 個人の財産形成に関する相談に応ずる業務等の実施に当たっては、金融商品取引法に規定する投資助言業務に該当しない等の厳正な遵守に向けた態勢整備が行われているか※。

② コンサルティング業務等により提供される商品やサービスの内容、対価等契約内容が書面等により明示されているか。

③ 付随業務に関連した顧客の情報管理について、目的外使用も含め具体的な取扱い基準が定められ、それらの行員等に対する周知徹底について検証態勢が整備されているか(Ⅲ-3-3-3-2参照)。

※監督指針制定時のパブリックコメントの際の回答において、「内部規定やマニュアルなどにおいて、『個人の財産形成に関する相談に応ずる業務』について、投資顧問業法等に抵触しないような具体的な業務手順を記載し、職員に研修等で徹底する等の対応が考えられます」との回答がなされている。

信用金庫によるコンサルティング業務は拡大してきており、信用金庫としても、顧客の個人情報保護や守秘義務の観点から、役職員の研修・教育体制を充実化することが必要である。

　b　電子マネーの発行に係る業務

電子マネー（オフラインデビットにおける電子カードを含む）の発行に係る業務についても、監督指針において、「その他の付随業務」に含まれることが明記されている。

　監督指針においては、上記業務について、発行見合資金の管理等、利用者保護に十分配慮した対応となっていることについて、銀行自らが十分挙証できるよう態勢整備を図る必要があることに留意すべき旨が記載されている。

⑶　「その他の付随業務」の一般的解釈

　a　付随業務4要件

「その他の付随業務」の解釈として、監督指針に明記された①従来固有業務と一体となって実施することを認められていたコンサルティング業務、ビジネスマッチング業務、M&A業務、事務受託業務、②従来から実施を認められてきた電子マネーに関する業務、③資金の貸付け等と同様の経済的効果を有する取引が該当することを前提とし、それ以外の業務（余剰能力の有効活用を目的として行う業務を含む）については、銀行法12条において他業が禁止されていることに十分留意し、後記の4つの観点を総合的に考慮するものとしている。その他、監督指針に明記はされていないが、信用状発行に関する業務、トラベラーズチェックの発行、クレジットカード業務、金地金の売買については、古くから付随業務として解されてきた（氏兼＝仲『銀行法』69頁、『新銀行法精義』151頁）。

　「その他の付随業務」の範疇にあるかどうかの判断にあたっては、下記の付随業務4要件を総合考慮し、これを満たすと解釈できれば、固有業務から独立して営むことができ、手数料等を徴収できる。

【付随業務4要件】

1　当該業務が銀行法10条1項各号および2項各号に掲げる業務に準ずるか。

2　当該業務の規模が、その業務が付随する固有業務の規模に比して過大な
　　ものとなっていないか。
3　当該業務について、銀行業務との機能的な親近性やリスクの同質性が認
　　められるか。
4　銀行が固有業務を遂行する中で正当に生じた余剰能力の活用に資するか。

　1が準業務性要件、2が非過大性要件、3が親近性・リスク同質性要件、
4が余剰性要件といえる。

　(a)　準業務性
　1および3については、従来の銀行法の解釈（氏兼＝仲『銀行法』52頁、
『新銀行法精義』143頁）として論じられていた、「固有業務との関連性・親近
性」に関するものである。関連性については、その時代において信用金庫の
有する社会的・経済的機能からみて、一般通念上、当然信用金庫が行ってし
かるべきであろうという程度の関連性で十分であると考えられる。
　この関連性・親近性の度合いが問題となるが、かつて付随業務についての
考え方の参考とされていた昭和3年5月2日蔵銀第2454号通牒によると、付
随業務は銀行業務の「業務を営むに必要または有用なる従たる業務」と定義
されていたが、今日では「必要または有用」よりも緩和して解釈し得るとこ
ろであり、各時代における銀行の持つ社会的・経済的機能からみて、一般通
念の上で、銀行が当然に行ってしかるべきであるという程度で十分とされて
いる（小山『銀行法』170頁）。

　(b)　非過大性要件
　2については、従来の銀行法の解釈（氏兼＝仲『銀行法』52頁、『新銀行法
精義』143頁）として論じられていた、「量的に本業（固有業務）に対して従
たる程度を超えないこと」との要件に関係し、信用金庫の業務との関連性や
親近性がある業務であるからといって、固有業務に比して過大であることは
問題であり、従たる程度を超えないことが必要である。

　(c)　親近性・リスク同質性要件
　前記(a)で述べたとおり、従来の銀行法の解釈（氏兼＝仲『銀行法』52頁、
『新銀行法精義』143頁）として論じられていた、「固有業務との関連性・親近

性」に関する要件であり、事務リスク、システム障害リスク、レピュテーショナルリスク、過大投資リスク、法的リスク等の観点から検討する必要がある。

アドバイザリー業務は、信用金庫の業務とのリスクが同質とはいいがたい面があるが、前記2の要件の、固有業務の規模に比して過大なものとならない限り、リスクが大幅に拡大するものではないため、「その他の付随業務」として認められる。他方で、後記の事業用不動産の賃貸は、従前の信用金庫の業務とのリスクの同質性がなく、またリスクも大きいため、後記のとおり、限定された要件のもとに認められている。

(d) 余剰性要件

4については、信用金庫が保有する経営資源を現在の業務運営体制を変更せず、また経営の健全性を害しない程度で有効活用するものであり、経営の効率化に資するものである。

なお、「その他の付随業務」の範疇にあるかどうかを判断する際の参考として、一般的な法令解釈に係る書面照会手続およびノーアクションレター制度における回答を参照することが考えられる(監督指針Ⅲ-4-2(4)注3)。

b 事業用不動産の賃貸等

信用金庫は宅地建物取引業の免許を有さず、不動産賃貸業を営むことはできないが(信託銀行は一定の範囲で宅建免許を有する。宅地建物取引業法77条4項)、余剰能力の活用の観点から、事業用不動産の賃貸については、限定的に認められている。

「その他の付随業務」に該当するかについては、前記の4要件が定められているが、事業用不動産の賃貸等について問題となる。

この点、平成29年9月28日に監督指針が改正され、注として、「銀行グループの効率的かつ合理的な業務運営を目的として、事業用不動産の賃貸等をグループ会社に対して行う場合(当該グループ会社自身が使用する場合に限る。)は、「その他の付随業務」の範疇にあると考えられる」ことが明記された。よって、下記イないしニの要件を満たすかに関係なく、「その他の付随業務」に該当する(金融庁パブコメ2)。

また、前記の付随業務4要件を総合的に考慮するにあたり、例えば、グ

ループ会社以外の者に対し事業用不動産の賃貸等を行わざるを得なくなった場合においては、以下のイ〜ニの要件が満たされていることについて、金庫自らが十分挙証できるよう態勢整備を図る必要があることに留意すべきことが記載されている。

> イ．庫内的に業務としての積極的な推進態勢がとられていないこと
> ロ．全庫的な規模での実施や特定の管理業者との間における組織的な実施が行われていないこと
> ハ．当該不動産に対する経費支出が必要最低限の改装や修繕程度にとどまること。ただし、公的な再開発事業や地方自治体等からの要請に伴う建替え及び新設等の場合においては、必要最低限の経費支出にとどまっていること
> ニ．賃貸等の規模が、当該不動産を利用して行われる固有業務の規模に比較して過大なものとなっていないこと
> ＊賃貸等の規模については、賃料収入、経費支出及び賃貸面積等を総合的に勘案して判断する（一の項目の状況のみをもって機械的に判断する必要はないものとする。）

　なお、平成29年９月28日の監督指針改正において、「国や地方自治体のほか、地域のニーズや実情等を踏まえ公共的な役割を有していると考えられる主体からの要請に伴い賃貸等を行う場合は、地方創生や中心市街地活性化の観点から、ニ．については要請内容等を踏まえて判断しても差し支えない」ことが明記されている。

　これは、金融業界からの規制緩和要望を受けたものであるが、FinTechの進展等に伴い、金融機関のビジネスモデルが変化しつつあり、今後、リストラのために業務の用に供しなくなる店舗が増加する可能性がある。信用金庫においても地域活性化のために自治体や事業者（保育所等）に賃貸し、併せて空きスペース活用による業務効率化所有不動産の有効活用が求められる。

　なお、監督指針においては、リストラにより、事業用不動産であったもの

が業務の用に供されなくなったことに伴い、短期の売却等処分が困難なことから、将来の売却等を想定して一時的に賃貸等を行わざるを得なくなった場合においては、上記4要件のうちハのただし書とニが要件から除外され、①庫内的に業務としての積極的な推進態勢がとられていないこと、②全庫的な規模での実施や特定の管理業者との間における組織的な実施が行われていないこと、③当該不動産に対する経費支出が修繕程度にとどまることが要件とされている（監督指針Ⅲ－4－2⑷（注3）参照）。

なお、その他の付随業務として認められる場合であっても、顧客が信用金庫と賃借人を誤認しないようにすること、顧客情報が賃借人に漏洩しないような情報漏洩防止措置を講じることなどが求められる。

c　法令解釈に係る照会手続（ノーアクションレター制度）

監督指針においては、「その他の付随業務」の範疇にあるか判断する際の参考として、一般的な法令解釈に係る書面照会手続およびノーアクションレター制度における回答を参照すべきことが明記されている。

同制度により、これまでに、以下のような業務が付随業務として扱われている。

① 　ATM の画面、取引明細票の余白部分および自己所有店舗の壁面、屋上を広告媒体として使用すること（平成15（2003）年7月1日付回答、整理番号2）

② 　取引先の個人、法人宛に送付しているダイレクトメールを媒体として、業務提携先企業および取引先企業の委託を受けて、当該企業のために情報提供を行う行為（平成15（2003）年7月1日付回答、整理番号3）

③ 　店舗内情報提供機器（プラズマディスプレイパネル、金利ボード）を媒体として、業務提携先および取引先企業の委託を受けて、当該企業のために情報提供を行う行為（平成15（2003）年7月1日付回答、整理番号4）

④ 　取引先の個人、法人宛に発行している通帳、残高明細書、ステートメントパンフレットに、業務提携先および取引先企業の委託を受けて、当該企業のために情報提供を行う行為（平成15（2003）年7月1日付回答、整理番号5）

⑤ 　銀行のホームページ（ウェブサイト）上で取引先の個人、法人宛に提供

しているインターネットバンキング取引画面等や、個人、法人宛に送信している電子メールを媒体として、業務提携先および取引先企業の委託を受けて、インターネットバンキングユーザーやホームページ閲覧者等に対して、当該企業のために情報提供を行う行為（平成16（2004）年6月1日付回答、整理番号7）

これらは、いずれも個別の具体的な事例に関する回答にすぎないが、少なくとも「余剰能力」を活用して行う広告、情報提供については、一定の範囲内で認められていると考えてよいだろう。

近年、信用金庫や銀行が発行するキャッシュカードのIC化が進展しており、同カードに他社の業務のためのアプリケーションを搭載することも可能となっている。これらは情報提供業務とも異なるが、余剰能力の範囲内であれば「その他の付随業務」に該当し得る（「『5000講 I 』21頁）。

⑷　付随業務の重畳適用

信用金庫法に定められた付随業務は、各業務が可能な限り重複することのないよう排他的に列挙されているが、個別の業務の内容によっては、複数の付随業務に該当することもあり、重畳適用を排除しているものではない。

例えば、信用金庫が政府系金融機関の代理貸付を行う場合、「業務の代理」（法53条3項7号）に該当するし、また代理貸付業務における貸付金の交付・回収は経済機能に着目すると「金銭の収納その他金銭に関する事務の取り扱い」（同項8号）にも該当する（小山『銀行法』195頁）。

しかし、いずれも付随業務として位置付けられているため、個々の業務がどの号の付随業務に該当するかはそれほど実益のある議論ではない。

8　債務保証（法53条3項1号）

> ―　債務の保証又は手形の引受け（会員のためにするものその他の内閣府令で定めるものに限る。）

⑴ 債務保証

「債務の保証」とは、債権者・債務者がいる場合において、債務者の委託を受けて（あるいは受けないで）、その債権者に対しその債務者が債務を履行しない場合にその履行をなす責任を負うことをいい、一般に銀行では「支払承諾」と呼ばれている。

信用金庫が債務者の委託を受けて債務保証する場合、信用金庫と債務者との保証委託契約と、信用金庫と債権者との保証契約の三面関係となる。信用金庫が取引先との間で支払承諾取引を行うに際しては、信用金庫取引約定書に加えて、債務保証約定書を取り交わすのが一般的である。

債務保証は、貸付と並び、与信業務の一形態であり貸付と同様の経済的性質を有しているが、貸付が資金を貸し付けて利子を得ることを内容とする業務であるのに対し、債務保証は信用金庫の取引先が第三者から融資を受けるにあたって当該債務を信用金庫が保証する業務である。

信用金庫は現実に資金を使用しないで信用の供与を行い、対価として取引先から保証料収入を得るが、他方で、取引先が支払不能となると、保証先に対して債務全額を支払わなければならず（その結果、取引先に対して求償権を取得する）、よって、信用金庫として債務者の審査が重要である。

⑵ 信用金庫における債務保証先の限定

信用金庫の固有業務である融資において融資先が限定されているのと同様に、協同組織金融機関としての性格から、保証についても信用の供与先等が限定されており、会員のためにするものその他の内閣府令で列挙されたもの、すなわち施行規則50条1項各号に列挙されたものに限られる。

a 会員のためにする債務の保証又は手形の引受け（施行規則50条1項1号）

「会員のためにする債務の保証又は手形の引受け」については、特に種類の制限はない。

「会員のためにする債務の保証」とは、会員を主債務者として信用金庫が保証人となることである。

会員である主債務者から委託を受けて保証人となるケースのみならず、会員たる主債務者から委託を受けない保証（債権者から委託を受けて保証料を債権者から受領し保証人になるケースなど）が含まれるかについて、条文からは明確ではないが、会員に対する債権を譲り受けたことに近く、付随業務の範囲内と解される。

「会員のためにする手形の引受け」とは、会員が振り出した為替手形の引受人として引受けの署名をすることである。

b　卒業生のためにする債務の保証または手形の引受け（卒業生保証。施行規則50条１項２号）

卒業生（施行令８条１項２号に規定する事業者）のためにする債務の保証または手形の引受けが付随業務として認められている。

本条１項２号は、貸付の場合と同様、卒業生のためにする債務の保証、手形の引受けについても認めるものである。

c　外国子会社のためにする債務の保証（施行規則50条１項２号の２）

外国子会社（施行令８条３項）に規定する外国子会社のためにする債務の保証である。

信用金庫の会員または卒業生が海外に進出し、子会社を設立する事例が増加しているが、外国子会社は、事業規模や信用力から、現地の銀行などから借入れが困難となっている。

前記のとおり、これら外国子会社に対する員外貸付が平成25年の信用金庫法改正で定められたが、これと合わせ、平成25年３月29日の施行規則50条１項２号の２が公布・施行され、信用金庫が会員または卒業生の外国子会社の依頼を受け、借入保証状やスタンドバイ信用状の発行により、当該外国子会社の信用を補完し、現地の金融機関から借入れをすることが可能となった。

外国子会社への員外貸付と同様、当該外国子会社の与信管理や保全が重要となる。

d　代理業務に伴う債務の保証（代理貸付保証。施行規則50条１項３号）

施行規則50条１項３号は、法53条３項７号に掲げる業務に付随して行う債務の保証（金融庁長官が定めるものに限る）を付随業務として規定している。

「法53条３項７号に掲げる業務」は、「信用金庫、日本政策金融公庫その他

内閣総理大臣の指定する者の業務の代理または媒介」である（その詳細は後記**16**参照）。

なお、保証ができるのは、金融庁長官が定めるものに限るが、これは「信用金庫法施行規則第50条第1項第3号及び第53条第1項第2号の規定に基づく信用金庫及び信用金庫連合会が行うことができる信用金庫法第53条第3項第7号及び第54条第4項第7号に掲げる業務に付随して行う債務の保証を定める件」（平成18年3月28日金融庁告示第38号）に定められている。

信用金庫が、日本政策金融公庫等の政府系金融機関などの代理貸付業務に付随して、貸付金額の全額または一部を取引先のために保証するケースが想定されており、信用金庫が債務者の信用リスクを負うこととなる。

　e　国税の徴収猶予もしくは延納の担保または国もしくは政府関係機関との取引上の担保として行う債務の保証（国税徴収猶予等保証。施行規則50条1項4号）

信用金庫の取引先が相続税等の納付について延納を希望する場合、支払いを担保するため、信用金庫が取引先の委託を受けて国等に債務保証するようなケースが典型例である。

「国税」と規定されているとおり、地方税は含まない。

　f　外国為替取引に伴って行う債務の保証または手形の引受け（外国為替保証。施行規則50条1項5号）

「外国為替取引」の意義については前記**5**(3)b参照。

　g　当該信用金庫に対する預金または定期積金の債権を担保とする債務の保証または手形の引受け（預金・定期積金担保保証。施行規則50条1項6号）

前記員外預金担保貸付と同様の趣旨から、保証の場合にも、預金または定期積金を担保とする場合には保証、手形の引受けが認められている。

　h　上記以外の保証

上記aないしgの類型に該当しない保証のうち、①手形割引市場および銀行引受手形市場取引に係る手形の割引、②他の金融機関から再保証を受けている保証などは、信用金庫の業務の範囲内となる（森井編著『相談事例』209頁参照）。

第53条

9 有価証券の売買・有価証券関連デリバティブ取引（法53条3項2号）

> 二　有価証券（第5号に規定する証書をもつて表示される金銭債権に該当するもの及び短期社債等を除く。第5号の2及び第6号において同じ。）の売買（有価証券関連デリバティブ取引に該当するものを除く。）又は有価証券関連デリバティブ取引（投資の目的をもつてするもの又は書面取次ぎ行為に限る。）

　本条3項2号は、有価証券の売買と、有価証券に関するデリバティブ取引を付随業務として規定している。

⑴　本条3項2号の趣旨

　銀行や信用金庫は、金融商品取引法において、有価証券関連業（金融商品取引法28条8項各号に掲げる行為（有価証券の売買またはその媒介、取次ぎ（有価証券等清算取次ぎを除く）もしくは代理等）のいずれかを業として行うことをいう）を行うことが原則として禁止されている（金融商品取引法33条1項本文）。ただし、金融機関が他の法律の定めるところにより投資の目的をもつて、または信託契約に基づいて信託をする者の計算において有価証券の売買もしくは有価証券関連デリバティブ取引を行う場合が例外として定められており（同条1項ただし書）、また書面取次ぎ行為も例外として定められている（同条2項）。

　本条3項2号において、金融商品取引法の上記規定を受け、投資の目的をもってするもの、または書面取次ぎ行為の2つの場合に限定し、信用金庫が有価証券の売買および有価証券関連デリバティブ取引を行うことができるとしている。

⑵　銀・証分離との関係

　ドイツ、フランス、スイスなど欧米大陸諸国においては、銀行が証券業務や信託業務の兼営をすることを禁止しないユニバーサルバンキング（univer-

第5章　事業（第53条〜第54条）　│　499

sal banking）の形態を採用するのに対し、アメリカやイギリスは商業銀行主義の形態（分業銀行制度）を採用し、銀行業務と証券業務との間に一線が画されている。例えば、アメリカでは世界大恐慌を受け、リスク回避の観点から、1933年に商業銀行と投資銀行を1つの法人が兼業することを禁止する「グラス・スティーガル法」が施行された。

　日本においても、アメリカやイギリスの法体系の影響を受け、銀行業務と証券業務との間に一線が画されており、証券取引法65条により、さらに平成19年に施行された金融商品取引法33条において、「銀・証分離」がなされている。この銀・証分離については、①預金の受入れを業務とする金融機関が危険の大きい有価証券関連業を併営することによって、その財産状態を悪化させることにより、預金者の利益を害することを未然に防止すること、②銀行等の経済の過度の支配を排除することにある（神崎ほか『金商法』907頁）。

(3)　有価証券の売買、有価証券関連デリバティブ取引

a　有価証券の売買

　「有価証券」については、括弧書において、第5号に規定する証書をもって表示される金銭債権に該当するもの、および短期社債等が除外されているが、その他は法53条3項4号のように公共債（国債、地方債、政府保証債等）に限定されず、金融商品取引法に規定される有価証券を対象にする（小山『銀行法』175頁）。

　「売買」については、信用金庫法上特別の定義規定はないため、民法555条の「売買」と同義であると解される。

　「売買」の中には、金融商品取引所が開設する金融商品市場における取引のほか、市場外の相対取引を含み、また新発債および既発債を問わずすべての有価証券の取得および譲渡が対象となる（小山『銀行法』176頁）。また、信用金庫が行う私募債の購入も本条3項2号の業務に該当する（氏兼＝仲『銀行法』54頁）。

b　有価証券関連デリバティブ取引

　本条3項2号における有価証券関連デリバティブ取引とは、金融商品取引法28条8項6号に規定する有価証券関連デリバティブ取引をいう（法53条5

項1号の2）。

すなわち、有価証券関連の市場デリバティブ取引（金融商品取引法28条8項3号）、有価証券関連の店頭デリバティブ取引（同項4号）、外国金融商品市場において行う有価証券関連の市場デリバティブ取引と類似の取引（同項5号）をいう。

⑷ 投資目的または書面取次ぎ行為への限定

本条3項2号において、有価証券の売買および有価証券関連デリバティブ取引について、投資目的または書面取次ぎ行為に限定されている（本条3項2号の括弧書の「投資の目的をもつてするもの又は書面取次ぎ行為に限る」は、「有価証券の売買」および「有価証券関連デリバティブ取引」の双方にかかる）。

信用金庫が書面取次ぎ行為を行うためには、内閣総理大臣の登録を受けなければならず（金融商品取引法33条の2第1号）、金融商品取引法の行為規制が適用され、注文者（顧客）の保護が図られる。他方で、信用金庫が投資の目的をもって有価証券の売買または有価証券関連デリバティブ取引を行うためには、内閣総理大臣の登録は不要である（同条2号）。

a　投資の目的

信用金庫は固有業務として、業として預金を受け入れ、これを原資として資金を貸し付け、運用を行っているが、「投資の目的」による有価証券の売買とは、信用金庫が上記の貸付に回さない資金を有価証券の投資に充てて運用することをいう。

「銀・証分離」の観点から、有価証券関連業は原則として禁止されるが、上記のような有価証券投資による運用（資産運用）は、預金業務等固有業務に当然に随伴する業務であり、また企業の行為能力の範囲で認められるものであるため（小山『銀行法』176頁）、付随業務として確認的に規定されたものである。

金融商品取引法33条の2の登録を受けて行う、いわゆる登録金融機関業務については、「業務の遂行を妨げない限度において」（法53条6項）という制限があるのに対し、登録金融機関業務であるものの、付随業務とされた「投資の目的」をもってする有価証券の売買について、このような法令上の限定

はない。ただし、信用金庫またはその子会社が、国内の会社について、取得または保有することのできる議決権割合については、法54条の22に基づき、担保権の実行や代物弁済の受領などの場合を除き、原則として10％を超えることができないものとされている。

なお、「投資の目的」には、他の者による有価証券の取得または譲渡を仲介する目的（取次ぎ）は含まれないが、その他の目的については広く含まれるとされている（小山『銀行法』176頁）。①支払準備資産確保のための投資、②取引深耕をめざす投資、③資金運用目的の投資があるが、一般には、最大の目的は③である（長野監修『信用金庫読本』183頁）。

b 書面取次ぎ行為

本条3項2号の「書面取次ぎ行為」とは、金融商品取引法33条2項（金融機関の有価証券関連業の禁止等）における書面取次ぎ行為をいう（法53条5項1号の2）。

すなわち、顧客の書面による注文を受けてその計算において有価証券の売買または有価証券関連デリバティブ取引を行うことをいい、かつ、当該注文に関する顧客に対する勧誘に基づき行われるものおよび当該金融機関が行う投資助言業務に関しその顧客から注文を受けて行われるものは除外される（能動的なものは除かれ、受動的な取次ぎ行為に限定される）。上記aの投資の目的による有価証券の売買等が信用金庫の自己の計算によって行われるのに対し、書面取次ぎ行為は顧客の計算で行われ、信用金庫自体が価格変動リスクを負うものではない。

このように、書面取次ぎ行為を付随業務として認めたのは、信用金庫が固有業務として預金業務を取り扱っていることから、顧客から当該預金の運用に関連し、有価証券の売買の委託（売り付けや買い付けの注文）を受けることがあり、一定の要件のもとに付随業務として行うことを認めたものである。よって、既存の取引のない一見顧客より、有価証券の売買の注文を受けて執行をすることのみを目的として新規に預金を受け入れ、その上で、顧客から書面での注文を受けて顧客の計算で有価証券の売買を行うことは、上記の付随業務として認めた趣旨に反するものであり、脱法行為として許されない可能性がある（神崎ほか『金商法』915頁）。

「書面取次ぎ行為に限る」とされているとおり、顧客からの注文は口頭（電話等）であってはならず、書面による必要があり、また書面は包括的に注文を受託する内容のものではなく、個別的に注文を受託するものである必要がある。これは、顧客の注文意思を明確にすることのほか、書面による注文に限定することにより、受注を慎重かつ受動的なものにするためであり（小山『銀行法』177頁）、また取次ぎ行為の遂行に際しての事務リスク（オペレーショナル・リスク）を軽減することにも資する（家根田正美＝小田大輔「実務相談銀行法(17)」金法1959号77頁）。

なお、書面取次ぎ行為は信用金庫の業務（付随業務）であるため、顧客から手数料を徴し、有償で行うことは問題ない。

10　有価証券の貸付（法53条3項3号）

> 三　有価証券の貸付け（会員のためにするものその他の内閣府令で定めるものに限る。）

信用金庫は、貸付料の支払いを受け、自金庫の保有する有価証券（国債、地方債、政府保証債、社債、株券等）を顧客に貸し付けることを業務として行うことができる。

貸付の形態としては、現物貸渡しと登録債貸渡しに大別される。現物貸渡しとは、信用金庫が顧客に有価証券の現物を貸し渡し、顧客が当該有価証券を商取引上、第三者のために担保権を設定したり、借り受けた有価証券を売却したり（資金調達）、供託するのに利用したりする方法であり、貸渡しの期限が到来すると、顧客は原則として、同じ有価証券を返却することとなる。

現物貸渡しは賃貸借または消費貸借の形式で行われるが、実務上は賃貸借形式を採用しているところが多い。他方で、登録債貸渡しは、登録機関に登録済みの有価証券を信用金庫が保有する場合、信用金庫が顧客のための物上保証人となり、登録機関にこれらの有価証券の上に担保権設定の登録をすることにより行われる。

債務保証が信用金庫による人的な信用供与であるのに対し、有価証券の貸付は物的な信用供与であり、与信リスクを伴うため、適切なリスク管理が求められる。

なお、有価証券は金銭に類する価値を有し、有価証券の貸付についても、信用の供与という性格を有しているので、金銭の貸付との付随性が認められるものであるが、金銭の貸付、保証の場合と同様の趣旨から対象が限定され、会員に対する貸付、卒業生（施行令8条1項2号に規定する者）に対する貸付、および「その他金融庁長官が別に定める有価証券の貸付け」に限定される（施行規則50条2項1号～3号）。

11 売出し目的のない公共債の引受け、募集の取扱い（法53条3項4号）

> 四　国債、地方債若しくは政府保証債（以下この条及び次条において「国債等」という。）の引受け（売出しの目的をもつてするものを除く。）又は当該引受けに係る国債等の募集の取扱い

(1) 本号の趣旨

本号では、国債、地方債または政府保証債の引受け（売出し目的のないもの）および当該引受けに係る国債等の募集の取扱い、すなわち、いわゆる国債等の公共債に係る窓口販売事業について定めており、①新たに発行される国債等を一般顧客に定価で販売するために募集を行い、②募集のために国債等の引受けを行う事業である。

なお、国が発行する債券を国債、地方自治体が発行する債券を地方債、政府が元本の償還および利息の支払いについて保証している社債その他の債券を政府保証債といい、これらを総称して公共債という。

(2) 本条3項4号の内容

本条3項4号で定める売出し目的のない国債等の引受けとは、シンジケート団が行ってきたいわゆる残額引受けをいい、国債等の発行予定額の満額消

化を下支えし、国債等の形態による資金調達を保証するものである。よっ
て、残額引受けは、信用金庫の付随業務である債務の保証（法53条3項1号）
に準ずるものとして与信機能を有するものであり、付随業務とされている。
「売出し目的のない国債等の引受に係る募集の取扱い」とは、信用金庫が国
債等の残額引受けを通じて、その営業所の店頭で窓口販売等（窓販）を行う
ものである。①残額引受けは、募集の取扱いと一体不可分に行われるもので
あり、制度上、これを分離して位置付けることは、実態に照らし、不自然で
あること、②残額引受けと一体として行う募集の取扱いは、残額引受けの結
果としての残部取得額を減少せしめる行為（引受けに伴うリスク負担を軽減す
る行為）であることから残額引受けに当然随伴するものであるため、付随業
務とされている（小山『銀行法』180頁）。

　なお、新発債の募集の取扱いだけでなく、顧客の利便のため、自金庫が窓
口販売した公共債を顧客からの依頼に応じて満期償還前に買い取ること（は
ね返り玉の買取業務）も可能であるが、当該買取りは、法53条6項に基づく
業務（金融商品取引法33条2項1号および2条8項1号参照）である。

(3) 内閣総理大臣の登録

　本条3項4号の業務を行うためには、金融商品取引法上、内閣総理大臣の
登録が必要とされているが（金融商品取引法33条の2）、銀行法等の一部を改
正する法律（平成17年法律第106号）により、本条3項4号に規定する募集の
取扱いの業務に関し、従来必要とされていた信用金庫法上の内閣総理大臣の
認可は不要となっている。

　なお、本条3項4号の業務に関し、残額引受けと一体として行われる募集
の取扱いについては、不特定多数の投資家を相手にすることから内閣総理大
臣の登録が必要であるが、残額引受け自体は当該登録を受ける必要がないと
される（神崎ほか『金商法』565頁）。

12 金銭債権の取得・譲渡（法53条3項5号）

　五　金銭債権（譲渡性預金証書その他の内閣府令で定める証書をもつて表示

> されるものを含む。）の取得又は譲渡

　本条３項５号では、信用金庫が金銭債権を取得し、これを譲渡する業務を定めている。近年、資金調達手段として、金銭債権の流動化が注目されているが、金銭債権の取得・譲渡は与信・受信の機能を有し、広義における金融仲介機能を果たすものとして、付随業務に位置付けられている。

(1)　本条３項５号において取得・譲渡可能な金銭債権

　本条３項５号で定める金銭債権のうち、「内閣府令で定める証書をもつて表示されるもの」は、内閣府令（施行規則50条３項）に規定されている。

① 　譲渡性預金（払戻しについて期限の定めがある預金で、譲渡禁止の特約のないものをいう。53条および104条において同じ）の預金証書（施行規則50条３項１号）…譲渡性預金とは、払戻しについて期限の定めがある預金で、指名債権譲渡方式について譲渡禁止の特約のないものをいう。

　　譲渡性預金は、転々流通する性格（譲渡性）により、従来より本条３項５号の業務とされてきたところであり、国内で発行されるもののほか、外国で発行されるものも含まれる。また、原則として指名債権であるかを問わず、海外CD（外国法人が発行するもの）も本条３項５号に該当する（小山『銀行法』186頁）。

② 　コマーシャル・ペーパー（施行規則50条３項２号）…コマーシャル・ペーパー（CP）とは、一般に、優良企業が短期資金の調達を目的に、マーケット（オープン市場）で機関投資家に対して割引形式により発行する無担保の約束手形のことをいう。企業が直接金融により市場で資金調達する点では社債と類似するが、社債の償還期間が通常１年以上であるのに対して、コマーシャル・ペーパーの償還期間は通常１年未満（１カ月や３カ月）と短期であること、また法的性格が約束手形である点で異なる。

　　施行規則53条３項２号における「コマーシャル・ペーパー」は、金融商品取引法に規定するコマーシャル・ペーパーと同義と解されるところ、金融商品取引法においては、「法人が事業に必要な資金を調達するために発行する約束手形のうち、内閣府令で定めるもの」（金融商品取引法２条１項

15号）および「外国の者の発行する証券又は証書で銀行業を営む者その他の金銭の貸付けを業として行う者の貸付債権を信託する信託の受益権又はこれに類する権利を表示するもののうち、内閣府令で定めるもの」（同項18号）として規定されている。

③　住宅抵当証書（施行規則50条3項3号）…住宅抵当証書とは、抵当権付住宅貸付債権を保有している金融機関が、長期保有リスクを分散させることを目的として、金利や期間等の条件を同じくする多数の貸付債権を一定額にまとめ、同債権を他の金融機関に譲渡する目的で発行する抵当証書であり、住宅ローン債権の流動化手段の1類型である。

④　貸付債権信託の受益権証書（施行規則50条3項4号）

⑤　抵当証券法（昭和6年法律第15号）1条1項に規定する抵当証券（施行規則50条3項4号の2）…抵当証券とは、被担保債権およびこれを担保にする抵当権をともに表章（化体）した有価証券であり、抵当証券法の規定に基づき登記所が発行する。不動産信用による金融を安全かつ利便性の高いものにするための商品である。

⑥　商品投資に係る事業の規制に関する法律（平成3年法律第66号）2条6項に規定する商品投資受益権の受益権証書（施行規則50条3項5号）…いわゆる「商品ファンド」の受益権証書を指し、「商品投資に係る事業の規制に関する法律」により定義付けられる。商品先物による運用を行うファンドや、鉱業権、映画などに投資するファンドが対象となる。

⑦　外国の法人の発行する証券または証書で銀行業（銀行法2条2項に規定する銀行業をいう。以下同じ）を営む者その他の金銭の貸付を業として行う者の貸付債権を信託する信託の受益権またはこれに類する権利を表示するもの（施行規則50条3項6号）…いわゆるカードローン債権信託受益権などである。

⑧　法53条3項11号または13号に規定する取引に係る権利を表示する証券または証書（施行規則50条3項7号）

　上記のとおり、本条3項5号で定める金銭債権のうち、「内閣府令で定める証書をもつて表示されるもの」は、内閣府令（施行規則50条3項）に規定されているが、施行規則50条3項は、本条3項5号の「金銭債権」に係る証

第5章　事業（第53条〜第54条）　507

書を例示列挙したものであり、本条3項5号において括弧書で「譲渡性預金証書その他の内閣府令で定める証書をもつて表示されるものを含む」と規定されているとおり、これらに限定されるものではない。

例えば、いわゆる狭義の金銭債権の取得または譲渡や、ファクタリング業務（既存の金銭債権を期間前に購入する方法により債権者に融資を行う業務）、シンジケート・ローン（ローン債権・パーティシペーション（貸出債権に係る権利義務関係を移転させずに、原貸出債権に係る経済的利益とリスクを原貸出債権の原債権者から参加者に移転させる契約をいう）を含む）のセカンダリー・マーケットにおける取得または譲渡は、本条3項5号に規定する「金銭債権の取得又は譲渡」に含まれると解される。

本条3項5号の金銭債権について分類すると、狭義の金銭債権に加え、平成5年の金融制度改革法による改正により追加された証券化関連商品（金融商品取引法改正により有価証券の範囲として拡大したもの）に分けられる。

　a　狭義の金銭債権

いわゆる狭義の金銭債権は、特定人（債権者）が他の特定人（債務者）に対して一定の金銭給付を請求することを内容とする債権であり、転々流通する機能が有価証券のレベルに至らないものをいう。貸出債権、預金債権、手形・小切手債権は広義における「金銭債権」の中核をなすが、本条3項5号における金銭債権は信用金庫の付随業務におけるものであるため、固有業務に関連する上記貸出債権等は本条3項5号における「金銭債権」に該当しない。

狭義の金銭債権の譲渡および対抗要件の具備は、指名債権の譲渡に関する方式（確定日付のある証書による債務者への通知または債務者の承諾を得ること。債務者その他の第三者に対する対抗要件）に従いなされるが（民法467条）、有価証券としての債権については、成立や行使にあたって証券は必要であるが、他方で前記民法467条の対抗要件が必要でなく、証券や証書の交付のみによって債権の譲渡が完了するのと異なる。

法人による債権譲渡の場合は、第三者対抗要件の具備のために、動産及び債権の譲渡の対抗要件に関する民法の特例等に関する法律（平成10年法律第104号）を利用できる。

b　証券化関連商品

　平成5年の金融制度改革法により金融商品取引法が改正され、有価証券の概念が拡張され、コマーシャル・ペーパーなどの証券化関連商品も「有価証券」として指定されることになったことから、信用金庫法においてもこれらの証券化関連商品が本条3項5号の「金銭債権」に該当することとなった。

　経済取引においては、伝統的な間接金融に加え、証券形態による直接金融が増加しているほか、間接金融と直接金融の中間に位置付けられる調達が増加しており、また資産金融の証券化の進歩のほか、銀行等が貸付債権を満期まで保有せず途中で機関投資家に売却する「銀行業務の分解」（アンバンドリング）の傾向が進んでいる。

　このような状況のもと、本条3項5号はセキュリタリゼーション（金融の証券化）の受け皿ともいうべき条項として位置付けられ、金融商品取引法33条本文において銀行や信用金庫が証券業務を行うことが禁止されるものの、同法33条2項は政令で指定したものについては、銀行や信用金庫等協同組織金融機関本体で取り扱うことを認めることを意味しており、よって、同法2条1項で今後証券化関連商品に関連して新たに有価証券として政令で指定されても、同時に同法33条2項の政令にこれを指定すれば、銀行や信用金庫は当該商品を本体で取り扱うことができることとなる（小山『銀行法』182頁）。

　法53条4項は、「前項第5号（本号）に掲げる業務には同号に規定する証書をもつて表示される金銭債権のうち有価証券に該当するものについて」、「金融商品取引法2条8項1号から6号までおよび8号から10号まで（定義）に掲げる行為を行う業務を含むものとする」としており、金融商品取引法に規定された証券化関連商品が有価証券であるにもかかわらず、信用金庫の業務範囲に含まれることとなる。

⑵　取得または譲渡

　「取得又は譲渡」とは、信用金庫が自らの投資目的で金銭債権を取得（購入）しまたは譲渡（売却）することを指す。

　また、法53条4項において、本条3項5号に掲げる業務には同号に規定する証書をもって表示される金銭債権のうち有価証券に該当するものについ

て、本条３項５号の３に掲げる業務には短期社債等について、金融商品取引法２条８項１号〜６号および８号〜10号（定義）に掲げる行為を行う業務を含むものとすると規定していることから、金銭債権を表示する証書等が発行された際に、これを買い取り、取得したものを他に販売または斡旋すること、流通段階において売却希望者から買い取り、購入希望者へ売却またはこれらの者を仲介する行為も、広義における「取得又は譲渡」に該当する（氏兼＝仲『銀行法』57頁、小山『銀行法』183頁参照）。

13 特定目的会社が発行する特定社債等の引受けまたは当該引受けに係る特定社債等の募集の取扱い（法53条３項５号の２）

> 五の二　特定目的会社が発行する特定社債（特定短期社債を除き、資産流動化計画において当該特定社債の発行により得られる金銭をもつて指名金銭債権又は指名金銭債権を信託する信託の受益権のみを取得するものに限る。）その他これに準ずる有価証券として内閣府令で定めるもの（以下この号及び次条第４項第５号の２において「特定社債等」という。）の引受け（売出しの目的をもつてするものを除く。）又は当該引受けに係る特定社債等の募集の取扱い

　信用金庫は、その保有する貸出金等の資産を特定目的会社（SPC：Special Purpose Company）に売却し、特定目的会社はこの資産を引当に特定社債等を発行し、これを信用金庫が引き受け、当該引受けに係る特定社債等の募集（販売）の取扱いを行うことができる。

　本条３項５号の２における「特定目的会社」等は、資産の流動化に関する法律（以下「資産流動化法」という）２条３項・４項・７項および８項に規定するものをいう（法53条５項２号の２）。すなわち、「特定目的会社」とは、資産流動化法に基づき、企業や金融機関が資産流動化のための組織媒体として経営上一定の限られた目的を実現するために特に設立された会社（資産流動化法２条３項）であり、「特定社債」とは、特定目的会社が行う割当てにより発生する当該特定目的会社を債務者とする金銭債権であり、特定目的会社

が定めた資産流動化計画に基づき、特定資産購入のために発行される。特定目的会社は、金融機関が不良債権の処分や償却をする目的で、債権を本体から切り離し、設立した特定目的会社に不良債権をいったん移転し、当該特別目的会社が社債を発行して得た資金により不良債権の回収を図るスキームなどで用いられる。

なお、本条3項5号の2に定める特定社債等に係る業務は、前述した売出し目的のない国債等の引受けおよび当該引受けに係る募集の取扱い（法53条3項4号）と同様、売出し目的のない引受けと、当該引受けに係る募集の取扱いである。

14 短期社債等の取得・譲渡（法53条3項5号の3）

> 五の三　短期社債等の取得又は譲渡

本条3項5号の3では、信用金庫の付随業務として短期社債等の取得または譲渡を定めている。対象は異なるが、5号に定める金銭債権の取得・譲渡と同様の行為である。金融商品取引法33条1項により、有価証券たる社債について、信用金庫が業務として取り扱うことが禁止されるはずであるが、社債のうち短期社債等について、業務として取得または譲渡を認めたものである（金融商品取引法33条2項）。

本条3項5号の3に定める短期社債等については、法53条5項1号に規定されている。具体的には、①社債、株式等の振替に関する法律66条1号（権利の帰属）に規定する短期社債、②投資信託及び投資法人に関する法律139条の12第1項（短期投資法人債に係る特例）に規定する短期投資法人債、③信用金庫法54条の4第1項に規定する短期債、④保険業法61条の10第1項（短期社債に係る特例）に規定する短期社債、⑤資産流動化法2条8項（定義）に規定する特定短期社債、⑥農林中央金庫法62条の2第1項（短期農林債の発行）に規定する短期農林債などが含まれる。

なお、本条3項5号の3の短期社債等に係る業務には、金融商品取引法2条8項1号～6号および8号～10号に掲げる行為を行う業務を含む旨が明示

第5章　事業（第53条～第54条）　511

されている（法53条4項）。

15 有価証券の私募の取扱い（法53条3項6号）

六　有価証券の私募の取扱い

　法53条5項3号において、「有価証券の私募の取扱い」とは、金融商品取引法2条3項（定義）に規定する有価証券の私募の取扱いをいう旨が定められている。

　すなわち、有価証券の私募とは、新たに発行される私募債（通常は大型のもの）について、発行者と投資家の間に立って取得の申込みの勧誘を行うものであり、有価証券の募集に該当しないものである。「私募」との文言のとおり、公募のように不特定多数の投資家に応募を募るものではなく、特定または少数の者（機関投資家など）に応募を募るものをいう。信用金庫が行う業務自体は、国債等公共債の窓口販売（募集の取扱い）と同様である。

　銀行や信用金庫には証券業務が禁止されていたが、銀行等には融資取引の変形ともいえる私募債の斡旋業務を取り扱ってきた実績があること、私募債の取扱いについては利益相反等の弊害が相対的に生じづらいことなどを踏まえ、銀行や信用金庫が本体で私募の取扱いを行うことを規定したものである。また、企業の資金調達手段として、社債等の発行が増加しており、地域金融機関たる信用金庫と取引のある地場企業で私募債を発行することなどがあるため、これに対応することを目的としている。

　信用金庫が有価証券の私募の取扱いをするためには、金融商品取引法の規定に基づき、内閣総理大臣の登録を受けることが必要となる。

16 業務の代理・媒介（法53条3項7号）

七　金庫、株式会社日本政策金融公庫その他内閣総理大臣の定める者（外国の法令に準拠して外国において銀行業（銀行法第2条第2項（定義等）に規定する銀行業をいう。第54条の23第1項第6号において同じ。）を営む者

> （同法第４条第５項（営業の免許）に規定する銀行等を除く。以下「外国銀
> 行」という。）を除く。）の業務（次号に掲げる業務に該当するもの及び次
> 条第４項第７号の２に掲げる業務を除く。）の代理又は媒介（内閣総理大臣
> の定めるものに限る。）

(1) 総　説

　信用金庫は、他の信用金庫、日本政策金融公庫、その他内閣総理大臣の指
定する者（外国の法令に準拠して外国において銀行業を営む者を除く）の業務の
代理または媒介を行うことができる。

　一般に「代理業務」といわれるものであり、他の信用金庫等を代理して、
資金の貸付、預金の受入れ等の法律行為やこれに伴う事実行為を行うことな
どである。法第９章の２の信用金庫代理業が、他の者が信用金庫の代わりに
行う代理業務であるのに対し、本条３項７号の代理業務は信用金庫が他の者
に対して行う代理業務である。

　内閣総理大臣が指定する者については、平成18年３月28日金融庁告示第34
号（「信用金庫及び信用金庫連合会が業務の代理又は媒介を行うことができる者を
指定する件」）において、独立行政法人住宅金融支援機構、銀行、長期信用銀
行、信用協同組合等、労働金庫等、農業協同組合、しんきん保証基金等40類
型が指定されている。

(2) 代理または媒介ができる金融機関の業務の範囲

　銀行法においては、「銀行その他金融業を行う者の業務の代理又は媒介（内
閣府令で定めるものに限る。）」と規定されており（銀行法10条２項８号）、信託
業務などを含め、広義での金融業を規定している（ただし、貸金業者の資金の
貸付に関する業務の代理または媒介の受託は認めていない）。

　信用金庫について、行うことのできる業務の代理または媒介について、平
成18年３月28日金融庁告示第36号（「信用金庫及び信用金庫連合会が行うことが
できる業務の代理又は媒介を定める件」）において定められているが、銀行に
比べて、業務の範囲は限定されている。

第５章　事業（第53条〜第54条）　513

⑶ 業務の代理・媒介

　「業務の代理」とは、委託者たる他の金庫等金融業者のために当該他の金融業者に代わって行為を行い、その行為の効果を当該他の金融業者に帰属させることであり、単なる金銭の取扱い以外の業務（代理貸付、債務の保証等）を指す。

　代理業務のうち、代理貸付は、受託信用金庫が委託金融機関の代理として行う貸付であり、例として、店舗網の少ない政府系金融機関が地域金融機関に委託して行う貸付などがある。代理貸付を受託する信用金庫は委託金融機関との業務委託契約に基づき、借主と代理貸付契約を締結し、委託金融機関は受託信用金庫に対して業務委託手数料を支払い、受託した信用金庫は全額について管理回収義務を負担する。

　また、代理業務のうち、信用金庫自身が貸付業務を本人の立場で行い、主債務者が負う債務を他の第三者（例えば、しんきん保証基金）が信用金庫に対して保証することに伴い、信用金庫がしんきん保証基金の委託を受けて保証料の徴求を行うような業務（この場合、信用金庫は保証料の徴求について、しんきん保証基金の代理人となる）がある（『金融法務講座』133頁）。

　「媒介」とは、他人間の法律行為の成立に尽力する行為をいう。

17 外国において行う外国銀行の業務の代理・媒介（法53条3項7号の2）

> 七の二　外国銀行の業務の代理又は媒介（外国において行う外国銀行の業務の代理又は媒介であつて、内閣府令で定めるものに限る。）

　外国銀行の業務の代理または媒介について、従前は認められていなかったが、国内企業の海外進出の増加を背景として、海外進出している企業がより円滑な資金調達等を受ける必要性が高まっているため、平成25年の金融商品取引法等の一部を改正する法律により銀行法が改正され、信用金庫法も改正されて設けられた。

　内閣府令（施行規則50条5項）において、法53条3項7号に規定する外国

銀行（外国の法令に準拠して外国において銀行業（銀行法2条2項）を営む者）の銀行法10条1項および2項に規定する業務（代理または媒介に係る業務および銀行が銀行法10条2項（8号および8号の2を除く）の規定により代理または媒介を行うことができる業務を除く）の代理または媒介と規定されている。

18 金銭収納事務（法53条3項8号）

> 八　国、地方公共団体、会社等の金銭の収納その他金銭に係る事務の取扱い

(1) 金銭収納事務等が付随業務とされた理由

　信用金庫は国、地方公共団体、会社等の金銭の収納その他金銭に係る事務の取扱いを行うことができる。

　信用金庫は預金、貸出、為替取引などを固有業務としており、金銭の収納その他金銭に係る事務については、人的・物的リソースやノウハウ、管理体制を有しており、また適正な業務を遂行するために、内閣総理大臣による監督を受けている。そこで、国、地方公共団体、会社等の収納その他金銭に係る事務が付随業務として位置付けられている。

　信用金庫が収納事務を行うにあたっては、収納機関（国、地方公共団体、会社等）と収納委託契約を締結し、収納金の受入れ、保管、払込み等の事務を行うこととなるが、これは委任ないし準委任契約（民法643条）である。

(2) 金銭収納事務の内容

　本条3項8号に定める金銭収納事務は、具体的には、①地方公共団体の指定金融機関等としての公金の出納事務、②日本銀行代理店としての国庫金、国債収入金の出納事務、③国税、地方税および各種公共代金の自動振替、④株式払込金の受入れ、株式配当金および社債等元利金の支払事務、⑤クレジットカード会社と提携したキャッシングサービスなどが挙げられる（小山『銀行法』196頁、『新銀行法精義』150頁参照）。

　その他、生命保険会社との間で業務委託契約を締結し、保険料の徴収に関

して預金口座振替により収納する各種預金口座振替業務や、クレジット代金や学校の授業料等の収納事務なども含まれる（『金融法務講座』134頁）。スポーツ振興投票券（いわゆる「スポーツ振興券」）の払戻業務の取扱いもこれに該当する（スポーツ振興くじの販売は、「スポーツ振興投票の実施等に関する法律」により認められている（後記**33**(**9**)ｃ参照））。

(3) 地方公共団体の指定金融機関等としての公金の出納事務

地方公共団体は、地方自治法に基づき、公金の収納や支払いなど決済事務を指定した金融機関に委ねることができ（地方自治法235条）、指定・指定代理・収納代理各金融機関が置かれている（同条）。

指定金融機関の指定は都道府県では不可欠であるが、市町村では任意であり、指定代理・収納代理金融機関の指定は都道府県および市町村の双方において任意である。

指定金融機関の指定には議会の議決が必要であり、また単一の金融機関でなければならないが、指定代理・収納代理金融機関については複数も可能である。

(4) 日本銀行代理店の代理店業務

日本銀行の業務として、国庫金の出納事務が法定されており（会計法34条、日本銀行法35条）、当該事務を円滑に行う必要があるが、本支店が少ないため、同行のみで出納事務を処理することは困難である。そこで、日本銀行は財務大臣の認可を受け、代理店または歳入代理店を設置し、全国の主要な金融機関との間で代理店契約または歳入代理店契約を締結し、国庫金の出納事務を委託している（日本銀行法７条３項、日本銀行国庫金取扱規程２条、予算決算及び会計令106条、日本銀行の歳入金等の受入に関する特別取扱手続１条）。

日本銀行代理店は国庫金の出納事務、国庫送金事務、国債および政府有価証券等に関する事務を取り扱う（日本銀行歳入代理店は、国庫金出納事務のうち、日本銀行の歳入金等の受入れに関する特別取扱手続１条１項に定める国の受入金の受入れのみを取り扱う）。

⑸　公共料金の収納

国税、地方税および各種公共代金（電話料金、電気料金等）の自動振替等の収納業務がある。

⑹　株式払込金の受入れ、株式配当金および社債等元利金の支払事務

株式会社の設立や増資にあたり、信用金庫が株式払込事務の委託を受けることがある（会社法34条2項、59条1項4号）。

また、会社が配当する利益について、株主名簿記載の株主の住所等において、会社の費用負担で支払うのが本来であるが、会社が配当金の支払事務の委託をすることが一般的である。

また、社債、地方債などは、発行会社が金融機関に社債等元利金の支払事務を委託することが多い。

19　有価証券、貴金属その他の物品の保護預り（法53条3項9号）

> 九　有価証券、貴金属その他の物品の保護預り

⑴　保護預り

信用金庫は、有価証券、貴金属その他の物品の保護預りを行うことができる。

保護預りは、顧客のために有価証券などの重要書類、貴重品の保管を引き受ける寄託契約であり、契約の合意と物の引渡しがなされることにより契約が成立する（要物契約）。この場合、業として同じく他人のために物品の保管をする倉庫業（商法597条）と異なり、保管の対象物の価値が高く、容積が小さいことが一般的である（小山『銀行法』198頁参照）。信用金庫の厳重な警備体制と堅牢な設備下で金銭の管理をしており、ノウハウが蓄積されていると解されるためである（池田＝中島監修『銀行法』104頁）。

保護預りの形式としては、大きく分けて、被封（開封）預り、封緘預り、

貸金庫の3種類がある。

⑵ 被封（開封）預り

有価証券等保管の対象物を開封したまま内容（目的物の種類、品質、数量）を明示して保管するものであり、有償の単純寄託契約である。

目的物が有価証券、株券や公社債の場合、寄託に加えて、信用金庫が名義書換、配当および元利金の受領などを委任されることがある。

信用金庫は、保管したものと同一の内容である物を返還しなければならない。

信用金庫が過失によって、受寄物を滅失または費消した場合、損害賠償責任を負う。受寄物が不可抗力により減少または毀損した場合、不可抗力を立証すれば損害賠償責任を免れる（大判昭14.12.6民集18巻1418頁）。

⑶ 封緘預り

目的物を密封した袋または箱に入れたまま、すなわち金融機関が内容物を知ることなく保管を引き受ける契約であり、有償の寄託契約である。

信用金庫は、封緘に異常がないことを確認して引き渡せば足り、内容相違等については責任を負わない。

⑷ 貸金庫

信用金庫に備付けの保護函を顧客に使用させ、顧客は専用の鍵を自ら管理し、これを用いて保護函に目的物を入れ、または引き出しを行うものである。

なお、最二小判平11.11.29（民集53巻8号1926頁・金法1565号62頁）は、貸金庫の内容物について、利用者の銀行に対する貸金庫契約上の内容物引渡請求権を差し押さえる方法により、強制執行をすることができると判示し、また、貸金庫契約上の内容物引渡請求権に係る取立訴訟においては、差押債権者は、貸金庫を特定し、それについて貸金庫契約が締結されていることを立証すれば足り、貸金庫内の個々の動産を特定してその存在を立証する必要はないと判示している。

20 振替業（法53条3項9号の2）

> 九の二　振替業

　「振替業」とは社債、株式等の振替に関する法律2条4項の口座管理機関として、国債等ペーパーレス化された有価証券の振替を行う業務である（法53条5項3号の2）。信用金庫がITを活用し、金銭や有価証券等の管理事務を行っていることから付随業務として定められたものである。

　社債、株式等の振替に関する法律において、銀行、信用金庫等の金融機関は、他の者のため、社債等の振替を行うための口座を開設することができ、当該口座の開設を行った者等を口座管理機関ということとされている。上記振替制度は、社債券等を発行することなく、口座間の振替によって有価証券の流通を行うものであり、信用金庫が当該事業を行う場合、口座管理機関として、社債等有価証券に関する他人の権利について、権利の所在や移転を管理することとなる。

21 両替（法53条3項10号）

> 十　両替

　両替とは通貨と通貨（主として本邦通貨と外国通貨）とを交換することであるが、一万円札1枚と千円札10枚に交換することも、ここでいう「両替」と解される（『金融法務講座』31頁）。

　かつて、国内の地域ごとに独自の通貨が発行されており、経済活動を行う上で、各通貨等の交換性を保証する銀行の役割が大きく、商法502条8号が営業的商行為の一類型として「両替その他の銀行取引」としているとおり、両替業務はもともと銀行の固有業務であった。

　しかし、その後、電子資金決済方式の普及などにより、銀行業務における両替業務のウェイトは低下し、銀行法や信用金庫法において付随業務とされ

ている。

　両替の法的性質については、無名契約説、交換説、売買説があるが、一般的には、邦貨と邦貨の両替（通常無償で行われる）については交換に類似した無名契約、外貨との両替（通常有償で行われる）については売買契約であると解されている（小山『銀行法』201頁参照）。

22　デリバティブ関連事業（総論）

(1)　金融商品取引法における金融商品取引業等の整理

　平成18年に証券取引法が金融商品取引法に改められ、金融商品取引法においては、投資性のある幅広い金融商品を対象としているため、同法を踏まえ、信用金庫法におけるデリバティブ関係事業の規定も改正がなされている。

　金融商品取引法においては、有価証券の売買、デリバティブ取引、これらの媒介、取次ぎまたは代理、投資助言業、投資運用業等の幅広い内容を「金融商品取引業」と定義し（金融商品取引法2条8項）、当該金融商品取引業は内閣総理大臣による金融商品取引業者としての登録を受けなければ行うことができないことと規定されている（同法29条。ただし、信用金庫を含め金融機関が行う投資運用業等は「金融商品取引業」から除外されている（同法2条8項））。

　そして、金融機関は有価証券関連業または投資運用業を行ってはならないこととされた上で（金融商品取引法33条1項）、①他の法律の定めるところにより投資の目的をもって、または信託契約に基づく信託をする者の計算において有価証券の売買または有価証券関連デリバティブ取引を行う場合には例外と規定され（同項ただし書）、②書面取次ぎ行為や国債等の有価証券の売買やデリバティブ取引等については、同条1項本文の規定を適用せず（同条2項）、金融機関がこれらの業務を行う場合、同法33条の2の金融機関の登録を受けることが必要とされる（①については金融機関の登録は不要である（同法33条の2第2号括弧書））。

　また、有価証券関連業に該当しない金融商品に関するデリバティブ取引お

よびその媒介（通貨スワップ取引など）は、「金融商品取引業」に該当するが、金融機関が当該事業を行う場合には金融商品取引業者としての登録（金融商品取引法29条）は不要とされる（同法33条3項）一方で、他の法律に基づき投資目的で行うもの等を除き、同法33条の2の金融機関の登録を要する。

⑵ 金融商品取引法を踏まえた信用金庫法における規定

信用金庫法においては、上記金融商品取引法の整理を踏まえ、まず、53条3項2号において「有価証券の売買又は有価証券関連デリバティブ取引」について規定し、同項11号・12号において有価証券関連デリバティブ取引を除くデリバティブ取引およびその媒介、取次ぎまたは代理を、同項15号・16号において、有価証券関連店頭デリバティブ取引およびその媒介、取次ぎまたは代理を規定している。さらに、同項13号・14号において、金融等デリバティブ取引およびその媒介、取次ぎまたは代理を規定している。

23　デリバティブ取引（法53条3項11号）

> 十一　デリバティブ取引（有価証券関連デリバティブ取引に該当するものを除く。次号において同じ。）であつて内閣府令で定めるもの（第5号に掲げる業務に該当するものを除く。）

本条3項11号において、「デリバティブ取引（有価証券関連デリバティブ取引に該当するものを除く。）であつて内閣府令で定めるもの（金銭債権の取得・譲渡（5号）を除く。）」が付随業務としてと規定されている。

これを受け、内閣府令（施行規則50条6項）において、金融商品取引法2条20項に規定するデリバティブ取引（市場デリバティブ取引、店頭デリバティブ取引または外国市場デリバティブ取引）のうち、同法28条8項6号に規定する有価証券関連デリバティブ取引を除くとされている。

24　デリバティブ取引の媒介、取次ぎまたは代理（法53条3項12号）

> 十二　デリバティブ取引（内閣府令で定めるものに限る。）の媒介、取次ぎ又
> は代理

　デリバティブ取引（内閣府令で定めるものに限る）の媒介、取次ぎまたは代理を定めている。

　「媒介」とは、第三者が、人と人との間に法律行為を成立させるために間に立って尽力することをいい、取引の媒介を引き受ける行為は商法502条11号に定める仲立に関する行為に該当する。媒介をする者は、契約当事者の間に立つものであり、名義上も計算上も契約当事者とはならない。

　次に、「取次ぎ」とは、他人（委託者）の計算において、自己の名をもって取引することを引き受けることであり、商法502条11号の取次ぎに関する行為に属する。いわゆるブローカー事業と呼ばれるものであり、有価証券関連業において多くみられる形態である。

　最後に「代理」とは、代理人が本人に代わって意思表示を行い、または意思表示を受領し、法律効果が本人に直接帰属する関係をいう（民法99条～118条）。代理は、本人の計算において、本人の名をもって取引を行うこととなり、この点で取次ぎと異なる。

　本条3項11号と同様、内閣府令（施行規則50条6項）において具体的に規定されており、金融商品取引法2条20項に規定するデリバティブ取引（市場デリバティブ取引、店頭デリバティブ取引または外国市場デリバティブ取引）のうち、同法28条8項6号に規定する有価証券関連デリバティブ取引を除いたものについての媒介、取次ぎまたは代理業務である。

25　金融等デリバティブ取引（法53条3項13号）

> 十三　金利、通貨の価格、商品の価格、算定割当量（地球温暖化対策の推進
> に関する法律（平成10年法律第117号）第2条第6項（定義）に規定する算

定割当量その他これに類似するものをいう。以下同じ。）の価格その他の指標の数値としてあらかじめ当事者間で約定された数値と将来の一定の時期における現実の当該指標の数値の差に基づいて算出される金銭の授受を約する取引又はこれに類似する取引であつて内閣府令で定めるもの（次号において「金融等デリバティブ取引」という。）のうち信用金庫の経営の健全性を損なうおそれがないと認められる取引として内閣府令で定めるもの（第５号及び第11号に掲げる業務に該当するものを除く。）

本条３項13号は、いわゆる金融等デリバティブ取引について定めている。金融等デリバティブ取引の規定における「類似する取引」および「信用金庫の経営の健全性を損なうおそれがないと認められる取引」の意義について、内閣府令（施行規則50条７項・８項）で定めているが、金利、通貨の価格、商品の価格、算定割当量の価格その他の指標の数値をもとに行うデリバティブ取引である。

金融等デリバティブ取引について、かつて内閣府令は、金利先渡取引、為替先渡取引、直物為替先渡取引、店頭金融先物取引、商品デリバティブ取引、クレジットデリバティブ取引、スワップ取引、オプション取引などを個別に例示規定しているが、近年、デリバティブ取引の多様化が進展していることから、個別に例示列挙することでは金融等デリバティブ取引を網羅することができなくなり、現在の内閣府令（施行規則50条７項）は極めて抽象的・網羅的な表現に変更されている（小山『銀行法』202頁）。

算定割当量とは、温室効果ガスを排出し得る権利であり、「地球温暖化対策の推進に関する法律（平成10年法律第117号）第２条第６項（定義）に規定する算定割当量その他これに類似するもの」と定義されている。同法では、「算定割当量」は気候変動に関する国際連合枠組条約の京都議定書による二酸化炭素換算で示される割当量を指すこととされているが、上記のほか、EU加盟国が域内事業者に割り当てたものなど、各国の独自の制度に基づく割当量が存することから、京都議定書に基づく算定割当量に「類似するもの」も含めて定義付けている。

本条３項13号は算定割当量の価格その他の指標の数値をもとに行うデリバ

ティブ取引を定めており、二酸化炭素の排出権自体の取引については本条 3 項13号ではなく、法53条 6 項 7 号に規定されている。

26 金融等デリバティブ取引の媒介、取次ぎまたは代理（法53条 3 項14号）

> 十四　金融等デリバティブ取引の媒介、取次ぎ又は代理（第12号に掲げる業
> 務に該当するもの及び内閣府令で定めるものを除く。）

　金融等デリバティブ取引の媒介、取次ぎまたは代理業務であり、本条 3 項12号に定めるデリバティブ取引および内閣府令で定めるものが除外されている。

　これを受け、内閣府令（施行規則50条 9 号）においては、上場商品構成物品等（商品先物取引法15条 1 項 1 号）について商品市場（同法 2 条 9 項）における相場を利用して行う、同法 2 条14項 1 号〜 3 号および 4 号（ニを除く）に掲げる取引の媒介、取次ぎまたは代理業務が規定されている。

　媒介、取次ぎおよび代理の意義については、前記 **24** 参照。

27 有価証券関連店頭デリバティブ取引 （法53条 3 項15号）

> 十五　有価証券関連店頭デリバティブ取引（当該有価証券関連店頭デリバティ
> ブ取引に係る有価証券が第 5 号に規定する証書をもつて表示される金銭債
> 権に該当するもの及び短期社債等以外のものである場合には、差金の授受
> によつて決済されるものに限る。次号において同じ。）（第 2 号に掲げる業
> 務に該当するものを除く。）

　本条 3 項15号は、有価証券関連店頭デリバティブ取引、すなわち取引所での取引ではなく、金融商品市場外（金融機関の店頭）において、当事者間の相対で行われる有価証券を原資産とするデリバティブ取引について定めている。「金融」という名称でなく、「有価証券」関連店頭デリバティブ取引とされているのは、広く有価証券を網羅するデリバティブ取引であることを示し

ており（小山『銀行法』203頁）、具体的には有価証券先渡取引、有価証券指数等先渡取引、有価証券オプション取引等がある。

金融商品取引法の施行に伴い、「有価証券店頭デリバティブ取引」は「有価証券関連店頭デリバティブ取引」に変更となっている。

なお、当該有価証券関連店頭デリバティブ取引に係る有価証券が5号に規定する証書をもって表示される金銭債権に該当するもの、および短期社債等以外のものである場合には、差金の授受によって決済されるものに限定されている。

同じく有価証券関連デリバティブ取引を行うことができる旨を定める法53条3項2号との関係については、法53条3項2号では、「（投資の目的をもつてするもの又は書面取次ぎ行為に限る。）」という限定があるのに対して、本条3項15号ではそのような限定はない。

28 有価証券関連店頭デリバティブ取引の媒介、取次ぎまたは代理（法53条3項16号）

> 十六　有価証券関連店頭デリバティブ取引の媒介、取次ぎ又は代理

本条3項15号の有価証券関連店頭デリバティブ取引の媒介、取次ぎまたは代理の事業である。

29 ファイナンス・リース（法53条3項17号）

> 十七　機械類その他の物件を使用させる契約であって次に掲げる要件の全てを満たすものに基づき、当該物件を使用させる業務（会員又はこれに準ずる者として内閣府令で定めるもののためにするものに限る。）
>
> イ　契約の対象とする物件（以下この号及び次条第4項第17号において「リース物件」という。）を使用させる期間（以下この号及び同項第17号において「使用期間」という。）の中途において契約の解除をすることができないものであること又はこれに準ずるものとして内閣府令で定める

ものであること。

ロ　使用期間において、リース物件の取得価額から当該リース物件の使用期間の満了の時において譲渡するとした場合に見込まれるその譲渡対価の額に相当する金額を控除した額及び固定資産税に相当する額、保険料その他当該リース物件を使用させるために必要となる付随費用として内閣府令で定める費用の合計額を対価として受領することを内容とするものであること。

ハ　使用期間が満了した後、リース物件の所有権又はリース物件の使用及び収益を目的とする権利が相手方に移転する旨の定めがないこと。

⑴　ファイナンス・リースの追加の経緯

　本条3項17号は平成23年の信用金庫法改正で追加されたものである。

　それまで、信用金庫本体でのリース取引は禁止されてきたが、ファイナンス・リース取引は、経済的には設備資金の融資と同一の機能を果たすこと、信用金庫は近年、動産担保融資などを行い、リスク管理も行っていることから、固有業務との親近性やリスクの同質性が認められる。また、信用金庫本体で預金・融資・為替等のみならずファイナンス・リースも取り扱えることにより、ワンストップサービスを行うことができる。

　そこで、金融庁が平成22年12月24日に公表した「金融資本市場及び金融産業の活性化等のためのアクションプラン」を踏まえ、信用金庫法の改正により、金融的性格の強いファイナンス・リース取引およびその代理・媒介業務の追加が行われた。

　なお、オペレーティング・リースやメインテナンス・リースについては、下記⑵の要件を満たさず、信用金庫が取り扱うことは認められない。

⑵　信用金庫の付随業務としてのファイナンス・リースの要件

a　機械類その他の物件を使用させる契約

　本条3項17号柱書において、「機械類その他の物件を使用させる契約」であることとされている。

事務用機器、工作機械、自動車など動産が含まれるほか、不動産も建物については対象となるが、土地については経済的耐用年数に制限がなく、フルペイアウトの要件を満たさないことから、対象とならない。

b　会員または卒業会員のためにするものであること（本条３項17号括弧書）

ファイナンス・リースは経済的に設備資金の貸付と同様に信用供与としての機能を果たすものであり、固有業務である融資において融資先が限定されているのと同様に、協同組織金融機関としての性格から、ファイナンス・リースについても会員等に限定されている。

「会員に準ずる者」については、内閣府令（施行規則）50条10項において、卒業会員とされている。

c　中途解約不能（本条３項17号イ）

リース物件を使用期間の中途において契約の解除をすることができないこと等が要件とされている。中途解約ができない場合、リースの全期間に相当する金額（リース料総額）が支払われ、信用リスクの観点から、リース物件の借主が支払いを行うという点で、信用金庫の固有業務たる貸付業務と親和性が高いことから、要件とされている。

なお、中途解約不能のほか、「これに準ずるものとして内閣府令において定めるもの」について、「機械類その他の物件を使用させる契約のうち使用期間の中途において契約の解除をすることができない旨の定めがないものであつて、相手方が、当該契約に係る使用期間の中途において当該契約に基づく義務に違反し、又は当該契約を解除する場合において、未経過期間に係る使用料のおおむね全部を支払うこととされているもの」とされている（施行規則50条11項）。

d　フルペイアウト（本条３項17号ロ）

本条３項17号ロは、いわゆる「フルペイアウト」を要件としている。フルペイアウトのリース取引とは、借り手が、リース物件からもたらされる経済的利益を実質的に享受することができ、かつ、当該リース物件の使用に伴って生じるコストを実質的に負担するリース取引をいう。

本条３項17号においては、リース物件の取得価額から当該リース物件の使

用期間の満了時に物件を譲渡した場合に見込まれる譲渡対価を控除した額と、付随費用の合計額を対価として受領することを内容とすることが要件とされている。

上記の「付随費用」については、固定資産税、保険料のほか、「利子および手数料の額」（施行規則50条12項）とされている。「利子」とは信用金庫がリース取引を行うにあたっての資金調達コスト等、「手数料」とは信用金庫がリース取引を行うにあたっての管理費等をいう。

　　e　所有権移転等の定めの不存在（本条3項17号ハ）

使用期間が満了した後、リース物件の所有権またはリース物件の使用収益を目的とする権利が相手方に移転する旨の定めがないことが要件とされている。

これは、リース物件の所有権等が相手方に移転する定めがある場合、信用金庫からユーザーへのリース物件の売買と経済的に同一または類似のものと評価され、これは付随業務に求められる、信用金庫の固有業務との親近性やリスクの同質性が認められないため、要件とされたものである。

なお、「リース物件の使用収益を目的とする権利」については、ソフトウェア・リースにおける使用権などを想定している。

30　ファイナンス・リース業務の代理または媒介（法53条3項18号）

十八　前号に掲げる業務の代理又は媒介

本条3項17号のファイナンス・リース業務の代理または媒介について定めている。

31　法53条4項

4　前項第5号に掲げる業務には同号に規定する証書をもつて表示される金銭債権のうち有価証券に該当するものについて、同項第5号の3に掲げる業務には短期社債等について、金融商品取引法第2条第8項第1号から第

6号まで及び第8号から第10号まで（定義）に掲げる行為を行う業務を含むものとする。

　本条4項は、法53条3項5号に規定する金銭債権のうち有価証券に該当するものの取得または譲渡、および同項5号の3に規定する短期社債等の取得または譲渡には、それぞれ金融商品取引法2条8項1号～6号および8号～10号に掲げる行為を行う業務が含まれることを明示したものである。

32　法53条5項

5　前2項において、次の各号に掲げる用語の意義は、当該各号に定めるところによる。

一　短期社債等　次に掲げるものをいう。

　イ　社債、株式等の振替に関する法律第66条第1号（権利の帰属）に規定する短期社債

　ロ　投資信託及び投資法人に関する法律（昭和26年法律第198号）第139条の12第1項（短期投資法人債に係る特例）に規定する短期投資法人債

　ハ　第54条の4第1項に規定する短期債

　ニ　保険業法（平成7年法律第105号）第61条の10第1項（短期社債に係る特例）に規定する短期社債

　ホ　資産の流動化に関する法律（平成10年法律第105号）第2条第8項（定義）に規定する特定短期社債

　ヘ　農林中央金庫法（平成13年法律第93号）第62条の2第1項（短期農林債の発行）に規定する短期農林債

　ト　その権利の帰属が社債、株式等の振替に関する法律の規定により振替口座簿の記載又は記録により定まるものとされる外国法人の発行する債券（新株予約権付社債券の性質を有するものを除く。）に表示されるべき権利のうち、次に掲げる要件のすべてに該当するもの

　　⑴　各権利の金額が1億円を下回らないこと。

　　⑵　元本の償還について、権利の総額の払込みのあつた日から1年未満

第53条

の日とする確定期限の定めがあり、かつ、分割払の定めがないこと。

⑶　利息の支払期限を、⑵の元本の償還期限と同じ日とする旨の定めがあること。

一の二　有価証券関連デリバティブ取引又は書面取次ぎ行為　それぞれ金融商品取引法第28条第8項第6号（定義）に規定する有価証券関連デリバティブ取引又は同法第33条第2項（金融機関の有価証券関連業の禁止等）に規定する書面取次ぎ行為をいう。

二　政府保証債　政府が元本の償還及び利息の支払について保証している社債その他の債券をいう。

二の二　特定目的会社、資産流動化計画、特定社債又は特定短期社債　それぞれ資産の流動化に関する法律第2条第3項、第4項、第7項又は第8項（定義）に規定する特定目的会社、資産流動化計画、特定社債又は特定短期社債をいう。

三　有価証券の私募の取扱い　有価証券の私募（金融商品取引法第2条第3項（定義）に規定する有価証券の私募をいう。）の取扱いをいう。

三の二　振替業　社債、株式等の振替に関する法律第2条第4項（定義）の口座管理機関として行う振替業をいう。

四　デリバティブ取引　金融商品取引法第2条第20項（定義）に規定するデリバティブ取引をいう。

五　有価証券関連店頭デリバティブ取引　金融商品取引法第28条第8項第4号（定義）に掲げる行為をいう。

　本条5項は法53条3項および4項において使用される用語の定義について規定している。

　法53条3項および4項における解説とともに、各法令の該当条文を参照されたい。

33　法定他業（法53条6項）

6　信用金庫は、第1項から第3項までの規定により行う業務のほか、第1

項各号に掲げる業務の遂行を妨げない限度において、次に掲げる業務（第
5号及び第6号に掲げる業務にあつては、会員、地方公共団体その他内閣
府令で定める者のために行うものに限る。）を行うことができる。

一　金融商品取引法第28条第6項（通則）に規定する投資助言業務

二　金融商品取引法第33条第2項各号（金融機関の有価証券関連業の禁止等）
に掲げる有価証券又は取引について、同項各号に定める行為を行う業務（第
3項の規定により行う業務を除く。）

三　金融機関の信託業務の兼営等に関する法律により行う同法第1条第1項
（兼営の認可）に規定する信託業務

四　信託法（平成18年法律第108号）第3条第3号（信託の方法）に掲げる方
法によつてする信託に係る事務に関する業務

五　地方債又は社債その他の債券の募集又は管理の受託

六　担保付社債信託法（明治38年法律第52号）により行う担保付社債に関す
る信託業務

七　算定割当量を取得し、若しくは譲渡することを内容とする契約の締結又
はその媒介、取次ぎ若しくは代理を行う業務（第3項の規定により行う業
務を除く。）であつて、内閣府令で定めるもの

---

(1)　法定他業（他業証券業務等）

a　総　　説

　本条6項は、信用金庫が固有業務や付随業務とは別の類型として、実質的
に信用金庫の固有業務や付随業務とはいいがたい一定の業務、すなわち、金
融商品取引法33条2項各号（金融機関の有価証券関連業の禁止等）に定める証
券業務（いわゆる他業証券業務）のほか、信託に関する事務に関する業務や、
地球温暖化対策推進法に規定されている算定割当量等の取得・譲渡等の業務
を営むことについて、個別の根拠規定を設けたものである。

　すなわち、付随性を有するとはいいがたいが、信用金庫が有するノウハウ
の活用が可能であり、また信用金庫の固有業務の遂行に大きな支障をもたら
すものではない業務である。

信用金庫法においては、銀行法12条のように、信用金庫法以外の法律により営む業務を営めることを明記した条文がなく、また本条6項において、法定他業を個別列挙しているが、これは例示列挙規定であり、後記のとおり、信用金庫法に定めがなくても、同法以外の法律により営むことが認められた業務（法定他業）、すなわち保険窓販業務などを行うことは認められる。

　なお、信用金庫法の平成20年改正までは、法53条6項に法定他業証券業務を、7項において兼営法に規定する信託業務、8項に債券の受託業務や担保付社債に関する信託業務（会員、地方公共団体等のために行うもの）を規定していたが、平成20年改正によりこれら3項が1つの項（法53条6項）に統合され、債券の受託業務や担保付社債に関する信託業務について会員や地方公共団体等のために行うことは、括弧書で記載されるようになった。

　　b　「固有業務の遂行を妨げない限度」の解釈

　本条6項の業務については、1項の固有業務の遂行を妨げない限度で行うことができるものとされている。

　信用金庫等預金取扱金融機関が我が国の金融の中核を占める金融仲介機能を発揮しており、信用金庫等が証券業務等を行い、これらに過大な人的・物的資源やコスト・労力を割くことにより、信用金庫等が果たすべき資金仲介機能の遂行が疎かになってならないと解される。

　そこで、他業証券業務等が信用金庫にとって副次的な業務にとどまり、固有業務を凌駕する主たる業務とはなり得ないことを明らかにしたものとされている（小山『銀行法』208頁）。

　固有業務の「遂行を妨げない限度」の基準は、固有業務と法定他業との売上や利益など量的な比較で一律に決せられるものではなく、各信用金庫の事情に応じて個別具体的に判断される（『新銀行法精義』167頁、小山『銀行法』208頁参照）。

　　c　他業禁止規定に違反した業務の私法的効力

　信用金庫が他業禁止規定に違反して行った業務の私法的効力について、信用金庫の付随業務の範囲が可変的であり、信用金庫法においても「その他付随業務」といった包括（バスケット）条項が定められていることからすると、外見上明白に信用金庫法の目的に反せず、他の法令にも違反していなけ

れば、取引安全や法的安定性の観点から、私法上は有効と解される（小山『銀行法』216頁）。

⑵　投資助言業務（本条6項1号）

　投資助言業務とは、顧客に対し、有価証券の価値等（有価証券の価値、有価証券関連オプションの対価の額、有価証券指標の動向）や金融商品の価値等（金融商品の価値、オプションの対価の額、金融指標の動向）の分析に基づく投資判断（投資の対象となる有価証券の種類、銘柄、数および価格ならびに売買の別、方法および時期についての判断またはデリバティブ取引の内容および時期についての判断）等に関して、口頭、文書（新聞、雑誌、書籍その他不特定多数の者に販売することを目的として発行されるもので、不特定多数の者により随時に購入可能なものを除く）その他の方法により助言を行うことを約し、相手方がそれに対し報酬を支払うことを約する契約（投資顧問契約）を締結し、当該投資顧問契約に基づき、助言を行うことをいう（金融商品取引法2条8項11号、28条6項）。

　上記投資助言業務に係る事業を行うためには、金融商品取引法33条の2の金融機関の登録が必要である。

⑶　有価証券関連業（本条6項2号）

　金融商品取引法33条1項では、銀・証分離に基づき金融機関（銀行、協同組織金融機関等）による有価証券関連業が禁止され、同条2項では、例外的に金融機関が行える業務を定めている。

　本条6項2号においては、金融商品取引法33条2項各号（金融機関の有価証券関連業の禁止等）に掲げる有価証券または取引について、同項各号に定める行為を行う業務（3項の規定により行う付随業務を除く）が規定されており、一定の範囲で有価証券の売買等を行うことができる。

　すなわち、信用金庫は下記①〜⑥の業務を行うことができ、国債、地方債等の公共債等についてほぼすべての証券業務、すなわち、既発債の売買（不特定多数の者を相手方に、国債公共債を「商品」として売買するディーリング）、売買の媒介、取次ぎ（ブローカレッジ）または代理、受益証券に係る募集の

第5章　事業（第53条〜第54条）　｜　533

取扱い等（投資信託窓販業務）、売出しの目的をもってする引受け、募集また
は売出しの取扱い（売出しの目的のない残額引受けと一体として行われないも
の）等の業務が含まれる（小山『銀行法』210頁）。

① 国債、地方債等の有価証券の売買等（金融商品取引法33条2項1号）

② 投資信託、外国投資信託の受益証券等の売買等（同項2号）

③ 外国国債の売買等の媒介、取次ぎ（同項3号）

④ 前3号に掲げる有価証券以外の有価証券等の私募の取扱い等（同項4号）

⑤ 店頭デリバティブ取引またはその媒介、取次ぎもしくは代理（同項5号）

⑥ 有価証券の売買および有価証券関連デリバティブ取引その他政令で定め
る取引についての有価証券等清算取次ぎ（同項6号）

信用金庫がこれらの他業証券業務を行うためには、金融商品取引法33条の
2の金融機関の登録が必要である。

なお、本条6項では、上記の金融商品取引法33条2項の業務のうち、法53
条3項に規定されている業務については除外されているが、除外された業務
については、法53条3項の付随業務として行うことができるものと解され
る。

⑷　兼営法に規定する信託業務（本条6項3号）

金融機関の信託業務の兼営等に関する法律（昭和18年法律第43号）（以下「兼
営法」という）1条1項に規定する信託業務であり、同項により認められて
いる金融機関の業務として信託業、信託契約代理業、信託受益権売買等業
務、財産に関する遺言の執行などが挙げられる。

兼営法上、信用金庫が兼営法1条1項の業務を行うためには、内閣総理大
臣の認可を受けなければならない（兼営法1条2項）。

信託業務は、信用金庫では本体のみならず代理店方式で取り扱うことがで
きる。

具体的には、本体で行うことができる業務として、①金銭信託、②動産信
託、③土地信託（土地の包括信託を含む）、④いわゆる特定贈与信託、⑤公益
信託、⑥不動産管理信託の取扱いが認められ、代理店方式では、金銭の信
託、有価証券の信託、金銭債券の信託、動産の信託、不動産の信託などの取

扱いが認められている（『金融法務講座』136頁）。

⑸　自己信託に係る事務に関する業務（本条6項4号）

　信託法においては、自己信託、すなわち、特定の者が一定の目的に従い、自己の有する一定の財産の管理、処分等の行為を自らすべき旨の意思表示を公正証書等の方法によってするもの（信託法3条3項）を認めており、本条6項4号においても顧客の利便性等の観点から、自己信託事務に関する業務を規定しているものである。

　上記業務は、委託者の意思表示に対して受託者が引き受けるものではなく、自己の財産を処分するにすぎないものであることから、本条6項3号の兼営法に規定する信託業務には該当しない。

⑹　債券の受託業務（本条6項5号）

　信用金庫は、債券の発行者たる、会員、地方公共団体、その他内閣府令（施行規則51条）で定める者（法律の規定に基づき、政府が債券に係る債務について保証することができる法人（政府保証債の発行が可能な法人）または卒業会員）のために行う地方債等の募集または管理の受託業務である。

　なお、地方債は、県や市など地方公共団体が資金調達のために発行する債券であり、社債は、一般の企業が資金調達のために発行する債券であり、いずれも債券の一種である。債券は消費貸借という意味では金融機関からの借入れと共通するが、債券は多数人から集団的かつ同時に資金を調達し、また有価証券を発行するという点で、金融機関からの借入れと異なり、債券は、株式と借入れの中間的な資金調達手段に該当する。

　債券の募集に係る受託業務は、地方公共団体や企業が債券発行により資金調達するまでの事務であり、債券の募集に伴う諸契約書の作成、払込金の取扱い等の業務がある。債券の管理業務は、資金調達後のさまざまな業務、すなわち利払い、元金償還までの諸々の事務をいう（小山『銀行法』192頁参照）。

　債券の発行体である地方公共団体や企業にとって、多数の投資家から同時に資金を調達するため、事務をアウトソーシングするメリットが存する。

　信用金庫は、社債権者等に対する義務として、公平誠実義務（会社法355

第5章　事業（第53条〜第54条）　535

条）および善管注意義務（民法644条）を負う。公平誠実義務とは、社債権者等を公平に取り扱うことに加えて、管理会社と社債権者等の利益が相反する場合、管理会社が自己または第三者の利益を図って社債権者等の利益を害することが認められない。

(7) 担保付社債に関する信託業務（本条6項6号）

担保付社債信託業務は、事業資金を調達するために担保付社債を発行する会社（委託者）から信用金庫等金融機関が受託し、受益者たる総債権者のために社債に付された担保権を善良なる管理者の注意義務をもって取得・管理・実行し、その他担保付社債信託法（明治38年法律第52号）（以下「担信法」という）に基づく業務を行うものである。

本来、担保権は受益者たる債権者が取得するのが原則であるが、社債権者が不特定多数で、かつ、社債が転々流通するものであることから、各社債権者が個別に担保を取得することが実務上極めて困難であるため、担信法による担保の受託の制度が設けられたものである。

当該業務を行う場合には、担信法に基づく内閣総理大臣免許が要求されているが（担信法3条）、兼営法の認可を受けた信用金庫は当該事業免許を受けたものとみなされる（同法4条）。

担保付社債信託業務が信用金庫等金融機関に認められるのは、当該社債は受託金融機関の信用力をベースとして資金を一般公衆から調達するものであること、金融に関する高度な知識等が求められる業務であるが、金融機関にはこのような業務を遂行する能力と適性があると解されるためである。

(8) 排出権取引（本条6項7号）

地球温暖化防止のための算定割当量（いわゆる二酸化炭素の排出権）に関連する業務である。

地球温暖化のための対策として、京都議定書目標を達成するため、社会経済活動等による温室効果ガスの排出の抑制等を促進するため、「地球温暖化対策の推進に関する法律」が平成10年に制定されている。

同法2条6項において、京都議定書に規定する割当量などの数量で、二酸

化炭素１トンを表す単位により表記される「算定割当量」（排出枠）が定義付けられているが、本条６項７号においては、上記「算定割当量」を取得し、もしくは譲渡することを内容とする契約の締結またはその媒介、取次ぎもしくは代理を行う業務を定めている（施行規則51条の２）。

商品の現物取引は、物を保管することによる滅失等のリスクを伴い、銀行や信用金庫の事業と親近性が認められないため、銀行や信用金庫等金融機関の事業としては認められないが、算定割当量については、非実物資源として金融商品に近い性格を有していることから、平成20年の金融商品取引法等の一部を改正する法律により、これを対象とした現物取引を行うことが認められた（『逐条解説農協法』59頁）。

⑼　その他の法定他業

前記のとおり、信用金庫が他の法律により他業が認められる場合が定められているが、これらは例示であり、その他も、例えば以下のような法律で認められている業務がある。

a　保険窓販業務

保険業法（平成７年法律第105条）に基づく保険窓販業務である（保険窓販については、鈴木＝藤本『地域金融機関の保険業務』参照）。

保険窓販については、平成13年４月から金融機関の窓口で段階的に解禁され、平成19年12月に金融機関の融資先顧客保護の施策として弊害防止措置が導入され、すべての保険商品の販売が可能となっている（全面解禁）。

保険業法275条１項１号の政令で定める者に信用金庫が含まれ（保険業法施行令39条４号）、信用金庫は保険業法276条または286条の登録を受けて保険募集（保険契約の締結の代理または媒介）を行うことができる（保険業法275条２項）。

保険窓販については、保険業法等で種々の規制が設けられているが、信用金庫については地域金融機関特例および協同組織金融機関特例の活用が想定される。

保険窓販業務を営むためには保険業法に基づく内閣総理大臣への登録が必要である。

b　当せん金付証票（宝くじ）に関する業務

当せん金付証票法（昭和23年法律第144条）6条1項においては、「銀行その他政令で定める金融機関」が当せん金付証票（宝くじ）の発売等の事務を受託することができるものとしており、これを受け、当せん金付証票法第6条第1項の金融機関を定める政令（平成11年3月25日政令第65号）1号において、「信用金庫及び信用金庫連合会」が明示されている。

なお、本業務は、「当せん金付証票の作成、売りさばきその他発売」などの業務であり、法53条4項8号の「国、地方公共団体、会社等の金銭の収納その他金銭に係る事務の取扱い」を根拠とするものとは解されない。

宝くじに関する業務を営むためには「当せん金付証票法」に基づく委託が必要である（当せん金付証票法6条）。

c　スポーツ振興投票券（toto）の売りさばき等の業務受託業務

スポーツ振興投票の実施等に関する法律（平成10年法律第63号）は、スポーツ振興投票に係る業務の一部を銀行その他の政令で定める金融機関（以下「銀行等」という）に委託することができるとし（同法18条1項）、銀行等は、他の法律の規定にかかわらず、同法18条1項の規定により委託を受けた業務を行うことができるものとしているが（同条2項）、これを受け、スポーツ振興投票の実施等に関する法律施行令（平成10年11月9日政令第363号）3条2号において、信用金庫および信用金庫連合会が明示されている。

d　電子債権記録業の事務受託業務

・電子記録債権法（平成19年法律第102号）による電子債権記録業の事務受託業務…電子記録債権法58条1項・2項および協同組織金融機関（協同組織金融機関の優先出資に関する法律（平成5年法律第44号）2条1項3号）が根拠となる。

34　日本政策金融公庫の業務代理（法53条7項）

7　信用金庫は、株式会社日本政策金融公庫の業務の代理を行うときは、株式会社日本政策金融公庫法（平成19年法律第57号）第56条第3号の規定の

適用については、銀行とみなす。

本条7項は、信用金庫が日本政策金融公庫の代理（法53条3項7号）を行う場合についての規定である。

すなわち、株式会社日本政策金融公庫法56条は、日本政策金融公庫が業務上の余裕金を運用し得る場合を列挙しており、同条3号において、「銀行その他主務大臣の指定する金融機関の預金」の場合に余裕金を運用し得る旨を定めている。

本条7項においては、信用金庫が、日本政策金融公庫の業務の代理を行うときは、株式会社日本政策金融公庫法56条3号の規定の適用については、信用金庫を銀行とみなす旨規定しているので、日本政策金融公庫は業務上の余裕金の運用として信用金庫への預金ができることになる。

35 農業信用基金協会等の代理（法53条8項）

> 8 信用金庫は、次の各号に掲げる者で第3項第7号の規定による内閣総理大臣の指定を受けたものの業務の代理を行うときは、当該各号に掲げる者の区分に応じ当該各号に定める法律の規定の適用については、銀行とみなす。
>
> 一 農業信用基金協会 農業信用保証保険法（昭和36年法律第204号）第9条第1号
>
> 二 地方住宅供給公社 地方住宅供給公社法（昭和40年法律第124号）第34条第2号

信用金庫は、法53条3項7号に基づき、他の金庫、日本政策金融公庫、その他内閣総理大臣の指定する者の業務の代理をまたは媒介（いわゆる代理業務）を行うことができる。

まず、農業信用基金協会については、農業信用保証保険法9条において、農業信用基金協会は、出資金そのほかの金銭を、その負担する保証債務の弁済に充てるための基金として、農業協同組合もしくは農業協同組合連合会、

農林中央金庫または銀行への預金または金銭信託（農業信用保証保険法9条1号）、または、国債証券、地方債証券または主務大臣の定める有価証券の保有（同条2号）の方法により管理しなければならない旨規定されている。本条において、法53条3項7号の規定による内閣総理大臣の指定を受けたものの業務の代理を行うときは、農業信用保証保険法9条1号の適用については、銀行とみなす旨の規定があるので、信用金庫への預金が、農業信用基金協会の金銭の管理の方法として認められていることになる。

次に、地方住宅供給公社については、地方住宅供給公社法34条において、国債、地方債その他国土交通大臣の指定する有価証券の取得（同条1号）、銀行その他国土交通大臣の指定する金融機関への預金（同条2号）、その他国土交通省令で定める方法（同条3号）によるしか、同公社の余裕金を運用してはならないと限定されている。

本条において、法53条3項7号の規定による内閣総理大臣の指定を受けたものの業務の代理を行うときは、地方住宅供給公社法34条2号の適用については、銀行とみなす旨の規定があるので、信用金庫への預金が、余裕金の運用として認められていることになる。

36　法53条6項の業務に係るみなし規定（法53条9項）

> 9　信用金庫は、第6項第4号から第6号までに掲げる業務に関しては、信託業法（平成16年法律第154号）、担保付社債信託法その他の政令で定める法令の適用については、政令で定めるところにより、会社又は銀行とみなす。この場合においては、信託業法第14条第2項ただし書（商号）の規定は、適用しない。

本項は、法53条6項4号〜6号に定める自己信託に係る事務に関する業務、債券の受託業務および担保付社債に関する信託業務等が一定の会社または銀行に認められている業務であるため、信用金庫についてもかかる会社または銀行とみなす旨を定めている。ただし、その名称または商号のうちに信託会社であると誤認されるおそれのある文字を用いてはならないとされてい

る。

第54条 信用金庫連合会の事業

（信用金庫連合会の事業）

第54条　信用金庫連合会は、次に掲げる業務を行うことができる。

　一　会員の預金の受入れ

　二　会員に対する資金の貸付け

　三　為替取引

2　信用金庫連合会は、前項各号に掲げる業務のほか、次に掲げる業務を併せ行うことができる。

　一　国、地方公共団体その他営利を目的としない法人（次号において「国等」という。）の預金の受入れ

　二　会員以外の者（国等を除く。）の預金の受入れ

　三　会員以外の者に対する資金の貸付け

3　信用金庫連合会は、前項第2号及び第3号に掲げる業務を行おうとするときは、内閣総理大臣の認可を受けなければならない。

1　信用金庫連合会

　信用金庫連合会は、信用金庫と同様、信用金庫法により人格を付与された法人である（法2条）。

　現在、法4条による内閣総理大臣の免許を受けた「信用金庫連合会」は、全国を「地区」として、全国のすべての信用金庫を会員とする「信金中央金庫」が1つあるのみである。なお、「全国を地区とする信用金庫連合会」については、名称中に「信金中央金庫」の文字を用いることとされ、それ以外の信用金庫連合会は、「信用金庫連合会」の文字を用いることとされている（法6条1項）。

2　信金中央金庫

　信金中央金庫は、信用金庫法に基づき設立された信用金庫の中央金融機関である。昭和25年に全国信用協同組合連合会として設立され、翌昭和26年に全国信用金庫連合会に改組し、その後、平成12年の信用金庫法改正に伴い、前記の法6条1項に基づき、現在の「信金中央金庫」との名称となっている。

　信金中央金庫は、信用金庫の中央金融機関として、信用金庫に対する金融の円滑を図るとともに、その業務機能の補完および信用力の維持向上に努め、もって信用金庫業界の健全な発展に資することを目的としているが（信金中央金庫定款1条2項参照）、「信用金庫の中央金融機関」と「個別金融機関」という2つの役割を併せ持つ金融機関である（一般社団法人全国信用金庫協会編『信用金庫便覧2017』（金融財政事情研究会・2018年）1593頁）。

3　信用金庫連合会の事業

　信用金庫連合会は、信用金庫の中央金融機関として、事業面では信用金庫とほぼ同様の機能が与えられており、本条1項に基づき、会員たる信用金庫に対する事業を行う。

　また、これのみでなく、個別金融機関として本条2項に規定するとおり、以下の業務を併せ行うことができる（ただし、法54条3項および施行規則52条に基づき、下記②および③の業務を行おうとするときは、内閣総理大臣の認可を受けることが必要である）。

① 　国、地方公共団体その他営利を目的としない法人（国等）の預金の受入れ

② 　会員以外の者（国等を除く）の預金の受入れ

③ 　会員以外の者に対する資金の貸付

　なお、信用金庫連合会は、会員以外の者に対し、無制限に資金の貸付を行うことができるという特徴があり（法54条2項3号・3項）、この点、会員以外の者に対する資金の貸付が原則として制限されている信用金庫と異なる。なお、全国を地区とする信用金庫連合会たる信金中央金庫においては、国・

政府関係機関、地方公共団体、事業会社などへの直接貸付のほか、信用金庫を通じた信用金庫取引先への代理貸付を行っている。

　信用金庫以外の者（国、地方公共団体等を除く）からの預金の受入れ、信用金庫以外の者に対する資金の貸付の業務を行うとするときは、内閣総理大臣の認可が必要である（法54条3項）。

4　信用金庫連合会は、前3項の規定により行う業務のほか、当該業務に付随する次に掲げる業務その他の業務を行うことができる。

一　債務の保証又は手形の引受け（会員のためにするものその他の内閣府令で定めるものに限る。）

二　有価証券（第5号に規定する証書をもつて表示される金銭債権に該当するもの及び短期社債等を除く。第5号の2及び第6号において同じ。）の売買（有価証券関連デリバティブ取引に該当するものを除く。）又は有価証券関連デリバティブ取引（投資の目的をもつてするもの又は書面取次ぎ行為に限る。）

三　有価証券の貸付け（会員のためにするものその他の内閣府令で定めるものに限る。）

四　国債等の引受け（売出しの目的をもつてするものを除く。）又は当該引受けに係る国債等の募集の取扱い

五　金銭債権（譲渡性預金証書その他の内閣府令で定める証書をもつて表示されるものを含む。）の取得又は譲渡

五の二　特定社債等の引受け（売出しの目的をもつてするものを除く。）又は当該引受けに係る特定社債等の募集の取扱い

五の三　短期社債等の取得又は譲渡

六　有価証券の私募の取扱い

七　金庫、株式会社日本政策金融公庫その他内閣総理大臣の定める者（外国銀行を除く。）の業務（前条第3項第7号の2に掲げる業務及び次号に掲げる業務に該当するものを除く。）の代理又は媒介（内閣総理大臣の定めるものに限る。）

七の二 外国銀行の業務の代理又は媒介（信用金庫連合会の子会社である外国銀行の業務の代理又は媒介を当該信用金庫連合会が行う場合における当該代理又は媒介及び外国において行う外国銀行（当該信用金庫連合会の子会社を除く。）の業務の代理又は媒介であつて、内閣府令で定めるものに限る。）

七の三 会員である信用金庫に係る第85条の7第1項の契約の締結及び当該契約に係る第85条の8第1項の基準の作成

八 国、地方公共団体、会社等の金銭の収納その他金銭に係る事務の取扱い

九 有価証券、貴金属その他の物品の保護預り

九の二 振替業

十 両替

十一 デリバティブ取引（有価証券関連デリバティブ取引に該当するものを除く。次号において同じ。）であつて内閣府令で定めるもの（第5号に掲げる業務に該当するものを除く。）

十二 デリバティブ取引（内閣府令で定めるものに限る。）の媒介、取次ぎ又は代理

十三 金利、通貨の価格、商品の価格、算定割当量の価格その他の指標の数値としてあらかじめ当事者間で約定された数値と将来の一定の時期における現実の当該指標の数値の差に基づいて算出される金銭の授受を約する取引又はこれに類似する取引であつて内閣府令で定めるもの（次号において「金融等デリバティブ取引」という。）のうち信用金庫連合会の経営の健全性を損なうおそれがないと認められる取引として内閣府令で定めるもの（第5号及び第11号に掲げる業務に該当するものを除く。）

十四 金融等デリバティブ取引の媒介、取次ぎ又は代理（第12号に掲げる業務に該当するもの及び内閣府令で定めるものを除く。）

十五 有価証券関連店頭デリバティブ取引（当該有価証券関連店頭デリバティブ取引に係る有価証券が第5号に規定する証書をもつて表示される金銭債権に該当するもの及び短期社債等以外のものである場合には、差金の授受によつて決済されるものに限る。次号において同じ。）（第2号

に掲げる業務に該当するものを除く。）

十六　有価証券関連店頭デリバティブ取引の媒介、取次ぎ又は代理

十七　機械類その他の物件を使用させる契約であつて次に掲げる要件の全
　てを満たすものに基づき、当該物件を使用させる業務（会員又はこれに
　準ずる者として内閣府令で定めるもののためにするものに限る。）

　　イ　使用期間の中途において契約の解除をすることができないものであ
　　　ること又はこれに準ずるものとして内閣府令で定めるものであること。

　　ロ　使用期間において、リース物件の取得価額から当該リース物件の使
　　　用期間の満了の時において譲渡するとした場合に見込まれるその譲渡
　　　対価の額に相当する金額を控除した額及び固定資産税に相当する額、
　　　保険料その他当該リース物件を使用させるために必要となる付随費用
　　　として内閣府令で定める費用の合計額を対価として受領することを内
　　　容とするものであること。

　　ハ　使用期間が満了した後、リース物件の所有権又はリース物件の使用
　　　及び収益を目的とする権利が相手方に移転する旨の定めがないこと。

十八　前号に掲げる業務の代理又は媒介

5　信用金庫連合会は、前各項の規定により行う業務のほか、第1項各号に
　掲げる業務の遂行を妨げない限度において、次に掲げる業務を行うことが
　できる。

一　金融商品取引法第28条第6項（通則）に規定する投資助言業務

二　金融商品取引法第33条第2項各号（金融機関の有価証券関連業の禁止
　等）に掲げる有価証券又は取引について、同項各号に定める行為を行う
　業務（前項の規定により行う業務を除く。）

三　金融機関の信託業務の兼営等に関する法律により行う同法第1条第1
　項（兼営の認可）に規定する信託業務

四　信託法第3条第3号（信託の方法）に掲げる方法によつてする信託に
　係る事務に関する業務

五　地方債又は社債その他の債券の募集又は管理の受託

六　担保付社債信託法により行う担保付社債に関する信託業務

七　算定割当量を取得し、若しくは譲渡することを内容とする契約の締結

第5章　事業（第53条～第54条）　｜　545

又はその媒介、取次ぎ若しくは代理を行う業務（前項の規定により行う
業務を除く。）であつて、内閣府令で定めるもの

6 前条第4項、第5項及び第7項から第9項までの規定は、信用金庫連合
会について準用する。この場合において、同条第4項中「前項第5号」と
あるのは「次条第4項第5号」と、同条第5項中「前2項」とあるのは「前
項及び次条第4項」と、同条第8項中「第3項第7号」とあるのは「次条
第4項第7号」と、同条第9項中「第6項第4号から第6号まで」とある
のは「次条第5項第4号から第6号まで」と読み替えるものとするほか、
必要な技術的読替えは、政令で定める。

---

4 信用金庫連合会の付随業務等

本条4項〜6項は、信用金庫連合会の付随業務等について規定している。

ほぼ信用金庫の付随業務等の内容と同様であるため、こちらを参照された
い。

ただし、信用の供与に関するものについては、信用金庫と信用金庫連合会
の業務の差異などを踏まえ、内閣府令（施行規則50条1項、53条1項）におけ
る規定の範囲が異なる。

例えば、債務の保証または手形の引受けについて、信用金庫連合会につい
ては、信用金庫について定められているような①卒業会員のためにする債務
の保証または手形の引受け（施行規則50条1項2号）、②外国子会社のために
する債務の保証（同項2号の2）、③国税の徴収猶予等として行う債務の保証
（同項4号）、④預金または定期積金の債権を担保とする債務の保証または手
形の引受け（同項6号）が規定されていない。

また、債務の保証または手形の引受けについて、信用金庫と異なり、信用
金庫連合会については、①子会社の債務の保証または手形の引受け（施行規
則53条1項4号）、②会員である信用金庫の会員のための債務の保証または手
形の引受け（同項5号）、③当該信用金庫連合会が国際協力銀行とともに行
う資金の貸付を受ける者のためにする債務の保証（同項6号）、④当該信用
金庫連合会の会員以外の者のためにする債務の保証または手形の引受け（同

項7号）が規定されている点が異なる。④の会員以外の者のための債務の保証または手形の引受けについては、法54条3項、同条2項3号に基づき認可を受けて貸付ができる者のためにする債務の保証または手形の引受けに限定されている。

第5章の2

外国銀行代理業務に関する特則

（第54条の2〜第54条の2の3）

第54条の2

第54条の2 外国銀行代理業務に係る認可等

> **（外国銀行代理業務に係る認可等）**
>
> **第54条の2**　金庫は、次に掲げる業務（以下この条において「外国銀行代理業務」という。）を行おうとするときは、当該外国銀行代理業務の委託を受ける旨の契約の相手方である外国銀行（以下「所属外国銀行」という。）ごとに、内閣府令で定めるところにより、あらかじめ、内閣総理大臣の認可を受けなければならない。
>
> 　一　当該金庫のうち信用金庫については、第53条第3項第7号の2に掲げる業務
>
> 　二　当該金庫のうち信用金庫連合会については、前条第4項第7号の2に掲げる業務
>
> **2**　前項の規定は、信用金庫連合会が当該信用金庫連合会の子会社である外国銀行を所属外国銀行として外国銀行代理業務（同項第2号に掲げる業務に限る。以下同じ。）を行おうとするときは、適用しない。この場合において、当該信用金庫連合会は、当該外国銀行代理業務に係る所属外国銀行ごとに、内閣府令で定めるところにより、あらかじめ、内閣総理大臣に届け出なければならない。

1　本条の趣旨

　外国銀行の業務の代理または媒介について、従前は認められていなかった。

　しかし、外国銀行在日支店等が日本国内の顧客に対し、母体たる外国銀行の海外ブック取引の勧誘を行ったり、邦銀が日本国内の顧客に対し、海外現地法人の海外ブック取引の勧誘を行うことが認められておらず、国内企業の海外進出について金融サービスを効率的に提供することや、外国銀行が日本の金融市場に参入することについて、支障となりかねない状況にあった。

そこで国内企業の海外進出の増加を背景として、海外進出している企業がより円滑な資金調達等を受ける必要性が高まっているため、平成20年の金融商品取引法等の一部を改正する法律により銀行法が改正され、信用金庫法も改正され、法53条3項7号の2および54条4項7号の2において、「外国銀行の業務の代理・媒介」が新たに業務範囲として追加されるとともに、第5章の2（外国銀行代理業務に関する特則）が整備されたものである（その他下記2(1)のとおり平成25年にも改正がなされている）。

2 外国銀行代理業務

(1) 委託元たる外国銀行の要件

外国銀行代理業務については、信用金庫については法53条3項7号の2および施行規則50条5項、信用金庫連合会については法54条4項7号の2および施行規則53条4項に定められている。

平成20年の金融商品取引法等の一部を改正する法律により銀行法が改正され、国内銀行の親子会社等である外国銀行の業務に限り、当該国内銀行は代理・媒介が可能とされ、信用金庫法もこれに伴い、改正がなされた。

協同組織金融機関（信用金庫連合会と異なり（法54条の23第1項6号参照）、もっとも、信用金庫については、業法（信用金庫法）で定める子会社の範囲に外国銀行が含まれていない）は1会員1議決権の原則が妥当し（法12条）、親会社および兄弟会社は存在しないため、子会社である外国銀行のみが委託元の要件を満たす（家根田正美＝小田大輔「実務相談銀行法(19)」金法1965号103頁）。

なお、平成25年にも信用金庫法が改正され、信用金庫および信用金庫連合会は、外国において行われるのであれば、内閣総理大臣の認可を受け、その事業として、親会社等以外の（出資関係のない）外国銀行の業務の代理または媒介を行うことができることとされた。

(2) 受託することができる業務の範囲

信用金庫および信用金庫連合会は、以下に掲げる業務に限り、代理または媒介を行うことができる（施行規則50条5項、53条4項）。

・銀行法10条1項に規定する銀行の固有業務
・銀行法10条2項に規定する銀行の付随業務（代理または媒介に係る業務および銀行が同項（8号および8号の2を除く）の規定により代理または媒介を行うことができる業務を除く）

　上記のとおり、外国銀行が営む付随業務のうち、①代理または媒介に係る業務、②銀行が付随業務の規定により代理または媒介を行うことができる業務は、外国銀行代理業務の対象業務から除外されている。

　①が除外されているのは、外国銀行代理業務として、いわゆる復代理または再委託を禁止する趣旨である。次に、②が除外されているのは、銀行法10条2項各号に掲げる業務および同項柱書に規定する「その他の銀行業に付随する業務」に該当する代理または媒介は、外国銀行代理業務に該当しないという趣旨である（平成20年12月2日に公表された「平成20年金融商品取引法等の一部改正に係る政令案・内閣府令案等に対するパブリックコメントの結果等について」における「コメントの概要及びコメントに対する金融庁の考え方」の「Ⅲ.銀行法関連　外国銀行代理業務〔銀行法第10条第2項第8号の2〕」No.1）。

　なお、前記の規定により、外国銀行が母国の法律により行うことのできる業務であっても、日本の銀行法において行うことができない業務については、外国銀行代理業務として、代理または媒介を行うことはできない。

3　外国銀行代理業務の認可制

(1)　認可制（原則）

　金庫は、外国銀行代理業務を行おうとするときは、所属外国銀行ごとに、あらかじめ、内閣総理大臣の認可を受けなければならないのが原則である（法54条の2第1項）。

　これは、外国銀行代理業務に係る我が国の顧客保護の観点から、委託元であるが外国銀行の財務・業務の健全性や相互主義（レシプロ）を審査し、不適切な外国銀行の我が国への参入を阻止することを目的としている（家根田正美＝小田大輔「実務相談銀行法⑲」金法1965号105頁）。

　個々の業務が外国銀行代理業務に該当するかについては、金融庁より「外

国銀行代理業務に関するQ&A」が公表されている。

(2) 届出制（例外）

　信用金庫連合会が当該信用金庫連合会の子会社である外国銀行を所属外国銀行として外国銀行代理業務を行おうとするときは、信用金庫法上認可制であることや、連結ベースでの監督がなされることから、法54条の2は適用されず、ただし外国銀行代理業務を受託していることを内閣総理大臣が把握する必要があるため届出制となる（家根田正美＝小田大輔「実務相談銀行法⑲」金法1965号105頁）。

第54条の2の2　出資の受入れ、預り金及び金利等の取締りに関する法律の特例

（出資の受入れ、預り金及び金利等の取締りに関する法律の特例）

第54条の2の2　信用金庫連合会が、前条第2項の規定による届出をして外国銀行代理業務を行つている場合には、当該外国銀行代理業務に係る所属外国銀行が業としてする預り金（出資の受入れ、預り金及び金利等の取締りに関する法律（昭和29年法律第195号）第2条第2項（預り金の禁止）に規定する預り金をいう。）であつて当該外国銀行代理業務に係るものについては、同法第2条第1項の規定は、適用しない。

1　出資法の特例

　出資の受入れ、預り金及び金利等の取締りに関する法律（出資法）2条1項は、業として預り金をするにつき、「他の法律に特別の規定のある者」を除くほか、何人も業として預り金をしてはならないと規定している。

　信用金庫連合会が外国銀行代理業務として、所属外国銀行の預金または定期積金等の受入れの代理または媒介を行う場合、当該所属外国銀行は、我が

第5章の2　外国銀行代理業務に関する特則（第54条の2〜第54条の2の3）　｜　553

国において免許を受けることなく業として預り金をするようにも思われる。

　しかし、このような業務については国内で免許を受け、かつ外国銀行代理業務許可を受けた信用金庫連合会を通して適正な運営が可能である本条において、出資法の特例を設けており、出資法2条1項に反しないこととなる。

第54条の2の3　貸金業法の特例

（貸金業法の特例）

第54条の2の3　信用金庫連合会が、第54条の2第2項の規定による届出をして外国銀行代理業務を行つている場合には、当該外国銀行代理業務に係る所属外国銀行が業として行う貸付け（貸金業法（昭和58年法律第32号）第2条第1項（定義）に規定する貸付けをいう。）であつて当該外国銀行代理業務に係るものについては、同法第2条第1項に規定する貸金業に該当しないものとみなす。

　貸金業法3条1項は、貸金業（同法2条1項）、すなわち金銭の貸付または金銭の貸借の媒介（手形の割引、売渡担保その他これらに類する方法によってする金銭の交付または当該方法によってする金銭の授受の媒介を含む）で業として行うものを営もうとする者について、登録制を採用している。

　貸金業を営もうとする者は、二以上の都道府県の区域内に営業所または事務所を設置してその事業を営もうとする場合にあっては内閣総理大臣の、一の都道府県の区域内にのみ営業所または事務所を設置してその事業を営もうとする場合にあっては当該営業所または事務所の所在地を管轄する都道府県知事の登録を受けなければならない。

　ただし、貸付を業として行うにつき他の法律に特別の規定のある者が行うものなどについては、「貸金業」の定義から除外しているため（貸金業法2条1項）、登録は必要ない。

　信用金庫連合会が外国銀行代理業務として、所属外国銀行の貸付の代理ま

たは媒介を行う場合、当該所属外国銀行は、我が国において「貸金業」を営むこととなる。

　しかし、本条は、貸金業法の特例を設けているため、貸金業法に反しないこととなる。

第5章の3

全国連合会債の発行

（第54条の2の4～第54条の20）

第54条の2の4～第54条の20

第54条の2の4～第54条の20　全国連合会債

（全国連合会債の発行）

第54条の2の4　全国を地区とする信用金庫連合会（以下この章において「全国連合会」という。）は、出資の総額及び準備金（準備金として政令で定めるものをいう。）の額の合計額の10倍に相当する金額を限度として、全国連合会債（第54条の4に規定する短期債を除く。以下この条及び次条において同じ。）を発行することができる。

2　全国連合会は、前項の全国連合会債を発行しようとするときは、その発行に関する事項を定款で定めなければならない。

3　全国連合会は、第1項の全国連合会債の発行に関する業務を行おうとするときは、内閣総理大臣の認可を受けなければならない。

（全国連合会債の借換発行の場合の特例）

第54条の3　全国連合会は、その発行した全国連合会債の借換えのため、一時前条第1項に規定する限度を超えて全国連合会債を発行することができる。

2　前項の規定により全国連合会債を発行したときは、発行後1月以内にその全国連合会債の金額に相当する額の発行済みの全国連合会債を償還しなければならない。

（短期債の発行）

第54条の4　全国連合会は、次に掲げる要件のすべてに該当する全国連合会債（次項及び第3項において「短期債」という。）を発行することができる。

　一　各全国連合会債の金額が1億円を下回らないこと。

　二　元本の償還について、全国連合会債の総額の払込みのあつた日から1年未満の日とする確定期限の定めがあり、かつ、分割払の定めがないこと。

　三　利息の支払期限を、前号の元本の償還期限と同じ日とする旨の定めがあること。

2　短期債については、全国連合会債原簿を作成することを要しない。

3　短期債については、次条の規定は、適用しない。

（発行の届出）

第54条の5　全国連合会は、全国連合会債を発行しようとするときは、その都度、その金額及び条件をあらかじめ内閣総理大臣に届け出なければならない。

（全国連合会債の種別等）

第54条の6　全国連合会債の債券を発行する場合において、当該債券は、無記名式とする。ただし、応募者又は所有者の請求により記名式とすることができる。

2　全国連合会は、全国連合会債を発行する場合においては、割引の方法によることができる。

（全国連合会債の発行方法）

第54条の7　全国連合会は、全国連合会債を発行する場合においては、募集又は売出しの方法によることができる。

（全国連合会債を引き受ける者の募集に関する事項の決定）

第54条の8　全国連合会は、全国連合会債を引き受ける者の募集をしようとするときは、その都度、募集全国連合会債（当該募集に応じて当該全国連合会債の引受けの申込みをした者に対して割り当てる全国連合会債をいう。以下同じ。）についてその総額、利率その他の政令で定める事項を定めなければならない。

（募集全国連合会債の申込み）

第54条の9　全国連合会は、前条の募集に応じて募集全国連合会債の引受けの申込みをしようとする者に対し、同条に規定する事項その他内閣府令で定める事項（第4項及び第5項において「通知事項」という。）を通知しなければならない。

2　前条の募集に応じて募集全国連合会債の引受けの申込みをする者は、次に掲げる事項を記載した書面を全国連合会に交付しなければならない。

　一　申込みをする者の氏名又は名称及び住所

　二　引き受けようとする募集全国連合会債の金額及びその金額ごとの数

三　前 2 号に掲げるもののほか内閣府令で定める事項

3　前項の申込みをする者は、同項の書面の交付に代えて、政令で定めるところにより、全国連合会の承諾を得て、同項の書面に記載すべき事項を電磁的方法により提供することができる。この場合において、当該申込みをした者は、同項の書面を交付したものとみなす。

4　第 1 項の規定は、全国連合会が通知事項を記載した金融証券取引法第 2 条第10項に規定する目論見書を第 1 項の申込みをしようとする者に対して交付している場合その他募集全国連合会債の引受けの申込みをしようとする者の保護に欠けるおそれがないものとして内閣府令で定める場合には、適用しない。

5　全国連合会は、通知事項について変更があつたときは、直ちに、その旨及び当該変更があつた事項を第 2 項の申込みをした者（以下この章において「申込者」という。）に通知しなければならない。

6　全国連合会が申込者に対してする通知又は催告は、第 2 項第 1 号の住所（当該申込者が別に通知又は催告を受ける場所又は連絡先を当該全国連合会に通知した場合にあつては、その場所又は連絡先）にあてて発すれば足りる。

7　前項の通知又は催告は、その通知又は催告が通常到達すべきであつた時に、到達したものとみなす。

（募集全国連合会債の割当て）

第54条の10　全国連合会は、申込者の中から募集全国連合会債の割当てを受ける者を定め、かつ、その者に割り当てる当該募集全国連合会債の金額及び金額ごとの数を定めなければならない。この場合において、全国連合会は、当該申込者に割り当てる募集全国連合会債の金額ごとの数を、前条第 2 項第 2 号の数よりも減少し、又はないものとすることができる。

2　全国連合会は、政令で定める期日の前日までに、申込者に対し、当該申込者に割り当てる募集全国連合会債の金額及びその金額ごとの数を通知しなければならない。

（募集全国連合会債の申込み及び割当てに関する特則）

第54条の11　前 2 条の規定は、募集全国連合会債を引き受けようとする者が

その総額の引受けを行う契約を締結する場合には、適用しない。

（募集全国連合会債の債権者）

第54条の12　次の各号に掲げる者は、当該各号に定める募集全国連合会債の債権者となる。

一　申込者　全国連合会の割り当てた全国連合会債

二　前条の契約により全国連合会債の総額を引き受けた者　その者が引き受けた全国連合会債

（売出しの公告）

第54条の13　全国連合会は、売出しの方法により全国連合会債を発行しようとするときは、政令で定める事項を公告しなければならない。

（債券の記載事項）

第54条の14　全国連合会債の債券には、政令で定める事項を記載し、全国連合会の理事が署名し、又は記名押印しなければならない。

（全国連合会債原簿）

第54条の15　全国連合会は、全国連合会債を発行した日以後遅滞なく、全国連合会債原簿を作成し、これに政令で定める事項（次項において「全国連合会債原簿記載事項」という。）を記載し、又は記録しなければならない。

2　全国連合会債の債権者（無記名全国連合会債（無記名式の全国連合会債券が発行されている全国連合会債をいう。）の債権者を除く。）は、全国連合会債を発行した全国連合会に対し、当該全国連合会債の債権者についての全国連合会債原簿に記載され、若しくは記録された全国連合会債原簿記載事項を記載した書面の交付又は当該全国連合会債原簿記載事項を記録した電磁的記録の提供を請求することができる。

3　前項の書面には、全国連合会の代表理事が署名し、又は記名押印しなければならない。

4　第2項の電磁的記録には、全国連合会の代表理事が内閣府令で定める署名又は記名押印に代わる措置をとらなければならない。

5　前3項の規定は、当該全国連合会債について債券を発行する旨の定めがある場合には、適用しない。

（全国連合会債原簿の備置き及び閲覧等）

第54条の16 全国連合会は、全国連合会債原簿をその主たる事務所に備え置かなければならない。

2　全国連合会債の債権者その他の内閣府令で定める者は、全国連合会の業務取扱時間内は、いつでも、次に掲げる請求をすることができる。この場合においては、当該請求の理由を明らかにしてしなければならない。

　一　全国連合会債原簿が書面をもつて作成されているときは、当該書面の閲覧又は謄写の請求

　二　全国連合会債原簿が電磁的記録をもつて作成されているときは、当該電磁的記録に記録された事項を内閣府令で定める方法により表示したものの閲覧又は謄写の請求

3　全国連合会は、前項の請求があつたときは、次のいずれかに該当する場合を除き、これを拒むことができない。

　一　当該請求を行う者がその権利の確保又は行使に関する調査以外の目的で請求を行つたとき。

　二　当該請求を行う者が全国連合会債原簿の閲覧又は謄写によつて知り得た事実を利益を得て第三者に通報するため請求を行つたとき。

　三　当該請求を行う者が、過去2年以内において、全国連合会債原簿の閲覧又は謄写によつて知り得た事実を利益を得て第三者に通報したことがあるものであるとき。

（全国連合会債の消滅時効）

第54条の17 全国連合会の発行する全国連合会債の消滅時効は、元本については15年、利子については5年で完成する。

（通貨及証券模造取締法の準用）

第54条の18 通貨及証券模造取締法（明治28年法律第28号）は、全国連合会債の債券の模造について準用する。

（政令への委任）

第54条の20 この章に定めるもののほか、全国連合会の発行する全国連合会債に関し必要な事項は、政令で定める。

1 全国連合会債

(1) 全国連合会債（短期債を除く）

　全国を地区とする信用金庫連合会（全国連合会）たる信金中央金庫は、出資の総額および準備金（施行令8条の3、平成10年6月8日大蔵省告示第223号）の額の合計額の10倍に相当する金額を限度として、全国連合会債（法54条の4に規定する短期債を除く）を発行することができる（法54条の2の4第1項）。

　実際、全国を地区とする信用金庫連合会（信金中央金庫）は、我が国の金融債発行金融機関の1つであり、信金中金債（リッレン）と呼ばれる機関投資家向けの5年物金融債を毎月発行している。

　全国連合会債を発行するためには、その発行に関する事項を定款で定めることを要し（法54条の2の4第2項）、信金中央金庫定款第6章（39条以下）において、発行に関する事項を定めている。

　全国連合会債の発行に関する業務を行おうとするときは、金融庁長官の認可を得（法54条の2の4第3項、施行規則54条）、かつ、発行の都度、その金額および条件をあらかじめ金融庁長官に届け出なければならない（法54条の5、施行規則55条）。

　例外として、全国連合会は、発行した全国連合会債の借換のため、一時、出資総額と準備金の合計の10倍の限度を超える金額の全国連合会債を発行できるが、この場合1カ月以内にその全国連合会債の金額に相当する額の発行済みの全国連合会債を償還する義務を負うことになる（法54条の3）。

(2) 短 期 債

　全国連合会は、全国連合会債として、短期債を発行することもできる。短期債とは、①各全国連合会債の金額が1億円を下回らず、②元本の償還について、全国連合会債の総額の払込みのあった日から1年未満の日とする確定期限の定めがあり、かつ、分割払いの定めがなく、③利息の支払期限を、元本の償還期限と同じ日とする旨の定めがあるとの要件をすべて満たすものをいう（法54条の4第1項）。

なお、短期債については、全国連合会債と異なり、出資の総額および準備金の額の合計額の10倍に相当する金額を限度とするといった制限はない。

短期債については、全国連合会債原簿を作成することを要せず（法54条の4第2項）、また発行の都度、その金額および条件をあらかじめ内閣総理大臣に届け出る必要はない（同条3項）。

2　その他

(1)　全国連合会債の種別等

全国連合会債の債券を発行する場合、応募者または所有者の請求がない限り無記名式を原則とすることが定められている（法54条の6）。これは、会社法において、社債券の不発行が原則とされたことを受けたものである。

全国連合会債の債券に、政令（「全国を地区とする信用金庫連合会の全国連合会債の発行に関する政令」。以下「連合会債令」という）8条で定める事項（全国連合会の名称、当該全国連合会債の債券の番号、当該債券に係る全国連合会債の金額等）を記載し、全国連合会の理事が署名し、または記名押印しなければならない（法54条の14）。

(2)　全国連合会債の発行方法

全国連合会は、全国連合会債の発行は、募集または売出しの方法によることができる（法54条の7）。

(3)　発行の際の手続

a　募集による方法

全国連合会が全国連合会債を引き受けようとする者の募集をしようとするときは、その都度、募集全国連合会債（募集に応じて当該全国連合会債の引受けの申込みをしたものに対して割り当てられる全国連合会債）について、その総額、利率等を定めなければならない（法54条の8）。

また、上記募集全国連合会債の申込み（法54条の9）、割当て（法54条の10）、債権者（法54条の12）などについて規定されている。

b　売出しによる方法

　全国連合会は、売出しの方法により全国連合会債を発行しようとするときは、連合会債令5条で定める事項（売出期間、全国連合会債の発行価額等）を公告しなければならない（法54条の13）。

⑷　全国連合会債原簿

　全国連合会債原簿の作成、記載・記録等（法54条の15）、全国連合会債原簿の備置き・閲覧等（法54条の16）について規定されている。

⑸　全国連合会債の消滅時効

　全国連合会債の消滅時効は、元本については15年、利子については5年で完成する（法54条の17）。

⑹　通貨及証券模造取締法の準用

　全国連合会債の債券の模造については、通貨及証券模造取締法が準用されている（法54条の18）。

第5章の4

子会社等

（第54条の21～第54条の25）

第54条の21

第54条の21 信用金庫の子会社の範囲等

（信用金庫の子会社の範囲等）

第54条の21 信用金庫は、次に掲げる会社（国内の会社に限る。以下この条において「子会社対象会社」という。）以外の会社を子会社としてはならない。

一　次に掲げる業務を専ら営む会社（イに掲げる業務を営む会社にあつては、当該信用金庫その他これに類する者として内閣府令で定めるもの（第8項において「信用金庫等」という。）の行う業務のためにその業務を営んでいる会社に限る。）

　イ　信用金庫の行う業務に従属する業務として内閣府令で定めるもの（第8項において「従属業務」という。）

　ロ　第53条第1項各号に掲げる業務を行う事業に付随し、又は関連する業務として内閣府令で定めるもの

二　新たな事業分野を開拓する会社として内閣府令で定める会社（当該会社の議決権を、当該信用金庫又はその子会社のうち前号に掲げる会社で内閣府令で定めるもの（次号並びに次条第7項及び第9項において「特定子会社」という。）以外の子会社が、合算して、同条第1項に規定する基準議決権数を超えて保有していないものに限る。）

二の二　経営の向上に相当程度寄与すると認められる新たな事業活動を行う会社として内閣府令で定める会社（その事業に係る計画又は当該計画に基づく措置について内閣府令で定める要件に該当しない会社（次条第1項及び第7項において「特別事業再生会社」という。）にあつては、当該会社の議決権を、当該信用金庫又はその特定子会社以外の子会社が、合算して、同条第1項に規定する基準議決権数を超えて保有していないものに限る。）

三　前3号に掲げる会社のみを子会社とする持株会社（私的独占の禁止及び公正取引の確保に関する法律第9条第4項第1号（持株会社）に規定

568

する持株会社をいう。以下同じ。）で内閣府令で定めるもの（当該持株会社になることを予定している会社を含む。）

2　前項の規定は、子会社対象会社以外の会社が、信用金庫又はその子会社の担保権の実行による株式又は持分の取得、信用金庫又はその子会社による同項第2号又は第2号の2に掲げる会社の株式又は持分の取得その他内閣府令で定める事由により当該信用金庫の子会社となる場合には、適用しない。ただし、当該信用金庫は、その子会社となつた会社が当該事由（当該信用金庫又はその子会社による同項第2号又は第2号の2に掲げる会社の株式又は持分の取得その他内閣府令で定める事由を除く。）の生じた日から1年を経過する日までに子会社でなくなるよう、所要の措置を講じなければならない。

3　信用金庫は、子会社対象会社のうち、第1項第3号に掲げる会社（以下この条において「認可対象会社」という。）を子会社としようとするときは、第58条第6項若しくは第61条の6第4項又は金融機関の合併及び転換に関する法律（昭和43年法律第86号）第5条第1項（認可）の規定により合併又は事業の譲受けの認可を受ける場合を除き、あらかじめ、内閣総理大臣の認可を受けなければならない。

4　前項の規定は、認可対象会社が、信用金庫又はその子会社の担保権の実行による株式又は持分の取得その他の内閣府令で定める事由により当該信用金庫の子会社となる場合には、適用しない。ただし、当該信用金庫は、その子会社となつた認可対象会社を引き続き子会社とすることについて内閣総理大臣の認可を受けた場合を除き、当該認可対象会社が当該事由の生じた日から1年を経過する日までに子会社でなくなるよう、所要の措置を講じなければならない。

5　第3項の規定は、信用金庫が、その子会社としている第1項各号に掲げる会社を当該各号のうち他の号に掲げる会社（認可対象会社に限る。）に該当する子会社としようとするときについて準用する。

6　信用金庫は、第3項の規定により認可対象会社を子会社としようとするとき、又は前項の規定によりその子会社としている第1項各号に掲げる会社を当該各号のうち他の号に掲げる会社（認可対象会社に限る。）に該当す

る子会社としようとするときは、その旨を定款で定めなければならない。

7 信用金庫が認可対象会社を子会社としている場合には、当該信用金庫の理事は、当該認可対象会社の業務及び財産の状況を、内閣府令で定めるところにより、総会に報告しなければならない。

8 第1項第1号の場合において、会社が信用金庫等の行う業務のために従属業務を営んでいるかどうかの基準は、当該従属業務を営む会社の当該信用金庫等からの当該従属業務に係る収入の額の当該従属業務に係る総収入の額に占める割合等を勘案して内閣総理大臣が定める。

1 子会社規制の趣旨

　信用金庫の業務は、その業務の公共性、経営の健全性の確保、他業を営むことによるリスク混入防止、預金者の安全確保、信用金庫の業務に専念することによる与信・受信における効率性発揮、利益相反取引の防止の観点から、信用金庫法第5章に定める業務（固有業務、付随業務）のほか、他の法律の規定に基づき行う業務に限られる（他業禁止規制）。

　信用金庫本体ではなく、子会社だからといって、無制限に業務を認めると、子会社に対する支配を通じて、信用金庫本体では制限された業務を行い得ることとなり、信用金庫法第5章において信用金庫本体の業務範囲を定めた趣旨が没却されてしまうためである。法54条の21において、「次に掲げる会社（中略）以外の会社を子会社としてはならない」と規定しており、「次に掲げる会社を子会社とすることができる」という規定振りになっていないのは、信用金庫法が銀行法と同様、他業禁止の考え方をもとに制定されているためと解される（小山『銀行法』334頁）。

　そこで、法54条の21は、信用金庫が子会社となし得る会社（以下「子会社対象会社」という）の範囲を、主として信用金庫が行うことのできる業務という観点から限定している。

　もっとも、子会社については、親会社たる信用金庫とは別人格であり独自のガバナンス構造を有し破綻した場合には親会社への一定の影響はあるものの、一応のリスク遮断は図られていることから信用金庫本体に比して業務の

範囲は緩やかに解され、法54条の21においても、金融関連分野を中心に広く規定している。

個別の業務を、グループ内の信用金庫本体、子会社等のいずれに認めることが適切かについては、他業禁止の趣旨を踏まえつつ、①当該業務と信用金庫の本来業務との機能的な親近性、②当該業務のリスクとすでに信用金庫が負っているリスクとの同質性、③信用金庫本体へのリスク波及の程度等を勘案して決定すべきである（池田＝中島監修『銀行法』237頁）。

なお、法54条の21は、平成10年の「金融システム改革のための関係法律の整備等に関する法律」（金融システム改革法）において、銀行法の子会社に関する規定が整備されるのと併せて改正されている。

2 子会社等の定義

本章においては子会社について規定しているが、子会社、子法人等、関連法人等の定義について整理する。

(1) 子会社（法32条6項）

本条～法54条の25にいう「子会社」とは、法32条6項に定義される子会社を意味し、金庫がその総株主等（総株主または総出資者の議決権）の議決権の100分の50を超える議決権を有する会社をいう。

当該金庫およびその1もしくは2以上の子会社の双方で、または（当該金庫自体は議決権を有しておらず）当該金庫の1もしくは2以上の子会社のみで株式会社の総株主等の議決権の100分の50を超える議決権を有する会社も、当該金庫の子会社とみなされる（法32条6項）。よって、「みなされた子会社」も子会社と扱われて本項が適用されるため、直接・間接に議決権の50％超を保有される子会社は、たとえ何段階にわたる保有関係でも、信用金庫法上の「子会社」に該当する。

銀行法2条8項との子会社の定義規定と同様、子会社の判断は議決権の割合のみで判断され（形式基準）、会社法や会計ルール（財務諸表等の用語、様式および作成方法に関する規則など）と異なり、実質支配力基準は採用されていない。子会社として保有可能かという重要な判断基準であることから、明

確性のために形式基準のみとしたものと考えられる。

「総株主または総出資者の議決権」について、株式会社にあっては、株主総会において決議をすることができる事項の全部につき議決権を行使することができない株式についての議決権が除外されている。いわゆる無議決権優先株式は除外されるが、上記のとおり「全部」と規定されているので、総会決議事項の一部についてでも議決権行使が可能な株式についての議決権は、「総株主等の議決権」に含まれる。また、会社法879条3項（特別清算事件の管轄）の規定により議決権を有するものとみなされる株式についての議決権は含むとされている。

⑵ 子法人等（施行令11条の2第2項）

親法人等によりその意思決定機関を支配されている他の法人等である。

「親法人等」とは、他の法人等の意思決定機関を支配している法人等として内閣府令で定めるものである（施行令11条の2第2項）。

これを受け、内閣府令（施行規則120条1項）においては、以下のとおり定めている（実質支配力基準）。

① 他の法人等の議決権の過半数を所有している法人等（施行規則120条1項1号）

② 他の法人の議決権の40％以上50％以下を所有している法人等であって、下記のいずれかに該当するもの（同項2号）

（ⅰ）出資、人事、資金、技術、取引等において緊密な関係にあることにより同一の内容の議決権を行使すると認められる者および同一の内容の議決権を行使することに同意している者の議決権を合わせ、議決権の過半数であること（同号イ）

（ⅱ）役員、業務執行役員、使用人またはこれらであった者で、他の法人等の財務、営業、事業の方針の決定に関して影響を与えるものが、他の法人等の取締役会その他これに準ずる機関の構成員の過半数を占めていること（同号ロ）

（ⅲ）他の法人等との間に、他の法人等の重要な財務、営業、事業の方針の決定を支配する契約が存在すること（同号ハ）

(ⅳ) 他の法人等の資金調達額の総額の過半について当該法人等が融資（債務保証等を含む）を行っていること（同号ニ）

(ⅴ) その他当該法人等が当該他の法人等の意思決定機関を支配していることが推測されること（同号ホ）

③ 自己の計算において所有している議決権と当該法人等と出資、人事、資金、技術、取引等において緊密な関係があることにより当該法人等の意思と同一の内容の議決権を行使すると認められる者、および当該法人等の意思と同一の内容の議決権を行使することに同意しているものが所有している議決権を合わせて、過半数を占めている場合であって、②の(ⅱ)〜(ⅴ)のいずれかに該当すること（同項3号）

なお、監督指針Ⅲ－4－7（注2）においては、子法人等および関連法人等の判定にあたり、当該金庫が金融商品取引法に基づき有価証券報告書等の作成等を行うか否かにかかわらず、財務諸表等の用語、様式および作成方法に関する規則、日本公認会計士協会監査委員会報告第60号「連結財務諸表における子会社及び関連会社の範囲の決定に関する監査上の取扱い」（平成10年12月8日付）その他の一般に公正妥当と認められる企業会計の基準に従っているかにも留意する、との着眼点が示されている。

⑶ 関連法人等（施行令11条の2第3項）

法人等（当該法人等の子法人等を含む）が出資、取締役その他これに準ずる役職への当該法人等の役員もしくは使用人である者もしくはこれらであった者の就任、融資、債務の保証もしくは担保の提供、技術の提供または営業上もしくは事業上の取引等を通じて、財務および営業または事業の方針の決定に対して重要な影響を与えることができる他の法人等として、内閣府令で定めるものである（施行令11条の2第3項）。

これを受け、内閣府令（施行規則120条2項）は、概要、以下のとおり定めている（影響力基準）。

① 法人等が子法人等以外の他の法人等の議決権の20％以上を自己の計算において所有している場合（同項1号）

② 法人等が子法人等以外の他の法人等の15％以上、20％未満を所有してい

る場合であって、(i)財務、営業、事業の方針の決定に関して影響を与える者の代表取締役等への就任、(ii)重要な融資（債務保証等を含む）、(iii)重要な技術の提供、(iv)重要な営業上・事業上の取引等のいずれかの要件に該当するもの（同項2号）。

③　議決権比率が15％未満であっても、自己の計算において所有している議決権と当該法人等と出資、人事、資金、技術、取引等において緊密な関係があることにより当該法人等の意思と同一の内容の議決権を行使すると認められる者、および当該法人等の意思と同一の内容の議決権を行使することに同意している者が所有している議決権を合わせて、過半数を占めている場合であって、子法人等の議決権の20％以上を占めている場合（同項3号）

(4)　子法人等、関連法人等への子会社規制

信用金庫法第5章の3の規定上、子会社規制は前記(1)の「子会社」を対象としており、子法人等や関連法人等に直接適用されるものではない。

しかし、監督指針Ⅲ-4-7-1(3)においては、子会社のみならず、子法人等および関連法人等にも子会社規制が及ぶものとされているので、注意が必要である。

3　子会社対象会社の範囲

本条1項各号に定められた、具体的な子会社対象会社の範囲は、国内の会社であって、以下のいずれかに該当する会社と定められている。

銀行については、銀行法16条の2第1項柱書において、子会社対象会社が国内、国外いずれに所在する会社か限定されておらず、外国の子会社も対象となることと異なる。

---

①　従属業務を営む会社（法54条の21第1項1号イ）

②　付随・関連業務を営む会社（同号ロ）

③　新たな事業分野を開拓する会社（同項2号）

④　事業再生会社（同項2号の2）

⑤　これらの会社のみを子会社とする持株会社（同項３号）

　信用金庫本体の付随業務について「…付随する次に掲げる業務その他の業務」（法53条３項柱書）と規定されており、必ずしも法改正をして類型を追加せずとも、柔軟な対応が可能となっているのに対し、上記５類型は例示列挙ではなく、限定列挙と解される。これは、金融システム改革全般においてルールの明確化が求められていることや、子会社の範囲制限違反に対して罰則が科されることに対応したものと解される。子会社対象会社以外の会社を子会社としたときや、内閣総理大臣の認可を受けずに認可対象子会社を子会社としたときは、当該行為を行った信用金庫の役員、支配人は100万円以下の過料に処せられる（法91条19号・19号の２）。その上で、金融技術の革新等により、子会社で営むことにふさわしい業務が新たに生じた場合、施行規則の改正等で機動的に対応することが予定されている（木下編『改正銀行法』176頁）。

4　担保権の実行等による適用除外（法54条の21第２項）

　子会社対象会社以外の会社であっても、当該会社が当該信用金庫の子会社となるに至った原因が以下の事由に基づく場合には、法54条の21第１項の規定は適用されない（法54条の21第２項本文、施行規則65条１項）。これらの事由による場合には、信用金庫にとって、当該子会社対象会社以外の会社の議決権取得がやむを得ないと考えられるからである。

① 　担保権の実行（法54条の21第２項）
② 　信用金庫またはその子会社による新たな事業分野を開拓する会社（法54条の21第１項２号）または経営の向上に相当程度寄与すると認められる新たな事業活動を行う会社（同項２号の２）の株式等の取得（同条２項）
③ 　代物弁済の受領による株式または持分に係る議決権の取得（施行規則65条１項１号）
④ 　議決権を行使することができない株式または持分に係る議決権の取得（同項２号）

⑤　株式の転換（同項3号）

⑥　株式もしくは持分の併合もしくは分割または株式無償割当（同項4号）

⑦　定款の変更による株式もしくは持分に係る権利の内容または一単元の株式の数の変更（同項5号）

⑧　当該会社による自己の株式等の取得（同項6号）

⑨　信用金庫の子会社である新たな事業分野を開拓する会社または経営の向上に相当程度寄与すると認められる新たな事業活動を行う会社による株式等の取得（同項7号）

　上記のとおり、例外が認められているが、本来的には子会社とはなし得ない会社が子会社となっている状態を長期間継続させることは子会社規制の趣旨から好ましくないところであり、当該信用金庫は、これらの事由が生じた日から1年を経過する日までに、当該子会社となった会社が子会社でなくなるよう、株式を処分するなどの所要の措置を講じなければならないものとされている（法54条の21第2項ただし書）。

5　従属業務会社（法54条の21第1項1号イ）

⑴　趣　旨

　信用金庫は、主として当該信用金庫その他これに類する者として内閣府令に定める者の行う業務のために、信用金庫の行う業務に従属する業務として内閣府令で定めるもの（以下「従属業務」という）をもっぱら営む国内の会社（以下「従属業務会社」という）を子会社とすることができる（法54条の21第1項1号イ）。従属業務は、いわば信用金庫が行う業務の各種下請・バックアップ業務であり、信用金庫の業務遂行上必要であるが、信用金庫の固有業務や付随業務ではなく、信用金庫本体にとっては他業に該当する。そこで、かかる従属業務を「主として」当該信用金庫等に対して行うという収入依存度規制を課すことにより、信用金庫本体の業務との一体性（資本関係に基づく支配的な従属というよりも、取引関係に基づく経済的な従属をいう）を維持しつつ、信用金庫業務のアウトソーシングを可能とし、信用金庫が分社化を行っ

て経営の効率化を図ることを認めたものである（ただし後記のとおり、平成28年の法改正により収入依存度規制が緩和され「主として」の要件は不要となっている）。

⑵　従属業務の内容

従属業務については、施行規則64条 4 項 1 号～26号において定められている（23号の自らを子会社とする保険会社のために投資を行う業務は、信用金庫連合会にのみ適用され、除外されている）。

なお、従属業務のさらに従属する業務は想定されていない。

[施行規則64条 4 項 1 号～26号]

下記の丸付きの数字は条文の号数である。

---

①　事業用不動産の賃貸・管理業務

②　福利厚生業務

③　物品購入・管理業務

④　印刷・製本業務

⑤　広告・宣伝業務

⑥　自動車運行・保守点検業務

⑦　調査・情報提供業務

⑧　現金自動支払機（ATM）等の保守点検業務

⑨　ダイレクトメール等の作成・発送業務

⑩　担保財産の評価・管理業務

⑩の2　担保財産の売買の代理・媒介業務 * 1

⑪　消費者ローンの相談・取次業務

⑫　外国為替・信用状・旅行小切手関連業務または輸出入その他の対外取引の必要資金に関する貸付等に関する事務取扱業務

⑬　計算受託業務

⑭　事務に係る文書の作成・整理・保管・発送・配送業務

⑮　事務取次（コールセンター等）業務

⑯　労働者派遣事業・職業紹介事業

第 5 章の 4　子会社等（第54条の21～第54条の25）　577

⑰　コンピュータ関連（システムの設計・保守、プログラムの設計・作成・
　　販売・保守等）業務

⑱　役職員に対する教育・研修業務

⑲　現金・小切手・手形・有価証券の輸送業務

⑳　現金・小切手・手形・証書の集配業務

㉑　有価証券の受渡業務

㉒　現金・小切手・手形・有価証券の整理・確認・保管業務

㉓　（信用金庫には適用なし）

㉔　自己競落会社業務

㉕　その他①〜㉔号までに掲げる業務に準ずるものとして金融庁長官が
　　定める業務

㉖　①〜㉕号に掲げる業務に附帯＊2する業務（当該各号に掲げる業務を
　　営む者が営むものに限る）

　＊1　動産・売掛金担保融資（ABL：Asset Based Lending）の開発・普
　　　　及の観点から追加された。

　＊2　「附帯」とは、施行規則64条4項1号〜25号の各号の業務を主な業務
　　　　としてこれらに伴う業務であり、上記各号の業務を行うのに伴って当
　　　　然に必要となり得る、または当然に発生し得る事前行為（準備行為な
　　　　ど）や事後行為に係る業務など、上記各号の業務と一体的に営まれる
　　　　べき密接関連業務をいうと考えられる（家根田正美＝小田大輔「実務
　　　　相談銀行法㊳」金法2011号72頁）。

⑶　「専ら」営む

　法54条の21第1項1号においては、従属業務または付随・関連業務を「専
ら」営むという要件を付している。

　「専ら」とは、従属業務または付随・関連業務のみを営んでいることであ
り、従属業務または付随・関連業務を営んでいる会社であっても、従属業務
または金融関連業務以外の業務を併せて営んでいる会社につき、子会社とす
ることはできないと解される（家根田正美＝小田大輔「実務相談銀行法㉞」金
法2003号109頁参照）。もっとも、例えば施行規則64条4項1号〜26号に掲げ

られた類型のうち、複数の種類の従属業務または付随・関連業務を兼営することは認められる。

⑷　収入依存度規制の緩和（平成28年銀行法改正に伴う信用金庫法改正）

a　改正前における信用金庫法の収入依存度規制

従属業務会社に関し、「情報通信技術の進展等の環境変化に対応するための銀行法等の一部を改正する法律」（平成28年法律第62号。平成28年5月25日成立、同年6月3日公布）に伴い、法54条の21第1項括弧書も改正されている。

すなわち、改正前においては、「主として当該信用金庫その他これに類する者として内閣府令で定めるものの行う業務のために当該業務を営んでいる会社」に限定していた。

従属業務は信用金庫本体にとって「他業」であることから、従属業務会社が信用金庫等以外の者のために従属業務を営むことを無制限に認めると、信用金庫本体が他業を営む会社を子会社とし、ひいては信用金庫が一般事業会社を子会社としていることに等しいこととなり（木下編『改正銀行法』181頁）、健全性の観点から適切でない。しかし、他方で、信用金庫にとっては必要な業務であるから、信用金庫の業務との一体性を確保し得る範囲に限定して取扱いを許容し、子会社も含めたグループ全体として経営を効率化するメリットが認められることから、規定されていたものである。

すなわち、「主として」という収入依存度規制は、信用金庫が従属業務会社を子会社とするための要件として、信用金庫グループとの経済的な結びつきを確保することとし、信用金庫の子会社の範囲を制限した趣旨を確保しようとしたものであった（家根田正美＝小田大輔「実務相談銀行法㎞」金法2005号120頁）。

上記の観点から、法54条の21第1項1号柱書、施行規則64条1項・2項により、従属業務会社は、「主として」、従属先（信用金庫グループ）の業務のために営んでいることが求められていた。この「主として」とは、従属業務の主要部分が、当該信用金庫その他これに類する者として内閣府令に定めるものの行う業務に実際に従属したものでなければならないことをいい、少なくとも従属先（委託元）の信用金庫グループからの収入がこれらグループ以

外の委託元からの収入を下回ってはならない必要があった（家根田正美＝小田大輔「実務相談銀行法㉟」金法2005号120頁）。「主として」の解釈について、具体的には告示（「信用金庫の従属業務を営む会社が主として信用金庫その他これに類する者の行う業務のために従属業務を営んでいるかどうかの基準等を定める件」（平成14年3月29日金融庁告示第40号、最終改正：平成28年3月29日金融庁告示第11号）において、グループからの収入が総収入の50％以上であることなどが求められていた（収入依存度規制）。

　b　収入依存度規制の緩和（平成28年銀行法改正に伴う信用金庫法改正）
　「情報通信技術の進展等の環境変化に対応するための銀行法等の一部を改正する法律」（平成28年法律第62号。平成28年5月25日成立、同年6月3日公布）に基づき、信用金庫法の一部改正がなされている。

　上記「情報通信技術の進展等の環境変化に対応するための銀行法等の一部を改正する法律」は、FinTech と呼ばれる IT を活用した革新的な金融サービスや情報通信技術が急速に進展するなど、最近における金融を取り巻く環境の変化に対応し、金融機能の強化を目的とし、銀行法等の整備を行うものである。

　信用金庫法についても銀行法改正における内容が一部盛り込まれており、信用金庫が子会社とすることができる「従属業務」を営む会社について、基準の見直しが行われた。すなわち、改正前は「主として」当該信用金庫等のために従属業務を行うとしていた収入依存度規制を緩和し（信用金庫またはそのグループからの収入額合計が総収入額の50％以上であることなどを要件としている）、当該従属業務を営む会社の当該信用金庫等からの当該従属業務に係る収入の額の当該従属業務に係る総収入の額に占める割合等を勘案することが追加された（法54条の21第8項）。

　これは、銀行法16条の2の改正と同様の趣旨に基づくものであり、グループ外からのシステム管理などの業務の受託を容易にするため、従属業務を営む会社に求められるグループへの収入依存度（50％以上）を緩和することとしたものである。

　すなわち、従属業務のうち、信用金庫のシステム管理や ATM 保守など、業務の IT 化の進展に伴い、グループ内での業務効率化や IT 投資の戦略的

な実施に際し、複数の金融機関の連携や協働が求められる業務は、多額の初期投資を要するが、その後は規模の経済により追加投資が逓減するものもある。これらについて一律に50％以上とされている収入依存度規制をそのまま当てはめるとコストが過大となり、結果として戦略的なシステム投資にマイナスの影響を及ぼす可能性がある。そこで、収入依存度規制の引き下げを可能とするため、「主として」との文言が削除されたものである。収入依存度規制は維持しつつも、その内容を柔軟化したものである（佐藤監修『2016年銀行法等改正』59頁）。

「主として」の基準については、内閣総理大臣が告示により定めることとなるが（法54条の21第8項）、「主として」との文言が削除されたことから、告示においても、50％より低い収入依存度を定めることが可能となっている。

「信用金庫法第54条の21第8項及び第54条の23第10項の規定並びに信用金庫法施行規則第70条第1項第1号、第2項第2号及び第12項ただし書の規定に基づき従属業務を営む会社が信用金庫若しくは信用金庫連合会又はそれらの子会社その他これらに類する者のために従属業務を営んでいるかどうかについて金融庁長官が定める基準」（平成14年3月29日金融庁告示第40号、最終改正平成29年3月24日金融庁告示第9号）は、これらを踏まえ、従属業務の類型のうち、次の業務については、収入依存度が40％に緩和されている。

① 現金自動支払機（ATM）等の保守点検業務

② 計算受託業務

③ コンピュータ関連（システムの設計・保守、プログラムの設計・作成・販売・保守等）業務

④ ①・③に掲げる業務と併せて営まれる場合のⅰ）消費者ローンの相談・取次業務、ⅱ）事務に係る文書の作成・整理・保管・発送・配送業務、ⅲ）事務取次（コールセンター等）業務、ⅳ）現金・小切手・手形・有価証券の輸送業務、ⅴ）現金・小切手・手形・証書の集配業務

上記は、従属業務会社が、複数の信用金庫グループを包括する概念である「信用金庫に係る集団」から委託を受ける場合の基準である。これは、複数の信用金庫グループが共同で従属業務会社を設立する場合を想定した規定で

ある。

なお、信用金庫がかかる従属業務会社を子会社としようとするとき、および子会社として届け出た従属業務会社が子会社でなくなったときは、その旨を内閣総理大臣に届け出なければならない（法87条1項2号・3号）。

6　付随・関連業務を営む会社（法54条の21第1項1号ロ）

(1)　趣　旨

法53条1項に定める信用金庫の固有業務に付随し、または関連する業務として内閣府令で定めるもの（以下「付随・関連業務」という）をもっぱら営む国内の会社（以下「付随・関連業務会社」という）も、信用金庫の子会社対象会社に含まれる（法54条の21第1項1号ロ）。かかる付随・関連業務は、いずれも信用金庫の業務に付随・関連する業務であって、信用金庫本体の行う業務にリスクの性質が近接するため、信用金庫の他業禁止やグループのリスク管理の観点から、前記において述べた趣旨に抵触するおそれは類型的に小さい。また、顧客の利便性やグループ経営の効率化にも資するものであることから（木下編『改正銀行法』185頁）、子会社とすることができるものとされている。

このように、信用金庫本体の業務に付随し、関連する業務であることから、従属業務子会社と異なり、もともと収入依存度規制は課されていない。

(2)　付随・関連業務の内容

付随・関連業務の具体的内容は、施行規則64条5項各号（ただし、信用金庫については、信用金庫連合会にのみ適用される同項19号～37号に掲げる業務およびこれらに準ずるものとして38号に基づき定められた業務、ならびにこれらに附帯する業務は除かれる）に限定列挙されている以下の付随・関連業務である。

FinTech など、近年の金融技術の発展は目覚ましく、金融サービスの範囲も多様化してきており、今後も施行規則の改正により、新たな付随・関連業務を追加することが想定される。

第54条の21

[施行規則64条 5 項 1 号〜39号]

下記の丸付きの数字は、条文の号数である。

---

① 金庫の業務の代理・媒介業務

①の2 銀行、信用協同組合・労働金庫（これらの連合会を含む）の業務の代理・媒介業務

①の3 農業協同組合・農業協同組合連合会、漁業協同組合・漁業協同組合連合会、水産加工業協同組合・水産加工業協同組合連合会が行う信用事業または農林中央金庫の業務の代理・媒介業務

①の4 資金移動業者が営む資金移動業の代理、媒介業務

①の5 信託契約代理業

①の6 信託業務を営む金融機関が営む金融機関の信託業務の兼営等に関する法律第 1 条第 1 項第 3 号〜第 7 号に掲げる業務を受託する契約の締結の代理・媒介業務

② 金銭の貸付・貸借の媒介

②の2 イスラム金融

③ 第53条第 3 項に規定する信用金庫の付随業務

③の2 債権管理回収業

③の3 確定拠出年金運営管理業

③の4 生命保険募集人・損害保険代理店・少額短期保険募集人・保険仲立人として行う保険募集業務

④ 投資信託実益証券・抵当証券の募集または私募、投資顧問・投資一任契約の締結の代理・媒介、集団投資スキーム等有価証券等運用業

⑤ 削除

⑥ 商品投資顧問業

⑦ クレジットカード業務

⑧ 信販業務（個品割賦購入斡旋）

⑨ プリペイドカード業務

⑩ 削除

⑪ リース業

第 5 章の 4　子会社等（第54条の21〜第54条の25）　583

⑫ 株式・社債への投資業務またはこれを目的とする組合型投資ファンドの組成・運用を行う業務（ベンチャーキャピタル業務）

⑬ 投資信託委託業・投資法人資産運用業

⑭ 投資助言業・投資一任業務

⑭の2 他人のため金銭その他の財産の運用を行う業務

⑭の3 他の事業者の事業の譲渡、合併、会社の分割、株式交換若しくは株式移転に関する相談に応じ、又はこれらに関し仲介を行う業務

⑮ 経営コンサルティング業務

⑯ 金融・経済に関する調査・研究業務

⑰ 個人の財産形成に関する相談業務

⑱ データ処理業務

⑱の2 金融機関の業務または事業者の財務に関するプログラム開発・販売業務および計算受託業務

⑱の3 確定給付企業年金の計算・書類作成業務

⑱の4 算定割当量を取得し、もしくは譲渡することを内容とする契約の締結またはその媒介、取次ぎ、代理

⑱の5 電子債権記録業

⑲〜㊲ （信用金庫に適用なし＊）

＊ 証券専門関連業務、保険専門関連業務、信託専門関連業務等であるため、信用金庫には適用がなく、信用金庫連合会にのみ適用がある。

㊳ その他①〜⑱号までに掲げる業務に準ずるものとして金融庁長官が定める業務

㊴ ①〜⑱号に掲げる業務に附帯する業務（当該各号に掲げる業務を営む者が営むものに限る）

なお、信用金庫がかかる付随・関連業務会社を子会社としようとするとき、および子会社として届け出た付随・関連業務会社が子会社でなくなったときは、その旨を内閣総理大臣に届け出なければならない（法87条1項2号・3号）。

Column　金庫子会社の不動産を対象としたオペレーティング・リースの解禁

　平成29年9月28日の監督指針改正において、前記の所有不動産の有効活用のほか、子会社の不動産を対象としたオペレーティング・リースの解禁も盛り込まれている（監督指針Ⅲ－4－7－1　子会社等の業務の範囲(2)②）。

　すなわち、従前、子会社が営む金融関連業務については、不動産を対象としたリース契約にあたっては、融資と同様の形態（いわゆるファイナンス・リース）に限ることとし、一般向け不動産業務等の子会社対象会社が営むことができる業務以外の業務を行っていないかという点が着眼点として明記されていた。これは、金融機関がリース形態をとって一般向け不動産業務を営むといった他業禁止の趣旨の潜脱を防ぐ観点から、これまで、融資と同形態のファイナンス・リースに限定してきたものである。

　改正監督指針においては、「教育・文化施設、社会福祉施設等の公的な施設の整備・運営に係るものを除き」という留保が付され、これらについてはオペレーティング・リースが解禁されている。地域活性化のため、不動産オペレーティング・リースを活用するものであり、一般向け不動産業務のようなリスクが混入し、他業禁止の趣旨が潜脱されるおそれは小さいため、公的施設の整備等について解禁されたものである（金融庁「『主要行等向けの総合的な監督指針』、『中小・地域金融機関向けの総合的な監督指針』等の一部改正（案）に対するパブリックコメントの結果等について」における「コメントの概要及びコメントに対する金融庁の考え方」（以下「パブコメ回答」という）17）。

　「公的な施設」の判断については、地域住民の利用に供するために設置する美術館、図書館、文化会館、コミュニティセンター等の教育・文化施設や、老人福祉施設、保育園等の社会福祉施設、（情報提供施設や休憩施設を備えた）道の駅等に係るものが該当するものとされている。また、リース契約の相手方は、国や地方自治体のほか、上記施設の運営について公的機関から委託を受けた民間事業者も認められるものとされている（パブコメ回答14〜16）。

　監督指針においては、注として、「優越的地位の濫用及び利益相反取引の防止に係る管理態勢を整備するとともに、銀行が不動産業務を営むことができ

ないことに鑑み、実質的に不動産の売買及び賃貸の代理及び媒介を営むこととならないよう、法令等遵守の観点から事前に十分な検討・検証を行うこととしているか」という点が記載されている。これは、親金融機関による取引先などに対する子会社との不動産オペレーティング・リース契約の強要といった不適切な行為が行われないよう、組織としての管理態勢の整備を求めているものである（パブコメ回答19）。

　なお、金融機関において、他業禁止の趣旨の潜脱とみなされるような不適切な対応がとられぬよう、自ら適切な態勢整備を図った上で、業務を取り扱うことが求められることは当然であると考えられ、金融庁としても引き続き適切にモニタリングを行うことが想定されている（パブコメ回答17）。

Column　イスラム金融

1　金庫の子会社によるイスラム金融の取扱い（施行規則）

　近年の金融のグローバル化のもと、海外でイスラム金融を取り扱う必要性が増加している。

　施行規則64条5項2号の2においては、「金銭の貸付け以外の取引に係る業務であつて、金銭の貸付けと同視すべきもの」と定めており、信用金庫または信用金庫連合会の子会社が付随・関連業務として、イスラム金融に係る業務を行うことができることが明確化されている。

　もっとも、業務の範囲について、施行規則64条5項2号の2括弧書において、「宗教上の規律の制約により利息を受領することが禁じられており、かつ、当該取引が金銭の貸付け以外の取引であることにつき宗教上の規律について専門的な知見を有する者により構成される合議体の判定に基づき行われるものに限る。）」と限定が付されている。

　このように限定されている趣旨は、「近年、海外においてイスラム金融取引が台頭し、今後とも急速にその市場拡大が見込まれることを踏まえれば、我が国銀行・保険会社グループの国際競争力の確保の観点から、実質的に与信

と同視しうるという要件の充足を条件に、イスラム金融を銀行・保険会社グループの業務範囲に加えることが適当である」と解されたためである（金融審議会金融分科会第二部会報告「銀行・保険会社グループの業務範囲規制のあり方等について」（平成19年12月18日）。

2　金庫本体によるイスラム金融の取扱い（監督指針）

金庫本体がイスラム金融を取り扱うことができるか、これまで必ずしも明らかでなかったが、平成27年4月1日付改正により、監督指針Ⅲ－4－2「『その他の付随業務』等の取扱い」「⑶資金の貸付け等と同様の経済的効果を有する取引」において、イスラム金融を想定した規定がなされている。

イスラム経典において、貸付に伴う利子の受払いが認められていないことから、イスラム金融は商品の売買等の形式により行われているが、我が国の信用金庫法や銀行法における他業禁止の考え方を前提とすると、このようなイスラム金融は信用金庫の業務とのリスクの同質性を損ない、付随業務の範囲を超えるおそれがあるため、監督指針において留意点を示し、一定の範囲で金庫の付随業務として営むことができることを明らかにしたものである（池田＝中島監修『銀行法』81頁）。

7　新規事業分野開拓会社（ベンチャービジネス会社）（法54条の21第1項2号）

⑴　趣　旨

信用金庫は、新たな事業分野を開拓する会社として内閣府令で定める国内の会社（以下「新規事業分野開拓会社」という）を子会社とすることができる（法54条の21第1項2号）。ベンチャービジネス育成の観点から、信用金庫が一定の範囲で新規事業分野開拓会社に投資することを認めたものである。

⑵　保有議決権の制限（ベンチャーキャピタル経由での保有）

信用金庫またはその子会社のうち法54条の21第1項1号に掲げる会社で内閣府令で定めるもの（以下「特定子会社」という）以外の子会社が、合算し

て、当該会社の総株主の議決権の10％（以下「基準議決権数」という。法54条の22第１項１号の定義参照）超を保有することは認められない。

「特定子会社」は、株式の取得、資金の貸付、新株予約権の取得等により、他の株式会社に対して事業に必要なエクイティ性・非エクイティ性の資金を供給する業務およびこれに附帯する業務をもっぱら行う会社（施行規則64条５項12号、70条11項）をいい、いわゆる投資専門会社ないし「ベンチャーキャピタル会社」などがこれに該当する。

すなわち、信用金庫およびその子会社には、議決権の取得等の制限（法54条の22第１項）を受けるが、特定子会社（ベンチャーキャピタル会社等）による新規事業分野開拓会社の議決権取得等については、当該特定子会社は信用金庫の子会社と扱われないという議決権取得などの特例もある（同条７項）。

これらの点から、信用金庫法は、新規事業分野開拓会社に対する投資について、信用金庫本体による直接投資や一般子会社を介した間接投資ではなく、特定子会社（ベンチャーキャピタル会社）を通じた間接投資により子会社とすることを前提としているものといえる。

⑶　資格要件

新規事業分野開拓会社については、一般事業会社との区別を明確にするための資格要件として、以下のとおり規定されている（施行規則70条４項）。

金融商品取引所の上場会社または店頭売買有価証券登録原簿登録会社以外の会社（非上場会社）であって、次のいずれかに該当する会社
①　中小企業者であって、設立の日または新事業活動の開始日以後10年を経過しておらず、かつ、前事業年度または前年においてイに掲げる金額のロに掲げる金額に対する割合が３％を超えているもの
　イ　試験研究費その他新たな技術もしくは新たな経営組織の採用、市場の開拓または新たな事業の開始のために特別に支出される費用の合計額
　ロ　総収入金額から固定資産または法人税法２条21号に規定する有価証券の譲渡による収入金額を控除した金額
②　中小企業者であって、設立の日または新事業活動の開始日以後２年を経

過しておらず、常勤の新事業活動従事者の数が2人以上であり、かつ、当該新事業活動従事者の数の常勤の役員および従業員の数の合計に対する割合が10%以上であるもの

③　中小企業者であって、設立の日または新事業活動の開始の日以後1年を経過しておらず、常勤の研究者の数が2人以上であり、かつ、当該研究者の数の常勤の役員および従業員の数の合計に対する割合が10%以上であるもの

④　中小企業等経営強化法第10条第1項に規定する認定を受けている会社

　地域経済に資本性資金の出し手が不足している状況にかんがみて、銀行や信用金庫の資本性資金の供給主体としての役割を発揮し得る環境整備の必要性が課題となっていたことから、上記要件については、平成25年6月12日に成立し、同月19日に公布された「金融商品取引法等の一部を改正する法律」を踏まえ、以下のとおり要件が緩和され、信用金庫の子会社の範囲が拡大したという経緯がある。

　a　第二創業会社の追加

　前記①および③について、「設立の日」を基準として規定されていたが、第二創業に取り組む会社を対象とするため、「設立の日または新事業活動の開始の日」と改正された。

　「新事業活動の開始の日」とは、会社の業務執行を決定する機関が新事業活動を開始する日として決定した日である（今西隆浩「平成25年金融商品取引法等の一部を改正する法律に係る銀行法施行規則等の改正の概要」金法1993号50頁）。

　b　サービス業系の会社の追加

　前記③は技術系の会社を想定しているが、サービス業等の会社も対象とする必要性があるため、前記②が新たに追加された。

　また、ある時点において前記に該当しない株式会社となったとしても、その議決権を信用金庫またはその子会社に取得された当時においては、前記に規定する会社に該当していた場合には、その議決権が当該信用金庫またはその子会社により新たに取得されない限り、当該信用金庫に係る新規事業分野

開拓会社に該当する（施行規則70条7項）。

⑷　投資期間（議決権保有期間）の制限

　特定子会社が取得した新規事業分野開拓会社の議決権の保有期間は、取得日から15年、事業再生会社の議決権の保有期間は10年に限定されており、その期間を経過する日までに処分しない場合、上記期間を経過する日（処分基準日）の翌日以降、信用金庫の子会社対象会社に含まれないこととなる（施行規則70条9項本文）。

　前記の新規事業分野開拓会社についての「15年」との保有期間の要件は、ベンチャービジネスファンドの平均運用期間の実態を踏まえ、前記の平成25年の「金融商品取引法等の一部を改正する法律」を踏まえた改正により、それまでの10年から長期化されたものである。

　ただし、当該特定子会社が、処分基準日までにその保有する当該新規事業分野開拓会社および事業再生会社の議決権の一部を処分したことにより、当該金庫またはその子会社（特定子会社を含む）が保有する当該新規事業分野開拓会社の議決権が処分基準日において10％を下回ることとなった場合には、当該特定子会社は残存する議決権を処分することを要しない（施行規則70条9項ただし書）。すなわち、言い換えると信用金庫がベンチャー企業への投資を行う場合には、ベンチャーキャピタル会社を介した場合であっても、その投資期間は10年を超えることができず、それ以降は、10％未満の範囲での投資のみが許容されることとなるため、議決権を取得した日から10年を経過する日までに議決権を10％以下となるよう処分する必要がある。議決権の全部の処分ではなく、10％の範囲内となるよう処分すれば足りることを確認的に規定したものである。

8　事業再生会社（法54条の21第1項2号の2）

⑴　規定の趣旨および内容

　信用金庫は、経営の向上に相当程度寄与すると認められる新たな事業活動を行う会社（事業再生会社）を子会社とすることができる（法54条の21第1項

2号の2）。

具体的には、非上場の株式会社等であって、中小企業等経営強化法上の経営革新計画の承認、民事再生法上の再生計画認可の決定、会社更生法上の更生計画認可の決定、株式会社地域経済活性化支援機構法上の再生支援決定、株式会社東日本大震災事業者再生支援機構法上の支援決定または産業復興機構による支援、産業競争力強化法上の事業再生計画等の認定を受けている会社、デット・エクイティ・スワップ（DES）等を実施する合理的な経営改善のための経営を実施している会社など（施行規則70条5項1号～8号、6項1号・2号）、裁判所が関与する案件である。

これらについては、債権の条件変更や放棄のみでは再生が困難であり、一定の株式を保有し、総会における議決権行使などにより、信用金庫が企業の再生に積極的に関与することが、これらの会社の経営向上に効果的なケースもあり、ひいては信用金庫の健全性維持の観点からも合理的と考えられるため、子会社とすることが認められている。

(2) 平成25年改正による信用金庫本体による子会社化

事業再生会社については、もともと、信用金庫本体およびその子会社（投資専門子会社を除く）が合算で10％を超えて議決権を保有していない場合に限り、投資専門子会社を通じて子会社とすることが認められていた。

しかし、地域経済では、資本性資金の出し手が不足している状況にあり、資本性資金の供給主体としての信用金庫の役割が重要となっており、信用金庫本体が一定の議決権を取得・保有した上で企業の再生に積極的に関与していくことが有効なケースもあるため、平成25年の「金融商品取引法等の一部を改正する法律」を踏まえた改正により、信用金庫本体が、投資専門子会社を通じることなく子会社とすることが認められたものである。

なお、当該事業再生会社の議決権の保有期間は、原則3年（中小企業者の場合は5年）とされている（施行規則70条10項）。

(3) 特別事業再生会社

特別事業再生会社とは、信用金庫が子会社とすることができる経営の向上

に相当程度寄与すると認められる新たな事業活動を行う会社として内閣府令（施行規則70条5項）で定める会社（事業再生会社）のうち、その事業に係る計画または当該計画に基づく措置として内閣府令で定める要件（特定調停が成立していること、再生計画認可決定を受けていること、更生計画認可決定を受けていること等。同条6項）に該当しない会社をいう（法54条の21第1項2号の2括弧書）。

上記特別事業再生会社については、平成25年改正後も、当該会社の議決権を、信用金庫またはその特定子会社（投資専門会社）以外の子会社が、合算して、全体の10％を超えて保有してはならないこととしており（法54条の21第1項2号の2括弧書）、特定子会社を通じてのみ子会社とすることができる。

裁判所が関与する再生・更生手続のような公的な枠組みと比較し、私的整理については再生の実効性があり、信用金庫が「特別事業再生会社」を子会社とすることは、その経営の健全性に影響を及ぼすリスクが高いため、信用金庫の直接の子会社でなく投資専門会社（ベンチャーキャピタル）を通じた信用金庫の孫会社として認めたものである（池田＝中島監修『銀行法』271頁）。

9　持株会社（法54条の21第1項3号）

⑴　子会社の範囲

信用金庫は、上記の①従属業務を行う会社、②付随・関連業務を営む会社、③新規事業分野開拓会社、④事業再生会社の4類型の会社のみを子会社とする持株会社で内閣府令で定める国内の会社（当該持株会社になることを予定している会社を含む）を子会社とすることができる（法54条の21第1項3号）。すなわち、信用金庫を親会社とする持株会社である。

持株会社とは、子会社の株式の取得価額の合計額が、当該会社の純資産額の50％を超える会社をいう（独占禁止法9条4項1号）。内閣府令（施行規則70条12項1号）において、かかる持株会社の要件が規定されており、信用金庫の子会社としての持株会社については、もっぱら当該持株会社の子会社の経営管理を行う業務およびこれに附帯する業務ならびに従属業務および付随・関連業務を営む者であることを要するものとされている。

⑵ 行政庁の認可

a 認可が必要となる場合

信用金庫が上記⑴の持株会社を子会社としようとするためには、合併または事業の譲受けの認可を受ける場合を除き、経営の健全性確保の観点から、あらかじめ、内閣総理大臣の認可を受けなければならないものとされている（法54条の21第3項）。

信用金庫がすでにその子会社としている持株会社以外の会社を、持株会社に該当する子会社としようとするときについても同様である（法54条の21第5項）。

b 認可の申請手続および判断基準

認可の申請にあたっては、信用金庫は、金融庁長官、財務局長または福岡財務支局長（以下「金融庁長官等」という）に対し、認可申請書に各種添付書類（理由書、直近事業年度の貸借対照表・損益計算書等）を添付してこれを提出しなければならない（施行規則66条1項）。

上記申請があった場合、金融庁長官等は、以下の基準に適合するか審査する（施行規則66条2項）。

【認可の審査基準】

① 申請金庫の会員勘定の額が当該申請に係る認可対象会社の議決権を取得し、または保有するに足りる十分な額であること。

② 申請金庫およびその子会社等（当該認可に係る認可対象会社を含む）の連結自己資本比率が適正な水準となることが見込まれること。

③ 申請金庫の最近における業務、財産および損益の状況が良好であること。

④ 当該申請の時において申請金庫およびその子会社等の収支が良好であり、当該認可に係る認可対象会社を子会社とした後も良好に推移することが見込まれること。

⑤ 申請金庫が認可対象会社の業務の健全かつ適切な遂行を確保するための措置を講ずることができること。

⑥ 当該認可に係る認可対象会社がその業務を的確かつ公正に遂行すること

ができること。

c　認可が不要の場合

(a)　合併または事業の譲受けの認可を受ける場合

法58条6項もしくは61条の6第4項または金融機関の合併及び転換に関する法律5条1項の規定により合併または事業の譲受けの認可を受ける場合には、内閣総理大臣の認可は不要とされている（法54条の21第3項）。

これは、子会社化および合併・事業の譲受けの認可手続を一本化して簡略にするためである。

(b)　適用除外事由の場合

認可対象会社が当該信用金庫の子会社となるに至った原因が、前記 **4** の適用除外事由に存在する場合にも、認可は不要とされている（法54条の21第4項本文、施行規則65条3項）。

ただし、この場合には、当該信用金庫は、その子会社となった認可対象会社を引き続き子会社とすることについて内閣総理大臣の認可を受けた場合を除き、当該認可対象会社が当該事由の生じた日から1年を経過する日までに子会社でなくなるよう、所要の措置を講じなければならない（法54条の21第4項ただし書）。

⑶　そ の 他

信用金庫は、認可対象会社を子会社としようとするとき（法54条の21第5項の場合を含む）は、その旨を定款で定めなければならないものとされている（同条6項）。また、信用金庫が認可対象会社を子会社としている場合には、当該信用金庫の理事は、当該認可対象会社の業務および財産の状況を、内閣府令で定めるところにより、総（代）会に報告しなければならない（同条7項）。

上記の総（代）会への報告は、認可対象会社の直近の事業年度における事業報告書、貸借対照表、損益計算書、株主資本等変動計算書その他の最近における業務、財産および損益の状況を知ることができる書面を示して行わなければならない（施行規則71条）。なお、信用金庫法54条の21第3項に規定す

る認可対象会社に該当する子会社が当該認可対象会社に該当しない子会社に
なったときには、その旨を内閣総理大臣に届け出なければならない（法87条
1項4号）。

10 罰則（法91条19号・19号の2）

　以上の規定に違反して、信用金庫が子会社対象会社以外の会社を子会社と
したときや、内閣総理大臣の認可を受けずに認可対象子会社を子会社とした
ときは、当該行為を行った信用金庫の役員、支配人が100万円以下の過料に
処せられるものと規定されている（法91条19号・19号の2）。

第54条の22　信用金庫等による議決権の取得等の制限

（信用金庫等による議決権の取得等の制限）

第54条の22　信用金庫又はその子会社は、国内の会社（前条第1項第1号、
　　第2号の2及び第3号に掲げる会社（同項第2号の2に掲げる会社にあつ
　　ては、特別事業再生会社を除く。）並びに特例対象会社を除く。以下この条
　　において同じ。）の議決権については、合算して、その基準議決権数（当該
　　国内の会社の総株主等の議決権に100分の10を乗じて得た議決権の数をい
　　う。以下この条において同じ。）を超える議決権を取得し、又は保有しては
　　ならない。

　2　前項の規定は、信用金庫又はその子会社が、担保権の実行による株式又
　　は持分の取得その他の内閣府令で定める事由により、国内の会社の議決権
　　をその基準議決権数を超えて取得し、又は保有することとなる場合には、
　　適用しない。ただし、当該信用金庫又はその子会社は、合算してその基準
　　議決権数を超えて取得し、又は保有することとなつた部分の議決権につい
　　ては、当該信用金庫があらかじめ内閣総理大臣の承認を受けた場合を除き、
　　その取得し、又は保有することとなつた日から1年を超えてこれを保有し

てはならない。

3 前項ただし書の場合において、内閣総理大臣がする同項の承認の対象には、信用金庫又はその子会社が国内の会社の議決権を合算してその総株主等の議決権の100分の50を超えて取得し、又は保有することとなつた議決権のうち当該100分の50を超える部分の議決権は含まれないものとし、内閣総理大臣が当該承認をするときは、信用金庫又はその子会社が合算してその基準議決権数を超えて取得し、又は保有することとなつた議決権のうちその基準議決権数を超える部分の議決権を速やかに処分することを条件としなければならない。

4 信用金庫又はその子会社は、次の各号に掲げる場合には、第1項の規定にかかわらず、当該各号に定める日に保有することとなる国内の会社の議決権がその基準議決権数を超える場合であつても、同日以後、当該議決権をその基準議決権数を超えて保有することができる。ただし、内閣総理大臣は、信用金庫又はその子会社が、次の各号に掲げる場合に国内の会社の議決権を合算してその総株主等の議決権の100分の50を超えて保有することとなるときは、当該各号に規定する認可をしてはならない。

　一　第61条の6第4項又は金融機関の合併及び転換に関する法律第5条第1項（認可）の認可を受けて当該信用金庫が合併により設立されたとき。　その設立された日

　二　当該信用金庫が第61条の6第4項又は金融機関の合併及び転換に関する法律第5条第1項（認可）の認可を受けて合併をしたとき（当該信用金庫が存続する場合に限る。）。　その合併をした日

　三　当該信用金庫が第58条第6項の認可を受けて事業の譲受けをしたとき（内閣府令で定める場合に限る。）。　その事業の譲受けをした日

5 内閣総理大臣は、前項各号に規定する認可をするときは、当該各号に定める日に信用金庫又はその子会社が合算してその基準議決権数を超えて保有することとなる国内の会社の議決権のうちその基準議決権数を超える部分の議決権を、同日から5年を経過する日までに内閣総理大臣が定める基準に従つて処分することを条件としなければならない。

6 信用金庫又はその子会社が、国内の会社の議決権を合算してその基準議

決権数を超えて保有することとなつた場合には、その超える部分の議決権は、当該信用金庫が取得し、又は保有するものとみなす。

7　前各項の場合において、前条第1項第2号に掲げる会社又は特別事業再生会社の議決権の取得又は保有については、特定子会社は、信用金庫の子会社に該当しないものとみなす。

8　第32条第7項の規定は、前各項の場合において信用金庫又はその子会社が取得し、又は保有する議決権について準用する。

9　第1項の「特例対象会社」とは、地域の活性化に資すると認められる事業を行う会社として内閣府令で定める会社（当該会社の議決権を、当該信用金庫又はその特定子会社以外の子会社が、合算して、同項に規定する基準議決権数を超えて保有していないものに限る。）及び前条第1項第2号又は第2号の2に掲げる会社（当該信用金庫の子会社であるものに限る。）と内閣府令で定める特殊の関係のある会社をいう。

本条は、信用金庫および子会社の一般事業会社に対する出資制限の規定である。

1　信用金庫の一般事業会社に対する出資制限（合算10%ルール）

⑴　規定の趣旨

本条における議決権保有規制の趣旨は、下記のとおりである。

なお、その他、本条の議決権取得規制と関連する行為規制として、大口信用供与等規制において、株式も対象とされており（法89条、銀行法13条）、またグループ会社等との利益相反取引を通じて経営の健全性が損なわれることを防止するためのアームズ・レングス・ルールがある（法89条、銀行法13条の2）。

a　議決権保有の規制の必要性

法54条の21のとおり、信用金庫は同条に規定される子会社対象会社以外の一般事業会社等を子会社とすることはできない。しかし、子会社化（議決権の過半数の取得）はできないとしても、信用金庫にとって資産運用等の必要

もあり、一定程度の議決権を保有することはでき、議決権の保有比率等によっては一般事業会社の経営を実質的に支配することは可能であり、かかる行為が法54条の21の子会社規制により禁止されているわけではない。よって、法54条の21の子会社規制のみであれば、信用金庫は、上記のような実質的支配により、結果として法53条の信用金庫本体の事業規制（他業禁止規制。法53条）および信用金庫の子会社の業務範囲等の規制（法54条の21）の趣旨を潜脱することが可能となってしまう。

　また、信用金庫が議決権を取得した一般事業会社の経営状況は、信用金庫の財務内容にも関係し、信用金庫傘下の会社の場合、信用金庫は出資額を超えた負担をすることもあり得るところであり、このような事態は、信用金庫の経営および財務の健全性確保の観点から問題がある。なお、過去我が国において、銀行等が経営を支配していた会社の負債について、銀行が責任（いわゆる母体行責任）を負うことが必要とされた点が、金融危機を引き起こすことの1つの要因となったとされている（平成25年1月25日付金融審議会「金融システム安定等に資する銀行規制等の在り方に関するワーキング・グループ」報告書）。

b　株式取得による信用金庫の競争力向上の必要性

　他方で、信用金庫による子会社対象会社以外の会社の議決権の取得・保有を厳格にしすぎると、議決権保有等を通じた信用金庫の業務展開に制約を課すこととなり、信用金庫の競争力や活力を減退させ、ひいては資本市場の活性化を妨げる結果となりかねない。

c　合算10%ルール

　以上の双方の要請のバランスから、法54条の22においては、国内の会社の議決権について、0％と50％（子会社化の基準）の間の中で、信用金庫および子会社を合算して10%の議決権まで株式の保有を認めることとしている。

　「株式数」ではなく「議決権」を規制の基準としているのは、経営参画の有無が法規制の趣旨であるためである。

(2)　銀行法における合算5％・15%ルールとの関係

　銀行法において、独占禁止法においてすでに規定されていた数値基準

（5％）を参考として銀行および銀行子会社グループの場合に上限が5％とされ（合算5％ルール。銀行法16条の3第1項）、銀行持株会社のグループの場合は15％とされている（合算15％ルール。同法52条の24第1項）。

　信用金庫と異なり、銀行について合算5％ルールとされているのは、信用金庫の地域性や協同組織性という特徴から、一般的には信用金庫が銀行と比べて中小規模の地域金融機関にとどまり、他の会社に対する事業支配力が銀行ほどには類型的に強くないことや、地域事業者の互助組織金融機関という本質からして、弊害の生じない範囲で他の会社の事業活動に関与することも論理的には許容され得ることに起因するものと考えることができる（内藤ほか編著『逐条解説信金法』280頁）。

　なお、銀行法52条の24においては、銀行持株会社の基準議決権数が15％と設定されているが、これは銀行持株会社が実業会社ではなくあくまで持株会社であることから、業務の混同によるリスクを遮断する機能が銀行自体と比較して優れていること、また、事業の主体が銀行そのものではないため、銀行の一般事業への関与が直接的でないことによる（小山『銀行法』356頁参照）。

Column　独占禁止法における議決権取得制限との関係

1　独占禁止法における銀行等による議決権取得制限

　独占禁止法11条1項柱書本文において、議決権取得制限がなされている。

　すなわち、銀行業を営む会社は、他の国内の会社の議決権をその総株主の議決権の5％を超えて有することとなる場合には、その議決権を取得し、または保有してはならないと規定されている（その他、保険会社については10％ルールを定めている）。

　また、担保権の行使または代物弁済の受領による場合など、銀行法とほぼ同様の例外規定が定められている。

2　銀行法と独占禁止法における議決権取得制限の差異

　銀行法および独占禁止法のいずれも、5％ルールを設けており、これらは別の法律に基づく独立した規制であるため、銀行は双方を遵守することが求

第54条の22

められるが、以下のような差異がある。

(1) 立法目的

銀行法における5％ルールの目的は、信用金庫法における10％ルールと同様、議決権を取得し、出資先を実質的に支配することにより、結果として他業禁止規制の趣旨を潜脱することを防止することである。

他方で、独占禁止法においては、銀行による議決権の取得・保有を通じた事業支配力の過度の集中等を防止し、公正かつ自由な競争を確保する観点から定められた規制であり、立法目的が異なる。

(2) 議決権取得等の比率の上限

銀行法においては、銀行およびその子会社の合算で5％、銀行持株会社およびその子会社の合算で15％を議決権取得等の比率の上限としている。

他方で、独占禁止法については、子会社は合算せず、銀行単体で5％を上限としている（銀行持株会社についての規定はない）。

3 信用金庫についての独占禁止法11条の適用の有無

次に、信用金庫が独占禁止法11条1項の5％ルールの適用を受けるか問題となる。

この点については、法7条のところで解説したとおり、当該信用金庫が法7条1項1号の要件を満たすのであれば、独占禁止法22条によって、同法11条1項の適用を免れるものと解される。

また、形式的な解釈であるが、独占禁止法11条1項柱書は「銀行業を営む会社」を名宛人としているところであり、信用金庫は金融業を営むが、「会社」ではないため、独占禁止法の規制対象外と解することができる（家根田正美＝小田大輔「実務相談銀行法(47)」金法2052号51頁）。

以上述べたとおり、いずれにしても、信用金庫について独占禁止法11条の適用はない。

2 合算10％ルールの適用除外対象となる会社

合算10％ルールには、以下のような例外（適用除外）がある。

(1) 外国の会社

法54条の22において「国内の会社の議決権」と規定しているとおり、合算10％ルールは国内の会社の議決権の取得・保有を制限するものであるから、外国の会社の議決権は対象外である。

もっとも、信用金庫法とは別に、外国の法令によって議決権の取得や保有が制限される場合がある。

(2) 信用金庫が子会社とすることができる会社

信用金庫が子会社とすることができる下記 a ～ e の国内の会社については、議決権取得・保有規制（合算10％ルール）は適用されない（法54条の22第１項括弧書）。子会社として議決権保有を認める以上、10％ルールの対象とするのは矛盾し、規制の重複を整理するためである。なお、後記のとおり、新規事業分野開拓会社（ベンチャービジネス会社）については子会社とすることはできるが、議決権取得・保有規制の適用除外とはされていない。

 a 従属業務会社（法54条の21第１項１号イ）

 b 付随・関連業務会社（法54条の21第１項１号ロ）

 c 事業再生会社（法54条の21第１項２号の２）

 (a) 適用除外となる場合

前記のとおり、経営の向上に相当程度寄与すると認められる新たな事業活動を行う会社（事業再生会社）のうち、その事業に係る計画または当該計画に基づく措置について内閣府令で定める要件に該当する会社は、特別事業再生会社と異なり、特定子会社を経由しなくても、信用金庫または特定子会社以外の子会社が保有する議決権は、合算10％ルールの対象外となる。

ただし、事業再生会社の議決権の保有期間は、中小企業者は５年、中小企業者以外は３年間に限定されており、上記各期間を経過する日までに、信用金庫またはその特定子会社以外の子会社の保有する当該事業再生会社の総株主等の議決権の10％の議決権を超える部分の議決権を処分しないときは、当該事業再生会社は、信用金庫が子会社とすることができない会社とされ、合算10％ルールの対象となる（施行規則70条10項）。

(b) 適用除外とならない場合（特別事業再生会社）

信用金庫は、特別事業再生会社については、信用金庫またはその特定子会社以外の子会社が基準議決権数を超えて保有していないものに限り、子会社とすることができる（法54条の21第1項2号の2括弧書）。

よって、特別事業再生会社は上記(a)と異なり、合算10％ルールの適用対象となった上で、これらの会社の議決権を取得・保有する特定子会社については、合算対象となる信用金庫の子会社に該当しないものとみなされている（法54条の22第7項）。

ただし、特定子会社が取得した特別事業再生会社の議決権の保有期間は10年間に限定されており、当該期間を経過する日までに処分しないときは、信用金庫が子会社とすることができる会社に該当しないものとされ、合算10％ルールの適用を受ける（施行規則70条9項）。

d 認可対象会社である持株会社（法54条の21第1項3号）

e 特例対象会社

「特例対象会社」とは、①地域の活性化に資すると認められる事業を行う会社として内閣府令で定める会社（特例事業再生会社）、および②新規事業分野開拓会社（ベンチャービジネス会社）または事業再生会社（当該信用金庫の子会社であるものに限る）と内閣府令で定める特殊の関係のある会社をいう（法54条の22第9項）。

(a) 特例事業再生会社（地域経済の再活性化事業会社）

特例事業再生会社は、下記①または②をいう（施行規則69条の2第1項）。なお、特例事業再生会社は、信用金庫が子会社とすることができる会社には該当しない。

① 以下のいずれかに該当するもの（地域活性化ファンド）から出資を受けている会社

(i) 株式会社地域経済活性化支援機構法22条1項8号に掲げる業務の実施により設立される株式会社が無限責任組合員となる投資事業有限責任組合であって、当該金庫またはその子会社が当該投資事業有限責任組合の組合員となっているもの

(ii) 株式会社地域経済活性化支援機構法22条1項8号に掲げる業務の実施

により設立された株式会社が無限責任組合員となる当該投資事業有限責任組合であって、当該株式会社に当該金庫またはその子会社が出資しているもの

② 事業の再生の計画の作成に株式会社地域経済活性化支援機構が関与している会社（金庫の子法人等に該当しないものに限る）

特例事業再生会社は、当該会社の議決権を、当該信用金庫またはその特定子会社（投資専門子会社）以外の子会社が、合算して、基準議決権数（法54条の22第1項）を超えて保有していないものに限り、合算10％ルールの適用除外となる（同条9項括弧書）。すなわち、信用金庫の特定子会社（投資専門子会社）を通じて、当該特例事業再生会社の議決権を10％を超えて保有することができる。

これは、平成25年1月25日付金融審議会「金融システム安定等に資する銀行規制等の在り方に関するワーキング・グループ」報告書を踏まえ、平成25年の信金法改正において、改正された点である。

すなわち、上記報告書に記載のとおり、地域経済に資本性資金の出し手が不足しており、信用金庫が地域経済再活性化の中核を担う企業への資本性資金の供給を柔軟に行うことが重要な課題となっていたことから、そのような地域経済の再活性化事業会社たる特例事業再生会社につき、合算10％ルールが緩和されたものである（今西隆浩「平成25年金融商品取引法等の一部を改正する法律に係る銀行法施行規則等の改正の概要」金法1993号51頁）。

また、信用金庫の健全性確保の観点から議決権の保有期間は10年間に限定され、特定子会社（施行規則70条11項に規定する会社）がその取得した特例事業再生会社の議決権を処分基準日（その取得の日から10年を経過する日）までに処分しないときは、当該特例事業再生会社は、処分基準日の翌日からは合算10％ルールの対象となる（施行規則69条の2第2項）。

(b) 特殊の関係のある会社

新規事業分野開拓会社（ベンチャービジネス会社）または事業再生会社の子法人等および関連法人等であって、当該会社の議決権を、当該金庫またはその子会社である新規事業分野開拓会社等、もしくは事業再生会社以外の子会社が、合算して、当該会社の総株主等の議決権に10％を乗じて得た議決権の

数を超えて保有していないものをいう（法54条の22第9項、施行規則69条の2第3項）。

3　子会社対象会社であるが合算10%ルールの適用対象となる会社（新規事業分野開拓会社）

(1)　新規事業分野開拓会社について適用対象とする趣旨

　前記のとおり、法54条の22第1項は、子会社対象会社について議決権取得・保有規制の適用除外としているものの、新規事業分野開拓会社（法54条の21第1項2号）は議決権取得・保有規制の適用除外として挙げられていない。

　これは、信用金庫法が、そもそも信用金庫による新規事業分野開拓会社の議決権の大量取得・保有あるいはその子会社化については、もっぱら「特定子会社」を介した間接保有による大量取得・保有あるいは子会社化のみを想定し（裏からいうと、ベンチャーキャピタル会社を通じたベンチャー・ビジネス会社への資本支援は、他の一般事業会社よりも積極的に行える仕組みとなっている。小山『銀行法』353頁）、それ以外の形態（信用金庫の直接保有や一般の子会社を介した間接保有など）による大量取得・保有あるいは子会社化を許容していないことによる（内藤ほか編著『逐条解説信金法』281頁）。

　すなわち、信用金庫またはその子会社は、原則としては、法54条の22第1項の規定により、合算10%の範囲でのみ新規事業分野開拓会社（ベンチャービジネス会社）の議決権を取得・保有できるにすぎない。しかし、特定子会社（ベンチャーキャピタル会社等）による新規事業分野開拓会社（ベンチャービジネス会社）の議決権の取得・保有については、法54条の22第7項により当該特定子会社が信用金庫の子会社として扱われないため、同条各項の適用を免れ、例外的に合算10%を超えて新規事業分野開拓会社の議決権を取得・保有することが許容され、また、法54条の21第1項2号により、さらにこれを子会社化することが許容されるのである（内藤ほか編著『逐条解説信金法』282頁）。

(2) 特定子会社が取得した新規事業分野開拓会社の議決権の処分

上記のとおりであるが、特定子会社が取得した新規事業分野開拓会社の議決権の保有期間は10年間を超えることができず、その期間を経過する日までに処分しないときは、信用金庫が子会社とすることができる会社に該当しないものとされ、合算10%ルールの適用を受けることとなる（施行規則70条9項）。

4 「議決権」に含まれない場合

下記(2)の株式等に係る議決権は、合算10%ルールにおいて金庫またはその子会社が保有する議決権に含まれない（法54条の22第2項、32条7項、施行規則67条1項1号～10号）。

下記(2)の議決権は、類型的にみて、議決権行使にあたって保有者が実質的な支配や意思を及ぼすことができず、議決権を取得・保有したとしても、出資先の経営支配や経営参画につながるとはいえないため、「議決権」には含まれないと解される。

(1) 適用除外を設けた趣旨

信用金庫またはその子会社が、担保権の実行による株式または持分の取得その他の内閣府令で定める事由により、国内の会社の議決権をその基準議決権数を超えて取得・保有することとなる場合には、法54条の22第1項の規制は適用されないものとされている（法54条の22第2項）。

このような事由に基づく基準議決権数を超えた議決権の取得・保有は、当該信用金庫またはその子会社の財産の保全（債権管理・回収）に伴う場合であったり、信用金庫の意思に基づかない事由によったりするなど、類型的にみてやむを得ないと考えられているのである。

(2) 適用除外となる場合

a　例外事由

内閣府令（施行規則67条1項各号）において、下記のとおり定められてい

る。

① 担保権の実行による株式または持分の取得

② 代物弁済の受領による株式または持分の取得

③ 取引先会社との間の合理的な経営改善のための計画に基づく株式または持分の取得（当該会社の債務を消滅させるために行うものであって、当該株式等の取得によって相当の期間内に当該会社の経営の状況が改善されることが見込まれるものに限る）

④ 議決権を行使することができない株式または持分に係る議決権の取得（意思によらない事象の発生により取得するものに限る）

⑤ 株式の転換（当該金庫またはその子会社の請求による場合を除く）

⑥ 株式もしくは持分の併合・分割または株式無償割当て

⑦ 定款変更による株式もしくは持分に係る権利内容または単元株式数の変更

⑧ 当該会社による自己の株式もしくは持分の取得

⑨ 新規事業分野開拓会社または事業再生会社の議決権の処分を行おうとするときにおいて、やむを得ないと認められる理由により当該議決権を譲渡することが著しく困難であるため当該議決権を処分することができないこと…信用金庫は平成25年の法改正により、特定子会社（投資専門子会社）を介することなく、本体で事業再生会社の議決権を10％を超えて保有することができることとなったため、デット・エクイティ・スワップにより取得した当該事業再生会社の議決権について、保有期間（原則3年、中小企業者は5年）以内に処分をしようとするときに、やむを得ないと認められる理由により当該議決権を譲渡することが著しく困難な場合がある。そこで当該議決権を処分することができないことについても、当該事由として追加されている。

⑩ 金庫またはその子会社の取引先である会社との間の合理的な経営改善のための計画に基づき取得した当該会社の発行する株式を、当該会社の経営の状況の改善に伴い、相当の期間内に処分するために必要な当該株式の転換（施行規則67条1項5号に掲げる事由に該当するものを除く）その他、合理的な理由があることについてあらかじめ金融庁長官の承認を受けた場合…

⑩に規定される金融庁長官の承認を受けようとするときは、承認申請書に、理由書、基準議決権数を超えて取得・保有することとなった部分の議決権の処分の方法に関する方針を記載した書面その他所定の書面を添付して、金融庁長官に提出しなければならない（施行規則67条2項）。

また、金融庁長官は、上記承認の申請があった場合、当該申請をした信用金庫が基準議決権数を超えて議決権を所有・保有することについて合理的な理由があるかどうか、および提出される基準議決権数を超えて取得・保有することとなった部分の議決権の処分の方法に関する方針が妥当なものであるかどうかを審査することとされている（施行規則67条3項）。

なお、平成25年改正前の施行規則67条1項10号においては、元本の補填のない信託に係る信託財産以外の財産における議決権数が基準議決権数以内となる場合における株式等の取得が規定されていた。

この点、元本の補填のない信託に係る信託財産以外の財産として取得・保有する株式等であれば、銀行・信用金庫の財務の健全性に影響を及ぼすとは考えられず、あくまでも受託者としての立場として取得・保有するにすぎないと考えられる。

そのため、信託業務を兼営する銀行が受益者のために議決権を行使することを前提として、元本の補填または利益の補足の契約をしている金銭信託以外の信託に係る信託財産である株式等（当該株式等に係る議決権について、委託者または受益者が行使し、またはその行使について当該議決権の保有者に指図を行うことができるものを除く）に係る議決権について、保有期間・保有比率にかかわらず、会社または議決権の保有者が保有する議決権に含まれない議決権として追加するとともに、例外措置が適用される事由から削除された（銀行法施行規則1条の3第1項2号、17条の6第1項）（今西・前掲52頁）。これを受け、施行規則においても例外措置が適用される事由から削除されたものと解される。

b　信用金庫による処分の必要性

上記のとおり、例外事由が定められているが、基準議決権数を超える部分の議決権については、当該信用金庫があらかじめ内閣総理大臣の承認を受けた場合を除き、当該取得・保有の日から1年の猶予期間を超えてこれを保有

してはならないものとされている（法54条の22第2項ただし書）。

　なお、上記承認の上限は議決権比率50％までであり（50％を超える承認は認められない）、かつ、当該承認をするときは、信用金庫または子会社が取得等することとなった議決権のうち、超過部分（50％を超える部分）を速やかに処分することを条件としなければならないものとされている（法54条の22第3項）。

⑶　内閣総理大臣による承認

　信用金庫が上記⑵bの内閣総理大臣の承認を受けようとするときは、承認申請書に、①理由書、②承認に係る国内の会社の名称および業務内容を記載した書面、③基準議決権数を超えて取得・保有することとなった部分の議決権の処分の方法に関する方針を記載した書面その他所定の書面を添付して、金融庁長官等にこれを提出することを要する（施行規則68条1項）。

　金融庁長官等は、上記の承認申請があったときは、基準議決権数を超えて議決権を保有することについてやむを得ないと認められる理由があるかどうかを審査する（施行規則68条2項）。

5 　合併・事業譲受けの場合の特例

⑴　合併等の場合の例外を認めた趣旨および内容

　以下の各号の場合においては、当該各号に定める日に保有することとなる国内の会社の議決権が基準議決権数を超える場合であっても、同日以後、当該議決権をその基準議決権数を超えて保有することができる（法54条の22第4項1号～3号）。

①　法61条の6第4項または金融機関の合併及び転換に関する法律5条1項の認可を受けて当該信用金庫が合併により設立されたとき…設立日が基準となる。

②　当該信用金庫が法61条の6第4項または金融機関の合併及び転換に関する法律5条1項の認可を受けて合併をしたとき（当該信用金庫が存続する場合に限る）…合併日が基準となる。

③　当該信用金庫が法58条6項の認可を受けて事業の譲受けをしたとき（内閣府令で定める場合に限る）…事業の譲受けをした日が基準となる。

　なお、内閣府令（施行規則69条1号）により、当該金庫が法58条6項の認可を受けて銀行、他の金庫、信用協同組合または労働金庫（信用協同組合または労働金庫をもって組織する連合会を含む）の事業の譲受けをした場合と定められている。

　合併や事業譲渡の場合、他の会社に対する保有議決権数が増加することを避けられないものであり、また信用金庫が合併や事業譲渡を行うことを認めておきながら、合併・事業譲渡等の相手会社が保有する一般事業会社の議決権という要因によってこれらが妨げられるという矛盾を避けるために設けられている（内藤ほか編著『逐条解説信金法』284頁）。

⑵　議決権比率が50%超となる場合

　議決権比率50％を超えて保有することとなるときは、上記の特例が認められず、内閣総理大臣は、信用金庫またはその子会社が、50％を超えて議決権を保有することとなるときは、そもそも各号に規定する合併等の認可をしてはならないものとされている（法54条の22第4項ただし書）。

　これは、法54条の21における子会社保有規制が50％超を基準としていることとの整合性を保つための規定である。

⑶　内閣総理大臣による認可の条件

　内閣総理大臣は、上記⑴の認可をするときは、当該各号に定める日に、信用金庫またはその子会社が保有することとなる基準議決権数を超える部分の議決権を、同日から5年を経過する日までに内閣総理大臣が定める基準に従って処分することを条件としなければならない（法54条の22第5項）。

　上記「内閣総理大臣が定める基準」については、平成10年11月30日金融庁告示第10号「信用金庫法第54条の16第5項の規定に基づく信用金庫若しくはその子会社又は信用金庫連合会若しくはその子会社が基準議決権数を超えて保有する議決権の処分に関する基準を定める件」に定められている。

6 合算10%ルール違反の場合

　信用金庫またはその子会社が、国内の会社の議決権を合算してその基準議決権数を超えて保有することとなった場合には、その超える部分の議決権は、当該信用金庫が取得し、または保有するものとみなされる（法54条の22第6項）。

　これにより、合算10%ルールの規制の名宛人、および、基準議決権数を超過して保有する議決権の同ルール上の帰属および同ルールの違反者が、信用金庫であることが明確化されている（家根田正美＝小田大輔「実務相談銀行法⑷」金法2048号55頁）。

7 罰　則

　基準議決権数を超えて議決権を取得・保有した場合（法54条の22第1項違反）、内閣総理大臣の承認を受けて担保権の実行による株式等の取得等の事由により基準議決権数を超えて取得・保有することとなった日から1年を超えて保有したとき（法54条の22第2項ただし書違反）、基準議決権数を超えて取得・保有することについての内閣総理大臣の承認または認可に付した条件に違反した場合（同条3項後段違反、同条5項違反）は、当該行為を行った信用金庫の役員、支配人等は100万円以下の過料に処せられることとされている（法91条19号の3・19号の4）。

第54条の23 信用金庫連合会の子会社の範囲等

（信用金庫連合会の子会社の範囲等）

第54条の23　信用金庫連合会は、次に掲げる会社（以下この条及び次条第1項において「子会社対象会社」という。）以外の会社を子会社としてはならない。

　一　銀行法第2条第1項（定義等）に規定する銀行のうち、信託業務（金

融機関の信託業務の兼営等に関する法律第1条第1項（兼営の認可）に規定する信託業務をいう。第5号において同じ。）を営むもの

一の二　資金決済に関する法律（平成21年法律第59号）第2条第3項（定義）に規定する資金移動業者（第6号に掲げる会社に該当するものを除く。）のうち、資金移動業（同条第2項に規定する資金移動業をいう。）その他内閣府令で定める業務を専ら営むもの

二　金融商品取引法第2条第9項（定義）に規定する金融商品取引業者のうち、有価証券関連業（同法第28条第8項（定義）に規定する有価証券関連業をいう。以下同じ。）のほか、同法第35条第1項第1号から第8号まで（第一種金融商品取引業又は投資運用業を行う者の業務の範囲）に掲げる行為を行う業務その他の内閣府令で定める業務を専ら営むもの（以下「証券専門会社」という。）

三　金融商品取引法第2条第12項（定義）に規定する金融商品仲介業者のうち、金融商品仲介業（同条第11項（定義）に規定する金融商品仲介業をいい、次に掲げる行為のいずれかを業として行うものに限る。以下この号において同じ。）のほか、金融商品仲介業に付随する業務その他の内閣府令で定める業務を専ら営むもの（以下「証券仲介専門会社」という。）

　　イ　金融商品取引法第2条第11項第1号（定義）に掲げる行為

　　ロ　金融商品取引法第2条第17項（定義）に規定する取引所金融商品市場又は同条第8項第3号ロ（定義）に規定する外国金融商品市場における有価証券の売買の委託の媒介（ハに掲げる行為に該当するものを除く。）

　　ハ　金融商品取引法第28条第8項第3号又は第5号（定義）に掲げる行為の委託の媒介

　　ニ　金融商品取引法第2条第11項第3号（定義）に掲げる行為

四　保険業法第2条第2項（定義）に規定する保険会社（以下「保険会社」という。）

四の二　保険業法第2条第18項（定義）に規定する少額短期保険業者（次項第7号において「少額短期保険業者」という。）

五　信託業法第2条第2項（定義）に規定する信託会社のうち、信託業務

を専ら営む会社（以下「信託専門会社」という。）

六　銀行業を営む外国の会社

七　有価証券関連業を営む外国の会社（前号に掲げる会社に該当するものを除く。）

八　保険業（保険業法第2条第1項（定義）に規定する保険業をいう。以下同じ。）を営む外国の会社（第6号に掲げる会社に該当するものを除く。）

九　信託業（信託業法第2条第1項（定義）に規定する信託業をいう。以下同じ。）を営む外国の会社（第6号に掲げる会社に該当するものを除く。）

十　従属業務又は金融関連業務を専ら営む会社（従属業務を営む会社にあつては当該信用金庫連合会、その子会社（第1号、第1号の2及び第6号に掲げる会社に限る。）その他これらに類する者として内閣府令で定めるもの（第10項において「信用金庫連合会等」という。）の営む業務のためにその業務を営んでいるものに限るものとし、金融関連業務を営む会社であつて次に掲げる業務の区分に該当する場合には、当該区分に定めるものに、それぞれ限るものとする。）

イ　証券専門関連業務、保険専門関連業務及び信託専門関連業務のいずれも営むもの　当該会社の議決権について、当該信用金庫連合会の証券子会社等が合算して、当該信用金庫連合会又はその子会社（証券子会社等、保険子会社等及び信託子会社等を除く。）が合算して保有する当該会社の議決権の数を超えて保有し、かつ、当該信用金庫連合会の保険子会社等が合算して、当該信用金庫連合会又はその子会社（証券子会社等、保険子会社等及び信託子会社等を除く。）が合算して保有する当該会社の議決権の数を超えて保有し、かつ、当該信用金庫連合会の信託子会社等が合算して、当該信用金庫連合会又はその子会社（証券子会社等、保険子会社等及び信託子会社等を除く。）が合算して保有する当該会社の議決権の数を超えて保有しているもの

ロ　証券専門関連業務及び保険専門関連業務のいずれも営むもの（イに掲げるものを除く。）　当該会社の議決権について、当該信用金庫連合

会の証券子会社等が合算して、当該信用金庫連合会又はその子会社（証券子会社等及び保険子会社等を除く。）が合算して保有する当該会社の議決権の数を超えて保有し、かつ、当該信用金庫連合会の保険子会社等が合算して、当該信用金庫連合会又はその子会社（証券子会社等及び保険子会社等を除く。）が合算して保有する当該会社の議決権の数を超えて保有しているもの

ハ　証券専門関連業務及び信託専門関連業務のいずれも営むもの（イに掲げるものを除く。）　当該会社の議決権について、当該信用金庫連合会の証券子会社等が合算して、当該信用金庫連合会又はその子会社（証券子会社等及び信託子会社等を除く。）が合算して保有する当該会社の議決権の数を超えて保有し、かつ、当該信用金庫連合会の信託子会社等が合算して、当該信用金庫連合会又はその子会社（証券子会社等及び信託子会社等を除く。）が合算して保有する当該会社の議決権の数を超えて保有しているもの

ニ　保険専門関連業務及び信託専門関連業務のいずれも営むもの（イに掲げるものを除く。）　当該会社の議決権について、当該信用金庫連合会の保険子会社等が合算して、当該信用金庫連合会又はその子会社（保険子会社等及び信託子会社等を除く。）が合算して保有する当該会社の議決権の数を超えて保有し、かつ、当該信用金庫連合会の信託子会社等が合算して、当該信用金庫連合会又はその子会社（保険子会社等及び信託子会社等を除く。）が合算して保有する当該会社の議決権の数を超えて保有しているもの

ホ　証券専門関連業務を営むもの（イ、ロ及びハに掲げるものを除く。）　当該会社の議決権について、当該信用金庫連合会の証券子会社等が合算して、当該信用金庫連合会又はその子会社（証券子会社等を除く。）が合算して保有する当該会社の議決権の数を超えて保有しているもの

ヘ　保険専門関連業務を営むもの（イ、ロ及びニに掲げるものを除く。）　当該会社の議決権について、当該信用金庫連合会の保険子会社等が合算して、当該信用金庫連合会又はその子会社（保険子会社等を除く。）が合算して保有する当該会社の議決権の数を超えて保有しているもの

ト　信託専門関連業務を営むもの（イ、ハ及びニに掲げるものを除く。）当該会社の議決権について、当該信用金庫連合会の信託子会社等が合算して、当該信用金庫連合会又はその子会社（信託子会社等を除く。）が合算して保有する当該会社の議決権の数を超えて保有しているもの

十一　新たな事業分野を開拓する会社として内閣府令で定める会社（当該会社の議決権を、当該信用金庫連合会又はその子会社のうち前号に掲げる会社で内閣府令で定めるもの（次号並びに第54条の25第2項及び第4項において「特定子会社」という。）以外の子会社が、合算して、同条第1項に規定する基準議決権数を超えて保有していないものに限る。）

十一の二　経営の向上に相当程度寄与すると認められる新たな事業活動を行う会社として内閣府令で定める会社（その事業に係る計画又は当該計画に基づく措置について内閣府令で定める要件に該当しない会社（第54条の25第1項及び第2項において「特別事業再生会社」という。）にあつては、当該会社の議決権を、当該信用金庫連合会又はその特定子会社以外の子会社が、合算して、同条第1項に規定する基準議決権数を超えて保有していないものに限る。）

十一の三　前各号に掲げる会社のほか、情報通信技術その他の技術を活用した当該信用金庫連合会の第54条第1項各号に掲げる業務を行う事業の高度化若しくは当該信用金庫連合会の利用者の利便の向上に資する業務又はこれに資すると見込まれる業務を営む会社

十二　前各号及び次号に掲げる会社のみを子会社とする持株会社で内閣府令で定めるもの（当該持株会社になることを予定している会社を含む。）

十三　前各号に掲げる会社のみを子会社とする外国の会社であつて、持株会社と同種のもの又は持株会社に類似するもの（当該会社になることを予定している会社を含み、前号に掲げる会社に該当するものを除く。）

2　前項において、次の各号に掲げる用語の意義は、当該各号に定めるところによる。

一　従属業務　信用金庫連合会の行う業務又は前項第1号から第9号までに掲げる会社の営む業務に従属する業務として内閣府令で定めるもの

二　金融関連業務　第54条第1項各号に掲げる業務を行う事業、有価証券

関連業、保険業又は信託業に付随し、又は関連する業務として内閣府令で定めるもの

三　証券専門関連業務　専ら有価証券関連業に付随し、又は関連する業務として内閣府令で定めるもの

四　保険専門関連業務　専ら保険業に付随し、又は関連する業務として内閣府令で定めるもの

五　信託専門関連業務　専ら信託業に付随し、又は関連する業務として内閣府令で定めるもの

六　証券子会社等　信用金庫連合会の子会社である次に掲げる会社

　イ　証券専門会社、証券仲介専門会社又は有価証券関連業を営む外国の会社

　ロ　イに掲げる会社を子会社とする前項第12号又は第13号に掲げる会社

　ハ　その他の会社であつて、当該信用金庫連合会の子会社である証券専門会社又は証券仲介専門会社の子会社のうち内閣府令で定めるもの

七　保険子会社等　信用金庫連合会の子会社である次に掲げる会社

　イ　保険会社、少額短期保険業者又は保険業を営む外国の会社

　ロ　イに掲げる会社を子会社とする前項第12号又は第13号に掲げる会社

　ハ　その他の会社であつて、当該信用金庫連合会の子会社である保険会社又は少額短期保険業者の子会社のうち内閣府令で定めるもの

八　信託子会社等　信用金庫連合会の子会社である次に掲げる会社

　イ　前項第1号に掲げる銀行（以下この号において「信託兼営銀行」という。）

　ロ　信託専門会社又は信託業を営む外国の会社

　ハ　イ又はロに掲げる会社を子会社とする前項第12号又は第13号に掲げる会社

　ニ　その他の会社であつて、当該信用金庫連合会の子会社である信託兼営銀行又は信託専門会社の子会社のうち内閣府令で定めるもの

3　第1項の規定は、信用金庫連合会が、現に子会社対象会社以外の外国の会社を子会社としている同項第6号から第10号までに掲げる会社（同号に掲げる会社にあつては、外国の会社に限る。第5項において同じ。）又は特

例対象持株会社（持株会社（子会社対象会社を子会社としている会社に限る。）又は外国の会社であつて持株会社と同種のもの若しくは持株会社に類似するもの（子会社対象会社を子会社としているものに限り、持株会社を除く。）をいう。第5項において同じ。）を子会社とすることにより子会社対象会社以外の外国の会社を子会社とする場合には、適用しない。ただし、当該信用金庫連合会は、当該子会社対象会社以外の外国の会社が子会社となつた日から5年を経過する日までに当該子会社対象会社以外の外国の会社が子会社でなくなるよう、所要の措置を講じなければならない。

4　信用金庫連合会は、前項ただし書の期限又はこの項の規定により延長された期限が到来する場合には、その子会社となつた子会社対象会社以外の外国の会社を引き続き子会社とすることについて内閣総理大臣の承認を受けて、1年を限り、これらの期限を延長することができる。

5　内閣総理大臣は、信用金庫連合会につき次の各号のいずれかに該当する場合に限り、前項の承認をするものとする。

　一　当該信用金庫連合会が、その子会社となつた子会社対象会社以外の外国の会社又は当該会社を子会社としている第1項第6号から第10号までに掲げる会社若しくは特例対象持株会社の本店又は主たる事務所の所在する国の金融市場又は資本市場の状況その他の事情に照らして、前項の期限までにその子会社となつた子会社対象会社以外の外国の会社が子会社でなくなるよう、所要の措置を講ずることができないことについてやむを得ない事情があると認められること。

　二　当該信用金庫連合会が子会社とした第1項第6号から第10号までに掲げる会社又は特例対象持株会社の事業の遂行のため、当該信用金庫連合会がその子会社となつた子会社対象会社以外の外国の会社を引き続き子会社とすることについてやむを得ない事情があると認められること。

6　信用金庫連合会は、子会社対象会社のうち、第1項第1号から第10号まで又は第11号の3から第13号までに掲げる会社（従属業務（第2項第1号に掲げる従属業務をいう。以下この項及び第10項において同じ。）又は第54条第1項各号に掲げる業務を行う事業に付随し、若しくは関連する業務として内閣府令で定めるものを専ら営む会社（従属業務を営む会社にあつて

は、当該信用金庫連合会の行う業務のためにその業務を営んでいる会社に限る。）を除く。次項において「認可対象会社」という。）を子会社としようとするとき（第１項第11号の３に掲げる会社にあつては、当該信用金庫連合会又はその子会社が合算してその基準議決権数（第54条の25第１項に規定する基準議決権数をいう。第９項において同じ。）を超える議決権を取得し、又は保有しようとするとき）は、第58条第６項又は第61条の６第４項の規定により合併又は事業の譲受けの認可を受ける場合を除き、あらかじめ、内閣総理大臣の認可を受けなければならない。

7 　前項の規定は、信用金庫連合会が、その子会社としている第１項各号に掲げる会社を当該各号のうち他の号に掲げる会社（認可対象会社に限る。）に該当する子会社としようとするときについて準用する。

8 　第54条の21第２項、第４項、第６項及び第７項の規定は、信用金庫連合会について準用する。この場合において、同条第２項中「前項」とあるのは「第54条の23第１項」と、「子会社対象会社」とあるのは「同項に規定する子会社対象会社」と、「同項第２号又は第２号の２」とあるのは「同項第11号又は第11号の２」と、同条第４項中「前項」とあるのは「第54条の23第６項」と、「認可対象会社が、」とあるのは「認可対象会社（同項に規定する認可対象会社をいう。以下この項、第６項及び第７項において同じ。）が、」と、「子会社となる」とあるのは「子会社（同条第１項第11号の３に掲げる会社にあつては、当該信用金庫連合会又はその子会社が合算してその基準議決権数（第54条の25第１項に規定する基準議決権数をいう。）を超える議決権を保有する会社。以下この項において同じ。）となる」と、同条第６項中「第３項」とあるのは「第54条の23第６項」と、「前項」とあるのは「同条第７項」と、「第１項各号」とあるのは「同条第１項各号」と読み替えるものとする。

9 　信用金庫連合会は、当該信用金庫連合会又はその子会社が合算してその基準議決権数を超える議決権を保有している子会社対象会社（当該信用金庫連合会の子会社及び第１項第11号の３に掲げる会社を除く。）が同号に掲げる会社となつたことを知つたときは、引き続きその基準議決権数を超える議決権を保有することについて内閣総理大臣の認可を受けた場合を除き、

これを知つた日から1年を経過する日までに当該同号に掲げる会社が当該信用金庫連合会又はその子会社が合算してその基準議決権数を超える議決権を保有する会社でなくなるよう、所要の措置を講じなければならない。

10 第1項第10号又は第6項の場合において、会社が信用金庫連合会等又は信用金庫連合会の行う業務のために従属業務を営んでいるかどうかの基準は、当該従属業務を営む会社の当該信用金庫連合会等又は当該信用金庫連合会からの当該従属業務に係る収入の額の当該従属業務に係る総収入の額に占める割合等を勘案して内閣総理大臣が定める。

11 信用金庫連合会が第54条第5項の規定により同項第3号に掲げる業務を行う場合における第1項第10号の規定の適用については、同号イ、ハ、ニ及びト中「当該信用金庫連合会の信託子会社等が合算して、当該信用金庫連合会又はその子会社」とあるのは、「当該信用金庫連合会又はその信託子会社等が合算して、当該信用金庫連合会の子会社」とする。

1 本条の趣旨

　本条は、信用金庫連合会について、その子会社となし得る会社の範囲を限定して規定している。信用金庫連合会の業務は法54条に規定されており、信用金庫連合会が子会社に対する支配を通じて、無制限に業務を遂行し得るとすると、同条において業務範囲を限定した趣旨が没却されるためであり、信用金庫に関する法54条の21と同様の趣旨に基づくものである。

　もっとも、信用金庫連合会の子会社対象会社の範囲は、信用金庫に比して各種金融機関など広く定められている。

2 子会社対象会社の範囲

　信用金庫連合会の子会社対象会社の範囲は下記のとおりである。

① 各種金融機関（法54条の23第1項1号～9号）
　(i) 信託銀行、信託専門会社、信託業を営む外国の会社（同項1号・5号・9号）

（ⅱ）　資金移動業者（同項1号の2）

（ⅲ）　証券専門会社、証券仲介専門会社、有価証券関連業を営む外国の会社（同項2号・3号・7号）

（ⅳ）　保険会社、少額短期保険業者、保険業を営む外国の会社（同項4号・4号の2・8号）

（ⅴ）　銀行業を営む外国の会社（同項6号）

②　従属業務会社（同項10号前段）

③　金融関連業務会社（同号後段）

④　新規事業分野開拓会社（同項11号）

⑤　事業再生会社（同項11号の2）

⑥　高度化会社（同項11号の3）

⑦　川下持株会社（同項12号）

⑧　外国川下持株会社……外国の会社で持株会社と同種・類似するもの（同項13号）

　信用金庫と比較した信用金庫連合会の特徴を述べると、以下のとおりとなる（内藤ほか編著『逐条解説信金法』292頁）。

①　金融機関の子会社化…各種金融機関の子会社化が認められている。

②　子会社の範囲が広いこと…信用金庫連合会においては、従属業務会社、金融関連業務会社および持株会社の範囲につき、各種金融機関の子会社が許容されていることと平仄を合わせ、信用金庫よりも広い範囲で子会社化が許容されている。新規事業分野開拓会社および事業再生会社については信用金庫における規制と同一である。

③　高度化会社…高度化会社について、信用金庫においては認められていないが、信用金庫連合会においては認められている。

④　外国の会社の子会社化…信用金庫連合会においては、信用金庫と異なり、外国の会社を子会社とすることも許容されている。このことは、信用金庫の子会社について定めた法54条の21柱書の括弧書においては、「国内の会社に限る」との限定が付されているのに対し、本条ではそのような制限がなく、また子会社対象会社として、銀行業を営む外国の会社（本条1

項6号）、有価証券関連業を営む外国の会社（同項7号）、保険業を営む外国の会社（同項8号）が明記されていることからも明らかである。

このように、信用金庫連合会の子会社対象会社の範囲が広いのは、その地区の一部を地区とする信用金庫を会員として組織される協同組織であって、活動地域が信用金庫よりも広範であり、また、信用金庫連合会が個々の信用金庫よりも格段に大きい規模の資産を保有することとなるため、その資産をより効率的に運用し、あるいは金融機関としての社会的役割をより広い範囲で果たすことが期待されるためである（内藤ほか編著『逐条解説信金法』293頁）。

3 担保権の実行等による適用除外

法54条の23第8項は、担保権の実行等による適用除外を規定した法54条の21第2項を準用しており、信用金庫連合会の子会社対象会社以外の会社が、担保権の実行等のやむを得ない事由に基づき、信用金庫連合会の子会社となった場合には、法54条の23第1項の規定は適用されない。担保権の実行等の適用除外事由は信用金庫の場合と同様である。

また、上記のとおり、例外が認められているが、本来的には子会社とはなし得ない会社が子会社となっている状態を長期間継続させることは子会社規制の趣旨から好ましくないところであり、当該信用金庫連合会が、これらの事由が生じた日から1年を経過する日までに、当該子会社となった会社が子会社でなくなるよう、株式を処分するなどの所要の措置を講じなければならない点も、信用金庫の場合と同様である（法54条の23第8項、54条の21第2項ただし書）。

4 子会社対象会社

⑴ 各種金融機関（法54条の23第1項1号～9号、施行規則70条1項・2項）

信用金庫連合会は、下記の各種金融機関を子会社とすることができる。

① 信託銀行、信託専門会社、信託業を営む外国の会社（法54条の23第1項1号・5号・9号）…信託専門会社については、条文のとおり、単に信託

会社であるのみでなく、信託業を「専ら営むもの」でなければならない（同項5号）。

② 資金移動業者（同項1号の2）…資金決済法2条3項に規定する資金移動業その他内閣府令（施行規則70条1項1号・2号）で定める従属業務および金融関連業務を専ら営むものとされている。

③ 証券専門会社、証券仲介専門会社、有価証券関連業を営む外国の会社（同項2号・3号・7号）

④ 保険会社、少額短期保険業者、保険業を営む外国の会社（同項4号・4号の2・8号）

⑤ 銀行業を営む外国の会社（同項6号）…なお、信用金庫連合会が上記の各種金融機関を子会社としようとする場合には、内閣総理大臣の認可を要する。

⑵ 従属業務会社（法54条の23第1項10号）

信用金庫連合会は、当該信用金庫連合会、その子会社である信託銀行、資金移動業者および銀行業を営む外国の会社（以下「特定子銀行」という）、その他これに類する者として内閣府令に定めるものの行う業務のために、信用金庫連合会の行う業務または法54条の23第1項1号～9号の各種金融機関の営む業務に従属する業務として内閣府令で定めるものをもっぱら営む会社を子会社とすることができる（法54条の23第1項10号、2項1号）。従属業務として、金融関連業務に従属する業務は想定されていない。

前記の信用金庫の部分で説明したのと同様であるが、信用金庫連合会の子会社対象会社の範囲が信用金庫に比較して広範であることから、従属業務会社の範囲も広範に認められている。

かかる従属業務会社は、以下の者の営む業務のために従属業務を行う会社であることを要する。

(i) 当該信用金庫連合会（法54条の23第1項10号）

(ii) 当該信用金庫連合会の特定子信託銀行（同号）

(iii) 当該信用金庫連合会の金庫集団（施行規則64条1項1号）

> (ⅳ) 当該信用金庫連合会または当該信用金庫連合会の金庫集団ならびに信用
> 金庫等、信用金庫等集団および銀行等持株会社集団（同項2号、同条2項）

　なお、「情報通信技術の進展等の環境変化に対応するための銀行法等の一部を改正する法律」に基づく信用金庫法の改正以前は、「主として」上記の者のために従属業務を営んでいることが要件とされ、金融庁告示において具体的な収入割合等が規定されていたが（収入依存度規制）、この点は信用金庫の子会社に関して述べたのと同様の趣旨から（法54条の21）、「当該従属業務を営む会社の当該信用金庫連合会等又は当該信用金庫連合会からの当該従属業務に係る収入の額の当該従属業務に係る総収入の額に占める割合等を勘案して内閣総理大臣が定める」と改正された。

　従属業務の具体的内容は、信用金庫におけるそれと同様、施行規則64条4項に限定列挙された各業務（前記**5**(2)参照）であるが、信用金庫連合会においては、信用金庫において除外されている施行規則64条4項23号の保険投資業務が加わっている点が異なる。

(3)　金融関連業務会社（法54条の23第1項10号）

a　趣　　旨

　「金融関連業務」とは、信用金庫連合会の固有業務（法54条1項）または有価証券関連業、保険業もしくは信託業に付随しまたは関連する業務（以下「金融関連業務」という）として内閣府令で定めるものをいう。

　信用金庫連合会は、上記金融関連業務をもっぱら営む会社についても、子会社対象会社とすることができる（法54条の23第1項10号、2項2号）。信用金庫連合会が、金融関連業務を営む会社を子会社とすることは、他業制限の趣旨やグループとしてのリスク管理の観点から問題が少なく、またこのような子会社を通じて金融に関連する多様な業務を展開することは、利用者利便の向上やグループ経営の効率化にも資するため、認められているものである（木下編『改正銀行法』183頁）。

b　金融関連業務の内容

　金融関連業務の具体的内容は、施行規則64条5項各号に限定列挙された各

業務である。

近年の金融技術や FinTech の進展に伴い、金融サービスの外延も変化しており、伝統的な銀行、証券、保険という区分が当てはまらないケースも増えてきている。施行規則においては、上記の変化に対応し、幅広い業務を定めるとともに、新規の金融関連業務を機動的に指定し得るものである（木下編『改正銀行法』185頁）。

(a) 信用金庫と共通するもの

施行規則64条5項1号〜18号の3に掲げる業務ならびにこれらに準ずるものとして金融庁長官が定める業務（施行規則64条5項38号）およびこれらに附帯する業務（同項39号）は信用金庫と同様であるが、その他、以下のものが掲げられている。

上記「金融庁長官が定める業務」は、金融取引や社会情勢の変化に応じて、告示により柔軟に業務範囲を追加することを可能にするためのものであるが、現時点において、証券専門関連業務、保険専門関連業務、信託専門関連業務のいずれについても、金融庁長官が定める業務はない。

(b) 証券専門関連業務

下記は証券業に付随・関連する業務として「証券専門関連業務」と定義されている（法54条の23第2項3号、施行規則64条6項）。

・有価証券に関する事務取次業務（施行規則64条5項19号）

・有価証券に関する代理業務（同項20号）

・IR 支援業務（同項21号）

・有価証券に関する情報の提供・助言業務（同項22号）

・組合契約または匿名組合契約の締結の媒介・取次ぎ・代理業務（同項23号）

(c) 保険専門関連業務

下記は保険業に付随・関連する業務として「保険専門関連業務」と定義されている（法54条の23第2項4号、施行規則64条7項）。

・保険会社または少額短期保険業者の保険業の代理・事務代行業務（施行規則64条5項24号）

・保険事故等の調査業務（同項26号）

・保険募集を行う者の教育業務（同項27号）

・老人、身体障害者等の福祉に関する役務提供業務（同項28号）

・健康維持増進施設等の運営業務（同項29号）

・事故等の危険の発生防止等のための調査・分析・助言業務（同項30号）

・健康、福祉または医療に関する調査・分析・助言業務（同項31号）

・保険関連業務に関する電子プログラムの作成・販売および計算受託業務（同項32号）

・自動車修理業者等の斡旋・紹介業務（同項33号）

・保険契約者からの保険事故報告の取次業務、保険契約に関する相談業務（同項34号）

(d) 信託専門関連業務

　下記は信託業に付随・関連する業務として「信託専門関連業務」と定義されている（法54条の23第2項5号、施行規則64条8項）。

・財産の管理に関する業務（第3号に掲げる業務に該当するものを除き、当該業務を営む会社の議決権を保有する信託子会社等（第54条の23第2項第8号に規定する「信託子会社等」をいう。以下同じ）が受託する信託財産と同じ種類の財産につき、業務方法書に規定する信託財産の管理の方法と同じ方法により管理を行うものに限る）および当該業務に係る代理事務（施行規則64条5項35号）

・信託兼営法第1条第1項第4号～第7号までに掲げる業務（第6号および前号、同法施行令第3条第3号ならびに同法施行規則第3条第1項第3号および第4号に掲げる業務に該当するものを除き、当該業務を行う会社を子会社とする信用金庫連合会の信託子会社等のうちに信託兼営銀行に相当するものがない場合における当該業務の範囲については、当該信託子会社等が信託業法第21条第2項の承認を受けた業務に係るものに限る）（同項36号）

・信託を引き受ける場合におけるその財産（不動産を除く）の評価に関する業務（同項37号）

c　証券専門関連業務等を営む金融関連業務会社の出資規制

(a) 証券子会社等、保険子会社等、信託子会社等を介した間接的保有

　法54条の23第1項10号イ～トにおいて、証券専門関連業務、保険専門関連業務または信託専門関連業務を営む金融関連業務会社（これらの複数を兼営

するものも含む。以下「金融専門関連業務会社」という）については、金融子会社の各々が保有する議決権数が、信用金庫連合会本体およびその金融子会社以外の子会社（以下「一般子会社」という）が保有する議決権数を超過していることを要することとされている。

　すなわち、信用金庫連合会およびその一般子会社は、金融子会社の議決権数を超えて金融専門関連業務会社の議決権を取得することはできず、さらにいえば、信用金庫連合会は、グループとして、かかる金融子会社の存在なくして金融専門関連業務会社を保有することができないことを意味する。

　換言すると、金融専門関連業務会社については、「証券子会社等」「保険子会社等」「信託子会社等」が信用金庫連合会の子会社として存在し、上記各子会社等を通じた間接的な資本関係が前提となっている。

　上記の趣旨は、①証券専門関連業務等は、信用金庫連合会の固有業務からすると「他業」であることから、金融子会社への従属性を要件とすることで、信用金庫連合会の業務範囲が不当に拡大することを防ぐこと、②証券専門関連業務等は、信用金庫連合会の固有業務に付随し、または関連する業務ではなく、証券業務、保険業務、信託業務との関連においてはじめて利用者利便の向上に資するものであること（木下編『改正銀行法』188頁）、③本条1項1号～9号によって規律される金融子会社の存在を前提として、信用金庫連合会グループによる金融専門関連業務会社の保有によってかかる金融子会社の業務遂行の円滑化を図ることができること（内藤ほか編著『逐条解説信金法』302頁）、である。

⒝　証券子会社等、保険子会社等、信託子会社等の意義

①　証券子会社等…証券子会社等とは、信用金庫連合会の子会社である次に掲げる会社をいう（法54条の23第2項6号）。

　イ　証券専門会社、証券仲介専門会社または有価証券関連業を営む外国の会社

　ロ　イに掲げる会社を子会社とする川下持株会社または外国の川下持株会社

　ハ　その他の会社であって、当該信用金庫連合会の子会社である証券専門会社または証券仲介専門会社がその議決権の50％超を保有する川下持株

会社（施行規則64条9項）

② 保険子会社等…保険子会社等とは、信用金庫連合会の子会社である次に掲げる会社をいう（法54条の23第2項7号）。

イ 保険会社、少額短期保険業者または保険業を営む外国の会社

ロ イに掲げる会社を子会社とする川下持株会社または外国の川下持株会社

ハ その他の会社であって、当該信用金庫連合会の子会社である保険会社または少額短期保険業者がその議決権の50%超を保有する川下持株会社（施行規則64条10項）

③ 信託子会社等…信託子会社等とは、信用金庫連合会の子会社である次に掲げる会社をいう（法54条の23第2項8号）。

イ 信託兼営銀行

ロ 信託専門会社または信託業を営む外国の会社

ハ イまたはロに掲げる会社を子会社とする川下持株会社または外国川下持株会社

ニ その他の会社であって、当該信用金庫連合会の子会社である信託兼営銀行または信託専門会社がその議決権の50%超を保有する川下持株会社（施行規則64条11項）

(c) 証券子会社等、保険子会社等、信託子会社等との資本関係

信用金庫連合会は、証券専門関連業務、保険専門関連業務または信託専門関連業務を営む金融関連業務会社については、以下に該当するもののみを子会社とすることができるものとされている（法54条の23第1項10号後段）。

イ 証券専門関連業務、保険専門関連業務および信託専門関連業務のいずれも営むもの…当該会社の議決権について、当該信用金庫連合会の証券子会社等が合算して、当該信用金庫連合会またはその子会社（証券子会社等、保険子会社等および信託子会社等を除く）が合算して保有する当該会社の議決権の数を超えて保有し、かつ、当該信用金庫連合会の保険子会社等が合算して、当該信用金庫連合会またはその子会社（証券子会社等、保険子会社等および信託子会社等を除く）が合算して保有する当該会社の議決権の数を超えて保有し、かつ、当該信用金庫連合会の信託子会社等が合算して、当

該信用金庫連合会またはその子会社（証券子会社等、保険子会社等および信託子会社等を除く）が合算して保有する当該会社の議決権の数を超えて保有しているもの

ロ　証券専門関連業務および保険専門関連業務のいずれも営むもの（イに掲げるものを除く）…当該会社の議決権について、当該信用金庫連合会の証券子会社等が合算して、当該信用金庫連合会またはその子会社（証券子会社等および保険子会社等を除く）が合算して保有する当該会社の議決権の数を超えて保有し、かつ、当該信用金庫連合会の保険子会社等が合算して、当該信用金庫連合会またはその子会社（証券子会社等および保険子会社等を除く）が合算して保有する当該会社の議決権の数を超えて保有しているもの

ハ　証券専門関連業務および信託専門関連業務のいずれも営むもの（イに掲げるものを除く）…当該会社の議決権について、当該信用金庫連合会の証券子会社等が合算して、当該信用金庫連合会またはその子会社（証券子会社等および信託子会社等を除く）が合算して保有する当該会社の議決権の数を超えて保有し、かつ、当該信用金庫連合会の信託子会社等が合算して、当該信用金庫連合会またはその子会社（証券子会社等および信託子会社等を除く）が合算して保有する当該会社の議決権の数を超えて保有しているもの

ニ　保険専門関連業務および信託専門関連業務のいずれも営むもの（イに掲げるものを除く）…当該会社の議決権について、当該信用金庫連合会の保険子会社等が合算して、当該信用金庫連合会またはその子会社（保険子会社等および信託子会社等を除く）が合算して保有する当該会社の議決権の数を超えて保有し、かつ、当該信用金庫連合会の信託子会社等が合算して、当該信用金庫連合会またはその子会社（保険子会社等および信託子会社等を除く）が合算して保有する当該会社の議決権の数を超えて保有しているもの

ホ　証券専門関連業務を営むもの（イ、ロおよびハに掲げるものを除く）…当該会社の議決権について、当該信用金庫連合会の証券子会社等が合算して、当該信用金庫連合会またはその子会社（証券子会社等を除く）が合算

して保有する当該会社の議決権の数を超えて保有しているもの

ヘ　保険専門関連業務を営むもの（イ、ロおよびニに掲げるものを除く）…当
　　該会社の議決権について、当該信用金庫連合会の保険子会社等が合算し
　　て、当該信用金庫連合会またはその子会社（保険子会社等を除く）が合算
　　して保有する当該会社の議決権の数を超えて保有しているもの

ト　信託専門関連業務を営むもの（イ、ハおよびニに掲げるものを除く）…当
　　該会社の議決権について、当該信用金庫連合会の信託子会社等が合算し
　　て、当該信用金庫連合会またはその子会社（信託子会社等を除く）が合算
　　して保有する当該会社の議決権の数を超えて保有しているもの

　なお、信用金庫連合会は、法54条5項3号に基づき自ら信託業務を行うこ
とができるが、この場合、上記のうちイ、ハ、ニおよびトについては、「当
該信用金庫連合会の信託子会社等が合算して、当該信用金庫連合会又はその
子会社」について、「当該信用金庫連合会又はその信託子会社等が合算し
て、当該信用金庫連合会の子会社」と読み替えられることとされている（法
54条の23第11項）。

⑷　新規事業分野開拓会社（法54条の23第1項11号）

　信用金庫連合会は、信用金庫と同様、新規事業分野開拓会社を子会社とす
ることができる（法54条の23第1項11号）。詳細は信用金庫の記述を参照され
たい。

⑸　事業再生会社（法54条の23第1項11号の2）

　信用金庫連合会は、信用金庫と同様、事業再生会社を子会社とすることが
できる（法54条の23第1項11号の2）。詳細は信用金庫の記述を参照されたい。

⑹　高度化会社（法54条の23第1項11号の3）

a　改正の趣旨（FinTech企業等の追加）

　法54条の23第1項11号の3は、「情報通信技術の進展等の環境変化に対応
するための銀行法等の一部を改正する法律」（平成28年6月3日法律第62号）
を受けて追加されたものである。

近年、FinTech が急速に拡大・進化しており、金融業界においても、IT企業により新たな決済・送金サービスが浸透しつつある。日本においても諸外国と同様、金融機関が IT 企業に出資することにより、FinTech による革新的な技術を導入したいという要請があるが、改正前の銀行法や信用金庫法においては、投資専門子会社（ベンチャー・キャピタル）を通じた出資であれば、基準議決権数を超えて出資が可能であったものの、前記のとおり、要件が限定されており、実務上の活用が困難であった。

しかし、日本の金融グループが FinTech の目覚ましい進展の中、今後も環境変化に対応して継続的な成長をするためには、イノベーションを戦略的に取り込みながら、柔軟に業務展開を進展させることが求められる。そのためには、信用金庫連合会が行うことのできる業務を法令上すべて列挙しておくのではなく、列挙された業務に加え、より柔軟な業務展開を可能とする枠組みを設定することが適切であり（佐藤監修『2016年銀行法等改正』62頁）、本号はこのような枠組みの受け皿として新設されたものである。なお、信用金庫にはこの類型は追加されていない。

b　法54条の23第１項11号の３の内容

法54条の23第１項11号の３は、「情報通信技術その他の技術を活用した当該信用金庫連合会の第54条第１項各号に掲げる業務を行う事業の高度化若しくは当該信用金庫連合会の利用者の利便の向上に資する業務又はこれに資すると見込まれる業務を営む会社」を定めている。

上記規定により、従前の子会社範囲規制・出資規制にかかる枠組みを維持しつつ、これまでの子会社類型に、より広範な類型の業務をその概念の中に包含し得るところである（佐藤監修『2016年銀行法等改正』64頁）。

「情報通信技術その他の技術」との規定のとおり、「情報通信技術」は「技術」の例示にすぎず、情報通信技術を用いた業務を営む会社のみが法54条の23第１項11号の３の対象となるものではなく、また本号は必ずしもFinTech に分類される業務を営む会社のみを想定しているものではない（佐藤監修『2016年銀行法等改正』64頁）。

「資する業務」とは、すでに一定程度確立された「他業」であるが、銀行業との親近性を有し、これを組み合わせることにより利用者利便の高い金融

サービスの提供につながる業務をいう。他方で、「資すると見込まれる業務」とは、決済に用いられる新技術の開発会社など、将来的には「従属業務」や「金融関連業務」に収斂される可能性があるが、出資段階では当該事業の成功する見込みがはっきりせず、厳密には「他業」となり得る業務をいう（池田＝中島監修『銀行法』280頁）。

(7)　川下持株会社（法54条の23第１項12号）

信用金庫連合会は、本条１項１号〜11号の３および13号の会社のみを子会社とする持株会社（その傘下とする子会社の株式の取得価額の合計額が、総資産額の50％超を占める会社をいう（独占禁止法９条５項１号））で内閣府令で定める会社（当該持株会社になることを予定している会社を含む）を子会社とすることができる（法54条の23第１項12号）。上記持株会社が充足すべき要件については、施行規則70条12項各号に規定されている。

(8)　外国川下持株会社（法54条の23第１項13号）

信用金庫は、本条１項１号〜12号の会社のみを子会社とする外国の会社であって、持株会社と同種または類似するもの（当該持株会社になることを予定している会社を含み、上記(6)の川下持株会社を除く）を子会社とすることができる。

5　内閣総理大臣の認可・届出

(1)　認　　可

信用金庫連合会が子会社対象会社を子会社としようとする場合には、原則として、あらかじめ、内閣総理大臣の認可を得なければならない（法54条の23第６項）。信用金庫連合会がすでにその子会社としている法54条の23第１項各号に掲げる会社を、他の号に掲げる会社（認可対象会社に限る）に該当する子会社としようとするときについても同様である（同条７項）。信用金庫連合会の子会社対象会社の範囲は法改正に伴い拡大し、相当に広範であるが、換言すると、信用金庫連合会にとっては、子会社を通じて、多様な他業

を業務展開することとなり、信用金庫連合会の業務の健全性を脅かすおそれも増大する。そこで、信用金庫連合会の業務の柔軟化と経営の健全性とのバランスを図るため、信用金庫連合会が子会社対象会社を子会社とするに際しては、事前に内閣総理大臣が適格性を審査し、その認可に係らしめることとしたものである（小山『銀行法』344頁）。

⑵ 認可が必要でない場合

上記⑴のとおり、原則として認可が必要であるが、以下の場合には子会社化に認可が必要でない。

a 子会社対象会社の種類による例外

下記(a)の従属業務会社については、信用金庫連合会自らが行える業務をアウトソーシングしているにすぎず、また新規事業分野開拓会社については、専門的な投資判断を逐一監督当局の認可に係らしめるのは適切でないため、例外とされている（小山『銀行法』344頁）（法54条の23第6項、施行規則64条12項）。

 (a) 当該信用金庫連合会の行う業務のために従属業務を営む従属業務会社

当該信用金庫連合会の行う業務のために従属業務を営んでいるかどうかの基準は、法54条の23第10項に基づき内閣総理大臣が定めるものとされている。

この点、かつては「主として」との要件が付されていたが、銀行法改正に伴い、法54条の23第10項も改正され、「当該従属業務を営む会社の当該信用金庫連合会等又は当該信用金庫連合会からの当該従属業務に係る収入の額の当該従属業務に係る総収入の額に占める割合等を勘案して内閣総理大臣が定める」とされている。

 (b) 金融関連業務会社のうち施行規則64条12項1号〜18号の5に掲げる業務、これらに準ずるものとして金融庁長官が定める業務（同項38号）およびこれらに附帯する業務（同項39号）をもっぱら営む会社

すなわち、証券専門関連業務、保険専門関連業務または信託専門関連業務を営む金融関連業務会社以外の、信用金庫連合会本体の業務に付随関連した業務を行う一般の金融関連業務会社である（内藤ほか編著『逐条解説信金法』

307頁)。

　(c)　新規事業分野開拓会社

　上記(a)～(c)の認可を要しない子会社対象会社の子会社化にあたっては、当該信用金庫連合会は、その旨を内閣総理大臣に届け出なければならず、また、届け出た子会社対象会社が子会社でなくなったときも、その旨を内閣総理大臣に届け出なければならない（法87条1項2号・3号）。

b　合併・事業の譲受けの場合

　法58条6項または61条の6第4項の規定により合併または事業の譲受けの認可を受ける場合には、認可は不要とされている（法54条の23第3項）。これは、認可手続を一本化して簡略にする観点から、合併や事業の譲受けについての認可を受ければ足りると解されるためである。

c　適用除外事由の場合

　認可対象会社が当該信用金庫連合会の子会社となるに至った原因が、前述の適用除外事由に存在する場合にも、内閣総理大臣の認可は不要とされている（法54条の23第8項、54条の21第4項本文、施行規則65条）。これは、担保権の実行等は債権者として当然の権利行使であるほか、直ちに密接な親子関係が生じるとは想定しがたいため、このようなケースについては子会社化に係る認可の規定を適用しないこととしたものである。

　ただし、この場合には、当該信用金庫連合会は、その子会社となった認可対象会社を引き続き子会社とすることについて内閣総理大臣の認可を受けた場合を除き、当該認可対象会社が当該事由の生じた日から1年を経過する日までに子会社でなくなるよう、所要の措置を講じなければならない（法54条の23第8項、54条の21第4項ただし書）。

(3)　認可の申請

　信用金庫連合会は、認可の申請にあたって、金融庁長官等（金融庁長官、財務局長または福岡財務支局長。施行規則16条1項）に対し、認可申請書に各種添付書類（理由書、直近事業年度の貸借対照表・損益計算書等）を添付してこれを提出しなければならない（施行規則66条1項）。上記の認可申請があった場合、金融庁長官等は、以下の基準に基づいて認可の可否を判断する（同

条2項)。

(i) 当該信用金庫連合会の会員勘定の額が認可対象会社の議決権を取得または保有するのに十分な額であること。

(ii) 当該信用金庫連合会およびその子会社等の連結自己資本比率が適正な水準となることが見込まれること。

(iii) 当該信用金庫連合会の最近における業務、財産および損益の状況が良好であること。

(iv) 当該申請時において当該信用金庫連合会およびその子会社等の収支が良好であり、当該認可に係る認可対象会社を子会社とした後も良好に推移することが見込まれること。

(v) 当該信用金庫連合会が認可対象会社の業務の健全かつ適切な遂行を確保するための措置を講ずることができること。

(vi) 認可対象会社がその業務を的確かつ公正に遂行することができること。

⑷ 定款の定め

信用金庫連合会は、認可対象会社を子会社としようとするとき（法54条の23第4項の場合を含む）は、その旨を定款で定めなければならないものとされている（法54条の23第8項、54条の21第6項）。また、信用金庫連合会が認可対象会社を子会社としている場合には、当該信用金庫連合会の理事は、当該認可対象会社の業務および財産の状況を、内閣府令で定めるところにより、総会に報告しなければならない（法54条の23第8項、54条の21第7項）。かかる総会への報告は、認可対象会社の直近の事業年度における事業報告書、貸借対照表、損益計算書、株主資本等変動計算書その他の最近における業務、財産および損益の状況を知ることができる書面を示して行わなければならない（施行規則71条）。なお、信用金庫連合会がかかる認可対象会社を実際に子会社化したとき、および認可を受けまた実際に子会社化した旨を届け出た認可対象会社が子会社でなくなったときは、その旨を内閣総理大臣に届け出なければならない（法87条1項4号・5号）。

⑸ 罰則（法91条19号・19号の5）

　以上の規定に違反して、子会社対象会社以外の会社を子会社としたとき
や、内閣総理大臣の認可を受けずに認可対象子会社を子会社としたときは、
当該行為を行った信用金庫連合会の役員、支配人が100万円以下の過料に処
せられることとされている（法91条19号・19号の5）。

第54条の24　信用金庫連合会による信用金庫連合会グループの経営管理

（信用金庫連合会による信用金庫連合会グループの経営管理）

第54条の24　信用金庫連合会（子会社対象会社を子会社としているものに限
　る。）は、当該信用金庫連合会の属する信用金庫連合会グループ（信用金庫
　連合会及びその子会社の集団をいう。次項において同じ。）の経営管理を行
　わなければならない。

2　前項の「経営管理」とは、次に掲げるものをいう。
　一　信用金庫連合会グループの経営の基本方針その他これに準ずる方針と
　　して内閣府令で定めるものの策定及びその適正な実施の確保
　二　信用金庫連合会グループに属する信用金庫連合会及び会社相互の利益
　　が相反する場合における必要な調整
　三　信用金庫連合会グループの業務の執行が法令に適合することを確保す
　　るために必要なものとして内閣府令で定める体制の整備
　四　前3号に掲げるもののほか、信用金庫連合会グループの業務の健全か
　　つ適切な運営の確保に資するものとして内閣府令で定めるもの

1　信用金庫連合会のグループ管理（法54条の24第1項）

　本条は、平成28年改正により新設されたものであり、信用金庫連合会およ

びその子会社の集団を「信用金庫連合会グループ」と定義付けし、同グループの頂点に立つ信用金庫連合会が業務として同グループの経営管理をしなければならないことを規定している。

近年、金融グループについて、グループ単位での経営管理が重視されているところ信用金庫連合会による経営管理を明文化することにより、グループ全体の経営管理を実効性あるものとすることを目的としている。なお、同様の規定は信用金庫には定めがない。

2 経営管理の具体的内容（法54条の24第2項）

本条1項において経営管理を規定しているが、2項においては、経営管理の具体的内容を各号列記の形式で明記している。

(1) グループ経営の基本方針等の策定・適正な実施（1号）

信用金庫連合会グループは、子会社集団を含めて一体として行動することが求められるため、グループ経営の統一的な基本方針を策定するとともに、これが適正に実施されることを確保する必要がある。

基本方針のほかは内閣府令で定めるとしているが、施行規則66条の3第1項においては、以下を挙げている。

① 信用金庫連合会グループの収支、資本の分配および自己資本の充実に係る方針その他のリスク管理に係る方針

② 災害その他の事象が発生した場合における信用金庫連合会グループの危機管理に係る体制の整備に係る方針

(2) 利益相反管理（2号）

信用金庫連合会グループにおける複数のエンティティが上記(1)の基本方針に従って業務を行う場合、互いに利益相反が生じるおそれがある。このような利益相反の調整を行うことについて、経営管理の一内容としたものである。

⑶　業務の執行が法令に適合することを確保するための体制整備（コンプライアンス体制の構築・運用）（3号）

　信用金庫連合会グループにおいて、頂点に立つ信用金庫連合会がグループ全体の業務の執行が法令に適合することを確保するための体制（コンプライアンス体制）を構築・運用することが適切であるため、経営管理の一内容としたものである。

　具体的には内閣府令で定めるとしているが、施行規則66条の3第2項においては、当該信用金庫連合会における当該信用金庫連合会グループに属する会社の取締役、執行役、業務を執行する社員、会社法598条1項の職務を行うべき者その他これらの者に相当する者および使用人の職務の執行が法令に適合することを確保するための体制と定めている。

⑷　その他業務の健全・適切な運営の確保に資するもの（4号）

　⑴〜⑶に定めるほか、業務の健全かつ適切な運営に資するものとして内閣府令で定めるものについても、経営管理の一内容としたものである。「経営管理」として求められる内容は、信用金庫連合会グループに関連する法令や経済環境に応じて変化し得るところであり、すべて網羅的に規定することは困難であるため、柔軟に対応し得るよう、包括的に定め、内閣府令で機動的に定めることができるようにしたものである。

　この点、内閣府令（施行規則66条の3第3項）においては、当該信用金庫連合会グループの再建計画（（業務の運営または財産の状況に関し改善が必要な場合における信用金庫連合会グループの経営の再建のための計画）の策定が必要なものとして金融庁長官が指定したものに限る）を策定し、その適正な実施を確保することと定めている。

第54条の25　信用金庫連合会等による議決権の取得等の制限

（信用金庫連合会等による議決権の取得等の制限）

第54条の25　信用金庫連合会又はその子会社は、国内の会社（第54条の23第
　　1項第1号から第5号まで、第10号及び第11号の2から第12号までに掲げ
　　る会社（同項第11号の2に掲げる会社にあつては、特別事業再生会社を除
　　く。）並びに特例対象会社を除く。）の議決権については、合算して、その
　　基準議決権数（国内の会社の総株主等の議決権に100分の10を乗じて得た議
　　決権の数をいう。）を超える議決権を取得し、又は保有してはならない。

2　前項の場合及び次項において準用する第54条の22第2項から第6項まで
　　の場合において、第54条の23第1項第11号に掲げる会社又は特別事業再生
　　会社の議決権の取得又は保有については、特定子会社は、信用金庫連合会
　　の子会社に該当しないものとみなす。

3　第54条の22第2項から第6項まで及び第8項の規定は、信用金庫連合会
　　について準用する。この場合において、同条第2項中「前項」とあるのは
　　「第54条の25第1項」と、「国内の会社の議決権をその基準議決権数」とあ
　　るのは「国内の会社（同項に規定する国内の会社をいう。次項から第6項
　　までにおいて同じ。）の議決権をその基準議決権数（同条第1項に規定する
　　基準議決権数をいう。以下この項から第6項までにおいて同じ。）」と、同
　　条第4項中「第1項の規定」とあるのは「第54条の25第1項の規定」と、
　　「第61条の6第4項又は金融機関の合併及び転換に関する法律第5条第1項
　　（認可）」とあるのは「第61条の6第4項」と、「第58条第6項の認可を受け
　　て事業」とあるのは「次条第6項又は第58条第6項の認可を受けて次条第
　　6項に規定する認可対象会社を子会社としたとき又は事業」と、「その事業」
　　とあるのは「その子会社とした日又はその事業」と、同条第8項中「前各
　　項」とあるのは「第2項から第6項まで並びに第54条の25第1項及び第2
　　項」と読み替えるものとする。

第5章の4　子会社等（第54条の21〜第54条の25）　637

4 第1項の「特例対象会社」とは、地域の活性化に資すると認められる事業を行う会社として内閣府令で定める会社（当該会社の議決権を、当該信用金庫連合会又はその特定子会社以外の子会社が、合算して、同項に規定する基準議決権数を超えて保有していないものに限る。）及び第54条の23第1項第11号又は第11号の2に掲げる会社（当該信用金庫連合会の子会社であるものに限る。）と内閣府令で定める特殊の関係のある会社をいう。

1 規定の趣旨

信用金庫（法54条の22）と同様、本条においては、信用金庫連合会またはその子会社は、国内の会社の議決権について、合算して、その基準議決権数（10%）を超える議決権を取得し、または保有してはならないことを定めている。

信用金庫に関する法54条の22と同様、信用金庫連合会等による議決権の保有比率等によっては、一般事業会社の経営を実質的に支配することが可能であり、結果として法54条の信用金庫連合会本体の事業規制（他業禁止規制。法54条）および信用金庫連合会の子会社の業務範囲等の規制（法54条の23）の趣旨を潜脱することが可能となってしまう。

また、他方で、信用金庫連合会による子会社対象会社以外の会社の議決権の取得等を厳格にしすぎると、信用金庫連合会の業務展開に制約を課すこととなるため、10%ルールが定められたものである。

なお、銀行法における合算5%・15%ルールとの関係および独占禁止法11条における5%ルールとの関係については、信用金庫のところで述べたのと同様である。

2 合算10%ルールの適用除外対象となる会社

合算10%ルールには、以下のような例外（適用除外）がある。

(1) 外国の会社

法54条の25において「国内の会社の議決権」と規定しているとおり、合算

10％ルールは国内の会社の議決権の取得・保有を制限するものであるから、外国の会社の議決権は対象外である。

⑵　信用金庫連合会が子会社とすることができる会社

信用金庫連合会が子会社とすることができる下記ａ～ｌの国内の会社については、議決権取得・保有規制（合算10％ルール）は適用されない（法54条の25第１項括弧書）。

なお、新規事業分野開拓会社（ベンチャービジネス会社。法54条の23第１項11号）については子会社とすることはできるものの、議決権取得・保有規制の適用除外とはされていないが、この趣旨は前記の信用金庫のところで述べたとおりである。その他、銀行業を営む外国の会社（法54条の23第１項６号）、有価証券関連業を営む外国の会社（同項７号）、保険業を営む外国の会社（同項８号）、信託業を営む外国の会社（同項９号）、１号～12号に掲げる会社のみを子会社とする外国の会社であって、持株会社と同種のものまたは持ち株会社に類似するもの（同項13号）も子会社とすることができるが、適用除外とされていない。

　ａ　信託銀行（法54条の23第１項１号）

　ｂ　資金移動業者（同項１号の２）

　ｃ　証券専門会社（同項２号）

　ｄ　証券仲介専門会社（同項３号）

　ｅ　保険会社（同項４号）

　ｆ　少額短期保険業者（同項４号の２）

　ｇ　信託専門会社（同項５号）

　ｈ　従属業務会社（同項10号前段）

　ｉ　金融関連業務会社（同項10号後段）

　ｊ　事業再生会社（同項11号の２）

　⒜　適用除外となる場合

前記のとおり、経営の向上に相当程度寄与すると認められる新たな事業活動を行う会社（事業再生会社）のうち、その事業に係る計画または当該計画に基づく措置について内閣府令で定める要件に該当する会社は、⒝の特別事

業再生会社と異なり、特定子会社を経由しなくても、信用金庫連合会または特定子会社以外の子会社が保有する議決権は、合算10％ルールの対象外となる。

ただし、事業再生会社の議決権の保有期間は、中小企業者は5年、中小企業者以外は3年間に限定されており、上記各期間を経過する日までに、信用金庫またはその特定子会社以外の子会社の保有する当該事業再生会社の総株主等の議決権の10％の議決権を超える部分の議決権を処分しないときは、当該事業再生会社は、信用金庫が子会社とすることができない会社とされ、合算10％ルールの対象となる（施行規則70条10項）。

(b) 適用除外とならない場合（特別事業再生会社）

信用金庫連合会は、特別事業再生会社については、信用金庫連合会またはその特定子会社以外の子会社が基準議決権数を超えて保有していないものに限り、子会社とすることができる（法54条の23第1項11号の2括弧書）。

よって、特別事業再生会社は上記(a)と異なり、合算10％ルールの適用対象となった上で、これらの会社の議決権を取得・保有する特定子会社については、合算対象となる信用金庫の子会社に該当しないものとみなされている（法54条の22第7項、54条の25第3項）。

ただし、特定子会社が取得した特別事業再生会社の議決権の保有期間は10年間に限定されており、当該期間を経過する日までに処分しないときは、信用金庫が子会社とすることができる会社に該当しないものとされ、合算10％ルールの適用を受ける（施行規則70条9項）。

k　高度化会社（法54条の23第1項11号の3）

l　持株会社（法54条の23第1項12号）

m　特例対象会社

「特例対象会社」とは、①地域の活性化に資すると認められる事業を行う会社として内閣府令で定める会社（特例事業再生会社）、および②新規事業分野開拓会社（ベンチャービジネス会社）または事業再生会社（当該信用金庫連合会の子会社であるものに限る）と内閣府令で定める特殊の関係のある会社をいう（法54条の25第4項）。

(a)　特例事業再生会社（地域経済の再活性化事業会社）

特例事業再生会社は、下記①または②をいう（施行規則69条の2第1項）。

①　以下のいずれかに該当するもの（地域活性化ファンド）から出資を受けている会社

・株式会社地域経済活性化支援機構法22条1項8号に掲げる業務の実施により設立される株式会社が無限責任組合員となる投資事業有限責任組合であって、当該金庫またはその子会社が当該投資事業有限責任組合の組合員となっているもの

・株式会社地域経済活性化支援機構法22条1項8号に掲げる業務の実施により設立された株式会社が無限責任組合員となる当該投資事業有限責任組合であって、当該株式会社に当該金庫またはその子会社が出資しているもの

②　事業の再生の計画の作成に株式会社地域経済活性化支援機構が関与している会社（金庫の子法人等に該当しないものに限る）

特例事業再生会社は、当該会社の議決権を、当該信用金庫連合会またはその特定子会社（投資専門子会社）以外の子会社が、合算して、法54条の25第1項に規定する基準議決権数を超えて保有していないものに限り、合算10％ルールの適用除外となる（法54条の25第4項括弧書）。すなわち、信用金庫連合会の特定子会社（投資専門子会社）を通じて、当該特例事業再生会社の議決権を10％を超えて保有することができる。

これは、前記の信用金庫のところで述べたのと同様の趣旨に基づくものである。

また、議決権の保有期間は10年間に限定され、特定子会社（施行規則70条11項に規定する会社）がその取得した特例事業再生会社の議決権を処分基準日（その取得の日から10年を経過する日）までに処分しないときは、当該特例事業再生会社は、処分基準日の翌日からは合算10％ルールの対象となる（施行規則69条の2第2項）。

(b)　特殊の関係のある会社

新規事業分野開拓会社（ベンチャービジネス会社）または事業再生会社の子法人等および関連法人等であって、当該会社の議決権を、当該金庫またはそ

第5章の4　子会社等（第54条の21～第54条の25）　│　641

第54条の25

の子会社である新規事業分野開拓会社等もしくは事業再生会社以外の子会社が、合算して、当該会社の総株主等の議決権に10%を乗じて得た議決権の数を超えて保有していないものをいう（法54条の25第4項、施行規則69条の2第3項）。

第
6
章

経理

（第55条〜第57条）

第55条

第55条　事業年度

> **（事業年度）**
> **第55条**　金庫の事業年度は、4月1日から翌年3月31日までとする。

1　事業年度

　本条は、金庫の事業（会計）年度について規定するものである。

　事業年度とは、事業の経理上区分される一定期間をいい、これにより当該期間内における事業の成績および経理の状況が明らかにされる（『信金法解説』255頁、小山『銀行法』364頁）。また、通常総（代）会については毎事業年度1回、事業年度終了後一定期間以内に招集されることとなる（法42条、49条5項、定款例21条1項）。

　株式会社の場合は、事業年度は1年以内の期間で各株式会社が決めると規定され（会社計算規則59条2項）、原則として会社が自由に事業年度を定めることができるが、金融機関は例外であり、3月決算と法定されている（銀行については銀行法17条、信用組合については協同組合による金融事業に関する法律5条でそれぞれ法定されている）。

2　事業年度を法定した趣旨

　金融機関に対し、一律に事業年度の始期を4月1日、終期を翌年の3月31日とし、1年決算制度を法定した趣旨は、我が国の主要企業の大多数が4月1日を始期とする1年制のいわゆる3月決算であることを勘案し、金融機関の計算に期間的枠組みを設定すること、また、金融機関間で年度間の営業成績の比較を容易にし、各金融機関間の定点観測を可能とすること、金融機関の利用者等に便宜を図るとともに、行政監督上、統一されていることが望ましいためである（小山『銀行法』364頁）。

第55条の2 会計帳簿等

（会計帳簿等）

第55条の2　金庫の会計は、一般に公正妥当と認められる会計の慣行に従うものとする。

2　金庫は、内閣府令で定めるところにより、適時に、正確な会計帳簿を作成しなければならない。

3　金庫は、内閣府令で定めるところにより、その成立の日における貸借対照表を作成しなければならない。

4　金庫は、会計帳簿の閉鎖の時から10年間、その会計帳簿及びその事業に関する重要な資料を保存しなければならない。

5　金庫は、第3項の貸借対照表及び第38条第1項の書類を作成した日から10年間、これらの書類を保存しなければならない。

6　裁判所は、申立てにより又は職権で、訴訟の当事者に対し、会計帳簿及び前項の書類の全部又は一部の提出を命ずることができる。

1　本条の意義

　本条は、金庫の会計の一般原則のほか、会計帳簿の作成について規定している。金庫は協同組織金融機関であり、「商人」ではないので（最三小判昭63.10.18民集42巻8号575頁・金法1211号13頁）、商法は適用されない。しかし、商人の場合と同様に会計帳簿をつけるべきであると考えられるため、本条が規定されている。

　本条は、平成17年の会社法制定に合わせて改正がなされている。

2　公正妥当と認められる会計の慣行（法55条の2第1項）

　金庫の会計は、一般に公正妥当と認められる会計慣行に従うことを定めている。

第6章　経理（第55条～第57条）　645

「一般に公正妥当と認められる会計の慣行」とは、金庫の財産および損益を的確に表すために用いられる会計慣行をいうと解され、公正なる会計慣行が存在する場合には、特別の事情がない限り、これによらなければならない（鈴木＝竹内『会社法』330頁参照）。

公正なる会計慣行が存在しているものの、新たな会計基準が策定された場合、新たな会計基準がどの時点で法的拘束力のある会計規範となるか問題となるが、会計基準が策定されたのみで「会計慣行」となるものではなく、一般的に広く会計上の習わしとして相当期間繰り返された場合に初めて法的拘束力が認められるものと解される（明田『農協法』484頁参照）。

なお、旧長期信用銀行事件について、東京地判平17.5.19（判時1900号3頁）は、「公正なる会計慣行を斟酌すべし」とする商法32条2項の意義について、「公正なる」とは、同条1項に照らし、商人の営業上の財産および損益状況を明らかにするという商業帳簿を作成させる商法の目的から公正であること、すなわち同目的に照らし、当該会計処理の基準が、社会通念上、合理的であることを意味し、次に「会計慣行」は、民法92条における事実たる慣習と同義であり、一般的に広く会計上の習わしとして相当の時間繰り返して行われている必要があるとし、また「斟酌すべし」との意義については、「公正なる会計慣行」が存在する場合には、特段の事情がない限り、それに従わなければならない旨を判示している。

3 会計帳簿の作成（法55条の2第2項）

本条2項は、金庫の会計帳簿の作成について定めており、会社法432条1項と同趣旨の規定である。会計帳簿の具体的な作成方法については、施行規則72条～77条において規定されている。

なお、本条2項の規定に違反した場合、100万円以下の過料に処せられる（法91条1項5号）。

(1) 会計帳簿

「会計帳簿」とは、金庫の会計事務の処理のために設けられる帳簿であり、金庫の事業上に生ずる一切の取引を継続的・組織的に記録し、その財産

および損益の状況を明らかにするものであり、貸借対照表および損益計算書を作成する基礎となる。会計帳簿には、仕訳帳、総勘定元帳および各種の補助簿などがある。

　会計帳簿は、書面または電磁的記録をもって作成する必要がある（施行規則72条2項）。

⑵　適　時　性

　作成の適時性が明文で規定されていることから、税務申告時にまとめて記載するのではなく、会計帳簿に記載すべき事象が発生した場合には、適時に記載する必要がある。

　実務上、税務申告時にまとめて記帳されるなど適時性を欠いた記帳がなされているとの指摘があり、このような記帳が、人為的に数値を調整するなど不正行為の温床となることから、会社法432条1項において「適時に」との文言が追加され（相澤哲＝岩崎友彦「株式会社の計算等」商事1746号27頁）、信用金庫法もこれに倣って改正がなされたものである。

⑶　正　確　性

　会計帳簿が正確に作成されることは、会計帳簿およびこれに基づいて作成される貸借対照表等計算書類の適正性を確保し、利害関係人を保護する上で重要であるため、会社法432条1項に倣い、明文で規定されるに至った。

⑷　会計帳簿に記載すべき財産

　会計帳簿に記載すべき財産に付すべき資産、負債の価額その他会計帳簿の作成に関する事項については、施行規則において、資産の評価（施行規則73条）、負債の評価（同74条）、評価・換算差額等（同75条）、組織再編行為の際の資産・負債の評価（同76条）、のれんの評価（同76条の2）、合併の場合の再評価差額金の承継（同77条）について具体的に規定されている。

4　成立の日における貸借対照表の作成（法55条の2第3項）

　金庫は、成立の日における会計帳簿に基づき、成立の日における貸借対照

表を作成しなければならない（法55条の2第3項、施行規則72条3項）。この規定に違反して貸借対照表を作成しないと100万円以下の過料に処せられる（法91条1項5号）。

5 会計帳簿等の保存（法55条の2第4項・5項）

　金庫は、設立の日における貸借対照表ならびに各事業年度に係る計算書類（法38条1項）および業務報告ならびにこれらの附属明細書については作成の日から10年間保存しなければならない（法55条の2第5項）。

　また、金庫は、会計帳簿の閉鎖の時、すなわち帳簿の使用を廃止した時から10年間、その会計帳簿およびその事業に関する重要な資料を保存しなければならない（法55条の2第4項）。「事業に関する重要な資料」の範囲について、信用金庫法や施行規則において定めはないが、会計帳簿に含まれていない各種伝票や、会計帳簿への記載のもととなった契約関係書類、領収書などをいうものと解される。

6 会計帳簿等の提出（法55条の2第6項）

　本条6項においては、裁判所が当事者の申立てまたは職権により、訴訟の当事者に対し、会計帳簿および本条5項の書類の全部または一部の提出を命ずることができることを定めている。

　会計帳簿は金庫の取引や会計の状況を示す重要な証拠となるため、書証の提出について当事者の申立てを必要とした民事訴訟法219条の特則を定めたものである。

Column　会計帳簿の閲覧請求

　株式会社については、会社法433条において、一定数以上の株主の請求による会計帳簿の閲覧請求が認められているが、信用金庫法においては会員による会計帳簿の閲覧請求権を規定しておらず、この点、銀行法、保険業法、農業協同組合法などと同様である。

これは、金庫等金融機関の会計帳簿には、融資先や預金者に関する守秘情報・個人情報が多数含まれており、これを会員による閲覧の対象とすると、これらの情報が外部に流出することとなり、金融機関の公共性に反するためである。

会員には、会計帳簿等をもとに作成する計算書類（貸借対照表、損益計算書、剰余金処分案または損失処理案等）および業務報告ならびにこれらの付属明細書の閲覧請求権は認められており（法38条9項〜11項、38条の2第12項）、また前記のとおり、法55条6項において、裁判所による会計帳簿等の提出命令の制度を利用することが考えられる。

第56条　法定準備金

（法定準備金）

第56条　金庫は、出資の総額に達するまでは、毎事業年度の剰余金の100分の10に相当する金額以上の金額を準備金として積み立てなければならない。

2　前項の準備金は、損失のてん補に充てる場合を除いては、取りくずしてはならない。

1　準備金の積立（法56条1項）

本条1項は、金庫に対して、出資の総額に達するまで、毎事業年度の剰余金の100分の10に相当する金額以上の金額を準備金として積み立てることを定めている。このようにして積み立てられた準備金は、法律が積立を義務付けているため、法定準備金と呼ばれている。

剰余金が発生した場合に、無制限にこれを配当してしまうと、経済情勢の変化などにより、金庫の財産が減少した場合、金庫の経営基盤を不安定なものとし、ひいては会員や債権者（預金者等）を害することとなるため、内部

第6章　経理（第55条〜第57条）｜649

留保を義務付けたものである。

「準備金の積立の方法」は定款の絶対的記載事項とされているところ（法23条3項9号）、定款においては法定の最低限度の積立額を超える率を必ずしも確定的に規定する必要はないと解され、定款例47条においても、本条1項と同様、「毎事業年度の剰余金の100分の10に相当する金額以上の金額」と規定されている。

なお、本条1項における「出資の総額」とは、法11条に定める出資の総額を指し、会員が払い込んだ額の総額と一致する。また、「毎事業年度の剰余金」とは、当該期の未処分剰余金から前期繰越金を差し引いた当該期のみの剰余金をいうと解されている（『信金法解説』259頁）。

なお、「出資の総額」には、優先出資を発行している金庫においては、当該優先出資を含む。

2 準備金の取崩し（法56条2項）

本条2項においては、法定準備金は、損失の填補に充てる場合を除いては、取り崩すことができないと規定されている。

なお、「取り崩す」とは、貸借対照表の貸方（純資産の部）に計上されている法定準備金の勘定を減額させるとともに、借方（資産の部）に計上されている損失を同額減額することをいう。

このように、法定準備金の使途を限定しているのは、金庫の事業の安定や継続性確保を目的としたものである。

なお、金庫は、法56条1項に基づき積み立てられる法定準備金とは別に、定款の規定または総会の決議によって、任意準備金を積み立てることができる。

本条2項で制限がなされているのは法定準備金であるため、任意準備金を積み立てている場合、これを損失の填補以外の目的のために取り崩すことは可能である。

なお、出資金の減少等により、法定準備金が出資の総額を超過した場合は、当該超過額は任意準備金と解され、その期の剰余金処分で取り崩すことが一般的である。

3 罰　則

法定準備金を積み立てず、または、損失の填補以外に法定準備金を取り崩すと、100万円以下の過料に処せられる（法91条1項20号）。

第57条　剰余金の配当

（剰余金の配当）

第57条　金庫の剰余金の配当は、事業年度終了の日における純資産の額（貸借対照表上の資産の額から負債の額を控除して得た額をいう。以下この項において同じ。）から次に掲げる金額を控除して得た額を限度として行うことができる。

一　出資の総額

二　前条第1項の準備金の額

三　前条第1項の規定によりその事業年度に積み立てなければならない準備金の額

四　その他内閣府令で定める額

2　剰余金の配当は、定款の定めるところにより、会員の金庫の事業の利用分量又は出資額に応じてしなければならない。

3　出資額に応じてする剰余金の配当の率の最高限度は、定款で定めなければならない。

---

1 剰余金配当請求権の性質

金庫の出資者は、会員として剰余金の配当請求権を有するが、抽象的な請求権と具体的な請求権の2種類がある。

抽象的な剰余金配当請求権は、会員がその地位に基づいて有する、剰余金の配当に与る権利である。これは会員権の一内容として、会員権に包含さ

第6章　経理（第55条～第57条）　651

第57条

れ、これ自体が独立の権利ではない。

これに対し、具体的な剰余金配当請求権は、毎事業年度の終わりに総（代）会の配当承認決議（法38条6項、49条）により生ずる具体的な確定額についての配当請求権である。これは会員権から独立した債権である。

2 剰余金の配当の限度（法57条1項）

本条1項および施行規則78条は、配当可能な剰余金の額の限度について、以下のとおり定めている。

事業年度終了の日における純資産の額（貸借対照表上の資産の額から負債の額を控除して得た額）から以下の金額を控除した額が配当額の上限となる。

① 出資総額（法57条1項1号）

② 法定準備金の額（同項2号）

③ 当該事業年度に関し積み立てる必要のある法定準備金の額（同項3号）

④ 最終事業年度の末日における貸借対照表の資産の部に繰延資産として計上した金額の合計額が、上記②および③の合計額を超えるときは、その超過額（同項4号、施行規則78条1号）

⑤ 最終事業年度の末日における貸借対照表のその他有価証券評価差額金の項目に計上した額（零以上である場合に限る。法57条1項4号、施行規則78条2号）

⑥ 最終事業年度の末日における貸借対照表の土地再評価差額金の項目に計上した額（零以上である場合に限る。法57条1項第4号、施行規則78条3号）

金庫は、株式会社のような営利法人ではなく、会員の相互扶助を目的とした協同組織金融機関であるが、安定的・継続的に事業を継続し、金庫の債権者（預金者等）の利益を保護するためには、一定の剰余金を確保する必要があるため、剰余金の配当の限度額を定めたものである。

3 剰余金の配当の方法（法57条2項）

　剰余金の配当の方法には、出資額に応じて行う方法（出資配当）と、事業の利用分量に応じて行う配当（事業利用分量配当）の2つの方法が定められている。すなわち、出資は金庫の会員の基本的な義務であり（法11条、13条）、この金額に応じて配当をすることは協同組織金融機関としての性質と矛盾しないため、出資配当が認められている。一方で、会員が金庫の事業を利用する権利は、協同組織金融機関たる金庫の本来的な権利（自益権）であることからすると、金庫の事業の利用分量の割合に応じて配当をすることも、協同組織金融機関としての性質と矛盾しないため、事業利用分量配当も定められている。

　これらの配当の方法の選択は、定款自治に委ねられている（法23条3項8号）。

　出資配当については、定款例48条1項に規定され、事業利用分量配当については、同条2項において、金庫が会員に支払った預金利息、定期積金の給付補填金または会員が金庫に支払った貸付金利息もしくは割引料を標準とするものとされている。なお、配当を受けられる者は「当該事業年度末において会員であれば足りる」（大蔵省銀行局中小金融課見解）と解されているため、その者が事業年度末において会員であれば、配当決議がなされる総（代）会時点ですでに会員でなかったとしても、当該年度の剰余金の配当を受けられる。この点、会員が持分全部を金庫に譲渡する方法により自由脱退する場合も同様である（『金融法務講座』119頁）。

　事業年度の途中で金庫に加入した会員についての具体的な剰余金配当請求権（出資配当金）を計算する場合、金庫の判断により、加入日の翌月からの月割計算と、加入日の当日からの日割り計算のいずれの方法によることもできる（『5000講Ⅰ』182頁）。

4 出資配当率の上限（法57条3項）

　本条3項は、出資配当を行う場合の配当の率の最高限度を定款で定めなければならない旨を規定している。

営利法人たる株式会社について、会社法等で同趣旨の規制は設けられていないが、前記のとおり、会員の相互扶助を目的とした金庫について、一定の剰余金を確保する必要があるため、出資配当率の上限が定められたものである。

なお、定款例48条1項においては、普通出資額に応じてする剰余金の配当の率は、普通出資額に対して年1割以下とする旨が定められている。

5 剰余金配当請求権（出資配当金）の時効

抽象的な剰余金配当請求権は、会員権の一内容であり、独立の権利ではないため、単独で消滅時効にかかることはない。

これに対し、具体的な剰余金配当請求権は、会員権から独立した権利であるため、これ自体単独で消滅時効にかかる。具体的な剰余金配当請求権は、会員と金庫との内部関係から生じる債権であり、第三者との商行為により生じる債権ではないため、民事上の債権として、時効期間は10年（民法167条1項）と解されるが、定款によってその期間を短縮することは可能である（森井編著『相談事例』236頁）。

民法上、債権の消滅時効は権利を行使することができる時から進行すると規定されているが（民法166条1項）、具体的な剰余金配当請求権は、総（代）会の配当承認決議のあった時から、それぞれ行使が可能であるため、一般には配当承認決議の時から消滅時効が進行するものと解される（「『5000講Ⅰ』183頁）。

なお、平成32年4月1日施行の改正民法により、消滅時効は、債権者が権利行使することができることを知った時から5年間（主観的起算点）、または権利を行使することができる時から10年間（客観的起算点）のいずれか早く時効期間が満了したほうで完成するため、改正民法の施行日後に発生した剰余金配当請求権について、別途効力発生日の定めがない限り配当承認決議の時から10年、会員が配当金請求権の発生を認識した時から5年のいずれか早いほうで時効が完成するものと解される。

6　法57条違反

　剰余金の配当は、通常総会の承認決議を得ることを要するが（法38条7項、48条の2第1項）、本条に違反してなされた承認決議は無効となり、当該承認決議は総会決議無効確認の訴え（法48条の8、会社法830条）の対象となる。また、本条に違反する剰余金の配当がなされた場合、100万円以下の過料に処せられる（法91条1項20号）。

第**7**章

事業等の譲渡または譲受けおよび合併

（第58条〜第61条の7）

第58条〜第61条の7　事業の譲渡又は譲受け、合併

（事業の譲渡又は譲受け）

第58条　金庫は、総会の決議を経て、その事業の全部又は一部を銀行、他の金庫、信用協同組合又は労働金庫（信用協同組合又は労働金庫をもつて組織する連合会を含む。次項において同じ。）に譲り渡すことができる。

2　金庫は、総会の決議を経て、銀行、他の金庫、信用協同組合又は労働金庫の事業の全部又は一部を譲り受けることができる。ただし、その対価が最終の貸借対照表により当該金庫に現存する純資産額の5分の1を超えない場合は、総会の決議を経ることを要しない。

3　金庫が前項ただし書の規定により総会の決議を経ないで事業の全部又は一部の譲受けをする場合には、金庫は、事業の全部又は一部の譲受けをする日の20日前までに、事業の全部又は一部の譲受けをする旨並びに契約の相手方の名称又は商号及び住所を公告し、又は会員に通知しなければならない。

4　前項に規定する場合において、金庫の総会員の6分の1以上の会員が同項の規定による公告又は通知の日から2週間以内に事業の全部又は一部の譲受けに反対する旨を金庫に対し通知したときは、事業の全部又は一部の譲受けをする日の前日までに、総会の決議によつて、当該事業の全部又は一部の譲受けに係る契約の承認を受けなければならない。

5　金庫が事業の全部の譲受けを行う場合における事業の全部の譲受けに反対する会員からの持分の譲受けの請求については、第16条第2項の規定は、適用しない。

6　第1項又は第2項の事業の譲渡又は譲受けについては、政令で定めるものを除き、内閣総理大臣の認可を受けなければ、その効力を生じない。

7　第1項及び第2項の事業の全部の譲渡又は譲受けについては、第52条の2の規定を準用する。この場合において、必要な技術的読替えは、政令で定める。

8 金庫は、第２項の事業の全部又は一部の譲受けにより契約（その契約に関する業務が銀行法第２条第２項（定義等）に規定する行為に係るものであるものに限る。以下この項において同じ。）に基づく権利義務を承継した場合において、その契約が、金庫の事業に関する法令により、当該金庫の行うことができない業務に属するものであるとき、又は当該金庫について制限されているものであるときは、その契約で期限の定めのあるものは期限満了まで、期限の定めのないものは承継の日から１年以内の期間に限り、その契約に関する業務を継続することができる。

9 第２項の規定により金庫が銀行から事業の全部又は一部を譲り受ける場合においては、当該金庫を会社とみなして、私的独占の禁止及び公正取引の確保に関する法律第16条（事業の譲受け等の制限）及び同条に係る同法の規定を適用する。

（合併契約）

第59条 金庫は、他の金庫と合併をすることができる。この場合においては、合併をする金庫は、合併契約を締結しなければならない。

（吸収合併）

第60条 金庫が吸収合併（金庫が他の金庫とする合併であつて、合併により消滅する金庫（以下「吸収合併消滅金庫」という。）の権利義務の全部を合併後存続する金庫（以下「吸収合併存続金庫」という。）に承継させるものをいう。以下同じ。）をする場合には、吸収合併契約において、次に掲げる事項を定めなければならない。

一　吸収合併存続金庫及び吸収合併消滅金庫の名称及び住所

二　吸収合併存続金庫の地区及び出資１口の金額

三　吸収合併消滅金庫の会員に対する出資の割当てに関する事項

四　吸収合併消滅金庫の会員に対して交付する金銭の額を定めたときは、その定め

五　吸収合併がその効力を生ずる日（以下「効力発生日」という。）

六　その他内閣府令で定める事項

（新設合併）

第61条 二以上の金庫が新設合併（二以上の金庫がする合併であつて、合併

により消滅する金庫（以下「新設合併消滅金庫」という。）の権利義務の全部を合併により設立する金庫（以下「新設合併設立金庫」という。）に承継させるものをいう。以下同じ。）をする場合には、新設合併契約において、次に掲げる事項を定めなければならない。

一　新設合併消滅金庫の名称及び住所

二　新設合併設立金庫の地区及び出資１口の金額

三　新設合併設立金庫が特定金庫である場合の会計監査人の氏名又は名称

四　新設合併設立金庫の準備金の額に関する事項

五　新設合併消滅金庫の会員に対する出資の割当てに関する事項

六　新設合併設立金庫の定款で定める事項

七　その他内閣府令で定める事項

（吸収合併消滅金庫の手続）

第61条の２　吸収合併消滅金庫は、次に掲げる日のいずれか早い日から効力発生日までの間、吸収合併契約の内容その他内閣府令で定める事項を記載し、又は記録した書面又は電磁的記録をその主たる事務所に備え置かなければならない。

一　第３項の総会の日の２週間前の日

二　第５項において準用する第52条第２項の規定による公告の日又は第５項において準用する同条第２項の規定による催告の日のいずれか早い日

2　吸収合併消滅金庫の会員及び債権者は、吸収合併消滅金庫に対して、その業務取扱時間内は、いつでも、次に掲げる請求をすることができる。ただし、第２号又は第４号に掲げる請求をするには、当該吸収合併消滅金庫の定めた費用を支払わなければならない。

一　前項の書面の閲覧の請求

二　前項の書面の謄本又は抄本の交付の請求

三　前項の電磁的記録に記録された事項を内閣府令で定める方法により表示したものの閲覧の請求

四　前項の電磁的記録に記録された事項を電磁的方法であつて吸収合併消滅金庫の定めたものにより提供することの請求又はその事項を記載した書面の交付の請求

3 吸収合併消滅金庫は、効力発生日の前日までに、総会の決議によつて、合併契約の承認を受けなければならない。

4 吸収合併が法令又は定款に違反する場合において、吸収合併消滅金庫の会員が不利益を受けるおそれがあるときは、吸収合併消滅金庫の会員は、吸収合併消滅金庫に対し、当該吸収合併をやめることを請求することができる。

5 吸収合併消滅金庫については、第52条の規定を準用する。この場合において、必要な技術的読替えは、政令で定める。

6 吸収合併消滅金庫は、吸収合併存続金庫との合意により、効力発生日を変更することができる。

7 前項の場合には、吸収合併消滅金庫は、変更前の効力発生日（変更後の効力発生日が変更前の効力発生日前の日である場合にあつては、当該変更後の効力発生日）の前日までに、変更後の効力発生日を公告しなければならない。

8 第6項の規定により効力発生日を変更したときは、変更後の効力発生日を効力発生日とみなして、この条、次条、第61条の6及び第70条の規定を適用する。

（吸収合併存続金庫の手続）

第61条の3 吸収合併存続金庫は、次に掲げる日のいずれか早い日から効力発生日後6月を経過する日までの間、吸収合併契約の内容その他内閣府令で定める事項を記載し、又は記録した書面又は電磁的記録をその主たる事務所に備え置かなければならない。

　一　吸収合併契約について総会の決議によつてその承認を受けなければならないときは、当該総会の日の2週間前の日

　二　第4項の規定による公告の日又は同項の規定による通知の日のいずれか早い日

　三　第7項において準用する第52条第2項の規定による公告の日又は第7項において準用する同条第2項の規定による催告の日のいずれか早い日

2 吸収合併存続金庫の会員及び債権者は、吸収合併存続金庫に対して、その業務取扱時間内は、いつでも、次に掲げる請求をすることができる。た

だし、第2号又は第4号に掲げる請求をするには、当該吸収合併存続金庫の定めた費用を支払わなければならない。

一　前項の書面の閲覧の請求

二　前項の書面の謄本又は抄本の交付の請求

三　前項の電磁的記録に記録された事項を内閣府令で定める方法により表示したものの閲覧の請求

四　前項の電磁的記録に記録された事項を電磁的方法であつて吸収合併存続金庫の定めたものにより提供することの請求又はその事項を記載した書面の交付の請求

3　吸収合併存続金庫は、効力発生日の前日までに、総会の決議によつて、合併契約の承認を受けなければならない。ただし、吸収合併消滅金庫の総会員の数が吸収合併存続金庫の総会員の数の5分の1を超えない場合であつて、かつ、吸収合併消滅金庫の最終の貸借対照表により現存する総資産額が吸収合併存続金庫の最終の貸借対照表により現存する総資産額の5分の1を超えない場合は、この限りでない。

4　吸収合併存続金庫が前項ただし書の規定により総会の決議を経ないで合併をする場合には、吸収合併存続金庫は、効力発生日の20日前までに、吸収合併をする旨並びに吸収合併消滅金庫の名称及び住所を公告し、又は会員に通知しなければならない。

5　前項に規定する場合において、吸収合併存続金庫の総会員の6分の1以上の会員が同項の規定による公告又は通知の日から2週間以内に合併に反対する旨を吸収合併存続金庫に対し通知したときは、効力発生日の前日までに、総会の決議によつて、吸収合併契約の承認を受けなければならない。

6　吸収合併が法令又は定款に違反する場合において、吸収合併存続金庫の会員が不利益を受けるおそれがあるときは、吸収合併存続金庫の会員は、吸収合併存続金庫に対し、当該吸収合併をやめることを請求することができる。ただし、第3項ただし書の規定により総会の決議を経ないで合併をする場合（前項の規定による通知があつた場合を除く。）は、この限りでない。

7　吸収合併存続金庫については、第52条の規定を準用する。この場合にお

いて、必要な技術的読替えは、政令で定める。

8　吸収合併存続金庫は、効力発生日後遅滞なく、吸収合併により吸収合併存続金庫が承継した吸収合併消滅金庫の権利義務その他の吸収合併に関する事項として内閣府令で定める事項を記載し、又は記録した書面又は電磁的記録を作成しなければならない。

9　吸収合併存続金庫は、効力発生日から6月間、前項の書面又は電磁的記録をその主たる事務所に備え置かなければならない。

10　吸収合併存続金庫の会員及び債権者は、吸収合併存続金庫に対して、その業務取扱時間内は、いつでも、次に掲げる請求をすることができる。ただし、第2号又は第4号に掲げる請求をするには、当該吸収合併存続金庫の定めた費用を支払わなければならない。

一　前項の書面の閲覧の請求

二　前項の書面の謄本又は抄本の交付の請求

三　前項の電磁的記録に記録された事項を内閣府令で定める方法により表示したものの閲覧の請求

四　前項の電磁的記録に記録された事項を電磁的方法であつて吸収合併存続金庫の定めたものにより提供することの請求又はその事項を記載した書面の交付の請求

（新設合併消滅金庫の手続）

第61条の4　新設合併消滅金庫は、次に掲げる日のいずれか早い日から新設合併設立金庫の成立の日までの間、新設合併契約の内容その他内閣府令で定める事項を記載し、又は記録した書面又は電磁的記録をその主たる事務所に備え置かなければならない。

　　　第3項の総会の日の2週間前の日

二　第5項において準用する第52条第2項の規定による公告の日又は第5項において準用する同条第2項の規定による催告の日のいずれか早い日

2　新設合併消滅金庫の会員及び債権者は、新設合併消滅金庫に対して、その業務取扱時間内は、いつでも、次に掲げる請求をすることができる。ただし、第2号又は第4号に掲げる請求をするには、当該新設合併消滅金庫の定めた費用を支払わなければならない。

一　前項の書面の閲覧の請求

二　前項の書面の謄本又は抄本の交付の請求

三　前項の電磁的記録に記録された事項を内閣府令で定める方法により表示したものの閲覧の請求

四　前項の電磁的記録に記録された事項を電磁的方法であつて新設合併消滅金庫の定めたものにより提供することの請求又はその事項を記載した書面の交付の請求

3　新設合併消滅金庫は、総会の決議によつて、新設合併契約の承認を受けなければならない。

4　新設合併が法令又は定款に違反する場合において、新設合併消滅金庫の会員が不利益を受けるおそれがあるときは、新設合併消滅金庫の会員は、新設合併消滅金庫に対し、当該新設合併をやめることを請求することができる。

5　新設合併消滅金庫については、第52条の規定を準用する。この場合において、必要な技術的読替えは、政令で定める。

（新設合併設立金庫の手続等）

第61条の5　第3章（第23条及び第27条を除く。）の規定は、新設合併設立金庫の設立については、適用しない。

2　合併によつて金庫を設立するには、各金庫がそれぞれ総会において会員のうちから選任した設立委員が共同して定款を作成し、役員を選任し、その他設立に必要な行為をしなければならない。

3　前項の規定による役員の任期は、最初の通常総会の日までとする。

4　第2項の規定による設立委員の選任については、第48条の3の規定を準用する。この場合において、必要な技術的読替えは、政令で定める。

5　第2項の規定による役員の選任については、第32条第4項の規定を準用する。この場合において、必要な技術的読替えは、政令で定める。

6　新設合併設立金庫は、その成立の日後遅滞なく、新設合併により新設合併設立金庫が承継した新設合併消滅金庫の権利義務その他の新設合併に関する事項として内閣府令で定める事項を記載し、又は記録した書面又は電磁的記録を作成しなければならない。

7 新設合併設立金庫は、その成立の日から６月間、前項の書面又は電磁的記録及び新設合併契約の内容その他内閣府令で定める事項を記載し、又は記録した書面又は電磁的記録をその主たる事務所に備え置かなければならない。

8 新設合併設立金庫の会員及び債権者は、新設合併設立金庫に対して、その業務取扱時間内は、いつでも、次に掲げる請求をすることができる。ただし、第２号又は第４号に掲げる請求をするには、当該新設合併設立金庫の定めた費用を支払わなければならない。

一　前項の書面の閲覧の請求

二　前項の書面の謄本又は抄本の交付の請求

三　前項の電磁的記録に記録された事項を内閣府令で定める方法により表示したものの閲覧の請求

四　前項の電磁的記録に記録された事項を電磁的方法であつて新設合併設立金庫の定めたものにより提供することの請求又はその事項を記載した書面の交付の請求

（合併の効果）

第61条の6　吸収合併存続金庫は、効力発生日に、吸収合併消滅金庫の権利義務を承継する。

2　吸収合併消滅金庫の吸収合併による解散は、吸収合併の登記の後でなければ、これをもつて第三者に対抗することができない。

3　新設合併設立金庫は、その成立の日に、新設合併消滅金庫の権利義務を承継する。

4　金庫の合併については、政令で定めるものを除き、内閣総理大臣の認可を受けなければ、その効力を生じない。

5　前項の認可を受けて合併により設立される金庫は、当該設立の時に、第４条の内閣総理大臣の免許を受けたものとみなす。

（合併の無効の訴え）

第61条の7　金庫の合併の無効の訴えについては会社法第828条第１項（第７号及び第８号に係る部分に限る。）及び第２項（第７号及び第８号に係る部分に限る。）（会社の組織に関する行為の無効の訴え）、第834条（第７号及

び第8号に係る部分に限る。）（被告）、第835条第1項（訴えの管轄及び移送）、第836条から第839条まで（担保提供命令、弁論等の必要的併合、認容判決の効力が及ぶ者の範囲、無効又は取消しの判決の効力）、第843条（第1項第3号及び第4号並びに第2項ただし書を除く。）（合併又は会社分割の無効判決の効力）並びに第846条（原告が敗訴した場合の損害賠償責任）の規定を、この条において準用する同法第843条第4項の申立てについては同法第868条第6項（非訟事件の管轄）、第870条第2項（第6号に係る部分に限る。）（陳述の聴取）、第870条の2（申立書の写しの送付等）、第871条本文（理由の付記）、第872条（第5号に係る部分に限る。）（即時抗告）、第872条の2（抗告状の写しの送付等）、第873条本文（原裁判の執行停止）、第875条（非訟事件手続法の規定の適用除外）及び第876条（最高裁判所規則）の規定を準用する。この場合において、同法第828条第2項第7号及び第8号中「株主等若しくは社員等」とあるのは「会員、理事、監事若しくは清算人」と、「株主等、社員等」とあるのは「会員、理事、監事、清算人」と読み替えるものとするほか、必要な技術的読替えは、政令で定める。

1 事業の譲渡・譲受け（法58条）

本条は、金庫の事業の譲渡・譲受けの手続について定めている。金庫の事業運営の高度化が進展する中で、金庫の事業の譲渡により、その事業の合理化・効率化や金庫の再編に活用されることが想定される。

(1) 事業の譲渡

a 事業譲渡の概要

本条は、事業譲渡についての定義規定は設けず、手続規定を設けている。一般に、事業譲渡とは、「一定の営業目的のため組織化され、有機的一体として機能する財産の全部または重要な一部を譲渡し、これによって、譲渡会社がその財産によって営んでいた営業的活動の全部または重要な一部を譲受人に受け継がせ、譲渡会社がその譲渡の限度に応じ法律上当然に商法第25条に定める競業避止義務を負う結果を伴うもの」とされる（最大判昭40.9.22民

集19巻6号1600頁・金法425号6頁）。事業譲渡の場合、合併のような包括承継と異なり、譲渡人は、その義務を履行するにあたっては、個別にその契約相手方の同意を要し、かつ、第三者対抗要件を満たさなければならない。

　b　事業の全部の譲渡

　(a)　総会の議決

　事業の譲渡には総会の決議を要する（法58条1項）が、事業の全部の譲渡の場合には、合併の場合と同様、金庫の経営全体への影響が大きいことから、特別決議を要する（法48条の3第4号）。また、総代会を設けている金庫にあっては、この決議は総代会ですることを要するが、総代会で事業の全部の譲渡が決議されたときは、合併の場合と同じく、金庫はその決議の内容を会員に通知しなければならず（法49条6項）、また事業の全部の譲渡に異議のある会員には、臨時総会招集請求権等が認められている（法50条1項）。

　(b)　譲　渡　先

　金庫の事業の譲渡先は、銀行、他の金庫、信用協同組合、労働金庫（信用協同組合または労働金庫をもって組織する連合会を含む）とされている（法58条1項）。

　(c)　無効の訴え

　事業の全部の譲渡の場合、会員、理事等またはこれを承認しない債権者は、事業全部譲渡について、無効の訴えを提起することができる（法58条7項、52条の2、会社法828条）。

　(d)　内閣総理大臣（管轄財務局長等）の認可

　金庫の事業の譲渡については、合併と同様、管轄財務局長等の認可を要し、認可がなければ効力を生じない（法58条6項）。これは、譲渡側と譲受け側の双方の経営に大きな影響を与えるためである。

　認可申請手続、添付書類等は、合併の場合と同様に規定されている（施行規則79条）。ただし、次の業務のみに係る事業の譲渡もしくは譲受けまたは営業の譲受けについては、譲渡による経営への影響が小さく、認可を行う必要性に乏しいことから、例外的に認可を要しない（法58条6項、施行令9条）。

①　国、地方公共団体、会社等の金銭の収納その他金銭に係る事務の取扱い

　（施行令9条1号）

② 有価証券、貴金属その他の物品の保護預り（同条2号）

③ 両替（同条3号）

c 事業の一部の譲渡

事業の一部の譲渡の場合にも、総会の決議を要する（法58条1項）が、定款に特別の定めがない限り、通常決議（法48条の2第1項）で足りる。

事業の一部の譲渡の場合も、全部譲渡の場合と同様、内閣総理大臣（管轄財務局長等）の認可が必要であり、その手続等も全部譲渡の場合と同じである（無効の訴えを提起できない点は異なる）。

(2) 事業の譲受け

a 事業の譲受けの概要

事業の譲受けについても、総会の決議が必要である（法58条2項）。

事業譲渡の場合と異なり、事業の全部の譲受けの場合であっても、特別決議は必要なく、また総代会で決議を行った場合の会員への通知といった手続もない。

内閣総理大臣（管轄財務局長等）の認可を要する点は、事業譲渡と同様である。

金庫は、他の金庫のほか銀行、信用協同組合または労働金庫（信用協同組合または労働金庫をもって組織する連合会を含む）からも事業の全部または一部を譲り受けることができるが（法58条2項）、譲り受けた契約に基づく権利義務を承継した場合において（ただし、当該契約に関する業務が銀行法2条2項に定義される「銀行業」、すなわち預金または定期積金の受入れと資金の貸付または手形の割引とを併せ行うこと（同項1号）および為替取引を行うこと（同項2号）に係るものであるものに限る）、金庫の事業に関する法令により、当該金庫の行うことができない業務に属するもの、または当該金庫について制限されているものについては、その契約で期限の定めのあるものは期限満了まで、期限の定めのないものは承継の日から1年以内の期間に限り、その契約に関する業務を継続することができる（同条8項）。また、金庫が銀行から事業の全部または一部を譲り受ける場合においては、当該金庫を会社とみなして、独占禁止法16条および同条に係る同法の規定が適用される（同条9

項）。

b　簡易の譲受け

事業譲受けの対価が最終の貸借対照表により当該金庫に現存する純資産額の５分の１を超えない場合は、総会決議は不要である（法58条２項ただし書）。

これは、大規模な金庫が、自らの事業に対する影響が小さい小規模な金庫の事業を譲り受ける場合において、総会や総代会を開催するために多数の会員または総代を招集することは、非効率であるため、総（代）会決議を必要しないものとしたものである。「総資産の額の５分の１」は、事業の譲受けにより、自金庫の事業に対する影響が小さいと認められる基準であり、株式会社について株主総会決議を経ずに行うことが認められる簡易営業譲受け（会社法468条２項）と同様の要件となっている。「５分の１」の割合は、定款によりこれを下回る割合を定めることもできる。

上記により、総会または総代会でなく、理事会において譲受けの決議を行った場合でも、事業の譲受けは、金庫の財務状況等に影響を及ぼすものであり、会員の意思を直接に反映させる必要もあることから、金庫は、譲受日の20日前までに譲受けをする旨および相手方の名称等を公告または通知しなければならない（法58条３項）。

そして、公告または通知後２週間以内に、金庫の総会員の６分の１以上の会員が譲受けに反対する旨の通知をしたときは、原則に戻り、総会決議による承認が必要となる（法58条４項）。

c　事業の全部の譲受けと一部の譲受けの場合の相違点

事業の全部および一部の譲受けの双方の場合について、総会の決議については、定款に特段の規定のない限り、通常決議で足りる（法58条２項、48条の２第１項）。無効の訴えの手続については、事業の全部の譲受けの場合については、事業の譲渡の場合と同じである（法58条７項、52条の２、会社法828条）が、事業の一部の譲受けの場合には、無効の訴えを提起できない。認可手続についても、事業の譲渡の場合と同じである（施行規則80条）。

第58条～第61条の7

2 合併（第59条～第61条の7）

(1) 合併の意義

　合併とは、本法の定める手続に従って、2つ以上の金庫が、新しい金庫を設立する方法により、または一方の金庫が他方の金庫を吸収する方法により、当事者の金庫の一部または全部が解散し、その財産が新設金庫または存続金庫に包括的に移転するとともに、会員が新設金庫または存続金庫の会員となり、1つの金庫となるものである。なお、信用金庫法においては、合併当事者がいずれも金庫である場合を前提に規定されているが、「金融機関の合併及び転換に関する法律」（以下「合併転換法」という）は異種の金融機関相互間の合併等の制度を設けることにより、金融の効率化を図ることなどを目的としており、同法3条1項において、金庫は、普通銀行、長期信用銀行、労働金庫または信用協同組合と合併することができるとされており、また、長期信用銀行との合併の場合以外、金庫は吸収合併存続金融機関または新設合併設立金融機関となることができる（合併転換法3条2項）。合併当事者のいずれかが金庫である場合、合併転換法のほか、当該金庫の合併に関する事項については、信用金庫法が適用され、他方当事金融機関の合併に関する事項については、当該金融機関に適用される法律（例えば、普通銀行であれば銀行法等）の合併に関する規定が適用されることになる（合併転換法5条）。

(2) 合併契約

　金庫が合併するには、合併契約を締結する必要がある（法59条）。合併契約書には、以下の事項を定めなければならない。なお、下記aおよびbが、それぞれ法定上義務付けられた事項であり、実務上は、その他、事務所、役員の定数・任期、総代の定数・任期、役員の退職慰労金、職員等の引継ぎ、職員等の給与・退職金などの諸事項を定めることがある。

　a　吸収合併の場合（法60条）

①　存続金庫および消滅金庫の名称および住所…存続金庫の名称をそのまま

引き継ぐ場合と、新名称に変更する場合があり、後者の場合は、存続金庫の定款変更が必要となる。

② 存続金庫の地区および出資1口の金額…合併に伴い、地区が変更となる場合、合併後の地区を記載する必要があり、定款変更が必要となる。

また、合併当事者金庫の出資1口の金額が異なる場合、低額の金庫に合わせることが多い。高額のほうに合わせると、会員がその意思に反して追加出資を余儀なくされることとなり、会員の有限責任原則（法11条5項）に反するためである。

③ 消滅金庫の会員に対する出資の割当てに関する事項…消滅金庫の会員が消滅金庫に対して有している出資1口に対して、合併後存続する金庫の出資をどれだけ割り当てるかという、合併比率（出資割当比率）に関する事項である。

④ 消滅金庫の会員に対して交付する金銭の額を定めたときはその定め…合併比率の関係で、消滅金庫の会員に割り当てるべき出資に1口未満の端数が生じる場合があり、当該端数部分を金銭で支払うことである（合併交付金）。

⑤ 効力発生日…合併の効力発生日である。

b 新設合併の場合（法61条）

① 消滅金庫の名称および住所

② 設立金庫の地区および出資1口の金額

③ 設立金庫が特定金庫である場合の会計監査人の氏名または名称

④ 新設金庫の準備金に関する事項

⑤ 消滅金庫の会員に対する出資の割当てに関する事項

⑥ 設立金庫の定款で定める事項

一般に、合併契約書が作成され、理事会の承認を経た上で、金庫の代表理事間で合併契約を締結する。

ただし、金庫の合併においては、総会の決議（法61条の2第3項、61条の3第3項、61条の4第3項）（吸収合併で、消滅金庫の総会員数が存続金庫の総会員数の5分の1を超えない場合であって、かつ、消滅金庫の最終の貸借対照表により現存する総資産額が存続金庫の最終の貸借対照表により現存する総資産額の5

分の1を超えない場合は、存続金庫の総会決議は要しない（法61条の3第3項ただし書）。ただし、総会員の6分の1以上の会員が反対の通知をしたときは総会決議が必要となる（同条5項））および内閣総理大臣の認可（法61条の6第4項）が必要であるから、金庫の代表理事による合併契約は、これらを停止条件として成立する。

⑶ 総会の決議

合併は金庫の重要な事項であるため、総会または総代会の特別決議の方法により決議する必要がある（法48条の3第2号）。なお、総代会で決議する場合、解散や事業の全部譲渡の決議と同様、合併についても、総代会での決議により直ちに効力を生じるものではなく、会員の直接の意思を反映させるための手続として、金庫は合併の決議の日から1週間以内に、会員に決議内容を通知しなければならない（法49条6項）。

ただし、合併によって消滅する金庫の規模が、合併によって存続する金庫の規模の5分の1以下である場合、いわゆる簡易合併をすることができる（法61条の3第3項ただし書）。

合併の承認が総会の目的事項である場合、合併契約書を議案として、その承認という形で合併決議が行われることを要し、総会の招集通知に際して参考書類として合併契約書の内容の概要を交付することを要すると解される（『信金法解説』277頁。会社法301条1項、同法施行規則86条2号参照）。

合併の決議は、合併の要件であるため、当該決議が無効の場合、合併自体が無効となる。

⑷ 債権者保護の手続

合併により消滅する金庫の財産は、合併後存続する金庫または合併によって設立される金庫に承継されるため、債権者の利害に関係する。そこで、金庫の合併については、出資1口の金額の減少の場合の債権者保護の手続に関する規定（法52条）が準用されている（法61条の2第5項、61条の3第7項、61条の4第5項）。

金庫が債権者保護の手続を行わなかった場合や、手続のうち重要な部分が

有効になされなかった場合、法律が債権者保護のために規定を定めた趣旨にかんがみて、合併は無効と解されるし、これらの規定に違反して合併したときは、過料に処せられる（法91条13号・14号）。また、消滅金庫および存続金庫の会員および債権者には、合併契約の内容等を記載した書面の閲覧、謄写をする権利が認められている（法61条の2第2項、61条の3第2項、61条の4第2項）。

(5) 合併反対会員の保護

合併に異議のある会員は、金庫を脱退するため、定款の定めるところにより、金庫に対して、その持分の全部を譲り受けるべきことを請求することができる（法16条、施行令5条2項）。なお、定款例13条3項においては、他の金庫と合併の議決があってから1カ月以内に、会員が金庫に対し合併に反対であるとの理由でその持分の譲受けを請求したときは、金庫は、合併の日までにその持分を譲り受けるべき旨が規定されている。

(6) 認　　可

a　認可の意義

金庫の合併については、内閣総理大臣管轄財務局長等の認可を受けなければ、効力を生じない（法61条の6第4項。なお、法88条1項および施行令10条の2第1項1号により、管轄財務局長等に委任されている）。

よって、合併契約が成立した場合、合併登記の前に、合併の認可を申請しなければならない。

このように、認可を要するとした趣旨は、信用秩序の維持、金融の円滑、預金者の保護等にあるものと解される（小山『銀行法』430頁、『信金法解説』284頁）。

b　管轄財務局長等による審査

合併の認可申請があったときは、管轄財務局長等は、下記①②の審査基準に適合するかどうかを審査する（施行規則86条2項）。

① 合併が、当該合併を行う金庫の地区における会員その他の顧客の利便に照らし、適当なものであること。

② 合併後存続しまたは合併により設立される金庫が、その業務を的確、公正かつ効率的に遂行することができること。

　c　認可手続

　合併の認可を受ける際は、認可申請書に理由書、総会議事録等、合併契約書、最終事業年度に係る貸借対照表、貸借対照表等を添付して提出しなければならない（施行規則86条1項）。

　かかる認可を受けて設立される新設金庫は、当該設立時に、法4条の免許を受けたものとみなされる（法61条の6第5項）。

⑺　新設合併の場合の金庫設立手続

　新設合併の場合、各金庫は、それぞれ総会において、会員のうちから設立委員を選任しなければならない（法61条の5第2項）。設立委員の選任は、特別決議によることを要する（同条4項、48条の3）。設立委員は、共同して定款を作成し、役員を選任し、その他必要な行為をしなければならず（法61条の5第2項）、いわば発起人に当たるものである。

　合併により金庫の原始定款を作成する必要がある（法23条参照）。作成された定款は、合併認可申請書の添付書類として金融庁長官等に提出され、合併の効力発生後は、新設金庫の定款となる。

⑻　合併の登記

　金庫が吸収合併をしたときは、効力発生日から2週間以内に、その主たる事務所の所在地において、消滅金庫は解散の登記を、存続金庫は変更の登記をしなければならない（法70条）。新設合併の場合は、合意により定めた日または認可の日のいずれか遅い日から2週間以内に、消滅金庫は解散の登記を、設立金庫は設立の登記をしなければならない（法71条）。なお、吸収合併による解散は、吸収合併の登記の後でなければ、第三者に対抗することができない（法61条の6第2項）。

　なお、以前は、登記をすることによって合併の効力を生ずるとされていたが（旧法60条1項）、会社法においては実務面のニーズを踏まえ、合併契約書において定めた効力発生日において合併の効力が発生することとされ（会社

法749条1項6号、750条1項)、登記が効力発生要件でなくなったことに伴い、信用金庫法においても登記が合併の効力発生要件ではなくなった。

⑼　権利義務の包括的な承継

吸収合併存続金庫は、効力発生日に、吸収合併消滅金庫の権利義務を承継し（法61条の6第1項）、新設合併設立金庫は、成立の日に、新設合併消滅金庫の権利義務を承継する（同条3項）。

この承継は包括承継であって、消滅金庫の権利義務（例：不動産、動産、債権、債務その他一切の財産）は清算手続によって処分されず、そのまま一括して法律上当然に移転し、個々の権利義務につき個別に移転行為を必要としない。しかしながら、権利の移転に対抗要件を必要とするもの（例：不動産の登記）については、対抗要件を具備しなければ、それを第三者に対抗することができない。なお、その一部を承継しない合併承認決議は、承継しない旨の条項が無効である（大判大6.9.26民録23輯1498頁）。

⑽　合併の無効

信用金庫法は、金庫の合併については、会社法の合併無効に関する規定を準用している（法61条の7）。

a　合併無効の訴え

合併の手続または内容に瑕疵があり、無効を主張する場合、訴えをもってのみこれを主張することができる（法61条の7、会社法828条1項）。この訴えは、各金庫の会員または合併を承認しない債権者に限り（金庫が、債権者保護手続として行った公告および催告に定めた期間内に合併に異議を述べなかった者は、合併を承認したものとみなされる（法61条の2第4項、61条の3第6項、61条の4第4項が準用する52条4項））提起することができ（法61条の7、会社法828条2項）、かつ、合併の日から6カ月以内に提起しなければならない（法61条の7、会社法828条1項）。

訴えの被告は、新設金庫または存続金庫である。この場合の管轄裁判所は、金庫の主たる事務所の所在地の地方裁判所である（法61条の7、会社法834条、835条）。債権者が合併無効の訴えを提起したときは、裁判所は、金庫

の請求により、相当の担保を提供すべきことを命ずることができる（法61条の7、会社法836条1項）。この場合には、金庫は、この訴えが悪意に出たものであることを疎明しなければならない（法61条の7、会社法836条3項）。原告が敗訴した場合において、原告に悪意または重大な過失があったときは、原告は金庫に対して連帯して損害賠償の責に任ずる（法61条の7、会社法846条）。

　b　判決の効力

　法律関係の画一的確定を図る趣旨から、合併を無効とする判決が確定したときは、第三者に対してもその効力を有する（法61条の7、会社法838条）が、法的安定性を図るため、無効の効力は将来に向かって効力を失うこととされ、遡及しない（法61条の7、会社法839条）。合併無効の判決が確定すると、合併無効の登記がなされ、新設金庫は解散し、消滅金庫が復活する。合併後に存続金庫または新設金庫が負担した債務は、復活した各合併当事金庫が連帯責任を負い、存続金庫または新設金庫が取得した財産は、各当事金庫の共有に属することになる（法61条の7、会社法843条1項・2項）。

第
8
章

解散および清算

（第62条～第64条）

第62条～第64条　解散、清算

（解散の事由）

第62条　金庫は、次に掲げる事由によつて解散する。

　一　総会の決議

　二　合併（合併により当該金庫が消滅する場合に限る。）

　三　破産手続開始の決定

　四　定款で定める存続期間の満了又は解散事由の発生

　五　事業の全部の譲渡

　六　事業免許の取消し

（会社法等の準用）

第63条　金庫の解散及び清算については、第23条の2、第36条から第37条の2まで、第42条から第44条まで及び第48条の4から第48条の7までの規定並びに会社法第475条（第3号を除く。）（清算の開始原因）、第476条（清算株式会社の能力）、第478条第1項、第2項及び第4項（清算人の就任）、第479条第1項及び第2項（各号を除く。）（清算人の解任）、第481条（清算人の職務）、第483条第4項及び第5項（清算株式会社の代表）、第484条（清算株式会社についての破産手続の開始）、第485条（裁判所の選任する清算人の報酬）、第492条から第495条まで（財産目録等の作成等、財産目録等の提出命令、貸借対照表等の作成及び保存、貸借対照表等の監査等）、第496条第1項及び第2項（貸借対照表等の備置き及び閲覧等）、第497条から第503条まで（貸借対照表等の定時株主総会への提出等、貸借対照表等の提出命令、債権者に対する公告等、債務の弁済の制限、条件付債権等に係る債務の弁済、債務の弁済前における残余財産の分配の制限、清算からの除斥）、第507条（清算事務の終了等）、第868条第1項（非訟事件の管轄）、第869条（疎明）、第870条第1項（第1号及び第2号に係る部分に限る。）（陳述の聴取）、第871条（理由の付記）、第872条（第4号に係る部分に限る。）（即時抗告）、第874条（第1号及び第4号に係る部分に限る。）（不服申立ての制

限）、第875条（非訟事件手続法の規定の適用除外）並びに第876条（最高裁判所規則）の規定を準用する。この場合において、会社法第475条中「この章の定めるところにより、清算」とあるのは「清算」と、同条第1号中「第471条第4号」とあるのは「信用金庫法第62条第2号」と、同法第479条第2項中「次に掲げる株主」とあるのは「総会員の5分の1以上の同意を得た会員」と読み替えるものとするほか、必要な技術的読替えは、政令で定める。

第64条　金庫の清算人については第33条、第34条、第35条第3項、第35条の3から第35条の5まで、第35条の9、第39条及び第39条の2の規定並びに会社法第357条第1項（取締役の報告義務）、第360条第1項（株主による取締役の行為の差止め）、第361条第1項及び第4項（取締役の報酬等）、第381条第1項前段及び第2項（監査役の権限）、第383条第1項本文、第2項及び第3項（取締役会への出席義務等）、第384条（株主総会に対する報告義務）、第385条（監査役による取締役の行為の差止め）、第386条第1項（第1号に係る部分に限る。）及び第2項（第1号及び第2号に係る部分に限る。）（監査役設置会社と取締役との間の訴えにおける会社の代表等）並びに第430条（役員等の連帯責任）の規定を、金庫の清算人の責任を追及する訴えについては同法第7編第2章第2節（第847条第2項、第847条の2、第847条の3、第849条第2項、第3項第2号及び第3号並びに第6項から第11項まで、第851条並びに第853条第1項第2号及び第3号を除く。）（株式会社における責任追及等の訴え）の規定を準用する。この場合において、同法第381条第1項中「取締役（会計参与設置会社にあっては、取締役及び会計参与）」とあるのは「清算人」と、同法第386条第1項中「第349条第4項、第353条及び第361条」とあるのは「信用金庫法第35条の9第1項」と、同法第847条第1項中「株式を有する株主（第189条第2項の定款の定めによりその権利を行使することができない単元未満株主を除く。）」とあるのは「会員である者」と、同法第847条の4第2項中「株主等（株主、適格旧株主又は最終完全親会社等の株主をいう。以下この節において同じ。）」とあるのは「会員」と、「当該株主等」とあるのは「当該会員」と、同法第849条第1項及び第4項並びに第850条第3項中「株主等」とあるのは「会

第8章　解散および清算（第62条〜第64条）　679

員」と、同条第 4 項中「第55条、第102条の 2 第 2 項、第103条第 3 項、第120条第 5 項、第213条の 2 第 2 項、第286条の 2 第 2 項、第424条（第486条第 4 項において準用する場合を含む。）、第462条第 3 項（同項ただし書に規定する分配可能額を超えない部分について負う義務に係る部分に限る。）、第464条第 2 項及び第465条第 2 項」とあるのは「信用金庫法第39条第 3 項」と、同法第852条中「株主等」とあるのは「会員」と読み替えるものとするほか、必要な技術的読替えは、政令で定める。

1 解散（法62条）

⑴ 解散の意義

金庫の解散とは、金庫という法人がその目的である事業活動を停止し、法人格の消滅を来すべき原因となる事実であり、換言すると、金庫の財産関係の清算をなすべき状態に入ることをいう。

⑵ 解散の事由

以下の 6 事由が金庫の解散事由とされている。会社の場合には、解散命令（会社法471条、641条、824条）、解散判決（同法471条、641条、833条）および休眠会社の整理（同法472条）も解散事由とされているが、金庫の場合にはいずれも解散事由とされていない。金庫においては監督官庁による事業免許の取消しが解散事由とされており（法62条 6 号）、解散命令・解散判決を得ることを要しないからと考えられる。また、休眠会社の観念も金庫の場合には想定されがたいと思われる（内藤ほか編著『逐条解説信金法』350頁）。

　a　総会の決議（法62条 1 号）

金庫は会員の意思により設立されたものであるため、会員の意思により解散することもできる。

もっとも、金庫の解散は、組織の基本に影響する重大な事項であるため、総会または総代会の特別決議によらなければならない（重大事項であるため、総（代）会の特別決議事項とされている（法48条の 3 、49条 5 項））。総代会で解

散の決議を行った場合、決議の日から1週間以内に、会員に対して決議内容を通知しなければならず（法49条6項）、上記通知を受けた会員は、総会員の5分の1以上の同意を得て、金庫に対して、当該通知に係る事項を会議の目的とする臨時総会の招集請求をすることができ（法43条2項、44条、50条1項）、総代以外の会員に意思表示の機会が付与されている。

本条1号にいう「総会の決議」には、即時解散する旨の決議だけでなく、将来解散を招来し、またはこれを促進する決議（例：定款を変更して解散事由を定め、もしくは新たな解散事由を挿入し、または定款で定める存続期間を繰り上げる旨の決議等）も含まれると解される（『信金法解説』296頁）。解散の決議は、信用秩序の維持、金融の円滑、預金者の保護等の趣旨から、合併の場合と同様、管轄財務局長等の認可を受ける必要があり（法89条1項、銀行法37条1項1号）、解散決議がなされても認可を受けなければ効力は生ぜず、当該認可があった時に解散する。

ただし、設立はされたが事業免許を受けるに至らなかった金庫、または事業免許が失効した金庫（法30条）が解散の決議をする場合には、現に免許を受けて事業を行っている金庫の解散決議の場合と異なり、認可を要しないものと解される（『信金法解説』297頁）。

b　合併（法62条2号）

合併手続等については、新設合併および吸収合併があるが、新設合併の場合には合併の対象となるすべての金庫、吸収合併の場合には、「合併により当該金庫が消滅する場合に限る」と法文上明記されているとおり、吸収される金庫が対象となる。

c　破産手続開始の決定（法62条3号）

破産法の規定により、裁判所が破産手続開始の決定をしたとき（破産法30条1項）、金庫は解散する。この場合、解散した金庫は、破産手続による清算の目的の範囲内において、破産管財人による破産手続が終了するまで存続するものとみなされる（同法35条）。

d　定款で定める存続期間の満了または解散事由の発生（法62条4号）

定款で定める金庫の存続期間または解散事由を定めているときは、その期間の満了または事由の発生によって、金庫は解散の決議を要することなく、

当然に解散する。法62条4号にいう、金庫の存続期間または解散事由は定款の相対的必要記載事項であって、金庫がこれらを定めたときは必ず定款に具体的に記載しなければならず（法23条3項13号）、また登記事項とされている（法65条2項6号）。

e　事業の全部の譲渡（法62条5号）

会社の場合には、事業の全部の譲渡は解散事由とされていない（会社法641条、471条参照）が、金庫については解散事由とされている。これは、金庫の場合には、譲渡の対価をもって他の施設を取得して、再び金庫の事業を行うことを認めることは相当でなく、また目的たる事業を変更して他の新しい事業を営むことは法律上できないので、金庫として存続させる意味がないからである（『信金法解説』298頁）。

f　事業免許の取消し（法62条6号）

金庫の事業の免許を取り消されたときは（法89条1項、銀行法27条、28条）、金庫は解散する。

(3)　解散の効果

金庫の法人格は、合併の場合には解散によって消滅するが、合併以外の場合は、解散により直ちに消滅するものではない。解散の効果として清算手続に移行し、同一人格を保ちつつ、清算手続に移行し、清算の目的の範囲内において、清算結了に至るまで存続し（権利能力は清算の目的の範囲内に限定される。通説）、法人格は、清算結了時に消滅する。

なお、金庫が破産によって解散する場合も、破産手続の終了によってはじめて法人格が消滅する（破産法35条）。

解散後に行われる清算とは、会社の法人格の消滅前に、会社の現務を結了し、債権を取り立て、債権者に対し債務を弁済し、株主（社員）に対し残余財産を分配する等の手続であり（江頭『株式会社法』997頁）、信用金庫法においても準用されている（法63条、会社法475条以下）。

2 清　算

(1)　概　要

a　清算の意義

　金庫の清算とは、金庫が現務を結了し、債権を取り立て、債権者に対し債務を弁済し、会員に対し残余財産を分配すること等を内容とする、残務処理と財産関係の整理を目的とする手続であり、会社法における清算制度が準用されている（法63条、64条）。合併により解散する金庫の場合には、その債権債務は包括的に新設合併設立金庫または吸収合併存続金庫に承継され、また破産の場合は、破産法に基づく清算手続が行われるから、いずれも本法および本法が準用する会社法の清算手続を要しない。

b　清算中の金庫の法的地位

　金庫は、解散後も清算の目的の範囲内で存続し（法63条、会社法476条）、解散前と同一人格を保持するが、事業継続を前提としたものではない。よって、清算中の金庫は、新たに事業取引をなす権利能力を有せず、清算の目的の範囲外の行為がなされた場合は、効果は金庫に帰属しない。

c　清算の手続

　清算手続は、預金者等債権者その他第三者の利害に関係し、金庫の資産のみが債権者の責任財産となるため、すべての金庫について、画一的かつ適正・厳格な手続を遂行する必要がある。そのため、常に法定の手続に基づいて行う必要があり、定款または総会の決議によって、異なる手続を行うことは認められないものと解される。

　さらに、金融機関の公共性（預金者保護等）にかんがみて、会社法上の法定清算よりも厳格な手続が要求されることから、銀行法に定められる会社法の特例としての銀行の清算手続が準用されている（法89条1項、銀行法44条～46条）。

d　裁判所の監督

　会社法における清算手続は、裁判所の監督を例外として定めているが、信用金庫法が準用する銀行法では、従前どおり裁判所の監督下で清算手続を行

うものとされている。

　銀行が清算に至る場合、取締役に経営責任があることが多く、そのまま清算人に就任することに問題のあるケースも見受けられることから、裁判所は、所定の場合に清算人の選任および解任の権限を有することとされている（法89条1項、銀行法44条）。また、裁判所は、清算事務・財産の状況を検査する権限、財産の供託を命じる権限を有し、その他清算の監督に必要な命令をすることができる（法89条1項、銀行法45条）。銀行が解散して清算手続に入ると免許が失効し、内閣総理大臣（管轄財務局長等）の監督権限が及ばなくなるため、これに代わって裁判所が行政監督上の特別の権限を行使することを認めたものである（小山『銀行法』462頁）。

⑵　清 算 人

　ａ　清算人の意義

　清算人は、解散前の金庫の理事と同様の地位に立ち、清算中の金庫の清算事務を執行する必要的機関である。清算手続に入ると理事はその地位を失い、清算人がそれに代わって清算事務を行う。

　ｂ　清算人の選任・解任

　定款に別段の定めがある場合、または、総会において理事以外の者を清算人に選任した場合を除き、理事が清算人となる（法63条、会社法478条1項）。法律の規定により、理事が当然に清算人となるので、これを「法定清算人」という。

　上記に述べた方法によって清算人となる者がいない場合には、裁判所が、利害関係人の請求により、清算人を選任する（法63条、会社法478条2項）。事業免許の取消しによる解散の場合には、理事に経営責任があるケースが多いため、裁判所が、利害関係人の請求により、または職権をもって、清算人を選任する（法89条1項、銀行法44条1項）。当該清算人の解任についても同様である。裁判所により選任された清算人以外の清算人を、裁判所が、利害関係人もしくは内閣総理大臣（管轄財務局長等）の請求によりまたは職権をもって解任したときは、裁判所は、後任の清算人を選任することができる（法89条1項、銀行法44条2項）。裁判所による清算人の選任の裁判に対しては、何

人も不服を申し立てることはできない一方で（法64条、会社法874条）、裁判所が選任した清算人以外の清算人は、いつでも総会決議（普通決議）で解任できる（法63条、会社法479条1項）。裁判所により選任された清算人であるか否かにかかわらず、重要な理由があるときは、総会員の5分の1以上の同意を得た会員の請求によって、非訟事件手続により、裁判所が解任できる（法63条、会社法479条2項）。

c　清算人の員数および任期

清算人の員数については、法に特段の規定はない。株式会社の清算人に関し、最三小判昭46.10.19（民集25巻7号952頁・金法631号22頁）は、清算人の員数は2人以上であることを要せず、1人しか選任されなかったときはその者に代表権があるとしており、登記実務上も同様の取扱いがなされている（昭和39年10月15日民事四発第341号民事局長回答）。清算人の任期についても、特に定められておらず、定款または総会の選任決議において特段の定めがない限り、清算の結了までが任期となる。

d　清算人と金庫との関係

清算人と金庫との関係は、委任に関する規定に従う（法64条、33条）。また、清算人は、金庫に対し清算事務執行上、忠実義務を負う（法64条、35条の4）。上記を担保するため、清算人と金庫との取引については利益相反取引の規定が準用され、また理事と同様、報酬の額は定款または総会の決議で決定され（ただし、裁判所が選任した清算人の報酬は、裁判所が決定する（法63条、会社法485条））、また金庫および第三者に対する責任についても理事の規定が準用され、金庫に対する責任について、違法行為差止請求が認められる（法64条、35条の5、39条、39条の2）。

e　清算人会および代表清算人

理事について、理事会（法36条）および代表理事（法35条の9）が法定されていることに対応し、清算人についても、清算人が合議体である清算人会を構成し、清算に関する事務執行の意思決定を行い（法63条、36条）、清算人会等で選任された代表清算人が執行を行うこととされている（法64条、35条の9）。清算人が複数いる場合の清算人会については、理事会の規定が準用され（法63条、36条〜37条の2）、代表理事に関する規定も準用される（法64

条、35条の9）。

解散前の金庫の理事が清算人となったときは、従前の代表理事がそのまま代表清算人となる（法63条、会社法483条4項）。これに対し、裁判所が数人の清算人を選任するときは、裁判所が代表清算人を定めることができる（法63条、会社法483条5項）。清算人が1人の場合には、当然にその者が会社を代表する権限を有する。

⑶ 清算事務

清算は、金庫の残余財産を会員等に分配することを最終的な目的としており、そのため、清算事務の内容として、①現務の結了、②債権の取立ておよび債務の弁済、ならびに③残余財産の分配が挙げられる（法63条、会社法481条）。しかし、これは清算人の職務として主要なものにすぎず、清算人は財産の換価その他清算に必要な一切の行為をなし得る（『信金法解説』305頁参照）。

a 現務の結了

清算人は、速やかに現務の結了をしなければならない（法63条、会社法481条1号）。現務の結了とは、金庫の解散当時未了の状態にあった事務を完了させることである。清算人は、それに必要な限度で新たな取引をすることを妨げられず、また財産の合理的な保存および利用行為をもなし得る（『信金法解説』305頁）。

b 財産の換価

債務の弁済・残余財産の分配をするためには、金庫の財産の換価が必要である。換価の方法として、金庫の事業の全部または一部を譲渡することもできると解される（ただし、事業の全部の譲渡による解散の場合を除く。なお、この場合には、解散前における譲渡の場合と同様、総会の決議および管轄財務局長等の認可（法58条1項・6項）を要するものと解する）（『信金法解説』308頁）。

c 債権の取立て

清算人は、金庫が解散当時有していた一切の債権の取立てを行わなければならない（法63条、会社法481条2号）。債権の取立ては、弁済の受領およびそのために必要な諸行為（代物弁済を受けること、相殺、更改、和解、債権譲渡な

ど）を含む。

d　債務の弁済

清算人は、債務を公平・迅速に弁済しなければならず、以下のような規定が定められている。

(a)　債権者への公告・催告

清算人は、就職の日から２カ月以内に、少なくとも１回の公告をもって、債権者に対し、２カ月を下らない一定の期間を定めその期間内に債権を申し出るよう催告しなければならない（法63条、会社法499条１項）。この公告には、上記期間内に申出がないときは、清算から除外されることを付記しなければならない（法63条、会社法499条２項）。

債権申出の催告は、知れたる債権者（出資１口の金額の減少（法52条２項）、合併（法61条の２第４項、61条の４第４項、52条２項）等の場合の債権者に対する催告と異なり、「知れたる債権者」には、預金者、定期積金の預金者も含まれる（『信金法解説』306頁））には各別に行うことを要するが、この場合には、申出の有無にかかわりなく、これを清算から除外することができない（法63条、会社法503条１項）。

(b)　債務の弁済の制限

清算人は、上記債権申出期間内は、原則として、債権者に対して弁済をすることができない（法63条、会社法500条１項前段）。これは弁済すべき債権の総額を確認し、債権者に対して公平な弁済をするためであり、金庫のために弁済の猶予を与えるためのものではないことから、金庫は、弁済の遅延による損害賠償の責任を免れることはできない（法63条、会社法500条１項後段）。ただし、清算人は、少額の債権および担保のある債権その他弁済しても他の債権者を害するおそれのない債権については、裁判所の許可を得て、弁済をすることができる（法63条、会社法500条２項）。

(c)　除斥された債権者への弁済

債権申出期間内に申出をせず、清算から除斥された債権者は、いまだ会員に対して分配されていない残余財産がある場合に限り、この残余財産に対して弁済を請求することができる（法63条、会社法503条２項）。

e　破産手続開始の申立て

　清算中に金庫の財産がその債務を完済するには不足であることが明らかになった場合には、清算人は、直ちに破産手続開始の申立て（法63条、会社法484条1項）をしなければならない。そして、清算人は、破産管財人にその事務を引き渡したときに、その任務を終了する（法63条、会社法484条2項）。

f　残余財産の分配

　清算人は、金庫の債務を弁済した後でなければ、会員に残余財産の分配をなし得ない（法63条、会社法502条前段）。ただし、争いがある債務については、その弁済に必要と認める財産を留保して、残余の財産を会員に分配することができる（法63条、会社法502条ただし書）。残余財産の分配方法については、法令上特に規定されていない（会社法504条、民法688条2項のいずれをも信用金庫法は準用していない）が、持分の意味からして、各会員の持分（出資額）に応じ按分して行うことが想定される（『信金法解説』308頁）。

g　その他の付随事務

　清算人は、就職後遅滞なく、金庫の財産の現況を調査して、財産目録および貸借対照表（いわゆる清算財産目録および清算貸借対照表）を作成し、総会に提出してその承認を求めなければならない（法63条、会社法492条）。清算法人は、法務省令の定めるところにより、各清算事務年度に係る貸借対照表および事務報告ならびにこれらの附属明細書を作成しなければならない（法63条、会社法494条1項、施行規則93条、94条）。そして、清算人は、貸借対照表および事務報告を通常総会に提出し、その承認を求めなければならない（法63条、会社法497条）。

⑷　清算の結了

　清算事務が終了したときは、清算人は、遅滞なく決算報告書を作成し、これを総会に提出してその承認を求めなければならない（法63条、会社法507条1項・3項）。

　清算結了の際に決算報告書が総会で承認されたときは、清算人の損害賠償責任は、清算人に不正の行為があった場合を除き、当然に免除されたものとみなされる（法63条、会社法507条4項）。

第 **9** 章

登記

（第65条〜第85条）

第65条

総　説

　金庫の登記に関する事項については、まず法 8 条において、本法による登記事項の一般的効力について定めているが、その上で、本章（法65条～85条）において、金庫の登記義務や登記手続について定めている。

　金庫は株式会社でないため、会社法および商業登記法の適用はないが（株式会社たる銀行については会社法および商業登記法の適用があるため、銀行法には登記に関する定めはない）、本章の前半部分（法65条～77条）の構成は会社法の登記に関する条項とほぼ同様となっており、後半部分（法78条以下）は商業登記法に対応した規定である。

第65条　設立の登記

（設立の登記）

第65条　金庫の設立の登記は、その主たる事務所の所在地において、第26条の規定による出資の払込みがあつた日から 2 週間以内にしなければならない。

2　前項の登記においては、次に掲げる事項を登記しなければならない。

　一　事業

　二　名称

　三　地区

　四　事務所の所在場所

　五　出資の 1 口の金額、総口数及び総額

　六　存続期間又は解散の事由を定めたときは、その期間又は事由

　七　代表権を有する者の氏名、住所及び資格

　八　公告方法

　九　第87条の 4 第 1 項の定款の定めが電子公告（公告方法のうち、電磁的

方法（会社法第 2 条第34号（定義）に規定する電磁的方法をいう。）により不特定多数の者が公告すべき内容である情報の提供を受けることができる状態に置く措置であつて同号に規定するものをとる方法をいう。以下同じ。）を公告方法とする旨のものであるときは、次に掲げる事項

イ　電子公告により公告すべき内容である情報について不特定多数の者がその提供を受けるために必要な事項であつて会社法第911条第 3 項第28号イ（株式会社の設立の登記）に規定するもの

ロ　第87条の 4 第 2 項後段の規定による定款の定めがあるときは、その定め

1　本条の趣旨

　金庫は、主たる事務所の所在地において設立の登記をすることによってはじめて法人格を取得し、成立するが（法27条）、本条は、設立登記の場所と時期を定めるとともに（法65条 1 項）、登記事項を列挙している（同条 2 項）。

　会社法911条と同趣旨の規定である。

2　設立の登記（法65条 1 項）

　設立登記の場所は、主たる事務所の所在地である。また、金庫の設立の登記は、法26条の規定（理事は、遅滞なく、出資の全額の払込みをさせなければならない旨を定める）による出資の払込みがあった日から 2 週間以内にしなければならない（法65条 1 項）。

3　登記事項（法65条 2 項）

　登記すべき事項は、事業、名称、地区、事務所の所在場所、出資の 1 口の金額、総口数および総額、存続期間または解散の事由（定めた場合に限る）、代表権を有する者の氏名、住所および資格、公告方法、および電子公告に関する事項である。 4 号の事務所は主たる事務所および従たる事務所の双方を含む。

　平成18（2006）年改正で、第 9 号として、電子公告に関する規定が追加さ

れ、信用金庫が電子公告をする方法について、登記簿の閲覧により確認することができるよう定められている。定款において公告方法として電子公告を選択した場合（法87条の4第1項2号）、以下の事項を登記しなければならない。

① 電子公告により公告すべき内容である情報について不特定多数の者がその提供を受けるために必要な事項であって会社法911条3項29号イ（株式会社の設立の登記）に規定するもの…同号イは、「電子公告により公告すべき内容である情報について不特定多数の者がその提供を受けるために必要な事項であって法務省令で定めるもの」ウェブページのURLなどをいうと定めている。

そして、法務省令では、株式会社の電子公告を「当該各号に定める行為をするために使用する自動公衆送信装置のうち当該行為をするための用に供する部分をインターネットにおいて識別するための文字、記号その他の符号又はこれらの結合であって、情報の提供を受ける者がその使用に係る電子計算機に入力することによって当該情報の内容を閲覧し、当該電子計算機に備えられたファイルに当該情報を記録することができるものとする」旨が規定されている（会社法施行規則220条）。

② 法87条の4第2項後段の規定による定款の定め…すなわち、事故その他やむを得ない事由によって電子公告による公告をすることができない場合の公告方法として、法87条の4第1項1号に掲げる方法（時事に関する事項を掲載する日刊新聞紙に掲載する方法）を定款で定めた場合は、その内容を登記する。

第66条　変更の登記

（変更の登記）

第66条 金庫において前条第2項各号に掲げる事項に変更が生じたときは、2週間以内に、その主たる事務所の所在地において、変更の登記をしなけ

ればならない。

2 　前項の規定にかかわらず、前条第2項第5号に掲げる事項中出資の総口数及び総額の変更の登記は、毎事業年度末日現在により、当該末日から4週間以内にすれば足りる。

1 　本条の意義

　本条は、設立登記事項（法65条2項各号に掲げる事項）に変更が生じた場合、主たる事務所の所在地において、変更の登記をしなければならないこと、およびその時期について定めている。会社法915条と同趣旨の規定である。

　なお、従たる事務所における登記義務については、法74条で限定的に定められている。

2 　出資の総口数および総額についての例外

　出資の総口数および総額については、例外として、毎事業年度末日現在により、当該末日から4週間以内にまとめて行うことができる（法66条2項）。

　株式会社の場合は、資本金の増加は日常的に行われることは想定されていないので、増加されるたびに登記するのが原則であるが（ただし、会社法915条2項・3項は例外的にまとめて変更登記をすれば足りる場合を定めている）、金庫の場合は出資の増減が日常的に生じることにかんがみ、上記のような規定が設けられたものと考えられる（内藤ほか編著『逐条解説信金法』365頁）。

第67条　他の登記所の管轄区域内への主たる事務所の移転の登記

（他の登記所の管轄区域内への主たる事務所の移転の登記）

第67条　金庫がその主たる事務所を他の登記所の管轄区域内に移転したとき

は、2週間以内に、旧所在地においては移転の登記をし、新所在地においては第65条第2項各号に掲げる事項を登記しなければならない。

　全国各地の登記所は管轄区域が定められており、本条は、他の登記所の管轄区域内に主たる事務所を移転した場合の登記義務について定めたものであり、株式会社の場合の会社法916条と同様の規定である。

　金庫が主たる事務所を他の登記所の管轄区域内に移転したときは、本条により、2週間以内に、旧所在地においては移転の登記を、新所在地においてはすべての登記事項（法65条2項各号）を登記しなければならない。さらに、主たる事務所の所在地は従たる事務所の所在地においても登記されるので、従たる事務所においても変更登記が必要である（法74条3項）。なお、金庫がその主たる事務所を登記所の管轄区域内で移転したときは、本条による移転の登記は必要ない。もっとも、事務所の所在場所自体が登記事項であるため（法65条2項4号）、法66条1項（主たる事務所）、法74条3項（従たる事務所）に基づく変更登記を行う必要がある。

第68条　職務執行停止の仮処分等の登記

> **（職務執行停止の仮処分等の登記）**
>
> **第68条**　代表理事の職務の執行を停止し、若しくはその職務を代行する者を選任する仮処分命令又はその仮処分命令を変更し、若しくは取り消す決定がされたときは、その主たる事務所の所在地において、その登記をしなければならない。

　金庫の代表理事の選任決議の無効等が訴訟で争われる場合、裁判所は当事者の申立てにより、仮処分をもって代表理事の職務の執行を停止したり、職務を代行する者を選任したりすることができる。本条は、代表理事の執行停止、職務代行者の選任の仮処分命令、上記仮処分命令の変更もしくは取消し

の決定があった場合に、主たる事務所の所在地においてその登記をしなければならない旨を定めるものである。

　代表理事が職務執行を停止させられていることや、職務代行権限を有する者が選任されていることは、第三者に公示すべき事項であるためである。

第69条　支配人の登記

（支配人の登記）

第69条　金庫が支配人を選任したときは、2週間以内に、その主たる事務所の所在地において、支配人の氏名及び住所並びに支配人を置いた事務所を登記しなければならない。その登記した事項の変更及び支配人の代理権の消滅についても、同様とする。

　本条は、主たる事務所の所在地において、①支配人の氏名および住所ならびに支配人を置いた事務所を、②登記した事項の変更および支配人の代理権の消滅の登記を、それぞれの事由が生じた時から2週間以内に登記しなければならない旨を定めるものである。

　平成17年改正前商法において、支配人の選任およびその代理権の消滅は、支配人を置いた本店または支店の所在地で行うこととしていた（旧商法40条）のと異なり、会社法918条は、会社が支配人を選任し、またはその代理権が消滅したときは、すべて本店所在地で登記するものと規定しており、本条は、この会社法918条と同趣旨の規定である。

第9章　登記（第65条〜第85条）　　695

第70条～第71条

第70条 吸収合併の登記

（吸収合併の登記）

第70条 金庫が吸収合併をしたときは、効力発生日から２週間以内に、その主たる事務所の所在地において、吸収合併消滅金庫については解散の登記をし、吸収合併存続金庫については変更の登記をしなければならない。

本条は、金庫が吸収合併をしたときの登記について定めている。

金庫が吸収合併をしたときは、効力発生日から２週間以内に、その主たる事務所の所在地において、①吸収合併消滅金庫については解散の登記を、②吸収合併存続金庫については変更の登記をしなければならない。従たる事務所においても原則として登記が必要である（法76条）。

本条において、吸収合併の「効力発生日」から２週間以内に登記手続をすることとされているが、この「効力発生日」は、合併契約において「吸収合併がその効力を生ずる日」として定められた日である（法60条５号）。なお、以前は、合併は登記をすることによってその効力を生ずるとされていたが（旧法60条１項）、現在は、信用金庫法においても登記が合併の効力発生要件ではなくなっている（前記**第60条**の解説参照）。

第71条 新設合併の登記

（新設合併の登記）

第71条 二以上の金庫が新設合併をする場合には、次に掲げる日のいずれか遅い日から２週間以内に、その主たる事務所の所在地において、新設合併消滅金庫については解散の登記をし、新設合併設立金庫については設立の登記をしなければならない。

696

一　新設合併消滅金庫が合意により定めた日

　二　第61条の 6 第 4 項の認可を受けた日

1　本条の趣旨

　本条は、金庫が新設合併した際の登記において、新設合併消滅金庫の解散登記と新設合併設立金庫の設立登記をすべきこと、登記の場所および時期について定めるものであり、会社法922条に対応する規定である。

　吸収合併の場合は、効力発生後 2 週間以内に登記することとされているが（法70条）、新設合併の場合、設立の登記により効力が発生するため（法27条）、2 週間の登記期間の起算日について具体的に定めている。

2　2 週間の登記期間の起算日

　2 週間の登記期間の起算日は、「新設合併消滅金庫が合意により定めた日」（前記**第61条**の解説参照）または「第61条の 6 第 4 項の認可を受けた日」（法61条の 6 第 4 項は、「金庫の合併については、政令で定めるものを除き、内閣総理大臣の認可を受けなければ、その効力を生じない」旨を定めている）のいずれか遅い日である。

　上記期間内に、主たる事務所の所在地において、新設合併消滅金庫については解散の登記をし、新設合併設立金庫については設立の登記をしなければならない。

　なお、従たる事務所の所在地においても登記が必要である（法74条 1 項 2 号、76条）。

第72条　解散の登記

（解散の登記）

第72条　第62条（第 2 号及び第 3 号を除く。）の規定により金庫が解散したと

きは、2週間以内に、その主たる事務所の所在地において、解散の登記を
しなければならない。

　金庫は、解散後も、清算結了まで存続するが、その権利能力は清算の目的
の範囲内に限定されるところであり、よって、解散の事実は登記により第三
者に公示させる必要がある。
　そこで、本条は、金庫が解散した場合において、2週間以内にその登記を
しなければならない旨を定めている。会社法926条の解散の登記と同趣旨の
規定である。
　本条においては、法62条2号（破産）および3号（合併）の場合が除外さ
れているが、破産の場合には裁判所書記官が職権で、破産手続開始の登記を
管轄登記所に嘱託し（破産法257条）、合併により消滅会社が解散した場合、
合併登記手続の一環として解散登記がなされる（法70条、71条）。

第73条　清算結了の登記

（清算結了の登記）
第73条　清算が結了したときは、第63条において準用する会社法第507条第3
　項（清算事務の終了等）の承認の日から2週間以内に、その主たる事務所
　の所在地において、清算結了の登記をしなければならない。

　本条は、清算が結了したときは、登記により公示することを求めている。
　すなわち、清算が結了したときは、清算事務等の終了の承認の日（法63
条、会社法507条3項）から2週間以内に、主たる事務所の所在地において清
算結了の登記をしなければならない。会社法の清算結了の登記と同趣旨の規
定である（会社法929条）。従たる事務所の所在地においても登記が必要であ
る（法76条）。

第74条 従たる事務所の所在地における登記

（従たる事務所の所在地における登記）

第74条 次の各号に掲げる場合（当該各号に規定する従たる事務所が主たる事務所の所在地を管轄する登記所の管轄区域内にある場合を除く。）には、当該各号に定める期間内に、当該従たる事務所の所在地において、従たる事務所の所在地における登記をしなければならない。

一 金庫の設立に際して従たる事務所を設けた場合（次号に規定する場合を除く。）主たる事務所の所在地における設立の登記をした日から2週間以内

二 合併により設立する金庫が合併に際して従たる事務所を設けた場合 第71条に規定する日から3週間以内

三 金庫の成立後に従たる事務所を設けた場合 従たる事務所を設けた日から3週間以内

2 従たる事務所の所在地における登記においては、次に掲げる事項を登記しなければならない。ただし、従たる事務所の所在地を管轄する登記所の管轄区域内に新たに従たる事務所を設けたときは、第3号に掲げる事項を登記すれば足りる。

一 名称

二 主たる事務所の所在場所

三 従たる事務所（その所在地を管轄する登記所の管轄区域内にあるものに限る。）の所在場所

3 前項各号に掲げる事項に変更が生じたときは、3週間以内に、当該従たる事務所の所在地において、変更の登記をしなければならない。

---

1 本条の趣旨

本条は、金庫が従たる事務所を設けた場合、従たる事務所の所在地におい

第9章 登記（第65条～第85条） | 699

て、「従たる事務所の所在地における登記」をすることを求め、登記義務および期間（法74条1項）、登記事項（同条2項）、従たる事務所における登記事項に変更が生じた場合の登記（同条3項）について定めている。

2　登記義務・期間（法74条1項）

金庫が設立に際して従たる事務所を設けた場合には、主たる事務所の所在地における設立登記日から2週間以内（法74条1項1号）、合併により成立する金庫が合併に際して従たる事務所を設けた場合は法71条に規定する日から3週間以内（法74条1項2号）、金庫の成立後に従たる事務所を設けた場合は、従たる事務所を設けた日から3週間以内に、従たる事務所の所在地において登記をしなければならない（同条1項）。

3　従たる事務所における登記事項（法74条2項）

本条2項は、従たる事務所の所在地における登記について、①名称、②主たる事務所の所在場所、③従たる事務所の所在場所（その所在地を管轄する登記所の管轄区域内にあるものに限る）を登記事項としている。

会社法930条は、商業登記のコンピュータ化により、本店の登記簿における登記情報へのアクセスが容易になったことを踏まえ、支店所在地における登記事項を絞り込んでいる。信用金庫法もこれに対応し、平成17年改正の際、従たる事務所における登記事項を限定したものである。

4　従たる事務所における登記事項に変更が生じた場合の登記（法74条3項）

本条3項は、従たる事務所の所在地における登記事項に変更が生じた場合に、3週間以内に変更登記をすべきことを定めている。

第75条 他の登記所の管轄区域内への従たる事務所の移転の登記

（他の登記所の管轄区域内への従たる事務所の移転の登記）

第75条 金庫がその従たる事務所を他の登記所の管轄区域内に移転したとき
は、旧所在地（主たる事務所の所在地を管轄する登記所の管轄区域内にあ
る場合を除く。）においては3週間以内に移転の登記をし、新所在地（主た
る事務所の所在地を管轄する登記所の管轄区域内にある場合を除く。以下
この条において同じ。）においては4週間以内に前条第2項各号に掲げる事
項を登記しなければならない。ただし、従たる事務所の所在地を管轄する
登記所の管轄区域内に新たに従たる事務所を移転したときは、新所在地に
おいては、同項第3号に掲げる事項を登記すれば足りる。

　本条は、金庫が従たる事務所を他の登記所の管轄区域内に移転した際に、
旧所在地において移転の登記を、新所在地においては法74条2項に定める事
項の登記をしなければならない旨を定めるものである。

　旧所在地においては3週間、新所在地においては4週間と、他の規定に比
して余裕のある期間となっている。

　新所在地の登記所の管轄区域内にすでに従たる事務所がある場合には、所
在地の登記のみをすれば足りる。いずれの場合も主たる所在地においても事
務所の移転として変更の登記が必要である（法66条）。なお、従たる事務所
の所在場所は登記事項であるため（法65条2項4号、74条2項3号）、登記所
の管轄区域内で移転した場合についても、当該事務所の所在地においては法
74条3項に基づく変更登記を、主たる事務所の所在地においては、法66条に
基づく変更登記を行う必要がある。

第76条～第77条

第76条 従たる事務所における変更の登記等

（従たる事務所における変更の登記等）

第76条 第70条、第71条及び第73条に規定する場合には、これらの規定に規定する日から3週間以内に、従たる事務所の所在地においても、これらの規定に規定する登記をしなければならない。ただし、第70条に規定する変更の登記は、第74条第2項各号に掲げる事項に変更が生じた場合に限り、するものとする。

　本条は、吸収合併（法70条）、新設合併（法71条）および清算結了（法73条）の場合に、3週間以内に、従たる事務所の所在地においても、登記しなければならないことを規定したものである。

　本条ただし書においては、吸収合併の場合の変更の登記は、従たる事務所の登記事項（法74条2項各号）に変更が生じた場合にのみ行うことを規定している。これは、従たる事務所における登記事項は、名称、主たる事務所の所在場所、従たる事務所（その所在地を管轄する登記所の管轄区域内にあるもののみ）の所在場所に限定されているので（同項）、吸収合併の場合にはこれらの事項に変更がない可能性があるためである。

第77条 登記の嘱託

（登記の嘱託）

第77条 金庫の設立の無効の訴えに係る請求を認容する判決が確定した場合については、会社法第937条第1項（第1号イに係る部分に限る。）（裁判による登記の嘱託）の規定を準用する。この場合において、必要な技術的読替えは、政令で定める。

2　金庫の出資1口の金額の減少の無効の訴えに係る請求を認容する判決が確定した場合については、会社法第937条第1項（第1号ニに係る部分に限る。）（裁判による登記の嘱託）の規定を準用する。この場合において、必要な技術的読替えは、政令で定める。

3　金庫の創立総会又は総会の決議の不存在若しくは無効の確認又は取消しの訴えに係る請求を認容する判決が確定した場合については、会社法第937条第1項（第1号トに係る部分に限る。）（裁判による登記の嘱託）の規定を準用する。この場合において、必要な技術的読替えは、政令で定める。

4　金庫の合併の無効の訴えに係る請求を認容する判決が確定した場合については、会社法第937条第3項（第2号及び第3号に係る部分に限る。）及び第4項（裁判による登記の嘱託）の規定を準用する。この場合において、必要な技術的読替えは、政令で定める。

1　本条の意義

　登記の申請は、法令に特別の定めがある場合を除き、当事者申請が原則であり（法85条、商業登記法14条）、金庫の場合には代表理事が金庫を代表して登記申請を行うこととなるが（登記の申請は代理人によってすることも認められている（法85条、商業登記法17条2項））、本条は金庫の設立、出資1口の金額の減少、合併等を無効とする判決が確定した場合について、会社法937条を準用し、裁判所による登記の嘱託がなされることを規定している。

　必要な技術的読替えについては、政令（施行令9条の4）で定められている。

2　会社法準用の内容

　次に掲げる訴えに係る請求を認容する判決が確定したときには、裁判所書記官は、職権で、遅滞なく、金庫の主たる事務所（下記③について、当該決議によって従たる事務所の所在地において登記がされているときにあっては、主たる事務所および当該登記に係る従たる事務所）の所在地を管轄する登記所にその登記を嘱託しなければならない。

① 金庫の設立の無効の訴え（法77条1項）

② 金庫における出資1口の金額の減少の無効の訴え（同条2項）

③ 総会等の決議した事項についての登記があった場合における次に掲げる訴え（同条3項）

　（i） 総会等の決議が存在しないことまたは総会等の決議の内容が法令に違反することを理由として当該決議が無効であることの確認の訴え

　（ii） 総会等の決議の取消しの訴え

　また、次の④および⑤に掲げる訴えに係る請求を認容する判決が確定した場合には、裁判所書記官は、職権で、遅滞なく、各金庫の主たる事務所の所在地を管轄する登記所に以下に定める登記を嘱託しなければならない。

④ 吸収合併の無効の訴え…吸収合併後存続する金庫についての変更の登記および吸収合併により消滅する金庫についての回復の登記

⑤ 新設合併の無効の訴え…新設合併により設立する金庫についての解散の登記および新設合併により消滅する金庫についての回復の登記

　この場合、合併により従たる事務所においても登記がされているときは、各金庫の従たる事務所の所在地を管轄する登記所にも同様の登記を嘱託しなければならない（会社法937条4項の準用）。

第78条　管轄登記所及び登記簿

（管轄登記所及び登記簿）

第78条　金庫の登記については、その事務所の所在地を管轄する法務局若しくは地方法務局若しくはこれらの支局又はこれらの出張所を管轄登記所とする。

2　各登記所に、信用金庫登記簿及び信用金庫連合会登記簿を備える。

　本条は管轄登記所および登記簿について定めるものである。金庫には商業登記法は適用されないため、信用金庫法は登記手続の規定を定めている。

もっとも、法85条において、商業登記法の規定が広く準用され、商業登記法の規定をそのまま準用するのに適さない内容や金庫特有の内容を法78条～84条で規定している。本条1項は、金庫の登記を管轄する法務局等を定めている（商業登記法1条の3参照）。

また、本条2項は、金庫の登記のなされるべき登記簿を定める。各登記所において、「信用金庫登記簿」および「信用金庫連合会登記簿」という特別の登記簿を備えることとされている。上記登記簿は、商業登記簿（株式会社登記簿等については、商業登記法6条に列挙されている）には含まれないものである。

第79条 設立の登記の申請

（設立の登記の申請）

第79条 金庫の設立の登記は、金庫を代表すべき者の申請によつてする。

2 金庫の設立の登記の申請書には、法令に別段の定めがある場合を除き、定款、代表権を有する者の資格を証する書面並びに出資の総口数及び第26条の規定による出資の払込みのあつたことを証する書面を添付しなければならない。

本条は設立の登記の申請手続として、金庫の代表者の申請によること（法79条1項）、および登記申請書に、定款、代表者資格証明書、出資の総口数および出資の払込みがあったことを証する書面を添付すべきこと（同条2項）について定めるものである。

設立の手続については株式会社等と金庫では大きく異なるため、商業登記法における設立に関する規定を準用せず、信用金庫法において別途条文を設けたものである。

第80条～第81条

第80条 変更の登記の申請

（変更の登記の申請）

第80条 第65条第2項各号に掲げる事項の変更の登記の申請書には、当該事項の変更を証する書面を添付しなければならない。

2 出資1口の金額の減少による変更の登記の申請書には、前項の書面のほか、第52条第2項の規定による公告及び催告（同条第3項の規定により公告を官報のほか第87条の4第1項の規定による定款の定めに従い同項各号に掲げる公告方法によつてした場合にあつては、これらの方法による公告）をしたことを証する書面並びに異議を述べた債権者があつたときは、当該債権者に対し弁済し、若しくは相当の担保を提供し、若しくは当該債権者に弁済を受けさせることを目的として相当の財産を信託したこと又は当該出資1口の金額の減少をしても当該債権者を害するおそれがないことを証する書面を添付しなければならない。

　本条は変更の登記の際の申請書に、当該事項の変更を証する書面を添付しなければならないことを定める。商業登記法54条以下に対応する規定である。

第81条 解散の登記の申請

（解散の登記の申請）

第81条 第72条の規定による解散の登記の申請書には、解散の事由を証する書面を添付しなければならない。

　金庫の解散の登記の申請書として、解散事由を証する書面（解散の決議を

した総会の議事録の謄本、解散事由の発生を証する書面など）を添付しなければ
ならないことを定めたものである。

第82条　清算結了の登記の申請

（清算結了の登記の申請）

第82条　第73条の規定による清算結了の登記の申請書には、第63条において
　準用する会社法第507条第3項（清算事務の終了等）の規定による決算報告
　の承認があつたことを証する書面を添付しなければならない。

　本条は、清算結了時の登記の際の添付書類について定めるものであり、商
業登記法75条に対応する規定である。

　清算結了時の登記申請書の添付書類としては、会社法507条3項が準用さ
れ、清算人が清算結了により作成した決算報告書について総会に提出し、そ
の承認を得たことを証する書面（清算結了総会の議事録の謄本）を添付しなけ
ればならない。

第83条〜第84条　合併の登記

（合併の登記）

第83条　吸収合併による変更の登記の申請書には、次の書面を添付しなけれ
　ばならない。

　一　吸収合併契約書

　二　総会の議事録（第61条の3第3項ただし書に規定する場合にあつては、
　　理事会の議事録及び当該場合に該当することを証する書面（同条第5項
　　の規定により吸収合併に反対する旨を通知した会員がある場合にあつて

は、その会員の数が総会員数の6分の1未満であることを証する書面を
含む。））

三　第61条の3第7項において準用する第52条第2項の規定による公告及
び催告（第61条の3第7項において準用する第52条第3項の規定により
公告を官報のほか第87条の4第1項の規定による定款の定めに従い同項
各号に掲げる公告方法によつてした場合にあつては、これらの方法によ
る公告）をしたこと並びに異議を述べた債権者があるときは、当該債権
者に対し弁済し、若しくは相当の担保を提供し、若しくは当該債権者に
弁済を受けさせることを目的として相当の財産を信託したこと又は当該
吸収合併をしても当該債権者を害するおそれがないことを証する書面

四　吸収合併消滅金庫の登記事項証明書。ただし、当該登記所の管轄区域
内に吸収合併消滅金庫の主たる事務所がある場合を除く。

五　吸収合併消滅金庫の総会の議事録

六　吸収合併消滅金庫において第61条の2第5項において準用する第52条
第2項の規定による公告及び催告（第61条の2第5項において準用する
第52条第3項の規定により公告を官報のほか第87条の4第1項の規定に
よる定款の定めに従い同項各号に掲げる公告方法によつてした場合にあ
つては、これらの方法による公告）をしたこと並びに異議を述べた債権
者があるときは、当該債権者に対し弁済し、若しくは相当の担保を提供
し、若しくは当該債権者に弁済を受けさせることを目的として相当の財
産を信託したこと又は当該吸収合併をしても当該債権者を害するおそれ
がないことを証する書面

第84条　新設合併による設立の登記の申請書には、次の書面を添付しなけれ
ばならない。

一　新設合併契約書

二　定款

三　代表権を有する者の資格を証する書面

四　新設合併消滅金庫の登記事項証明書。ただし、当該登記所の管轄区域
内に新設合併消滅金庫の主たる事務所がある場合を除く。

五　新設合併消滅金庫の総会の議事録

六 新設合併消滅金庫において第61条の４第５項において準用する第52条第２項の規定による公告及び催告（第61条の４第５項において準用する第52条第３項の規定により公告を官報のほか第87条の４第１項の規定による定款の定めに従い同項各号に掲げる公告方法によつてした場合にあつては、これらの方法による公告）をしたこと並びに異議を述べた債権者があるときは、当該債権者に対し弁済し、若しくは相当の担保を提供し、若しくは当該債権者に弁済を受けさせることを目的として相当の財産を信託したこと又は当該新設合併をしても当該債権者を害するおそれがないことを証する書面

　法83条および84条は、吸収合併および新設合併の場合の登記申請書の添付書類について定めたものであり、商業登記法80条および81条に対応する。

　平成18年の改正により、信用金庫の合併に関する規定が整備されており（法59条〜61条の７）、添付書類についても具体的に規定されている。

第85条　商業登記法の準用

（商業登記法の準用）

第85条　金庫の登記については、商業登記法（昭和38年法律第125号）第２条から第５条まで（事務の委任、事務の停止、登記官、登記官の除斥）、第７条から第15条まで（会社法人等番号、登記簿等の持出禁止、登記簿の滅失と回復、登記簿等の滅失防止、登記事項証明書の交付等、登記事項の概要を記載した書面の交付、附属書類の閲覧、印鑑証明、電磁的記録の作成者を示す措置の確認に必要な事項等の証明、手数料、当事者申請主義、嘱託による登記）、第17条から第27条まで（第24条第16号を除く。）（登記申請の方式、申請書の添付書面、申請書に添付すべき電磁的記録、添付書面の特例、印鑑の提出、受付、受領証、登記の順序、登記官による本人確認、申請の却下、提訴期間経過後の登記、行政区画等の変更、同一の所在場所に

第85条

おける同一の商号の登記の禁止）、第45条（会社の支配人の登記）、第48条
から第53条まで（支店所在地における登記、本店移転の登記）、第71条第1
項及び第3項（解散の登記）、第79条、第82条、第83条（合併の登記）並び
に第132条から第148条まで（更正、抹消の申請、職権抹消、行政手続法の
適用除外、行政機関の保有する情報の公開に関する法律の適用除外、行政
機関の保有する個人情報の保護に関する法律の適用除外、審査請求、審査
請求事件の処理、行政不服審査法の適用除外、省令への委任）の規定を準
用する。この場合において、同法第12条第1項中「会社更生法（平成14年
法律第154号）」とあるのは「金融機関等の更生手続の特例等に関する法律
（平成8年法律第95号）」と、同法第48条第2項中「会社法第930条第2項各
号」とあるのは「信用金庫法第74条第2項各号」と読み替えるものとする
ほか、必要な技術的読替えは、政令で定める。

　本条は、商業登記法の準用を定めているが、信用金庫法は、商業登記法の
登記手続一般に関する規定（第3章以外）については、ほぼすべての条文を
準用しており、一方、個別の登記に関する規定については、支配人の規定お
よび株式会社の規定のうち関係する規定を準用する構造を採用している。

第9章の2

信用金庫代理業

（第85条の2〜第85条の3）

第85条の2

第85条の2　　許　　可

（許可）

第85条の2　信用金庫代理業は、内閣総理大臣の許可を受けた者でなければ、行うことができない。

2　前項に規定する信用金庫代理業とは、金庫のために次に掲げる行為のいずれかを行う事業をいう。

　一　預金又は定期積金の受入れを内容とする契約の締結の代理又は媒介

　二　資金の貸付け又は手形の割引を内容とする契約の締結の代理又は媒介

　三　為替取引を内容とする契約の締結の代理又は媒介

3　信用金庫代理業者（第1項の許可を受けて信用金庫代理業（前項に規定する信用金庫代理業をいう。以下同じ。）を行う者をいう。以下同じ。）は、所属信用金庫（信用金庫代理業者が行う前項各号に掲げる行為により、同項各号に規定する契約において同項各号の預金若しくは定期積金の受入れ、資金の貸付け若しくは手形の割引又は為替取引を行う金庫をいう。以下同じ。）の委託を受け、又は所属信用金庫の委託を受けた信用金庫代理業者の再委託を受ける場合でなければ、信用金庫代理業を行つてはならない。

1　平成17年の信用金庫代理業の改正

　平成17年の「銀行法等の一部を改正する法律」により、銀行代理店制度の見直しが行われた。

　従前の銀行代理店制度においては、銀行代理業の営業は銀行の100％子会社や兄弟会社に限定され（出資規制）、また銀行代理業者には銀行代理業以外の業務の兼営が禁止されており（専業義務）、よって、銀行が自行の店舗展開政策の延長として代理店制度を使うにとどまっていた（小山『銀行法』531頁）。

　しかし、多様かつ柔軟な販売チャネルの確保と利用者の金融サービスに対

するアクセスの確保や利便性の向上のため、銀行代理店の担い手を拡大する規制緩和の必要性が認められ、平成17年の銀行法改正においては、銀行代理業（銀行のための預金の受入れ、資金の貸付等を内容とする契約の締結の代理または媒介を行う営業）に関する規定が改正された。

すなわち、銀行との資本関係を不問とし、また金融機関以外の一般業者（小売業や流通業等）の兼営が認められるなど、銀行代理業への参入が緩和された。これにより、幅広い一般業者が銀行代理店の担い手として認められるとともに、金融機関は許可を得ずに銀行代理業を行うことができるとされ、銀行、信用金庫等金融業者間で双方向に代理を行うことも認められた。

他方で、銀行代理業の適正かつ確実な遂行を確保すべく、銀行代理業への参入を許可制とし、業務実施のルール化を行うとともに、利用者保護や銀行の健全性を確保するための措置を講じることとしている。

銀行代理業の具体的内容としては、①交通機関（私鉄など）が駅のスペース内で口座開設等を受け付けること、②百貨店等が店舗において預金、貸付等銀行の固有業務を行うこと、③自動車販売店が自動車販売に合わせて自動車ローンの勧誘を行うこと、④旅行代理店が外貨預金や両替を行うことなどが挙げられる（小山『銀行法』532頁）。

銀行法の改正に伴い、金庫等他の金融機関についても、各根拠法において、金融業に係る代理業に関する規定が整備され、信用金庫法についても同様の改正がなされた（信用金庫代理業者許可一覧については、金融庁のウェブサイトで公開されている（http://www.fsa.go.jp/menkyo/menkyoj/dairi_b.pdf）。現状では、一般業者からの参入は多いとはいえず、信用金庫が信金中央金庫の代理を行う場合が多い（この場合は法85条の3のとおり、許可は不要となる）。なお、銀行代理業者許可一覧については、http://www.fsa.go.jp/menkyo/menkyoj/dairi_a.pdf 参照）。

2 信用金庫代理業の許可制（1項・2項）

⑴ 信用金庫代理業

「信用金庫代理業」とは、金庫のために、金庫の本業（固有業務）である

①預金または定期積金の受入れを内容とする契約の締結の代理または媒介、②資金の貸付または手形の割引を内容とする契約締結の代理または媒介、③為替取引を内容とする契約締結の代理または媒介のいずれかを行う営業と定義し（法85条の2第2項）、信用金庫代理業の対象とした。

「代理」は、民法の代理（同法99条）と同趣旨であり、顧客に対して、金庫に代わって金庫の業務を行い、法的効果をすべて直接に金庫に帰属させるものである。

「媒介」とは、金庫のために法律行為（預金、貸付等）の締結に尽力する事実行為であり、金庫から手数料を得るものである。

⑵　信用金庫代理業者

「信用金庫代理業者」は、許可を受けた信用金庫代理業を行う者（法85条の2第3項）と定義付けられている。

3　信用金庫代理業の許可制

⑴　許可制の趣旨（法85条の2第1項・2項）

信用金庫代理業については、内閣総理大臣の許可制とされている（法85条の2第1項）。

従前の信用金庫代理店においては、金庫の100％出資子会社でかつ専業代理店であったため、金庫本体と事実上同一ともいえるため届出制とされていた。しかし、平成17年の「銀行法等の一部を改正する法律」によって規制が緩和され、幅広い一般業者に金庫代理店の門戸が開かれるに至った。信用金庫代理業者は、金庫の固有業務（預金、貸付、為替）といった、利用者の利害に影響の高い事業の代理等の事業を行うものであり、適切な業務運営がなされない場合には、利用者の保護や決済システムに問題を生じるおそれがある。そこで、こうした信用金庫代理業の特殊性にかんがみ、信用金庫代理業への参入について当局により適格者の審査をする必要があり、平成18年に銀行法において許可制へと改正されたのと併せ、金庫についても許可制が導入されたものである。なお、金庫が営む預金、貸付、為替取引以外の付随業務

等の代理または媒介のみを行う場合は、信用金庫代理業には該当せず、許可を受ける必要はない。

(2) 許可手続（銀行法52条の37）

許可申請については、法89条5項により銀行法52条の37が準用されており、信用金庫代理業の許可を受けようとするときは、銀行法52条の37第1項に定める事項を記載した申請書を、同条2項所定の添付書類とともに内閣総理大臣に提出しなければならない（申請書の記載事項については施行規則138条、添付書類については施行規則139条～141条、172条にも定められている）。

(3) 許可基準（銀行法52条の38）

内閣総理大臣による許可の審査基準については、法89条5項が準用する銀行法52条の38に審査基準が定められている。

a　財務面の基準

信用金庫代理業を遂行するために必要と認められる基準に適合する財産的基礎を有する者であること（銀行法52条の38第1項1号）…具体的には施行規則142条～144条、平成22年12月28日金融庁告示第139号に定められているが、例えば施行規則142条1項においては、申請者の純資産額（資産－負債）が、法人の場合は500万円以上、個人の場合は300万円以上であることとされている。

b　体制面の基準

人的構成等に照らして、信用金庫代理業を適格、公正かつ効率的に遂行するために必要な能力を有し、かつ、十分な社会的信用を有する者であること（銀行法52条の38第1項2号）…具体的には、信用金庫代理業に関する能力を有する者の確保の状況など、十分な業務遂行能力を備えていること（法令等の遵守を確保する業務に係る責任者、当該責任者を指揮し法令等遵守確保を統括管理する業務に係る統括責任者の配置など）であり、業務運営体制、社会的信用などの観点からの基準である（施行規則143条3号）。

c　兼業基準

他の業務を営むことによりその信用金庫代理業を適正かつ確実に営むこと

につき支障を及ぼすおそれがあると認められない者であること（銀行法52条の38第1項3号）。

他に業務を営むことにより、信用金庫代理業を適正・確実に営むことに支障を及ぼすおそれがある場合、信用金庫代理業の適正な継続が困難となるため、兼業基準が定められたものである。

内閣総理大臣は、上記審査基準に照らして公益上必要があると認めるときは、必要の限度において、信用金庫代理業の業務の内容その他の事項について許可に条件を付し、およびこれを変更することができる（法89条5項、銀行法52条の38第2項）。

⑷ 変更の届出（銀行法52条の39）

信用金庫代理業者は、許可申請書（銀行法52条の37第1項各号）に記載の事項に変更があったときは、その日から30日以内に内閣総理大臣に届け出なければならず、また、申請書に添付した、信用金庫代理業の業務の内容・方法に関する書類（同条2項2号、施行規則139条）に定めた事項を変更しようとするときは、内閣府令（施行規則145条）で定めるところにより、あらかじめ、内閣総理大臣に届け出なければならない。

監督の実効性を確保するために定められた規定である。なお、届出期限について、信用金庫代理業制度創設時は2週間以内とされていたが、実務上対応が困難なケースもあるため、平成28年改正において、30日以内に変更されている。

⑸ 兼業承認制（銀行法52条の42）

信用金庫代理業者は、信用金庫代理業およびこれに付随する業務以外の業務（他業）を、当局の承認を受けて営むことができる。

裏からいうと、信用金庫代理業者が兼業する場合、情実融資、優越的地位の濫用、顧客の個人情報の不正利用といった弊害を生じるリスクがあるため、業務範囲を制限したものである。

信用金庫代理業の許可にあたっては、すでに営んでいる他業について信用金庫代理業に支障を及ぼすおそれがないかが内閣総理大臣による審査の対象

となるが、法89条5項が準用する銀行法52条の42第1項は、許可を受けた後に、新たな他業を営むときも、内閣総理大臣による個別の承認を要するものとした。

内閣総理大臣は、「銀行代理業を適正かつ確実に営むことについて支障を及ぼすおそれがあると認められるときに限り、承認しないことができる」（銀行法52条の42第2項）と規定しているとおり、信用金庫代理業を行う一般事業者が広く営業を行うことができるよう、不承認事由を限定的に規定している。

4 所属信用金庫制度

(1) 法85条の2第3項の趣旨

信用金庫代理業者は、所属信用金庫（信用金庫代理業者が行う前記に定める行為により、その契約において預金もしくは定期積金の受入れ、資金の貸付もしくは手形の割引または為替取引を行う金庫をいう）の委託を受け、または所属金庫の委託を受けた信用金庫代理業者の再委託を受ける場合でなければ、信用金庫代理業を行ってはならない（法85条の2第3項）。

これは、信用金庫代理業者が独立して、自らの意思で代理・媒介を行うことを禁止し、所属信用金庫によって信用金庫代理業の健全かつ適切な運営を確保する制度とする趣旨である。

なお、法89条5項が準用する銀行法52条の36第3項においては、信用金庫代理業者は、あらかじめ、所属信用金庫の許諾を得た場合でなければ、信用金庫代理業の再委託をしてはならないとされている。また、委託契約が連鎖することは法律関係を複雑化し、責任の所在が不明確となるため、再々委託は認められていない。

なお、上記のとおり、特定の信用金庫のために行う所属信用金庫制度を採用し、不特定多数のために行う仲立人制（ブローカー制度）を採用していないが、信用金庫代理業者は、複数の所属信用金庫のために信用金庫代理業を営むことは可能である。

(2)　信用金庫代理業者への監督（銀行法の準用）

　信用金庫代理業者は所属信用金庫の商標を公衆のみえやすい場所に出すものであり、顧客の立場からすると、信用金庫代理業者の店舗は所属信用金庫の店舗としての認識を抱きやすい。また信用金庫代理業者の行為による効果は所属信用金庫に帰属することから、所属信用金庫による関与や監督が必要となる。

　当局も信用金庫代理業者を直接に監督することができるが、所属信用金庫に相当の責任を課し、一義的には所属信用金庫を経由した監督を行う仕組みとなっている。

a　信用金庫代理業者に対する指導等（銀行法52条の58）

　所属信用金庫が、信用金庫代理業者が営む信用金庫代理業に関し、業務の指導その他健全かつ適切な運営を確保するための措置を講じなければならない。

　信用金庫代理業者の業務運営は所属信用金庫の経営に直接影響を及ぼし得るため、第一義的に委託元たる所属信用金庫（信用金庫代理業再委託者）に対し、委託した信用金庫代理業の健全かつ適切な運営の確保を求め信用金庫代理業の健全かつ適切な業務運営の実効性を確保しようとしたものである（池田＝中島監修『銀行法』459頁）。

　信用金庫代理業者等に対しては、業務の指導、法令等を遵守させるための研修の実施等の措置（施行規則169条１項１号）、業務の実施状況を、定期的・必要に応じて確認すること等により、業務を的確に遂行しているかを検証し、必要に応じ改善させる等、必要かつ適切な監督等を行うための措置（同項２号）などが定められている（同項１号～９号）。

b　所属信用金庫等の賠償責任（銀行法52条の59）

　仮に信用金庫代理業者が顧客に損害を与えた場合には、所属信用金庫はその損害を賠償する責任を負う（銀行法52条の59第１項）。民法715条の使用者責任のように「使用関係（従属関係）」までは必要でなく、所属信用金庫と信用金庫代理業者との間に委託関係があれば足りることを明確化したものである。なお、所属信用金庫等が委託を行うことについて相当の注意をし、か

つ、顧客に加えた損害の発生の防止に努めたときは免責されるが（同条2項）、民法715条の使用者責任の裁判例にかんがみても、免責が認められるケースは稀であり、事実上無過失責任に近い運用がなされている。

c　信用金庫代理業者の原簿（銀行法52条の60）

所属信用金庫は信用金庫代理業者に関する原簿を備え置かなければならず、預金者等の利害関係人は、所属信用金庫に対し、当該原簿の閲覧を求めることができる（銀行法52条の60）。これは、所属信用金庫が信用金庫代理業者が行った契約上の義務の履行や上記bの賠償責任を負うため、預金者等顧客への情報開示および保護の観点から定められたものである。

⑶　罰　　則

本条1項の規定に違反し、許可を受けないで信用金庫代理業を行った者、または不正の手段により同項の許可を受けた者は、2年以下の懲役もしくは300万円以下の罰金に処し、またはこの併科の対象となる（法90条3号・4号）。

第85条の3　適用除外

（適用除外）

第85条の3　前条第1項の規定にかかわらず、金庫等（金庫その他政令で定める金融業を行う者をいう。）は、信用金庫代理業を行うことができる。

1　適用除外

金庫等（金庫その他政令で定める金融業を行う者）は、内閣総理大臣の許可を受けなくても信用金庫代理業を行うことができる（みなし信用金庫代理業者。法85条の3）。

信用金庫等については信用金庫法等の規制により、財産的基礎等の要件を

満たすことから許可なしに信用金庫代理業を営むことができることを明確化したものである。

上記「金融業を行う者」とは、①銀行、②信用協同組合および中協法9条の9第1項1号の事業を行う協同組合連合会、③労働金庫および労働金庫連合会、④農業協同組合および農業協同組合連合会、⑤漁業協同組合、漁業協同組合連合会、水産加工業協同組合および水産加工業協同組合連合会、⑥農林中央金庫をいう（施行令9条の6）。証券会社や保険会社など非預貯金取扱金融機関については、自らは預金の受入れや為替取引を行うことができないため含まれていない。

銀行法52条の61、銀行法施行令16条の8等にも同様の規定があり、これにより、これら預金預入金融機関が双方向に代理を行うことが可能となっている。

2 その他銀行法の準用

信用金庫代理業については、法89条5項により、銀行法の条文が多く準用されており、以上に説明した条文のほか、以下に検討する。

(1) 信用金庫代理業の業務

銀行法においては、銀行代理業の業務にあたって規制をしており、信用金庫法においても準用している。

a 標識の掲示義務（銀行法52条の40）

信用金庫代理業者は、信用金庫代理業を営む事務所ごとに、公衆のみやすい場所に、内閣府令で定める様式の標識を掲示しなければならない（銀行法52条の40第1項）。これは、信用金庫代理業の許可を受けた者であることの標識の掲示を義務付けたものである。上記を受け、内閣府令（施行規則137条の5、146条）において標識の様式を定めている。

また、信用金庫代理業者以外の者は、銀行法52条の40第1項の標識またはこれに類似する標識を掲示してはならない（同条2項）。顧客が無許可の業者と誤って取引を行わないよう、信用金庫代理業者でない者に許可を受けた信用金庫代理業者と誤認させるような類似の標識の掲示を禁止したものであ

る。

b 名義貸しの禁止（銀行法52条の41）

信用金庫代理業者は、自己の名義をもって、他人に信用金庫代理業を営ませてはならないことを定めている。

c 分別管理（銀行法52条の43）

信用金庫代理業者は、顧客から金銭その他の財産の交付を受けた場合には、自己の固有財産と保管場所を明確に区分し、かつ、どの所属信用金庫に係るものか直ちに判別できる状態で管理しなければならないことを定めている。信用金庫代理業者による金銭の費消や流用を禁止し、所属信用金庫や顧客、利害関係者との間で確実に受払いが行われることを確保するための措置であり（小山『銀行法』540頁）、信用金庫代理業に特徴的な規定である。

施行規則148条において、信用金庫代理業者は、管理場所の区別等により、顧客から交付を受けた金銭その他の財産が自己の固有財産であるか、またはいずれの所属信用金庫に係るものであるかが直ちに判別できる状態で管理しなければならないことが定められている。

d 顧客に対する説明等（銀行法52条の44）

信用金庫代理行為の場合、所属信用金庫の名称や契約締結の代理・媒介のいずれを行うか等について顧客に情報提供する必要があるため、銀行法52条の44第1項が定められており、また、顧客保護等の観点から、信用金庫代理業であっても信用金庫に比して顧客への適切な対応の程度が軽減されるものではなく、以下の同条2項および3項が定められている。

(a) 顧客に対する明示義務（銀行法52条の44第1項）

信用金庫代理業者は、信用金庫代理行為を行うときは、あらかじめ、顧客に対し、所属信用金庫の名称（「○○信用金庫」）、契約の締結の代理または媒介の別を明らかにしなければならない。

(b) 預金者に対する情報の提供義務（銀行法52条の44第2項）

金庫による預金者等に対する情報提供義務（法89条1項、銀行法12条の2）と同様、預金等に係る契約の内容その他預金者等に参考となるべき情報の提供を行わなければならない。

⒞　健全かつ適正な運営の確保措置（銀行法52条の44第3項）

信用金庫代理行為に係る重要な事項の顧客への説明、その信用金庫代理行為に関して取得した顧客に関する情報の適正な取扱いその他の健全かつ適正な運営を確保するための措置を講じなければならない。

e　信用金庫代理業に係る禁止行為（銀行法52条の45）

信用金庫代理業者は信用金庫代理業に関し、顧客に対し、①虚偽のことを告げること（銀行法52条の45第1号）、②不確実な事項について断定的判断を提供し、または確実であると誤認させるおそれのあることを告げる行為（同条2号）、③特定関係者その他密接関係者への信用供与等（同条3号）の禁止行為などが定められている。

顧客の保護に欠け、または所属信用金庫の業務の健全・適切な遂行に支障を来すおそれがあるため、禁止されたものであり、法89条1項で準用する銀行法13条の3の禁止行為と同趣旨に基づくものである。

f　特定信用金庫代理業者の休日および営業時間等（銀行法52条の46）

特定信用金庫代理業者、すなわち内閣府令で定める預金（施行規則160条において「当座預金」と定められている）の受入れを内容とする契約の締結の代理を行う信用金庫代理業者の休日は、日曜日その他政令（施行令13条の3）で定める日に限るとしている（銀行法52条の46第1項）。また、特定信用金庫代理業者の営業時間は、金融取引の状況等を勘案し、内閣府令（施行規則161条）で定めることとしている。

g　臨時休業等（銀行法52条の47）

特定信用金庫代理業者は、内閣府令（施行規則162条）で定める場合を除き、天災等やむを得ない理由によりその特定信用金庫代理行為（当座預金）に係る業務を行う営業所・事務所において臨時に当該業務の全部または一部を休止するときは、直ちにその旨を、理由を付して内閣総理大臣に届け出るとともに、当該営業所・事務所の店頭に掲示しなければならない。特定信用金庫代理業者が臨時に当該業務の全部または一部を休止した事務所において当該業務の全部または一部を再開するときも、同様と定められている（銀行法52条の47第1項）。

ただし、特定信用金庫代理業者の無人の営業所・事務所において臨時にそ

の業務の一部を休止する場合等については、銀行法52条の47第1項の店頭の掲示は必要でない（同条2項）。

h　帳簿書類の作成・保存義務（銀行法52条の49）

信用金庫代理業者は、信用金庫代理業に関する帳簿書類を作成・保存しなければならない。

これは、信用金庫代理業の処理および計算を明らかにするためのものであるが、内閣府令（施行規則164条）において、総勘定元帳（作成の日から5年間保存）、信用金庫代理勘定元帳（作成の日から10年間保存）等を所属信用金庫ごとに作成しなければならないことを定めている。

i　信用金庫代理業に関する報告義務（銀行法52条の50）

信用金庫代理業者は、事業年度ごとに、信用金庫代理業に関する報告書を作成し、内閣総理大臣に提出しなければならず（銀行法52条の50第1項）、また内閣総理大臣は、上記報告書のうち、顧客の秘密を害するおそれのある事項等を除き、公衆の縦覧に要しなければならない（同条2項）。

これらの様式については、内閣府令（施行規則165条）に定められている。

j　所属信用金庫の説明書類等の公衆の縦覧（銀行法52条の51）

信用金庫代理業者は、所属信用金庫の事業年度ごとに、説明書類等を所属信用金庫のために、すべての事務所に備え置き、公衆の縦覧に供しなければならないことなどが定められている。

(2)　監　　督

信用金庫代理業者が健全かつ適切な運営を確保するため、内閣総理大臣の検査・監督権限が定められている。

a　廃業等の届出義務（銀行法52条の52第1号〜5号）

信用金庫代理業者が信用金庫代理業を廃止したとき（銀行法52条の52第1号）、信用金庫代理業者である個人が死亡したとき（同条2号）、信用金庫代理業者である法人が合併により消滅したとき（同条3号）などの場合、その日から30日以内に、内閣総理大臣に届け出ることを定めている。

b　信用金庫代理業者による報告・資料の提出（銀行法52条の53）

内閣総理大臣は、信用金庫代理業者の信用金庫代理業の健全かつ適切な運

営を確保するために必要があると認めるときには、信用金庫代理業者に対し、直接的に、報告・資料提出を求めることができる。

c　信用金庫代理業者に対する立入検査（銀行法52条の54）

内閣総理大臣は、信用金庫代理業者の健全かつ適切な運営を確保するため必要があると認めるときは、当該職員に当該信用金庫代理業者の営業所・事務所等に立ち入らせ、その業務・財産の状況に関し質問させ、または帳簿書類その他の物件を検査させることができることなどが定められている。

d　業務改善命令等（銀行法52条の55）

内閣総理大臣は、信用金庫代理業者の業務・財産の状況に照らして、当該信用金庫代理業者の信用金庫代理業の健全かつ適切な運営を確保するため必要があると認めるときは、当該信用金庫代理業者に対し、その必要の限度において、業務の内容・方法の変更等監督上必要な措置を命ずることができることを定めている。

e　信用金庫代理業者に対する監督上の処分（銀行法52条の56）

内閣総理大臣は、信用金庫代理業者が許可基準に適合しなくなったとき、不正の手段により許可を受けたことが判明したとき、公益を害する行為をしたときなどの場合、信用金庫代理業の全部または一部の停止を命ずることができることなどを定めている。

f　許可の失効（銀行法52条の57）

信用金庫代理業者について、銀行法52条の52の廃業届の事由のいずれかに該当することとなったとき、所属信用金庫がなくなったときなどの場合、許可が効力を失うことを定めている。

第9章の3

信用金庫電子決済等代行業

（第85条の4～第85条の11）

はじめに

はじめに

1 改正に至る経緯

FinTech の進展を踏まえ、金融審議会に「金融制度ワーキング・グループ」が設置され、平成28年12月27日、「金融制度ワーキング・グループ報告—オープン・イノベーションに向けた制度整備について」（以下「WG 報告書」という）が公表された。WG 報告書は、利用者保護を確保しつつ、金融機関と FinTech 企業とのオープン・イノベーション（外部との連携・協働による革新）を進めていくための制度設計について整理したものとなっているが、これを踏まえ、「銀行法等の一部を改正する法律」（平成29年法律第49号）が平成29年5月26日に成立し、同年6月2日に公布された。

2 改正の背景

(1) 電子決済等代行業者の登場・拡大

世界的規模での FinTech の進展に伴い、金融サービスにおいて、利用者から委託を受け、決済に関して IT 技術を活用し、銀行に利用者の決済指図を伝達し、または銀行から口座に係る情報を取得し、利用者に提供する FinTech 企業（電子決済等代行業者）が登場・拡大している。

しかし、改正前の銀行法においては、銀行から委託を受け、銀行と利用者との間で預金、貸付、為替等固有業務に関係する内容の契約の締結の代理または媒介を行う場合、銀行代理業として規制の対象となる一方で、電子決済等代行業のように、利用者側からの委託を受け、銀行と利用者とのサービスの仲介を行う業務について、規制対象外であった（波多野恵亮ほか「銀行法等の一部を改正する法律等の解説」金法2075号29頁）。

はじめに

⑵　電子決済等代行業についての立法化の必要性

a　電子決済等代行業のリスク

　電子決済等代行業は、金融機関と利用者との間に介在し、金融機関に決済指図を伝達し、または、金融機関から口座に係る情報を取得するため、FinTech 企業の情報セキュリティ等が脆弱である場合、金融システムの安定性を欠くこととなる。また、情報が正確に伝達されないことにより、決済の安定性を欠くこととなるし、電子決済等代行業者は利用者の口座等の認証情報（ID やパスワード）を預かり、利用者に代わってシステムにアクセスするため、利用者の重要な認証情報を金融機関以外の業者が保有することで、情報漏洩や認証情報を悪用した不正送金により、利用者が不利益を被るおそれがある。

　このようなリスクから金融システムの安定性や利用者保護が害されるおそれがあり、電子決済等代行業者を対象とした立法化が求められていた（波多野ほか・前掲29頁）。

b　電子決済等代行業者側のニーズ

　電子決済等代行業者側からも、金融審議会の部会等において法整備がなされていないため、自社の法的な位置付けが不明確であり、銀行等金融機関との連携や協働が進展せず、円滑なサービス展開等の障害となっており、法制度の整備を求める声があがっていた。

⑶　オープン・イノベーションの促進

　利用者保護を守りつつ、電子決済等代行業者の接続先となる金融機関側にも一定の義務を課すことにより、金融機関と電子決済等代行業者（FinTech 企業）との間のオープン・イノベーション（連携・協働）を促進し、高度・利便性の高い金融サービスを法制度によって後押しするねらいがある。

第9章の3　信用金庫電子決済等代行業（第85条の4〜第85条の11）　727

第85条の4

第85条の4 登　録

（登録）

第85条の4　信用金庫電子決済等代行業は、内閣総理大臣の登録を受けた者でなければ、営むことができない。

2　前項の「信用金庫電子決済等代行業」とは、次に掲げる行為（第1号に規定する預金者による特定の者に対する定期的な支払を目的として行う同号に掲げる行為その他の利用者の保護に欠けるおそれが少ないと認められるものとして内閣府令で定める行為を除く。）のいずれかを行う営業をいう。

　一　金庫に預金の口座を開設している預金者の委託（二以上の段階にわたる委託を含む。）を受けて、電子情報処理組織を使用する方法により、当該口座に係る資金を移動させる為替取引を行うことの当該金庫に対する指図（当該指図の内容のみを含む。）の伝達（当該指図の内容のみの伝達にあつては、内閣府令で定める方法によるものに限る。）を受け、これを当該金庫に対して伝達すること。

　二　金庫に預金又は定期積金の口座を開設している預金者又は積金者の委託（二以上の段階にわたる委託を含む。）を受けて、電子情報処理組織を使用する方法により、当該金庫から当該口座に係る情報を取得し、これを当該預金者又は積金者に提供すること（他の者を介する方法により提供すること及び当該情報を加工した情報を提供することを含む。）。

1　登録制の導入（法85条の4第1項）

　本条1項において、信用金庫電子決済等代行業は、内閣総理大臣の登録を受けた者でなければ、営むことができないことを定めており、法85条の5において、同登録を受けて信用金庫電子決済等代行業を営む者を「信用金庫電子決済等代行業者」と定義づけている。これは、2015年6月に改正されたEUの決済サービス指令（PSD2）を参考に導入されたものであるが、この理

由は以下のとおりである（波多野ほか・前掲31頁）。

(1) 決済システムの安定性

　例えば、信用金庫電子決済等代行業者が、利用者に伝達した口座情報に誤りがあったような場合、利用者が適切に決済を完了できない可能性があり、決済システムの安定性を害するおそれがある。

(2) 不適格者の排除

　信用金庫電子決済等代行業は、利用者の預金や為替取引に関するセンシティブな情報を取り扱うところであり、不適格な業者が混入し、情報が悪用されることを防止する必要がある。

　もっとも信用金庫電子決済等代行業は、その定義からも利用者の金銭等を預らない行為を対象としており、金銭の預託を受ける資金移動業等と比較すると預託された金銭の散逸といったおそれはないため、資金移動業者等と比較して登録の要件は緩和されている（池田＝中島監修『銀行法』528頁）。

　本章の追加（改正）にあわせ、銀行法の準用に関する法89条7項も改正されており、電子決済等代行業に関する銀行法第7章の5の条文が多く準用されている。

　信用金庫電子決済等代行業の登録を受けるためには一定の書類を提出しなければならず（銀行法52条の61の3）、①信用金庫電子決済等代行業を適正かつ確実に遂行するために必要と認められる内閣府令で定める基準に適合する財産的基礎を有しない者や、②信用金庫電子決済等代行業を適正かつ確実に遂行する体制の整備が行われていない者などの登録が拒否されるが（同法52条の61の5第1項）、国内拠点の設置や法人であることなどの要件は求められていない。

　上記の「財産的基礎」については、平成30年3月9日に金融庁から公表され、パブリックコメントに付された信用金庫法施行規則改正案170条の2の5において、純資産額が負の値でないという軽微な水準が定められている。

2 信用金庫電子決済等代行業の定義（法85条の4第2項）

本条2項は、信用金庫電子決済等代行業の定義規定であり、以下のいずれかを行う営業をいう。いずれについても、「金庫に預金の口座を開設している預金者（または積金者）の委託」を受けること、また「電子情報処理組織を使用する方法」によることが共通している。

なお、法律上の文言どおりの解釈では、業務が広範に規制対象となるおそれがあるが、「第1号に規定する預金者による特定の者に対する定期的な支払を目的として行う同号に掲げる行為その他の利用者の保護に欠けるおそれが少ないと認められるものとして内閣府令で定める行為を除く」（法85条の4第2項柱書中の括弧書）と規定されているとおり、上記の定義に該当するサービスでも、利用者保護の観点から規制の必要性が認められない類型のサービスについては、内閣府令によって適用対象外となっており、信用金庫電子決済等代行業者の登録が不要となる。

平成30年3月9日に金融庁から公表され、パブリックコメントに付された信用金庫法施行規則改正案99条の2においては、信用金庫電子決済等代行業に該当しない行為として、以下が規定されている（ただし、預金者から識別符号等（ID・パスワード等）を取得して行う行為が除外されている）。

① 預金者による特定の者に対する定期的な支払いを目的とするもの
② 預金者自身に対する送金を目的とするもの
③ 国や行政関連機関に対する支払いを目的とするもの
④ 事業者が、顧客との取引に付随して、その取引の支払いのためにのみ行うもので、事業者と金庫との間に事前に契約があるもの

例えば、家賃や公共料金等の定期的な支払いに利用されている伝統的な口座振替代行サービス、決済代行サービス、出納代行サービスなどが適用対象外となる（波多野ほか・前掲30頁）。

⑴ 電子送金サービス（本条2項1号）

預金者の委託を受けて、電子情報処理組織を使用する方法により、金庫に対して、預金者による預金口座に係る資金の移動（為替取引）の指図やその

内容の伝達を行う、いわゆる電子送金サービス（決済指図伝達サービス・PISP 業務）である。

⑵ 口座管理・家計簿サービス（本条2項2号）

預金者等の委託を受けて、電子情報処理組織を使用する方法により、金庫から口座に関する情報を取得し、これを提供する、いわゆる口座管理・家計簿サービス（口座情報サービス・AISP 業務）である。

3　銀行法の準用（信用金庫電子決済等代行業者の義務）

法89条7項において銀行法第7章の5（電子決済等代行業）の規定が一部を除き準用されている。信用金庫電子決済等代行業者の義務として、後記のとおり、金庫との契約締結義務等（法85条の5）が定められているが、その他、上記準用により、以下の義務が認められる。

⑴ 利用者に対する説明義務（銀行法52条の61の8第1項）

信用金庫電子決済等代行業者は、利用者の判断に資するために、①信用金庫電子決済等代行業者の商号、名称または氏名および住所、②信用金庫電子決済等代行業者が有する権限（金庫の提供するサービスではないこと、および金庫を代理・媒介する権限を有しないこと等）、③信用金庫電子決済等代行業者の損害賠償に関する事項、④信用金庫電子決済等代行業者が利用者から苦情・相談を受け付ける窓口の連絡先に関する情報の提供を義務付けている。

⑵ 体制整備義務（銀行との誤認防止措置、利用者情報管理措置、委託先管理措置）（銀行法52条の61の8第2項）

信用金庫電子決済等代行業に関し、健全かつ適切な運営（信用金庫電子決済等代行業と金庫が営む業務との誤認を防止するための情報の利用者への提供、信用金庫電子決済等代行業に関して取得した利用者に関する情報の適正な取扱いおよび安全管理、信用金庫電子決済等代行業の業務を第三者に委託する場合における当該業務の的確な遂行など）を確保するための措置を講じなければならない。

第9章の3　信用金庫電子決済等代行業（第85条の4～第85条の11）　731

(3) 利用者に対する誠実義務（銀行法52条の61の9）

利用者のために誠実にその業務を行わなければならないことが定められている。

第85条の5 金庫との契約締結義務等

（金庫との契約締結義務等）

第85条の5 信用金庫電子決済等代行業者（前条第1項の登録を受けて信用金庫電子決済等代行業（同条第2項に規定する信用金庫電子決済等代行業をいう。以下同じ。）を営む者をいう。以下同じ。）は、同条第2項各号に掲げる行為（同項に規定する内閣府令で定める行為を除く。）を行う前に、それぞれ当該各号の金庫との間で、信用金庫電子決済等代行業に係る契約を締結し、これに従つて当該金庫に係る信用金庫電子決済等代行業を営まなければならない。

2 前項の契約には、次に掲げる事項を定めなければならない。

一 信用金庫電子決済等代行業の業務（当該金庫に係るものに限る。次号において同じ。）に関し、利用者に損害が生じた場合における当該損害についての当該金庫と当該信用金庫電子決済等代行業者との賠償責任の分担に関する事項

二 当該信用金庫電子決済等代行業者が信用金庫電子決済等代行業の業務に関して取得した利用者に関する情報の適正な取扱い及び安全管理のために行う措置並びに当該信用金庫電子決済等代行業者が当該措置を行わない場合に当該金庫が行うことができる措置に関する事項

三 その他信用金庫電子決済等代行業の業務の適正を確保するために必要なものとして内閣府令で定める事項

3 金庫及び信用金庫電子決済等代行業者は、第1項の契約を締結したときは、遅滞なく、当該契約の内容のうち前項各号に掲げる事項を、内閣府令

で定めるところにより、インターネットの利用その他の方法により公表しなければならない。

1 金庫との契約締結義務 (法85条の5第1項)

本条1項は、信用金庫電子決済等代行業者が信用金庫電子決済等代行業を行う前に、金庫との間で契約を締結し、これに従って上記業務を営まなければならないことを定めている。

このように、事前の契約締結を義務付けたのは、以下の理由に基づく（波多野ほか・前掲31頁）。

現在、電子決済等代行業を営む会社の中には、利用者から口座に係るID・パスワードの提供を受け、これを用いて利用者に成り代わって金融機関のシステムに接続する方法（スクレイピングと呼ばれる方法）によってサービスを提供する業者がある。

しかし、このような方法については、利用者の重要な認証情報を業者に取得等させることになり、情報漏洩や不正送金等、セキュリティ上のリスクがある。また、電子決済等代行業者からのアクセスの増大に伴い、金融機関のシステムに過剰な負荷を与えていることや、スクレイピングを行う業者のコストがAPIによる場合に比して増大し、結果として社会全体のコストを増大させる可能性がある。

以上より、信用金庫電子決済等代行業者はサービス提供前に、接続先の金庫との契約締結を行うことを義務付け、オープン・イノベーションの観点から、金融機関により安全な接続方式であるAPIを外部の事業者に開放し、APIへの移行を促進しようとしたものである。

なお、「API」とは、Application Programming Interfaceの略であり、金融機関以外の者が、金融機関のシステムに接続し、その機能や管理する情報を呼び出して利用するための接続方式等をいう。このうち、金融機関がその外部のFinTech企業等にAPIを提供し、顧客の同意に基づいて、金融機関へのシステムの利用を可能にすることを「オープンAPI」といい、これは今後の金融機関のビジネスモデルの中核となるFinTech企業等との安全な

連携を可能とする技術でありオープン・イノベーションを可能とするキーテクノロジーの１つといわれている（池田＝中島監修『銀行法』521頁、WG 報告書４頁注８）。

2 法定記載事項（法85条の５第２項）

信用金庫電子決済等代行業者が金庫と締結する契約には、以下の事項を定めなければならない。

平成30年３月９日に金融庁から公表され、パブリックコメントに付された信用金庫法施行規則改正案99条の５においては、契約の公表方法として、下記(1)～(3)の事項を、インターネットの利用その他の方法により、信用金庫電子決済等代行業者の利用者が常に容易に閲覧することができるよう公表しなければならないこととされている。

(1) 賠償責任の分担に関する事項（本条２項１号）

信用金庫電子決済等代行業者の業務に関して利用者に損害が生じた場合における金庫と電子決済等代行業者との賠償責任の分担に関する事項である。

これは、利用者保護を図るためのものである。

(2) 情報の適正な取扱い、安全管理措置等に関する事項（本条２項２号）

信用金庫電子決済等代行業者による利用者に関する情報の適正な取扱いおよび安全管理のために行う措置、当該措置が講ぜられなかった場合に金庫が講ずることができる措置の内容に関する事項である。

信用金庫電子決済等代行業者の業務の適正を図るための条項である。

(3) その他信用金庫電子決済等代行業の業務の適正を確保するために必要なものとして内閣府令で定める事項（本条２項３号）

3 契約内容の公表（法85条の５第３項）

金庫および信用金庫電子決済等代行業者が契約を締結したときは、遅滞なく、契約内容のうち上記(2)に定める事項を、インターネットの利用等の方法

により公表しなければならない。

第85条の6　金庫による基準の作成等

（金庫による基準の作成等）

第85条の6　金庫は、前条第1項の契約を締結するに当たつて信用金庫電子決済等代行業者に求める事項の基準を作成し、内閣府令で定めるところにより、インターネットの利用その他の方法により公表しなければならない。

2　前項の求める事項には、前条第1項の契約の相手方となる信用金庫電子決済等代行業者が信用金庫電子決済等代行業の業務に関して取得する利用者に関する情報の適正な取扱い及び安全管理のために行うべき措置その他の内閣府令で定める事項が含まれるものとする。

3　金庫は、前条第1項の契約を締結するに当たつて、第1項の基準を満たす信用金庫電子決済等代行業者に対して、不当に差別的な取扱いを行つてはならない。

　金庫を電子決済等代行業者（FinTech 企業）とのオープン・イノベーション（連携・協働）およびオープン API を促進する観点から、以下の規定が設けられている。

1　契約締結の際の基準の作成・公表（法85条の6第1項・2項）

　本条1項は、金庫が法85条の5の契約を締結するにあたり、信用金庫電子決済等代行業者に求める事項の基準を作成し、インターネットの利用その他の方法により公表することを義務付けている。

　また、上記基準には、利用者に関する情報の適正な取扱いおよび安全管理措置その他の内閣府令で定める事項が含まれる必要がある（本条2項）。

第9章の3　信用金庫電子決済等代行業（第85条の4〜第85条の11）　735

2 不当な差別的取扱いの禁止（法85条の6第3項）

　本条3項は、オープン・イノベーションの促進の観点から、金庫が法85条の5第1項の契約締結にあたり、本条1項の基準を満たす信用金庫電子決済等代行業者に対し、不当に差別的な取扱いを行ってはならないことを規定している。

　金庫において特定の信用金庫電子決済等代行業者に対してのみAPIを提供するのではなく、金庫が定めた基準を満たす業者にも提供する必要があり、例えば、信用金庫電子決済等代行業者が当該金庫と競争関係にある他の金庫と競争関係にある他の金庫とAPI接続していることを理由に、当該業者と連携を拒否する対応が許容されないと解釈される（鈴木由里ほか「改正銀行法を踏まえた実務対応」金法2070号34頁）。

　このことにより、社歴が短く、名の通っていない業者であっても、一定の水準を満たすことにより、信用金庫電子決済等代行業に係る契約を締結し、イノベーションの発展に寄与することが期待される。

第85条の7　信用金庫連合会の会員である信用金庫に係る信用金庫電子決済等代行業を営む場合の契約の締結等

（信用金庫連合会の会員である信用金庫に係る信用金庫電子決済等代行業を営む場合の契約の締結等）

第85条の7　信用金庫電子決済等代行業者は、第85条の4第2項各号に掲げる行為（同項に規定する内閣府令で定める行為を除く。）を行う前に、信用金庫連合会との間で、信用金庫電子決済等代行業に係る契約（当該信用金庫連合会の会員である信用金庫のうち、当該信用金庫連合会が当該契約を締結する信用金庫電子決済等代行業者が当該信用金庫に係る信用金庫電子決済等代行業を営むことについて同意をしている信用金庫に係るものに限

る。）を締結した場合には、第85条の5第1項の規定にかかわらず、当該信用金庫との間で同項の契約を締結することを要しない。

2　前項の場合において、信用金庫電子決済等代行業者は、同項の契約に従つて、同項の信用金庫に係る信用金庫電子決済等代行業を営まなければならない。

3　第1項の契約には、次に掲げる事項を定めなければならない。

一　信用金庫電子決済等代行業者が信用金庫電子決済等代行業を営むことができる信用金庫の名称

二　信用金庫電子決済等代行業の業務（第1項の信用金庫に係るものに限る。次号において同じ。）に関し、利用者に損害が生じた場合における当該損害についての当該信用金庫、同項の契約を行つた信用金庫連合会及び当該信用金庫電子決済等代行業者との賠償責任の分担に関する事項

三　当該信用金庫電子決済等代行業者が信用金庫電子決済等代行業の業務に関して取得した利用者に関する情報の適正な取扱い及び安全管理のために行う措置並びに当該信用金庫電子決済等代行業者が当該措置を行わない場合に第1項の信用金庫及び同項の契約を行つた信用金庫連合会が行うことができる措置に関する事項

四　その他信用金庫電子決済等代行業の業務の適正を確保するために必要なものとして内閣府令で定める事項

4　信用金庫連合会は、信用金庫電子決済等代行業者との間で第1項の契約を締結したときは、遅滞なく、同項の信用金庫に対し、当該契約の内容を通知しなければならない。

5　第1項の契約を締結した信用金庫連合会及び信用金庫電子決済等代行業者は当該契約を締結した後遅滞なく、同項の信用金庫は前項の規定による通知を受けた後遅滞なく、第1項の契約の内容のうち第3項各号に掲げる事項を、内閣府令で定めるところにより、インターネットの利用その他の方法により公表しなければならない。

第85条の7

1 信用金庫連合会の会員である信用金庫に係る信用金庫電子決済等代行業を営む場合の契約の締結等（法85条の7第1項・2項）

本条1項は、信用金庫決済等代行業者が法85条の4第2項の信用金庫電子決済等代行業を行う前に、信用金庫連合会との間で契約（信用金庫連合会が契約を締結する業者が業務を営むことを同意している信用金庫に限る）を締結した場合、当該信用金庫との間で契約を締結する必要がないことを定めている。この場合、信用金庫電子決済等代行業者は、上記契約に従い、上記同意をした信用金庫に係る信用金庫電子決済等代行業を営まなければならない（本条2項）。

2 法定記載事項（法85条の7第3項）

また、上記契約には、信用金庫電子決済等代行業者が業務を営むことができる信用金庫の名称のほか、法85条の5第2項と同様の法定記載事項を定めなければならない（本条3項）。

3 信用金庫連合会から信用金庫に対する通知（法85条の7第4項）

信用金庫連合会は、信用金庫電子決済等代行業者との間で本条1項の契約を締結した場合、遅滞なく、同意している信用金庫に対し、契約内容を通知しなければならない。

4 契約内容の公表（法85条の7第5項）

本条1項の契約を締結した信用金庫連合会および信用金庫電子決済等代行業者は、契約締結後遅滞なく、契約内容のうち上記3項に定める事項を、インターネットの利用等の方法により公表しなければならない（本条5項）。

第85条の8　信用金庫連合会が会員である信用金庫に係る信用金庫電子決済等代行業に係る契約を締結する場合の基準の作成等

（信用金庫連合会が会員である信用金庫に係る信用金庫電子決済等代行業に係る契約を締結する場合の基準の作成等）

第85条の8　信用金庫連合会は、前条第1項の契約を締結するに当たつて信用金庫電子決済等代行業者に求める事項の基準を作成し、当該基準及び同項の信用金庫の名称その他内閣府令で定める事項を、内閣府令で定めるところにより、インターネットの利用その他の方法により公表しなければならない。

2　前項の求める事項には、前条第1項の契約の相手方となる信用金庫電子決済等代行業者が信用金庫電子決済等代行業の業務に関して取得する利用者に関する情報の適正な取扱い及び安全管理のために行うべき措置その他の内閣府令で定める事項が含まれるものとする。

3　前条第1項の信用金庫は、第85条の6第1項の基準に代えて、前条第1項の同意をしている旨及び当該信用金庫を会員とする信用金庫連合会の名称その他の内閣府令で定める事項を、内閣府令で定めるところにより、インターネットの利用その他の方法により公表しなければならない。

4　信用金庫連合会は、前条第1項の契約の締結に当たつて、第1項の基準を満たす信用金庫電子決済等代行業者に対して、不当に差別的な取扱いを行つてはならない。

　本条は、信用金庫連合会がその会員である信用金庫に係る信用金庫電子決済等代行業に係る契約を締結する場合、基準等を作成し、当該基準および信用金庫の名称等をインターネット等により公表しなければならないことなどを定めている（本条1項）。

　上記基準については、法85条の6と同様、利用者に関する情報の適正な取

扱いおよび安全管理措置等が含まれる必要がある（本条2項）。

　また、信用金庫は、信用金庫連合会との間で契約を締結する場合、法85条の6の基準に代えて、法85条の7第1項の同意をしている旨、および当該信用金庫を会員とする信用金庫連合会の名称等を、インターネット等により公表しなければならない（本条3項）。

　信用金庫連合会は、信用金庫電子決済等代行業に係る契約の締結（法85条の7第1項）にあたり、本条1項の基準を満たす信用金庫電子決済等代行業者に対して、不当に差別的な取扱いをしてはならない（本条4項）。これも法85条の6第3項と同趣旨の規定である。

第85条の9　認定信用金庫電子決済等代行事業者協会の認定

> **（認定信用金庫電子決済等代行事業者協会の認定）**
>
> **第85条の9**　内閣総理大臣は、政令で定めるところにより、信用金庫電子決済等代行業者が設立した一般社団法人であつて、次に掲げる要件を備える者を、その申請により、次条に規定する業務（第3号及び第4号において「認定業務」という。）を行う者として認定することができる。
>
> 　一　信用金庫電子決済等代行業の業務の適正を確保し、並びにその健全な発展及び利用者の利益の保護に資することを目的とすること。
>
> 　二　信用金庫電子決済等代行業者を社員（次条及び第90条の5第4号において「協会員」という。）に含む旨の定款の定めがあること。
>
> 　三　認定業務を適正かつ確実に行うに必要な業務の実施の方法を定めていること。
>
> 　四　認定業務を適正かつ確実に行うに足りる知識及び能力並びに財産的基礎を有すること。

　本条は、信用金庫電子決済等代行業者が設立した一般社団法人であって、

同条1号～4号の要件を備える者を、その申請により、認定業務を行う者として認定することができることを規定している。

これは、信用金庫電子決済等代行事業者の業務の適正確保や利用者の利益保護を図れるよう、会員に対する法令遵守等の指導等を行うことを目的としている。

第85条の10 認定信用金庫電子決済等代行事業者協会の業務

（認定信用金庫電子決済等代行事業者協会の業務）

第85条の10 認定信用金庫電子決済等代行事業者協会（前条の規定による認定を受けた一般社団法人をいう。以下同じ。）は、次に掲げる業務を行うものとする。

一 協会員が信用金庫電子決済等代行業を営むに当たり、この法律その他の法令の規定及び第3号の規則を遵守させるための協会員に対する指導、勧告その他の業務

二 協会員の営む信用金庫電子決済等代行業に関し、契約の内容の適正化その他信用金庫電子決済等代行業の利用者の利益の保護を図るために必要な指導、勧告その他の業務

三 協会員の営む信用金庫電子決済等代行業の適正化並びにその取り扱う情報の適正な取扱い及び安全管理のために必要な規則の制定

四 協会員のこの法律若しくはこの法律に基づく命令若しくはこれらに基づく処分又は前号の規則の遵守の状況の調査

五 信用金庫電子決済等代行業の利用者の利益を保護するために必要な情報の収集、整理及び提供

六 協会員の営む信用金庫電子決済等代行業に関する利用者からの苦情の処理

七 信用金庫電子決済等代行業の利用者に対する広報

第9章の3　信用金庫電子決済等代行業（第85条の4～第85条の11）

八 前各号に掲げるもののほか、信用金庫電子決済等代行業の健全な発展
及び信用金庫電子決済等代行業の利用者の保護に資する業務

　法85条の9に基づき認定を受けた認定信用金庫電子決済等代行事業者協会
が行う業務を列挙して規定したものである。

第85条の11　電子決済等代行業者による信用金庫電子決済等代行業

（電子決済等代行業者による信用金庫電子決済等代行業）

第85条の11　第85条の4第1項の規定にかかわらず、銀行法第2条第18項（定
　義等）に規定する電子決済等代行業者（以下この条及び第91条第1項にお
　いて「電子決済等代行業者」という。）は、信用金庫電子決済等代行業を営
　むことができる。

2　電子決済等代行業者は、信用金庫電子決済等代行業を営もうとするとき
　は、第89条第7項において準用する銀行法第52条の61の3第1項各号（登
　録の申請）に掲げる事項を記載した書類及び同条第2項第3号に掲げる書
　類を内閣総理大臣に届け出なければならない。

3　内閣総理大臣は、前項の規定による届出をした電子決済等代行業者に係
　る名簿を作成し、これを公衆の縦覧に供しなければならない。

4　内閣総理大臣は、第1項の規定により信用金庫電子決済等代行業を営む
　電子決済等代行業者が、この法律又はこの法律に基づく内閣総理大臣の処
　分に違反した場合その他信用金庫電子決済等代行業の業務に関し著しく不
　適当な行為をしたと認められる場合であつて、他の方法により監督の目的
　を達成することができないときは、当該電子決済等代行業者に、信用金庫
　電子決済等代行業の廃止を命ずることができる。

5　前項の規定により信用金庫電子決済等代行業の廃止を命じた場合には、
　内閣総理大臣は、その旨を官報で告示するものとする。

6　電子決済等代行業者が第1項の規定により信用金庫電子決済等代行業を営む場合においては、当該電子決済等代行業者を信用金庫電子決済等代行業者とみなして、第85条の5から前条まで及び第87条第3項の規定並びに第89条第7項において準用する銀行法第52条の61の6第1項及び第3項（変更の届出）、第52条の61の7第1項（廃業等の届出）、第52条の61の8（利用者に対する説明等）、第52条の61の9（電子決済等代行業者の誠実義務）、第52条の61の12から第52条の61の16まで（電子決済等代行業に関する帳簿書類、電子決済等代行業に関する報告書、報告又は資料の提出、立入検査、業務改善命令）、第52条の61の17第1項（登録の取消し等）、第52条の61の21から第52条の61の30まで（会員名簿の縦覧等、利用者の保護に資する情報の提供、利用者からの苦情に関する対応、認定電子決済等代行事業者協会への報告等、秘密保持義務等、定款の必要的記載事項、立入検査等、認定電子決済等代行事業者協会に対する監督命令等、認定電子決済等代行事業者協会への情報提供、雑則）並びに第56条（第14号及び第16号から第18号までに係る部分に限る。）（内閣総理大臣の告示）の規定並びにこれらの規定に係る第11章の規定を適用する。この場合において、第89条第7項において読み替えて準用する同法第52条の61の17第1項中「次の各号のいずれか」とあるのは「第3号」と、「信用金庫法第85条の4第1項の登録を取り消し、又は6月」とあるのは「6月」と、「若しくは」とあるのは「又は」とするほか、必要な技術的読替えは、政令で定める。

　法85条の4第1項においては、信用金庫電子決済等代行業は、内閣総理大臣の登録を受けなければ営むことができないことを定めているが、同項にかかわらず、「電子決済等代行業者」（銀行法52条の61の2の登録を受けて電子決済等代行業を営む者。銀行法2条18項）は信用金庫電子決済等代行業を営むことができること（法85条の4第1項）、その場合、所定の書類を内閣総理大臣に届け出なければならないこと（同条2項）、内閣総理大臣が名簿を作成し、公衆の縦覧に供しなければならないこと（同条3項）などが定められている。

第9章の4

指定紛争解決機関

（第85条の12〜第85条の13）

第85条の12

第85条の12　紛争解決等業務を行う者の指定

（紛争解決等業務を行う者の指定）

第85条の12　内閣総理大臣は、次に掲げる要件を備える者を、その申請により、紛争解決等業務（苦情処理手続（金庫業務関連苦情を処理する手続をいう。）及び紛争解決手続（金庫業務関連紛争について訴訟手続によらずに解決を図る手続をいう。第4項において同じ。）に係る業務並びにこれに付随する業務をいう。第89条第9項を除き、以下同じ。）を行う者として、指定することができる。

一　法人（人格のない社団又は財団で代表者又は管理人の定めのあるものを含み、外国の法令に準拠して設立された法人その他の外国の団体を除く。第4号ニにおいて同じ。）であること。

二　第89条第9項において準用する銀行法第52条の84第1項の規定によりこの項の規定による指定を取り消され、その取消しの日から5年を経過しない者又は他の法律の規定による指定であつて紛争解決等業務に相当する業務に係るものとして政令で定めるものを取り消され、その取消しの日から5年を経過しない者でないこと。

三　この法律若しくは弁護士法（昭和24年法律第205号）又はこれらに相当する外国の法令の規定に違反し、罰金の刑（これに相当する外国の法令による刑を含む。）に処せられ、その刑の執行を終わり、又はその刑の執行を受けることがなくなつた日から5年を経過しない者でないこと。

四　役員のうちに、次のいずれかに該当する者がないこと。

イ　成年被後見人若しくは被保佐人又は外国の法令上これらと同様に取り扱われている者

ロ　破産者で復権を得ないもの又は外国の法令上これと同様に取り扱われている者

ハ　禁錮以上の刑（これに相当する外国の法令による刑を含む。）に処せられ、その刑の執行を終わり、又はその刑の執行を受けることがなく

なつた日から5年を経過しない者

ニ　第89条第9項において準用する銀行法第52条の84第1項の規定により
　この項の規定による指定を取り消された場合若しくはこの法律に相
　当する外国の法令の規定により当該外国において受けている当該指定
　に類する行政処分を取り消された場合において、その取消しの日前1
　月以内にその法人の役員（外国の法令上これと同様に取り扱われてい
　る者を含む。ニにおいて同じ。）であつた者でその取消しの日から5年
　を経過しない者又は他の法律の規定による指定であつて紛争解決等業
　務に相当する業務に係るものとして政令で定めるもの若しくは当該他
　の法律に相当する外国の法令の規定により当該外国において受けてい
　る当該政令で定める指定に類する行政処分を取り消された場合におい
　て、その取消しの日前1月以内にその法人の役員であつた者でその取
　消しの日から5年を経過しない者

ホ　この法律若しくは弁護士法又はこれらに相当する外国の法令の規定
　に違反し、罰金の刑（これに相当する外国の法令による刑を含む。）に
　処せられ、その刑の執行を終わり、又はその刑の執行を受けることが
　なくなつた日から5年を経過しない者

五　紛争解決等業務を的確に実施するに足りる経理的及び技術的な基礎を
　有すること。

六　役員又は職員の構成が紛争解決等業務の公正な実施に支障を及ぼすお
　それがないものであること。

七　紛争解決等業務の実施に関する規程（以下この条及び次条において「業
　務規程」という。）が法令に適合し、かつ、この法律の定めるところによ
　り紛争解決等業務を公正かつ的確に実施するために十分であると認めら
　れること。

八　第3項の規定により意見を聴取した結果、手続実施基本契約（紛争解
　決等業務の実施に関し指定紛争解決機関（この項の規定による指定を受
　けた者をいう。第5項、次条及び第94条第2号において同じ。）と金庫と
　の間で締結される契約をいう。以下この号及び次条において同じ。）の解
　除に関する事項その他の手続実施基本契約の内容（第89条第9項におい

て準用する銀行法第52条の67第2項各号に掲げる事項を除く。）その他の業務規程の内容（同条第3項の規定によりその内容とするものでなければならないこととされる事項並びに同条第4項各号及び第5項第1号に掲げる基準に適合するために必要な事項を除く。）について異議（合理的な理由が付されたものに限る。）を述べた金庫の数の金庫の総数に占める割合が政令で定める割合以下の割合となつたこと。

2　前項に規定する「金庫業務関連苦情」とは、金庫業務（金庫が第53条第1項から第3項まで及び第6項又は第54条第1項、第2項、第4項及び第5項の規定により行う業務並びに他の法律により行う業務並びに当該金庫のために信用金庫代理業を行う者が行う信用金庫代理業をいう。以下この項及び第89条第9項において同じ。）に関する苦情をいい、前項に規定する「金庫業務関連紛争」とは、金庫業務に関する紛争で当事者が和解をすることができるものをいう。

3　第1項の申請をしようとする者は、あらかじめ、内閣府令で定めるところにより、金庫に対し、業務規程の内容を説明し、これについて異議がないかどうかの意見（異議がある場合には、その理由を含む。）を聴取し、及びその結果を記載した書類を作成しなければならない。

4　内閣総理大臣は、第1項の規定による指定をしようとするときは、同項第5号から第7号までに掲げる要件（紛争解決手続の業務に係る部分に限り、同号に掲げる要件にあつては、第89条第9項において準用する銀行法第52条の67第4項各号及び第5項各号に掲げる基準に係るものに限る。）に該当していることについて、あらかじめ、法務大臣に協議しなければならない。

5　内閣総理大臣は、第1項の規定による指定をしたときは、指定紛争解決機関の名称又は商号及び主たる事務所又は営業所の所在地並びに当該指定をした日を官報で告示しなければならない。

1　裁判外紛争解決手続（ADR）の目的

裁判外紛争解決手続（ADR：Alternative Dispute Resolution）とは、裁判所

等での訴訟に代わり（Alternative）、金融機関と顧客との苦情・紛争（Dispute）を、第三者機関の和解斡旋などにより、当事者同士の合意に基づき解決（Resolution）を図る手続である。金融 ADR は、金融商品やサービスに関する苦情・紛争を公正・中立な立場から簡易・迅速に解決することにより、利用者の保護や利便性に資するものである。また、金融 ADR を整備することにより、金融機関と顧客のトラブルを解決し、その信頼向上にもつながり、信頼のある金融市場の構築にも資するものである。

2 指定紛争解決機関の指定

従前より、各業界においては業界団体による自主的な苦情・紛争解決制度が存在したが、金融 ADR の実施体制・能力を有する者について行政庁が指定をすることにより、金融 ADR の実施主体の中立性・公正性を確保することが適切であると解される。

そのため、司法制度改革の議論の中で ADR の充実・拡充を図ることが提言され、平成19年４月に「裁判外紛争解決手続の利用の促進に関する法律」が施行され、これを受けて金融審議会において平成20年12月に報告書（「金融分野における裁判外紛争解決制度（金融 ADR）の在り方について」）が取りまとめられた。さらに、平成21年の金融商品取引法等の一部を改正する法律による改正により、各業界において、法律上の ADR 制度として、指定紛争解決機関の立法化がなされ、より公正、簡便、効率的な制度となったものである。

以上より本条において、指定紛争解決機関について定められているほか、法89条７項において、一部の規定を除き銀行法７条の５の「指定紛争解決機関」の規定が準用されている。

3 紛争解決機関の指定要件（法85条の12第１項）

政府（内閣総理大臣）による指定は、民間団体による申請を受けて行われる（申請主義。法85条の12第１項）。紛争解決機関自体は公的な機関とはいえないが、政府が紛争解決機関を指定し監督を行うことにより、当該機関の公平性が担保されている。

第９章の４　指定紛争解決機関（第85条の12～第85条の13）　749

「指定」する方法を採用しているのは、個別の認可申請に対応するのではなく、複数の候補者が存在することを前提に、政府が選任し決定する仕組みとしているためである（小山『銀行法』551頁）。

紛争解決等業務を行う機関の指定要件として、以下に整理される。

---

① 法令違反など欠格事由がないこと（1号〜4号）

② 業務を的確に実施するだけの経理的、技術的基礎を有すること（5号）

③ 役職員の構成が紛争解決業務等の公正な実施に支障を及ぼすおそれがないこと（6号）

④ 業務規程が公正、適格性などの観点から十分であること（7号）

⑤ 業務規程の内容について異議を述べた金庫の数の総数に占める割合が一定以下であること（8号）

以下において、詳細に検討する。

⑴　法人であること（1号）

「法人」には、人格のない社団または財団で代表者または管理人の定めがあるものを含み、外国の法令に準拠して設立された法人その他の外国の団体は除かれる。

⑵　指定紛争機関の指定を取り消され、その取消しの日から5年を経過しない者または他の法律の規定による指定であって紛争解決等業務に相当する業務に係るものとして政令で定めるものを取り消され、その取消しの日から5年を経過しない者であること（2号）

「政令で定める者」としては、①金融商品取引法156条の39第1項の規定による指定、②無尽業法35条の2第1項による指定、③兼営法12条の2第1項の規定による指定、④農協法92条の6第1項の規定による指定、⑤水協法121条の6第1項の規定による指定、⑥中協法69条の2第1項の規定による指定、⑦長期信用銀行法16条の8第1項の規定による指定、⑧労働金庫法89条の5第1項の規定による指定、⑨銀行法52条の62第1項の規定による指

定、⑩貸金業法41条の39第1項の規定による指定、⑪保険業法308条の2第1項の規定による指定、⑫農林中央金庫法95条の6第1項の規定による指定、⑬信託業法85条の2第1項の規定による指定、⑭資金決済に関する法律99条1項の規定による指定が定められている（施行令9条の7、13条の4各号）。

⑶　本法もしくは弁護士法またはこれらに相当する外国の法令の規定に違反し、罰金の刑（これに相当する外国の法令による刑を含む）に処せられ、その刑の執行を終わり、またはその刑の執行を受けることがなくなった日から5年を経過しない者でないこと（3号）

⑷　役員のうちに、①成年被後見人もしくは被保佐人または外国の法令上これらと同様に取り扱われている者、②破産者で復権を得ないものまたは外国の法令上これと同様に取り扱われている者、③禁錮以上の刑（これに相当する外国の法令による刑を含む）に処せられ、その刑の執行を終わり、またはその刑の執行を受けることがなくなった日から5年を経過しない者、④指定を取り消された指定紛争解決機関の役員であった者、⑤本法の規定等に違反し罰金の刑に処せられた者等がないこと、のいずれかに該当する者がないこと（4号）

⑸　紛争解決等業務を的確に実施するに足りる経理的および技術的な基礎を有すること（5号）

　　a　経理的基礎
　紛争解決等業務は、安定的・継続的に運営される必要があるため、これを可能とする経営的根拠があることをいい、収支計画等が適切に作成されているかにより判断される。

　　b　技術的基礎
　紛争解決等業務の適格な実施にあたっては、当該業態における苦情や紛争を踏まえた適切な規模の体制を確保する必要があるため、指定を受けようとする者の組織としての態勢、知識および能力が備わっていることをいう。

第9章の4　指定紛争解決機関（第85条の12～第85条の13）│751

第85条の12

⑹　**役員または職員の構成が紛争解決等業務の公正な実施に支障を及ぼすおそれがないものであること（6号）**

紛争解決等業務を公正に実施するに足りる知識・経験を有している者が確保されていること、紛争解決等業務に従事する役職員の構成が適切であること（例えば特定の金融機関に所属した経験を有する者に偏っていないこと）などである。

⑺　**紛争解決等業務の実施に関する規程（業務規程）が法令に適合し、かつ、この法律の定めるところにより紛争解決等業務を公正かつ的確に実施するために十分であると認められること（7号）**

業務規程に定めるべき事項は、法85条の13に定められている。

⑻　**手続実施基本契約の内容その他の業務規程の内容について異議を述べた信用金庫の数の信用金庫の総数に占める割合が政令で定める割合以下の割合となったこと（8号）**

指定紛争解決機関の指定が行われると、金庫との間で手続実施基本契約（紛争解決等業務の実施に関し指定紛争解決機関と金庫との間で締結される契約）を締結しなければならず、また金庫との間で相談・苦情に関する情報連携等が必要となる。

また、金融 ADR 制度が金庫が顧客からの苦情・紛争解決申立てを自主的に解決するための制度であり、金庫側にとっても納得性のある解決を志向するものであり、消費者保護に偏った業務規程を有する機関では、円滑な運営ができない。

そこで、指定紛争解決機関の指定の申請が行われる場合、本条3項に基づき、金庫に対して、業務規程の内容を説明し、これについて異議がないかどうかの意見を聴取し、その結果を記載した書類を作成しなければならないところであり、異議（合理的な理由が付されたものに限る）を述べた金庫の総数に占める割合が政令（施行令9条の8）で定める割合（3分の1）以下であることを指定の要件としている。

第85条の12

4 金庫業務関連苦情・金庫業務関連紛争（法85条の12第2項）

本条2項においては、「金庫業務関連苦情」を金庫業務に関する苦情、「金庫業務関連紛争」を金庫業務に関連する紛争で当事者が和解をすることができるものと定義づけている。

5 指定申請に際しての金庫の意見聴取（法85条の12第3項）

指定紛争解決機関の指定の申請をする者は、事前に、金庫に対して業務規程の内容を説明し、これについて異議がないかどうかの意見を聴取し、その結果を記載した書類を作成しなければならない。

上記の結果を記載した書類の記載事項等については、施行規則99条の3第2項・3項に定められている。

6 法務大臣との協議（法85条の12第4項）

内閣総理大臣は、本条1項の指定にあたっては、同項5号～7号の要件該当性について、あらかじめ法務大臣との協議が義務付けられている（本条4項）。

なお、適合基準については、法89条7項において準用する銀行法52条の67第4項各号および5項各号に定められている。

7 指定紛争解決機関の指定の公告（法85条の12第5項）

内閣総理大臣は、指定をしたときは、指定紛争解決機関の名称または商号および主たる事務所または営業所の所在地ならびに当該指定をした日を官報で告示しなければならない。

第9章の4　指定紛争解決機関（第85条の12～第85条の13）　753

第85条の13

第85条の13　業務規程

（業務規程）

第85条の13　指定紛争解決機関は、次に掲げる事項に関する業務規程を定めなければならない。

一　手続実施基本契約の内容に関する事項

二　手続実施基本契約の締結に関する事項

三　紛争解決等業務の実施に関する事項

四　紛争解決等業務に要する費用について加入金庫（手続実施基本契約を締結した相手方である金庫をいう。次号において同じ。）が負担する負担金に関する事項

五　当事者である加入金庫又はその顧客から紛争解決等業務の実施に関する料金を徴収する場合にあつては、当該料金に関する事項

六　他の指定紛争解決機関その他相談、苦情の処理又は紛争の解決を実施する国の機関、地方公共団体、民間事業者その他の者との連携に関する事項

七　紛争解決等業務に関する苦情の処理に関する事項

八　前各号に掲げるもののほか、紛争解決等業務の実施に必要な事項として内閣府令で定めるもの

1　業務規程

　本条は、指定紛争解決機関が、紛争解決等業務に係る業務規程を定めなければならないことを規定している。

　指定紛争解決機関は、業務規程等に基づき、具体的な紛争解決業務を遂行することとなり、業務規程に定める内容は、以下のとおり定められている。

①　手続実施基本契約の内容に関する事項（1号）

②　手続実施基本契約の締結に関する事項（2号）

754

③ 紛争解決等業務の実施に関する事項（3号）

④ 紛争解決等業務に要する費用について加入金庫（手続実施基本契約を締結した相手方である金庫）が負担する負担金に関する事項（4号）

⑤ 当事者である加入金庫またはその顧客から紛争解決等業務の実施に関する料金を徴収する場合にあっては、当該料金に関する事項（5号）

⑥ 他の指定紛争解決機関その他相談、苦情の処理または紛争の解決を実施する国の機関、地方公共団体、民間事業者その他の者との連携に関する事項（6号）…「国の機関」とは、金融サービス利用者相談室を設置している金融庁、「地方公共団体」とは消費生活相談センターを設置している都道府県等である。

⑦ 紛争解決等業務に関する苦情の処理に関する事項…紛争解決等業務を公正・的確に実施し、利用者の意見が適切に反映されるようにするため、紛争解決等業務に関する苦情の処理に関する事項が業務規程の記載事項とされている。

⑧ 前各号に掲げるもののほか、紛争解決等業務の実施に必要な事項として内閣府令で定めるもの…内閣府令（施行規則99条の4）において、(i)紛争解決等業務を行う時間・休日に関する事項、(ii)営業所または事業所の名称および所在地ならびにその営業所または事務所が紛争解決等業務を行う区域に関する事項、(iii)紛争解決等業務を行う職員の監督体制に関する事項、(iv)苦情処理手続または紛争解決手続の業務を委託する場合には、その委託に関する事項、(v)その他紛争解決等業務に関し必要な事項が定められている。

Column　信用金庫における ADR

　金融 ADR の制度においては、一定の要件を備えた紛争解決機関（ADR 機関）が行政庁からの指定を受け、指定紛争解決機関（指定 ADR 機関）として紛争解決等業務を行うことが想定されているが、このような指定を受けるための申請は法的義務とされていない。

第85条の13

　指定紛争解決機関が存しない場合、金融機関は金融ADR制度への代替的な対応として、苦情処理に関して苦情処理措置、紛争解決に関して紛争解決措置を講じる必要があり、施行規則113条の２において、指定紛争解決機関が存在しない場合（銀行法12条の３第１項２号参照）の代替措置としての苦情処理措置および紛争解決措置が定められている（信用金庫等協同組織金融機関には本稿脱稿時点（平成30年３月末時点）で指定ADR機関（指定紛争解決機関）は存在しない）。

　信用金庫については、金融ADR制度の代替措置として、苦情処理手続は自金庫で行うほか、全国11地区の地区協会（地区しんきん相談所）および全国信用金庫協会（全国しんきん相談所）において苦情受付をしている。

　紛争解決手続は中立性確保の観点から、外部機関を利用することとされており、弁護士会の紛争解決センター（仲裁センター、調停センター等の名称を用いているところもある）を利用している（施行規則113条の２第２項２号）。全国信用金庫協会が東京三弁護士会と協定を締結し、全国の信用金庫が東京三弁護士会を利用できる態勢整備がとられており、地区協会が個別に地域の弁護士会と協定を締結しているものもある。

　なお、他業態においては、紛争解決手続の利用のために、苦情処理手続を経る必要があるとの運用（苦情前置主義）をとっているところもあるが、信用金庫においては、苦情処理手続を経ずに紛争解決手続（弁護士会の紛争解決センター）の利用が可能となっている。

第10章

雑則

（第86条～第89条の３）

第86条～第87条

　本章においては、実施規定、届出事項、認可、公告、権限の委任等の雑則について定めている。

第86条　実施規定

（実施規定）

第86条　この法律の規定（第89条第１項、第３項、第５項、第７項及び第９項において準用する銀行法の規定を含む。次条から第87条の４まで及び第88条において同じ。）による免許、許可、認可、登録、認定又は指定に関する申請、届出、業務報告書その他の書類の提出の手続その他この法律を実施するため必要な事項は、内閣府令で定める。

　本条は、本法を実施するために必要な事項を内閣府令（施行規則）に委任することを定めた規定である。

　本条に基づき、内閣府令（施行規則）が定められ、信用金庫法に定められた免許、許可および認可の申請手続、添付書類等および業務報告書の作成等について定めている。

第87条　届出事項

（届出事項）

第87条　金庫は、次の各号のいずれかに該当するときは、その旨を内閣総理大臣に届け出なければならない。

　一　事業を開始したとき。

　二　信用金庫が第54条の21第１項第１号から第２号の２までに掲げる会社を子会社としようとするとき（第58条第６項若しくは第61条の６第４項

又は金融機関の合併及び転換に関する法律第5条第1項（認可）の規定による認可を受けて合併又は事業の譲受けをしようとする場合を除く。）、又は信用金庫連合会が第54条の23第1項第10号から第11号の2までに掲げる会社（同条第6項の規定により子会社とすることについて認可を受けなければならないとされるものを除く。）を子会社としようとするとき（第58条第6項又は第61条の6第4項の規定による認可を受けて合併又は事業の譲受けをしようとする場合を除く。）。

三　その子会社が子会社でなくなつたとき（第58条第6項の規定による認可を受けて事業の譲渡をした場合を除く。）。

四　信用金庫の第54条の21第3項に規定する認可対象会社に該当する子会社が当該認可対象会社に該当しない子会社になつたとき、又は信用金庫連合会の第54条の23第6項に規定する認可対象会社に該当する子会社が当該認可対象会社に該当しない子会社になつたとき。

五　この法律の規定による認可を受けた事項を実行したとき。

六　その他内閣府令（金融破綻処理制度及び金融危機管理に係るものについては、内閣府令・財務省令）で定める場合に該当するとき。

2　信用金庫代理業者は、信用金庫代理業を開始したとき、その他内閣府令で定める場合に該当するときは、その旨を内閣総理大臣に届け出なければならない。

3　信用金庫電子決済等代行業者は、次の各号のいずれかに該当するときは、その旨を内閣総理大臣に届け出なければならない

一　信用金庫電子決済等代行業を開始したとき。

二　金庫との間で第85条の5第1項の契約を締結したとき。

三　信用金庫連合会との間で第85条の7第1項の契約を締結したとき。

四　その他内閣府令で定める場合に該当するとき。

1　金庫の届出義務

本条は、金庫の届出義務について定めたものである。

法9条により、内閣総理大臣が金庫を監督するものであり、その業務の健

全・適切な運営を確保する上で、監督上、情報を入手する必要があると認めるときは、金庫等に対する報告徴求の規定もあるが（法89条1項、銀行法24条1項）、本条において金庫に届出義務が課されている。

2 金庫の届出義務がある場合

届出義務のある場合については、本条1項1号～6号、規則100条1項を参照されたい。

具体的に、総（代）会終了後の役員等の変更に伴う届出（代表理事・金庫の常務に従事する役員・支配人の就退任に伴う届出（施行規則100条1項1号）、員外監事の就退任に伴う届出（同項2号）、会計監査人の就退任に伴う届出（同項3号）など）と、監督官庁からの定款変更の認可を受けて定款変更を行った場合の実行届の届出（法87条1項5号）、業務報告およびその附属明細書の提出（同項6号、施行規則100条1項29号、3項4号）などがある。

3 信用金庫代理業開始時の届出

信用金庫代理業者は、信用金庫代理業を開始したとき、その他内閣府令で定める場合に該当するときは、その旨を内閣総理大臣に届け出なければならない。

4 信用金庫電子決済等代行業者の届出

信用金庫電子決済等代行業者が、①信用金庫電子決済等代行業を開始したとき、②金庫との間で契約を締結したとき（法85条の5第1項）、③信用金庫連合会との間で契約を締結したとき（法85条の7第1項）、④その他内閣府令で定める場合に該当するときに、内閣総理大臣に届け出なければならないことを定めている。

第87条の2～第87条の3

第87条の2 認可等の条件

（認可等の条件）

第87条の2 内閣総理大臣は、この法律の規定による認可又は承認（次項において「認可等」という。）に条件を付し、及びこれを変更することができる。

2 前項の条件は、認可等の趣旨に照らして、又は認可等に係る事項の確実な実施を図るため必要最小限のものでなければならない。

　本条は、内閣総理大臣による認可または承認に対する条件の付与について規定している。

　内閣総理大臣は、本法による認可または承認について条件を付し、およびこれを変更することができる（法87条の2第1項）。

　しかし、認可または承認において自由に「条件」を付すことを認めると、認可または承認を受けたものの地位を不安定にするおそれがあるため、本条2項において、「条件」は、認可もしくは承認の趣旨に照らして、または認可もしくは承認に係る事項の確実な実施を図るため必要最小限のものでなければならないことを定めている。

第87条の3 認可の失効

（認可の失効）

第87条の3 金庫がこの法律の規定による認可を受けた日から6月以内に当該認可を受けた事項を実施しなかつたときは、当該認可は、効力を失う。ただし、やむを得ない理由がある場合において、あらかじめ内閣総理大臣

第10章　雑則（第86条～第89条の3）　761

第87条の4

の承認を受けたときは、この限りでない。

　金庫が、認可を受けた日から6カ月以内に、その認可を受けた事項を実施しなかったときは、その認可は効力を失うことを定めている。

　ただし、やむを得ない事由がある場合において、あらかじめ内閣総理大臣の承認を受けた場合には、この限りではない。施行規則101条において、承認申請書に理由書を添付して金融庁長官等に提出しなけらばならないこと（1項）、金融庁長官等の審査基準（2項）が定められている。

　上記の「やむを得ない」場合については、法令等で要件が定められているものではないが、限定的な場合と解される。

第87条の4　公　　告

（公告）

第87条の4　金庫は、公告方法として、金庫の事務所の店頭に掲示する方法に加え、次に掲げる方法のいずれかを定款で定めなければならない。

　一　時事に関する事項を掲載する日刊新聞紙に掲載する方法

　二　電子公告

2　金庫が前項2号に掲げる方法を公告方法とする旨を定款で定める場合には、その定款には、電子広告を公告方法とする旨を定めれば足りる。この場合においては、事故その他やむを得ない事由によつて電子公告による公告をすることができない場合の公告方法として、同項第1号に掲げる方法を定款で定めることができる。

3　金庫が当該金庫の事務所の店頭に掲示する方法又は電子公告により公告をする場合には、次の各号に掲げる区分に応じ、それぞれ当該各号に定める日までの間、継続してそれぞれの公告をしなければならない。

　一　公告に定める期間内に異議を述べることができる旨の公告　当該期間を経過する日

二　第89条において準用する銀行法第16条第１項前段の規定による公告　金庫がその業務の全部又は一部を休止した事務所においてその業務の全部又は一部を再開する日

三　前２号に掲げる公告以外の公告　当該公告の開始後１月を経過する日

4　金庫が電子公告によりこの法律又は他の法律の規定による公告をする場合については、会社法第940条第３項（電子公告の公告期間等）、第941条（電子公告調査）、第946条（調査の義務等）、第947条（電子公告調査を行うことができない場合）、第951条第２項（財務諸表等の備置き及び閲覧等）、第953条（改善命令）及び第955条（調査記録簿等の記載等）の規定を準用する。この場合において、これらの規定中「電子公告」とあるのは「電子公告（信用金庫法第65条第２項第９号に規定する電子公告をいう。）」と、同法第940条第３項中「前２項」とあるのは「信用金庫法第87条の４第３項」と、同法第941条中「この法律」とあるのは「信用金庫法」と読み替えるものとするほか、必要な技術的読替えは、政令で定める。

1　公告の意義

「公告」とは、ある事項を広く一般に知らせることをいう。情報を伝達する方法としては、「公告」のほかに「通知」の方法もあるが、金庫が通知すべき相手方を把握できない場合もあるし、把握できたとしても、通知の相手方が多数に及ぶ場合には、コストと手間を要するため、「公告」の制度が存在する。

2　金庫における公告方法（法87条の４第１項）

⑴　公告方法

本条において、金庫においては公告方法として、金庫の事務所の店頭に掲示する方法に加え、日刊新聞紙への掲載または電子公告のいずれかを定款で定めなければならないとされている（法87条の４第１項）。官報による公告は認められていない。

なお、電子公告は、株式会社については「電子公告制度の導入のための商法等の一部を改正する法律」（電子公告法。平成16年6月9日法律第87号）により導入された制度であり、インターネットのホームページに、公告すべき内容の情報を掲載し、不特定多数の者がその情報の提供を受けることができる状態に置くことによって行われる。インターネット時代に対応した周知性の高い公告の実現と公告コストの削減を目的としている。

日刊新聞紙への掲載の場合、「時事に関する事項を掲載する」とされているため、日刊新聞であっても、時事に関しないもの（スポーツ新聞、業界新聞）は該当しない。また、「日刊新聞紙」であるため、週刊新聞は該当しない。さらに、時事に関する日刊新聞紙であれば、全国紙に限らず、読者が一市一郡に遍在する地方紙でもよく、日曜日を休刊とする日刊新聞も該当する。

⑵　官報公告が認められていない理由

上記のとおり、信用金庫法においては、会社法上は、日刊新聞紙、電子公告のほか、官報による公告も認められているのと異なり（会社法939条1項）、官報による公告が認められていない。

これは、信用金庫の公告は、会社の公告が会社の株主や債権者に知らせることを目的としていることと異なり、預金者等の国民大衆や出資者等を対象とするものであり、官報は国民大衆や会員が通常手にするものではなく、官報による公告ではその目的を達することができない危険性があることによる（内藤ほか編著『逐条解説信金法』402頁）。なお、農協法97条の4第2項は、組合および農事組合法人の公告の方法として、事務所の掲示場への掲示のほか、①官報による公告、②日刊新聞紙への掲載、③電子公告のいずれかを採用し得るとしつつ、同条2項ただし書において、信用事業または共済事業を行う組合にあっては、信用金庫と同様、官報公告を採用し得ないことを前提としている。信用事業または共済事業を行う組合については、公告は多数にわたる債権者の保護のための重要な手段となるためである（『逐条解説農協法』664頁。ただし、信用組合については官報による公告も認められている）。

第87条の4

3　公告方法の定め（法87条の4第2項）

　金庫は、公告方法としていかなる方法を採用するかについては、定款に定めなければならない（法23条3項12号）。公告については、あらかじめ方法を会員等に知らせておかなければ、公告をする意味が果たされないためである。公告方法については、登記事項でもある（法65条2項8号）。

　なお、公告方法として電子公告を定める場合には、電子公告を公告方法とする旨のみ定めれば足りる（法87条の4第2項）。この場合においては、事故その他やむを得ない事由によって電子公告による公告をすることができない場合の予備的公告方法として、日刊新聞紙に掲載する方法を定款で定めることができる。定款例においては、6条1項（A案）として、事務所の店頭掲示および日刊新聞紙への掲載を規定しており、6条1項（B案）として、事務所の店頭掲示および電子公告（ただし、事故その他やむを得ない事由により電子公告ができない場合は日刊新聞紙の掲載）を規定している。日刊新聞紙への掲載を公告方法として定める場合には、例えば、「東京都において発行する××新聞に掲載する方法により行う」というような内容で定める。

4　公告事項

　本法に定めている主な公告事項は以下のとおりである。

① 創立総会に際しての公告（法24条）

② 出資1口の減少についての債権者異議についての公告（法52条2項）

③ 全国連合会債の売出しを行う際の公告（法54条の13）

④ 簡易な事業譲受けに際しての公告（法58条3項）

⑤ 吸収合併により消滅する信用金庫の債権者異議等についての公告（法61条の2第5項、61の第5項、52条2項）

⑥ 吸収合併消滅金庫の効力発生日の変更についての公告（法61条の2第7項）

⑦ 吸収合併存続金庫の公告（法61条の3第4項）

⑧ 金庫の解散および清算の場合の債権者に対する公告（法63条、会社法499条）

第87条の4

⑨　臨時休業についての公告（法89条1項、銀行法16条1項）

⑩　分割・事業譲渡に際しての公告（法89条1項、銀行法34条～36条）

⑪　廃業についての公告（法89条1項、銀行法38条）

5　公告の期間（法87条の4第3項）

　店頭公告および電子公告については公告をなす期間が法定されており、期間内に異議を述べることができる旨の公告については当該期間を経過するまで（法87条の4第3項1号）、臨時休業の場合は再開するまで（同項2号）、その他の公告については当該公告の開始後1カ月を経過する日と規定されている（同項3号）。

6　電子公告における会社法の準用（法87条の4第4項）

　4項において、電子公告による公告については、会社法が準用されている。ここで準用されている会社法の条文は、940条3項（電子公告の公告期間等）、941条（電子公告調査）、946条（調査の義務等）、947条（電子公告調査を行うことができない場合）、951条2項（財務諸表等の備置きおよび閲覧等）、953条（改善命令）および955条（調査記録簿等の記載等）である。

　詳細については会社法の条文を参照されたいが、電子公告は、官報や日刊新聞紙への掲載の場合と異なり、事後的に改ざんすることが容易であるという問題があるため、電子公告の適法性についての客観的証拠を残すため、第三者（電子公告調査機関）の調査を受けることを義務付けている（会社法941条）。また、電子公告調査機関は、公告期間中、定期的にホームページを調査して正常に掲載されていたか、また改ざんがなされていないか等を判定し、その結果を記録しなければならず、電子公告調査が終了した場合、速やかに調査の結果を調査を委託した金庫に通知しなければならない（同法946条）。

第87条の5

第87条の5 財務大臣への通知

（財務大臣への通知）

第87条の5　内閣総理大臣は、次に掲げる処分をしたときは、速やかに、その旨を財務大臣に通知するものとする。第87条第1項の規定による届出（同項第6号に係るもののうち内閣府令・財務省令で定めるものに限る。）があつたときも、同様とする。

一　第4条の規定による免許

二　第58条第6項若しくは第61条の6第4項の規定又は第89条第1項において準用する銀行法（以下この条において「銀行法」という。）第37条第1項（同項第1号及び第3号に係る部分に限る。）（廃業及び解散の認可）の規定による認可

三　銀行法第26条第1項又は第27条（業務の停止等）の規定による命令（改善計画の提出を求めることを含む。）

四　銀行法第27条又は第28条（免許の取消し等）の規定による第4条の免許の取消し

　本法において、内閣総理大臣に対し、免許（法4条）、事業等の譲渡または譲受け（法58条6項）、合併の効果（法61条の6第4項）、廃業および解散の認可（法89条1項、銀行法37条1項1号・3号・3項）、業務の停止等・業務改善命令（法89条1項、銀行法26条1項・27条）、免許の取消し等（法89条1項、銀行法27条、28条）の処分を行った際には、財務大臣に通知するものとされている（法87条の5）。

　また、法87条1項に規定する届出（同項6号に係るもののうち内閣府令財務省令で定めるものに限る）があった場合も、同様に財務大臣に通知する必要がある。

　なお、法88条において述べるとおり、免許および免許取消しの通知以外については、金融庁長官に権限が委任されている。

第10章　雑則（第86条〜第89条の3）

第88条

第88条 権限の委任

> **（権限の委任）**
>
> **第88条**　内閣総理大臣は、この法律による権限（政令で定めるものを除く。）を金融庁長官に委任する。
>
> **2**　金融庁長官は、政令で定めるところにより、前項の規定により委任された権限の一部を財務局長または財務支局長に委任することができる。

1　内閣総理大臣から金融庁長官への委任

内閣総理大臣は、政令で定めるものを除いて、信用金庫法による権限を金融庁長官に委任する（法88条1項）。

なお、政令（施行令）10条において、免許（法4条）、免許および免許取消しの事実についての財務大臣への通知（法87条の5第1号・4号）、免許の取消し（銀行法27条、28条）および免許取消しの告示（銀行法56条2号）についての権限は、金融庁長官へ委任される権限から除外されている。

2　金融庁長官から財務局長・財務支局長への委任

金融庁長官は、その委任された権限の一部を財務局長または財務支局長に委任することができる（法88条2項）。

この権限委任規定に基づき、金融庁長官に委任された権限の多くは、その主たる事務所の所在地を管轄する財務局長（当該所在地が福岡財務支局の管轄区域内にある場合にあっては福岡財務支局長）に委任されている（施行令10条の2、10条の3）。

なお、施行令10条の2第4項の規定に基づき、同条1項〜3項の規定を適用しない金融庁長官の権限について、平成11年4月1日金融監督庁告示第13号（「信用金庫法施行令第10条の2第1項から第3項までの規定を適用しない金融庁長官の権限を指定する件」）において定められている。

768

第89条

　上記のとおり、法律上内閣総理大臣の権限と規定されているものであっても、その多くは財務局長等に委任されているので、本書において「内閣総理大臣」と記載している部分についても、その多くは実際には財務局長等が行うものである。

第89条　銀行法の準用

（銀行法の準用）

第89条　銀行法第４条第４項（営業の免許）、第９条（名義貸しの禁止）、第12条の２（第３項を除く。）から第13条の３の２（第２項を除く。）まで（預金者等に対する情報の提供等、指定紛争解決機関との契約締結義務等、無限責任社員等となることの禁止、同一人に対する信用の供与等、特定関係者との間の取引等、銀行の業務に係る禁止行為、顧客の利益の保護のための体制整備）、第14条から第16条まで（取締役等に対する信用の供与、経営の健全性の確保、休日及び営業時間、臨時休業等）、第19条（同条第１項及び第２項に規定する事業年度に係る業務報告書に係る部分に限る。）（業務報告書等）、第21条（同条第１項から第６項までの規定にあつては、同条第１項前段及び第２項前段に規定する事業年度に係る説明書類に係る部分に限る。）（業務及び財産の状況に関する説明書類の縦覧等）、第４章（第29条を除く。）（監督）、第34条から第36条まで（事業の譲渡等の場合の債権者の異議の催告等、譲渡の公告等）、第37条第１項第１号及び第３号並びに第３項（廃業及び解散等の認可）、第38条（廃業等の公告等）、第44条から第46条まで（清算人の任免等、清算の監督、清算手続等における内閣総理大臣の意見等）、第56条（第１号から第３号までに係る部分に限る。）（内閣総理大臣の告示）、第57条の５（財務大臣への協議）並びに第57条の７（財務大臣への資料提出等）の規定は、銀行に係るものにあつては金庫について、所属銀行に係るものにあつては所属信用金庫について、銀行代理業者に係るものにあつては信用金庫代理業者について、それぞれ準用する。

第10章　雑則（第86条〜第89条の３）　769

2 前項の場合において、銀行法第9条中「銀行業を営ませてはならない」とあるのは「金庫の事業を行わせてはならない」と、同法第12条の3第3項第2号及び第3号中「第52条の62第1項」とあるのは「信用金庫法第85条の12第1項」と読み替えるものとするほか、必要な技術的読替えは、政令で定める。

3 銀行法第52条の2の6から第52条の2の9まで（所属外国銀行に係る説明書類等の縦覧、外国銀行代理業務の健全化措置、所属外国銀行に関する資料の提出等、所属外国銀行に関する届出等）、第52条の40（標識の掲示）、第52条の41（名義貸しの禁止）、第52条の43から第52条の45（第4号を除く。）まで（分別管理、顧客に対する説明等、銀行代理業に係る禁止行為）、第52条の49（銀行代理業に関する帳簿書類）及び第52条の50第1項（銀行代理業に関する報告書）の規定は、外国銀行代理銀行及び銀行代理業者に係るものにあつては外国銀行代理金庫（第54条の2第2項の規定による届出をして外国銀行代理業務を行つている信用金庫連合会をいう。以下同じ。）について、所属銀行に係るものにあつては所属外国銀行について、銀行代理業に係るものにあつては外国銀行代理業務について、それぞれ準用する。

4 前項の場合において、同項に規定する規定中「所属外国銀行」とあるのは「信用金庫法第54条の2第1項に規定する所属外国銀行」と、「外国銀行代理業務」とあるのは「信用金庫法第54条の2第2項に規定する外国銀行代理業務」と、銀行法第52条の45第5号中「所属銀行の業務」とあるのは「信用金庫法第54条の2第2項に規定する外国銀行代理業務」と読み替えるものとするほか、必要な技術的読替えは、政令で定める。

5 銀行法第7章の4（第52条の36第1項及び第2項（許可）、第52条の45の2（銀行代理業者についての金融商品取引法の準用）並びに第52条の61第1項（適用除外）を除く。）（銀行代理業）及び第56条（第10号から第12号までに係る部分に限る。）（内閣総理大臣の告示）の規定は、銀行代理業者に係るものにあつては信用金庫代理業者について、所属銀行に係るものにあつては所属信用金庫について、銀行代理業に係るものにあつては信用金庫代理業について、それぞれ準用する。

6 前項の場合において、同項に規定する規定中「第52条の36第1項」とあ

るのは「信用金庫法第85条の２第１項」と、「銀行代理行為」とあるのは「信用金庫代理行為」と、「特定預金等契約」とあるのは「信用金庫法第89条の２に規定する特定預金等契約」と、「特定銀行代理業者」とあるのは「特定信用金庫代理業者」と、「特定銀行代理行為」とあるのは「特定信用金庫代理行為」と、「銀行代理業再委託者」とあるのは「信用金庫代理業再委託者」と、「銀行代理業再受託者」とあるのは「信用金庫代理業再受託者」と、銀行法第52条の37第１項中「前条第１項」とあるのは「信用金庫法第85条の２第１項」と、同法第52条の43及び第52条の44第１項第２号中「第２条第14項各号」とあるのは「信用金庫法第85条の２第２項各号」と、同条第２項中「第２条第14項第１号」とあるのは「信用金庫法第85条の２第２項第１号」と、同条第３項中「第52条の45の２」とあるのは「信用金庫法第89条の２」と、同法第52条の61第２項中「銀行等が前項」とあるのは「金庫等（信用金庫法第85条の３に規定する金庫等をいう。以下同じ。）が同条」と、「当該銀行等」とあるのは「当該金庫等」と、「第48条、第52条の36第２項及び第３項」とあるのは「第52条の36第３項」と、「銀行が」とあるのは「金庫（同法第２条に規定する金庫をいう。）が」と、「営む場合においては、第１項」とあるのは「行う場合においては、第１項」と、「第53条第４項、第56条（第11号に係る部分に限る。）並びに第57条の７第２項」とあるのは「第56条（第11号に係る部分に限る。）及び第57条の７第２項の規定並びに同法第85条の２第３項及び第87条第２項」と、「第９章及び第10章」とあるのは「同法第11章及び第12章」と、同条第３項中「銀行等」とあるのは「金庫等」と読み替えるものとするほか、必要な技術的読替えは、政令で定める。

7 銀行法第７章の５（第52条の62の２（登録）、第52条の61の10（銀行との契約締結義務等）、第52条の61の11（銀行による基準の作成等）、第52条の61の19（認定電子決済等代行事業者協会の認定）及び第52条の61の20（認定電子決済等代行事業者協会の業務）を除く。）（電子決済等代行業）及び第56条（第13号から第18号までに係る部分に限る。）（内閣総理大臣の告示）の規定は、電子決済等代行業に係るものにあつては信用金庫電子決済等代行業について、電子決済等代行業者に係るものにあつては信用金庫電子決

済等代行業者について、認定電子決済等代行事業者協会に係るものにあつては認定信用金庫電子決済等代行事業者協会について、銀行に係るものにあつては金庫について、それぞれ準用する。

8 前項の場合において、同項に規定する規定（銀行法第52条の61の21を除く。）中「電子決済等代行業者登録簿」とあるのは「信用金庫電子決済等代行業者登録簿」と、「この法律」とあるのは「信用金庫法」と、「会員」とあるのは「協会員」と、同法第52条の61の3第1項中「前条」とあるのは「信用金庫法第85条の4第1項」と、同法第52条の61の4第1項中「第52条の61の2」とあるのは「信用金庫法第85条の4第1項」と、同法第52条の61の5第1項第1号ハ中「次に」とあるのは「⑸又は⑼に」と、同号ハ⑼中「、農業協同組合法、水産業協同組合法、協同組合による金融事業に関する法律、信用金庫法、労働金庫法、農林中央金庫法又は株式会社商工組合中央金庫法に相当する」とあるのは「に相当する」と、「⑴から⑻までの」とあるのは「⑸の」と、同号ニ中「次に」とあるのは「⑷又は⑻に」と、同号ニ⑻中「農業協同組合法、水産業協同組合法、協同組合による金融事業に関する法律、信用金庫法、労働金庫法、農林中央金庫法又は株式会社商工組合中央金庫法」とあるのは「信用金庫法」と、「⑴から⑺までの」とあるのは「⑷の」と、同項第2号ロ⑷中「前号ハ⑴から⑼まで」とあるのは「前号ハ⑸又は⑼」と、同号ロ⑸中「前号ニ⑴から⑻まで」とあるのは「前号ニ⑷又は⑻」と、同法第52条の61の8第1項中「第2条第17項各号」とあるのは「信用金庫法第85条の4第2項各号」と、同条第2項中「営む」とあるのは「行う」と、同法第52条の61の17第1項及び第2項並びに第52条の61の18中「第52条の61の2」とあるのは「信用金庫法第85条の4第1項」と、同法第52条の61の21の見出し及び同条第1項中「会員名簿」とあるのは「協会員名簿」と、同条第2項中「信用金庫法第85条の9（認定信用金庫電子決済等代行事業者協会の認定）」とあるのは「第52条の61の19」と、同条第3項中「会員でない」とあるのは「協会員（信用金庫法第85条の9第2号に規定する協会員をいう。以下同じ。）でない」と、「信用金庫法第85条の10（認定信用金庫電子決済等代行事業者協会の業務）に規定する認定信用金庫電子決済等代行事業者協会」とあるのは「第2条第19項に

規定する認定電子決済等代行事業者協会」と、「会員と」とあるのは「協会員と」と、同法第52条の61の25第2項中「信用金庫法第85条の9（認定信用金庫電子決済等代行事業者協会の認定）」とあるのは「第52条の61の19」と、「同法第85条の10（認定信用金庫電子決済等代行事業者協会の業務）」とあるのは「第52条の61の20」と、同法第52条の61の26中「第52条の61の19第2号」とあるのは「信用金庫法第85条の9第2号」と、「第52条の61の20第3号」とあるのは「信用金庫法第85条の10第3号」と、同法第56条第13号及び第15号中「第52条の61の2」とあるのは「信用金庫法第85条の4第1項」と、同条第16号及び第17号中「第52条の61の19」とあるのは「信用金庫法第85条の9」と読み替えるものとするほか、必要な技術的読替えは、政令で定める。

9 銀行法第7章の6（第52条の62（紛争解決等業務を行う者の指定）及び第52条の67第1項（業務規程）を除く。）（指定紛争解決機関）及び第56条（第19号に係る部分に限る。）（内閣総理大臣の告示）の規定は、紛争解決等業務に係るものにあつては紛争解決等業務（第85条の12第1項に規定する紛争解決等業務をいう。）について、指定紛争解決機関に係るものにあつては指定紛争解決機関（同項第8号に規定する指定紛争解決機関をいう。）について、銀行業務に係るものにあつては金庫業務について、それぞれ準用する。

10 前項の場合において、同項に規定する規定中「加入銀行」とあるのは「加入金庫」と、「手続実施基本契約」とあるのは「信用金庫法第85条の12第1項第8号に規定する手続実施基本契約」と、「苦情処理手続」とあるのは「信用金庫法第85条の12第1項に規定する苦情処理手続」と、「紛争解決手続」とあるのは「信用金庫法第85条の12第1項に規定する紛争解決手続」と、「銀行業務関連苦情」とあるのは「信用金庫法第85条の12第2項に規定する金庫業務関連苦情」と、「銀行業務関連紛争」とあるのは「信用金庫法第85条の12第2項に規定する金庫業務関連紛争」と、銀行法第52条の63第1項中「前条第1項」とあるのは「信用金庫法第85条の12第1項」と、同条第2項第1号中「前条第1項第3号」とあるのは「信用金庫法第85条の12第1項第3号」と、同項第6号中「前条第2項」とあるのは「信用金庫

法第85条の12第３項」と、同法第52条の65第１項中「この法律」とあるの
は「信用金庫法」と、同条第２項中「銀行を」とあるのは「信用金庫法第
２条に規定する金庫を」と、同法第52条の66中「他の法律」とあるのは「信
用金庫法以外の法律」と、同法第52条の67第２項中「前項第１号」とある
のは「信用金庫法第85条の13第１号」と、同条第３項中「第１項第２号」
とあるのは「信用金庫法第85条の13第２号」と、「銀行」とあるのは「同法
第２条に規定する金庫」と、同条第４項中「第１項第３号」とあるのは「信
用金庫法第85条の13第３号」と、同条第５項中「第１項第４号」とあるの
は「信用金庫法第85条の13第４号」と、同項第１号中「同項第５号」とあ
るのは「同条第５号」と、同法第52条の74第２項中「第52条の62第１項」
とあるのは「信用金庫法第85条の12第１項」と、同法第52条の79第１号中
「銀行」とあるのは「信用金庫法第２条に規定する金庫」と、同法第52条の
82第２項第１号中「第52条の62第１項第５号から第７号までに掲げる要件
（」とあるのは「信用金庫法第85条の12第１項第５号から第７号までに掲げ
る要件（」と、「又は第52条の62第１項第５号」とあるのは「又は同法第85
条の12第１項第５号」と、同法第52条の83第３項中「他の法律」とあるの
は「信用金庫法以外の法律」と、同法第52条の84第１項中「、第52条の62
第１項」とあるのは「、信用金庫法第85条の12第１項」と、同項第１号中
「第52条の62第１項第２号」とあるのは「信用金庫法第85条の12第１項第２
号」と、同項第２号中「第52条の62第１項」とあるのは「信用金庫法第85
条の12第１項」と、同条第２項第１号中「第52条の62第１項第５号」とあ
るのは「信用金庫法第85条の12第１項第５号」と、「第52条の62第１項の」
とあるのは「同法第85条の12第１項の」と、同条第３項及び同法第56条第
19号中「第52条の62第１項」とあるのは「信用金庫法第85条の12第１項」
と読み替えるものとするほか、必要な技術的読替えは、政令で定める。

1 銀行法の準用の概要

　信用金庫法においては、89条において預金取扱金融機関の基本法たる銀行
法の条文を多く準用している。

法89条1項において主に銀行法における業務の規制に関して、法89条3項において外国銀行代理業務について、法89条5項において信用金庫代理業務について、法89条7項において電子決済等代行業について、法89条9項において紛争解決等業務について準用し、必要な読替えについては、それぞれ法89条1項、法89条4項、法89条6項、法89条8項、法89条10項、施行令13条において定められている。

以下においては、法89条1項の準用を中心に述べる。

2　法89条1項における銀行法の準用

法89条1項で準用されている条文、および、その概要については以下のとおりである。

⑴　営業の免許（銀行法4条4項）

法4条においては、金庫の事業は、内閣総理大臣の免許を受けなければ行うことができないことを定めているが、銀行法4条4項の準用により、事業免許に条件を付し、これを変更することができる。

もっとも、自由に条件を付すことができるとすると、免許が内閣総理大臣の法規裁量であることに反するおそれがあり、また行政法において比例原則（行政行為等を行う上で必要性があり、目的と手段が比例しなければならないという原則）が一般原則として妥当するため、銀行法4条においては審査の基準に照らして公益上必要があると認めるときに限定して条件を付すことを認めている。

なお、ここでいう条件とは行政行為の附款のことであり、行政行為、例えば免許に基づき一般的に生じる効果を制限するために特に付した制限である。具体的には、条件、期限、負担、撤回権の留保、法律効果の一部除外、の5種類がある。

⑵　名義貸しの禁止（銀行法9条）

会社法においては、江戸時代ののれん分けに由来し、名義貸しや名板貸しを認めている。これに対し、銀行法においては、免許制の潜脱防止を目的と

第10章　雑則（第86条〜第89条の3）　775

して、銀行が他人に名義を貸して業務を営ませること（名義貸し）を禁止している。

3 業務等に関する規制の準用

信用金庫法においては、銀行法における業務等に関する規制を準用している。

(1) 預金者等に対する情報の提供等（銀行法12条の2）

a 規定の趣旨

預金または定期積金、およびその他の業務においては、金庫は適切な情報提供を行う必要がある。平成10年12月1日に施行された金融システム改革法において、預金者保護等を目的として新設されたものである（細目は施行規則に規定されている）。

これは、金融自由化に伴い金融商品の種類の多様化・複雑化（リスク商品を含む）が進展したことから、顧客の自己責任を問う前提として、顧客が合理的な判断をできるよう、金庫が多様化した商品の情報を預金者等に提供する必要があるためであり、金庫に情報提供・説明義務を課すことで、利用者保護を図ったものである。近年一層重要視されている顧客保護管理措置の一内容であり、顧客情報の管理や外部委託先の管理についても定められている。なお、平成28年の銀行法改正において、同法12条の2に第3項が追加され、金融グループ内の法人に共通する業務を銀行持株会社等に委託して集約する場合の規定が定められているが、法89条1項において銀行法12条の2第3項の準用は除外されている。

b 信用金庫法が準用する銀行法12条の2の内容

(a) 顧客への情報提供（銀行法12条の2第1項）

1項においては金庫の基本的商品である預金・定期積金の情報提供について規定しているが、多様な新しい商品の登場が想定され、機動的な対応が可能となるよう具体的方法は施行規則102条に定められており、例えば以下のようなものである。

① 主要な預金等の金利の明示（施行規則102条1項1号）

② 取り扱う預金等に係る手数料の明示（同項2号）

③ 預金保険法に規定する保険金の支払対象の明示（同項3号）

　その他、商品情報を記載した書面を用いて行う預金者等の求めに応じた説明・交付（同項4号）、預金商品でもデリバティブを組み込んだ商品などでは、通常の預金商品と異なり、元本保証がないこと（同項5号）、変動金利の商品について、変動の基準や方法（同項6号）などを説明することが必要である。

　顧客の要求に応じて、適宜、口頭のみではなく、適切な資料に基づく説明や資料の交付が必要であり、説明義務を怠った場合、錯誤無効（民法95条）や債務不履行・不法行為による損害賠償責任の問題が生じる。

⒝　顧客情報の管理・外部委託先管理等

　2項において、金庫は、業務に係る重要な事項の顧客への説明、業務に関して取得した顧客情報の適切な管理、業務委託を行う場合の当該業務の的確な遂行、その他の健全かつ適切な運営を確保するための措置を講じなければならないことを定めている。今後も金庫の業務の多様化が想定されるため、機動的な対応が可能となるよう、具体的方法は内閣府令（施行規則104条〜113条）で定められている。

① 情報提供等

　ⅰ　金銭債権等と預金等との誤認防止（施行規則104条）

　金庫が、金銭債権等を取り扱う場合、顧客の知識、経験、財産の状況および取引目的を踏まえ、預金等との誤認を防止するための説明を行わなければならないことを定めている。

　金庫の事務所では、預金窓口と区分した特定の窓口で取り扱い、その窓口に顧客の目につきやすい形で、預金等ではないこと、預金保険の対象とならないこと、元本保証がされていないことを掲示するほか、なお、預金との混同を防止するためには、上記の窓口区分のほか、施行規則等で義務付けられた事項ではないが、さらに設置フロアー、販売スペース（間仕切り、応接、色調など）により、明確に区分することも考えられる。

　また、説明の方法に関しては、顧客の知識、経験、財産の状況および取引を行う目的を踏まえ、顧客に対し、書面の交付その他の適切な方法（電話・

ファクス、インターネットなど）により、預金等との誤認を防止するための説明を行わなければならない。説明の程度や方法については、一律ではなく、金融の専業者か否か、また個人であっても高齢顧客かなどによって異なると解される。

　ⅱ）　投資信託委託会社等への店舗貸しによる受益証券等の取扱い（施行規則105条）

　投資信託委託会社等が金庫の事務所の一部を使用して受益証券等を取り扱う場合、金庫が預金等を取り扱う場所と受益証券等を取り扱う場所を明確に区分し、顧客の誤解を招くおそれのある掲示を行わない等の措置を講じなければならないことを定めている。

　ⅲ）　金庫と他の者との誤認防止（施行規則106条）

　金庫が、インターネット等を利用して業務を営む場合、当該金庫と他の者を誤認することを防止するための措置を講じなければならないことを定めている。

　ⅳ）　特定取引勘定（施行規則107条）

　信用金庫連合会が、金融商品市場の指標の短期的な変動等を利用して利益を得る目的でデリバティブ取引・有価証券取引等を行っている場合、一定の条件を満たしたときは、特定取引勘定（いわゆる「トレーディング取引」）を設置して経理しなければならないことを定めている。

②　顧客情報の管理等

　ⅰ）　預金の受払事務の委託等（施行規則108条）

　金庫がATMによる金銭の受払業務を第三者に委託する場合、当該事務に支障を及ぼすことがないようATM管理業務に経験を有するものとして金融庁長官が別に定めるもの（平成18年6月7日金融庁告示第93号「信用金庫法施行規則第108条の規定に基づく預金等の受払事務を第三者に委託する場合の委託者等を定める件」において、証券会社、クレジットカード会社、保険会社が定められている）に委託するとともに、顧客情報の漏洩防止・当該金庫と業務受託者等との誤認防止のための措置を講じなければならないことなどが定められている。

　なお、平成28年の銀行法および信用金庫法改正に合わせ、施行規則108条

２項が追加され、デビットカードを活用してスーパーのレジ等で現金を受領できるサービス（キャッシュアウトサービス）に関する規定が整備されている。

ⅱ）　個人顧客情報の安全管理措置等（施行規則109条）

金庫が、個人顧客に関する情報の安全管理等を委託する場合、委託先の監督について、情報の漏洩・滅失・毀損の防止を図るための措置を講じなければならないことを定めている。

ⅲ）　返済能力情報の取扱い（施行規則110条）

金庫は、信用情報機関から提供を受けた個人資金需要者の借入金返済能力に関する情報を、返済能力の調査以外の目的のために利用しないことを確保するための措置を講じなければならないことを定めている。

ⅳ）　特別の非公開情報の取扱い（施行規則111条）

金庫は、個人顧客に関する人種、信条、門地、本籍地、保健医療または犯罪経歴についての情報その他の特別の非公開情報を、適切な業務の運営の確保その他必要と認められる目的以外の目的のために利用しないことを確保するための措置を講じなければならないことを定めている。

③　委託業務の的確な遂行・社内規則等

ⅰ）　委託業務の的確な遂行を確保するための措置（施行規則112条）

金庫は、業務を第三者に委託する場合、当該業務の内容に応じ、的確・公正・効率的に遂行することができる能力を有する者に委託するための措置、受託者に対する必要かつ適切な監督等を行うための措置等を講じなければならないことを定めている。

ⅱ）　内部規則等（施行規則113条）

金庫は、その営む業務の内容および方法に応じ、顧客の知識、経験、財産の状況および取引目的を踏まえた重要事項の顧客に対する説明その他の健全かつ適切な業務の運営を確保するための措置に関する内部規則等を定め、当該内部規則等に基づいて業務が運営されるための十分な体制を整備しなければならないことを定めている。

本条は利用者保護規制であるとともに、金庫の経営の健全性確保をも目的としている規制であり、役職員の研修、庫内規則の制定など、規制内容が機能するような体制整備が求められる。

第10章　雑則（第86条〜第89条の３）　｜　779

⑵ 無限責任社員等となることの禁止（銀行法12条の4）

　会社法598条においては、旧商法と異なり法人も持分会社の業務執行社員となることができることを規定しているが、銀行法12条の4は、金庫が持分会社の法人社員として、無限責任社員となること、および業務執行社員となることを禁止している。

　「持分会社」とは、合名会社、合資会社、合同会社をいう（会社法575条1項）。無限責任社員とは、会社の債権者に対して無限の連帯責任を負う（同法576条2項）。業務執行社員は、持分会社において業務を執行する社員であり、原則として持分会社を代表する（同法599条）。

　上記の禁止の趣旨は金庫は物的会社であり、債権者である預金者保護のために、金庫が人的会社に固有の無限の連帯責任を負い、健全性に影響が生じるリスクを事前に排除することにある。

⑶ 大口信用供与等規制（銀行法13条）

　金庫がある特定の貸出先に集中して信用を供与することを禁止している。この点は前述参照。

⑷ 特定関係者との間の取引等（アームズ・レングス・ルール。銀行法13条の2）

a　規定の趣旨

　金庫が子会社等に優遇した条件で取引または行為を行うことを禁止している。

　その趣旨は、金庫と特殊な関係にある一部の顧客（特定関係者）、すなわちいわば身内に有利な条件の契約を結ぶことで、結果的に預金者の利益を損なうことを禁止する点にある。手の届くところで任意自在な取引を行い、ひいては預金者の利益を損なう可能性が通常の取引に比して類型的に高いことから、これを防止する趣旨で、このような行為規制を「アームズ・レングス・ルール」（「腕の長さの範囲内、すなわち身内同士の取引に関する行為規制」）と呼んでいる。

b　特定関係者（施行令11条の２、施行規則120条）

　金庫とその特定関係者またはその顧客との間で行う取引等が規制の対象となる。

　特定関係者とは、金庫と特別の関係のある者をいい、その範囲について、施行令11条の２および施行規則120条において、支配力基準および影響力基準により広く定められている。

　c　禁止される行為

　(a)　金庫に不利益を与える取引（銀行法13条の２第１号、施行規則123条）

　金庫の子会社等に優遇した条件（金庫の立場からすると不利な条件）で取引等（貸出、権利や義務の承継、債権放棄など）を行うことを禁止している。上記の「優遇した条件」の判断基準は、自金庫の顧客に対する一般的な取引条件であり、市中の平均的な設定条件を指すものではないと解されている（小山『銀行法』232頁）。

　具体的には、他の関係者に比べて特に有利となる条件で、貸出の金利を設定したり、担保を設定したり、債務の保証を行うケース、所有する営業不動産を相場賃料よりも格安で賃貸するケースなどである。

　有利・不利の判断は、業種、規模、信用力、財務内容等が同様の特定関係者以外の一般の者と同様の条件で行う取引条件と比較して判断されることとなる。

　(b)　金庫の業務の健全・適切な遂行に支障を及ぼす取引・行為（銀行法13条の２第２号、施行規則124条）

　銀行法13条の２第２号においては、１号に準ずる取引・行為類型として、金庫と特定関係者の間のみでなく、金庫と特定関係者の顧客との間で、金庫に不利な条件の取引（金庫の業務の健全かつ適切な遂行に支障を及ぼすおそれのある取引や行為）が挙げられており、具体的には施行規則124条１号～３号に定められている。

　なお、施行規則124条２号においては、特定関係者に不当に不利益を与えるものも規定されている。これは、金庫に有利な取引となるが、規律のなされていない仲間内での安易な取引や不明朗な取引が結果として金庫の不利益を招く可能性が高いため、行為対象とされたものである（小山『銀行法』232

第10章　雑則（第86条～第89条の３）　781

頁）。

また、施行規則124条3号においては、なんらの名義によってするかを問わず銀行法13条の2の規定による禁止を免れる取引または行為が規定されている。

d 弊害防止措置の適用の除外事由

銀行法13条の2本文ただし書においては、当該取引または行為をすることにつき内閣府令で定めるやむを得ない理由がある場合において、内閣総理大臣の承認を受けた場合を除外している（施行規則121条、122条、「信用金庫法施行規則第121条第3号の規定に基づく金庫がその特定関係者との間で当該金庫の取引の通常の条件に照らして当該金庫に不利益を与える取引又は行為を行うことについて、金融庁長官が必要なものとしてあらかじめ定める場合を定める件」（平成12年3月23日金融監督庁・大蔵省告示第5号））。

これは、預金者等顧客保護、金融秩序維持の観点から、経営の困難な子会社に対して通常の条件よりも低利で融資しなければ事業継続に支障が生ずる場合、経営が悪化した特定関係者との取引で、その取引を行うことが当該特定関係者の経営改善に必要不可欠である場合、当該取引等を行わなければ、金庫により大きな不利益を生ずるおそれがある場合などを想定している。

⑸ 金庫の業務に関する禁止行為（銀行法13条の3）

銀行法13条の3は、金庫の業務に関する禁止行為について定めており、平成17年の銀行法改正に際して定められたものである。これらは、一般的にも好ましい行為といえないが幅広い顧客を相手方として金融取引を行っている銀行の業務の特性を勘案し、明文で禁止したものである（池田＝中島監修『銀行法』186頁）。

a 虚偽の事実の告知（銀行法13条の3第1号）

顧客に対して虚偽の事実を告げる行為等の不適切な行為を禁止している。

「告知」については、口頭で行う必要はなく、交付する書面に記載するなど、認識し得る態様であれば足りると解される。

b 断定的判断の提供（銀行法13条の3第2号）

「断定的判断」とは、確実でないものが確実である（例えば、利益を生ずる

ことが確実でないのに確実である）と誤解させるような決め付け方をいう（消費者契約法 4 条 1 項 2 号について、『逐条解説消費者契約法』117頁）。

　　c　特定関係者その他密接関係者への信用供与等（銀行法13条の 3 第 3 号）

　「当該銀行と密接な関係を有する者」については、銀行法13条の 2 のアームズ・レングス・ルールと同様、支配力基準および影響力基準によって判断される。

　「顧客の保護に欠けるおそれがないものとして内閣府令で定めるもの」については除外されており、これを受け、施行規則125条においては、「金庫が不当に取引を行うことを条件として、信用を供与し、または信用の供与を約する行為でないもの」を規定している。複数の取引がパッケージ化して行われることが合理的なケースもあり、また金融サービスが多様化する中、「不当に」という条件を付した上で、個別の判断を可能としたものである（池田＝中島監修『銀行法』186頁）。

　　d　その他、顧客の保護に欠けるおそれがあるもの（銀行法13条の 3 第 4 号）

　前 3 号のほか、包括的に顧客の保護に欠けるおそれがあるものとして内閣府令で定める行為について、施行規則126条においては以下のとおり定められている。

　⒜　重要事項の不告知（ 1 号）

　重要事項の不告知または誤解のおそれのあることを告げる行為が規定されている。

　施行規則126条 1 号において、虚偽の事実の告知という積極的な作為による行為が定められているのに加え、重要な事項の不告知という不作為の行為も禁止されている。

　⒝　不当な条件による信用供与等（ 2 号）

　「顧客に対し、不当に、自己の指定する事業者と取引を行うことを条件として、信用を供与し、又は信用の供与を約する行為（法13条の 3 第 3 号に掲げる行為を除く。）」が規定されている。

　⒞　優越的地位の濫用（ 3 号）

　優越的地位の濫用とは、取引上、優越的地位にある金庫が、顧客に対し、金庫としての取引上の優越的地位を不当に利用して、取引の条件または実施

について不利益を与える行為である。

　独占禁止法2条9号は、「不公正な取引方法」を定義付け、その中で「自己の取引上の地位を不当に利用して相手方と取引すること」を定めており、19条においては「事業者は不公正な取引方法を用いてはならない」と規定している。

　金庫の業務に関して優越的地位の濫用が問題となるケースとしては、例えば、金庫の職員が融資先企業の従業員に対して保険商品の加入を勧誘する際、融資先企業のメインバンクであり、保険に加入しなければ融資の継続が難しいことを示唆し、保険商品を販売するケースなどが想定される。

　また、公正取引委員会は「優越的地位の濫用に関する独占禁止法上の考え方」（平成22年11月30日、平成29年6月16日改正）を公表している。その中の「自己の取引上の地位が相手方に優越していることを利用して」の考え方において、「取引の一方の当事者（甲）が他方の当事者（乙）に対し、取引上の地位が優越している」の判断に関しては、①乙の甲に対する取引依存度、②甲の市場における地位、③乙にとっての取引先変更の可能性、④その他甲と取引することの必要性を示す具体的事実を総合的に考慮するものとされており、近年の銀行や金庫の合併の判断に関しても注目される。

　なお、公正取引委員会は、平成13年7月、18年6月、23年6月に、「金融機関と借り手企業との取引についての実態調査」を行い、その結果を公表するとともに、同取引について引き続き監視し、優越的地位の濫用に該当するような事案に接した場合には、独占禁止法に基づき厳正に対処していく旨を明らかにしている。これによると、金融機関から各種要請を受けたことがあるという借り手企業の回答の割合および各種要請に対し自らの意思に反して応じたという借り手企業の回答の割合は減少していることがうかがわれ、独占禁止法コンプライアンスの進展が効果をあげている。

⑹　利益相反管理体制（銀行法13条の3の2）

　銀行法13条の3の2は、金庫が行うことができる業務に関連し、顧客の利益が不当に害されることのないよう、情報を適切に管理し、かつ、当該業務の実施状況を適切に監視するための体制の整備その他必要な措置を講じるこ

とを求めるものである（いわゆる「利益相反管理体制の整備」）。

銀行法13条の３の２は、平成20年の金融商品取引法改正（金融商品取引法36条２項）と合わせ、同年の銀行法改正により新設されたものである。規定が新設されたのは、銀行業、信用金庫業、金融商品取引業、保険業等、業態の垣根を越えた業務範囲の拡大に伴い、顧客に関する情報の共有が進展した結果、自社グループの情報の共有者が顧客の情報を悪用することによって顧客の利益が不当に害されるリスクが高まったことが背景にある。

具体的な利益相反管理体制は、以下のものが挙げられる（施行規則126条の３第１項・２項）。

① 対象取引を適切な方法により特定するための体制の整備

② 当該顧客の保護を適正に確保するための体制の整備の構築

  ⅰ）対象取引を行う部門と当該利用者等との取引を行う部門を分離する方法（チャイニーズ・ウォール）

  ⅱ）取引の条件または方法を変更する方法

  ⅲ）取引を中止する方法

  ⅳ）情報開示を行う方法

③ ①および②の措置の実施の方針を策定し、その概要を適切な方法により公表すること

④ ①の体制のもとで実施した対象取引の特定に係る記録、②の体制のもとで実施した顧客の保護を適正に確保するための措置に係る記録を５年間保存すること

「対象取引」とは、金庫、当該金庫を所属信用金庫とする信用金庫代理業者または当該金庫の子金融機関等が行う取引に伴い、当該金庫、当該金庫を所属信用金庫とする信用金庫代理業者または当該金庫の子金融機関等が行う信用金庫関連業務に係る顧客の利益が、不当に害されるおそれがある場合における当該取引をいう（施行規則126条の３第３項）。

⑺ 理事への信用供与（銀行法14条）

金庫が理事に対して信用を供与するときには、理事会の決議は、理事の過半数が出席し、その理事の３分の２以上の多数決という形で、信用金庫法35

条の5、37条1項の利益相反取引においては理事会の定足数、賛成数ともに過半数としているのに比して、賛成数につき加重している。

このように要件を加重しているのはアームズ・レングス・ルールと同様、金庫の業務執行に関与する立場にある理事が金庫の利益を犠牲にして特定関係者に情実貸出をしたり、自分の利益を図ったりすることを防止し、金庫の健全性を確保する点にある。

銀行法14条における「通常の条件」とは、一般向けの普通の信用供与条件を指し、自金庫の庫員向けに設定した一般人向けのものより有利な信用供与条件は含まれず、よって金庫の理事等が、庫員向けと同じ条件で当該金庫から貸出を受ける場合、同条に違反する（小山『銀行法』283頁）。

⑻　経営の健全性の確保（銀行法14条の2）

銀行法14条の2は、自己資本比率規制に関して定めたものである。同条1号は単体の自己資本比率を、同条2号は子会社その他特殊の関係にある会社（当該金庫の子法人等、当該金庫の関連法人等）を連結したグループベースでの自己資本比率を定めている（施行規則127条）。

金庫はその公共性から、経営の健全性が求められており、自己資本比率を明示することで金庫が自主的に適正な金庫運営を行えるようにすることを目的としている。

なお、具体的な比率については、「信用金庫法第89条第1項において準用する銀行法第14条の2に基づき、信用金庫及び信用金庫連合会がその保有する資産等に照らし自己資本の充実の状況が適当であるかどうかを判断するための基準」という告示（平成18年3月27日金融庁告示第21号）によって、国内基準では自己資本比率は4％以上と定められており、これを下回ると早期是正措置の対象となる。

⑼　休日および業務取扱時間（銀行法15条）

a　趣　　旨

銀行法15条は休日および営業時間について定められている。これは、金融システムにおける金融業務の重要性や金融機関の公共性、また利用者の利便

性の観点から定められたものである。

　ｂ　休日の規制（銀行法15条１項）

　⒜　休　　日

　金庫の休日は、以下のとおりである（銀行法15条１項、施行令12条１項）。

①　日曜日（銀行法15条１項）

②　国民の祝日に関する法律（昭和23年法律第178号）に規定する休日（祝日等）（施行令12条１項１号）

③　12月31日から翌年の１月３日まで（同項２号）

④　土曜日（同項３号）

⑤　事務所ごとに休日とできる日

　⒤　金庫の事務所の所在地における一般の休日に当たる日で当該事務所の休日として金融庁長官が告示した日（施行令12条２項１号）…この点、「信用金庫法施行令第12条第２項第１号の規定に基づき事務所の休日とする日を定める件」（平成５年３月31日大蔵省告示第64号）により、外国に所在する事務所については、当該事務所の所在地の法令により認められる日を休日と定めている。すなわち、金融機関の海外支店は、所在地が休日の場合、日本においては休日でなくても、休日となる。

　⒥　金庫の事務所の設置場所の特殊事情その他の事情により、当該事務所の休日としても業務の健全かつ適切な運営を妨げるおそれがないものとして当該事務所につき金融庁長官が承認した日（施行令12条２項２号）…これは、例えば百貨店内に設けられた事務所について、百貨店の休業日は金庫が営業する必要性、合理性に乏しいことなどから定められている。

　上記ａ⑤⒥の承認の申請があったときは、金融庁長官等は、⒤金融機関相互間の内国為替取引を通信回線を用いて処理する制度の運営に支障を及ぼすおそれがないこと、⒥当該申請に係る事務所の顧客の利便を著しく損なわないこと、⒦当該申請に係る事務所が当座預金業務を営んでいないこと、の基準に適合するかどうかを審査するものとされている（施行規則128条２項）。

　また、金庫は、承認を受けて事務所の休日とするときは、その旨を当該事務所の店頭に掲示しなければならない（施行令12条３項）。そのため、上記の

承認申請に際しては、当該掲示の方法を記載した書面を提出する必要がある（施行規則128条1項2号）。

(b) 休日営業

上記の休日の承認と異なり、休日営業については禁止されていない。すなわち、金融システムにおける金融業務の重要性や金融機関の公共性、また利用者の利便性という規制の趣旨から、金庫がみだりに休日をとってはならないことを意図したものであり、金庫が休日に営業を行うことについて、規制対象外と考えられたものである。年末の繁忙期や大震災後などの休日には、臨時営業を行うことを想定している。

c 業務取扱時間（銀行法15条2項）

(a) 趣　　旨

銀行法15条2項において営業時間（信用金庫については「業務取扱時間」）が定められたのは、業務の高い公共性により基準を設ける必要があるためである。

もっとも、業務取扱時間の具体的内容が施行規則で定められているが、これは、金融取引の慣行や社会情勢の変化に応じて柔軟に改正可能としたものであり、銀行法15条2項において「金融取引の状況等を勘案して」と明記されているのも、その趣旨である。

(b) 業務取扱時間

施行規則129条1項において、金庫の業務取扱時間は「午前9時から午後3時まで」と定められている。

上記時間帯については、いつでも取引者ないし利用者との取引に応じられる態勢にすべきという法令上の義務があると解され、すなわち必要最小限の営業時間帯を定めたものである（小山『銀行法』331頁）。

(c) 業務取扱時間の変更

① 業務取扱時間の延長…施行規則129条2項においては、業務取扱時間について、業務の都合により延長することができると定めており、当局への届出は不要である。

② 業務取扱時間の短縮…業務取扱時間の短縮につき、事務所が満たす要件について、金融業界からの規制緩和要望を受け、平成28年の施行規則改正

により、弾力化がなされている。すなわち、改正前においては、(i)当該事務所の所在地または設置場所の特殊事情その他の事情により午前9時から午後3時までとは異なる業務取扱時間とする必要がある場合、(ii)当該事務所の顧客の利便を著しく損なわない場合、(iii)当該事務所が当座預金業務を営んでいない場合、のいずれに該当する場合とされていた。しかし、インターネット・バンキングの普及など決済業務のあり方が変化しつつあり、改正により、上記(iii)の要件が削除され（施行規則129条3項）、業務取扱時間の弾力化が図られている。

　営業時間の変更を実施する場合には、当該店舗における顧客の動向等を十分に把握し、顧客利便を著しく損なうことがないことが必要となるが、顧客利便を著しく損なわない限り、事務所運営の効率化等の事情がある場合に業務取扱時間を変更することができるし、また曜日ごとに異なる業務取扱時間にすることも認められる（金融庁が平成28年の銀行法施行規則改正にあたって実施したパブリックコメント参照）。

③　業務取扱時間の短縮の場合の店頭掲示義務…業務取扱時間の短縮について、業務取扱時間を短縮しようとする事務所の店頭に、(i)変更後の業務取扱時間、(ii)実施期間を設定して業務取扱時間を短縮する場合はその期間、(iii)最寄りの事務所の名称、住所地および電話番号その他の連絡先の提示を義務付けることが必要である（施行規則129条4項）。

　金融庁が平成28年の銀行法施行規則改正にあたって実施したパブリックコメントでは、営業所における店頭掲示義務のうち、「当該営業所の最寄りの営業所の名称、所在地及び電話番号その他の連絡先」（銀行法施行規則16条4項3号、施行規則129条4項3号に相当する）の事項について、最寄りの営業所も営業時間を変更する場合の取扱い、最寄りの営業所が無人の営業所である場合の取扱い、母店となる営業所がある場合における最寄りの出張所の取扱いに関するコメントに対しては、「顧客の利便性の確保の観点から最適と考えられる営業所等に誘導できるよう掲示すべきものと考えられる」との考え方が示されている。

　また、上記の「最寄りの営業所」には、物理的な距離のみならず、例えば、公共交通機関を利用すると移動時間が最も短い他の営業所（顧客利便

がより高い営業所）を含む旨の見解が示され、「『その他の連絡先』は、各
金融機関の判断により、必要に応じて顧客の利便性の確保の観点から有用
と思われる連絡先が該当する」との考え方も示されている。

　実務上の例としては、過疎地等において、交代要員を不要とし、少人数
でも事務所を維持し、運営ができるように窓口営業につき正午から午後１
時まで一斉に１時間の昼休みをとること、卸売市場に近い店舗で業務取扱
時間を30分前倒しし、午前８時30分から午後２時半とすること、現に営業
時間を短縮しているインストア・ブランチにおいて、新たに当座預金業務
を営むことなどが挙げられる。今後も、事務所の地域事情（住宅地、繁華
街等）、顧客ニーズ、業務の効率化を踏まえ、店舗戦略の一環として活用
することが考えられる。

⑽　臨時休業等（銀行法16条）

a　臨時休業等（銀行法16条１項）

　金庫は、内閣府令（施行規則130条２項）で定める場合（金庫の業務の全部・
一部の停止命令が出た場合、金庫の休日に、業務の全部・一部を行う金庫の事務
所において、当該休日における現金自動支払機（CD）等による業務の全部・一部
を休止する場合、金庫の無人の事務所において業務の全部・一部を休止する場合
などが挙げられている）を除き、天災その他のやむを得ない理由によりその
事務所において臨時にその業務の全部または一部を休止するときは、直ちに
その旨を、届出書に理由書等を付して内閣総理大臣に届け出るとともに、公
告し、かつ、内閣府令（施行規則130条３項）で定めるところにより、当該事
務所の店頭に掲示しなければならない（銀行法16条１項前段、施行規則130条）。

　金庫が臨時にその業務の全部または一部を休止した事務所においてその業
務の全部または一部を再開するときも、同様である（銀行法16条１項後段）。

　店頭への掲示の方法について、以下に定める日までの間、継続して事務所
の店頭に掲示しなければならないとされている（施行規則130条３項）。

① 　銀行法16条１項前段による掲示…金庫が臨時にその業務の全部または一
　　部を停止した事務所において、業務の全部または一部を再開する日

② 　銀行法16条１項後段による掲示…金庫が臨時にその業務の全部または一

部を停止した事務所において、業務の全部または一部を再開する日後1カ月を経過する日

「天災その他のやむを得ない理由」とは、天災その他、天災に比肩すべき重大な外部的障害を指すが、天災によらずとも、営業用施設や設備が滅失等して、現金自動支払機（CD）等の機械が故障し、営業機能の停止を余儀なくされた場合なども「やむを得ない理由」に含まれるものと解される。

小山『銀行法』336頁によれば、銀行の過失による場合、例えば行員の病気、帳簿の整理の必要性、事務所の移転などは臨時休業の理由とならないとされているが、これらの場合についても、例えば事務所の移転など、個別の事案に応じて休業にせざるを得ない合理的な理由がある場合には、「やむを得ない理由」に該当し得るものと解される。

b　公告を要しない場合（銀行法16条2項）

金庫の無人の事務所において臨時にその業務の全部または一部を休止する場合その他の内閣府令（施行規則130条4項）で定める場合については、公告を要しない（銀行法16条2項）。

施行規則130条4項においては、金庫の無人の事務所において臨時に業務の全部または一部を休止する場合、休業期間が1業務取扱日以内で、業務が速やかに再開されると確実に見込まれる場合などが挙げられている。

無人の事務所など、取り扱う業務が限定的な場合、顧客への影響が限定的であり、公告をするまでの必要性は低いためである。

c　無人の事務所における臨時休業等の場合の店頭掲示に係る特例（平成28年改正）

上記(10)bのとおり、公告の場合、無人の事務所における臨時休業等の場合の例外が定められているが、店頭掲示については特段の例外が定められていなかった。

しかし、銀行の営業形態が多様化し、無人の事業所等を通じたサービス提供が進展しつつあり、また、インターネット・バンキングの普及等に伴い、事業所を通じなくても顧客が金庫のサービスにアクセスする機会が増えている（池田＝中島『銀行法』228頁）。

そこで、銀行法平成28年改正において銀行法16条3項が追加され、顧客へ

の影響が限定的である金庫の無人の事務所において臨時にその業務の一部を休止する場合その他の内閣府令で定める場合については、店頭の掲示を要しないこととされた。

上記を受け、施行規則130条5項において、事務所における店頭掲示が不要となる場合について、①金庫の無人の事務所において臨時にその業務の一部を休止する場合、②休業期間が一業務取扱日以内で、業務が速やかに再開されると確実に見込まれる場合が定められている。

(11) 業務報告書等（銀行法19条）

金庫は、事業年度ごとに、業務および財産の状況を記載した業務報告書を監督官庁に提出しなければならない（銀行法19条1項、施行規則131条1項・3項）。

また、金庫が子会社等を有する場合は、前記業務報告書のほか、当該信用金庫および当該子会社等の業務および財産の状況を連結して記載した当該事業年度に係る業務報告書を作成し、合わせて監督官庁に提出しなければならない（銀行法19条2項、施行規則131条2項・3項）。

銀行法19条の趣旨は、監督官庁が金庫の業務の健全かつ適切な運営を監督する上で、業務、財産の状況を継続的に把握する必要があるためである。

(12) 業務・財産の状況に関する説明書類の縦覧等（銀行法21条）

金庫は、業務および財産に関する事項を記載した当該事業年度に係る説明書類（ディスクロージャー誌）を作成し、当該事業年度経過後4カ月以内に（7月末までに）、金庫の事務所に備え置いて、公衆の縦覧に供しなければならない（銀行法21条1項・6項、施行規則132条、134条）。

また、金庫が子会社等を有する場合は、前記ディスクロージャー誌のほか、当該金庫および当該子会社等の業務および財産に関する事項を当該金庫および当該子会社等につき連結して記載した当該事業年度に係る説明書類（いわゆる「連結ディスクロージャー誌」）を作成し、当該事業年度経過後4カ月以内に（7月末までに）、公衆の縦覧に供しなければならない（銀行法21条2項・6項、施行規則133条、134条）。

本条の趣旨は、金庫の取引先には預金者等多数のステークホルダーがいることから業務、財産の状況を預金者等一般の公衆にわかりやすい説明資料により情報開示すること（ディスクロージャー）を義務付けたものである。

⒀　報告・資料の提出（銀行法24条）

内閣総理大臣は、金庫に対して、その業務または財産の状況に関して報告または資料の提出を求めることができる。

銀行法24条の趣旨は、定期的な業務報告に加え、個別具体的事情に応じて、不定期に報告等を求める権限、いわゆる調査権を内閣総理大臣に与え、金庫の実情を随時把握し、不当もしくは不法の行為の有無を調査することができるようにした点にある。なお、金庫の子法人等、金庫から業務の委託を受けた者（さらに何段階かの委託があった場合の各段階の受託者すべてを含む）に対しても報告・資料の提出を求めることができる。

⒁　立入検査（銀行法25条）

銀行法25条は銀行法24条の内閣総理大臣による調査権とならび、監督のために重要な方法として、内閣総理大臣の立入検査権を規定したものである。

内閣総理大臣は、職員に金庫（子会社を含む）の事務所その他の施設に直接立ち入らせ、その業務もしくは財産の状況に関し、質問等をさせることができる。

銀行法24条の調査権は、間接的な手段であり、提出された報告や資料を実地において検証する必要があることもあるため、内閣総理大臣に立入検査権を認めたものである。

⒂　業務の停止等（銀行法26条）

内閣総理大臣は、金庫の業務の健全かつ適切な運営を確保するために必要なときには、金庫に対して早期に是正する措置（業務の停止等を含む）を求めることができる。

早期是正措置を規定した趣旨は、金庫の経営の健全性を確保するため、自己資本比率という客観的な基準を用い、早期に必要な命令を迅速かつ適切に

発動していくことで、金庫の資産状況の悪化を防ぎ、金庫の経営の早期是正を促そうとする点にある（小山『銀行法』402頁）。

「信用金庫法第89条第1項において準用する銀行法第26条第2項に規定する区分等を定める命令」（平成12年6月26日総理府令・大蔵省令第41号）があり、具体的には下記のとおりとなる。

・2〜4％：第1区分⇒経営改善計画の提出・実行の命令
・1〜2％：第2区分⇒自己資本の充実に資する措置に関する命令
・0〜1％：第2区分の2⇒自己資本の充実、大幅な業務の縮小、合併または金庫の事業の一部の廃止等の措置のいずれかを選択、その実施の命令
・0％未満：第3区分⇒業務の全部または一部の停止命令

⒃　免許の取消し等（銀行法27条）

内閣総理大臣は、金庫が法令、定款等に違反した場合または公益を害した場合には、金庫に対して、業務停止や理事等の解任を命じ、または免許取消しをすることができる。

金庫の業務には公共性があるため、金庫が法令、定款等に違反した場合または公益を害した場合、社会的責任が重大であることから、内閣総理大臣に免許取消しの権限を与えたものである。

⒄　免許取消処分（銀行法28条）

内閣総理大臣は、業務停止命令を出した金庫に改善の見込みがないような場合には、免許取消処分を行使することができる。

その趣旨は、業務停止命令が出された後に、業務停止解除の見込みがない場合、当該金庫を解散させたほうが、預金者保護上適当であるためである（小山『銀行法』411頁）。

⒅　事業の譲渡または譲受けの場合の債権者の異議の催告等（銀行法34条、35条）

金庫を当事者とする事業の全部の譲渡または譲受けを行う旨の総会（理事会）の決議があった場合には、金庫は、異議のある債権者は異議を提出する

ように公告しなければならないことなどを定めている。

事業譲渡・譲受けの際の債権者保護を目的としている。

(19)　事業の譲渡の公告等（銀行法36条）

金庫は、事業の全部または一部を譲渡したときは、遅滞なくその旨を公告しなければならないことを定めている。事業譲渡は包括承継ではないため、債権譲渡の第三者対抗要件として、債務者への通知または債務者の承認が必要であるのが原則であるが、金庫は多数の指名債権を有しているため、第三者対抗要件を簡易化して公告で代替することを可能としたものである。

(20)　廃業・解散等の認可（銀行法37条）

金庫が事業の一部廃止または解散する旨の総会の決議をした場合においても、内閣総理大臣の認可を受けなければ、その効力は生じないことを定めている。金庫の事業は内閣総理大臣の免許を受けなければ行うことができないが（法4条）、金庫の事業開始だけでなく、事業の一部廃止・解散等事業終了の場合も、内閣総理大臣の認可を効力発生要件としたものである。

金融庁長官等への事業の一部の廃止および解散の認可についての申請書や金融庁長官等による審査基準については、施行規則136条に定められている。

(21)　廃業等の公告等（銀行法38条）

預金者等への周知の観点から、金庫の事業の一部廃止または解散の認可が出た場合には、その旨を公告するだけでなく、すべての事業所に掲示しなければならないことを定めている。なお、施行規則137条において、金庫は上記公告および掲示をするときは、預金または定期積金その他金融庁長官が定める業務に係る取引の処理の方針を示すこととしている。

(22)　清算人の任免等（銀行法44条）

金庫が解散した場合には、裁判所は、利害関係人もしくは内閣総理大臣の請求により、または職権をもって清算人を選任すること、また、その解任をすることができることを定めている。金庫が清算に至る場合には、金庫の経

営責任が存在する可能性が高いことから、公正を期すために、理事が清算人を選任するのではなく、裁判所が清算人を任免することとしたものである。

⑳　清算の監督（銀行法45条）

金庫の清算はその主たる事務所の所在地を管轄する地方裁判所の監督に属すること、裁判所は、清算金庫の清算事務および財産の状況を検査するとともに、当該清算金庫に対し、財産の供託など必要な命令をすることができることを定めている。金庫の清算につき、業務の公共性の観点から、裁判所による監督を定めたものである。

㉔　清算手続等における内閣総理大臣の意見等（銀行法46条）

裁判所が、金庫の清算手続、破産手続、再生手続等において、内閣総理大臣に対して意見を求め、または検査・調査を依頼することができることなどを定めている。清算手続に入ると、銀行法・信用金庫法上の監督権限は内閣総理大臣から裁判所に移行するところであるが、従来の監督官庁である内閣総理大臣は金庫の経営について情報や知見を有していることから、裁判所が内閣総理大臣に対して協力を得ることができるよう、協力・連携の根拠規定を定めたものである。

㉕　内閣総理大臣の告示（銀行法56条1号〜3号）

内閣総理大臣は、業務停止命令等一定の行為を行った場合、官報にて告示することを定めている。業務停止命令等は、預金者など金庫の取引関係者に重大な影響を及ぼすため、これを周知するための規定である。

㉖　財務大臣への協議（銀行法57条の5）

内閣総理大臣は、業務の全部・一部の停止命令など、信用秩序の維持に重大な影響を与えるおそれがある場合、事前に、信用秩序の維持を図るために必要な措置について、財務大臣と協議する必要があることを定めている。金融制度の企画立案や金融行政の運営は金融庁の所管事項であるが、財務省も金融破綻処理制度や金融危機管理など関連する所管事項を有しているため、

第89条の2

金融庁と財務省の協力関係を定めたものである。

⒇　財務大臣への資料提出等（銀行法57条の7）

　財務大臣は、所掌に係る金融破綻処理制度および金融危機管理に関し、制度の企画または立案をするために必要があると認めるとき、内閣総理大臣に対し、必要な資料提出・説明を求めることができることを定めている。銀行法57条の5について述べたとおり、財務大臣も金融破綻処理制度や金融危機管理という所管事項について、金庫業務と関係があるため、資料提出を求める権限等を与えたものである。

（金融商品取引法の準用）

第89条の2　金融商品取引法第3章第1節第5款（第34条の2第6項から第8項まで（特定投資家が特定投資家以外の顧客とみなされる場合）並びに第34条の3第5項及び第6項（特定投資家以外の顧客である法人が特定投資家とみなされる場合）を除く。）（特定投資家）及び第45条（第3号及び第4号を除く。）（雑則）の規定は金庫が行う特定預金等契約（特定預金等（金利、通貨の価格、同法第2条第14項に規定する金融商品市場における相場その他の指標に係る変動によりその元本について損失が生ずるおそれがある預金又は定期積金として内閣府令で定めるものをいう。）の受入れを内容とする契約をいう。以下この条において同じ。）の締結又は外国銀行代理金庫が行う外国銀行代理業務に係る特定預金等契約の締結の代理若しくは媒介について、同章第2節第1款（第35条から第36条の4まで（第一種金融商品取引業又は投資運用業を行う者の業務の範囲、第二種金融商品取引業又は投資助言・代理業のみを行う者の兼業の範囲、業務管理体制の整備、顧客に対する誠実義務、標識の掲示、名義貸しの禁止、社債の管理の禁止等）、第37条第1項第2号（広告等の規制）、第37条の2（取引態様の事前明示義務）、第37条の3第1項第2号及び第6号並びに第3項（契約締結前の書面の交付）、第37条の5から第37条の7まで（保証金の受領に係る書面の交付、書面による解除、指定紛争解決機関との契約締結義務等）、第38条第1号、第2号、第7号及び第8号並びに第38条の2（禁止行為）、第39条

第10章　雑則（第86条～第89条の3）　｜　797

第3項ただし書、第4項、第6項及び第7項（損失補填等の禁止）並びに第40条の2から第40条の7まで（最良執行方針等、分別管理が確保されていない場合の売買等の禁止、金銭の流用が行われている場合の募集等の禁止、特定投資家向け有価証券の売買等の制限、特定投資家向け有価証券に関する告知義務、のみ行為の禁止、店頭デリバティブ取引に関する電子情報処理組織の使用義務等）を除く。）（通則）の規定は金庫が行う特定預金等契約の締結、外国銀行代理金庫が行う外国銀行代理業務に係る特定預金等契約の締結の代理若しくは媒介又は信用金庫代理業者が行う信用金庫代理業に係る特定預金等契約の締結の代理若しくは媒介について、同法第37条の6（書面による解除）の規定は金庫が行う特定預金等契約の締結又は信用金庫代理業者が行う信用金庫代理業に係る特定預金等契約の締結の代理若しくは媒介について、それぞれ準用する。この場合において、これらの規定中「金融商品取引業」とあるのは「特定預金等契約の締結又はその代理若しくは媒介の業務」と、「締結の勧誘又は締結」とあるのは「締結の勧誘又は締結若しくはその代理若しくは媒介」と、これらの規定（同条第3項の規定を除く。）中「金融商品取引契約」とあるのは「特定預金等契約」と、これらの規定（同法第34条の規定を除く。）中「金融商品取引行為」とあるのは「特定預金等契約の締結」と、同法第34条中「顧客を相手方とし、又は顧客のために金融商品取引行為（第2条第8項各号に掲げる行為をいう。以下同じ。）を行うことを内容とする契約」とあるのは「信用金庫法第89条の2に規定する特定預金等契約」と、「を過去に当該特定投資家との間で締結」とあるのは「の締結又はその代理若しくは媒介を過去に当該特定投資家との間で」と、「を締結する」とあるのは「の締結又はその代理若しくは媒介をする」と、同法第34条の2第5項第2号中「締結する」とあるのは「締結又はその代理若しくは媒介をする」と、同法第34条の3第2項第4号イ中「金融商品取引業者等と対象契約」とあるのは「金庫（信用金庫法第2条に規定する金庫をいう。以下同じ。）と対象契約を締結し、若しくは当該外国銀行代理金庫（同法第89条第3項に規定する外国銀行代理金庫をいう。以下同じ。）による代理若しくは媒介により対象契約」と、同条第4項第2号中「締結する」とあるのは「締結又はその代理若しくは媒介

をする」と、同法第37条の3第1項中「締結しようとするとき」とあるのは「締結しようとするとき、又はその締結の代理若しくは媒介を行うとき」と、「交付しなければならない」とあるのは「交付するほか、預金者又は定期積金の積金者（以下この項において「預金者等」という。）の保護に資するため、内閣府令で定めるところにより、当該特定預金等契約の内容その他預金者等に参考となるべき情報の提供を行わなければならない」と、同項第1号中「金融商品取引業者等」とあるのは「金庫、当該外国銀行代理金庫の所属外国銀行（信用金庫法第54条の2第1項に規定する所属外国銀行をいう。）又は当該信用金庫代理業者（同法第85条の2第3項に規定する信用金庫代理業者をいう。以下同じ。）の所属信用金庫（同項に規定する所属信用金庫をいう。）」と、同法第37条の6第1項中「金融商品取引業者等」とあるのは「金庫」と、同条第3項中「金融商品取引契約の解除があつた場合には、当該金融商品取引契約」とあるのは「特定預金等契約の解除があつた場合には、当該特定預金等契約の解除に伴う損害賠償又は違約金の支払（信用金庫代理業者にあつては、当該特定預金等契約の解除に伴い金庫に損害賠償その他の金銭の支払をした場合における当該支払に伴う損害賠償その他の金銭の支払）を請求することができない。ただし、金庫にあつては、当該特定預金等契約」と、「金融商品取引契約に関して」とあるのは「特定預金等契約に関して」と、「金額を超えて当該金融商品取引契約の解除に伴う損害賠償又は違約金の支払を請求することができない」とあるのは「金額については、この限りでない」と、同条第4項ただし書中「前項の」とあるのは「金庫にあつては、前項の」と、同法第39条第1項第1号中「有価証券の売買その他の取引（買戻価格があらかじめ定められている買戻条件付売買その他の政令で定める取引を除く。）又はデリバティブ取引（以下この条において「有価証券売買取引等」という。）」とあるのは「特定預金等契約の締結」と、「有価証券又はデリバティブ取引（以下この条において「有価証券等」という。）」とあるのは「特定預金等契約」と、「顧客（信託会社等（信託会社又は金融機関の信託業務の兼営等に関する法律第1条第1項の認可を受けた金融機関をいう。以下同じ。）が、信託契約に基づいて信託をする者の計算において、有価証券の売買又はデリバティブ取引

を行う場合にあつては、当該信託をする者を含む。以下この条において同じ。)」とあるのは「顧客」と、「補足するため」とあるのは「補足するため、当該特定預金等契約によらないで」と、同項第2号中「有価証券売買取引等」とあるのは「特定預金等契約の締結」と、「有価証券等」とあるのは「特定預金等契約」と、「追加するため」とあるのは「追加するため、当該特定預金等契約によらないで」と、同項第3号中「有価証券売買取引等」とあるのは「特定預金等契約の締結」と、「有価証券等」とあるのは「特定預金等契約」と、「追加するため、」とあるのは「追加するため、当該特定預金等契約によらないで」と、同条第2項中「有価証券売買取引等」とあるのは「特定預金等契約の締結」と、同条第3項中「原因となるものとして内閣府令で定めるもの」とあるのは「原因となるもの」と、同法第45条第2号中「第37条の2から第37条の6まで、第40条の2第4項及び第43条の4」とあるのは「第37条の3（第1項の書面の交付に係る部分に限り、同項第2号及び第6号並びに第3項を除く。）、第37条の4及び第37条の6」と、「締結した」とあるのは「締結若しくはその代理若しくは媒介をした」と読み替えるものとするほか、必要な技術的読替えは、政令で定める。

本条においては、金融商品取引法の準用について定めている。

（経過措置）

第89条の3　この法律の規定に基づき命令を制定し、又は改廃する場合においては、その命令で、その制定又は改廃に伴い合理的に必要と判断される範囲内において、所要の経過措置（罰則に関する経過措置を含む。）を定めることができる。

信用金庫法に基づき命令を制定または改廃する場合、命令で、制定または改廃に伴い合理的に必要とされる範囲内において、所要の経過措置を定めることができることを規定している。

第11章

罰則

（第89条の4～第94条）

本章は、信用金庫法等の各規定を遵守しなかった場合の罰則について、分類して規定している。罰則の内容は法改正により順次追加されている。

罰則規定は、各規定が遵守される限りは適用されないものであり、対象となる各規定の内容が重要であることから、以下においてはポイントを解説する。

信用金庫法のような行政法規違反に対する罰則には大別して「行政刑罰」と「秩序罰」の2種類があるところ、信用金庫法においても行政刑罰と秩序罰の双方を定めている。

行政刑罰とは、行政法の分野において、対象となる行為それ自体が反社会的、反道義的な犯罪であり、刑罰の種類は一般に、死刑、懲役、禁錮、罰金、勾留および科料の6種類であり、その他付加刑として没収がある（刑法9条）。行政刑罰には、刑法総則、刑事訴訟法が適用される。

信用金庫法においては、89条の4〜90条の7において行政刑罰を定めており、懲役、禁錮および罰金を定めている。法90条の7においては、いわゆる両罰規定を設けており、法人の代表者、代理人、使用人その他の従業者が、法人等の業務または財産に関して違反行為を行った場合、行為者個人のほか、法人に対しても罰金刑を科することとしている。

他方で、秩序罰は、行政を適正に行うために設けられ、法規に違反する行為に対する罰則であり、対象となる行為自体は当然には反社会的、反道徳的なものではなく、法律の制定を待ってはじめて違法とされる作為、不作為に対する刑罰である（小山『銀行法』569頁）。秩序罰としては「過料」が典型的であり、罰金と同様、金銭の支払いを内容とするが、行政刑罰と異なり、刑法や刑事訴訟法の適用はなく、非訟事件手続法に定められた手続に基づく（小山『銀行法』576頁）。

信用金庫法においては、91条〜94条において、89条の4〜90条の7に規定する違反以外の違反行為について、広く秩序罰を定めている。秩序罰については、罰則の対象となるのは個人であり、両罰規定は存しない。

第89条の4　第89条の2において準用する金融商品取引法（以下「準用金融商品取引法」という。）第39条第1項の規定に違反した者は、3年以下の懲

役若しくは300万円以下の罰金に処し、又はこれを併科する。

第90条　次の各号のいずれかに該当する者は、2年以下の懲役若しくは300万円以下の罰金に処し、又はこれを併科する。

一　第4条の規定に違反して、免許を受けないで金庫の事業を行つた金庫の役員、代理人、使用人その他の従業者

二　不正の手段により第4条の免許を受けた者

三　第85条の2第1項の規定に違反して、許可を受けないで信用金庫代理業を行つた者

四　不正の手段により第85条の2第1項の許可を受けた者

五　第85条の4第1項の規定に違反して、登録を受けないで信用金庫電子決済等代行業を営んだ者

六　不正の手段により第85条の4第1項の登録を受けた者

七　第85条の11第4項の規定による信用金庫電子決済等代行業の廃止の命令に違反した者

八　第89条第1項、第3項、第5項、第7項又は第9項において準用する銀行法（以下第94条までにおいて「銀行法」という。）第9条の規定に違反して、他人に金庫の事業を行わせた者

九　銀行法第52条の41の規定に違反して、他人に外国銀行代理業務又は信用金庫代理業を行わせた者

第90条の2　次の各号のいずれかに該当する場合には、その違反行為をした者は、2年以下の懲役又は300万円以下の罰金に処する。

一　銀行法第4条第4項又は第52条の38第2項の規定により付した条件に違反したとき

二　銀行法第26条第1項、第27条、第52条の56第1項の規定による業務の全部又は一部の停止の命令に違反したとき

三　銀行法第52条の61の28第2項の規定による業務の全部又は一部の停止の命令に違反したとき

第90条の2の2　次の各号のいずれかに該当する者は、1年以下の懲役若しくは300万円以下の罰金に処し、又はこれを併科する。

一　銀行法第52条の63第1項の規定による指定申請書又は同条第2項の規

定によりこれに添付すべき書類若しくは電磁的記録に虚偽の記載又は記録をしてこれらを提出した者

二　銀行法第52条の69の規定に違反した者

三　銀行法第52条の80第 1 項の規定による報告書を提出せず、又は虚偽の記載をした報告書を提出した者

四　銀行法第52条の81第 1 項若しくは第 2 項の規定による報告若しくは資料の提出をせず、若しくは虚偽の報告若しくは資料の提出をし、又はこれらの規定による当該職員の質問に対して答弁をせず、若しくは虚偽の答弁をし、若しくはこれらの規定による検査を拒み、妨げ、若しくは忌避した者

五　銀行法第52条の82第 1 項の規定による命令に違反した者

第90条の 3　次の各号のいずれかに該当する者は、 1 年以下の懲役又は300万円以下の罰金に処する。

一　銀行法第19条、第52条の50第 1 項又は第52条の61の13の規定に違反して、これらの規定に規定する書類の提出をせず、又はこれらの書類に記載すべき事項を記載せず、若しくは虚偽の記載をしてこれらの書類の提出をした者

一の二　銀行法第21条第 1 項若しくは第 2 項、第52条の 2 の 6 第 1 項若しくは第52条の51第 1 項の規定に違反して、これらの規定に規定する説明書類を公衆の縦覧に供せず、若しくは銀行法第21条第 4 項（同条第 5 項において準用する場合を含む。以下この号において同じ。）、第52条の 2 の 6 第 2 項若しくは第52条の51第 2 項の規定に違反して、銀行法第21条第 4 項、第52条の 2 の 6 第 2 項若しくは第52条の51第 2 項に規定する電磁的記録に記録された情報を電磁的方法により不特定多数の者が提供を受けることができる状態に置く措置として内閣府令で定めるものをとらず、又はこれらの規定に違反して、これらの書類に記載すべき事項を記載せず、若しくは虚偽の記載をして、公衆の縦覧に供し、若しくは電磁的記録に記録すべき事項を記録せず、若しくは虚偽の記録をして、電磁的記録に記録された情報を電磁的方法により不特定多数の者が提供を受けることができる状態に置く措置をとつた者

二　銀行法第24条第1項若しくは第2項若しくは第52条の53若しくは第52条の61の14第1項若しくは第2項の規定による報告若しくは資料の提出をせず、又は虚偽の報告若しくは資料の提出をした者

三　銀行法第25条第1項若しくは第2項、第52条の54第1項若しくは第52条の61の15第1項若しくは第2項の規定による当該職員の質問に対して答弁をせず、若しくは虚偽の答弁をし、又はこれらの規定による検査を拒み、妨げ、若しくは忌避した者

四　銀行法第45条第3項の規定による検査を拒み、妨げ、若しくは忌避し、又は同項の規定による命令に違反した者

五　銀行法第46条第3項において準用する銀行法第25条第1項の規定による当該職員の質問に対して答弁をせず、若しくは虚偽の答弁をし、又は同項の規定による検査を拒み、妨げ、若しくは忌避した者

六　銀行法第52条の37第1項の規定による申請書若しくは同条第2項の規定によりこれに添付すべき書類又は銀行法第52条の61の3第1項の規定による登録申請書若しくは同条第2項の規定によりこれに添付すべき書類に虚偽の記載をして提出した者

七　銀行法第52条の42第1項の規定による承認を受けないで信用金庫代理業及び信用金庫代理業に付随する業務以外の業務を行つた者

第90条の4　次の各号のいずれかに該当する者は、1年以下の懲役若しくは100万円以下の罰金に処し、又はこれを併科する。

一　銀行法第13条の3（第1号に係る部分に限る。）又は第52条の45（第1号に係る部分に限る。）の規定の違反があつた場合において、顧客以外の者（金庫又は信用金庫代理業者を含む。）の利益を図り、又は顧客に損害を与える目的で当該違反行為をした者

二　銀行法第52条の64第1項の規定に違反して、その職務に関して知り得た秘密を漏らし、又は自己の利益のために使用した者

第90条の4の2　準用金融商品取引法第39条第2項の規定に違反した者は、1年以下の懲役若しくは100万円以下の罰金に処し、又はこれを併科する。

第90条の4の3　前条の場合において、犯人又は情を知つた第三者が受けた財産上の利益は、没収する。その全部又は一部を没収することができない

ときは、その価額を追徴する。

2　金融商品取引法第209条の2（混和した財産の没収等）及び第209条の3第2項（没収の要件等）の規定は、前項の規定による没収について準用する。この場合において、同法第209条の2第1項中「第198条の2第1項又は第200条の2」とあるのは「信用金庫法第90条の4の3第1項」と、「この条、次条第1項及び第209条の4第1項」とあるのは「この項」と、「次項及び次条第1項」とあるのは「次項」と、同条第2項中「混和財産（第200条の2の規定に係る不法財産が混和したものに限る。）」とあるのは「混和財産」と、同法第209条の3第2項中「第198条の2第1項又は第200条の2」とあるのは「信用金庫法第90条の4の3第1項」と読み替えるものとする。

第90条の4の4　銀行法第52条の61の25の規定に違反した者は、1年以下の懲役又は50万円以下の罰金に処する。

第90条の4の5　次の各号のいずれかに該当する者は、6月以下の懲役若しくは50万円以下の罰金に処し、又はこれを併科する。

　一　銀行法第52条の61の27第1項の規定による報告若しくは資料の提出をせず、若しくは虚偽の報告若しくは資料の提出をし、又は同項の規定による当該職員の質問に対して答弁をせず、若しくは虚偽の答弁をし、若しくは同項の規定による検査を拒み、妨げ、若しくは忌避した者

　二　準用金融商品取引法第37条第1項（第2号を除く。）に規定する事項を表示せず、又は虚偽の表示をした者

　三　準用金融商品取引法第37条第2項の規定に違反した者

　四　準用金融商品取引法第37条の3第1項（第2号及び第6号を除く。）の規定に違反して、書面を交付せず、若しくは同項に規定する事項を記載しない書面若しくは虚偽の記載をした書面を交付した者又は同条第2項において準用する金融商品取引法第34条の2第4項に規定する方法により当該事項を欠いた提供若しくは虚偽の事項の提供をした者

　五　準用金融商品取引法第37条の4第1項の規定による書面を交付せず、若しくは虚偽の記載をした書面を交付した者又は同条第2項において準用する金融商品取引法第34条の2第4項に規定する方法により虚偽の事

項の提供をした者

第90条の4の6　銀行法第52条の71若しくは第52条の73第9項の規定による記録の作成若しくは保存をせず、又は虚偽の記録を作成した者は、100万円以下の罰金に処する。

第90条の4の7　銀行法第52条の83第1項の認可を受けないで紛争解決等業務の全部若しくは一部の休止又は廃止をした者は、50万円以下の罰金に処する。

第90条の5　次の各号のいずれかに該当する者は、30万円以下の罰金に処する。

一　銀行法第52条の39第2項、第52条の52、第52条の78第1項、第52条の79若しくは第52条の83第2項の規定による届出をせず、又は虚偽の届出をした者

二　銀行法第52条の40第1項の規定に違反した者

三　銀行法第52条の40第2項の規定に違反して、同条第1項の標識又はこれに類似する標識を掲示した者

四　銀行法第52条の61の21第3項の規定に違反してその名称中に認定信用金庫電子決済等代行事業者協会の協会員と誤認されるおそれのある文字を使用した者

五　銀行法第52条の68第1項の規定による報告をせず、又は虚偽の報告をした者

六　銀行法第52条の83第3項若しくは第52条の84第3項の規定による通知をせず、又は虚偽の通知をした者

第90条の6　第87条の4第4項において準用する会社法第955条第1項の規定に違反して、調査記録簿等（同項に規定する調査記録簿等をいう。以下この条において同じ。）に同項に規定する電子公告調査に関し法務省令で定めるものを記載せず、若しくは記録せず、若しくは虚偽の記載若しくは記録をし、又は同項の規定に違反して調査記録簿等を保存しなかつた者は、30万円以下の罰金に処する。

第90条の7　法人（法人でない団体で代表者又は管理人の定めのあるものを含む。以下この項において同じ。）の代表者又は法人若しくは人の代理人、

使用人その他の従業者が、その法人又は人の業務又は財産に関し、次の各号に掲げる規定の違反行為をしたときは、その行為者を罰するほか、その法人に対して当該各号に定める罰金刑を、その人に対して各本条の罰金刑を科する。

一　第89条の４又は第90条の２（第３号を除く。）　３億円以下の罰金刑

二　第90条の２の２（第２号を除く。）、第90条の３第１号から第３号まで若しくは第６号又は第90条の４第１号　２億円以下の罰金刑

三　第90条の４の２　１億円以下の罰金刑

四　第90条、第90条の２第３号、第90条の２の２第２号、第90条の３第４号、第５号若しくは第７号、第90条の４第２号又は第90条の４の４から前条まで　各本条の罰金刑

2　前項の規定により法人でない団体を処罰する場合には、その代表者又は管理人がその訴訟行為につきその団体を代表するほか、法人を被告人又は被疑者とする場合の刑事訴訟に関する法律の規定を準用する。

第91条　次の各号のいずれかに該当する場合には、その行為をした金庫の役員、支配人若しくは清算人、第38条の２第３項の規定による監査をする会計監査人若しくはその職務を行うべき社員、信用金庫代理業者、信用金庫電子決済等代行業者若しくは電子決済等代行業者（信用金庫代理業者、信用金庫電子決済等代行業者又は電子決済等代行業者が法人であるときは、その取締役、執行役、会計参与若しくはその職務を行うべき社員、監査役、理事、監事、代表者、業務を執行する社員又は清算人）又は認定信用金庫電子決済等代行事業者協会の理事、監事若しくは清算人は、100万円以下の過料に処する。ただし、その行為について刑を科すべきときは、この限りでない。

一　この法律の規定に基づいて金庫が行うことができる事業以外の事業を行つたとき。

二　この法律の規定による登記をすることを怠つたとき。

二の二　第12条第７項において準用する会社法第310条第６項、第311条第３項又は第312条第４項の規定に違反して、書面又は電磁的記録を備え置かなかつたとき。

三　第17条第3項、第35条の8第4項又は第41条第4項の規定に違反したとき。

四　第21条の規定に違反して、会員の持分を取得し又は質権の目的としてこれを受けたとき。

四の二　第23条の2（第63条において準用する場合を含む。）、第37条の2（第63条において準用する場合を含む。）、第38条（第38条の2第12項の規定により読み替えて適用する場合を含む。）、第48条の6（第63条において準用する場合を含む。）、第48条の7（第63条において準用する場合を含む。）若しくは第54条の16の規定又は第63条において準用する会社法第496条第1項若しくは第2項の規定に違反して、書類若しくは電磁的記録を備え置かず、書類若しくは電磁的記録に記録し、若しくは記録すべき事項を記載せず、若しくは記録せず、若しくは虚偽の記載若しくは記録をし、又は正当な理由がないのに、書類若しくは電磁的記録に記録された事項を内閣府令で定める方法により表示したものの閲覧若しくは謄写若しくは書類の謄本若しくは抄本の交付、電磁的記録に記録された事項を電磁的方法により提供すること若しくはその事項を記載した書面の交付を拒んだとき。

四の三　第24条第6項、第48条の4（第63条において準用する場合を含む。）の規定に違反して正当の理由がないのに説明をしなかつたとき。

五　第24条第7項、第37条の2第1項（第63条において準用する場合を含む。）、第48条の7第1項（第63条において準用する場合を含む。）若しくは第55条の2第2項若しくは第3項の規定又は第63条において準用する会社法第492条第1項若しくは第3項の規定に違反して、議事録、会計帳簿、貸借対照表若しくは財産目録を作成せず、又はこれらの書類若しくは電磁的記録に記載し、若しくは記録すべき事項を記載せず、若しくは記録せず、若しくは虚偽の記載若しくは記録をしたとき。

六　第31条の規定に違反したとき。

六の二　第32条第5項の規定に違反して同項に規定する者に該当する者を監事に選任しなかつたとき。

七　第32条第8項の規定に違反して役員の補充のために必要な手続を採ら

なかつたとき。

八　第35条第1項又は第3項（第64条において準用する場合を含む。）の規定に違反したとき。

九　第35条の5第3項（第64条において準用する場合を含む。）の規定に違反して、理事会又は清算人会に報告せず、又は虚偽の報告をしたとき。

十　第38条の2第10項の規定又は第38条の3において準用する会社法第398条第2項の規定により意見を述べるに当たり、通常総会に対し、虚偽の申述を行い、又は事実を隠蔽したとき。

十の2　第38条の2第13項において準用する会社法第390条第3項に規定する常勤の監事を選定しなかつたとき。

十の3　会計監査人がこの法律又は定款で定めたその員数を欠くこととなつた場合において、その選任（一時会計監査人の職務を行うべき者の選任を含む。）の手続をすることを怠つたとき。

十の4　第38条の3において準用する会社法第340条第3項の規定により報告するに当たり、総会に対し、虚偽の申述を行い、又は事実を隠蔽したとき。

十の5　第38条の3において準用する会社法第396条第2項の規定に違反して、正当な理由がないのに書面又は電磁的記録に記録された事項を内閣府令で定める方法により表示したものの閲覧又は謄写を拒んだとき。

十の6　この法律において準用する会社法の規定による調査を妨げたとき。

十一　第39条第5項（第64条において準用する場合を含む。）の規定による開示をすることを怠つたとき。

十二　第42条（第63条において準用する場合を含む。）の規定に違反したとき。

十三　第51条第1項若しくは第52条第2項若しくは第5項の規定に違反して出資1口の金額を減少し、又は第58条第3項、第60条、第61条、第61条の2第1項、第3項若しくは第7項、第61条の3第1項若しくは第3項から第5項まで、第61条の4第1項若しくは第3項若しくは第61条の5第7項の規定、第61条の2第5項、第61条の3第7項若しくは第61条の4第5項において準用する第52条第2項若しくは第5項の規定若しく

は銀行法第34条第5項（銀行法第35条第3項において準用する場合を含む。）の規定に違反して事業の全部若しくは一部の譲渡若しくは譲受け若しくは合併をしたとき。

十四　第52条第2項（第61条の2第5項、第61条の3第7項及び第61条の4第5項において準用する場合を含む。）、第54条の2第2項、第54条の5、第54条の13、第58条第3項、第85条の11第2項若しくは第87条の規定、第63条において準用する会社法第499条第1項の規定又は銀行法第16条第1項、第34条第1項、第36条第1項、第38条、第52条の2の9、第52条の39第1項、第52条の47第1項、第52条の48、第52条の61第3項若しくは第52条の61の6第1項の規定に違反して、これらの規定による届出、公告、通知若しくは掲示をせず、又は虚偽の届出、公告、通知若しくは掲示をしたとき。

十五　第54条第3項の規定に違反したとき。

十五の二　第54条の2第1項の規定に違反したとき。

十六　第54条の2の4第1項の規定に違反して全国連合会債を発行したとき。

十七　第54条の2の4第2項又は第3項の規定に違反したとき。

十八　第54条の3第2項又は第54条の14の規定に違反したとき。

十九　第54条の21第1項の規定に違反して同項に規定する子会社対象会社以外の会社（第54条の22第1項に規定する国内の会社を除く。）を子会社としたとき、又は第54条の23第1項の規定に違反して同項に規定する子会社対象会社以外の会社（第54条の25第1項に規定する国内の会社を除く。）を子会社としたとき。

十九の二　第54条の21第3項の規定による内閣総理大臣の認可を受けないで同項に規定する認可対象会社を子会社としたとき、又は同条第5項において準用する同条第3項の規定による内閣総理大臣の認可を受けないで同条第1項各号に掲げる会社を当該各号のうち他の号に掲げる会社（同条第3項に規定する認可対象会社に限る。）に該当する子会社としたとき。

十九の三　第54条の22第1項若しくは第2項ただし書（第54条の25第3項において準用する場合を含む。）又は第54条の25第1項の規定に違反した

とき。

十九の四　第54条の22第3項又は第5項（これらの規定を第54条の25第3項において準用する場合を含む。）の規定により付した条件に違反したとき。

十九の五　第54条の23第6項の規定による内閣総理大臣の認可を受けないで同項に規定する認可対象会社を子会社としたとき、又は同条第7項において準用する同条第6項の規定による内閣総理大臣の認可を受けないで同条第1項各号に掲げる会社を当該各号のうち他の号に掲げる会社（同条第6項に規定する認可対象会社に限る。）に該当する子会社としたとき。

二十　第56条又は第57条の規定に違反したとき。

二十一　清算の結了を遅延させる目的で、第63条において準用する会社法第499条第1項の期間を不当に定めたとき。

二十二　第63条において準用する会社法第500条第1項の規定に違反して債務の弁済をしたとき。

二十三　第63条において準用する会社法第502条の規定に違反して金庫の財産を分配したとき。

二十四　第87条の2第1項の規定により付した条件（第31条、第54条の2第1項、第54条の21第3項（同条第5項において準用する場合を含む。）、第54条の23第6項（同条第7項において準用する場合を含む。）若しくは第58条第6項若しくは第61条の6第4項の規定又は銀行法第37条第1項第1号若しくは第3号の規定による認可に係るものに限る。）に違反したとき。

二十五　第87条の4第4項において準用する会社法第941条の規定に違反して同条の調査を求めなかつたとき。

二十六　銀行法第26条第1項の規定に違反して改善計画の提出をせず、又は同項若しくは銀行法第52条の55、第52条の61の16若しくは第53条の61の28第1項の規定による命令（業務の全部又は一部の停止の命令を除く。）に違反したとき。

二十六の二　銀行法第52条の2の8の規定による報告若しくは資料の提出をせず、又は虚偽の報告若しくは資料の提出をしたとき。

二十七　銀行法第52条の43の規定により行うべき財産の管理を行わないとき。

二十八　銀行法第52条の49若しくは第52条の61の12の規定による帳簿書類の作成若しくは保存をせず、又は虚偽の帳簿書類を作成したとき。

2　会社法第960条第1項各号若しくは第2項各号に掲げる者又は同法第976条に規定する者が、第35条の7において準用する同法第381条第3項の規定又は第38条の3において準用する同法第396条第3項の規定による調査を妨げたときも、前項と同様とする。

第91条の2　次のいずれかに該当する者は、100万円以下の過料に処する。

1　第87条の4第4項において準用する会社法第946条第3項の規定に違反して、報告をせず、又は虚偽の報告をした者

2　正当な理由がないのに、第87条の4第4項において準用する会社法第951条第2項各号又は第955条第2項各号に掲げる請求を拒んだ者

第92条　次の各号のいずれかに該当する者は、100万円以下の過料に処する。

1　第6条第2項の規定に違反した者

2　銀行法第52条の76の規定に違反した者

第93条　第6条第3項において準用する会社法第8条第1項の規定に違反して他の会社（外国会社を含む。）であると誤認されるおそれのある名称又は商号を使用した者は、100万円以下の過料に処する。

第93条の2　正当な理由がないのに銀行法第52条の61の21第1項の規定による名簿の縦覧を拒んだ者は、50万円以下の過料に処する。

第94条　次の各号のいずれかに該当する者は、10万円以下の過料に処する。

一　銀行法第52条の61の21第2項の規定に違反してその名称中に認定信用金庫電子決済等代行事業者協会と誤認されるおそれのある文字を使用した者

二　銀行法第52条の77の規定に違反してその名称又は商号中に指定紛争解決機関と誤認されるおそれのある文字を使用した者

第
12
章

没収に関する手続等の特例

（第95条～第97条）

第95条

本章は、平成26年の金融商品取引法等の一部を改正する法律により追加された
ものであり、法90条の4の3第1項により、没収すべき財産上の利益が
債権等である場合の没収手続を定めている。

第95条 第三者の財産の没収手続等

（第三者の財産の没収手続等）

第95条 第90条の4の3第1項の規定により没収すべき財産である債権等（不
動産及び動産以外の財産をいう。次条及び第97条において同じ。）が被告人
以外の者（以下この条において「第三者」という。）に帰属する場合におい
て、当該第三者が被告事件の手続への参加を許されていないときは、没収
の裁判をすることができない。

2 第90条の4の3第1項の規定により、地上権、抵当権その他の第三者の
権利がその上に存在する財産を没収しようとする場合において、当該第三
者が被告事件の手続への参加を許されていないときも、前項と同様とする。

3 金融商品取引法第209条の4第3項から第5項まで（第三者の財産の没収
手続等）の規定は、地上権、抵当権その他の第三者の権利がその上に存在
する財産を没収する場合において、第90条の4の3第2項において準用す
る同法第209条の3第2項（没収の要件等）の規定により当該権利を存続さ
せるべきときについて準用する。この場合において、同法第209条の4第3
項及び第4項中「前条第2項」とあるのは、「信用金庫法第90条の4の3第
2項において準用する前条第2項」と読み替えるものとする。

4 第1項及び第2項に規定する財産の没収に関する手続については、この
法律に特別の定めがあるもののほか、刑事事件における第三者所有物の没
収手続に関する応急措置法（昭和38年法律第138号）の規定を準用する。

本条においては、被告人以外の第三者に帰属する財産である債権等（不動
産および動産以外の財産）を没収しようとする場合、地上権、抵当権その他

の第三者の権利がその上に存在する財産を没収する場合について、当該第三者が被告事件への手続を認められていない場合、没収の裁判をすることができないことが定められている（法95条1項・2項）。

また、第三者の権利がその上に存在する財産を没収する場合において、当該第三者の権利が存続される場合について必要な裁判の手続等については、金融商品取引法209条の4第3項〜5項の規定が準用されている（法95条3項）。

さらに、本条1項および2項に規定する財産の没収に関する手続については、信用金庫法に特別の定めがあるもののほか、刑事事件における第三者所有物の没収手続に関する応急措置法の規定を準用することとされている（法95条4項）。

第96条 没収された債権等の処分等

（没収された債権等の処分等）

第96条 金融商品取引法第209条の5第1項（没収された債権等の処分等）の規定は第90条の4の2の罪に関し没収された債権等について、同法第209条の5第2項の規定は第90条の4の2の罪に関し没収すべき債権の没収の裁判が確定したときについて、同法第209条の6（没収の裁判に基づく登記等）の規定は権利の移転について登記又は登録を要する財産を第90条の4の2の罪に関し没収する裁判に基づき権利の移転の登記又は登録を関係機関に嘱託する場合について、それぞれ準用する。

本条においては、没収された債権等の処分権が検察官の専権に属することを定めた金融商品取引法209条の5、および権利の移転について登記等を要する財産を没収する裁判に基づく登記等の嘱託について定めた同法209条の6が、それぞれ準用されている。

第12章 没収に関する手続等の特例（第95条〜第97条） | 817

第97条

第97条 刑事補償の特例

（刑事補償の特例）

第97条 第90条の４の２の罪に関し没収すべき債権等の没収の執行に対する
刑事補償法（昭和25年法律第１号）による補償の内容については、同法第
４条第６項（補償の内容）の規定を準用する。

　本条においては、上訴権回復による上訴、再審または非常上告の手続にお
いて無罪の判決を受けた者が原判決によってすでに刑の執行を受けた場合に
おける刑の執行による補償の請求について、補償の内容を定める刑事補償法
４条６項の規定を準用している。

事項索引

【英字】

ADR······755
API······733
FinTech······10, 487, 580, 726
FinTech 企業等······628

【あ】

アームズ・レングス・ルール
······597, 780
イスラム金融······586
一時会計監査人······322
一部譲渡······111
違法行為差止請求権······230, 246
員外貸出······50
員外貸付······7, 24, 65, 75, 470, 483
員外監事······8, 9, 194, 195
員外預金······11, 453
営業時間等······722
営業の免許······775
大口信用供与等規制······9, 442, 780
オペレーティング・リース······585

【か】

会員資格······19, 50, 63, 76, 101, 165
会員たる資格······45, 47, 56, 62, 65,
105, 109, 169, 176
会員たる資格の喪失······134
会員の義務······45
会員の権利······44
会員名簿······381, 393
会員理事······194
会計監査······238
会計帳簿······646
会計帳簿等······645
外国川下持株会社······630

外国為替取引······469
外国銀行······514, 551
外国銀行代理業務······550
外国子会社······475, 497
解散······680, 697
解散の登記······706
会社法······13
外部委託先管理等······777
貸金業法······554
貸金庫······518
合算10%ルール······597, 600, 638
合併······670, 707
合併契約······670
合併の無効······675
加入自由の原則······57, 79, 103
加入・脱退自由の原則······6, 61
加入脱退の自由······11
加入申込書······101, 145
川下持株会社······630
為替取引······467
簡易の譲受け······669
管轄登記所······704
監査費用······254
監事······191
監事会······191, 252, 304
間接取引······222
官報公告······764
関連法人等······573
議決権行使書面······373, 375, 379
議決権の一人一票制······11
議決権保有規制······8, 9
議長······279, 281, 384, 390, 401
規模要件······52
休日······722, 786
吸収合併······670, 696

共益権・・・・・・・・・・・・・・・44, 62, 81, 82,
　　　116, 120, 160, 257, 292
協同組合原則・・・・・・・・87, 118, 128, 140
協同組合4原則・・・・・・・・・・・・・・5, 61
協同組織・・・・・・・・・・・・・・・・・・20
協同組織金融機関
　・・・・・2, 5, 13, 23, 46, 56, 57, 61, 76, 91,
　103, 129, 154, 165, 177, 195, 262, 412
業務監査・・・・・・・・・・・・・・・・・238
業務執行理事・・・・・・・・・・・・・・・263
業務執行を行う理事・・・・・・・・・・・335
業務取扱時間・・・・・・・・・・・・・・・786
業務の代理・媒介・・・・・・・・・・・・512
業務報告書・・・・・・・・・・・・・・・・792
業務方法書・・・・・・・・・・182, 186, 187
銀行業・・・・・・・・・・・・・・・・・・439
銀行代理店制度・・・・・・・・・・・・・712
銀行法・・・・・・・・・・・・・・・・・・12
金庫との契約締結義務・・・・・・・・・・733
金庫の持分取得の禁止・・・・・・・・・157
銀・証分離・・・・・・・・・・・・・・・・499
金銭収納事務・・・・・・・・・・・・・・515
金融関連業務・・・・・・・・・・・・・・622
金融関連業務会社・・・・・・・・・・・・622
グループ管理・・・・・・・・・・・・・・634
経営判断の原則・・・・・・・・・・201, 328
計算書類・・・・・・・・・・・・・・・・295
欠格事由・・・・・・・・・・・・・・・・204
欠格事由該当・・・・・・・・・・・・・・207
決議事項・・・・・・・・・・・・・・368, 388
兼営法に規定する信託業務・・・・・・・534
兼業および兼職の禁止・・・・・・・・・220
兼業承認制・・・・・・・・・・・・・・・716
原始加入・・・・・・・59, 65, 100, 101, 161
兼職又は兼業の制限・・・・・・・・・・208
権利能力なき社団・・・・・・・・・71, 164
公告・・・・・・・・・・・170, 176, 429, 763
口座管理・家計簿サービス・・・・・・・731

高度化会社・・・・・・・・・・・619, 628, 640
コーポレートガバナンス・コード
　・・・・・・・・・・・・・・・・・・・・195
子会社・・・・・・・・・・・198, 223, 238, 277,
　　　　　317, 477, 570, 571
子会社対象会社・・・・・・・・574, 618, 620
小口員外貸出・・・・・・・・・・・・・・472
小口員外貸付・・・・・・・・47, 50, 77, 474
国民大衆・・・・・・・・・・・18, 56, 66, 68
国立大学法人等・・・・・・・・・・・・・478
個人会員・・・・・・・・・・・・・・・・47
固定性預金・・・・・・・・・・・・・・・454
子法人等・・・・・・・・・・・・・240, 572
コマーシャル・ペーパー・・・・・・・506
固有業務・・・・・・・・・・・438, 532, 570

【さ】
債権者保護手続・・・・・・・・・・・・428
債券の受託業務・・・・・・・・・・・・535
財産権的権利・・・・・・・・・・・108, 129
財産権的性格・・・・・・・・・・・117, 123
財産的権利・・・・・・・・・・・・・・・112
財産的性格・・・・・・・・・・・・・・・114
裁判外紛争解決手続（ADR）・・・・・・748
債務保証・・・・・・・・・・・・・・・・495
産業組合法・・・・・・・・・・・・・3, 4, 58
残余財産分配請求権・・・・・・・・・・161
自益権・・・45, 62, 119, 153, 160, 292, 653
事業再生会社・・・・・・・・・590, 601, 628
事業者・・・・・・・・・・・・・・・・・52
事業所・・・・・・・・・・51, 55, 74, 101, 134
事業年度・・・・・・・・・・・・・170, 644
事業の譲渡・・・・・・・・・・・・・・・666
事業の譲受け・・・・・・・・・・・・・668
事業免許・・・・・・・・・・・182, 183, 186
事業利用分量配当・・・・・・・・・・・653
資金の貸付・・・・・・・・・・・・・・463
事後員外貸付・・・・・・・・・・・・・480

時効 ···············135, 155	証券子会社等 ···············625
自己信託に係る事務に関する業務	証券専門関連業務 ···········623
···························535	証書貸付 ··················465
事後地区外貸付 ············480	譲渡性預金 ················506
実質支配力基準 ············198	商人 ·······················14
指定紛争解決機関 ·········9, 749	消費寄託契約 ··············451
支配人 ···········197, 274, 353	常務に従事する役員および支配人
支配人の登記 ··············695	···························210
資本金基準 ················134	剰余金の配当 ···········145, 651
資本金等要件 ···············53	剰余金の配当請求権 ········145
資本充実の原則 ············123	剰余金配当請求権
従業員数基準 ··············134	···········112, 116, 119, 160, 651
従業員数要件 ···············52	所在不明会員 ··········140, 142
住所・居所等の届出義務 ·····45	所属信用金庫制度 ··········717
従属業務 ··················576	除名 ·········45, 64, 121, 138, 140
従属業務会社 ·····576, 601, 621	除名事由 ···················62
自由脱退 ··················127	書面決議 ··················282
住宅抵当証書 ··············507	書面決議（持回り決議）·······282
従たる事務所	書面取次ぎ行為 ············502
······25, 168, 173, 274, 693, 699, 702	書面による議決権行使·····98, 370, 373
収入依存度規制 ·········577, 579	書面による議決権行使（書面投
重要な使用人 ···········197, 274	票）·······················93
主たる事務所	書面による議決権の行使（書面投
······24, 164, 168, 173, 179, 291, 693	票）······················86
出資義務 ···············79, 83	使用人兼務理事 ············232
出資証券 ···················84	新規事業分野開拓会社···604, 628, 632
出資証券の廃止（ペーパーレス	新規事業分野開拓会社（ベン
化）·······················85	チャービジネス会社）······587, 639
出資の受入れ、預り金及び金利等	信金中央金庫 ···········542, 563
の取締りに関する法律 ········553	新設合併 ···············671, 696
出資配当 ··················653	信託子会社等 ···············626
出資払込義務 ··············101	信託専門関連業務 ··········624
出資1口の金額の減少 ·········426	信用（協同）組合 ···········47
出資法 ···················553	信用金庫代理業 ············712
準備金の積立 ··············649	信用金庫代理業者 ··········714
準備金の取崩し ············650	信用金庫代理業の許可制 ·····714
商業登記法 ················709	信用金庫電子決済等代行業 ····10
常勤監事 ···········305, 306, 331	信用金庫電子決済等代行業者

事項索引 821

‥‥‥‥‥‥‥‥‥‥‥‥‥728, 760
信用金庫取引約定書‥‥‥‥‥‥‥460
信用金庫連合会‥‥‥‥‥‥‥‥‥541
信用金庫連合会グループ‥‥‥‥‥635
水産業協同組合法‥‥‥‥‥‥‥‥3
スポーツ振興投票券（toto）の
　売りさばき等の業務受託業務‥‥538
制限行為能力者‥‥‥‥‥‥‥66, 206
清算‥‥‥‥‥‥‥‥‥‥‥‥‥683
清算結了‥‥‥‥‥‥‥‥698, 707
清算人‥‥‥‥‥‥‥‥‥‥‥684
清算人会‥‥‥‥‥‥‥‥‥‥685
清算の結了‥‥‥‥‥‥‥‥‥688
制度融資‥‥‥‥‥‥‥‥‥‥474
成年後見人等‥‥‥‥‥‥‥‥‥67
成年被後見人‥‥‥‥‥‥‥‥206
責任限定契約‥‥‥‥‥‥‥‥336
絶対的必要記載事項
　‥‥‥‥‥‥‥167, 180, 192, 426
設立登記‥‥‥‥‥‥‥‥‥‥164
設立の登記‥‥‥‥‥‥‥690, 705
善管注意義務
　‥‥‥‥201, 219, 224, 242, 275, 328
選考委員‥‥‥‥‥‥‥‥‥‥416
全国連合会債‥‥‥‥‥‥‥‥558
全部譲渡‥‥‥‥‥‥‥‥‥‥111
総会‥‥‥‥‥‥‥‥‥‥‥‥360
総会議事録‥‥‥‥‥‥384, 398, 401
総会参考書類‥‥‥‥‥‥373, 379
総会等の決議の取消しの訴え‥‥406
送金‥‥‥‥‥‥‥‥‥‥‥‥469
相殺と差押え‥‥‥‥‥‥‥‥122
相殺の禁止‥‥‥‥‥‥‥‥‥83
相続加入‥‥‥‥59, 65, 100, 104, 152
総代‥‥‥‥‥‥‥‥‥‥‥‥416
総代会‥‥‥‥‥‥‥‥13, 92, 412
相対的必要記載事項‥‥‥‥167, 171
相対的無効説‥‥‥‥‥‥‥‥226

創立総会‥‥‥‥‥99, 165, 174, 176, 193
卒業会員‥‥‥‥‥‥‥‥‥‥136
卒業生金融‥‥‥‥‥‥11, 54, 472, 480
その他の重要な使用人‥‥‥‥‥274

【た】
代金取立て‥‥‥‥‥‥‥‥‥469
代表清算人‥‥‥‥‥‥‥‥‥685
代表訴訟‥‥‥‥‥‥‥‥250, 342
代表理事‥‥‥‥‥‥‥‥‥‥263
代理‥‥‥‥‥‥‥‥‥‥‥‥522
代理貸付保証‥‥‥‥‥‥‥‥497
代理人による議決権行使‥‥‥‥86
他業禁止‥‥‥‥‥‥‥‥‥‥439
他業禁止規制‥‥‥‥‥‥‥‥570
脱退自由の原則‥‥‥‥118, 140, 153
脱退の自由‥‥‥‥‥‥‥‥‥128
妥当性監査‥‥‥‥‥‥‥‥239, 272
短期債‥‥‥‥‥‥‥‥‥‥‥563
短期社債‥‥‥‥‥‥‥‥‥‥511
団体法理‥‥‥‥‥‥‥‥‥‥60
断定的判断の提供‥‥‥‥‥‥782
担保付社債に関する信託業務‥‥536
担保提供命令‥‥‥‥‥‥409, 432
担保提供命令制度‥‥‥‥‥‥346
地区‥‥‥‥‥‥‥48, 49, 51, 54, 60,
　　　　　　　　73, 134, 168, 176
地方公共団体‥‥‥‥‥‥‥‥479
忠実義務‥‥‥‥‥219, 221, 242, 275
中小企業等協同組合法（中協法）
　‥‥‥‥‥‥‥‥‥‥4, 14, 58
直接取引‥‥‥‥‥‥‥‥‥‥222
通常総会‥‥‥‥‥‥‥‥‥‥362
通知預金‥‥‥‥‥‥‥‥‥‥460
定款‥‥‥‥‥‥19, 23, 25, 31, 39, 46, 48,
　　　　　56, 60, 79, 153, 167, 182, 208
定款自治‥‥‥‥‥‥‥‥‥‥58
定款の閲覧等の請求権‥‥‥‥‥173

定款の変更 ······················· 186
定款変更自由の原則 ··············· 60
定期性預金 ······················ 454
定期積金 ························ 462
定期預金 ························ 459
手形貸付 ························ 465
手形の割引 ······················ 467
手形割引 ························ 471
適法性監査 ················· 239, 272
テレビ会議 ······················ 399
電子公告 ············· 691, 763, 766
電子債権記録業の事務受託業務 ··· 538
電子送金サービス ················ 730
電磁的方法による議決権行使 ······· 98
電磁的方法による議決権行使
　（電子投票） ··················· 86
電子投票制度 ···················· 378
電子マネー ······················ 490
登記 ·························· 51
登記の嘱託 ······················ 702
登記簿 ·························· 704
当座貸越 ························ 466
当座貸越契約 ···················· 461
当座勘定取引契約 ················ 461
当座預金 ························ 460
投資助言業務 ···················· 533
投資専門子会社（ベンチャー・
　キャピタル） ·················· 629
当せん金付証票（宝くじ）に関す
　る業務 ······················ 538
登録制 ·························· 554
特殊の関係のある会社 ······· 603, 641
独占禁止法 ············· 35, 103, 599
特定関係者 ······················ 781
特定監事 ························ 306
特定金庫 ························ 299
特別決議 ··················· 382, 385
特別事業再生会社 ······· 591, 602, 640

特別利害関係理事 ················ 280
独立行政法人 ···················· 478
特例事業再生会社 ··········· 602, 641
特例対象会社 ··············· 602, 640
届出制 ·························· 553
取次ぎ ·························· 522

【な】
内閣総理大臣の認可 ··············· 186
内国為替取引 ···················· 469
内部統制システム
　············ 9, 241, 274, 295, 327, 328
任意記載事項 ···················· 171
認可制 ·························· 552
任期 ·························· 214
任期の伸長 ······················ 215
農業協同組合 ···················· 47
農業協同組合法（農協法） ········ 3, 58
ノーアクションレター制度 ········ 494

【は】
媒介 ·························· 522
排出権取引 ······················ 536
配当請求権 ······················ 107
払戻の停止 ······················ 156
判決の対世効 ···················· 181
1人1議決権の原則 ············ 81, 86
一人一票の議決権（議決権平等原
　則） ·························· 7
被封（開封）預り ················ 518
被保佐人 ························ 68
被保佐人等 ······················ 206
被補助人 ··················· 69, 206
表見代表 ························ 268
標識の掲示義務 ·················· 720
ファイナンス・リース ········ 525, 585
封緘預り ························ 518
付随・関連業務 ·················· 582

事項索引 | 823

付随・関連業務会社 ･･････････････ 601
付随・関連業務を営む会社 ･･･････ 582
付随業務 ･････････････ 441, 486, 570
付随業務等 ･･････････････････････ 546
付随業務 4 要件 ･･････････････････ 490
普通決議 ･････････････････････････ 382
普通預金 ･････････････････････････ 457
不提訴理由通知制度 ･･････････････ 345
振替業 ･･･････････････････････････ 519
振込み ･･･････････････････････････ 469
フルペイアウト ･･････････････････ 527
分別管理 ･････････････････････････ 721
弊害防止措置 ･････････････････････ 782
別段預金 ･････････････････････････ 461
変更の登記 ･･･････････････ 692, 706
報告事項 ･･････････････････ 369, 388
報酬 ･････････････････････････････ 202
報酬等 ･････････････ 231, 250, 320
法人会員 ･･････････････････････････ 47
法人総代 ･････････････････････････ 415
法定準備金 ･･･････････････････････ 649
法定他業 ･････････････････････････ 530
法定脱退 ･･･････ 65, 111, 120, 128, 133
暴力団排除条項
　　････ 19, 56, 102, 104, 135, 142, 169
補欠役員 ･････････････････ 214, 419
保険子会社等 ･････････････････････ 626
保険専門関連業務 ････････････････ 623
保険窓販業務 ･････････････････････ 537
保護預り ･････････････････････････ 517
発起人 ･･････････････････････ 164, 176

【ま】

未成年者 ･･･････････････････ 66, 206
みなし到達 ･･･････････････････････ 381
身分権 ･･･････････････････････ 105, 120
身分権的権利 ･･････････ 108, 112, 129
身分権的性格 ･･････ 113, 114, 117, 123

身分権的要素 ･････････････････････ 138
名義貸し ･････････････････････････ 721
名義貸しの禁止 ･･････････････････ 775
免許 ････････････････････････････ 39
免許制 ･･･････････････････････････ 26
持株会社 ･･･････････ 592, 602, 640
持分 ･･･････････････････ 44, 108, 146
持分に対する強制執行 ･･･････････ 117
持分に対する滞納処分 ･･･････････ 125
持分の質入れ ･････････････････････ 113
持分の譲渡 ･･･････････････････････ 108
持分の全部の喪失 ･････････ 139, 152
持分の払戻し ･････････････････････ 152
持分の譲受けによる加入 ･････････ 65
持分払戻請求権 ･･････ 105, 106, 135,
　　　　136, 138, 146, 152, 155, 158
持分払戻請求権等 ････････････････ 119
持分譲受けによる加入 ･････････ 100
持分譲受けによる加入（承継加
　　入）････････････････････････ 103

【や】

役員 ････････････････････････････ 191
役員等 ･･･････････････････････････ 191
役員の説明義務 ･･････････････････ 386
役員の定数 ･･･････････････････････ 191
役員の定年制 ･････････････････････ 208
役付理事 ･･････････････････ 265, 273
優越的地位の濫用 ････････ 489, 783
有価証券関連業 ･･････････････････ 533
有価証券の貸付 ･･････････････････ 503
有価証券の私募の取扱い ･･･････ 512
有限責任 ･･････････････････････････ 83
譲受加入 ･･････････････････････････ 59
要求払預金 ･･･････････････････････ 454
預金 ････････････････････････････ 450
預金者等に対する情報の提供等 ･･･ 776
預金者に対する情報の提供義務 ･･･ 721

預金・定期積金担保貸付 ··········471
預金取扱金融機関 ·················12
預金の帰属 ·····················455

【ら】

利益相反管理 ····················635
利益相反管理体制 ················784
利益相反取引 ·········221, 332, 336
利益相反取引規制 ················220
理事 ··························191

理事会 ·························271
理事会の専決事項 ··········273, 358
理事への信用供与 ···············785
利息 ··························463
流動性預金 ·····················454
両替 ··························519
臨時休業等 ················722, 790
臨時総会 ···············362, 421, 424
労働金庫法 ·······················5

実務必携　信用金庫法

平成30年7月20日　第1刷発行

著　者　鈴　木　仁　史
発行者　小　田　　徹
印刷所　株式会社加藤文明社

〒160-8520　東京都新宿区南元町19
発 行 所　一般社団法人 金融財政事情研究会
編 集 部　TEL 03(3355)1721　FAX 03(3355)3763
販　　売　株式会社きんざい
販売受付　TEL 03(3358)2891　FAX 03(3358)0037
URL http://www.kinzai.jp/

・本書の内容の一部あるいは全部を無断で複写・複製・転訳載すること、および
　磁気または光記録媒体、コンピュータネットワーク上等へ入力することは、法
　律で認められた場合を除き、著作者および出版社の権利の侵害となります。
・落丁・乱丁本はお取替えいたします。定価はカバーに表示してあります。

ISBN978-4-322-13291-5